Rudolf von Alt

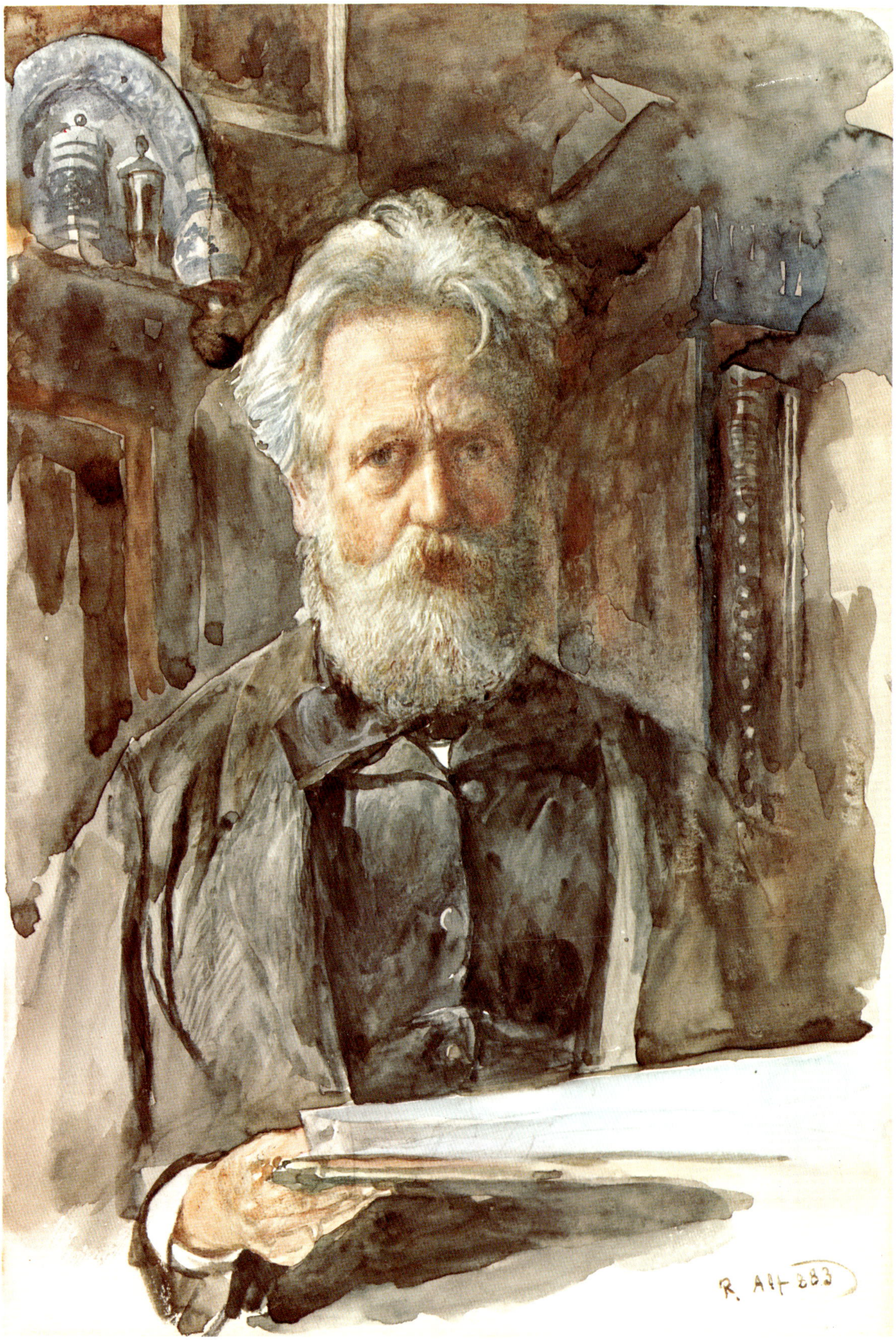

1. R. Alt, Selbstbildnis, 1883

Walter Koschatzky

RUDOLF von ALT

1812–1905

Mit 48 Farbtafeln
und 194 Schwarzweißabbildungen

Residenz Verlag

VERÖFFENTLICHUNG DER ALBERTINA XI

Papier von Borregaard Hallein: Euroffset 135 g
Reproduktion, Druck und Bindung: F. Sochor, Zell am See.
Printed in Austria ISBN 3-7017-0138-5

I

Es war gewiß ein schöner, ein würdiger Augenblick an jenem 25. Oktober 1908, als Wiens Bürgermeister Dr. Karl Lueger, zu dieser Zeit selbst schon längst eine legendäre Gestalt, zum Ende und Höhepunkt seiner Rede kam. Es sei unsere Aufgabe, schloß er nicht ohne Feierlichkeit, „daß das Andenken dieses Meisters nie erlöschen wird und es soll nie erlöschen, solange ein Wiener existiert“[1]. Alle, die diesen Worten lauschten, waren auf den Wiener Zentralfriedhof gekommen, um der Enthüllung des Grabmals für den drei Jahre zuvor im dreiundneunzigsten Lebensjahr verstorbenen Rudolf von Alt beizuwohnen; sie waren wohl einhellig der Meinung des Redners und sahen nicht ohne Ergriffenheit das von Professor Josef Engelhart entworfene Denkmal: die Gestalt eines idealen Jünglings, der mit trauernder Gebärde goldenen Lorbeer auf das Grab des verewigten Meisters fallen läßt. Doch heute, mehr als ein Menschenalter später, nach einem Jahrhundert der Umwälzungen, Wandlungen, Generationenbrüche, muß man sagen, Luegers Wunsch von damals ist nicht in Erfüllung gegangen. Gerade Rudolf von Alt hat bei weitem nicht jene Anerkennung gefunden, jene Stellung im Rahmen der Weltkunst, die ihm unserer Überzeugung nach zukommt; er, der für die junge Wiener Secession unter Gustav Klimt noch als Vorbild, als Bahnbrecher gegolten hatte, als „der modernste Maler, den Wien im 19. Jahrhundert hervorgebracht hat“[2], war seitdem immer mehr zu einer lokalen Größe verkleinert worden. Vielleicht, daß ihm da oder dort gerade noch jene Sympathie bewahrt ist, die man dem Hersteller lieber alter Ansichten vom vergangenen Wien eben entgegenbringt, doch mit nichts wird ihm im Grunde mehr Unrecht angetan als damit. Zweifellos lag sein künstlerisches Ziel in der Schilderung dieser sichtbaren Welt, in der Darstellung der Wirklichkeit, in einem sehr spezifischen Realismus, und Zeit seines Lebens hat er, ohne viel darüber nachzugrübeln, seine Aufgabe darin gesehen, festzuhalten, was er mit seinen Augen erfassen konnte, hat er die Welt in ihrer Schönheit gesucht. Dennoch ist das, was er geschaffen hat, in künstlerischer Hinsicht weit über dieses Ziel hinausgegangen, eben weil er immer stärker erkannt haben muß, daß alle Wirklichkeit der sichtbaren Welt im Kunstwerk zu bleibender Wahrheit verdichtet werden kann und daß genau dies das Maß künstlerischer Leistung ist. Das Malen mit Wasserfarben, dieses spontanste Mittel, eine Vision festzuhalten, ihre atmosphärische Flüchtigkeit zu bezwingen, Erlebtes nacherlebbar zu machen, hat Rudolf Alt in einem rastlosen und ungewöhnlich langen Leben zu einem Medium ganz besonderer Art entfaltet, vergleichbar nur den ebenso vereinzelten größten Meistern anderer Länder, einem Menzel, Turner oder Meissonier, und es war fraglos von Alts aquarellistischem Spätwerk abgelesen, wenn Hugo von Hofmannsthal im Jahr 1893 aus der Aufbruchstimmung in einen „Ver sacrum“ heraus der jungen Secession mitgab: „(die Menschen) müssen sich wieder erinnern, daß die Malerei eine Zauberschrift ist, die mit farbigen Klecksen, statt der Worte, eine innere Vision der Welt, der rätselhaften, wesenlosen, wundervollen Welt um uns übermittelt, daß Malen etwas mit Denken, Träumen und Dichten zu tun hat, daß die Kunst der Farben an Gewalt über unsere Seele gleich ist der Kunst der Töne —“[3]. Mehr konnte eigentlich in einer Musikstadt, wie sie Wien immer gewesen war, gar nicht gesagt werden.

Dennoch und gerade deshalb kann man Rudolf Alt darüber hinaus gewiß und mit gutem Recht als den österreichischsten Maler dieses Jahrhunderts bezeichnen, vorausgesetzt allerdings, man versteht dies nicht als irgendeine provinzielle Etikettierung; hatte er doch fraglos wie kein anderer das volle Jahrhundert einer ganzen Welt manifestiert, in deren Mitte das kaiserliche Wien mit seiner Schönheit, seiner Kultur und aller Vielfalt der Monarchie, ihrer Länder und Völker stand. So gesehen, ist dieser Maler auch in seinen stärksten künstlerischen Mitteilungen ein Inbegriff, und er soll in der folgenden Darstellung seines Lebens und Werkes auch durchaus so verstanden werden, als ein Inbegriff österreichischen Wesens nämlich, das sich in solchem Zusammenhang ausprägt in der vollkommen unpathetischen Liebe zum Eigenen wie in einer ganz selbstverständlichen und daher unspekulativen Wirklichkeitsfreude. Dieses Lebensgefühl entstand in glücklicher Weise aus der Verschmelzung des Selbstbewußtwerdens der aus den Napoleonischen Kriegen hervorgehenden Generation mit dem Streben, die Eindrücke der Natur, der Landschaften entlang der Donau, der Seen des Salzburgischen, der Bergwelt Tirols, der Städte und Dörfer, der Bewohner und ihrer Trachten festzuhalten. Wenn man allerdings sagen darf, Rudolf Alt hat im Lauf seines langen Lebens und darüber hinaus ein „österreichisches Schicksal" erlitten, so heißt dies etwas anderes, besteht solches doch sprichwörtlich darin, daß Leistungen, die anderswo Weltruhm brächten, hier, sei es, positiv interpretiert, aus angeborener Bescheidenheit, sei es, sachlicher konstatiert, aus angewöhnter Trägheit und Gleichgültigkeit langsam, aber umso sicherer in Vergessenheit sinken. Dies war Alt in späteren Jahren auch immer stärker bewußt geworden, was ihn bis zu dem bitteren Ausspruch drängte „ich empfinde es oft als ein Unglück, ein Wiener zu sein —"[4].

Dabei war man damals, zu Luegers Zeiten, sogar wirklich davon überzeugt gewesen, alles für Alt getan zu haben; die Erhebung in den Adelsstand, die Ehrenbürgerschaft der Stadt Wien, eine Ehrenpension des Staates und eine ebensolche der Stadt, das überaus feierliche Leichenbegängnis, die Widmung eines Ehrengrabes, Nachrufe aller Art, ein Denkmal, eine Straßenbenennung, die Ausstellung schließlich seines Nachlasses, eine sensationelle Auktion mit Preisen, von denen der Künstler zeitlebens nur geträumt hätte, die öffentliche Ehrung durch eine prunkvolle Publikation im Jahre 1911 und schließlich nicht zuletzt die große Verbreitung seiner Aquarelle in der Wiener Gesellschaft.

Doch all das täuscht. Das Leben des Künstlers hat bis in sein hohes Alter nicht aufgehört, unter den primitivsten Bedrängnissen zu stehen, es war erfüllt von Ängsten, Sorgen und Mißerfolgen, von beständigem materiellem Druck, vom Zwang zu entnervenden Auftragsarbeiten und ebenso enttäuschenden Dienstleistungen. So verlief es auch ohne jene äußere Faszination, die sonst manchesmal Männer von Weltruhm aufweisen mögen, es lief eben ab voll Bemühungen für den engen Kreis seiner Familie, im jährlichen Rhythmus der Reisen, in fast eintönigem Gleichmaß, stets bedrückt von den Zweifeln an sich selbst und dem Sinn seines Tuns, das er sich ideal so ganz anders vorstellte, doch schließlich sich fügend ins Unvermeidliche und sich darin glücklich erfüllend. Es berührt, zu verfolgen, wie sich Rudolf Alt in den letzten Lebensjahren immer stärker in der Heiterkeit wahrer innerer Freiheit, sogar Größe löst. Was dieses dreiundneunzig Jahre währende Leben vielleicht am stärksten bezeichnet, ist die Bindung an die Menschen, für die er sich verantwortlich fühlt, für die Gattin, die Kinder und sein beständiges Mühen, die Arbeit besser und besser zu bewältigen. Die Suche nach einem Glück trotz oder in der Resignation ist in den Jahrzehnten des

Biedermeier allgemein, und sie durchzieht auch Alts Entwicklung. Am 16. September 1849, zu einem Zeitpunkt also, den wir heute als einen der ersten großen künstlerischen Höhepunkte seines Lebenswerkes verstehen, schreibt er von einer Reise nach Hause:
„... schwer lastet der Kummer vor Verarmung auf mir und die Mutter wird mir verzeihen, der geglaubten Vernachlässigungen halber wenn sie in mein Inneres sehen könnte, wie mich die bange Sorge so völlig erdrückt. Das mißlungene Bild in der Ausstellung, die Überzeugung, daß der Franz schon so manches besser macht als ich, machen mich höchst misstrauisch in meine Fähigkeiten je mehr etwas Tüchtiges leisten zu können, dazu kommt das Gefühl der Armuth und Verlassenheit. Mein einziger Trost ist noch die Arbeit, da sitze ich aber auch wie angenagelt, leider verzagt, ich glaube immer meine Sachen missfallen“[5]. Nicht anders lautet es 1864: „Meine Stimmungen — am ärgsten ist schon die Qual, in meinen Leistungen auf dem Rückwege zu sein, und wenn ich auch Tage habe, wo ich oft glaube, es geht mir noch so wie ehedem, wie lange dauert diese gehobene Stimmung? Oft kaum über Nacht, denn kleinmüthig und gedrückt stehe ich oft früh auf aus meinem verwälzten, schaukelnden Bette, im Gemüthe ewig grau wie das Wetter —“[6].
Und immer wieder zieht sich durch die Jahrzehnte die Sorge um die Konkurrenz durch den Bruder Franz, dem gegenüber Rudolf zeitlebens ein eigentümliches Gefühl der Unterlegenheit behielt. So schreibt er aus Venedig am 12. Oktober 1864 an seine Frau: „Daß Franz in gewissen Sachen mehr Glück hat wie ich, stimmt Dich, wie ich glaube, zu traurig. Allerdings sieht es aus, als wenn ich von vielen vergessen würde; allein sein Eintritt in die Welt und sein ganzes Wesen ist ein anderes als meines, sein Wirken wird vom Grafen Eszterházy unterstützt und ist mehr in diesen herrschaftlichen Zirkeln herangewachsen, was bei mir nicht der Fall ist; daß mir durch seine Concurrenz die Lage erschwert, ja sehr erschwert wird, was kann ich thun, ich muß meine ganze Kraft auf die Arbeit wenden und ihr vertrauen, und mit einer Herrschaft in einer Theaterloge zu sitzen, bereitet mir kein solches Vergnügen, als mit Dir und unseren lieben Kindern auf einer zweiten Galerie in einem Vorstadttheater zu sitzen.“[7]. Und es wird niemals anders: „Wie schmerzt mich diese Lage, da ich Dich und unsere guten Kinder so sehr liebe, mein ganzes Möchten und Trachten nur für Euer Wohl ist und ich es doch nicht so weit bringen kann, um Dir sorgenlosere Tage bereiten zu können. Jede neue Arbeit, die ich beginne, fange ich mit dem Gedanken an Euch an, in der Hoffnung sie müsse mein Renomée in der Welt stärken und damit Euer Dasein freundlicher gestalten“[8]. Schließlich dann, als er sein Lebenswerk überschaut, gesteht er, daß ihm in Wahrheit sein ganzes Leben doch nur als „eine Kette von Resultatlosigkeiten“ erscheine[9] oder auch, daß, könnte er noch einmal beginnen, er sich doch der großen Malerei, der eigentlichen Kunst, widmen würde. Was vermochten dagegen späte öffentliche Lippenbekenntnisse im Pathos der Generation um 1900, so etwa zu seinem achtzigsten Geburtstag, wo man ihm manche Gratulation zukommen ließ, daß „nicht bloß das Vaterland, sondern die ganze weite Welt der Kunst mit Freuden feiert ihn und den Pinsel als unentbehrlichen Genossen“ usw.[10].
Doch all dem gegenüber wäre Alts Charakterisierung höchst unvollständig, wollte man nicht die andere Seite in seinem Wesen ebenso oder noch stärker betonen. Neben allem seinem Pessimismus besaß er auch ein reiches Maß an Lebensfreude, an unbändiger Arbeitslust und einen Optimismus, der getragen war von tiefem Humor, von dem es ungezählte anekdotische Bei-

spiele gibt; Alt war im Kreise seiner Freunde ein beliebter Gesellschafter und wußte immer schlagfertige, heitere Antworten zu geben, so daß man ihm oft zurief „Geh, Alt, mach doch einen Witz“. Typisch für seine Freude an Wortspielereien sei das Motto eines Gedichtes an Fräulein Hertha Herz von Hertenried, die Tochter eines seiner frühesten Gönner und Sammler, zitiert, der er in ein Stammbuch schrieb: „Was jedermann werden will, aber niemand sein mag, das bin ich schon lange — Alt“[11].

II

Authentische biographische Mitteilungen über Rudolf Alt sind mehr als spärlich. In seinem Nachlaß fand sich das Fragment eines eigenhändigen Schreibens, das am 13. Februar 1869 datiert und vielleicht, wie man vermutet hat, an den Kunsthistoriker Rudolf von Eitelberger gerichtet war[12]. Plausibler ist die Annahme, daß es für Otto Mündler und Bruno Bucher bestimmt war; wie dem auch sei, es ist dies nicht nur die grundlegende Quelle, sondern auch und noch mehr eine Studie seines Charakters und des Lebensgefühls seiner Zeit besonderer Art.

„In Wahrheit ist mein Leben nur eine Kette von Resultatlosigkeiten, wenigstens in dem, was ich anstrebte. Viele Jahre lagen meine besten Studien, bestimmt, die Quelle meines Lebensunterhaltes zu sein, todt im Portefeuille und Kasten, bis Herr Gsell dieselben hervorrief. Unzählige moderne Zimmer, hunderte kleine Ansichten von Wien für Artaria, Neumann und Paterno waren meine Erwerbsquelle, mit der ich eine zahlreiche Familie zu ernähren hatte. Selbst der letzte verstorbene Fürst . . ., der mich sehr liebte und schätzte, konnte es über die eben angeführten Gegenstände in seinen Aquisitionen nicht hinausbringen! So blieb meine Stellung in der Kunst immer eine beengte, und das ist auch der Hauptgrund, warum ich Ihrem Wunsche, Daten aus meinem Leben zu erhalten, nicht sofort nachkam, als mir Plach denselben vergangenes Jahr mittheilte. Denn ich lebe der Meinung, daß man nur von jenen Menschen Biografien verlange, deren Geist, Handlungen oder Leistungen derart sind, daß sie einen unverkennbaren Einfluß auf die Mit- oder Nachwelt ausüben oder wenigstens das Interesse derselben wecken. Ich bin geboren zu Wien den 28. August 1812. Mein Vater ist im Jahre 1810 als neunzehnjähriger Mensch aus Frankfurt am Main ausgewandert, um in Rom sich in der Malerei auszubilden, blieb aber in Wien, heirathete da, und ich bin dessen erster Sohn. Meine Schulbildung ist, wie es eben die zwanziger Jahre hier boten, eine höchst geringe (wie Sie vielleicht schon aus dem Schreiben zu bemerken die Gelegenheit haben werden). Schon mit dem dreizehnten Jahre hatte der Schulbesuch aufgehört — damit aber der Besuch der Elementarschulen der Akademie begonnen. Vier Jahre figuralisches Fach und zwei Wintersemester der Landschaft verschafften mir einen ersten Preis, der mir damals acht Silberthaler und die Militärbefreiung einbrachte. Der erste Lebenszweck war erreicht. Meinem Vater half ich beim Coloriren von radirten und lithographirten Ansichten — in freien Stunden, was immer Sonn- und Feiertags war, versuchte ich mich in der Aquarellmalerei nach meinen Anschauungen der Natur, obwohl Thomas Ender in jenen Jahren als das Nonplusultra galt. In meinem sechzehnten Jahre nahm mich mein Vater das erste Mal auf eine Reise mit, wir durchwanderten Tirol, das Veltlin, größtenteils zu Fuße; kamen nach Como und Mailand, kehrten durch Kärnten und Steiermark zurück. Diese Reise machte den größten Eindruck auf mich, namentlich war es die Ortlesspitze, die mir sogar schlaflose Nächte verursachte, so sehr setzte mich ihr Anblick in Entzücken. In den folgenden Jahren unternahm ich schon allein Reisen, freilich nur nach Steiermark, Salzburg, Gastein, die Natur mit meinen Augen auffassend. Im Jahre 33 sah ich die italienischen Städte Verona, Vicenza, Padua und Venedig das erste Mal — ich kann nicht schildern, welchen Eindruck besonders letzteres auf mich gemacht hat — die ganze Romantik desselben glaubte ich aufsaugen zu müssen; von da an wurden auch meine Collegen, mehrere Kunstfreunde, worunter namentlich Hofrath Habermann, der damals Präses des ersten Kunstvereines war, auf meine Studien aufmerksam, und Bestellungen auf mehrere kleine Aquarellansichten von Venedig und Zimmern in Wien waren das glückliche Resultat. Zwei Jahre später hatte ich damals meiner Meinung nach das Höchste erreicht — Rom und Neapel mit ihren paradiesischen Umgebungen waren das Ziel. Mit Entzücken denke ich an jene Zeit zurück, wo alles dazu geschaffen schien, ein ewiges Meer von Wonne zu bereiten — das gemüthliche Zusam . . .“

Hier bricht der Text ab, ohne daß eine Erklärung dafür vorliegt. Rudolfs Vater Jakob Alt war jedenfalls in Wien in den Aufbruch einer neuen Zeit und damit einer neuen Kunst geraten, an deren Wendung er selbst ganz wesentlichen Anteil nehmen sollte. Die Verwirklichung aber war seinem Sohn Rudolf vorbehalten.

III

Neunzehn Jahre alt und getrieben von dem Wunsch, im klassischen Land der Kunst, in Italien, seine Ausbildung zu finden, hatte sich Jakob Alt in Frankfurt am Main auf die Wanderung gemacht. Was wir von seiner Jugendzeit,

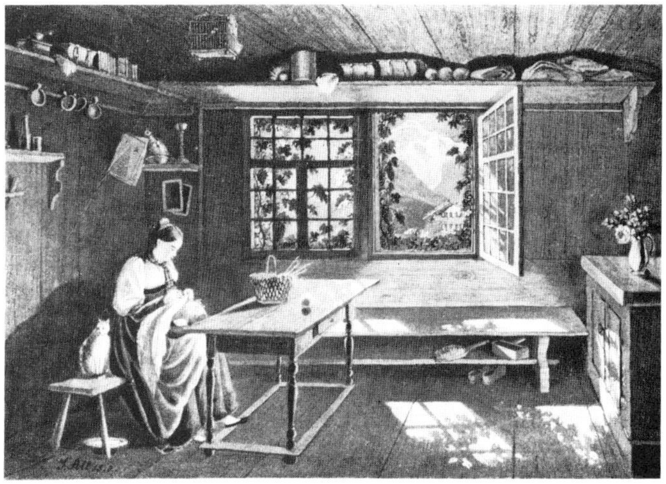

2. J. Alt, In einem Salzburger Bauernhaus, 1810

seiner Familie, den Lebensverhältnissen wissen, ist nicht viel. Die spätere verschmitzte Erzählung des greisen Rudolf Alt, die Familie stamme wahrscheinlich von der schönen Salome Alt ab, die ihre Flucht vom Hofe des Wolfdietrich von Raitenau aus Salzburg weggeführt und bis nach Frankfurt verschlagen habe, war wohl genealogisch nicht ganz stichhaltig. Archivalisch faßbar ist in seiner Heimatstadt lediglich die Eintragung im Personenstandesregister[13], die besagt, daß der Sohn des Schreinermeisters Johann Leonhart Alt und der Barbara, geborene Horst, die vier Jahre zuvor vermählt worden waren[14], am 27. September 1789, der evangelischen Konfession gemäß, auf den Namen Jacob getauft worden sei. Auch wissen wir, daß die Groß- und Urgroßväter als Fischer in Frankfurt gelebt hatten, aber viel mehr nicht. Wenige Monate, bevor Jakob aufbrach, hatte er seine Mutter verloren, der Vater war schon lange tot. Vielleicht war auch dies der Grund, daß er sich auf die Wanderung machte. Offenbar ergriff er nicht den handwerklichen Beruf des Vaters, sondern folgte schon früh einer künstlerischen Neigung. Das Bildnis seiner Mutter, das er mit vierzehn Jahren gemalt hatte, soll seinerzeit deutliches Zeugnis davon abgelegt haben. Man bezeichnet ihn als einen Schüler des Miniaturmalers Johann Peter Beer (1782—1851), eines Künstlers bescheidenen Ranges, der sich aber, wie sein Vater Johann Friedrich Beer (1741—1804), als Lehrerpersönlichkeit hervorgetan hatte. Beide Beers unterrichteten vor allem die Bildnis- wie die Miniaturmalerei, dazu auch die Landschaftszeichnung und das Radieren. Alles dies sollte Jakob bald gut gebrauchen können. Was er allerdings vor allem mitbekommen zu haben scheint, war eine sichere Pinseltechnik in der traditionellen Deckfarbenmanier, die darin besteht, daß auf dunklerem Untergrund, was Papier oder Untermalung sein kann, durch Aufsetzen dichter, mit Deckweiß vermischter Farben Helligkeiten und Lichter herausgeholt werden, eine Technik also, die ganz dem zarten Charme des Rokoko und der kühlen Plastizität des Klassizismus entsprochen hatte. Anders bei der Radierung. Hier beherrschte seit wenigen Jahren die Erfindung des Schweizer Ansichtenmalers Johann Ludwig Aberli (1723—1786) die Szene. Die Umrisse und leicht strichlierten Schatten sollten der Färbelung durch Wasserfarben die Grundlage geben. Offenbar auch darin ausgebildet, zog Jakob also zunächst nach Wien, um seine Fähigkeiten zu erproben, sich weiter auszubilden und dafür vielleicht auch die Wiener Akademie zu besuchen. Aus der späteren Schilderung Rudolfs wissen wir, daß diese Ankunft in Wien im Jahre 1810 stattfand. Die Angabe, daß sein Vater damals neunzehn Jahre alt war (was keinesfalls genau stimmen kann), läßt darauf schließen, daß es in der ersten Jahreshälfte geschah. Es ist daher nicht ganz klar, warum man in den verschiedenen Publikationen über die Alts diese authentische Angabe verwirft und willkürliche Daten wie „Frühjahr 1811“ oder „18jährig im Jahr 1807“ nennt. Wie gesagt, es ist möglich, daß Rudolfs Schilderung nicht ganz präzise ist, aber durch nichts wissen wir es besser als er. Ein zweiter Irrtum zieht sich nicht minder dauerhaft durch die Literatur — und zwar Jakobs Besuch der Akademie, der wohl in diesem Falle durch Rudolfs Angabe, sein Vater sei zur Fortsetzung seiner Studien nach Wien gelangt, entstand. Den sehr eingehenden und heute noch vollständig bestehenden Schülerverzeichnissen und Aufnahmeprotokollen dieser Anstalt zufolge hat Jakob Alt niemals die Akademie besucht, und er war auch in keiner Klasse als Schüler aufgenommen worden. Möglich, daß seine Absicht durch die rasch an ihn herantretenden Lebensereignisse nicht zur Ausführung kam, möglich auch, daß er, der offenbar Wien nur als Station auf der Wanderung nach Italien aufsuchte, überhaupt nur, gleich seinen bisherigen Studien in Frankfurt, bei einem Maler in die Schule gehen wollte, was auch am ehesten seiner von allem Anfang an deutlich realistischen Gesinnung entsprochen haben würde. Denn das ist gewiß: Bei allen, die einer Wirklichkeitskunst zuneigten und in ihr die eigentliche Aufgabe sahen statt in der retrospektiven, der „Dunstmalerei“, wie sie spotteten, bestand keine geringe Abneigung gegen die Akademie. Ein prägnantes Beispiel: Der ein Jahrzehnt zuvor ebenfalls aus Deutschland nach Wien zugewanderte Jakob Gauermann, der selbst die praktische Unterweisung bei Martin von Molitor aller akademischen Ausbildung weit vorgezogen hatte, war um drastische Beispiele nie verlegen: „Die Academie kömmt mir vor“, notiert er in seinem Tagebuch, „wie ein Mistbeet, worin gewisse Pflanzen bey weitem mehr als man bedarf gezogen werden“ und damit mag er wohl vielen jungen Zeitgenossen aus dem Herzen gesprochen haben[15].

IV

Als Jakob Alt in Wien eintraf, muß er hier in künstlerischer Hinsicht eine recht vielfältige Situation vorgefunden haben; sie war gewiß nach wie vor von der Akademie bestimmt, trotz aller Einwände, was schon der starke Zulauf zeigt, den sie fand. Im Jahre 1809 — so sagen die Quellen der Akademie selbst — sei der Schulbesuch besonders stark gewesen, jedoch wäre ein solcher Andrang „zum Kunstberufe erfolgt, weil ein kaiserliches Dekret die Künstler vom Kriegsdienst freigestellt hatte"; bei Prüfung der Zahlen sieht man aber, daß der Andrang auch vordem kaum geringer gewesen war. Folgt man Hans R. Füesslis Schilderung der Lehrmethoden dieser Akademie[16], die nun schon über drei Jahrzehnte im ehemaligen Noviziatenhaus der Jesuiten zu St. Anna, I. Bezirk, Annagasse, untergebracht war, so wird einem ganz klar, daß gerade die Landschaftsmalerei sich aus diesem Schulplan kaum entwickeln konnte. Nach dem Statut von 1800 war für alle zunächst die Klasse der „Anfangsgründe der historischen Zeichnung" obligatorisch zu besuchen; „hier werden die Schüler von den Prinzipien der ersten Umrisse bis zur genauesten Vollendung der nackenden und bekleideten Figuren in Licht und Schatten nach mannigfaltigen vortrefflichen akademischen Originalzeichnungen in verschiedenen Manieren unterrichtet". Aus dieser Klasse stieg man in die „Abtheilung der antiken Formen" auf, „anfänglich nach Köpfen", dann dem Skelett und schließlich — als Höhepunkt — nach dem Gipsmodell, „um solches dem Gedächtnis einzuprägen". Wer das mit Erfolg absolviert hatte, trat in die „Klasse der Natur": hier, „in der Klasse der Landschaftsmahler werden die Schüler erstlich nach guten Originalzeichnungen in mannigfaltigen Behandlungsarten unterwiesen; und wenn sie bereits einige Fertigkeit im Copieren

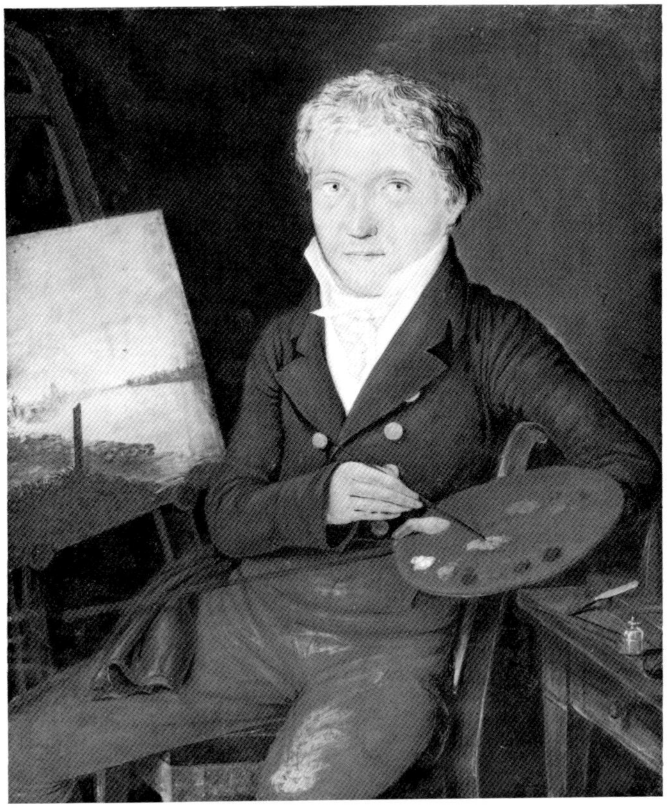

3. J. Alt, Selbstbildnis, 1810

und die erforderliche Leichtigkeit im Zeichnen darin erlangt haben, werden sie im Sommer in verschiedenen Gegenden um Wien unter der Leitung des Lehrers zur Zeichnung nach der Natur angewiesen"[17]. Doch das war erst der Anfang; wer nach langen Jahren überhaupt soweit kam, trat nun erst in die Klasse der Komposition ein, konnte mit der Malerei „Grau in Grau" beginnen, um die Wirkung der Töne kennenzulernen, ehe er schließlich „zu der unendlich mannigfaltigen Färbung der Natur übergehen" durfte. Das alles war recht verzopft, und man muß verstehen, daß gerade die jungen deutschen Schüler, etwa Overbeck und Pforr, die doch mit allem Enthusiasmus der romantischen Bewegung aus ihrer Heimat nach Wien gekommen waren, sich eben in diesen Monaten, als Alt ankam, an der Akademie am heftigsten aufzulehnen begannen. Eine ungeheure Spannung schwelte um diese künstlerischen Fragen. Der Lukasbund endete mit dem Ausschluß der fünf Freunde im Mai 1810, die sich danach in Rom als „Nazarener“ neu gruppieren sollten. Doch nicht nur um die Suche nach dem christlichen Mittelalter gärte es, es gab andere, die, wie Ludwig Schnorr von Carolsfeld, vielmehr die Gegenwart als Aufgabe sahen: „Was von den Griechen auf uns gekommen ist, ist göttlich, aber es ist dennoch nur Maßstab und Form — doch Alles ist todt — aber wir, wir leben und der Lebende hat recht“[18]. Dahinter zeigen sich auch — wie eben unter dem Einfluß des Joseph von Hormayr — stark national betonte Motive. Man soll nicht verkennen, daß der Klassizismus in seiner römisch-heroischen Weise als charakteristische Kunst Frankreichs oder genauer Napoleons angesehen werden mußte und eben allein schon deshalb von den jungen deutschen Künstlern bekämpft wurde, die doch eigentlich gekommen waren, um hier in Wien die legendären josephinischen Freiheiten zu nutzen, die sie eben in ihren Heimatländern nicht besaßen, Pressefreiheit, Freiheit der Religionsausübung usf. Allerdings ohne zu bedenken, daß auch in Wien die Zeitentwicklung nicht stehengeblieben war. Die allgemeine Bewegung eines begeisterten Idealismus, wie ihn die Generation der Aufklärung besessen hatte, war nunmehr zu einem immer trostloseren Beharren auf dem Gewohnten geworden, künstlerisch gesagt an der Akademie auf der Routine des nur Erlernbaren. Wie Gauermann nur allzu deutlich empfand, immer mehr kamen „— solche Künstler aus dieser Academie hervor, die diesen schönen Namen nicht verdienen, weil sie bloß Techniker, Handwerker sind. Woher kommt das aber her? Daher weil die Herren Lehrer selbst nichts anderes und ohne alle Kunstbildung sind“[19]. Und dennoch, welches Kulturbewußtsein besaß man in dieser Stadt, welche Überzeugung für die Verantwortung, für die Bedeutung und Stellung der Künste, die eben durch solche Gesinnung nach wie vor eine Anziehungskraft ohnegleichen ausübte. Um dies anhand der materiellen Situation zu schildern: Heinrich Friedrich Füger hatte dem Hof auf Befragen ein Gutachten zu erstatten, wieviel Geld ein Künstler benötige, um ein Jahr ohne materielle Sorgen leben zu können; die Frage galt der Bemessung von Stipendien[20]. Füger gibt an, daß die untere Grenze 200 fl pro anno betrage, die obere etwa bei 500 fl läge. Bedenkt man nun auf dieser Grundlage, daß die kaiserliche Hofverwaltung in den (Kriegs-!) Jahren von 1792 bis 1811 allein für Bilderankäufe bei Künstlern Österreichs den Betrag von 101.882 fl ausgegeben hat[21], mag man eine Vorstellung von dem haben, welches materielle Fundament diese kulturelle Blüte hier besaß. Bökh weiß im Jahr 1821 nicht weniger als 715 in Wien tätige Künstler anzugeben[22], er weiß allerdings auch von nicht weniger als 46 privaten Galerien, also Sammlungen in der Stadt, zu berichten, deren Käufe schier unabschätzbar gewesen sein müssen. Denken wir, daß Herzog Albert von Sachsen-Teschen allein im Jahre 1810 nicht weniger als 23.000 fl, 1811 wieder 16.700 fl, 1812 auch 14.000 fl und im Jahre 1814 22.800 fl für die Erwerbung von Handzeichnungen ausgab (er wurde auch bald danach einer der frühesten Sammler von Blättern Jakob Alts) oder daß der Verleger Joseph Schreyvogel — der Begründer des „Kunst- und Industriecomptoirs“ — die Summe von 100.000 fl als Fonds zur Förderung junger Künstler stiftete, so läßt sich mit gutem Grund behaupten, daß die Entfaltung der Kunst nach den Kriegen in Österreich nicht zuletzt auch materiell fundiert war.

V

Jakob Alt hatte sich, in Wien angekommen, in einem Viertel der Stadt nach einer Wohnung umgesehen, in dem zahlreiche Künstler ihr Quartier besaßen. Im Haus Nr. 136 der Alservorstadt fand sich eine Witwe, die ihre zweite, leerstehende Wohnung im Haus Nr. 111 zu vermieten beabsichtigte. Sie hatte dort gewohnt, ehe sie den aus Schwäbisch-Gmünd stammenden Goldarbeiter und Graveur Georg Franz Rudolph geheiratet hatte. Es war erst knapp ein Jahr her, daß der achtundzwanzig Jahre alte Bräutigam am 28. Mai 1809 in der Alserkirche die neunzehnjährige Maria Anna Schaller zum Altar geführt hatte. Schon kurz danach erkrankte er an einem Lungenleiden und starb am 13. April 1810. Die nun also zwanzig Jahre alte Witwe war aus ihrem Heimatort Gresten in Niederösterreich nach Wien gekommen. Ihre Vorfahren waren dort Gewerbetreibende gewesen, Hammerherren und Pfannenschmiede, ihr Vater Franz Schaller wird zunächst als bürgerlicher Fleischhauermeister genannt und ist dann, knapp nach 1800, Kellermeister und Gastwirt der herrschaftlichen Taverne in Ybbsbach, wo er mit Cäcilia, einer geborenen Schleicher, der Mutter Maria Annas, lebte.

Recht bald scheint sich zwischen dem „Maller aus Frankfurt am Mayn", wie ihn dann am 12. November 1811 die Hochzeitsurkunde bezeichnen sollte, und der jungen und, wie überliefert wird, ausnehmend hübschen Quartiergeberin etwas angebahnt zu haben. Schon im Sommer 1811 hatte sie ihn in das heimatliche Ybbsbach gebracht, um ihn den Eltern vorzuführen, und er hat dort auch gleich ein Aquarell gemalt. Im Herbst dann wurde geheiratet. Beide erlebten noch rüstig im Jahr 1871 die diamantene Hochzeit und starben knapp danach im Abstand von nur wenigen Wochen.

Im November 1811 bezog das junge Paar also die gemeinsame Wohnung am Alsergrund 136, das Haus, in dem sich die „Tigerapotheke" befand und das, wie alle Häuser Wiens, mit einem Kurznamen bezeichnet, eben „Zum Tiger" hieß. Das erste Kind ließ nicht lange auf sich warten. Das Taufbuch der Dreifaltigkeitskirche in der Alservorstadt verzeichnet am 29. August (sic!) des folgenden Jahres 1812 die Geburt des ersten Nachkommen, eines Sohnes, der auf den Namen Rudolf Franz getauft wurde[23] und zwar, wie wegen des evangelischen Bekenntnisses des Vaters ausdrücklich vermerkt wird, katholisch unter der Zusicherung der Eltern, für eine katholische Erziehung zu sorgen. Annas Vater allerdings war kurz zuvor verstorben, die Mutter, die als Taufpatin fungierte, wird im Taufbuch als Cäcilia Schaller, Kellermeisterswitwe, angegeben. Der Reihe nach folgen nun die Geburtsangaben der weiteren Geschwister im Taufbuch; es sind schließlich im ganzen sieben: ein Jahr später, am 13. August 1813, der zweite Sohn Karl Friedrich, danach am 29. Dezember 1815, eine Tochter Lidwina, nach ihr Anna, dann der dritte Sohn Franz Seraphim, Karolina und schließlich 1833 als jüngste, Louise.

VI

Jakob Alt sah sich durch die Gründung einer Familie in einer veränderten Situation. Vielleicht hatten kleine Ersparnisse dem Brautpaar zunächst die Sicherheit gegeben, seine gemeinsame Existenz darauf aufbauen zu können. Um so mehr muß es sie getroffen haben, daß die schon länger sich anzeigende finanzielle Inflation eben in diesem Herbst 1811 in einen Geldsturz bis zum Bankrott umschlug und so die jungen Alts, wie ungezählte andere Menschen auch, in die schwierigste materielle Lage brachte. Kurzum, Jakob mußte unverzüglich von seinen künstlerischen Fähigkeiten leben und eine Familie ernähren. An die Fortsetzung von Studien war in dieser Lage nicht zu denken. Der erste Schritt mußte es sein, sich den Wiener Kunsthandels- und Verlagshäusern anzubieten und hier sein Brot zu suchen. Es waren nicht allzuviele Unternehmen, die sich in Wien etabliert hatten, und zwar: *Dominik Artaria* (1775—1842), der das älteste, seit 1770 bestehende Haus, das sich seit 1789 am Kohlmarkt Nr. 9 befand, leitete; *Heinrich Friedrich Müller* (1779—1848) aus Hannover, der durch Heirat mit der Witwe des Kunsthändlers Hohenleitner an die Spitze einer Handlung gelangt war und nach 1807 im Geschäftslokal des frühverstorbenen Hieronymus Löschenkohl am Kohlmarkt Nr. 1218 etabliert; *Josef Eder* (1760—1835), seit 1789 im sogenannten Elefantenhaus am Graben; *Franz Xaver Stöckl* (1756—1836) im Seizerhof Nr. 427; *Josef Frister* (1762—1832), seit 1805 vom Neuen Markt nach Mariahilf übersiedelt und mehr mit originellen Scherzbilletts als mit Graphik beschäftigt; *Joseph Schreyvogel* (1768—1832), der 1801 das „Kunst- und Industriecomptoir" gegründet hatte und seit 1806 am Hohen Markt Nr. 582 residierte, selbst Mäzen und dazu noch der fortschrittlichste seiner Zeit, der allerdings 1813 durch Verschulden seines Kompagnons den Zusammenbruch seiner Handlung erlitt und später in geistige Umnachtung fiel; *Sigmund Anton Steiner* (1773—1838) im Paternostergassel auf dem Graben Nr. 572, der sich im besonderen bald dem Handel mit Lithographien widmete und *Tranquillo Mollo* (1770), seit 1804 von Dominik Artaria getrennt, dessen Firma nach 1832 von seinen Söhnen in den Konkurs gebracht wurde, sowie schließlich der 1811 verstorbene *Carlo Mecchetti,* der Verleger des Peintre Graveur Adam von Bartschs, dessen Neffe Pietro die Firma am Michaelerplatz Nr. 1153 durch den Handel mit Lithographien, so etwa mit Kriehubers Werk, bedeutend ausbaute.

Diese Verlage und Kunsthandlungen hatten nun in der Tat den entscheidendsten Anteil an der begonnenen „Entdeckung" Österreichs. Bis ins letzte Viertel des 18. Jahrhunderts war es im wesentlichen nur die Augsburger Vedutistenschule gewesen — Pfeffel, Kleiner und Delsenbach —, die sich Wiener Ansichten gewidmet hatte, andere topographische Werke des 18. Jahrhunderts zeigten nichts als Schlösser in den österreichischen Ländern und manche Vogelschau-Darstellungen der Städte. Gewiß lag auch in der Kupferstichtechnik, ihrer präzisen, oft dunklen Härte, wenig Möglichkeit, eine einfühlende landschaftliche Schilderung zu geben. Der Wandel lag in der genannten Erfindung des Schweizer Stechers Johann Ludwig Aberli (1723—1786) und des Caspar Wolf (1735—1798), die mit ihrer Methode der Umrißradierung nicht zuletzt der im Sinne Rousseaus aufgekommenen Naturliebe Rechnung trugen, um zwischen dem langwierigen und lediglich einmaligen Aquarell und dem unbefriedigenden Kupferstich attraktive, in Serien verbreitbare Kunstblätter herzustellen.

Diese Aberli'sche Methode war tatsächlich in ihren Auswirkungen epochal (was im übrigen kein geringerer als Johann Wolfgang von Goethe früh erkannt hatte), und auch in Wien fanden sich rasch zwei junge Schüler der Akademie, der eine, als Schüler Hohenbergs, mehr Architekturzeichner, der andere, als Schüler Schmuzers, mehr Radierer, beide besonders für die exakte und doch reizvolle Wirklichkeitsschilderung begabt und befähigt: Karl Schütz, 1745 in Laibach geboren, und Johann Ziegler, der 1749 in Meiningen (Sachsen) das Licht der Welt erblickt hatte. Sie beschlossen 1778 als gemeinsame Arbeit: „die vorzüglichsten und schönsten Gegenden der prächtigen k. k. Residenzstadt Wien und ihrer Vorstädte, als auch jene von den Linien vorzustellen". Im Jänner 1780 schloß Dominik Artaria mit ihnen einen Vertrag, wonach sie sich sogar ausdrücklich verpflichteten, „nach der Art der Neapolitanischen und Schweizer Gegenden von Aberli und Wolf gemalen" vorzugehen und versicherten, sie würden „keine Mühe sparen, die vorzüglichsten und interessantesten Ansichten zu wählen, solche so getreu als möglich nach der Natur zu zeichnen, die Ausführung selbst mit Nettigkeit und Geschmack zu behandeln"[24]. Schütz sollte hiefür in zwei Jahren bis zum Mai 1782 12, Ziegler das Doppelte, nämlich 24 Ansichten herstellen. Dies gelang ihnen wohl, aber erst bis 1784. Der Erfolg jedenfalls war außerordentlich. Artaria beeilte sich zu einem neuen Vertrag, zu dessen Erfüllung ein neuer Mitarbeiter, der dann aber für die Entwicklung des Aquarells und eines ganz neuen Kolorismus in Wien wichtigste, aus Radovlijca bei Laibach stammende und hier 1749 geborene Laurenz Janscha, aufgenommen wurde. Auch die weiteren, bis 1798 fertiggestellten 21 Blätter der „Wiener Ansichten" — die Unternehmung endete mit dem Tod von Schütz —, bilden nicht nur eines der bis heute reizvollsten Dokumente des ausklingenden Rokoko im josephinischen Wien, sondern die entwicklungsgeschichtliche Basis des aufkommenden österreichischen Realismus. Der wirtschaftliche Erfolg Artarias ließ seine Konkurrenten nicht ruhen, und weil vor allem Janscha selbst als Schüler Weirotters und Schmuzers so geschult der neuen allgemeinen Neigung folgte und in die freie Natur drängte, war der nächste Schritt aus der Stadt heraus zur „Landschaftsvedute"; die lange Reihe von Landschaftsdarstellungen Österreichs nahm also ihren Anfang. Am 28. April 1801 erhält der aus Freiburg im Breisgau stammende Ferdinand Runk folgende Genehmigung: „Die k. k. Akademie der bildenden Künste nimmt keinen Anstand ihm Ferdinand Runk von Freyburg gebürtig Landschaftsmahler auf sein Ansuchen die Erlaubnis anmit zu enthüllen, daß er die Landschaftsgegenstände im Lande Tirol abzeichnen möge. Dieselbe ersucht hiernach auch geziement die Ortesobrigkeiten im Lande Tirol dem Landschaftenmahler Ferdinand Runk solches zu gestatten auch gefällig zu veranstalten daß er von ihrem Untergebenen auf keine Art dabey verhindert werde"[25]. Der Künstler war zu dieser Reise vom Kunsthändler Eder aufgenommen worden und stellte eine Reihe von 24 Ansichten mit einem Titelblatt und der Widmung an Erzherzog Johann von Österreich her, Pieringer hat die Übertragung der Aquarelle in die Aquatinta-Technik vorgenommen[26]. Man dürfte also sagen, Runk habe die Wiener Vedute auf die österreichische Landschaft ausgedehnt. Und er nahm tatsächlich bald eine Schlüsselstellung ein, womit er allen jüngeren nach Wien kommenden deutschen Malern als Stütze und Vorbild galt. Dieser Kreis ist es, der jener akademischen Theorie von der „Idealen Landschaft" im Sinne der Theorie des Mengs nun realistisch am entschiedensten entgegentritt. Die Wirklichkeit zu erfassen, das ist ihr Ziel, und dazu die schönsten Punkte des Landes aufzusuchen das Mittel. Der Älteste aus diesem Kreis ist vielleicht der seit 1797 in Salzburg tätig gewesene Albert Christoph Dies, der seit 1803 an der Wiener Akademie im Sinne dieser Gesinnung unterrichtet. Ebenso 1801 erscheint die „Mahlerische Reise ins Ausserfern und Vorarlberg" des seit 1785 bereits als Regierungsbaudirektor in Innsbruck lebenden Franz Carl Zoller. Im selben Jahr 1801 erscheint ferner, nun bei Artaria, das Ergebnis der Reisen des Johann Jakob Strüdt (1773—1807). Als nächstes folgt 1803 die Folge der Aquatintablätter von Wilhelm Friedrich Schlotterbeck im Verlag Mollo, und 1802 hatte sich Joseph Schreyvogel entschlossen, für das neugegründete „Kunst- und Industriecomptoir“ Ansichten aus Tirol und Vorarlberg herauszubringen. Er war es auch, der Martin von Molitor mit seinem Helfer Jakob Gauermann den Auftrag hiezu erteilte. Seit 1806 aber schließen sich ganz andere Wanderungen an. Die jungen romantischen Akademiker, nämlich längst nicht mehr überzeugt von den akademischen Unterrichtsmethoden und Zielen, begannen, selbst in die freie Landschaft hinauszuziehen: im Spätsommer 1806 Franz Pforr mit Matthäus Loder, dem späteren Kammermaler Erzherzog Johanns, im August 1807 Overbeck und Pforr ins Schneeberggebiet. Allerdings sollte erst 1817, unter Oliviers Führung, die reife Romantik Salzburgs Schönheit entdecken. Von Jakob Gauermanns Auftrag im Jahre 1809, die Vorzeichnungen für Delabordes Werk „Voyage pittoresque en Autriche“ herzustellen, war schon die Rede. Er erfüllte diesen Auftrag im Laufe des Jahres 1810 und wurde im darauffolgenden Jahr 1811 von Erzherzog Johann dazu aufgenommen, die obere Steiermark zu bereisen, um im Sinne seiner Bestandsaufnahme die künstlerische Aufgabe zu übernehmen. Es ist dies im Antrag des Erzherzogs vom 1. Juni 1811 um Ausstellung von Polizei-Pässen deutlich umrissen: „Die Maler Gauermann, Russ, Wittinghoff und der Mineraloge Mohs sind bestimmt Steyermark und Kärnthen zu bereisen und für mich neue Materialien zu der neuen Landebeschreibung zu sammeln“[27]. Mit alldem rundet sich der Prozeß bereits. Als eine der originellsten, weil enthusiastischsten Erscheinungen seiner Zeit sei Josef Kyselak nicht vergessen, der nicht nur auf seiner „Fussreise durch Österreich usw.“ alle Schönheit seines Vaterlandes aufzunehmen trachtete, sondern sich auch überall, wo er war, durch ein gemaltes oder gemeißeltes Monogramm verewigte. Ein nicht minder origineller Mann war der Hauptmann der Österreichischen Armee Karl Ludwig Viehbeck (1769 Niederhausen/Franken —1827 Wien), ein künstlerisch begabter Autodidakt, der sich im Jahre 1811 zum Ziel setzte, ein monumentales patriotisches Werk in Form einer „Mahlerischen Reise durch die schönsten Alpengegenden des Österreichischen Kaiserstaates“ zu schaffen, ein umfangreiches Unternehmen, das zwar allerhöchste Unterstützung erhielt, dennoch aber immer wieder ins Stocken geriet. Mehrmals suchte er um Unterstützung an und stellte auch bis 1814 12 Blätter fertig. 1817 meldet er einen gewissen Abschluß, 1819 spricht er allerdings wieder davon, daß „die Thätigkeit wieder ihren Anfang nehmen könne“, denn er habe schon „mehrere geschickte Maler zum Illuminieren der Blätter engagiert“. Viehbeck arbeitete nämlich so, daß er selbst reiste und zeichnerische „Aufnahmen“ herstellte, die er von anderen dann in der Aberli-Manier ausführen ließ. Es waren lauter junge, zugewanderte Landsleute aus Deutschland, denen er hier offenbar auch dadurch Arbeit zu geben trachtete. Er beschäftigte Erhard, Johann Adam Klein, Carl Heinrich Rahl und Jakob Gauermann. Deren Mitarbeit umfaßte über 70 Blätter, die 1821 endgültig abgeschlossen waren. Und dieser Kreis ist es, in dem auch unser junger Jakob Alt die erste Aufgabe gefunden hat. Das Blatt „Stift Heiligenkreuz bei Baden“ dieser Serie stammt von seiner Hand. Nicht unmöglich scheint, daß er von Viehbeck im besonderen mit der Illuminierung der Blätter beschäftigt wurde. Die Serie gelangte übrigens niemals in den Handel, sie wurde aber durch die Akademieausstellung von 1822 weithin bekannt[28].

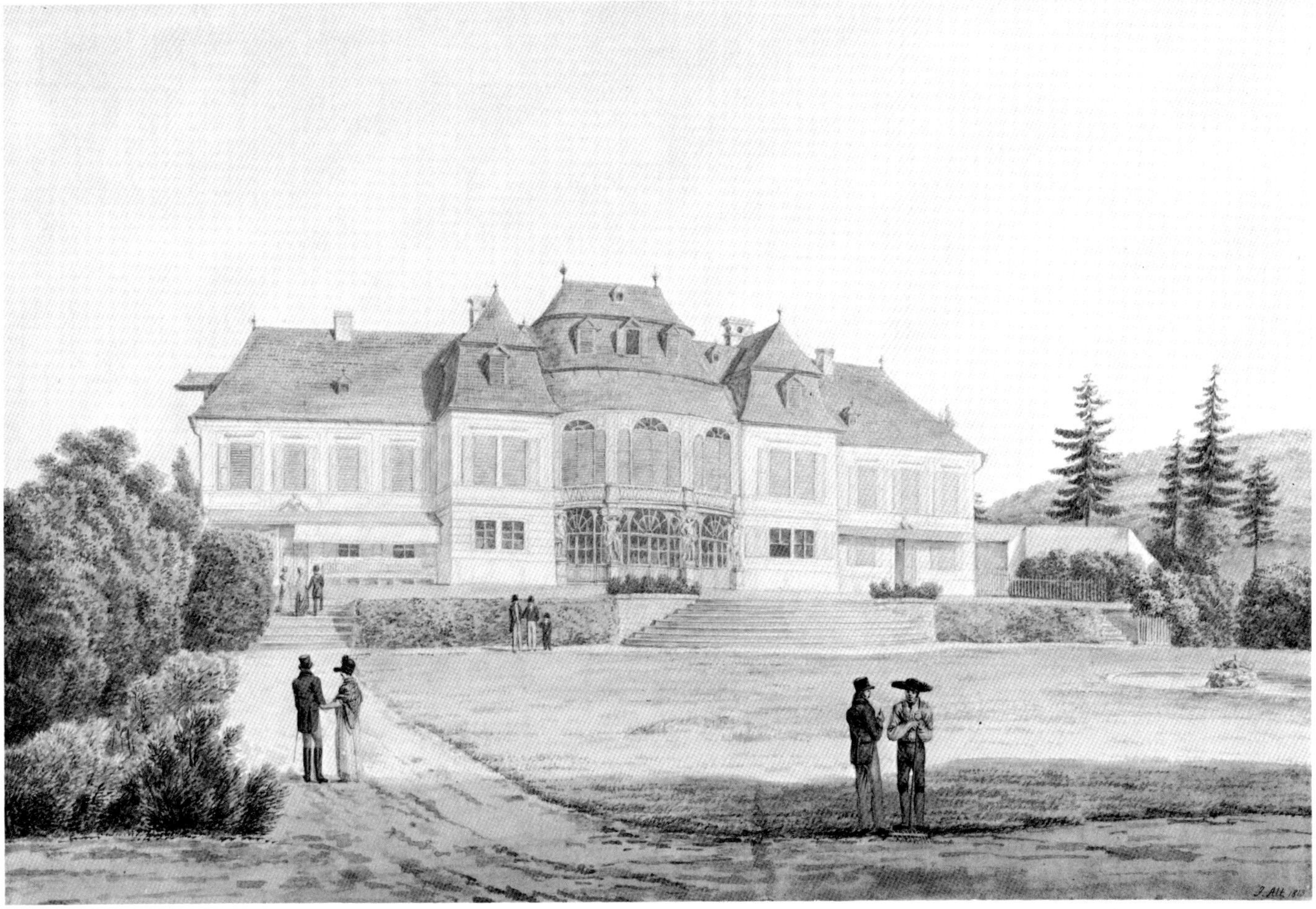

4. J. Alt, Schloß Neuwaldegg in Dornbach, 1813

VII

Es haben sich nur einige wenige Werke Jakob Alts aus diesen ersten Jahren seiner selbständigen Tätigkeit in Wien erhalten und sie zeigen sein emsiges Bemühen, doch einigermaßen interessante Gegenstände im Sinne der Schütz-Ziegler- oder Runk-Serie zur Darstellung zu bringen, was ihm, einem auf diesem Felde zunächst unerfahrenen jungen Künstler, kaum recht gelingen will. Seine Versuche sind anfangs auch offenbar kein Erfolg, er zwingt sich sichtlich, etwas zu tun, was ihm nicht sehr liegt. Die Ergebnisse sind nur allzu naiv; es mangelt ihm an Sicherheit in der Perspektive, in der Staffage oder auch in jeder farbigen Differenzierung. Die dichte Gouache, die er im Sinne seiner erlernten Tradition noch generell verwendet, wird zu einer starren Fläche. Aufgesetzt und künstlich wirken alle Lichter, alle Modellierungen und Figuren. Im Vordergrund ergeben sich recht tote Zonen, und die perspektivische Verkürzung der Landschaft dem Hintergrund zu verschwindet allzu unansehnlich. So zeigen sich das Helenental und die Ruine Rauhen-

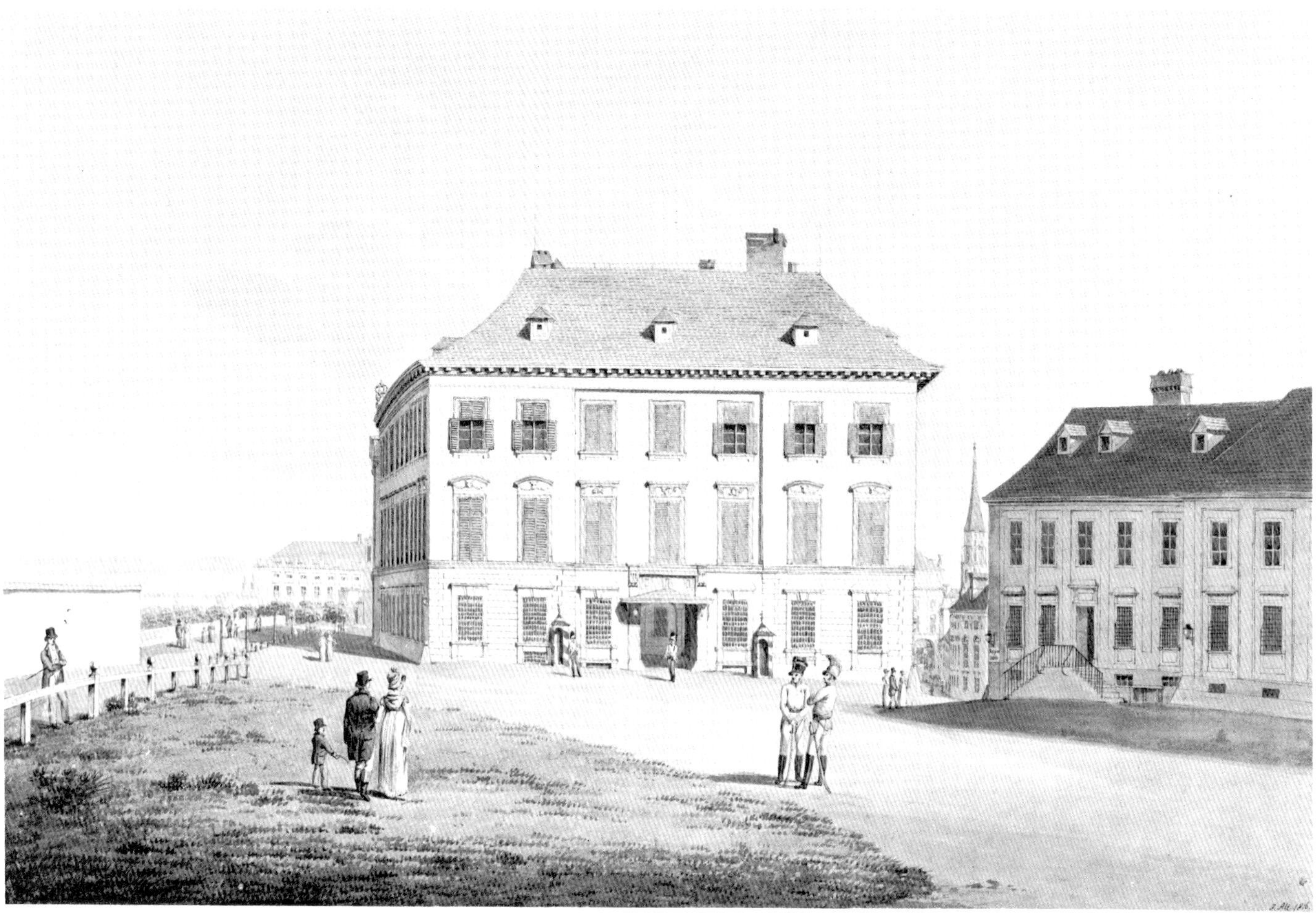

5. J. Alt, Das Palais Herzog Albert, 1816

stein und manches andere nicht gerade von der eindrucksvollsten Seite.
Aber offenbar hat sich Jakob Alt nicht geschlagen gegeben, er entwickelt sich rasch und deutlich, experimentiert, versucht einmal sogar, Zirkel und Lineal einzusetzen, dann wiederum arbeitet er sehr frei mit dem Pinsel, endlich will er sich auch zeichnerisch ausdrücken und gewinnt so einigen kleinen Vignetten wie manchen Aquarellen bereits beachtliche Reize ab. Doch dann: sein erstes Hauptwerk zeigt ihn plötzlich überraschend gereift; zwar hält er sich durchaus noch an die alte Deckfarbentechnik, doch weiß er sie schon ganz anders, weicher und mit mehr Atmosphäre einzusetzen: Der „Blick auf Wien von der Spinnerin am Kreuz“[29] ist ein erster und ein wesentlicher Schritt innerhalb der gesamten Gattung. Das Jahr 1817 hatte in der Geschichte der Landschaftsmalerei überhaupt Sternstunden, die Wanderungen der Romantiker, wie erwähnt, durch die Salzburger Gegenden, ließen geradezu eine neue Kunst entstehen, aber auch für Jakob Alt brachte es eine Wende. Sie wird in nichts deutlicher als darin, daß er sich noch einmal darum

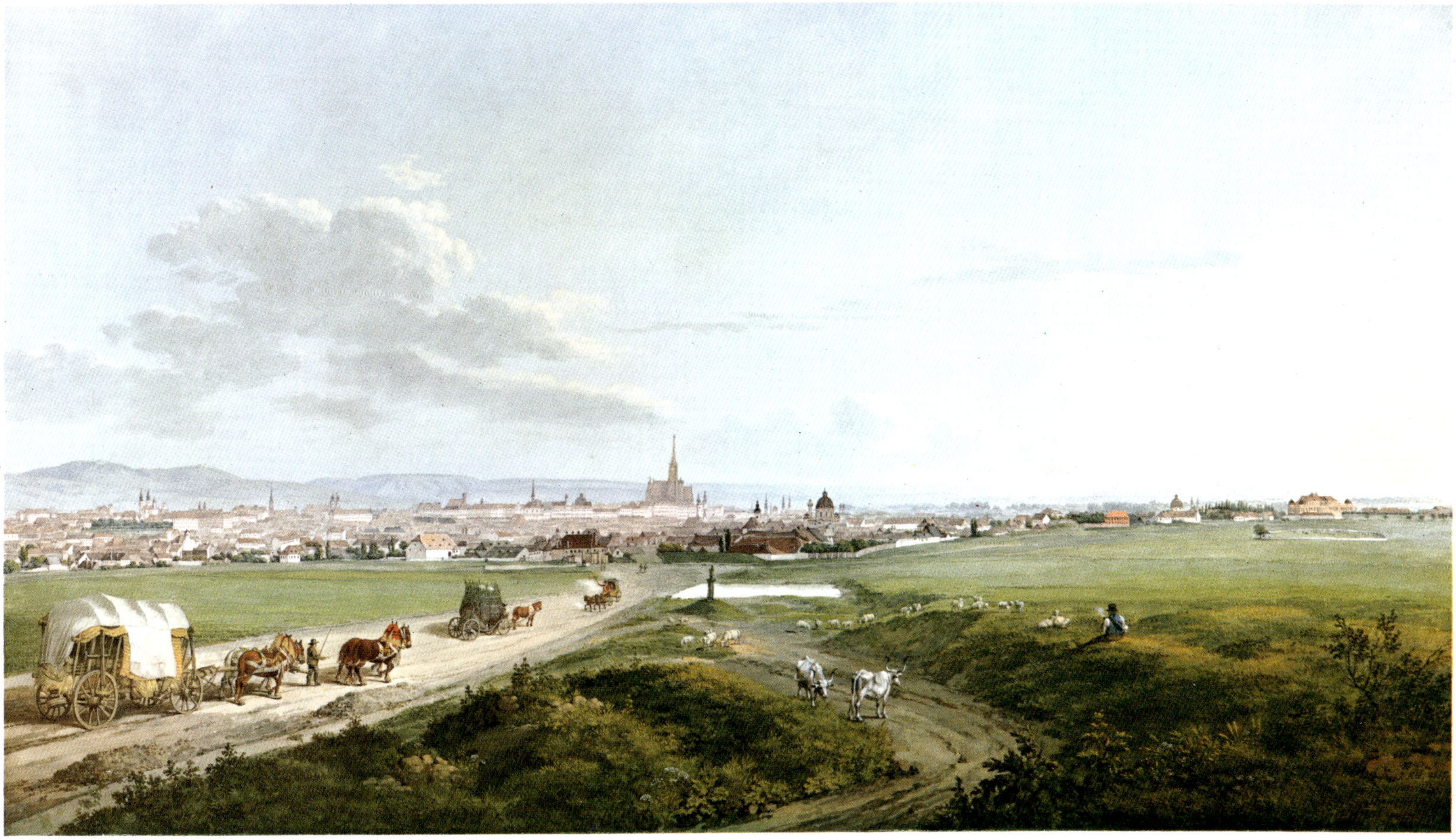

6. J. Alt, Blick auf Wien von der Spinnerin am Kreuz, 1817

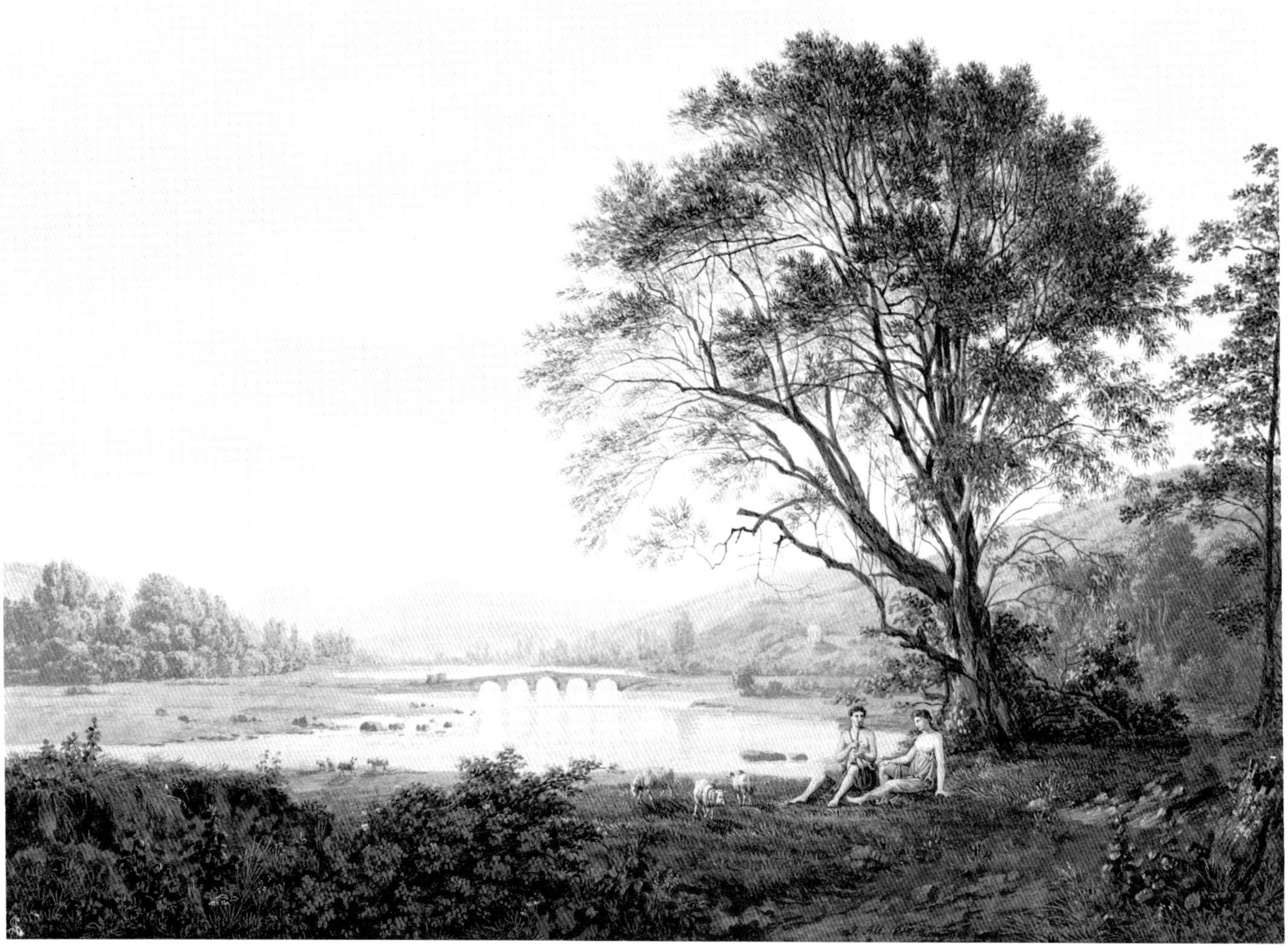

7. J. Alt, Mythologische Szene, 1817

abmüht, ideale Claude-Lorrain-Landschaften mit mythologischen Staffagen zu verbinden, offenbar, um so auch klassischen Ansprüchen zu genügen, und beinahe scheint es, als suche er die Selbstbestätigung, daß man so etwas auch ohne akademische Studien könne. Den Beweis mag er letztlich schuldig bleiben, der Umschlag aber in die Antithese, in den Realismus einer Salzkammergut-Landschaft noch im selben Jahre, ist fast wie ein Protest. Alt hat offenbar seinen Weg gefunden.

VIII

Jakob Alts Lebensweg fand erst in dem Augenblick eine gesicherte Richtung, als er die Möglichkeit sah, seine wahre Begabung in der Lithographie zu entfalten. Alois Senefelder war mit dem Geheimnis seiner epochalen Erfindung des „chemischen Druckes" im Zuge der möglichst gleichzeitigen und weitgesteckten Verbreitung von München aus bereits im Jahre 1802 nach Wien gekommen, erhielt hier, wie er selbst es ausführlich schilderte, auch im folgenden Jahr das Privi-

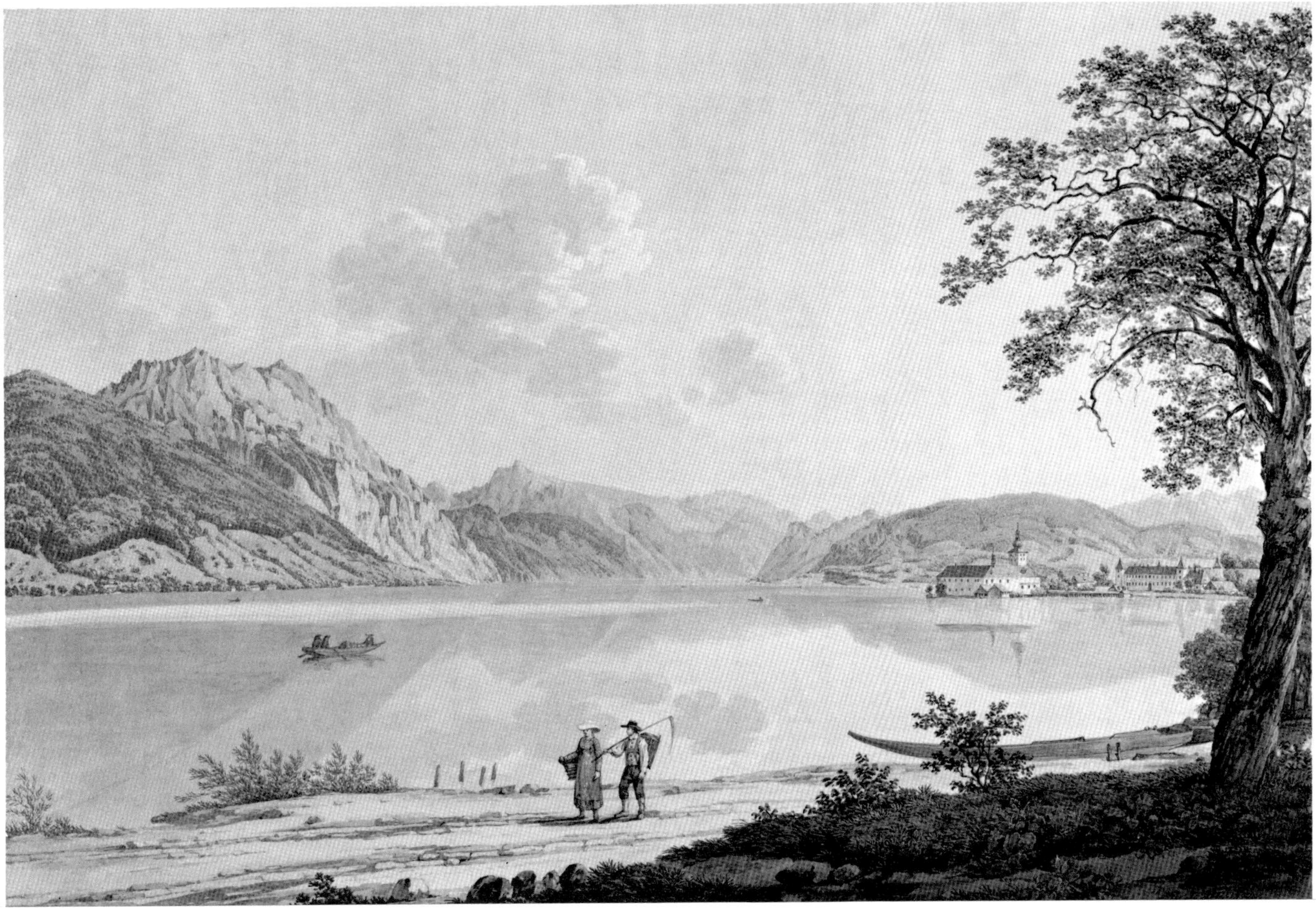

8. J. Alt, Blick auf den Traunsee, 1817

legium, doch während seine Kompagnons sowohl in Paris als auch in London oder Berlin sofort größtes Interesse in Künstlerkreisen fanden, sah man in Wien allein eine militärische Anwendungsmöglichkeit. Die Ausgabe also von Lageskizzen, Dispositionen, Erkundungsergebnissen, Truppenbewegungen, alles dies konnte in der Lithographie rasch und vielfältig verbreitet werden. Immerhin, und das muß man dabei bedenken, befand man sich mitten in Kriegszeiten oder im Aufbruch zu kommenden Entscheidungen. So war es auch verständlich, daß die erste in Wien verfaßte Beschreibung der Lithographie durch einen Offizier, nämlich durch den Direktor der Ersten Lithographischen Anstalt des Katasteramtes, den Hauptmann Lorenz Kohl, erfolgte. Senefelder kehrte bald zu neuen Aufgaben nach München zurück, nicht ohne vorher noch in Wien eine erste Werkstatt vollständig einzurichten, die der Kunsthändler Sigmund Anton Steiner übernahm. Doch dieser verwendete das Verfahren wiederum ohne künstlerische Ambition allein für die Vervielfältigung von Notendruck seines musikalischen Verlages. Der Erfolg war gering. Nun machte sich der Buchhändler Carl Gerold auf und ließ sich von Senefelder auf eigene Kosten eine zweite Werkstatt einrichten. Auch dieses Unternehmen führte zunächst zu keinem Erfolg. Nun aber — wir schreiben inzwischen das Jahr 1816 — begann sich Adolf Kunicke, der aus Greifswald stammte und ab 1804 die Wiener Akademie besucht hatte, mit der Lithographie zu beschäftigen. Er geht 1816 nach München, wo er von Senefelder in der neuen Technik unterwiesen wird, begleitet ihn 1816/17 nach Wien zurück und findet auch mit ihm die Gelegenheit, hier seine Versuche in der Werkstatt von Carl Gerold fortzusetzen. Noch 1817 erhält er die Befugnis, eine eigene „Lithographische Anstalt“ zu gründen, die schließlich zur bedeutendsten und produktivsten Werkstatt Wiens bis etwa zum Ende der zwanziger Jahre wurde. Eines seiner ersten Ziele war es, ein Elementarwerk der Zeichnung und Malerei herauszugeben, und es ist offenbar, daß Jakob Alt die Zeichnungen zu diesem Projekt lieferte. Immerhin waren Kunicke und Alt in der Alservorstadt Nachbarn, der eine wohnte auf Nr. 144, der andere auf Nr. 149. Aber Kunicke war mit den gegebenen technischen Möglichkeiten nicht zufrieden und begann selbst zu experimentieren, wobei es wohl sein Vorzug war, über profunde technische Kenntnisse hinaus künstlerische Fähigkeiten zu besitzen und daher mehr Verständnis für Notwendigkeiten und Möglichkeiten dieses Verfahrens. Seine Fortschritte mit der Nadelritzung, der Kombination von Feder und Kreide, und mit dem Druck von Tonplatten brachte Wien tatsächlich in den nächsten Jahren an die Spitze der Entwicklung. Kunicke betrieb bereits nach zwei Monaten vier Pressen, eine „Gesellschaft“ bildete sich, „Die Freunde der Lithographie“. Diese rasche Entfaltung zog zwangsläufig auch die Konkurrenz an. Neben Kunickes „Lithographischer Anstalt“ fand sich bald eine neue Initiative, die mit Hilfe eines Grafen Pötting im Jahre 1817 ein „Lithographisches Institut“ am Michaelerplatz 2 gründete. Immer mehr Künstler begannen sich für das neue Verfahren zu interessieren, so etwa Ludwig Schnorr von Carolsfeld und Peter Fendi. Bereits 1818/19 ist man so weit, mit Farbversuchen, mit dem chromolithographischen Druck, beginnen zu können.

Jakob Alt versuchte sich, was für ihn nahelag, in einer Wiener Vedute im Stil der Schütz-Ziegler-Blätter, die er aber am Stein zeichnete (eine Ansicht von der Augustiner Bastei gegen die St.-Karls-Kirche entsteht und eine Ansicht von der St.-Karls-Kirche gegen die Stadt und Vorstädte Wiens, beide datiert 1819). Daß ihm hier technisch nicht alles gelingt, ist deutlich. Sein weicher, malerischer Stil wirkt nur grauschwarz und eher patzig und läßt jede Brillanz vermissen. Aber der Bann scheint gebrochen, man erkennt, daß die Lithographie ein geeignetes Mittel geworden ist, um Kenntnisse, Bilder und Sehenswürdigkeiten zu verbreiten, und schon im Jahre 1820 läßt Kaiser Franz I. sein Lustschloß Laxenburg in einer durch 55 Blätter bebilderten Monographie in Kunickes Lithographischer Anstalt darstellen. Es sind zwei eher bescheidene Künstler, die sich zunächst dieser Aufgabe widmen, J. Rupp und K. Bschor; zu ihnen scheint dann Jakob Alt getreten zu sein. Eine aufschlußreiche Konfrontation bezeichnet den Anfang: Alt wiederholt und verbessert ein bereits von Rupp hergestelltes Blatt, wobei sich seine Fähigkeiten gegenüber der starren Härte seines Konkurrenten entschieden überlegen erweisen. Auch etwas anderes versucht er: Blatt Nr. 13, die Ansicht des Ritterschlosses vom Süden her, stellt er in zwei verschiedenen Techniken her, als Ätzradierung in der traditionellen Aberli-Methode und in der neuen Kreidetechnik mit ihren reichen Schattierungen. Viel-

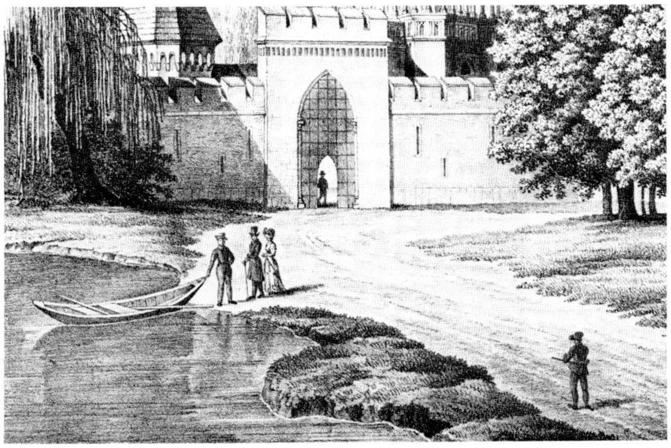

9. J. Rupp, Schloß Laxenburg (Ausschnitt), um 1820

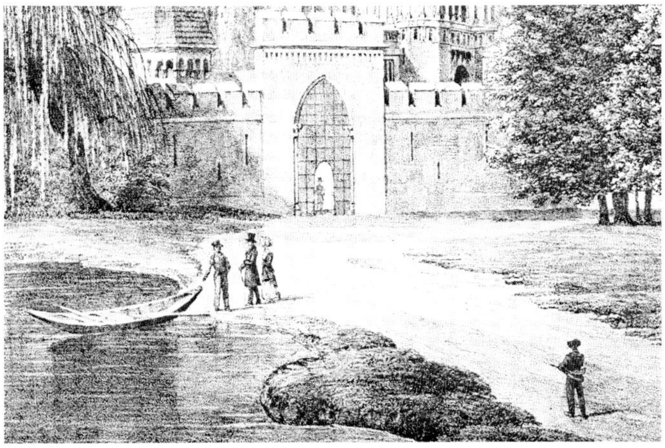

10. J. Alt, Schloß Laxenburg (Ausschnitt), um 1820

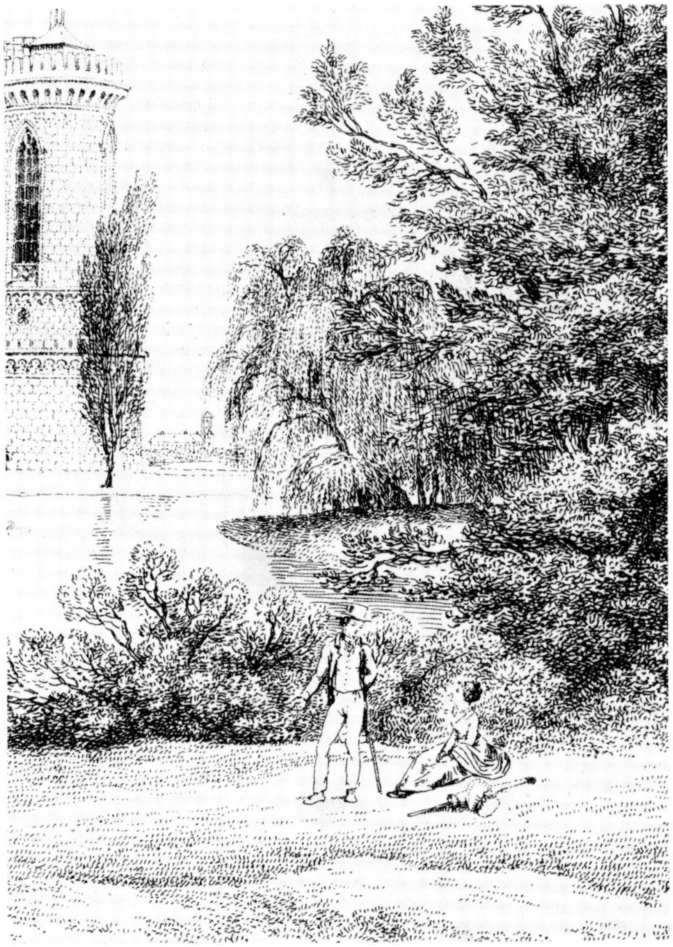

11. J. Alt, Schloß Laxenburg (Ausschnitt der Umrißradierung), um 1820

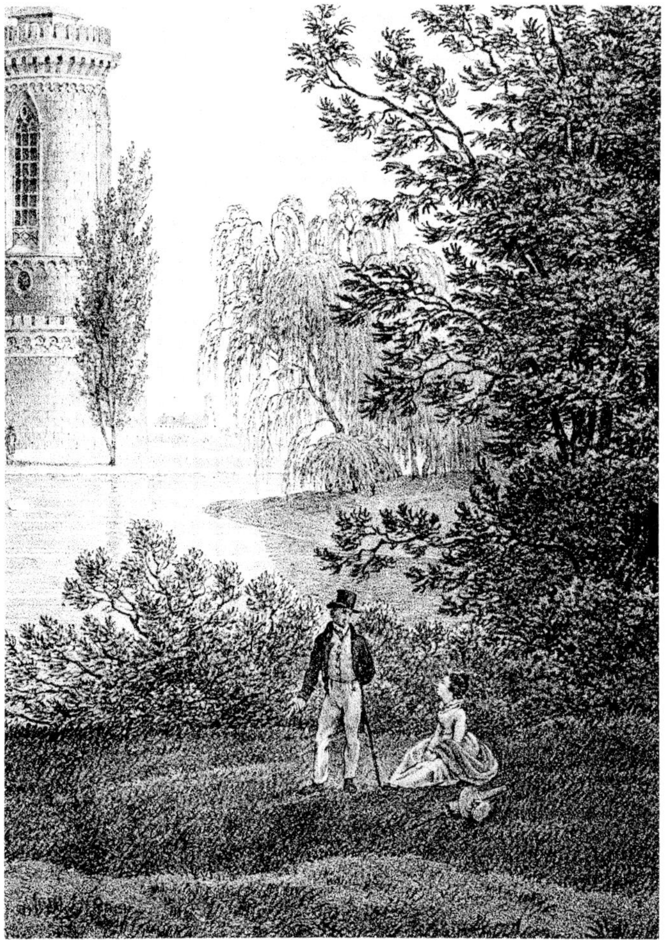

12. J. Alt, Schloß Laxenburg (Ausschnitt der Lithographie), um 1820

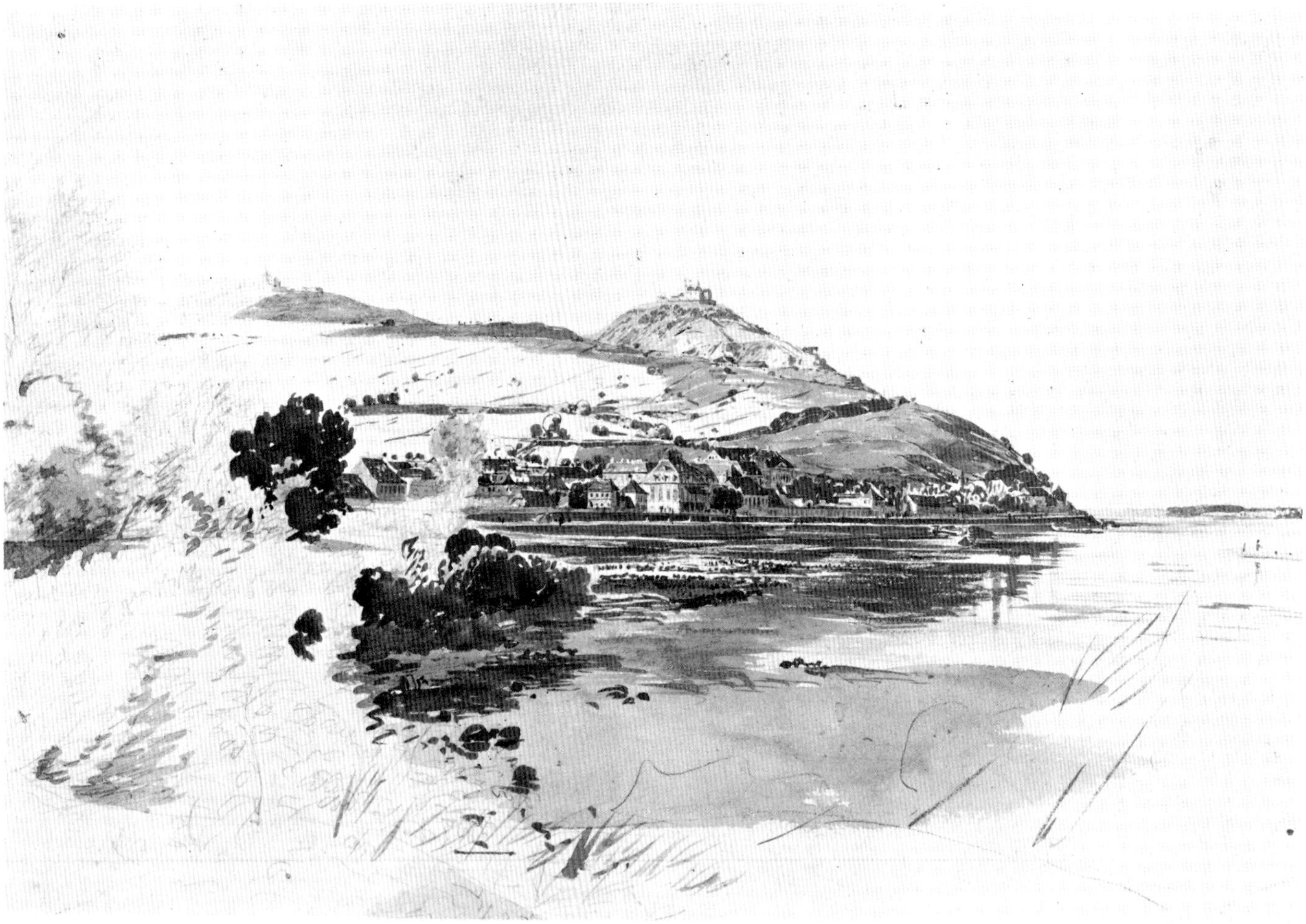

13. J. Alt, Blick auf Nußdorf an der Donau, aquarellierte Vorzeichnung, um 1820

leicht ging es dabei überhaupt um den Entschluß, welche Technik man wählen sollte. Immer mehr also entwickelte sich Alt so zu einem Spezialisten der Lithographie. Die geplante Serie der Siebenbürgischen Ansichten[30] war zwar noch nicht fertiggestellt worden, aber sie hatte zweifellos bewirkt, daß eine starke Anregung auf Künstler und Verleger ausgegangen war, Ansichten der Donau zu schaffen und zwar nicht auf ihren Verlauf in Siebenbürgen beschränkt, sondern eine solche Serie auf ihre ganze Länge vom Ursprung bis zur Mündung auszudehnen. Zuerst plante Kunicke noch, Alt bloß zu einer Reise durch „Syrmien, Peterwardein und Neusatz“ zu verpflichten, dann aber nahm das Projekt ganz andere, klare Formen an. Schorn schildert: „Nach manchen anderen mehr oder weniger glücklichen Beweisen seiner Geschicklichkeit wollte Hr. Kunicke endlich den Gewinn an Einsicht und Praxis an einem großen allgemein interessanten Gegenstand darlegen, der ihm zugleich die gewünschte Unabhängigkeit sichern könnte, woran es ihm bis jetzt noch immer gefehlt hatte. Die lithographische Darstellung der bemerkenswerthesten Donau-Ansichten vom Ursprung bis zum Ausflusse ins Meer versprach zu dem Ende nur alle mögliche Begünstigung. Eine

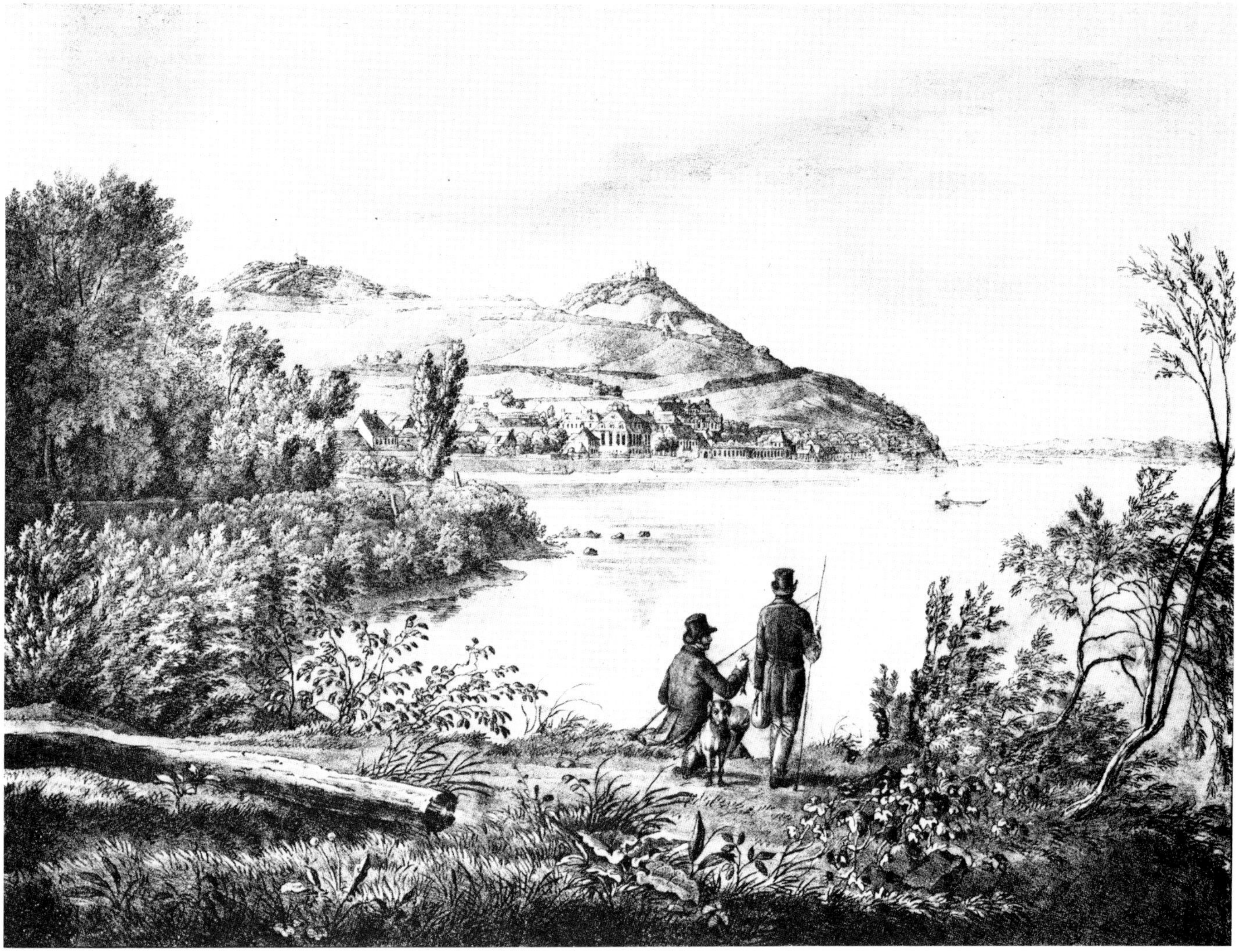

14. J. Alt, Blick auf Nußdorf an der Donau, ausgeführte Lithographie, um 1820

freye Verbindung verschiedener Kräfte war dazu nothwendig; so kam man denn dahin überein, daß Hr. Jakob Alt die geeignetsten Donauansichten zeichnen, H. Kunicke selbe drucken und Hr. Dr. Franz Sartori zum Schlusse des Werks einen erläuternden Text beyfügen sollte." Rasch fand das Vorhaben Interesse: So wie an der Spitze die Monarchen Österreichs, Rußlands und Preußens zeichneten bis 1820 bereits 400 Abonnenten die Ausschreibung. Alle Monate sollten vier Blätter erscheinen, und es wird versichert, „Hr. Alt weiß die Natur interessant, treu und charakteristisch aufzufassen". Tatsächlich sollte das Werk — es erschien von 1818 bis 1826 und umfaßte insgesamt 264 Blätter, die Alt selbst bis 1822 fertiggestellt hatte, im Querfolio gedruckt, von Kunicke in mehreren leicht voneinander abweichenden Ausgaben vertrieben — der erste und größte Erfolg Jakobs werden.

IX

Die frühen Jugendjahre von Rudolf und Franz Alt lassen uns manche spätere Bemerkung recht deutlich vor Augen treten. Beiden Eltern war offenbar ein besonders starker Familiensinn eigen, sie wußten Freude, Spaß und Ernst gut ausgewogen zu halten; die Wohnung im Tigerapotheken-Haus mag recht lebhafte Zeiten gesehen haben. Vor allem die Mutter muß eine vortreffliche Frau gewesen sein, mit Sinn für alles Schöne, auch für Malerei, aber mehr noch für Musik, die sie besonders liebte, desgleichen literarisch interessiert, voll Neigung zur Natur, und, wie Rudolf zurückschauend sagte, war vor allem sie es, die sich um die Erziehung der Kinder kümmerte[31]. Der Vater, den seine glücklich gewonnenen Aufträge um 1818/19 auf weite Wanderungen von Donaueschingen bis über Budapest hinaus gegen das Schwarze Meer zu führten, soll freundlich, liebenswürdig und heiter gewesen sein und zu Hause ein zurückgezogenes, fröhliches Leben geschätzt haben. Mit wenigen Bekannten, meist Künstlerkollegen, verband ihn nähere Freundschaft, mit Schödlberger etwa oder mit dem Kupferstecher Passini, und besonders großen Eindruck scheint auf Vater Alt die Begegnung mit Beethoven gemacht zu haben, den er bei Artaria kennengelernt und mehrmals getroffen hat. Musikalisch waren sie alle in der Familie, Rudolf blies die Flöte, was er wegen starken Hustens später aber aufgeben mußte, Karl und Franz spielten Violine, die Schwestern Klavier. Louise, die jüngste, lebte später als Pianistin in Dresden. Man war fleißig, täglich mußten die Kinder eine Stunde am Morgen und ebenso eine am Abend üben und musizieren, so daß Rudolf mit viel Hausmusik aufwuchs, der sich manchesmal Professor Netreffa und der Archivar Glöggl vom Konservatorium beigesellten. Was man liebte, war

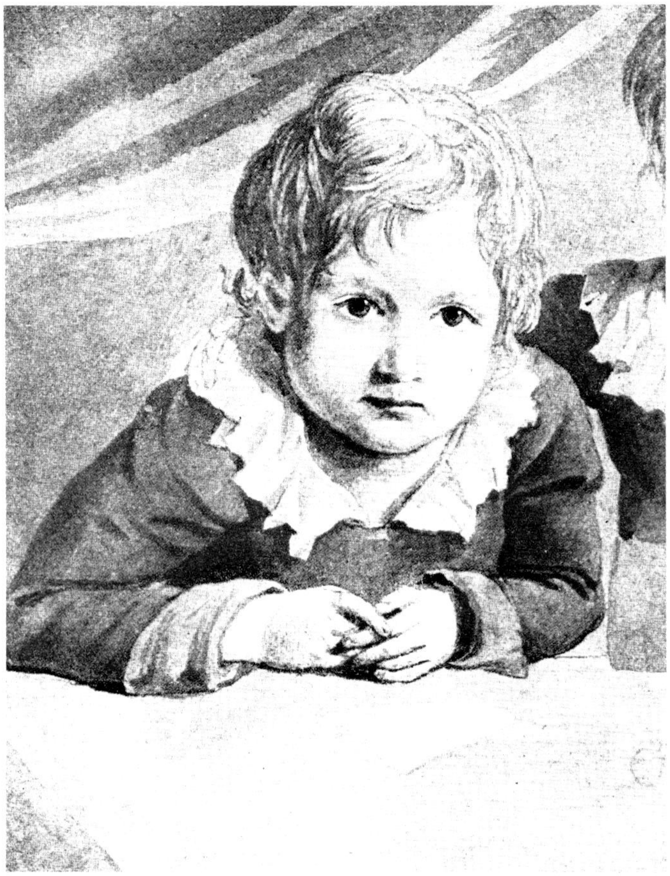

15. J. Alt, Rudolf als Kind (Ausschnitt), um 1816

vornehmlich klassische Musik, Beethoven vor allem und Mozart (mit dessen Sonaten Lidwina klagte, „überfüttert“ worden zu sein). Franz schildert: „Aber auch die Tanzmusik war nicht ausgeschlossen, da meine Schwestern gerne tanzten, was bei mir nicht der Fall war. Ich war daher froh wenn ich aufspielen musste und waren es da besonders Lanners Walzer, welche mir sympathisch waren“.

Eines der frühesten Ereignisse, das Rudolf in Erinnerung blieb, hat sich im Jahr 1817 zugetragen: „Ich war damals fünf Jahre alt. Wie Sie sich denken können, liegt diese Zeit ziemlich weit zurück. Ein paar starke Jährchen. Wenn Sie es ganz genau wissen wollen — übrigens können Sie es ja nach den letzten Gratulationsfeuilletons ausrechnen — 1817 war's zu Weihnacht. Und sehen Sie, an diesen Weihnachtsabend knüpft sich meine reizendste, denkwürdigste Weihnachtserinnerung. Mein Vater brachte in diesem Jahre zum erstenmal einen Weihnachtsbaum nach Hause. Anno 1817 kannte man in Wien diese wonnesam-traute, erhebend-erhabene Einrichtung noch nicht. Der Weihnachtsbaum breitete damals wohl schon in Frankfurt, woher mein Vater stammte, seine lieblichen Ästlein über Kinderglück und Kinderwonne, aber er tat es noch nicht in Wien. Hier war er ganz fremd, der herrliche Baum, hier hatte man seinen goldigen Schimmer noch nicht kennen und lieben gelernt. Und wenn ich noch so alt werde, nie werde ich, nie, diesen ersten, fremden Weihnachtsbaum vergessen. Plastisch und gravitätisch, milde und bezaubernd steht er noch heute vor mir, wenn ich mich in jene ferne Zeit zurückträume; ich sehe ihn, sehe auch mich, den dummen fünfjährigen Jungen, der wahre Freudentänze um dieses neue und doch so sympathische Bäumchen aufführte, der sich nicht zugute geben konnte über den Glanz, über den Flitter, über all die niedlichen Spielereien. Und wie bezaubernd winkten und blinkten die lieblichen Lichtlein! Wie warfen sie ihren Schein hinein in mein junges, aufnahmsfähiges Herz, wie enthusiasmierten sie mich! Noch tagelang schwärmte ich von dem neuen Baum und schwor mir, würde ich Maler wie der Vater, in den herrlichsten Farbentönen diesen ersten Weihnachtsbaum in Wien der Nachwelt zu erhalten, in sein Abbild all meine Gefühle, mein Gemüt hineinzulegen. Tat ich es auch? Ich glaube nicht. — Und dann entsinne ich mich auch der verdutzten Gesichter meiner kleinen, winzigen Freundchen und noch kleineren Freundinnen, als ich ihnen erzählte, was Papa aus Frankfurt Neues heimgebracht. Aber wieso? — Woher? — Warum? — so scholl es voll Neugierde in der jugendlichen Korona. Und nicht früher beruhigte sich der ungestümen Jugend Sinn, meine kleinen Spielgenossen ruhten nicht früher, als bis ich sie hinaufführte zu dem Baume, der zwar schon ganz entkleidet war, aber selbst in seiner trockenen Nüchternheit die Büblein und Mägdlein vollständig gefangen nahm. Und dieser Weihnachtsbaum, dieser Frankfurter Weihnachtsbaum des Weihnachtsabends von 1817 gehört zu meinen denkwürdigsten Weihnachtserinnerungen. Er war der erste, der in Wien seinen zauberhaften Lichterglanz ausstrahlte. Der allererste. Denn der Weihnachtsbaum wurde erst viel später allgemein in Wien eingeführt, wo er dann bald zu ungeahnter Volkstümlichkeit gelangte“[32].

Doch die elterliche Wohnung in der Alserstraße Nr. 8 (damals Alsergrund Nr. 136) mag dann in den zwanziger Jahren zu klein geworden sein, man fand ein neues Unterkommen in der Feldgasse, damals Nr. 316, in einem dem bürgerlichen Zimmermeister Stephan Schwanl gehörenden Haus, „Zum Schwandl“ genannt, ebener Erde im Mitteltrakt, einem großen Garten zu gelegen. Kaum, daß man sich eingelebt hatte, nach kurzer Zeit schon mußte wieder ausgezogen werden. Die Gartengründe wurden 1827 parzelliert, die Stadt wuchs und blühte eben wirtschaftlich auf, und der Seidenwarenfabrikant Franz Bernard errichtete auf den Wiesen zwei Zinshäuser, im Jahre 1833 den „großen“ und dann 1837 den „kleinen“ Bernard-Hof. Eben dieses Haus sollte später dann ab 1840 die Lebens- und Alterswohnung Rudolfs (der hier, Skodagasse 11, im zweiten und dritten Stock über vierundsechzig Jahre lebte) und auch des Franz werden, der niemals geheiratet hat und im ersten Stock des Hauses mit seiner Schwester Karolina zusammenlebte. Die Jugendwohnung aber, voll der heiteren Er-

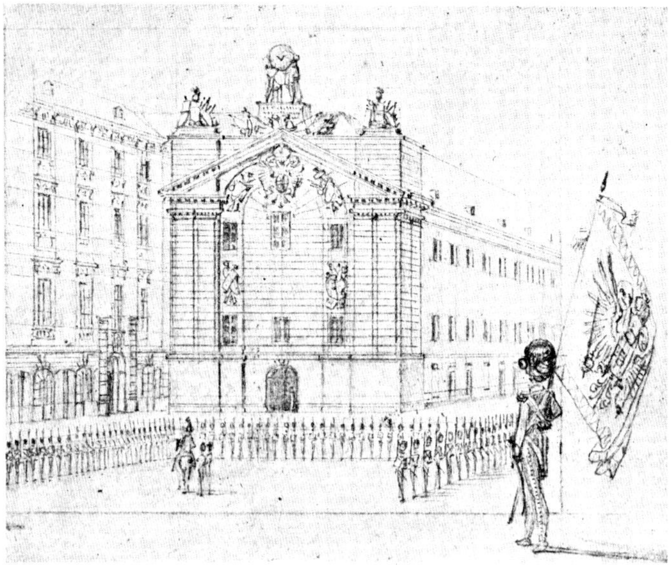

16. J. Alt, Bürgerliches Zeughaus in Wien, um 1820

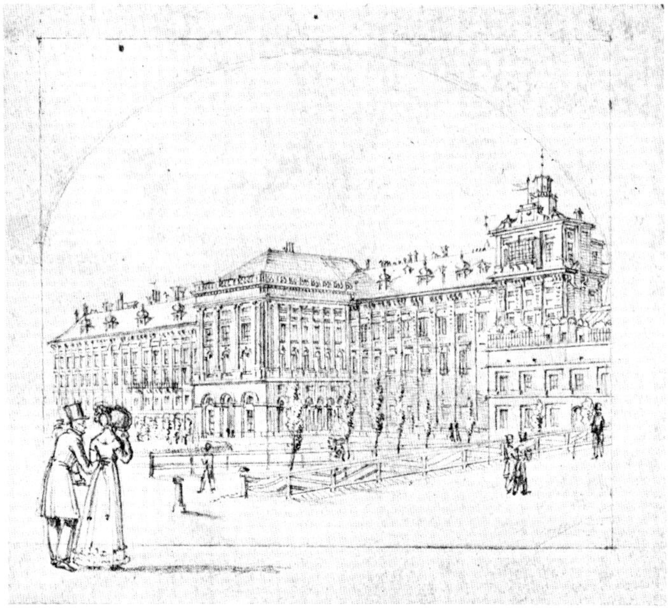

17. J. Alt, Die Ingenieur-Akademie in Wien, um 1820

innerungen zwischen 1828 und 1841, wurde die „Zum Mohrenköpfl" in der Adlergasse, der späteren Mariannenstraße Nr. 162. Sie lag zum Abhang des Alserbaches hin als einstöckiges Haus, war zum Garten zu aber ebenerdig, der — voll mit Obstbäumen — für die sieben Kinder ein Paradies voller Freuden, Geheimnisse und Spielgelegenheiten bot. Der Blick reichte vom Hause weit hin bis zum Kahlenberg und nach Dornbach, bis zum Schwarzenbergschloß. Man hatte von der Schönheit dieses Ausblickes sogar dem Kaiser erzählt, der daraufhin Auftrag gab, eine solche Ansicht für ihn zu malen[33]. Die Alservorstadt war damals sozusagen schon mitten „am Land", mit Lusthäusern und einer „Hutschen", einer Schaukel also, und sogar eine Kegelbahn hatten die Alts sich eingerichtet, „da gab es lustiges Treiben auch im Winter mit Schneemännern und Bauten aus Schnee, woran auch unser Vater sich betheiligte", erzählt Franz, und er erinnert sich, immer abwechselnd mit Lidwina im Schlitten zur Schule gefahren zu sein. Von ihm gab es, wie Hevesi noch zu berichten wußte, ein Bild, das die ganze Familie in diesem Garten beim Pfänderspiel zeigte; wie so vieles andere auch ist dieses Bild heute verschollen, aber man mag daran erkennen, wie fröhlich Rudolf und seine Geschwister aufwuchsen. Der Garten wurde unter Aufsicht des Vaters gepflegt, Blumen und Gemüse wurden gepflanzt, Obst, sogar Weintrauben, geerntet. Es gab einen besonders großen Nußbaum, auch einen Holunderbaum, unter dem die Familie im Sommer die Mahlzeiten einnahm, und eine Kastanie, in der alle Kinder ihre „Salons" hatten. Der Übermut der Alt-Buben richtete sich, wie der greise Rudolf noch halb lächelnd, halb bedauernd berichtete, gegen eine im selben Hause wohnende Frau namens Bedenk, die wegen ihrer keifenden Strenge und Absonderlichkeit namentlich dem kleinen Rudolf äußerst mißliebig war.

Sooft sie sich zeigte, stimmte Rudolf mit heller Stimme das Lied „Bedenk — o Mensch, daß du aus Staub bist usw. usw.“ an, worüber sich die abergläubische Nachbarin geradezu „springgiftig“ geärgert haben mag.
Rudolf bewahrte dieser Zeit und seinen „lieben guten Eltern“ bis in das höchste Alter eine rührende Erinnerung, auch wenn die Lebensereignisse ihn später über die Entfremdung zwischen Franz und ihm auch von seiner Mutter entfernt hatten. Damals, in der Kindererziehung, war sie es, die auf die gute Sitte hielt, täglich von ihm sein Gebet verlangte und überhaupt auf ihn den größten Einfluß hatte. „Meine erste Bildung“, so erzählt Rudolf[34], „gewann ich in der sogenannten Trivialschule, bei einem Privatlehrer, dem es so miserabel ging, daß er selbst — kochen mußte, wobei der Unterlehrer werktätige Assistenz leistete. Ich habe von seinen Speisen nie gegessen. Mir genügte schon die geistige Nahrung, die er mir verabreichte. Um in die vierte deutsche Klasse aufsteigen zu können, mußte ich bei St. Anna mich einer Prüfung unterziehen. Bitte erzählen sie es nicht weiter — ich fiel mit Pauken und Drommeten durch. Denn gelernt hatte ich nichts, legte vielmehr eine geradezu rührende Unwissenheit an den Tag. Dagegen regte sich bei mir schon frühzeitig das Talent zur Malerei —. Der Vater sorgte sich nicht um meinen Werdegang. Mama war aber umso wachsamer, und manche schöne Idee verdanke ich ihr.“ Mutter Anna beobachtete gut, und sie wußte, daß Rudolf es im Leben nicht leicht haben würde. Noch dem Fünfundzwanzigjährigen schreibt sie auf eine Reise mit jener Mischung aus Schelmerei und Liebe „An mein liebes Söhnchen Rudolf“: „O liebes, herzensgutes Söhnchen, Du mein Majoratsherr! O Du Schmeichler, Du Erzschelm —“ und sie unterschreibt „Deine Dich zärtlich liebende Mutter Anna Alt“. Aber auch: „Ich weiß auch garnicht, warum Du Dich so abzappelst. Folge dem Rath Deiner Mutter und nehme es ein wenig leichter. Du thust Dir selbst zu viel Qual an und gönnst Dir Dein bißchen Leben und Freiheit gar nicht, Du bist ja ein halber Sklave, statt, daß Du Herr der Schöpfung sein sollst —. Sei nicht gar so für Dich allein, denkend, wir alle hier gehören Dir an und Du uns — ein einiger Bund unter uns war stets meine Hoffnung“. Und als sie später, im Jahr 1853, an diese Zeit zurückdenkt „Einige Minuten saß ich jetzt, mein Leben, mein Schicksal so vor meiner Seele vorbeiziehen lassend. Eines stellte sich heraus, daß meine Kinder mein größtes Glück ausmachen, nicht vergessend des guten Vaters, der der Herr und Schaffer von allem war! Spitzbube, ich sehe Dich lachen, und unwillkürlich lache ich mir selbst die Thräne von der Wange —“[35].

X

Die ersten künstlerischen Gehversuche macht Rudolf früh an der Hand des Vaters, er lernt gänzlich aus der Praxis und kopiert etwa Werke des Vaters (wobei ihn dieser wiederum porträtiert), wovon ein Blatt im ehemaligen Alt’schen Hausalbum bekanntgeworden ist[36], das den Friedhof von Hallstatt nach einem Ölbild des Vaters mit größter Akribie kopiert zeigte. Damals war Rudolf zwölf Jahre alt. Nicht minder aber lernt er aus den Fortschritten und Erfahrungen Vater Jakobs selbst, der eben in diesen Jahren versucht hatte, sein Lehrbuch der Landschaftszeichnung herzustellen, kleine Doppelbilder, die jeweils eine fertige Baumdarstellung neben einer gleichen in Umrissen, die der Schüler zu aquarellieren hatte, zeigen. Aber so können wir uns schon die ersten Versuche des Sohnes vorstellen. Es gibt mehrere so frühe Baumstudien von ihm, die deutlich diese

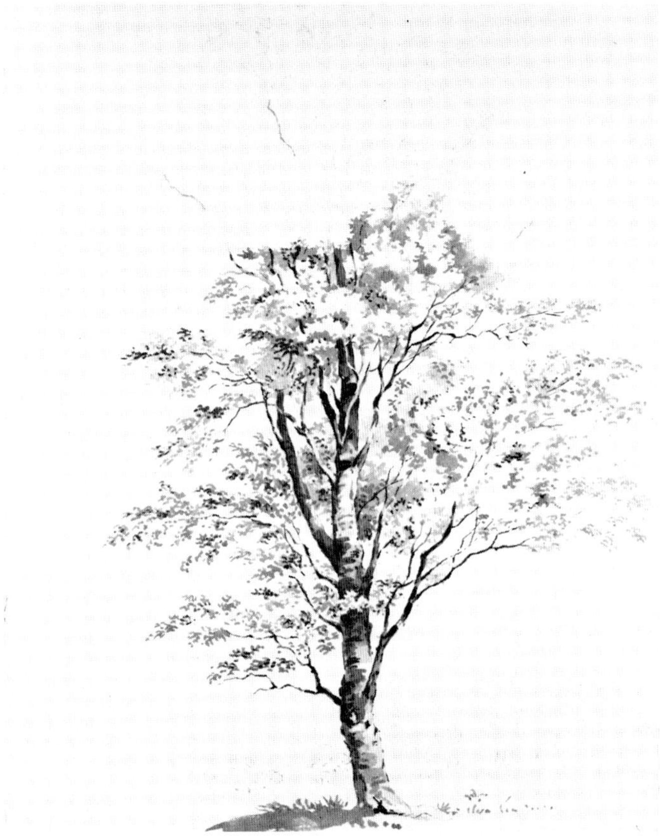

18. R. Alt, Baumstudie, 1829

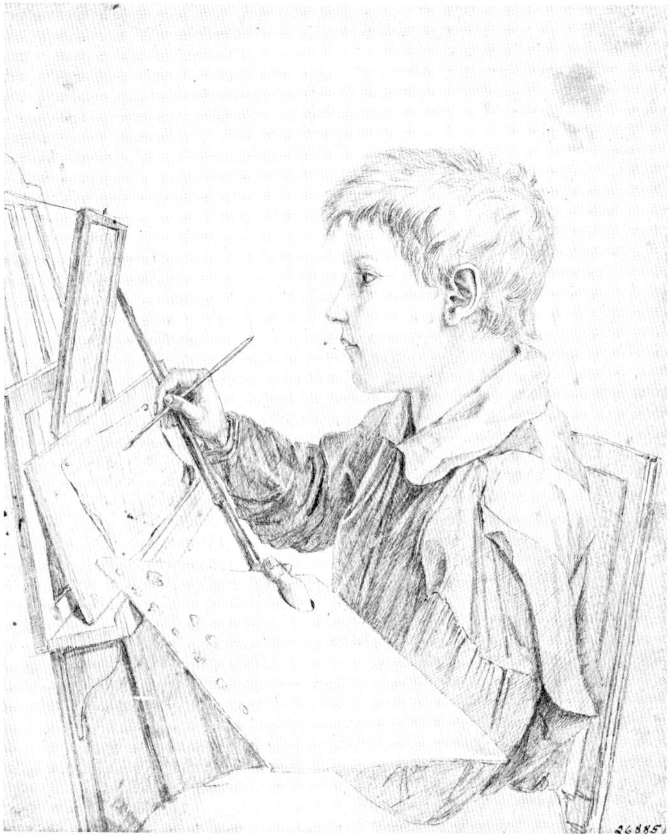

19. J. Alt, Rudolf als Knabe malend, um 1824

Studienvorlagen verraten. Da ist er durchaus Schüler, gelehrig, emsig, kaum mehr. Ein Durchbruch ganz anderer Art zeigt sich aber plötzlich in seiner Begabung zum Porträt, in einem Blatt etwa, das er von seinem Bruder Karl im Alter von vierzehn Jahren machte; es ist in der Tat ein erstaunliches kleines Werk und man versteht Alts gelegentliche Bemerkung, er habe sich eigentlich ursprünglich überhaupt dem Porträtfach widmen wollen, dann aber beschlossen, seinem Freunde Kriehuber nicht „ins G'häu" (wienerisch für „gejaid" = Jagdrevier) zu kommen[37]. Und dann war es tatsächlich so, wie Hevesi scherzhaft sagt: „Landschaftsmaler werden und ausfliegen war eins". Zunächst waren dies kleine Wanderungen. Schon im Jahre 1827 gelangt er so in die Umgebung nach Mödling, in die Brühl, nach Perchtoldsdorf, wo verschiedene Aquarellstudien entstehen, doch dann wird es zum ersten Mal ganz ernst.

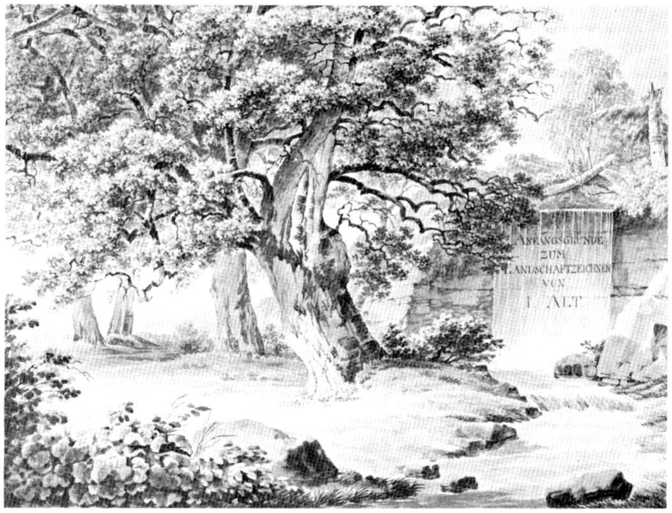

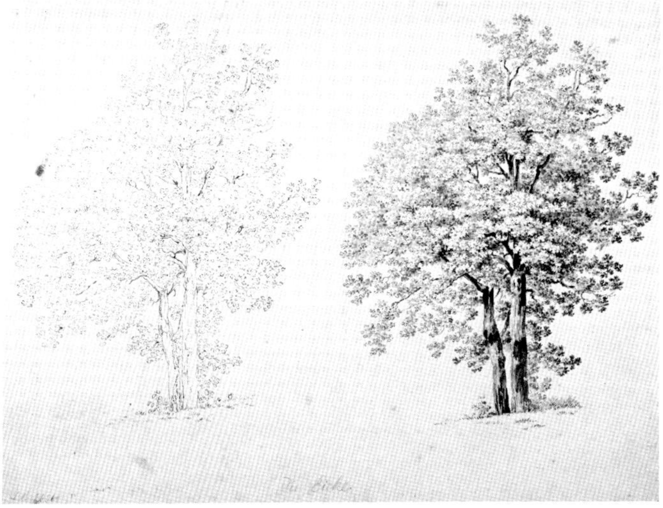

20. J. Alt, Serie eines Lehrbuches der Landschaftszeichnung, um 1822

21. R. Alt, Bildnis des Bruders Karl, 1826

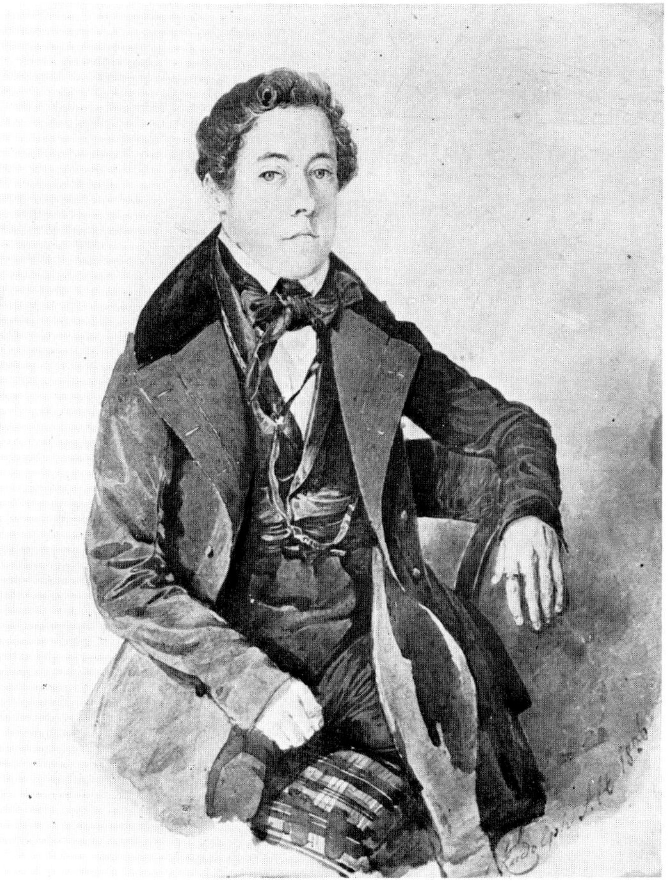

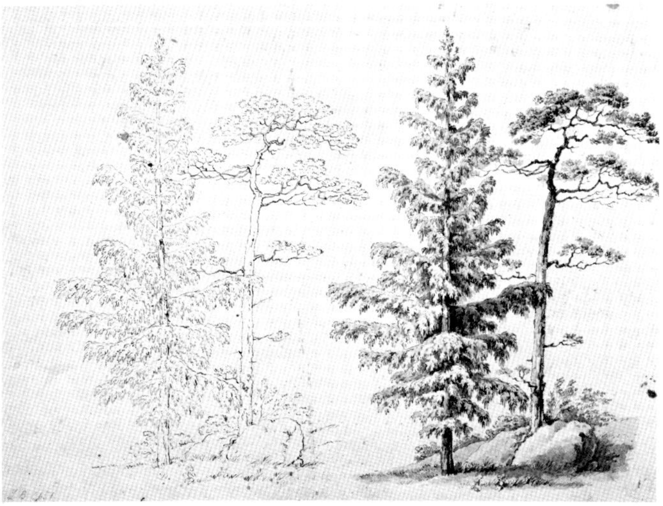

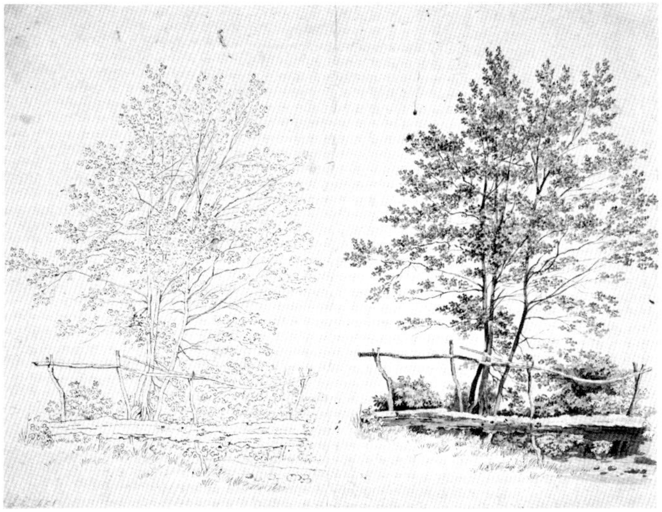

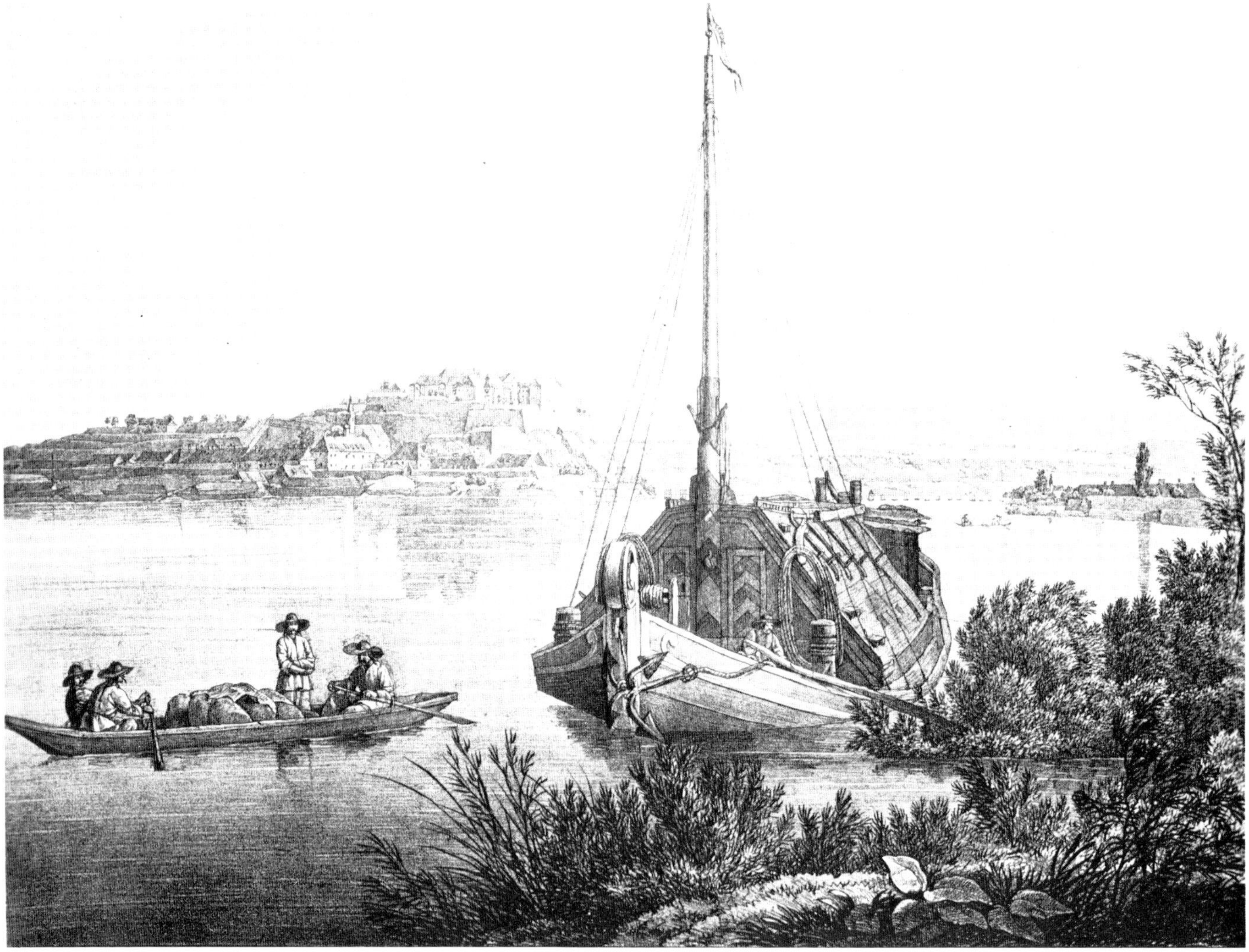

22. J. Alt, Die Festung Peterwardein in Syrmien, um 1821

XI

Ohne Zweifel, der Erfolg der „Donaureise“ war ermutigend. Was lag näher, als daß der Verleger und sein Künstler unverzüglich darangingen, ein neues Thema zu finden. Was damit in Gang kam, war nicht weniger als die echte Entdeckung Österreichs, seiner landschaftlichen Schönheit, seiner Gebirge, Seen und Wasserfälle, der Bauwerke, Ortschaften, Kirchen und Schlösser. Zu Grunde lag dem eben die neugewonnene Gesinnung, und auch Erzherzog Johanns Rolle einer patriotischen Mobilisierung fing an, nun voll zur Geltung zu kommen. Das Beispiel seiner Kammermaler Gauermann, Russ, Loder wurde wirksam. Die Lithographie hatte sich zu einem geradezu idealen Mittel für die Verbreitung entwickelt. Der Zeitgenosse sieht das so[38] — übrigens ist diese Quelle zugleich die früheste Würdigung unseres Künstlers: „Alt, der Vater, dessen Landschaftsgemälde

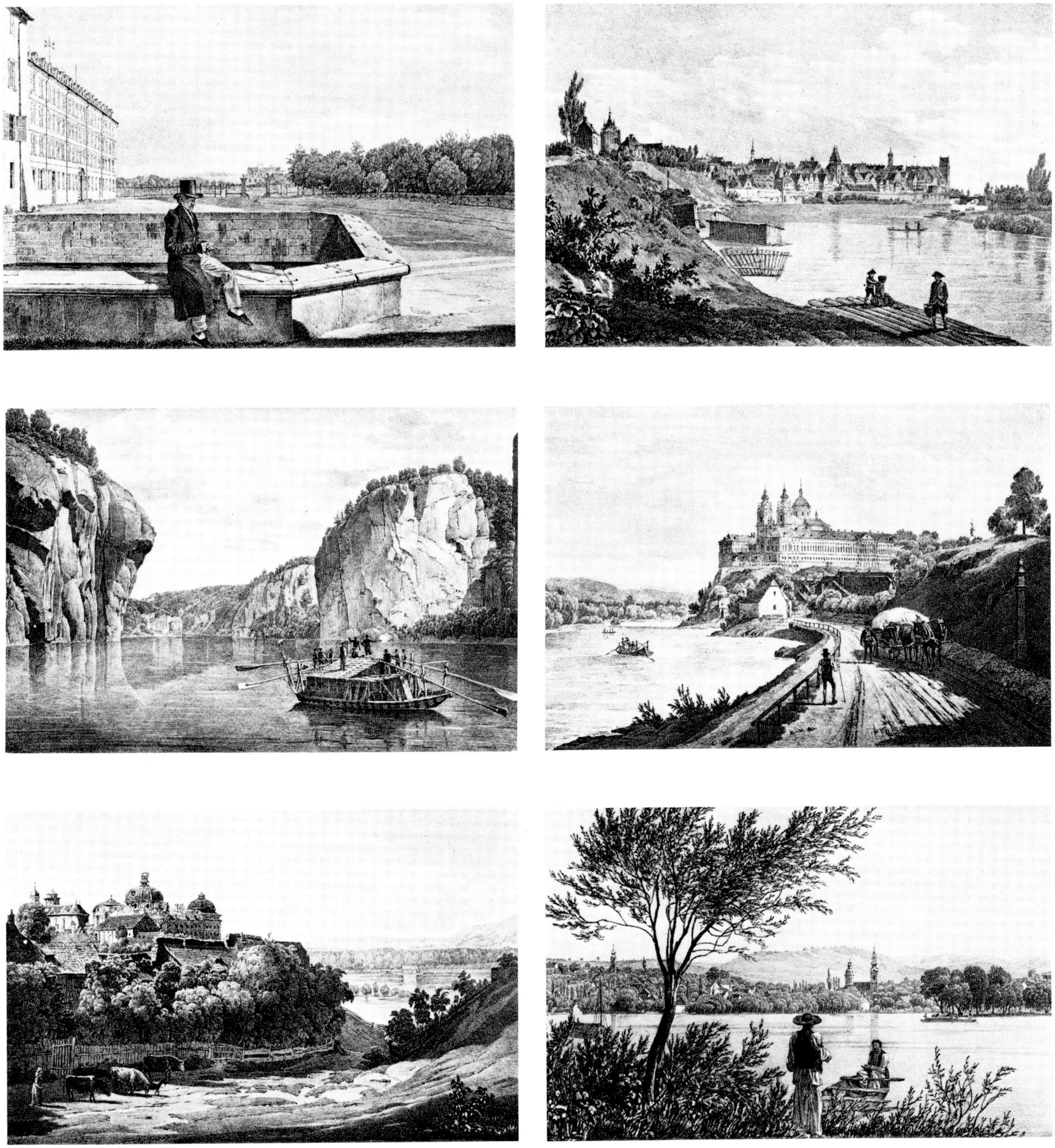

23. J. Alt, Aus der lithographischen Serie „Malerische Donaureise", vor 1833

in Oehl= und Wasserfarben manches Zimmer zieren, jeden Betrachtenden erfreuen, und dem Kenner die Hand eines Meisters verrathen; Alt, einer der ersten und richtigsten Landschaftszeichner nahm seit mehreren Jahren auch den aus Seife, Mastix und Kienruß gekneteten trockenen Griffel zur Hand um auf Stein zu zeichnen. Den günstigen Erfolg seines Studiums und ungemeinen Fleißes beweisen häufige Nachfragen nach seinen Arbeiten und Bestellungen auf künftige." Das Lithographische Institut am Michaelerplatz Nr. 2 ließ zunächst die „Vorzüglichsten Ansichten des K. K. Salzkammergutes u. dessen Umgebungen in Oberösterreich nach der Natur" von Jakob Alt aufnehmen und auch von ihm selbst auf Stein zeichnen; eine umfangreiche Arbeit, die das Jahr 1823/24 voll ausfüllte. Das gesamte Werk mit seinen 32 Blättern erschien dann 1825. Diese Darstellung der schönsten Punkte um Traunsee, Langbathsee, Ischl, Wolfgangsee, Hallstatt, Gosau und Dachstein war so recht eine Entdeckungsreise, muß man doch bedenken, daß sich seit den Wanderungen des Naturgeschichte-Professors J. A. Schulte von 1794 bis 1808, der noch 1809 geklagt hatte, keine Künstler außer einigen Dilettanten hätten sich bisher dieser zwar schwer zugänglichen, doch so einzigartigen Gegenden angenommen, kaum etwas geändert hatte. Die Zeichnungen der Romantiker von 1816/17 in ihren Skizzenbüchern, die Aquarelle der Kammermaler für ihren Erzherzog von 1818 bis 1825, alles das hatte noch lange keine Verbreitung gebracht. Alts Stellung aber war endlich wirklich gefestigt und die Arbeit wuchs ihm nahezu über den Kopf. Nur allzu willkommen mußte ihm also der heranwachsende kleine Mitarbeiter sein, so eben, wie der Vater sich gemeinsam mit ihm, im Anblick des Dachsteins arbeitend (und mit einem guten Schluck stärkend), porträtiert. Wohl hatte Jakob schon vor Jahren den Sechsjährigen einmal auf eine Wanderung mitgenommen, man war 1818 so bis Weichselboden und im Steirischen bis nach Mariazell gekommen, doch nun, mit seinen elf und zwölf Jahren, war dies schon anders. Da konnte er schon so manche echte Hilfeleistungen beitragen. Die Nachfrage nach farbigen Landschaftsansichten wurde immer größer, an einen bunten Steindruck war technisch nicht zu denken, das Kolorieren der einzelnen Blätter mit Wasserfarben von Hand bot immer noch die einzige Möglichkeit. Dies bedeutete, daß Vater Alt unermüdlich wanderte, die schönsten Punkte suchte, skizzierte und davon mit Wasserfarben ein farbiges Blatt herstellte und dieses gezeichnet dann auf den Stein übertrug, von dem der Druck vorgenommen wurde. Danach wurde die Auflage bemalt, Blatt für Blatt in Heimarbeit und natürlich sehr zart, damit die Darstellung nicht zugedeckt wurde, also mit transparenten Gummifarben, dem reinen Aquarell. Und dies besorgten in diesen Jahren bereits die Kinder, Rudolf, Karl und Lidwina, von früh bis spät, ohne Rast, ein unschätzbares Übungsfeld der Pinselführung für einen künftigen Aquarellisten. Kein Wunder, daß Rudolf in Kürze eine Aquarelltechnik entwickelte, die schon damals kaum ihresgleichen hatte. Der Fleiß dieses Knaben war unglaublich. Hatte er doch neben seiner Schule und dem Besuch der Akademie die ganze Woche über für den Vater zu arbeiten, um dann endlich in den wenigen freien Stunden — die es nur am Sonntag und am Feiertag gab — hinauszuwandern und endlich — zu malen. Natürlich kamen da Einflüsse, Vorbilder und Zeitströmungen dazu, nennen wir nur den 1824 aus Italien zurückberufenen Joseph Rebell, dessen Technik sehr markante Wirkungen dadurch erzeugte, daß hellgelbe und leuchtendgrüne Konturen von Bäumen, Büschen und Bergen Gegenlicht in die Darstellung brachten. Dies versuchte der junge Alt hundertfach, in die

Kolorierung der väterlichen Lithographien hineinzumalen, bis er es bald meisterhaft beherrschte; das gelang durch präzises Freilassen beim Ausmalen und eben dies wurde genau seine erste charakteristische Malweise. Oder nennen wir als einen anderen, der Einfluß auf ihn hatte, den Miniaturmaler Balthasar Wigand, der zwar in jeder Hinsicht ganz andere Ansichten von Wien schuf, mit dichten Deckfarben nämlich, immer die helleren Lichter über die dunklere Unterlage gemalt, dabei etwas naiv und doch raffiniert, aber immerhin muß Alt sich viel von seiner Art, diese Stadt und das lebhafte Treiben der Menschen in ihr zu schildern, abgeschaut haben. Dann aber Thomas Ender mit seinen berühmt gewordenen, 1817/18 entstandenen Brasilien-Blättern, die von der jungen Künstlergeneration in den zwanziger Jahren — damals noch in der Sammlung der Kaiserlichen Hofbibliothek — mit großer Genauigkeit studiert wurden. Was daran neu war, war das nasse fließende Malen mit hellen Farben — Ender hatte auf dieser denkwürdigen Reise wohl Erfahrungen mit englischen Künstlern gemacht. Für das Wiener Aquarell, für Daffinger, Fendi, Schindler lag hier überhaupt der Schlüssel, und Rudolf Alt sagte daher auch, daß Ender damals als „non plus ultra" galt. Aber er hielt nichts vom Kopieren von Werken anderer, er studierte lieber in der Natur, und sie war sein eigentlicher Lehrmeister.

Die seit 1825 von Alt nach dem frühen Abschluß seiner allgemeinen Schulbildung besuchte Elementarschule der Akademie, die Klasse der „figuralischen Anfangsgründe", wird vielleicht zu dieser grundlegenden Sicherheit auch einen gewissen Beitrag geleistet haben. Doch immer mehr wuchs er letztlich durch den rastlosen Fleiß als Mitarbeiter seines Vaters als „stiller Compagnon", wie er sagte, in das Landschaftsfach hinein. In diesem Jahr 1827 verzeichnet Alt noch eine unvergeßliche Erinnerung: das Leichenbegängnis des von Alts Familie so bewunderten Ludwig van Beethoven am 29. März; 20.000 Menschen säumten die Straßen, den Kindern war schulfrei gegeben worden. Es muß ein ungemein eindrucksvolles Ereignis gewesen sein, für die wenigen hundert Meter vom Sterbehaus zur Alserkirche brauchte der Leichenzug eineinhalb Stunden, mehr als hundert Trauerwagen folgten, neben dem Sarg gingen Schubert, Grillparzer, Raimund, Lenau und die gesamte geistige Elite Wiens[39].

Im Frühjahr 1828 ist Vater Alt mit einer mühsamen Aufgabe beschäftigt, er verfertigt ein Panorama von Wien, alle Häuser, Plätze, Straßen, Kirchen der Stadt werden in Vogelschauansicht konstruiert und zu einem eindrucksvollen Ganzen verschmolzen. Dann aber, als der Sommer wieder Reisen erlaubt, bricht er erneut zu Wanderungen auf, bereits mit seiner dritten lithographischen Serie, den „Vorzüglichesten Ansichten aus den Alpen", beschäftigt. Sie führt ihn zunächst in das Salzburgische, dann nach Tirol und Oberitalien, von dort in weitem Bogen über Kärnten und die Steiermark wieder zurück nach Wien. Dies ist auch das erste Mal, daß ihn sein Ältester so weit begleiten darf. So berichtete auch Rudolf im späten Alter noch von dieser ersten großen Reise: „Eine köstliche Erinnerung bewahre ich aus meinem sechzehnten Jahre. Mit meinem Vater machte ich damals eine Fußreise nach Italien, das heißt, wir fuhren mit einem Landkutscher bis Salzburg — fünf volle Tage — und dann ging es weiter auf Schusters Rappen durchs Salzburgische und Tirol bis Como und Mailand. Aller Zauber der südlichen Natur tat sich mir auf, ich schaute in das herrlichste Bilderbuch. Der Vater ging mir fast immer zu langsam, deshalb eilte ich voraus und hielt erst still, wenn es galt, den Vater zu erwarten. Eines Tages

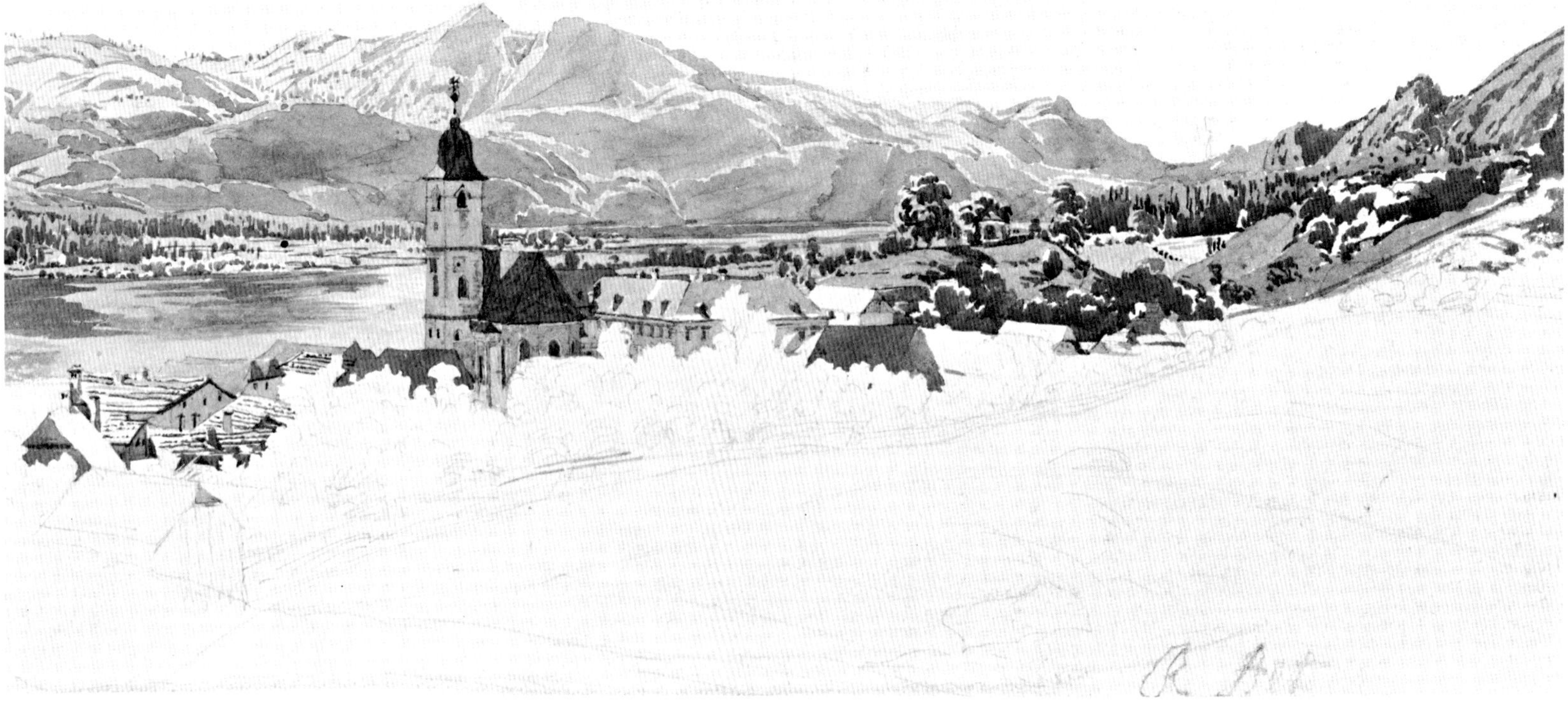

24. R. Alt, Blick auf St. Wolfgang, 1829

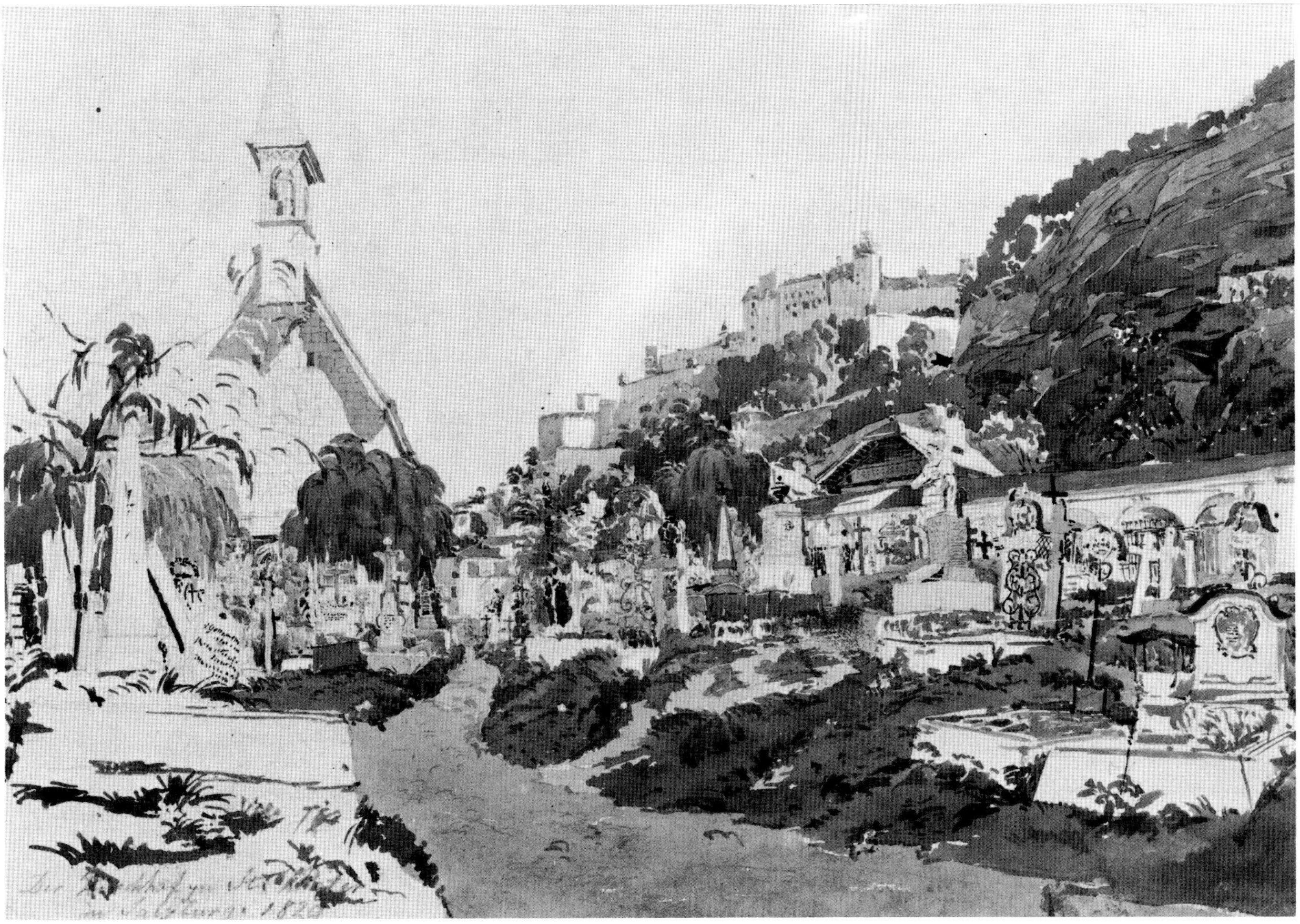

25. R. Alt, Der Friedhof von St. Peter in Salzburg, 1829

wollte aber der Vater nicht erscheinen. Ich harrte seiner an einer Wegkreuzung bereits drei Stunden. Ich begann unruhig zu werden, fürchtete, daß ihm ein Unheil zugestoßen sei. Endlich entschloß ich mich zur Umkehr. Ich marschierte den ganzen weiten Weg wieder zurück und fand endlich den vermißten Papa heil und munter in — einem Wirtshaus sitzend. Lachend lud er mich ein, den feurigen Rotwein, den er sich hatte kredenzen lassen, mit ihm zu teilen, und ich hob mit ihm das Glas. Das schmeckte ganz ausgezeichnet ... der perlende und funkelnde Wein, getrunken in der wundersamsten Landschaft. Aber seit damals ließ ich den Vater nie wieder allein des Weges ziehen; ich blieb stets sein treuer Wander- und Trinkgenosse"[40]. Die tatsächlich aber stärksten Eindrücke dieser Reise waren wohl die Wanderung über das Stilfser Joch, das sich tief verschneit zeigte und der Anblick des Ortler, der Rudolf, wie er sagte, geradezu schlaflos vor Aufregung machte. Vor allem waren es zwei herrliche Mondnächte in dieser Bergwelt, die ihm unvergeßlich blieben[41].

In den darauffolgenden Jahren 1829 und 1830

durchwanderten die beiden Maler wieder Oberösterreich und das Salzkammergut. Teilweise ging Rudolf bereits allein. Schon in den wenigen Jahren, die man nun im Werk Rudolfs überblicken kann, zeigt sich eine beträchtliche erste Wandlung. Die Gegenlichttechnik war von Anfang an da, temperamentvoll setzte er seinen Pinsel schon 1827 ein. 1829 ist das alles gebändigt. Zarte, helle Töne werden untermalt (im Blatt St. Wolfgang etwa), dunklere Grünnuancen darübergelegt, und Partien im Vordergrund oder mit den hellsten Lichtern werden im Weiß des Papiers belassen. Otto Benesch hat davon gesagt: „Diese Technik der zeichnenden Aquarellmalerei war neu und seit Dürers Tagen unbekannt — (sie) erhebt sich turmhoch über die bloß deskriptive der Vedutisten und wird zum Ausdruck souveräner künstlerischer Gestaltung“[42]. Das vielleicht bezeichnendste Blatt dieser Wanderung von 1829 ist die Darstellung des Petersfriedhofes von Salzburg, das dieses lockere, brillierende Spiel des Pinsels von Licht, Helligkeit und satter Farbe in besonderer Weise zeigt. Fesselnd genug ist der Vergleich mit den etwa zeitgleichen zahlreichen Zeichnungen und Aquarellen desselben Themas von diesem Ziel der Romantiker. Es zeigt sich ganz klar: Dieser achtzehnjährige Akademieschüler ist keiner von ihnen. Hier geht es nicht um Frömmelei oder um Schwärmerei, kein Traum vom gottesfürchtigen Mittelalter wird hier empfindsam ersonnen, sondern was Alt hier malt, ist die Schilderung dieses strahlenden Tages und seines flutenden Lichtes an einem der schönsten Punkte der Welt. Nicht immer allerdings war man so eindeutig solcher Wertschätzung. Beim Ankauf dieses Blattes durch die Akademie im Dezember 1870 gelangte das Professorenkollegium zu der Auffassung: „bei diesem Blatt wünscht die Commission, da dieselbe den Preis von 70 fl zu hoch findet, daß Prof. v. Lützow

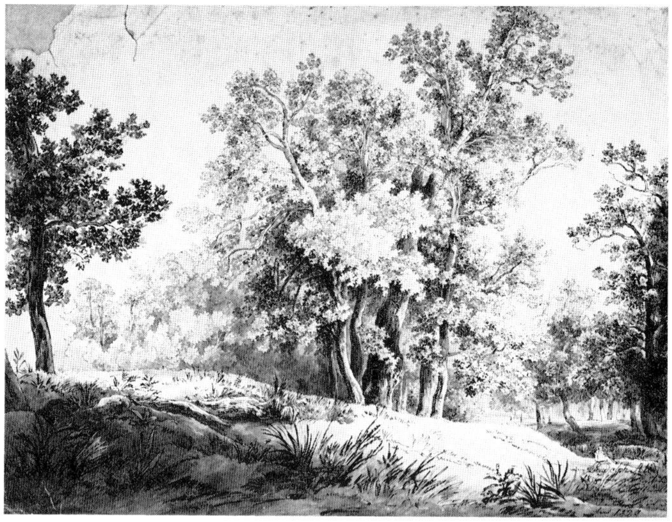

26. R. Alt, Akademische Baumlandschaft, 1829

Rücksprache nehme wegen einer eventuellen Preisermäßigung“[43]. Ein erster sehr bezeichnender Blick also auf die Würdigung und auf Preise Alt'scher Bilder zu seinen Lebzeiten.

Im darauffolgenden Winter 1829 kann Alt endlich die Vorbereitungsschule der Akademie, die „historischen Anfangsgründe“, beenden und in das Landschaftsfach hinüberwechseln. Erst das galt ihm so recht als Aufnahme in die Akademie: Auf einem Blatt dieser Zeit vermerkt er, „besucht die Akademie seit Feber 1829“ (Abb. 26). Erst wenige Jahre zuvor, 1821 nämlich, hatte man die Landschaftsmalerei überhaupt als eigenes Fach an der Akademie anerkannt und Joseph Fischer die Lehrstelle dafür übertragen; er starb kurz danach. Joseph Rebell, vom Kaiser auf die Stelle Fügers berufen — eine übrigens überraschend moderne Entscheidung — nimmt danach den erfolgversprechenden Unterricht in diesem Fach auf. Doch auch er starb gleich darauf. Als Alt in die Landschaftsklasse eintritt, ist bereits Josef Mössmer sein Professor[44]. Gewiß war dieser

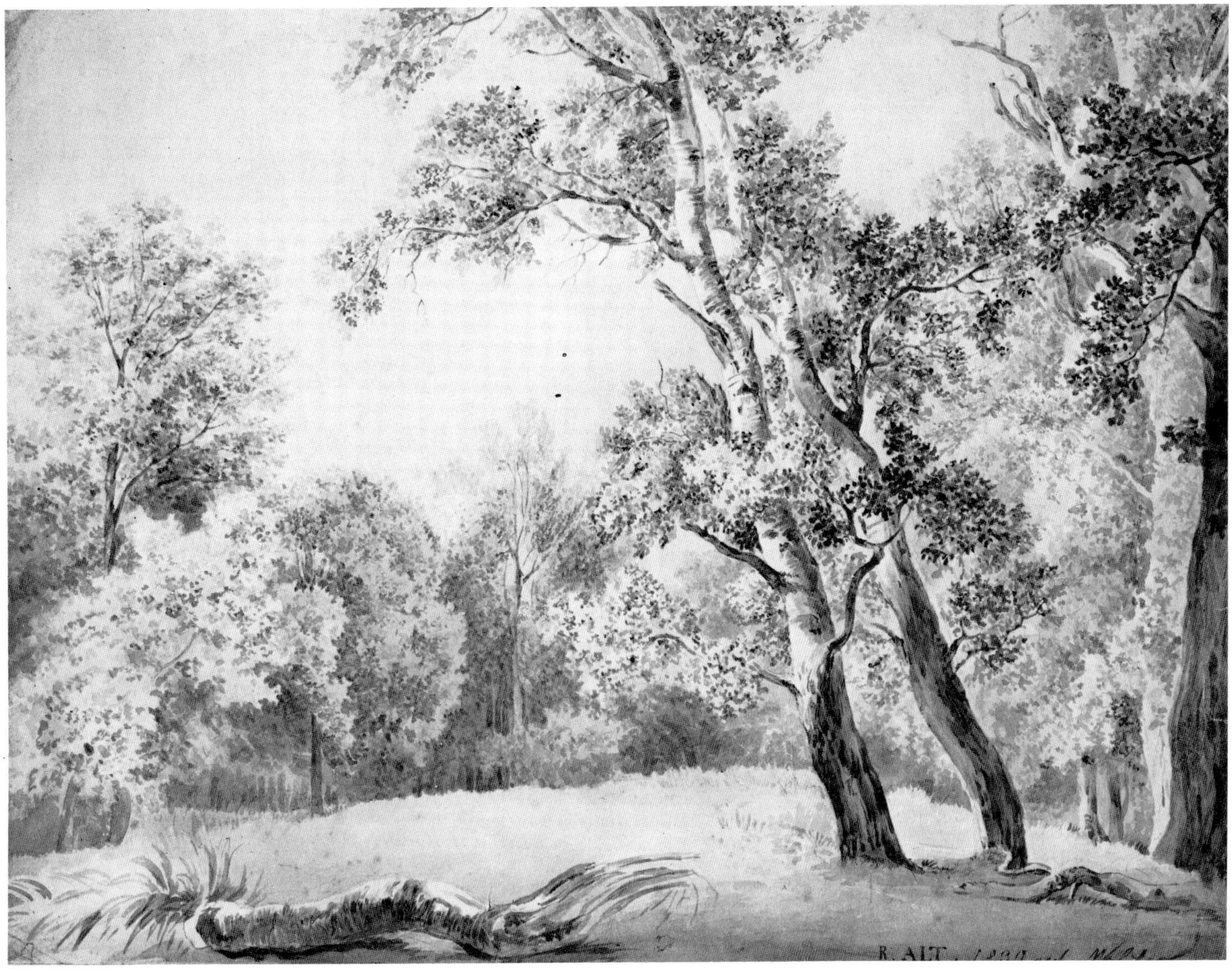

27. R. Alt, Baumstudie nach Martin von Molitor, 1830

weder ein bedeutender Künstler noch ein großer Lehrer, das hinterbliebene Werk ist ein schwacher Abglanz seines Vorbildes Martin von Molitor. Er war ein Übergangsmeister, wie es August Schaeffer im Jahre 1903[45] ausdrückte: „Epochemachend war er nie, sondern ein fleissig und gut decorativ malender Landschafter, der eng an seine Zeit gebunden blieb und weder conservativ war, noch nach Neuem ausgriff. Seine Arbeiten konnten daher für ihre Zeit recht beliebt sein, heute sind sie so gut wie vergessen, sie sanken hinab in den Orkus, von wo sie wohl niemals wiederkehren."
Auf Rudolf Alt (dem er sichtlich das Kopieren nach Molitor als Lehrmethode anempfohlen hatte) hat er kaum Einfluß gehabt; während der vier Semester, die der junge Künstler seiner akademischen Ausbildung gewidmet hat, mag er auch manche Versuche historischer Studien angestellt haben, wie etwa das große Blatt eines kulissen-

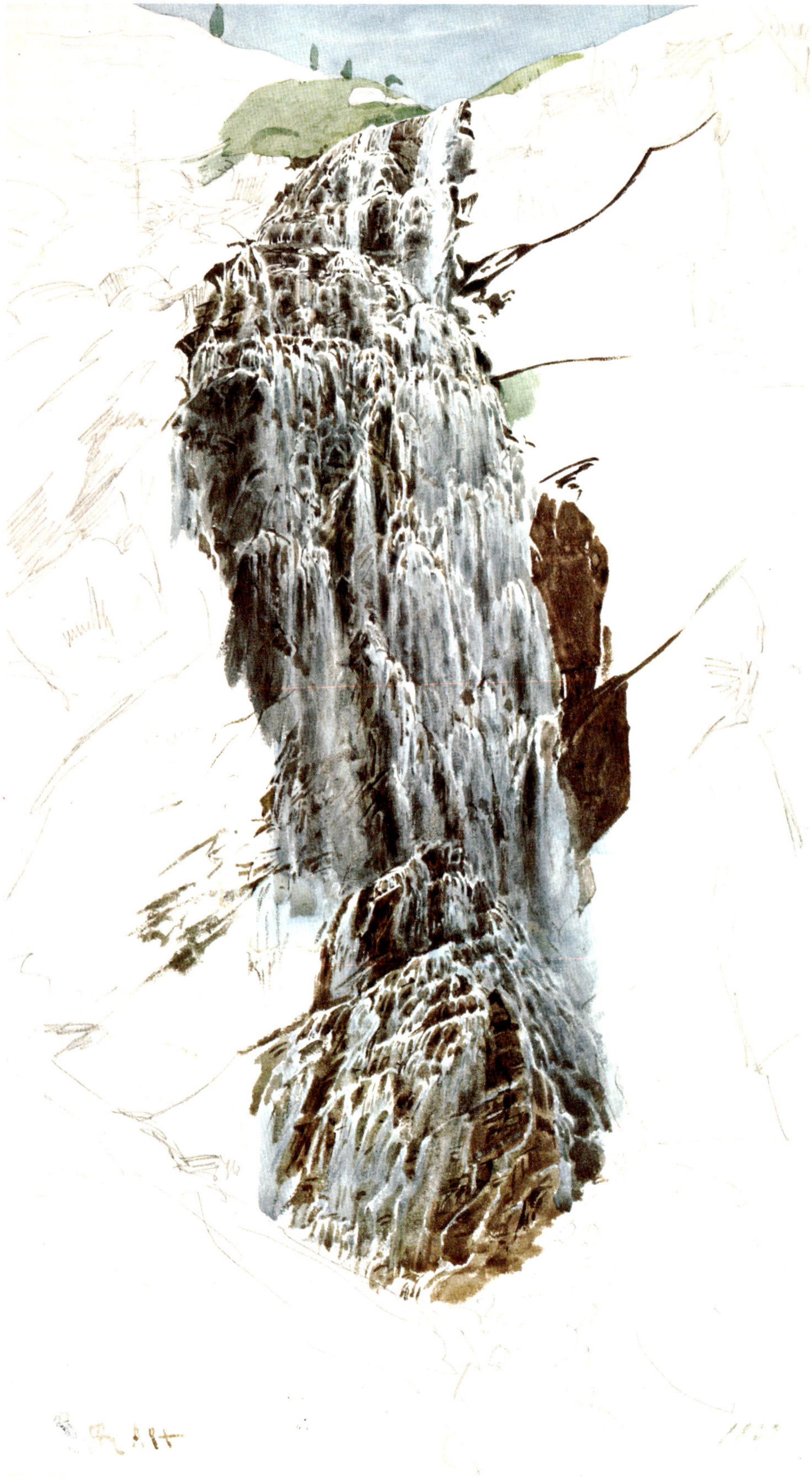

28. R. Alt, Der Schleierfall bei Gastein, 1830

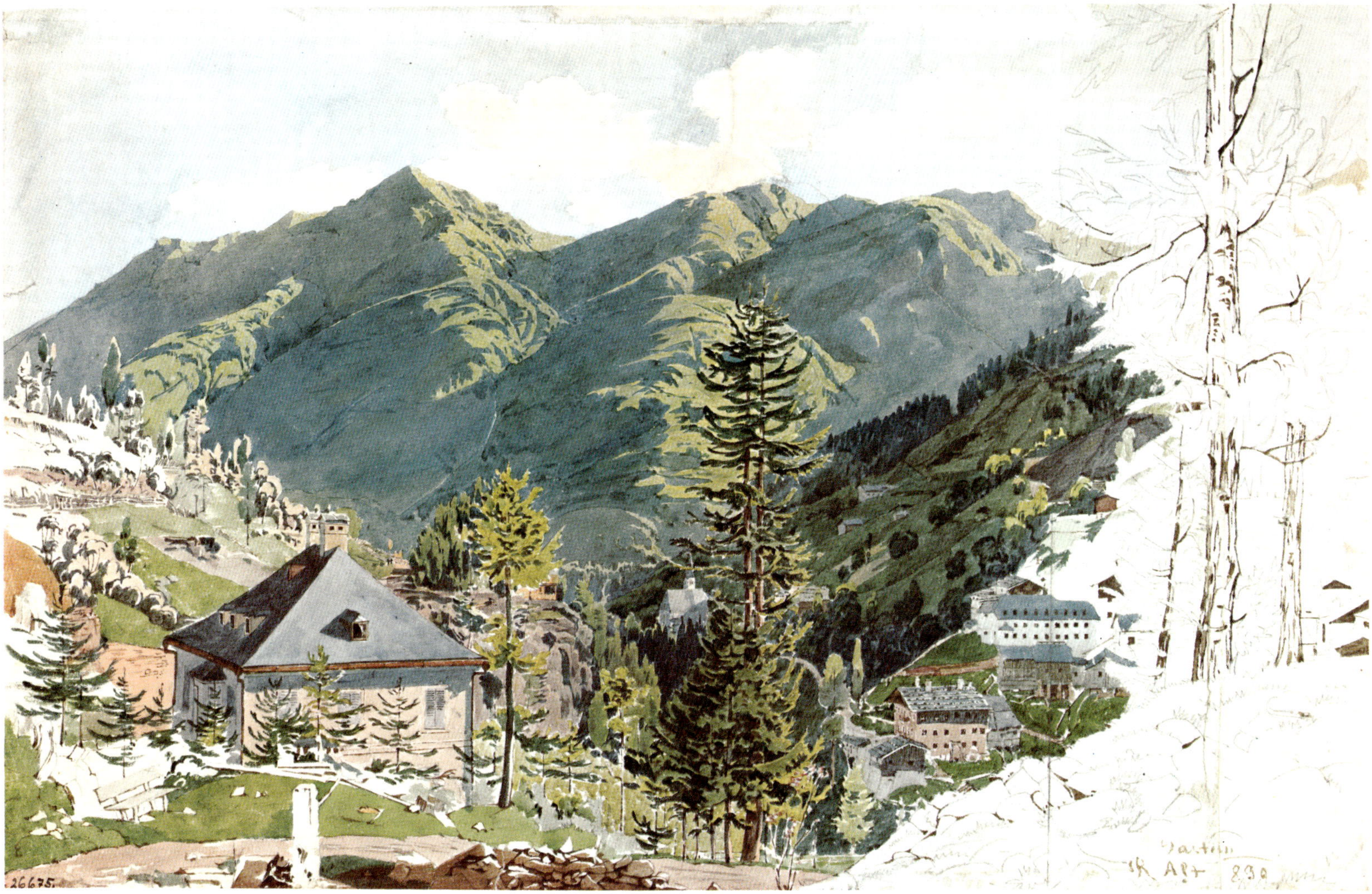

29. R. Alt, Das Haus Erzherzog Johanns in Gastein, 1830

artigen Tempels („Hindutempel in Agouren, Indien“, ehem. Slg. Lobmeyr, heute München Inv. 45.619; 427×602 mm) von 1830 beweist. Doch das ist alles nur Fingerübung, nichts von bleibendem Wert; was ihn formt, war von allem Anfang nur die unmittelbare Begegnung mit dem Gegenstand, mit dem Naturbild, immer mehr ist es das Schwierige, das kaum Faßbare, das ihn fasziniert. Als er im Sommer 1830 Gastein erreicht — das erste Mal im Laufe einer lebenslangen Verbindung — greift er ganz neue Themen auf, den Schleier-Wasserfall, an dem ihn nur das eisblau fallende und zerstäubende Wasser interessiert, alles andere rundherum bleibt Andeutung, dann die klare Luft im Talblick über Erzherzog Johanns Haus. War es ein Zufall, daß er hierher gewandert war, oder mag es einen Zusammenhang mit dem einige Monate vorher eingetretenen Tod des Kammermalers Matthäus Loder gegeben haben? Im Jahr 1830 war Thomas Enders Bindung doch gewiß noch nicht so gefestigt, daß nicht eine Chance für einen anderen Künstler sich geboten hätte. Hat Alt vielleicht den erzherzoglichen Dienst gesucht? Es taucht in seinen Äußerungen nämlich allzuoft auf, daß sein Bruder Franz ja doch so viel leichter dran sei als er, habe er doch den Fürsten Eszterházy, der ihm helfe usw. Sollte das aber damals in Gastein seine oder seines Vaters geheime Absicht gewesen sein, warum war es dann nicht dazu gekommen? Es wäre fast unglaubhaft, daß der so ambitionierte Mäzen ihn übersehen haben könnte. Jedenfalls gibt es keinerlei Hinweise dafür, daß Alt und der Erzherzog die geringste Berührung hatten; hier, in diesem Augenblick, hätte sie geschehen können. Indes, man muß bedenken, Rudolf war mit seinen siebzehn oder achtzehn Jahren vielleicht doch noch allzu jung, um sich zu binden und um definitiv gebunden zu werden.

Ein spätsommerliches Blatt von Ischl zeigt dann wohl den Heimweg nach Wien über das Salzkammergut an, den er eingeschlagen hat.

Neben seinen Studien und den Wanderungen muß die väterliche Werkstatt den jungen Künstler noch voll beschäftigt haben. Jakob hat weiter mit seinen lithographischen Serien großen Erfolg, und dementsprechend mußten auch die Kinder nach wie vor mithelfen. In diesen Monaten gehen die in Heften erfolgenden Lieferungen der Serie „Bilder aus den Alpen der Österreichischen Monarchie“ hinaus. Jakob Alt widmet sie Erzherzog Johann. Sie umfassen 66 Blätter, davon sind 25 aus dem Land Salzburg, 8 aus Oberösterreich, 13 steirische, zwei Kärntner, elf Tiroler und drei lombardische Ansichten (alle geographischen Angaben nach den damaligen Begriffen). Es gibt von dieser Serie Exemplare, wie etwa jenes der Hofbibliothek (heute Albertina), welche bereits das aquarellistische Können Rudolfs in voller Entfaltung zeigen. Die Zeichnungen des Vaters wurden so zu einer nun abschließenden hervorragenden Übungsgrundlage für den heranwachsenden Künstler.

Der junge Schüler fühlt sich an der Akademie nun so weit, um nach den begehrten Jahrespreisen, dem „Gundel'schen Preis“ und dem „Fügerpreis“ des Jahres 1831 für Landschaftszeichnung zu greifen[46]. Die Ausschreibung des ersteren bestimmt „eine Copie nach Artois“ (Jacques d'Arthois, 1613—1686, gemeint war wohl das in der Akademie vorhandene Gemälde), die des letzteren „die Aufgabe — Gruppe alter Tannen von bemoosten Felsblöcken umstellt sey der Haupt Theil des Bildes, ein schlechter Steg mag einen schmalen Weg durch den Wald verbinden, in welchem sich halb versteckte ärmliche Hütten zeigen“. Am 20. Jänner 1832 werden die sechzehn Bewerber angenommen, unter ihnen neben Alt Johann Werner, Joseph Rauch und Eduard

Mössmer. Am 19. Februar dann läßt sich das Professoren-Kollegium, Direktor Anton Petter an der Spitze, Johann Ender, Johann Schaller, Carl Gsellhofer, Pichler, Kininger, Wegmayr, Klieber, Leybold usw. von Professor Mössmer die Einreichungen vorlegen. Man kommt unter den sechzehn Konkurrenten beim Gundelpreis zum Schluß, es „zeichnen sich vorzüglich die No. 3, 5 u. 12 aus. Ersterer (das ist Rudolf Alt) durch eine nicht zu verkennende Fertigkeit im Zeichnen, übertrifft alle an klarer Behandlung und Reinlichkeit, nur sollten die Gründe etwas mehr Character haben.“ Dieser Erste Preis war für den jungen Künstler sensationell; der Gewinn des Geldpreises von acht Silbertalern allein schon war es, aber vor allem bedeutete dieser Preis die Befreiung vom Militärdienst, was für ihn doch von lebenslanger Bedeutung wurde. Weniger Glück hatte er allerdings mit der zweiten Bewerbung. Hier waren nur zwölf Konkurrenten angetreten, darunter Josef Feid, Adolph F. Stövesandt aus Danzig u. a., und mit Feid und Joseph Rauch wurde auch Alts Blatt als das „Gelungenste“ anerkannt. „Da aber in lit. a (das ist Rudolf Alt) die Wirkung im Ganzen nicht so glücklich ist, und einige Härten hat, die Schatten nicht klar genug sind“, erhält Rauch diesen Preis zuerkannt. Dazu gibt es ein Nachspiel am 7. Juni 1832: Man begründet und stellt fest, daß Mängel bei Alt und Feid schon im ersten Beschluß gerügt worden waren, sie könnten daher den Preis nicht erhalten; nun aber habe man erfahren, daß Rauch sich fremder Hilfe bedient habe, so daß in diesem Jahr von einer Verleihung des Fügerpreises überhaupt abgesehen werde[47]. Das bei Hevesi als noch erhalten genannte Preisbild, das heute längst nicht mehr nachweisbar ist, hat also in Wahrheit niemals den Preis bekommen.

Alt verläßt bald die Akademie, ohne durch die kurze Dauer seiner klassischen Studien die geringste Beeinträchtigung zu zeigen. In der Tat war er diesem Betrieb bereits entwachsen. Er geht einer wahrhaft großartigen Entwicklung entgegen, steigert die vom Vater gewonnenen Elemente „nicht nur zu einer neuen graphischen, sondern auch koloristischen Ausdruckskraft“. Diesem Urteil kann man voll und ganz beipflichten: Die „Meisterung von Licht und Atmosphäre, die vor allem die in Italien entstandenen Aquarelle verraten, rückt diese Kunstwerke als ebenbürtig neben die besten Werke Turners und Boningtons. Sie sind ihnen dabei in der Virtuosität des Zeichnerischen überlegen —“[48].

Es mögen eben in diesem ereignisreichen Jahr 1832 nur allzuviele Aufgaben auf Rudolf zugekommen sein. Mansfeld drängt auf weitere lithographische Serien, das Interesse dafür war offenbar ganz allgemein geworden. So wendet Alt sich der Kaiserstadt selbst zu: „Wiens Plätze und Umgebungen nach der Natur gezeichnet“ werden in einer Serie zur Darstellung gebracht. Die Zusammenarbeit zwischen Vater und Sohn läuft aber zum erstenmal umgekehrt: „Alts neuestes lithographisches Heft in 10 Blättern (es werden dann zwölf) liefert Plätze und Umgebungen von Wien aus vortheilhaften Standorten aufgenommen. Die Zeichnungen sind von seinem ältesten Sohn Rudolf, der schon in seinem 19ten Jahr sehr schöne Hoffnungen erwecket“[49]. Die Ausgabe wird — wohl auch in Erzherzog Johanns Interesse — den 1832 in Wien versammelten Naturforschern Deutschlands gewidmet; ein historisches Ereignis, dessen Bedeutung allerdings als solche hier nicht zu würdigen ist.

Der Wandel des künstlerischen Stils durch die neue Arbeitseinteilung zwischen Vater und Sohn ist außerordentlich, mit einer Leichtigkeit werden jetzt Wirkungen erzielt, die vorher unbekannt waren. Dann aber fühlt sich Rudolf offenbar ermutigt und so weit, zum ersten Mal das wohl

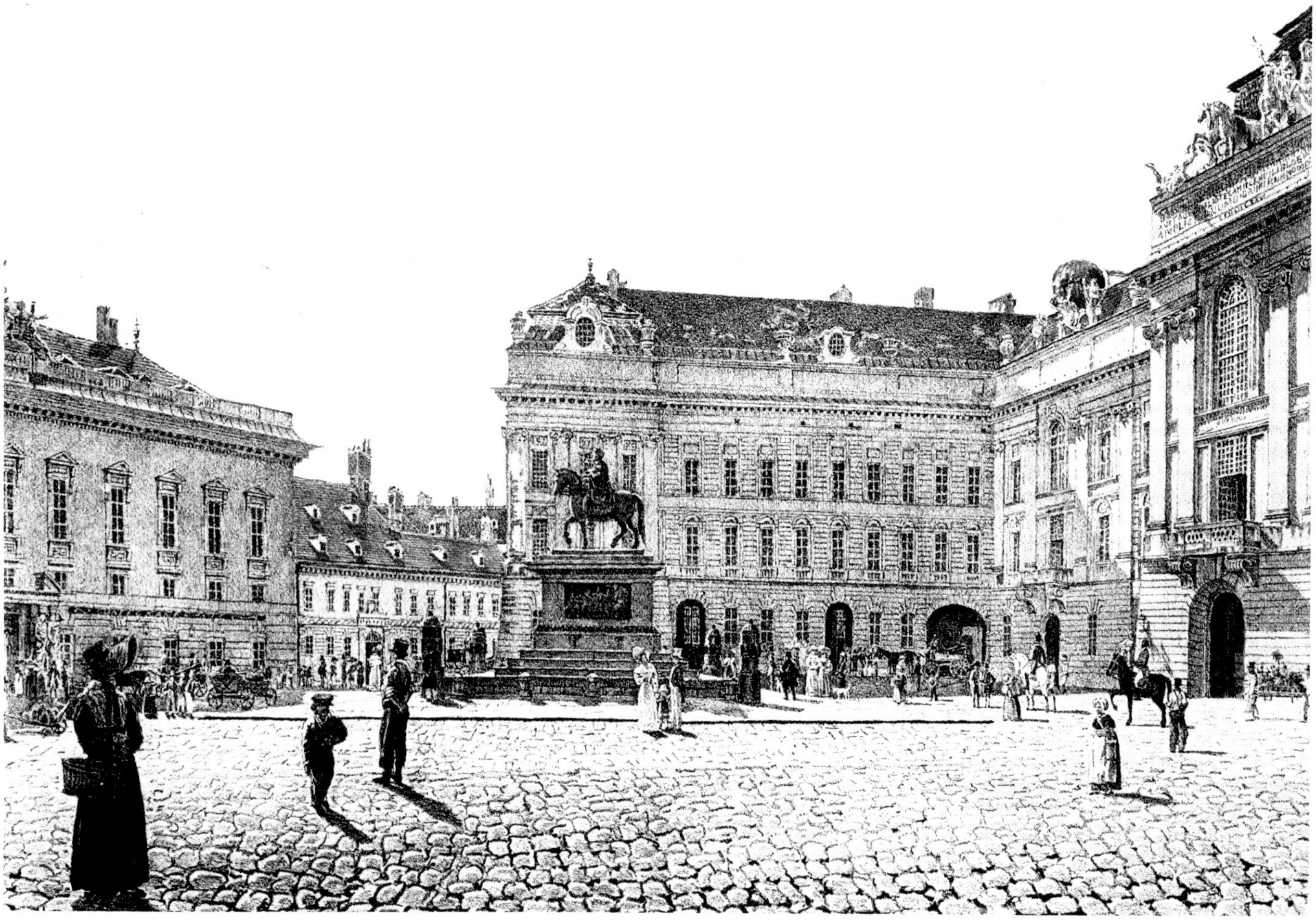

30. J. Alt, Der Josephsplatz in Wien, Lithographie nach einem Aquarell von Rudolf Alt, 1831

komplizierteste Wiener Thema, das zugleich auch das bedeutendste ist, in Angriff zu nehmen: den Dom zu St. Stephan. 1831 datiert findet sich in ehemals kaiserlichem Besitz (heute Schloß Mürzsteg) ein Aquarell, trotz mancher Unbeholfenheit und jenem vom Kolorieren herkommenden Ausmalen ein bemerkenswerter Schritt zu dem im darauffolgenden Jahr entstehenden Ölgemälde gleichen Themas, das sofort von der Kaiserlichen Gemäldegalerie erworben wurde und bis heute zu den eindrucksvollsten Zeugnissen dieser Kunstepoche zählt. Andere Varianten dieses Erfolgsbildes folgen unverzüglich; auch das Innere des Domes, Ansichten vom Graben und Repliken von vorangegangenen Naturstudien. Es ist deutlich, daß sich der Sohn der väterlichen Werkstatt langsam zu entziehen beginnt. Tatsächlich erreicht er 1832 eine neue Dimension; seine Baumstudien haben alle akademische Manier (die von Mössmer stereotyp unterrichtete „Dreierlmethode“ = alle Blätter eines Baumes werden als liegende Dreier eingezeichnet) restlos abgeschüttelt. Er wandert auch in diesem Jahr, zunächst in der näheren Umgebung Wiens, sogar bis Wiener Neustadt, dann nach Eisenerz und Aussee, nach Gaming, Salzburg und St. Gilgen.

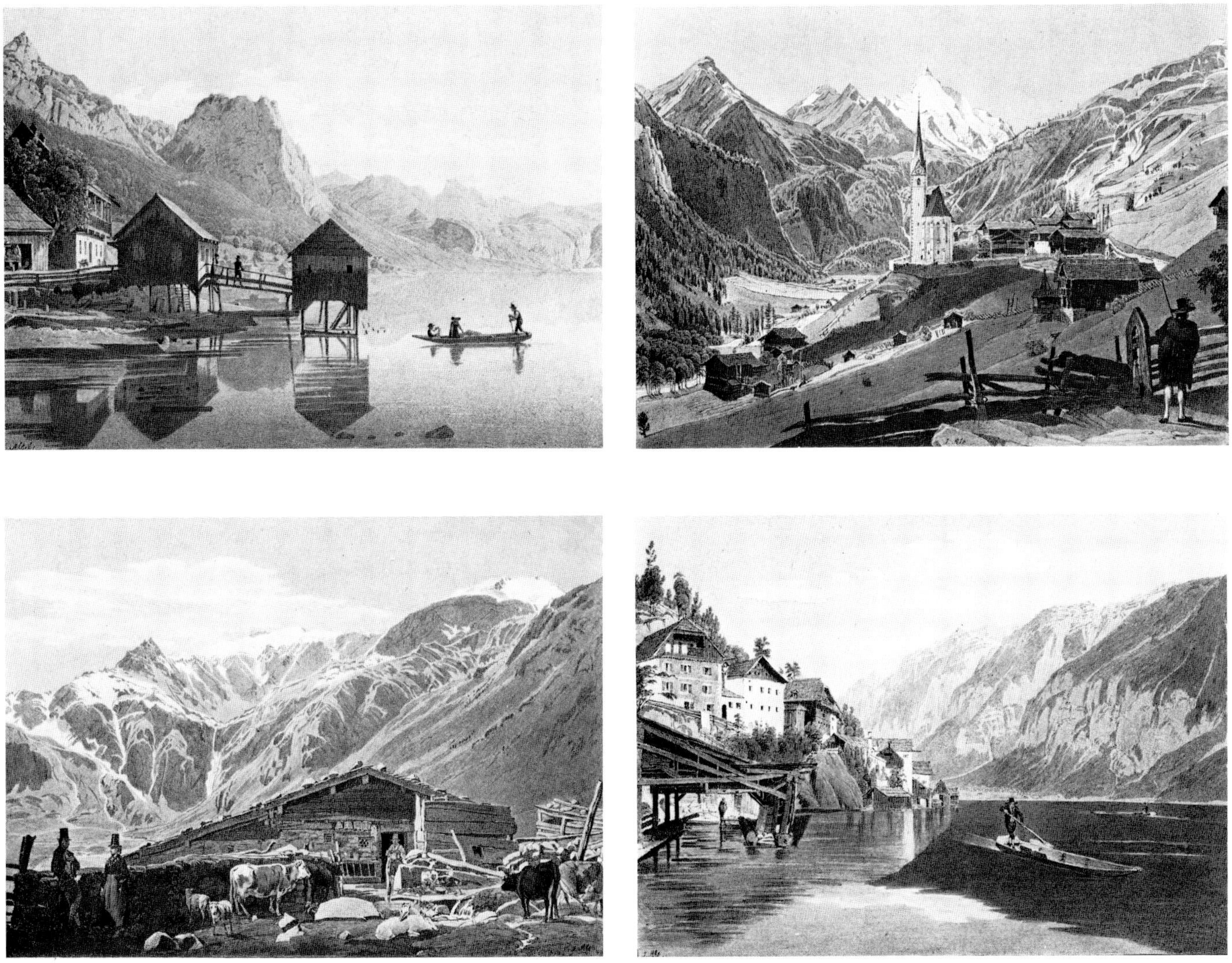

31. J. Alt, Aus der lithographischen Serie „Bilder aus den Alpen der österreichischen Monarchie“, 1833

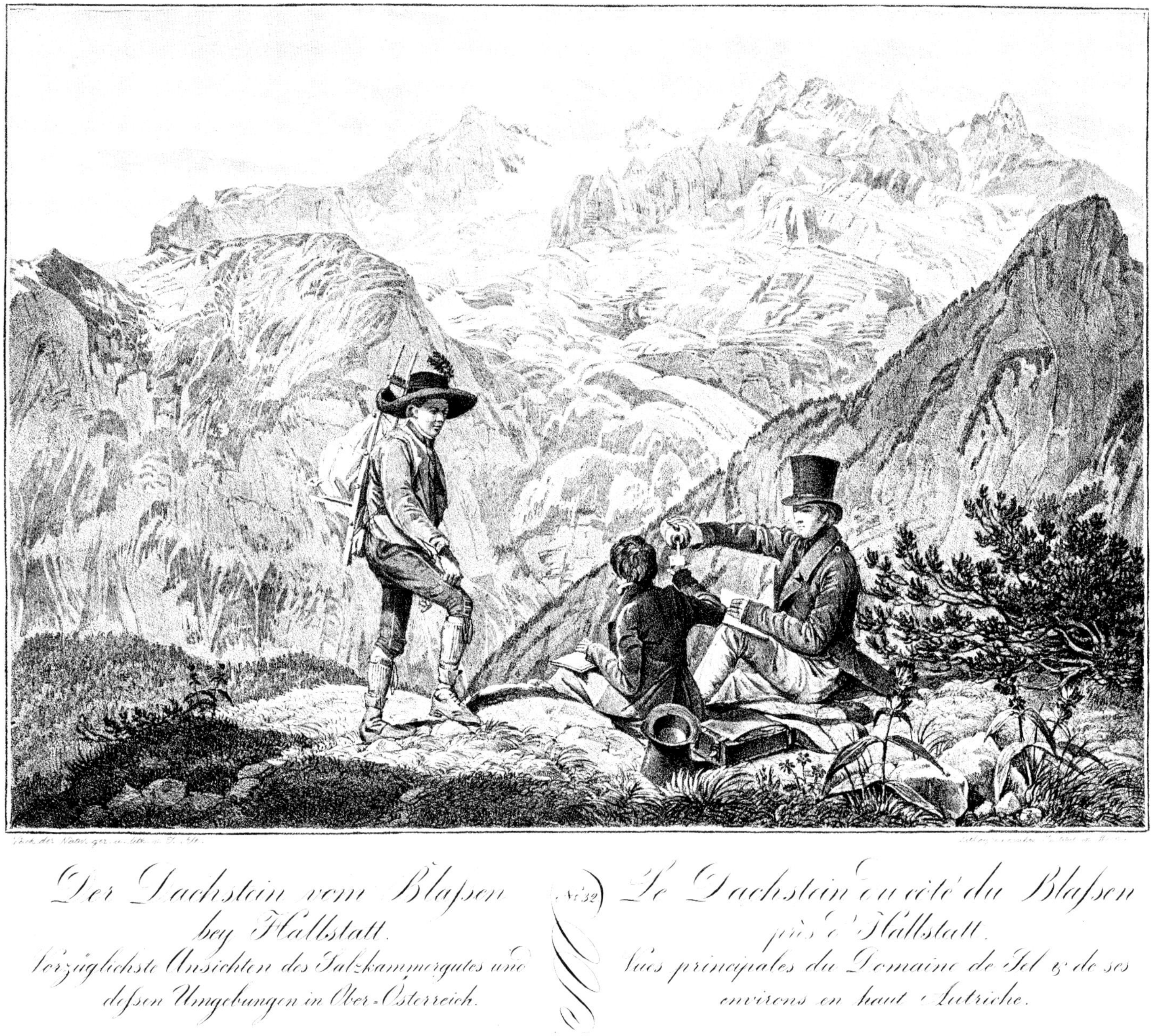

32. J. Alt, Selbstbildnis mit seinem Sohn Rudolf und einem einheimischen Begleiter vor dem Dachstein, 1833

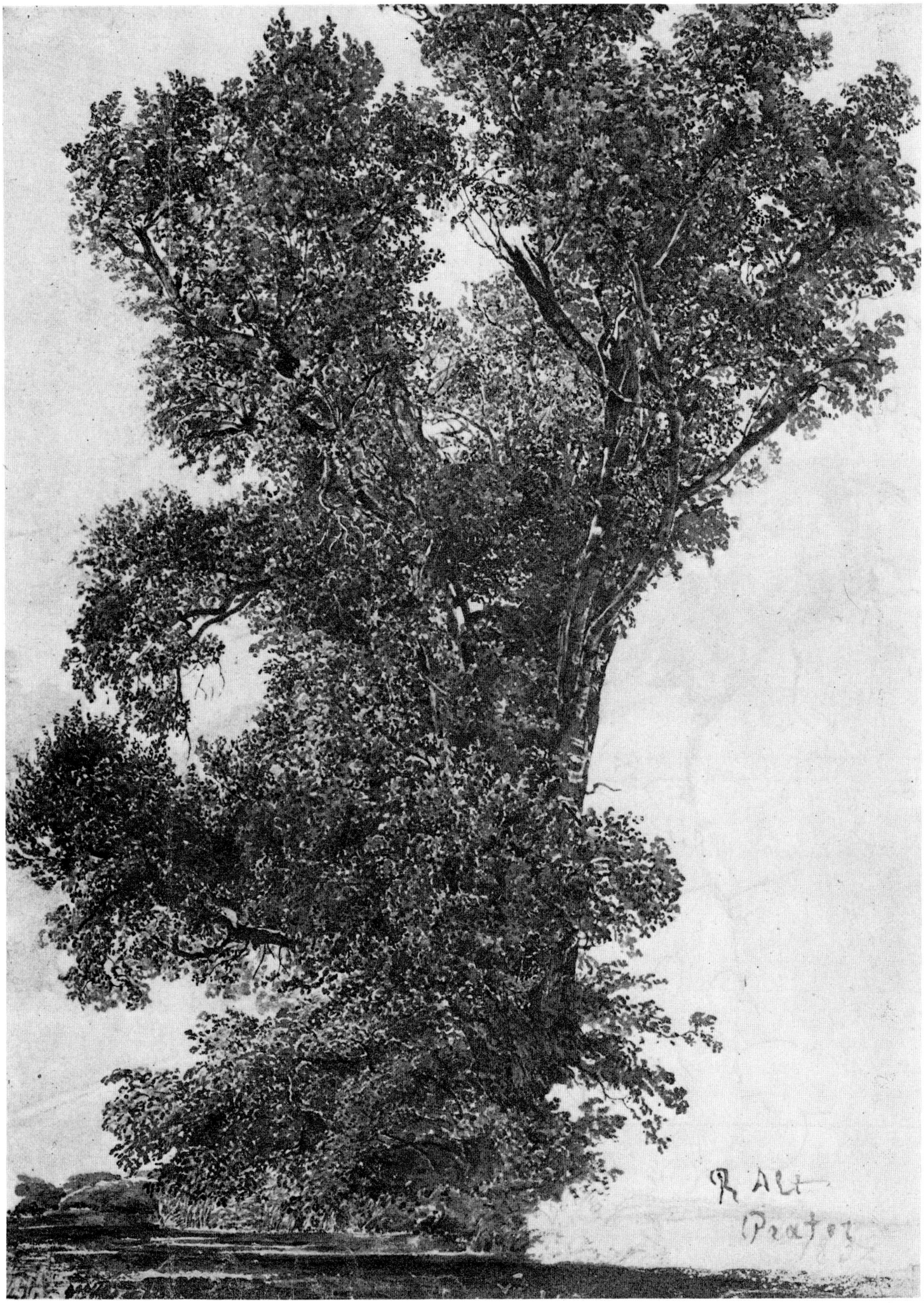

33. R. Alt, Praterbaum, 1832

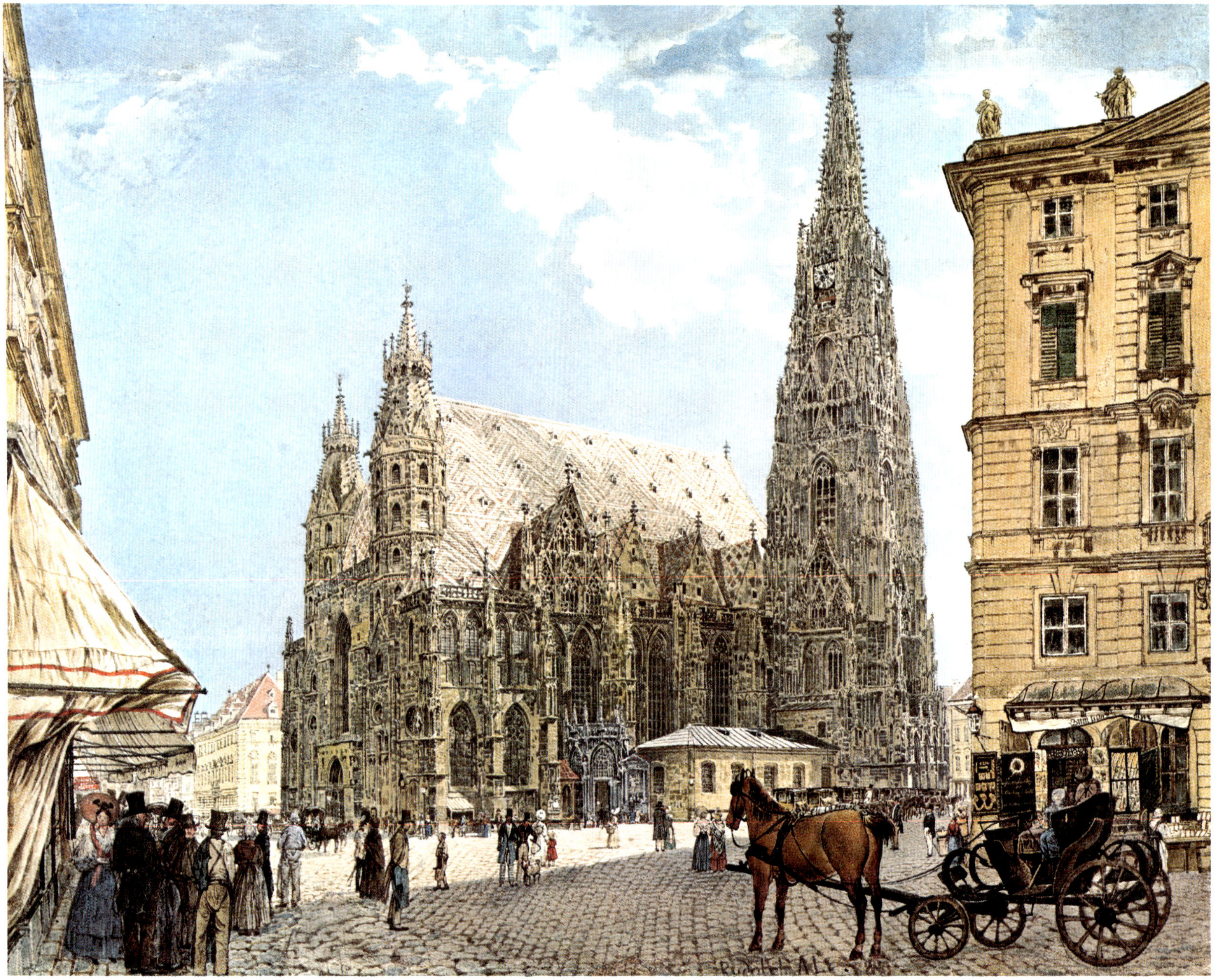

34. R. Alt, Der Stephansdom in Wien, 1831

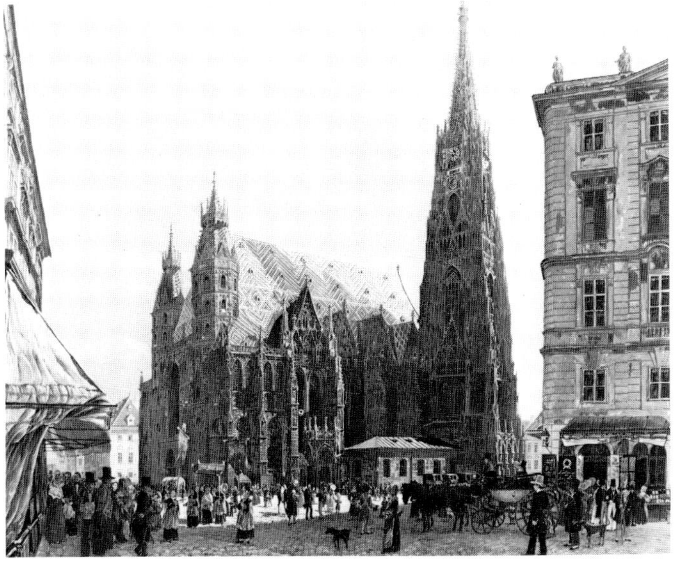

35. R. Alt, Der Stephansdom in Wien, Ölgemälde, 1832

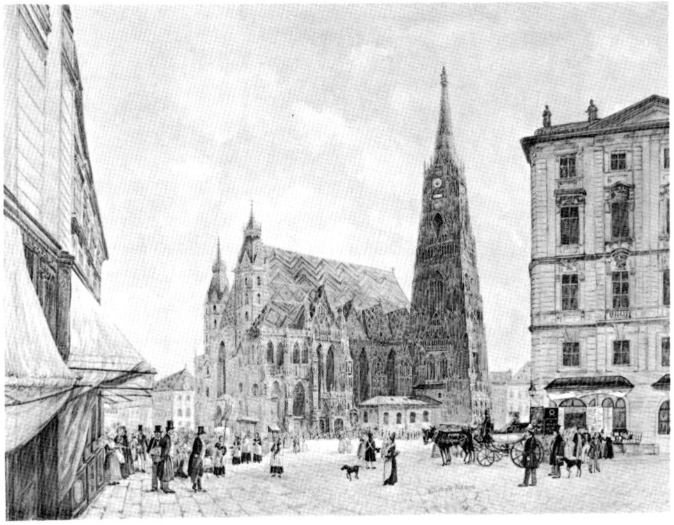

36. R. Alt, Der Stephansdom in Wien, 1832

Wir wissen aus Alts Schilderung, welche Eindrücke das folgende Jahr 1833 für ihn brachte: er sieht zum ersten Mal Italien. Mit der ganzen Begeisterungsfähigkeit seiner Jugend erlebt er auf einer gemeinsamen Wanderung mit dem Vater Verona, Vicenza, Padua und Venedig und faßt gerade zur Lagunenstadt eine lebenslange Neigung. Man kann sich gut vorstellen, wie ihm zumute war, gesteht er doch noch nach Jahrzehnten, er habe damals geglaubt, die ganze Romantik dieser Stadt geradezu aufsaugen zu müssen. Was er aber in der Tat gewonnen hatte, war eine neue Farbpalette. Die Atmosphäre, die zitternde Luft über dem Wasser und all das Fremdländische des Hafens, der Schiffe, des bunten Treibens auf den Molen und den engen Gassen mit ihren vielen Brücken, all dies hat ihm bleibende Eindrücke geschaffen. Der Weg der beiden Maler hatte wohl über Tirol nach Rovereto und Trient, dem „österreichischen Florenz", geführt, mit seinen zinnenbewehrten Palästen, dem Dom und dem Kastell, das er auch auf allen weiteren Reisen nach dem Süden nie zu besuchen versäumte. In einem Blatt „Palazzo del Palladio in Vicenza", für das ihn Hevesi sogar „einen bereits unerreichten Meister" nannte[50], entfaltet er — in dieser Weise vielleicht zum ersten Mal — seine volle Fähigkeit in der Darstellung eines architektonischen Meisterwerkes. Der Kontrast von klassisch harmonischer Ruhe, kristallin in dem Gefüge von Licht und Schatten edler Maßverhältnisse und dem brodelnden Leben, in dem Bleibenden und dem Vergänglichen, ist hier wirkungsvoll verschmolzen. Vom Ufer der Etsch aus gesehen hat der Blick auf Trient, wie ihn der dreiundzwanzigjährige Alt auf dieser Reise gemalt hat, insofern etwas Bewegendes, als er, zweifellos ohne es ahnen zu können, sich genau jene Stelle wählte,

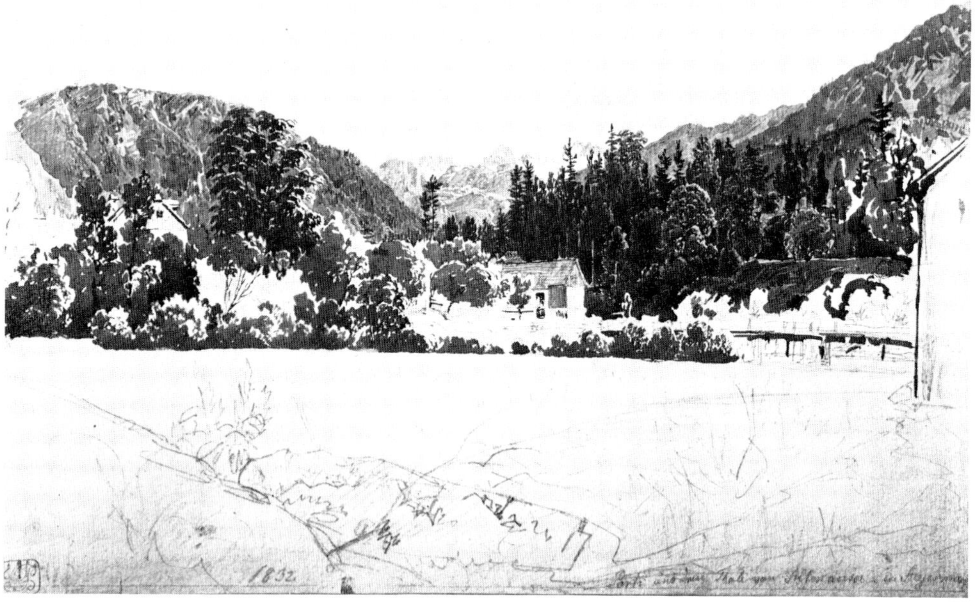

37. R. Alt, Partie aus dem Tal von Alt-Aussee, aquarellierte Vorzeichnung, 1832

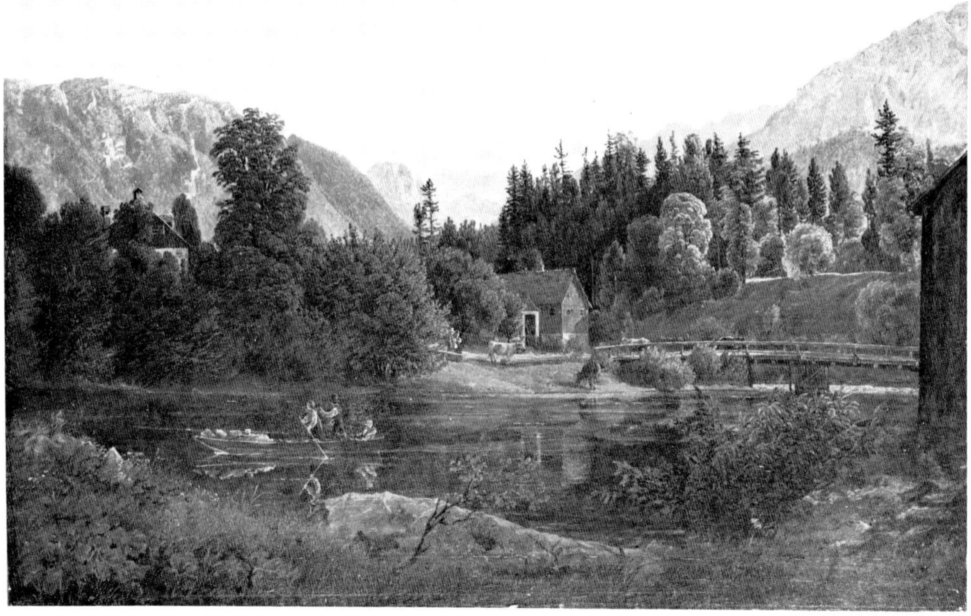

38. R. Alt, Partie aus dem Tal von Alt-Aussee, ausgeführtes Ölgemälde, 1832

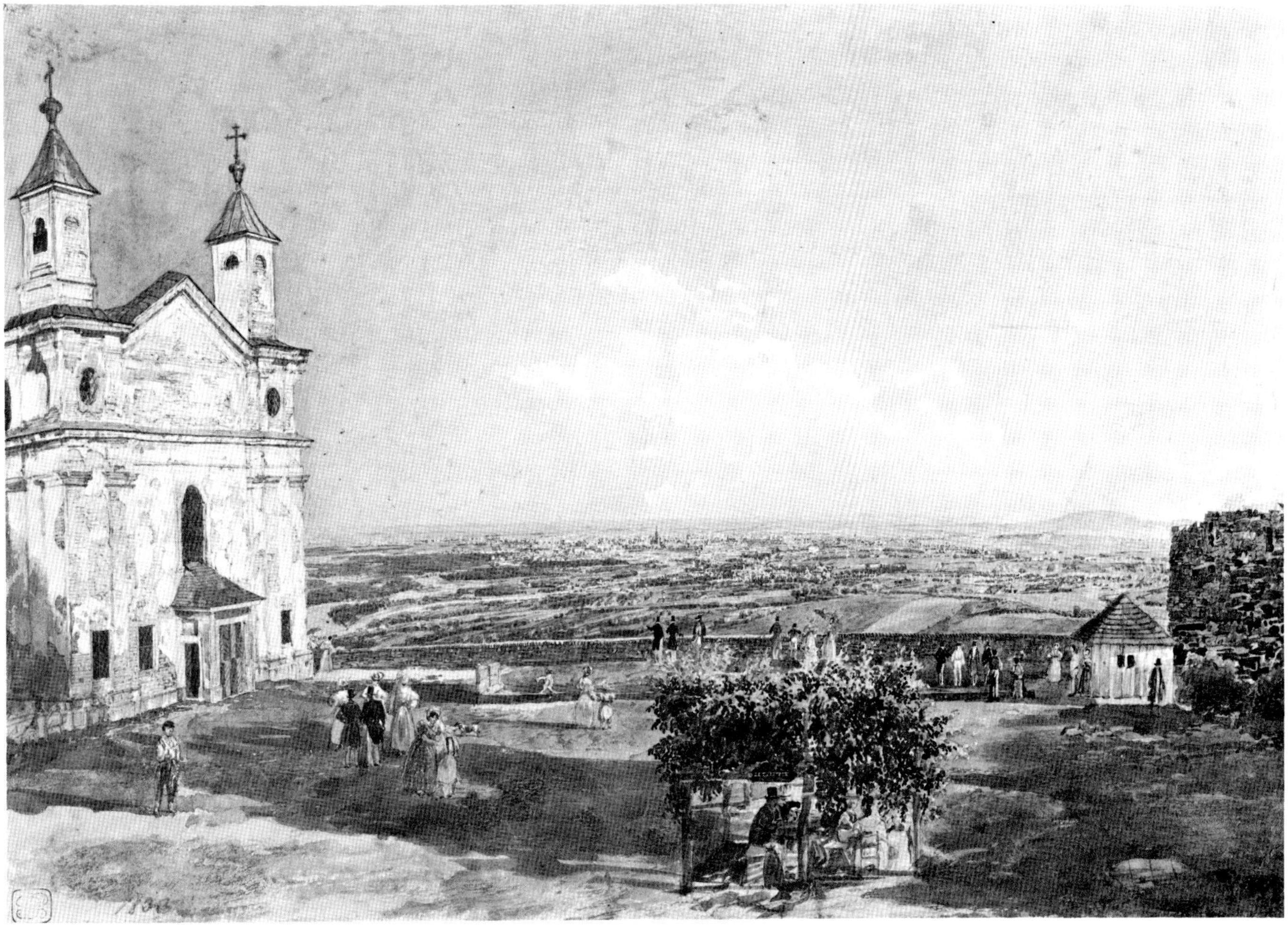

39. R. Alt, Blick auf Wien vom Leopoldsberg, 1833

von der aus im Jahr 1494 ein anderer dreiundzwanzigjähriger nach dem Süden ziehender Künstler, nämlich kein anderer als Albrecht Dürer, die gleiche Ansicht gemalt hat.

An welch ungewöhnliche Aufgaben er sich nun heranzumachen traut, zeigt der Blick vom Leopoldsberg, der offenbar noch im Herbst dieses Jahres entsteht. Hier, an diesem Jugendwerk, tritt bereits klar zu Tage, was ihn von der Vedute einerseits und von der reinen Stimmungsschilderung andererseits trennt und immer trennen wird[51].

Der Fleiß Jakob Alts schuf mit einer zunächst letzten lithographischen Serie einen gewissen Abschluß. Das Interesse, die Donauansichten in einer veränderten Bearbeitung neu aufzulegen, führte 1833 durch „das lithographische Bureau von Mansfeld u. Co. im Seitenstettnerhof" zu den 72 kleinerformatigen Blättern, die in vier Abteilungen vom Ursprung bis Belgrad die wichtigsten Punkte dieses Stromes darstellen sollten: 1. „Die Badische, Württembergische und Bayrische Donau" mit 19 Blättern; 2. „Die Ober-Österreichische Donau" mit 16 Blättern; 3. „Die Unter-

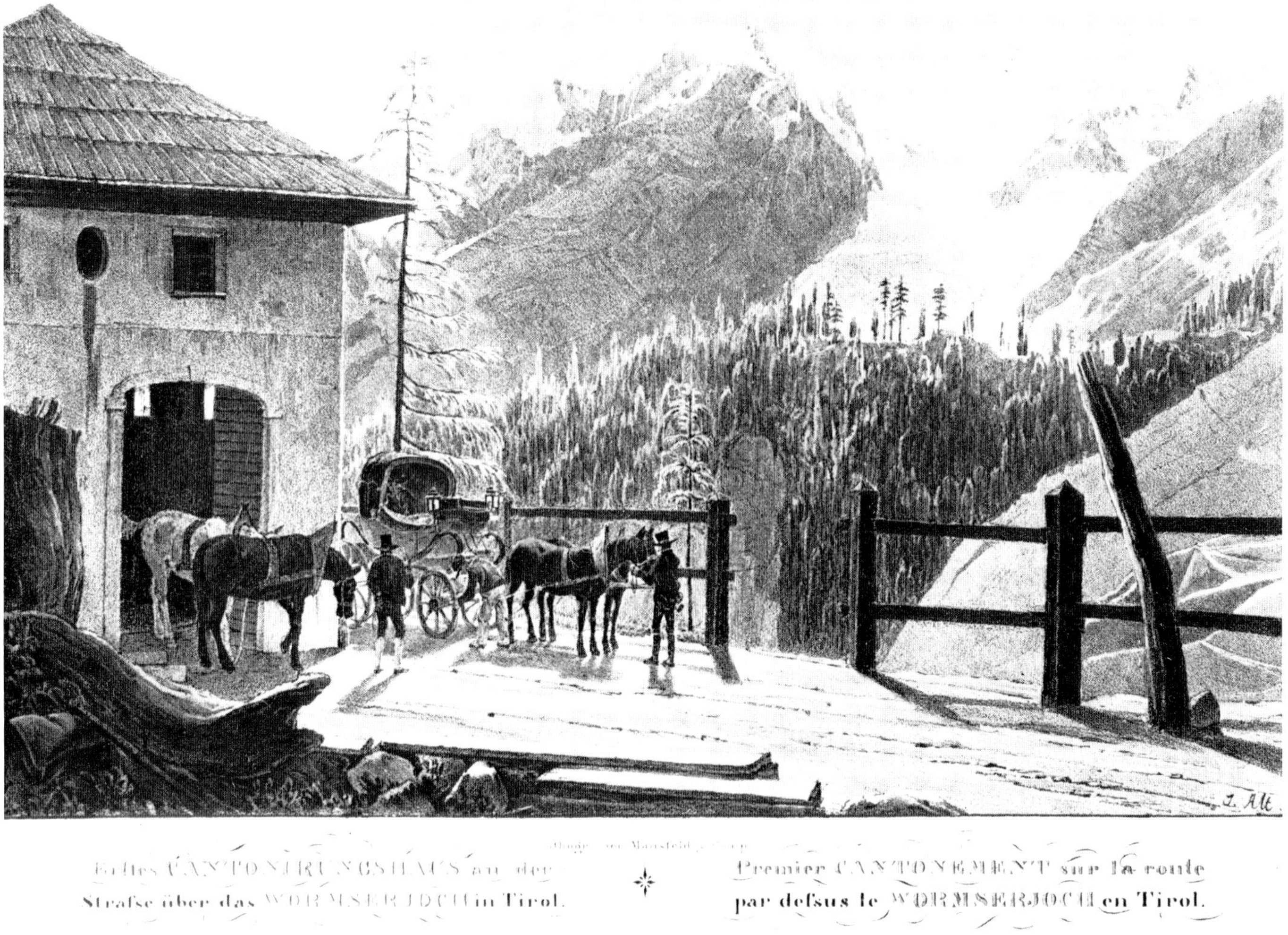

40. J. Alt, Das Grenzhaus am Wormserjoch, 1833

Österreichische Donau“ mit 20 Blättern und 4. „Die Ungarische Donau“ mit 16 Blättern. Inmitten dieser Arbeit muß Jakob Alt noch 1833 der Auftrag des Thronfolgers Erzherzog Ferdinand angetroffen haben, Ansichten für den neuen „Guckkasten“ herzustellen. Rudolf Alt selbst hat die ganze Geschichte seinem Biographen Ludwig Hevesi noch folgendermaßen erzählt[52]. Der Kaufmann van der Nüll, der Vater des späteren Erbauers der Wiener Oper, der Inhaber des renommierten Spezereigeschäftes am Kohlmarkt Ecke Herrengasse, besaß eine Guckkastenapparatur für sein Schaufenster, eigentlich ein Gestell mit einem Hohlspiegel, der davor angebrachte und beleuchtete Bilder in „ganz unvergleichlicher Wirkung“ zeigte. Dafür hatte Eduard Gurk etliche Ansichten gemalt. Als sich van der Nüll in Sinnesverwirrung aus dem dritten Stock seines

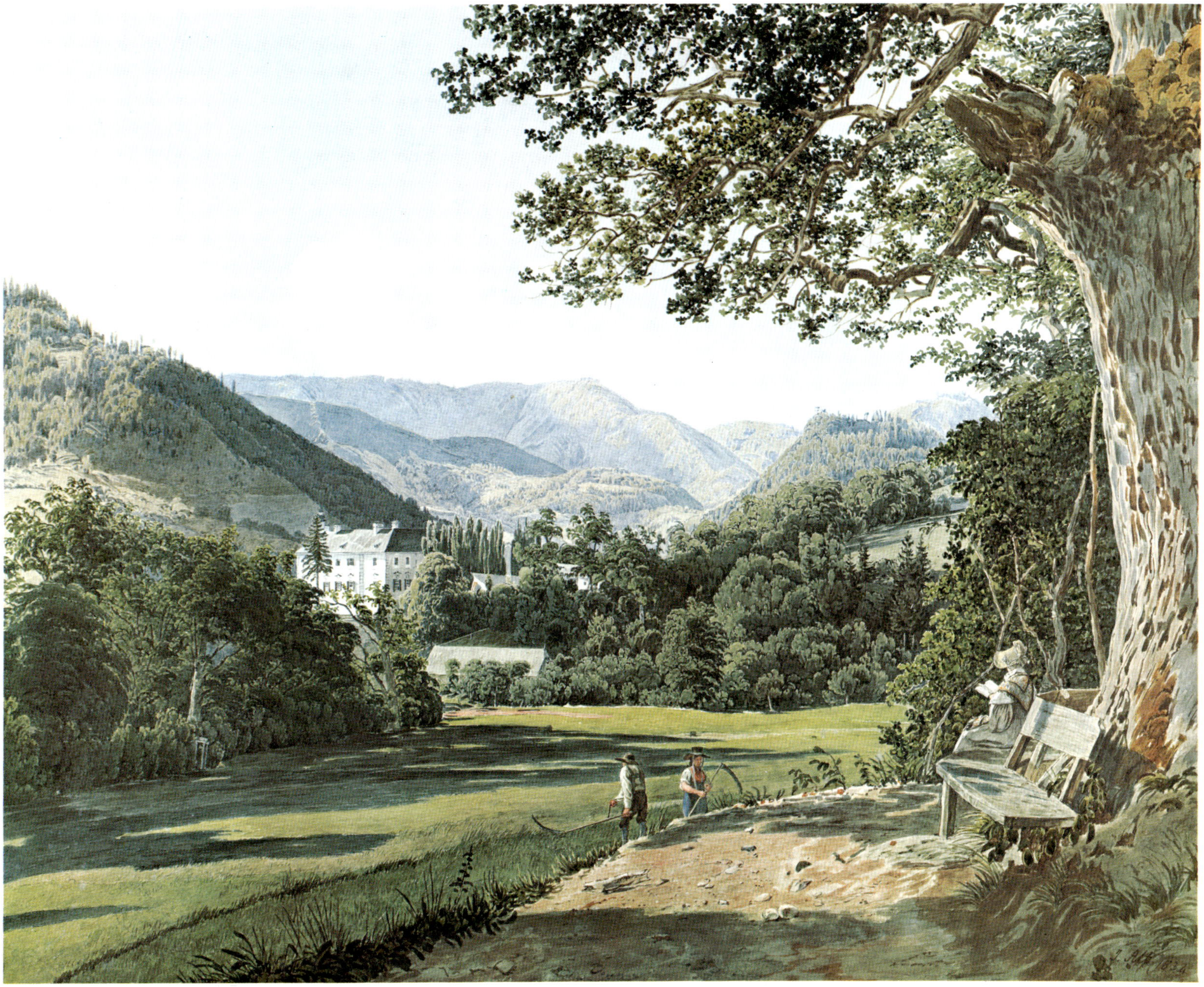

41. J. Alt, Schloß Stiebar bei Gresten, 1834

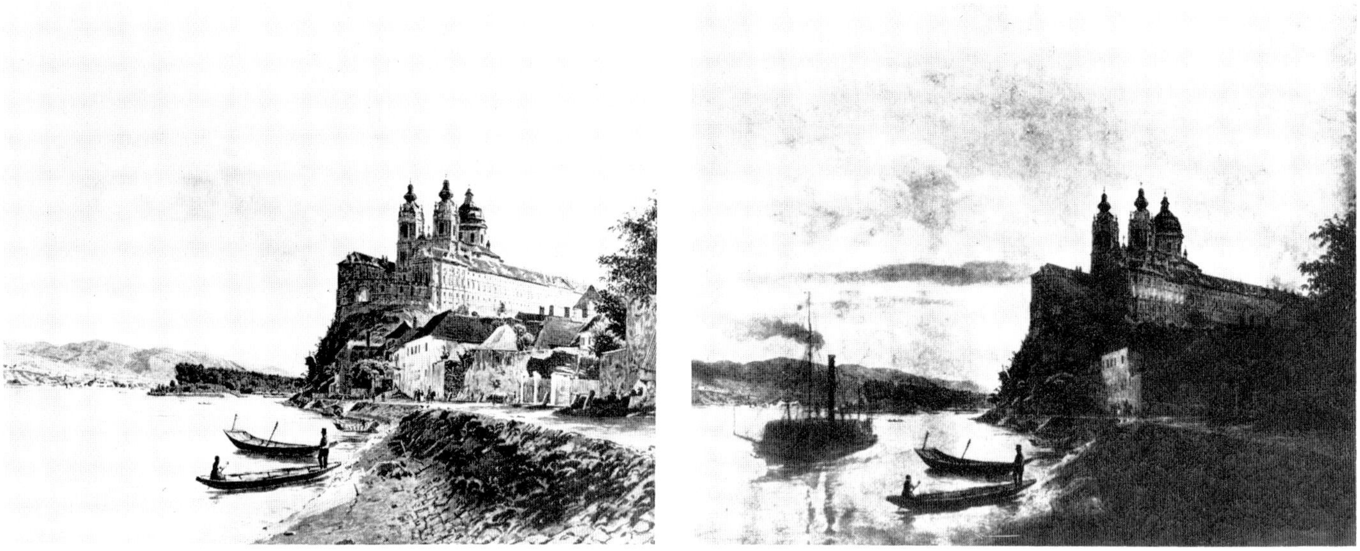

42. J. Alt, Stift Melk bei Tag- und Nachtbeleuchtung, 1834

Hauses stürzte, erfuhr der Kronprinz von diesem Guckkasten und kaufte ihn, allerdings hatte den Spiegel bereits der Apotheker Moser aus der Josephstadt erworben. So erhielt der in Wien berühmte Optiker Plössl den Auftrag, einen neuen Spiegel herzustellen, und Jakob Alt, der nun schon einen guten Namen hatte, den, laufend solche Bilder großen Formates zu liefern. Von 1833 bis 1835 und dann, als Ferdinand seinem Vater als Kaiser folgte, bis 1848, entstanden jene Blätter, die teils nach Böhmen (heute Konopiště), teils in die Fideikommissbibliothek (heute Österreichische Nationalbibliothek) und teils in das Kupferstichkabinett der Hofbibliothek (heute Albertina) gelangten. Die Lieferungen seit der Thronbesteigung Ferdinands waren exakt aus den Rechnungsbüchern des Hofes zu erheben und mit den alten Verzeichnissen vereint zu einer einwandfreien Klarstellung der jährlich abgelieferten Stücke zu bringen. Es zeigt sich, daß Jakob Alt als Vertragspartner alle Blätter signiert hat, ungeachtet der tatsächlichen Autorschaft. Es gibt dabei alle Mischformen. Blätter von Jakob selbst und solche von Rudolf (die dieser im Jahr 1892 als von sich verfertigt bestimmte und mit der Bestätigung „Von Rudolf Alt entworfen und gemalt. S. Protokoll vom 17. September 1892, Zahl 131, Registratur" versah). Aber es gibt auch Blätter Jakobs nach Rudolfs Entwurf oder solche, die überhaupt teils dieser, teils jener gemalt hatte. Es herrschte nämlich bei den Alts um diese Zeit noch eine reine Werkstattgesinnung. Alt soll sich erinnert haben, daß am Anfang pro Blatt eine Summe von 20 fl bezahlt wurde[53], selbst unter damaligen Verhältnissen ein ungeheuer geringer Betrag, bedenkt man etwa, daß zur gleichen Zeit Erzherzog Johann an seinen Kammermaler Gauermann pro Blatt 100 fl und eine monatliche Apanage zahlte. Soweit heute schriftliche Aufzeichnungen vorliegen — das ist seit 1836 —, wurden jedenfalls von der Kaiserlichen Hofkammer pro Blatt 60 fl und für das Passepartout extra noch 1 fl bezahlt. In ihrer Gesamtheit ist diese Sammlung höchst interessant, auch wenn im einzelnen manche Blätter durch ihren „perfekten" Charakter, durch das Ausmalen also zum „Gemälde", mit den spontanen, frei gemalten Werken aus dieser Zeit nicht zu vergleichen sind. Jakob Alt jedenfalls bedient sich hier immer mehr der Farben und sogar der Pinselführung seines Sohnes und erreicht tatsächlich manche sonst kaum gezeigte Höhepunkte. Mit einem Mal findet sich ein Leuchten, eine kühle, aber strahlende Farbigkeit in seinen Darstellungen, obwohl er mehr die Deckfarbe benützt als Rudolf eben zu dieser Zeit, doch selbst dabei und durch die Methode, kurze Pinselstriche nebeneinanderzusetzen, gelingt ihm eine neuartige, sehr lichtstarke Malerei. Die Darstellungen gliedern sich thematisch wahllos aneinander, sie sind teilweise ein Spiegel der Reisen, die Alt und sein Sohn unternehmen, oftmals liegen aber die Studien und Vorlagen für die ausgeführten Blätter Jahre zurück. Diese Reihe ist ein wahrhaftes Panorama der Monarchie und ihrer angrenzenden Länder aus der Zeit des Vormärz. Einem speziellen Wunsch Kaiser Ferdinands dürfte wohl die etwas merkwürdige Sache zuzuschreiben sein, daß von vielen Ansichten zwei Varianten, eine „Tagbeleuchtung“ und eine „Nachtbeleuchtung“, ausgeführt wurden, was gewiß im Guckkasten einen besonderen Effekt zustandegebracht haben mag. Mit dem Jahr 1848, in das die Abdankung Ferdinands und dessen Übersiedlung nach Prag fällt, fand auch diese, Vater Alt und den Sohn fünfzehn Jahre kontinuierlich beschäftigende Reihe ein plötzliches Ende (Aufstellung und Daten nach geographischer Ordnung im Anhang).

So galt das Jahr 1834 also bereits eindeutig vordringlich dieser Serie, dann aber auch der Auswertung der gesammelten Studien vergangener Reisen durch deren Übertragung in Öl. Im September unternimmt Rudolf noch eine kurze Reise nach Gastein, und wieder fasziniert ihn dort der Wasserfall, den er noch einmal in einem erlesenen, sehr feinen Blatt festhält.

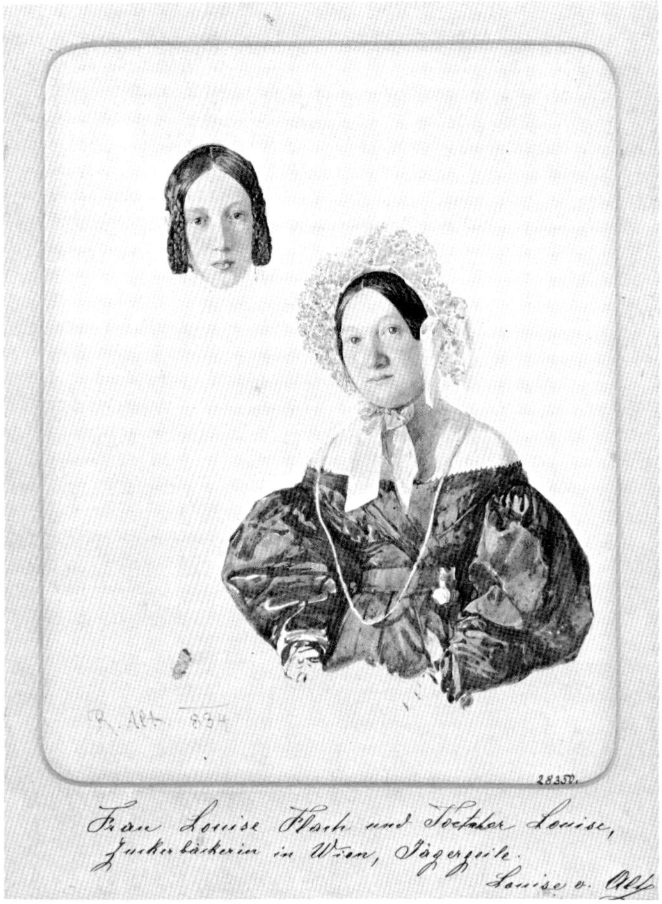

43. R. Alt, Die Zuckerbäckerin Louise Flach und ihre Tochter, 1834

Überblickt man die materielle Seite der Guckkastenblätter, so hat Alt damit jährlich etwa 700 fl eingenommen, was durchaus als hinreichende Existenzgrundlage der Familie zu werten ist. Wie etwa der Schematismus der Akademie zeigt, entsprach dies dem damaligen Gehalt eines Professors. Aber zu solcher Bindung hatten die Alts niemals Neigung gezeigt, sie wollten und mußten sich frei fühlen.

Aber es zeigen sich erste Erfolge. Der erste der Kunstfreunde, der Rudolfs Begabung erkannte, war Hofrat Habermann, der überhaupt großen Einfluß auf ihn ausübte. Thomas Ender ist es dann, der ihn mehrmals zu sich einlädt, aber Alt

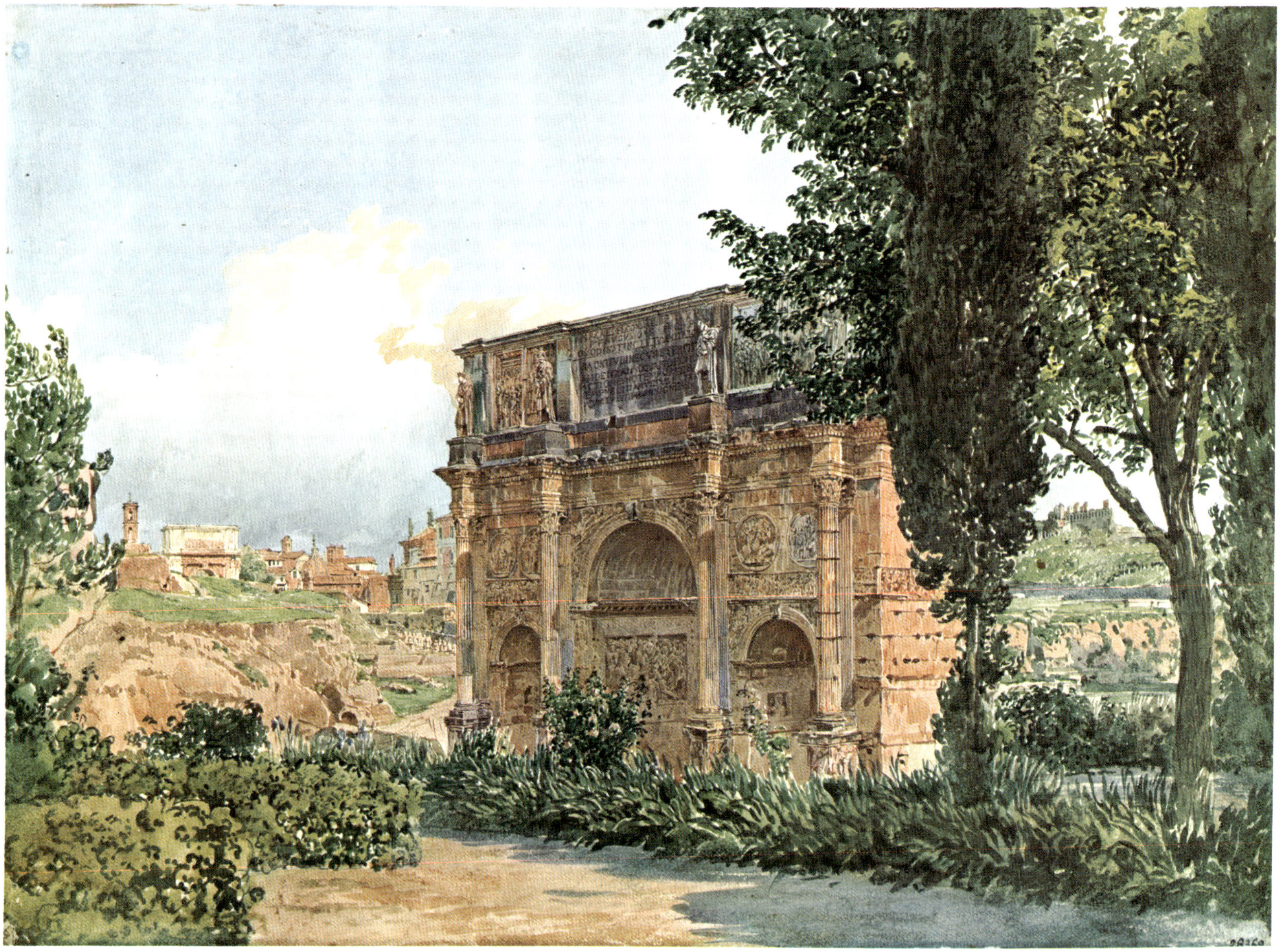

44. R. Alt, Der Konstantinsbogen in Rom, 1835

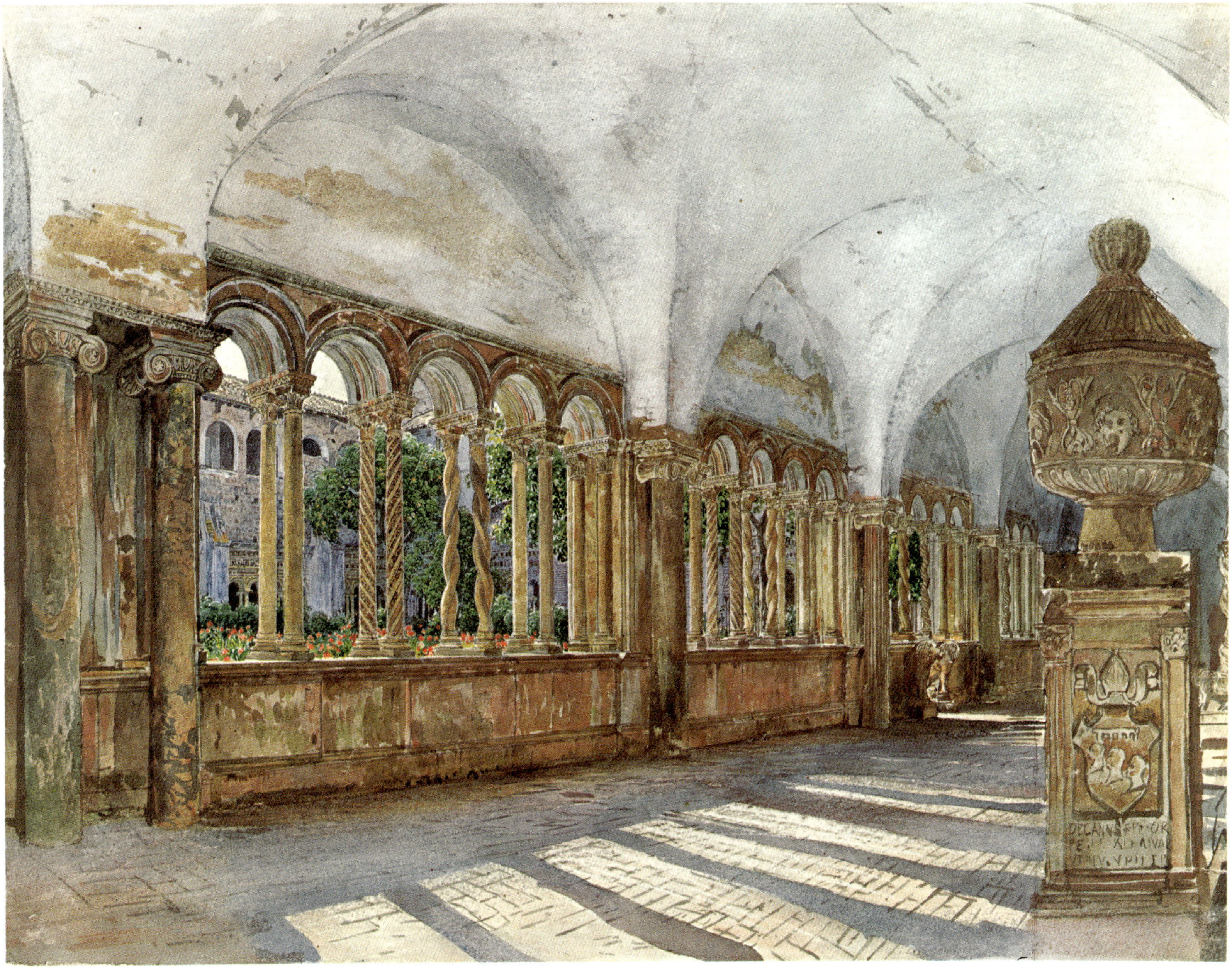

45. R. Alt, Der Kreuzgang von San Giovanni in Laterano in Rom, 1835

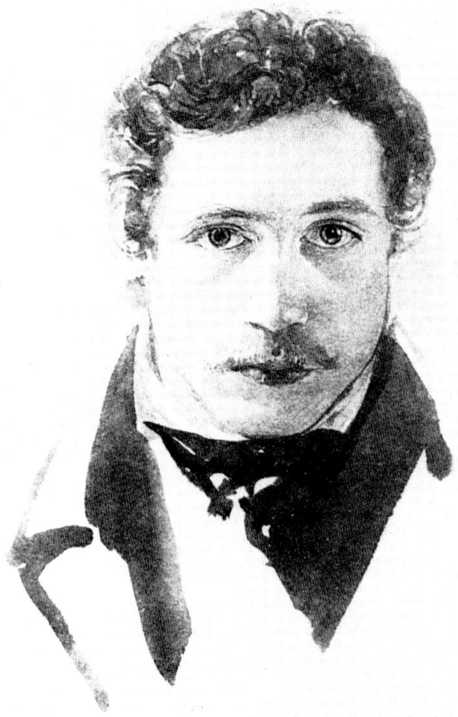

46. R. Alt, Selbstbildnis, 1835

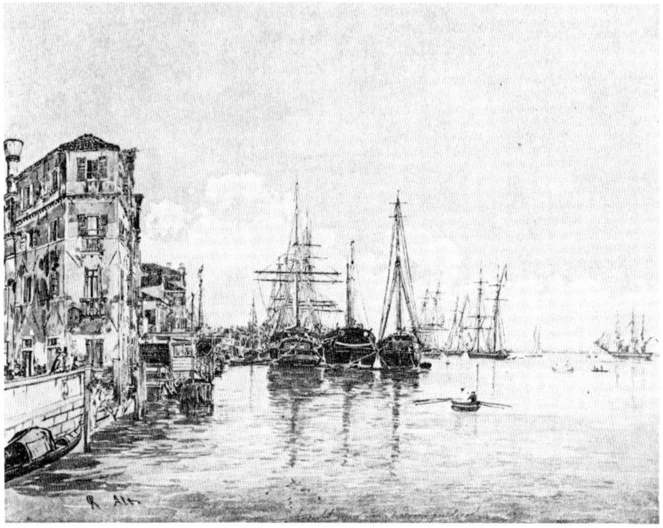

47. R. Alt, Schiffe im Hafen von Venedig, 1835

ist, wie er später gesteht, allzu schüchtern gewesen, um den erfolgreichen Maler tatsächlich zu besuchen. Er sei oftmals um dessen Haus herumgegangen, ohne sich hinauf zu wagen. Zwei Franzosen schließlich entdecken ihn, ein Herr de la Cour und der Herzog von Blacas[54], die einige venezianische Ansichten erwerben und ihm damit, der zum ersten Mal 1832 in der Akademieausstellung überhaupt mit Anerkennung genannt wird, ein gewisses Ansehen in Wiener Adelskreisen verschaffen.

Dazu gehörte auch der Entschluß, im Jahre 1835 gemeinsam eine noch viel weitere Studienreise zu unternehmen. Dies bedurfte einiger Vorbereitung, da die Ausfertigung von Reisepässen nicht ohne weiteres erfolgte. Vater und Sohn waren daher zunächst und mündlich bei der Haus-, Hof- und Staatskanzlei vorstellig geworden. Da aber verwies man sie so richtig auf den Dienstweg; das Aktenstück No. 135 ex 1835 dato Wien den 17ten Februar 1835, verfaßt von der Akademie an den Präses Fürst Metternich, läßt dies durchblicken mit der Bitte „um hochgeneigte Verwendung zur Erwirkung eines Reisepasses auf ein Jahr zur Kunstreise über Bologna, Ancona, Rom und Neapel und zur Rückreise über Florenz, Genua, Turin und Mailand für den Landschaftsmahler Jacob Alt und seinen Sohn Rudolph, den vormahligen Schüler, zumal ihnen Weisung gegeben worden sey, ein schriftliches Gesuch einzureichen, welches Eurer Durchlaucht mit ehrfurchtsvoller Fürwörtlichkeit überreicht wird“. Beide Maler seien „fleissige Künstler, die es wohl verdienen ihnen einen Urlaub auf ein Jahr zu gewähren“. Am 14. März kann Metternich mitteilen, daß der Regierungspaß nach Rom und Neapel ausgefertigt sei.

Diese Reise von 1835 stellt den nächsten wichtigen Schritt in Alts Entwicklung dar, und zwar gleich in mehrfacher Hinsicht. Malerisch löst er nun das krasse Gegenlicht durch ein Leuchten und durch transparente, also lasierend gemalte Halbschatten auf. Seine Begabung, Architektur zu sehen und perspektivisch in ein Bild zu bringen, überschlägt sich hier aber geradezu, Hevesi meint, er „kommt nach Rom, in diese durch und durch gebaute, bauliche Welt, es überfällt ihn augenscheinlich geradezu ein Architekturkoller". Die historischen Bauwerke werden ihm zu faszinierenden optischen Erlebnissen, und nicht minder werden sie es dadurch wieder für uns. Es ist ein aufregendes Ereignis, diese Reise mit den Augen des Dreiundzwanzigjährigen nachzuvollziehen. Sei es in seinen schnellen Notizen, wenn er etwa eine Postkutsche festhält, oder dann in den Städten — wie Verona, das den Auftakt bildet; aber erst recht dann, als ihn die südliche Natur vollkommen in ihren Bann zieht, in Tivoli bei Rom etwa. Und von hier an zeigt sich das neue Malen mit den durchsichtigen Wasserfarben voll entfaltet. Es sind die imponierenden Bauwerke in Rom selbst, Kapitol, Pantheon, Titusbogen, Konstantinsbogen, Forum Romanum oder San Giovanni in Laterano, die ihn beschäftigen. Ein einziges Mal geht eine sonst unbekannte Romantik mit ihm durch — oder ist es eine der wenigen Folgen der historisch akademischen Ausbildung? Im Klostergang von San Onofrio jedenfalls läßt er Torquato Tasso auftreten. Doch sonst herrschen allein das Spiel von Licht, Schatten, Architektur, Maßverhältnissen und die perspektivische Finesse seines unbestechlichen Auges. Die südliche Sonne zwingt ihm eine neue Farbe ab, „sein" Rostbraun (wie er selbst einmal gesagt hat) bekommt Lilatöne und ein extrem intensives Blau. Überhaupt blieb den beiden das Leben in diesem südlichen Sommer, die Freiheit und Freundschaft mit anderen Künstlern unvergeßlich. Sie lernten in Rom Moritz von Schwind und König Ludwig I. von Bayern kennen und erleben mit Entzücken

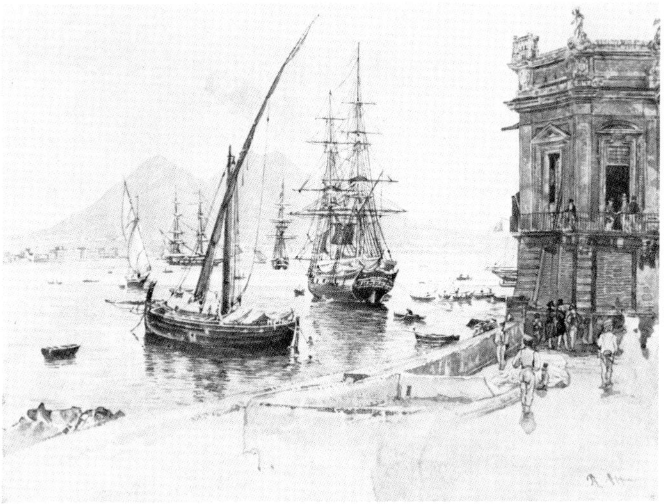

48. R. Alt, Hafen von Neapel mit Vesuv, 1835

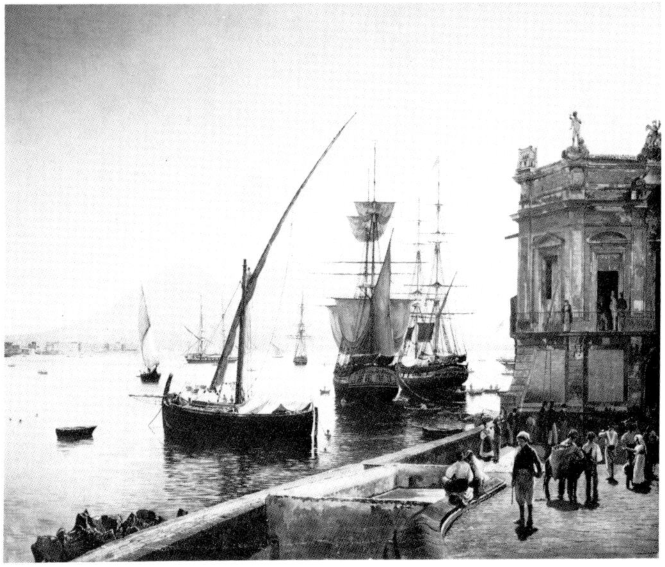

49. R. Alt, Hafen von Neapel mit Vesuv, Ölgemälde, 1835

das gemütliche Zusammensein auf Capri und in Amalfi, meist mit außerösterreichischen Deutschen, das „erhöhte noch den Genuss, dem selbst die Würze des Verbotenen nicht fehlte, denn das Zusammentreffen mit diesen ‚Ausländern' war unter Metternichs Verwaltung streng verpönt"[55].

Es mag hier an dieser Stelle sinnvoll sein, daran zu denken, was überhaupt einen Landschaftsmaler in dieser Zeit zu seinen Reisen veranlaßt hat. Gewiß ist es nicht das Ziel, spontan eindrucksvolle Bilder heimzubringen, es geht vielmehr darum, eine Sammlung von Studien zu gewinnen. Alt hat es selbst gesagt: Die Studien waren dazu bestimmt, die Grundlage seiner Existenz zu sein. Nicht um sie zu verkaufen oder auszustellen, sondern um dann in den Wintermonaten nach diesen Studien das eigentliche Kunstwerk, das Ölbild, zu schaffen. Natürlich ging es dabei in erster Linie um das Aufsuchen von besonderen Natur- und Kunstschönheiten und darum, sie für sich festzuhalten, um in diesen Skizzen oder Entwürfen das Material für eine möglichst große Zahl von Aufträgen zu gewinnen. Man mußte also das Material vorzeigen, um dann einem Auftraggeber das Gemälde nach der Vorlage ausführen zu können. Das im Atelier zusammengebaute Bild ist also nicht zwangvolle Verlegenheit, sondern das eigentliche Ziel. So sind auch kleine Varianten der Staffage bei späteren Ausarbeitungen ganz selbstverständlich, nicht zuletzt sind sie auch von wissenschaftlicher Bedeutung, denn sie können wichtige Anhaltspunkte zur Reihenfolge der Blätter geben. Niemals ist Alt als Ölmaler mit seiner Staffelei vor der Natur gestanden, immer nur als Zeichner, als Aquarellist. So entstehen alle Ölbilder dieser frühen Jahre als willkommene Winterarbeit, immer Monate, wenn nicht sogar Jahre später. Künstlerisch aber müssen wir heute die Vorarbeit dem eigentlichen Ergebnis weit vorziehen. Schon Münz hat auf den Vergleich zwischen solchen spontanen, lebhaften Aquarellstudien vor der Natur und den ausgeführten Werken hingewiesen[56], um wieviel intimer, ursprünglicher ein solches Blatt ist als etwa das ein Jahr später auf Grund solcher Skizze gemalte Ölbild.

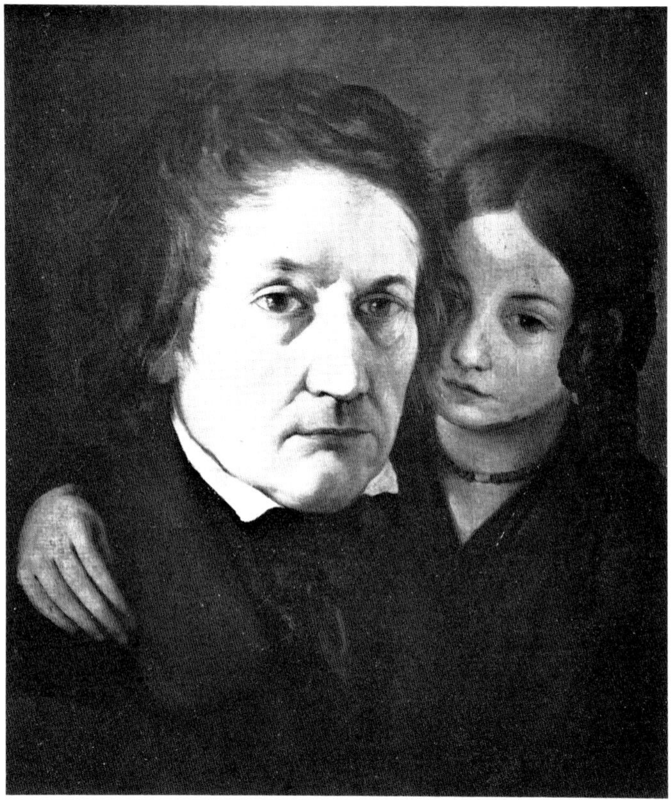

50. J. Alt, Selbstbildnis mit einer Tochter, um 1830

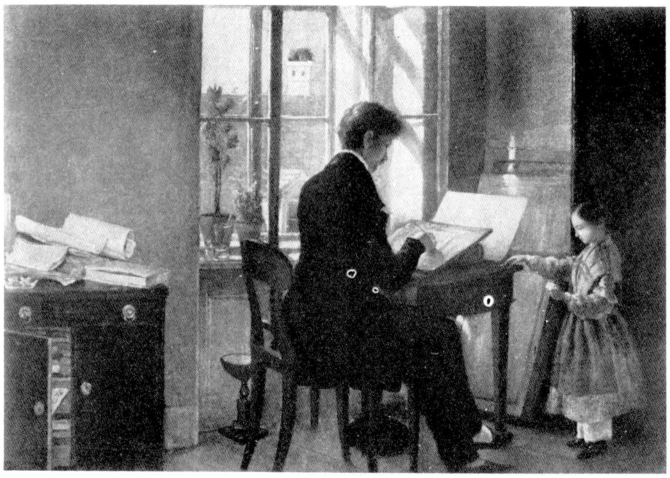

51. R. Alt, Selbstbildnis am Fenster mit einer Schwester, um 1835

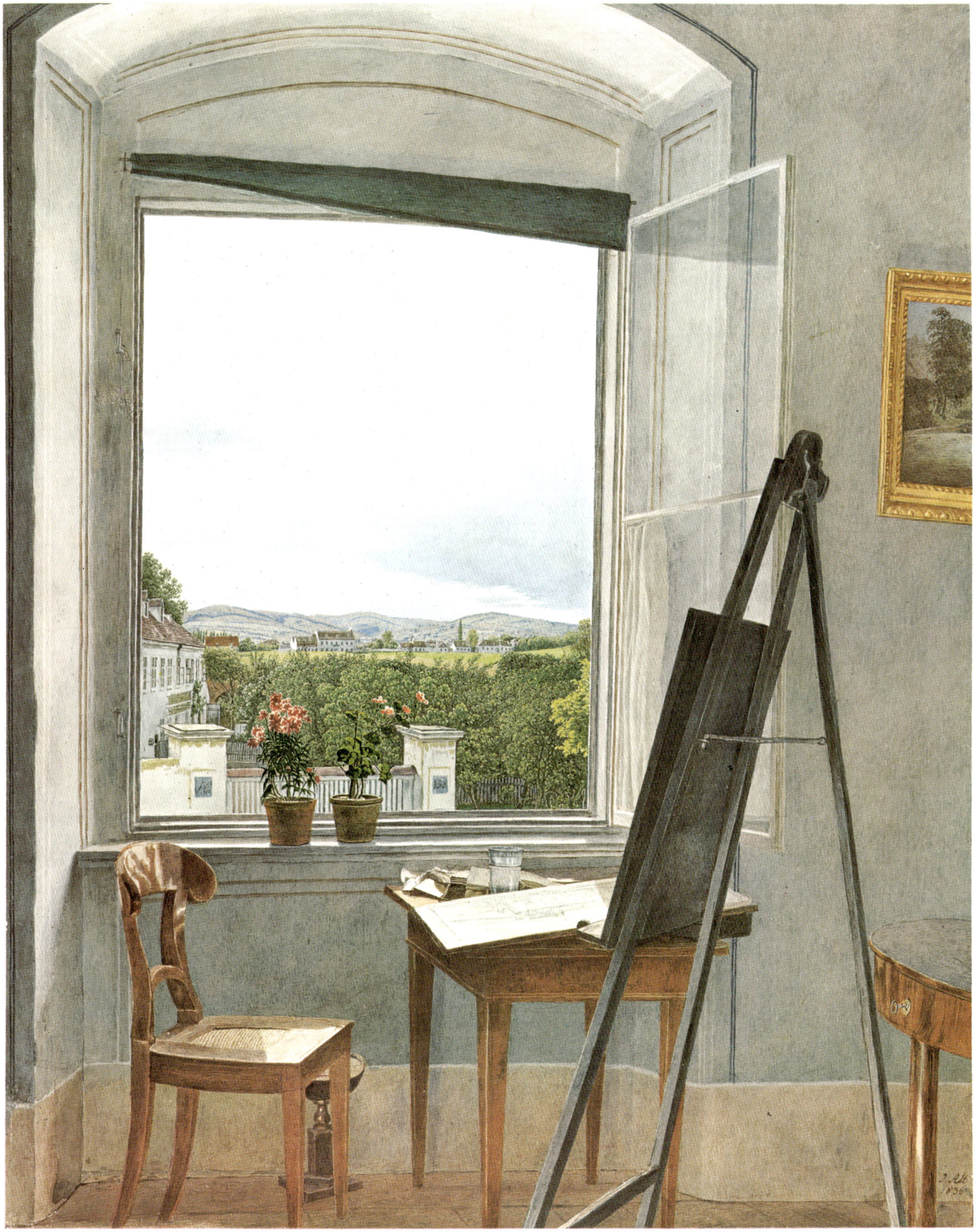

52. J. Alt, Blick aus dem Atelier auf Dornbach, 1836

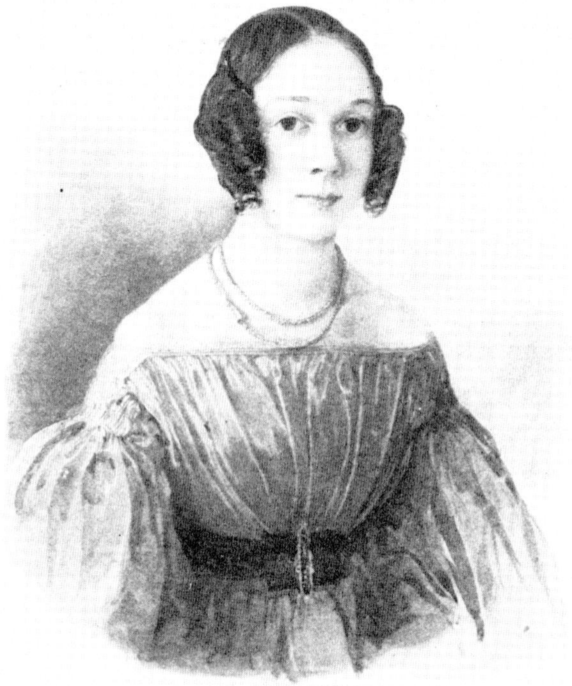

53. R. Alt, Hermine, die erste Gattin, 1841

Nach Wien zurückgekehrt, geht Alt im Jahr 1836 daran, die neuentdeckte Lichtführung des fließenden Leuchtens statt des Gegenlichtkontrastes auf die Bilder aus seiner Heimatstadt zu übertragen. Nun entstehen seine vielleicht reizvollsten Wiener Ansichten, klein wie bei Wigand, aber leuchtend wie Edelsteine, wie man sie tatsächlich hierzulande noch niemals gesehen hatte. Als die Witterung es erlaubt, geht man sofort wieder auf Reisen. Jedes Jahr geht es der Donau entlang, ein köstliches Blatt von Bord der „Maria Anna"[57] zeigt auf dem Verdeck den befreundeten jungen Maler Pettenkofen und Georg Plach, den Kunsthändler, dem er noch viel zu danken haben wird, wenngleich dies umgekehrt noch mehr der Fall war. Doch von dem traurigen Kapitel der Preise, die Alt noch lange Jahrzehnte für seine Werke erzielen sollte, sei hier noch nicht die Rede.

Im übrigen gehört das Jahr 1837 der Reise nach Como. Auch hier zeigt sich ein deutlicher Wandel insoferne, als nun nicht mehr eine Vedute oder eine Landschaft mit Vordergrundfiguren „staffiert", sondern das dahinflutende Leben der Menschen in ihrer Umwelt ein Teil der Komposition wird: sei es der Kirchgang in Como oder sei es im Hafen, der beim Einlaufen eines Dampfers in vollem Betrieb ist, sei dies dann in Mailand, in Pavia oder gar in Venedig.

Aus einem nach Como gesandten Brief dieser Tage vom 12. September 1837, adressiert „An mein liebes Söhnchen Rudolf", erfahren wir durch die Mutter etwas Neues. In ihren übermütigen Witzen zeigt sich ein gewichtiges Ereignis an, es geht um sein verlorenes Herz, das so plötzlich Hermine, der Freundin seiner Schwester Lidwina, gehört[58]: „O liebes herzensgutes Söhnchen, o Du Erzschelm wart ich will Dir — — sagtest hättest mich so lieb, indes mir die Hermine wenigstens Dein halbes Herz o was sage ich, Dein ganzes hat sie mir gestohlen, und ich kann die Diebin nicht mehr erwischen —". Die Eifersucht war nicht echt; sie muß aber dann in den folgenden Jahren doch eine Rolle gespielt haben. Hermine Oswald war um jene Zeit noch nicht siebzehn Jahre alt, sie hatte als lediges Kind einer Cäcilia Oswald am 2. November 1820 in Wien das Licht der Welt erblickt, war in der Pfarre am Hof getauft worden, dann in der Alservorstadt (Nr. 88) aufgewachsen und war, wie zahlreiche Blätter Rudolfs zeigen, ein reizendes, zartes Wiener Mädchen mit dunklen Augen in dem feingeschnittenen, von Korkzieherlocken modisch umrahmten Gesicht. Rudolf verlobt sich noch 1837

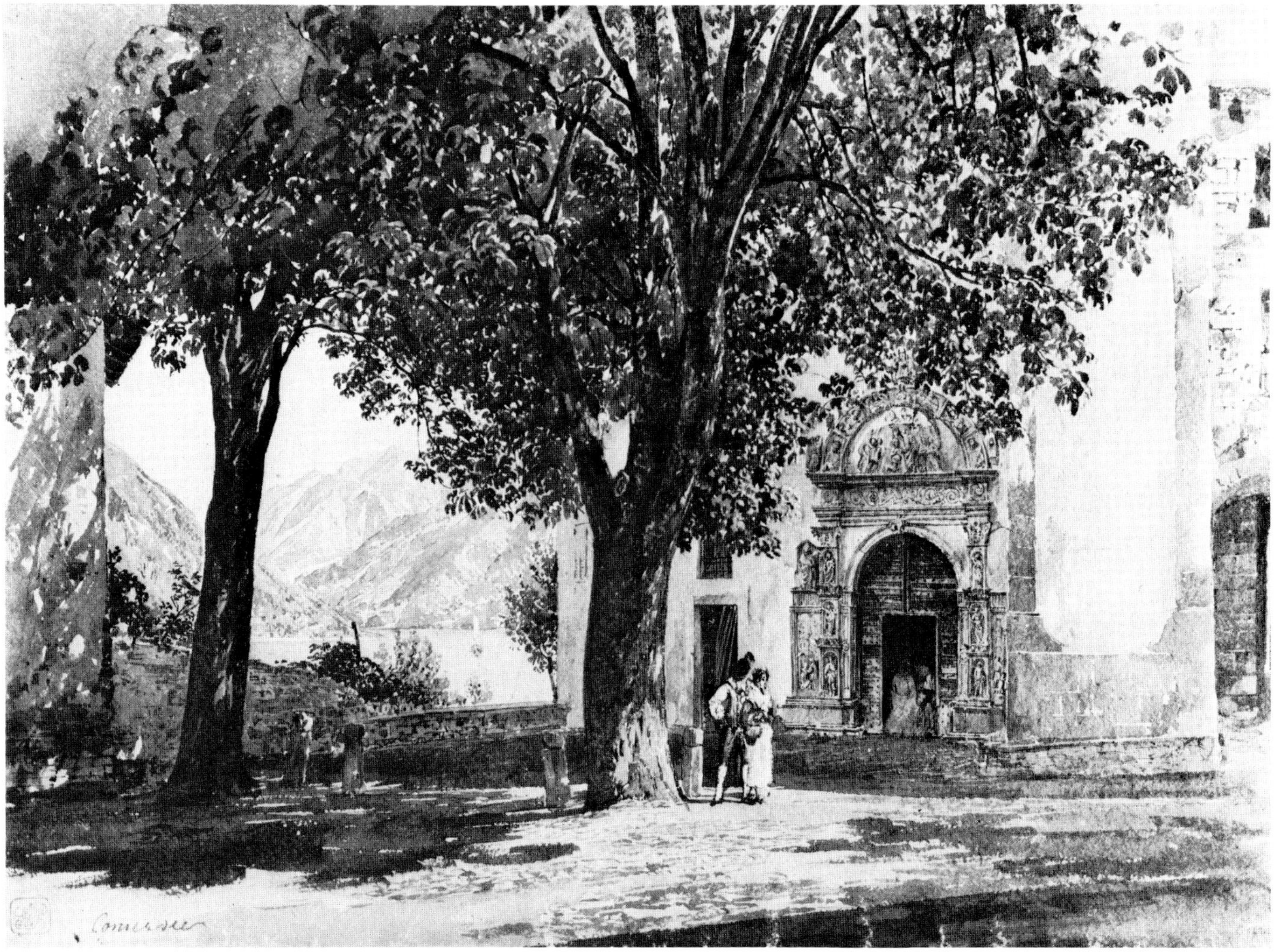

54. R. Alt, Am Kirchplatz von Como, 1837

mit ihr, wissend, daß es einen langen Weg bis zur Heirat geben würde, die natürlich erst dann zustande kommen konnte, wenn eine gesicherte Existenz erreicht war. Der Briefwechsel aus dieser Brautzeit ist erhalten[59], es sind liebenswürdige, zärtliche und sehnsuchtsvolle Mitteilungen. „Mein englisches Mädchen", spricht er sie an (Gmunden, 14. August 1838) und klagt „o warum sind die Zeiten vorüber, wo noch eine gutmütige Fee einem armen Liebenden zu seiner Geliebten half!" (Mailand, 8. September 1837). Was ihn nun allein antreibt, ist die Hoffnung, durch Fleiß und besser und besser werdende Leistungen sich so durchzusetzen, daß er bald zur Gründung seines Hausstandes gelangen kann. Er sagt das mehrmals deutlich, aber einmal auch so, daß es über die Worte der Liebe hinausgehend aufschlußreich ist, weil es Ziel und Wollen seiner künstlerischen Arbeit verdeutlicht (14. August 1838); da spricht er von einer förmlichen Malwut, die ihn erfaßt habe — doch das schlechte Wetter im Salzkammergut hindere ihn: „Und um wieviel mehr peinigend

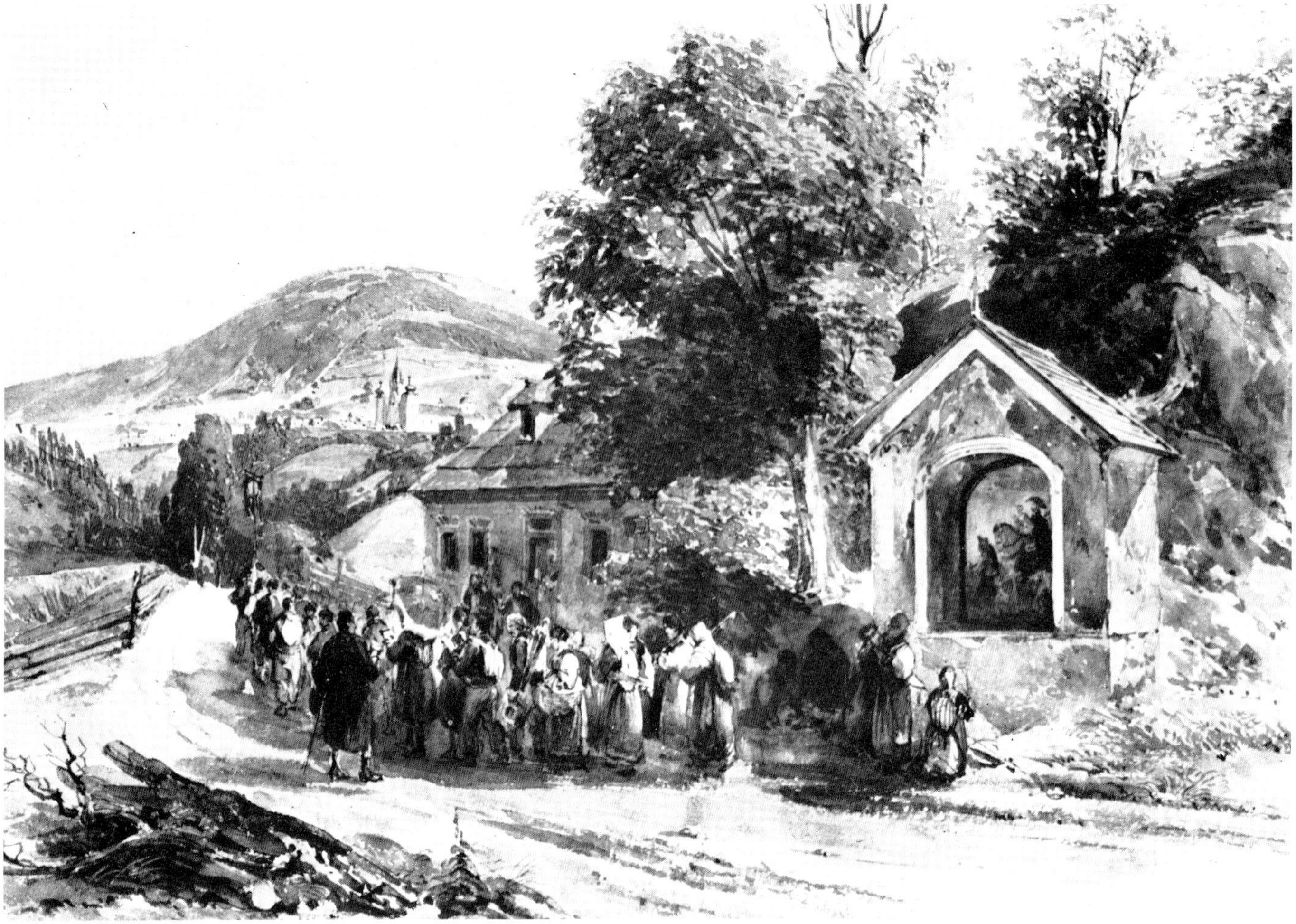

55. R. Alt, Wallfahrer auf dem Weg nach Mariazell, um 1839

ist diese Qual, da mit dem alleinigen Dastehen in der Kunstwelt, was nur durch richtiges und geistiges Auffassen der mit Sinn gewählten Naturscenen bewirkt werden kann, der schönste und würdigste Preis, der mir je werden kann, Deine Liebe und Deine Hand gleichsam in Verbindung stehen. Daher mein eifriges Streben nach vorwärts — Auch mich kostet die Öhlmalerey viel Plage und Überwindung, da ich garnicht daran gewöhnt und fast gar keine Erfahrung darin habe. Viel leichter würde es mir gehen und vielleicht, daß meine Sachen besser für den Augenblick würden, wenn ich meinem Aquarell getreu bliebe; allein für die Folge ist das Öhl viel vorteilhafter —"[60].

In den Jahren 1838 und 1839 finden wir Alt wieder im Salzkammergut, in Raigern an der Nordbahn und dann auf einer ersten Reise in die östlichen Gebiete der Monarchie, nach Böhmen, Mähren und Galizien; er besucht verschiedene Schlösser — was für spätere Aufträge wesentlich werden sollte — und bewunderte zum ersten Male die Schönheit Prags, einer Stadt, der er ebenso große Zuneigung wie Venedig oder seiner eigenen Heimatstadt entgegenbringt. Eine Ansicht

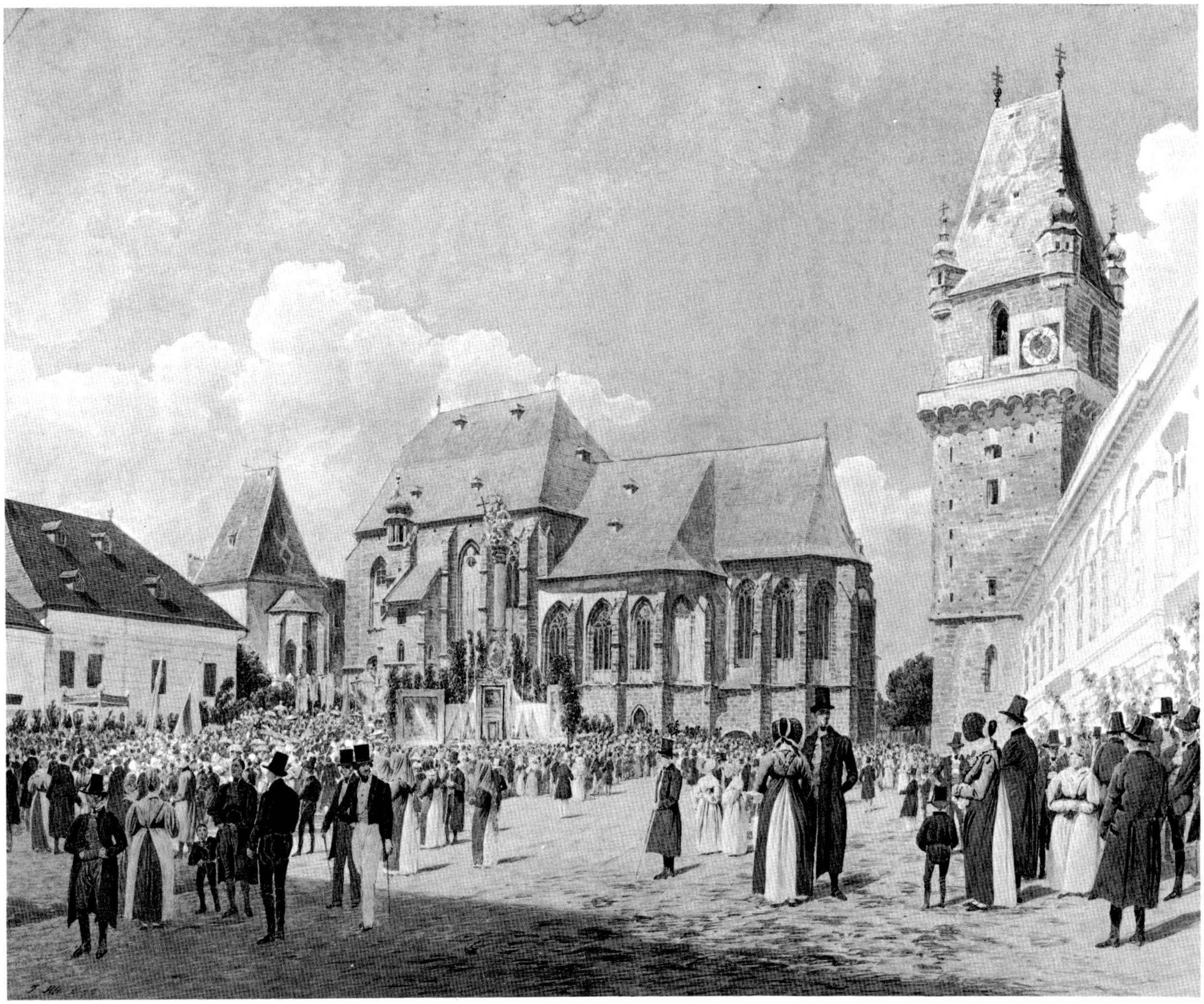

56. J. Alt, Fronleichnamsprozession in Perchtoldsdorf, 1838

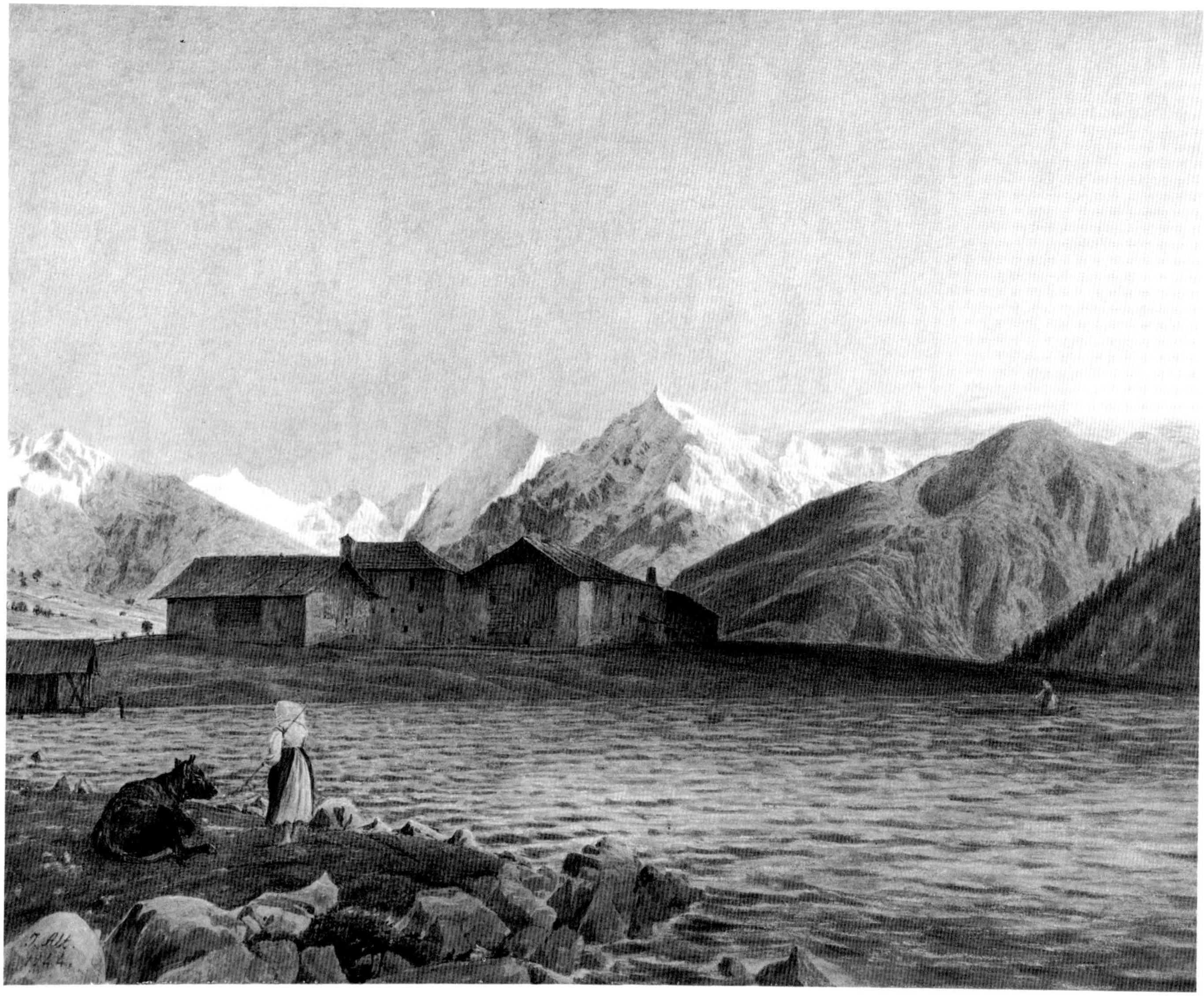

57. J. Alt, Heidersee und Ortlermassiv, 1844

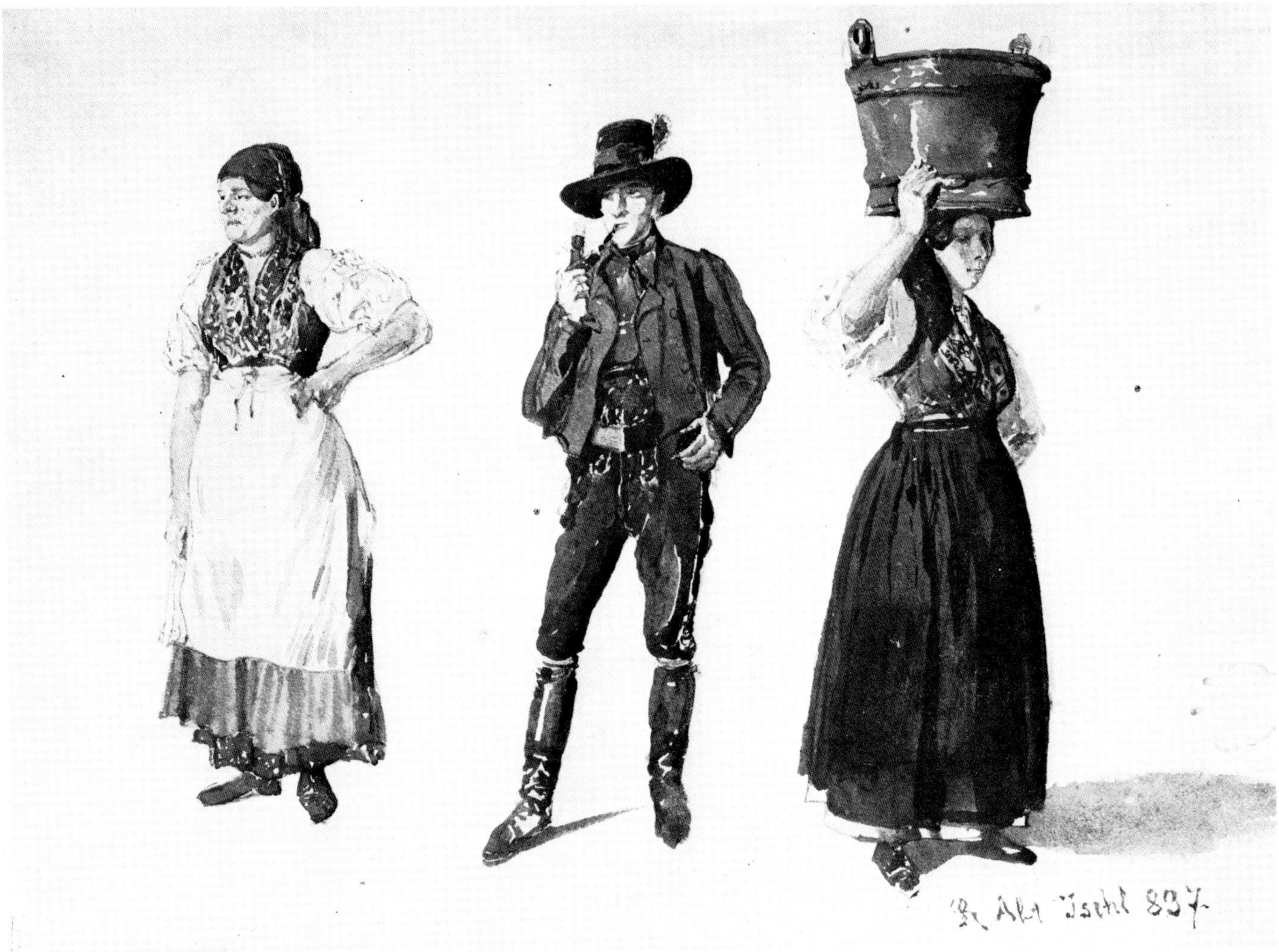

58. R. Alt, Bauerntrachten aus Ischl, 1837

dieser in Prag entstehenden Blätter zeigt den Rathaussaal. Alt macht sich damit an ein Problem heran, ein Interieur nämlich, dessen Ansicht sowohl perspektivisch, im Detail, in Licht und Schatten und vor allem koloristisch einen Aquarellisten vor ungeahnte Schwierigkeiten stellen muß. In kaum etwas anderem sollte sich von da an seine Alleskönnerschaft so auszeichnen wie hier; allerdings nicht nur zu seinem Vorteil. Doch auch in diesen Jahren ist unverkennbar, daß die Fortsetzung der Guckkastenbilder, für die ja ununterbrochen neue attraktive Ansichten aufgesucht, studiert, skizziert und ausgeführt werden mußten, sowie bald auch Vorlagen für graphische Ausführungen im Auftrag von Wiener Verlegern im Vordergrund der Arbeiten von Vater und Sohn Alt standen. Schon im Jahr zuvor hatte man in der Lithographischen Anstalt M. R. Thoma, Jägerzeile 58, begonnen, Aquarelle Alts durch gewiegte Lithographen auf den Stein übertragen

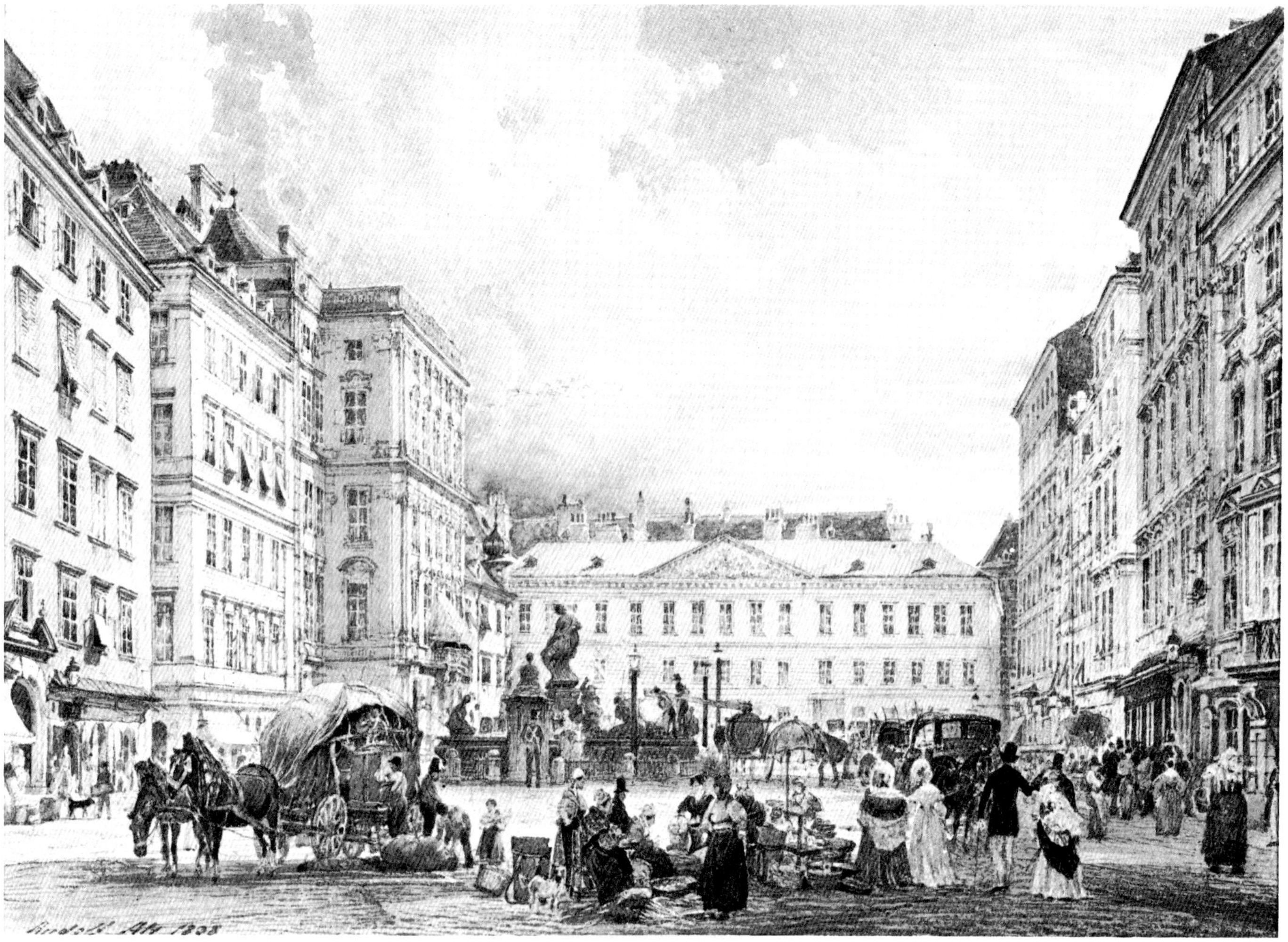

59. R. Alt, Der Neue Markt in Wien, 1838

zu lassen. So von M. Brems, B. Edlinger, J. Gerstmayer und vor allem durch den überragenden F. X. Sandmann. Der ambitionierte Verleger L. T. Neumann hatte den Markt für „Malerische Ansichten Wiens" erkannt und sich rasch der Alts versichert. Ein anderes Unternehmen, H. F. Müller am Kohlmarkt, ließ Ergebnisse der Galizienreise, Trachten aus dem Sandeczer Kreis, aus Jaslo, Dukla und Krosno in das neuentwickelte chromolithographische Verfahren (bei Alois Leykum) übertragen, und wir sind der Meinung, daß die auffallende Beschäftigung Alts in dieser Zeit mit Figuren, Kostümstudien und Trachten nicht zuletzt solchem verlegerischen Auftrag entsprochen haben mag. Das illustrierte Sammelwerk Müllers, das die gesamte Monarchie darstellen sollte, trägt den Titel „Pittoreskes Österreich" und entstand dann von 1840 bis 1843.

Es ist ganz deutlich: Mit dem Jahr 1840 veränderte sich Alts Stil plötzlich. Äußerlich beschrieben, liegt das an einem neuen Prinzip räumlicher Ordnung, an einer fast kristallinen Klarheit

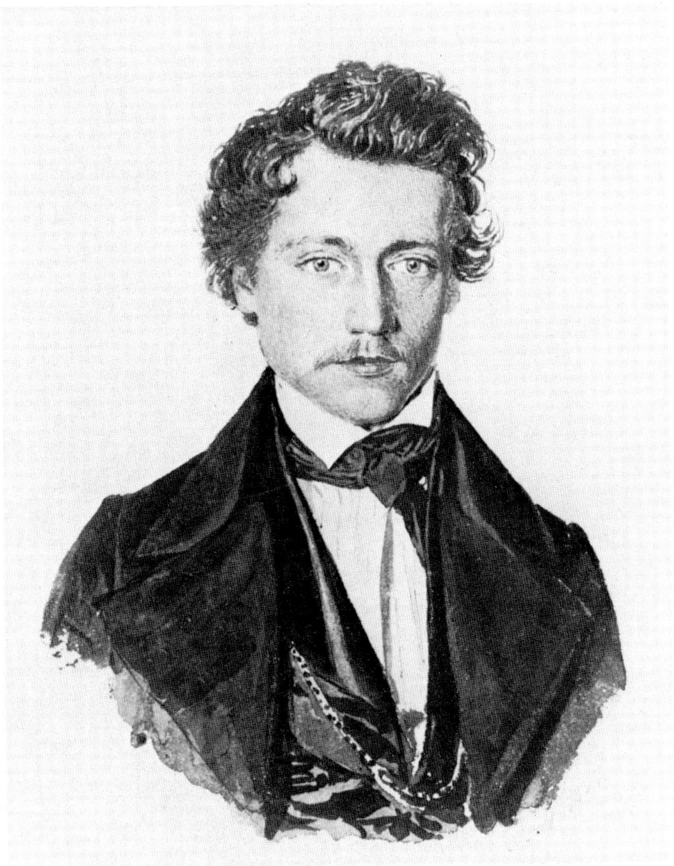

60. J. Alt, Bildnis Rudolfs, 1837

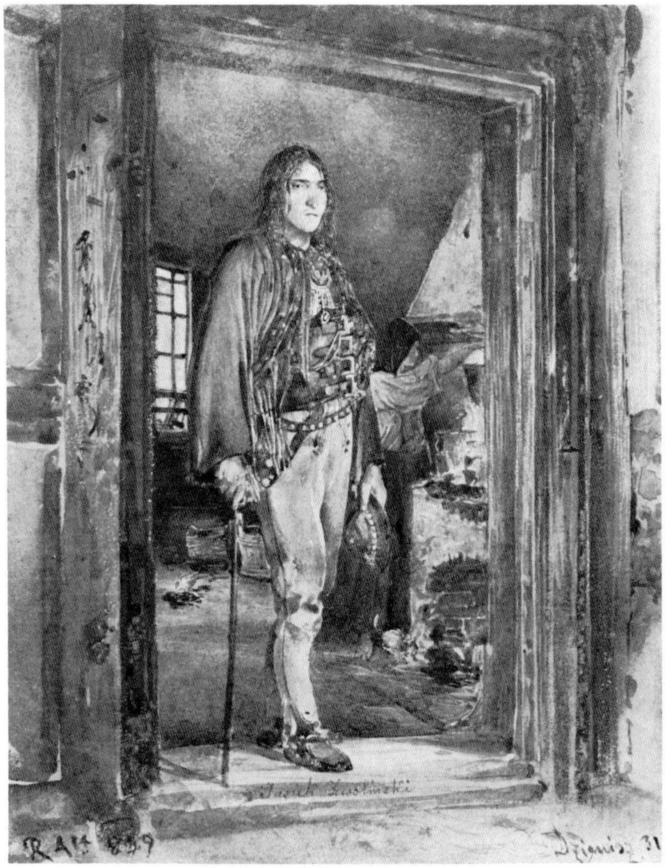

61. R. Alt, Galizischer Bauer, 1839

von Gegenstand, Farbe und Atmosphäre sowie bei aller kaum begreiflicher Detailbehandlung stärksten Spannung im Ganzen. Die Himmel sind nun dramatisch bewegt, transparent, mit fließender Wasserfarbe gemalt und leuchtend. Man hat die Blätter dieser Zeit „Proben einer künstlerischen Vollendung schlechthin" genannt[61]. „Seit Dürer hat kaum ein Künstler in Aquarellen den Detailreichtum der sichtbaren Welt mit solcher Treue und Genauigkeit festgehalten wie damals Alt", ein Vergleich, der schon öfter ausgesprochen wurde. Zum ersten Mal von dem bedeutenden Dürerforscher Charles Ephrussi, der beim Kennenlernen von Alts Baumstudien enthusiastisch den Vergleich mit dem „Großen Rasenstück" in der Albertina gezogen hatte[62]. Wie immer man zu solchen Vergleichen stehen mag, unbestreitbar ist, daß hier Analogien vorliegen und daß nicht minder auch eine Gleichwertigkeit mit den besten Arbeiten gleichzeitiger Künstler Englands und Frankreichs[63] durchaus behauptet werden kann, ihm aber dem zum Trotz nicht annähernd gleiches internationales Ansehen bei der Nachwelt zuteil wurde. Was um 1840 durch Alt geschieht, und auch hier sei dies mit Worten von Münz ausgedrückt, ist, daß die ganz vom Augenblick geborene flüchtige und daher einzigartige Stimmung des Lichtes, die Farbigkeit der

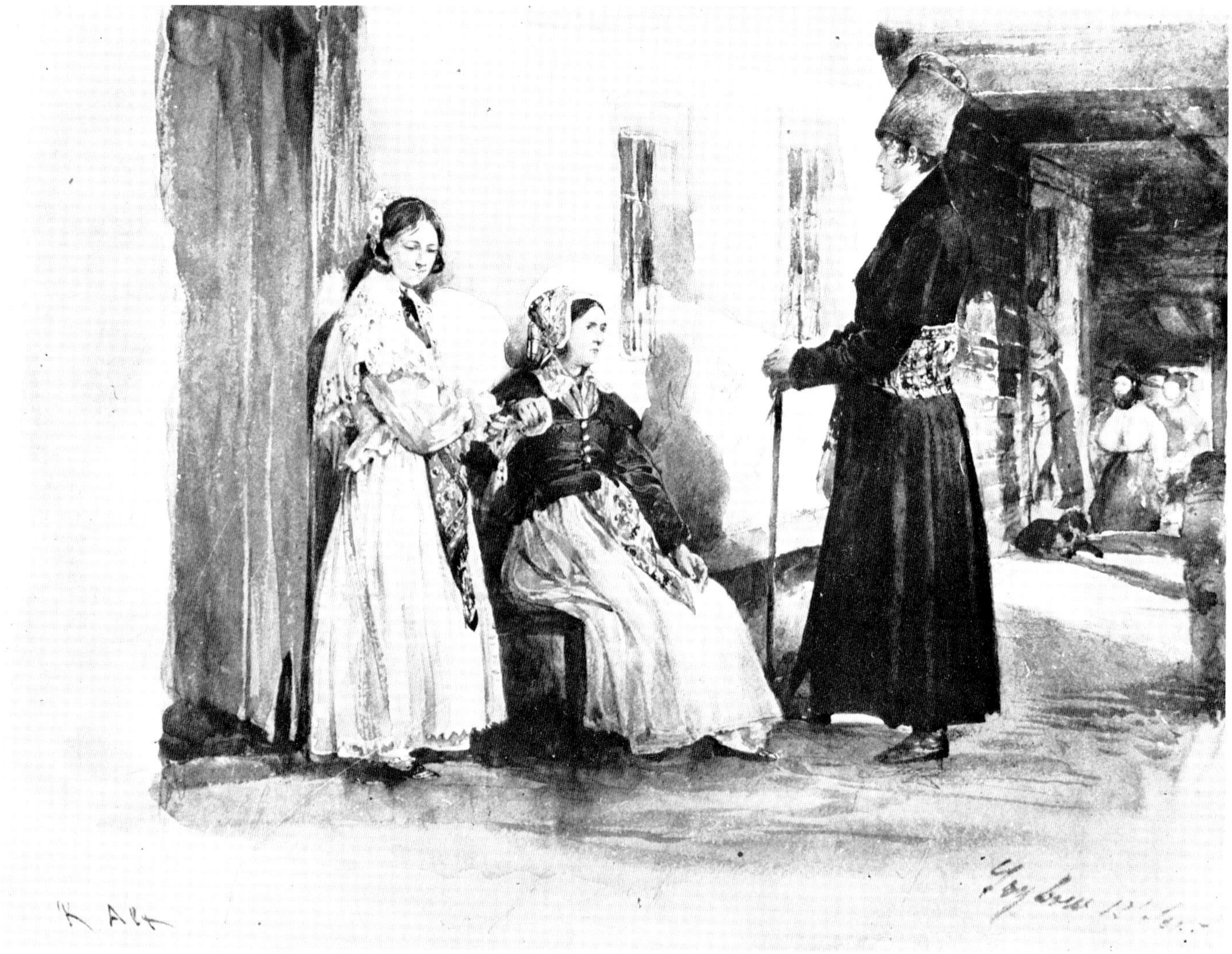

62. R. Alt, Polen in ihrer Landestracht, 1839

Luft, der Landschaft in ihren individuellen Nuancen in das Bild gebannt sind und damit die Vedute zu einem farbigen Kunstwerk verwandeln. So bescheiden das eigentliche — scheinbar objektive — Ziel scheint (selbst darin übrigens ganz Resignation im Sinne des Vormärz), so ist das einzelne, individuelle Ergebnis doch von höchster Aussage, gefühlsmäßiger Tiefe und geheimnisvoller Undurchschaubarkeit. Es gibt eine Äußerung aus späteren Jahren — Alt hat so gut wie kein einziges Mal irgendeine theoretische oder programmatische Äußerung getan, die Zeit, wo Philosopheme und Engagiertheit weit vor jeder künstlerischen Leistung rangieren, war noch fern — in der er sagt, was ihm als Ziel vorschwebt: (Rom, 19. Januar 1873) „— Machen doch die Empfindungen, wenn ich so an einem heiteren, sonnigen Tage, am Forum Romanum, am Campo Vaccino oder beim Colosseum mich befinde, alles andere schweigen, und so nach Muße malen zu

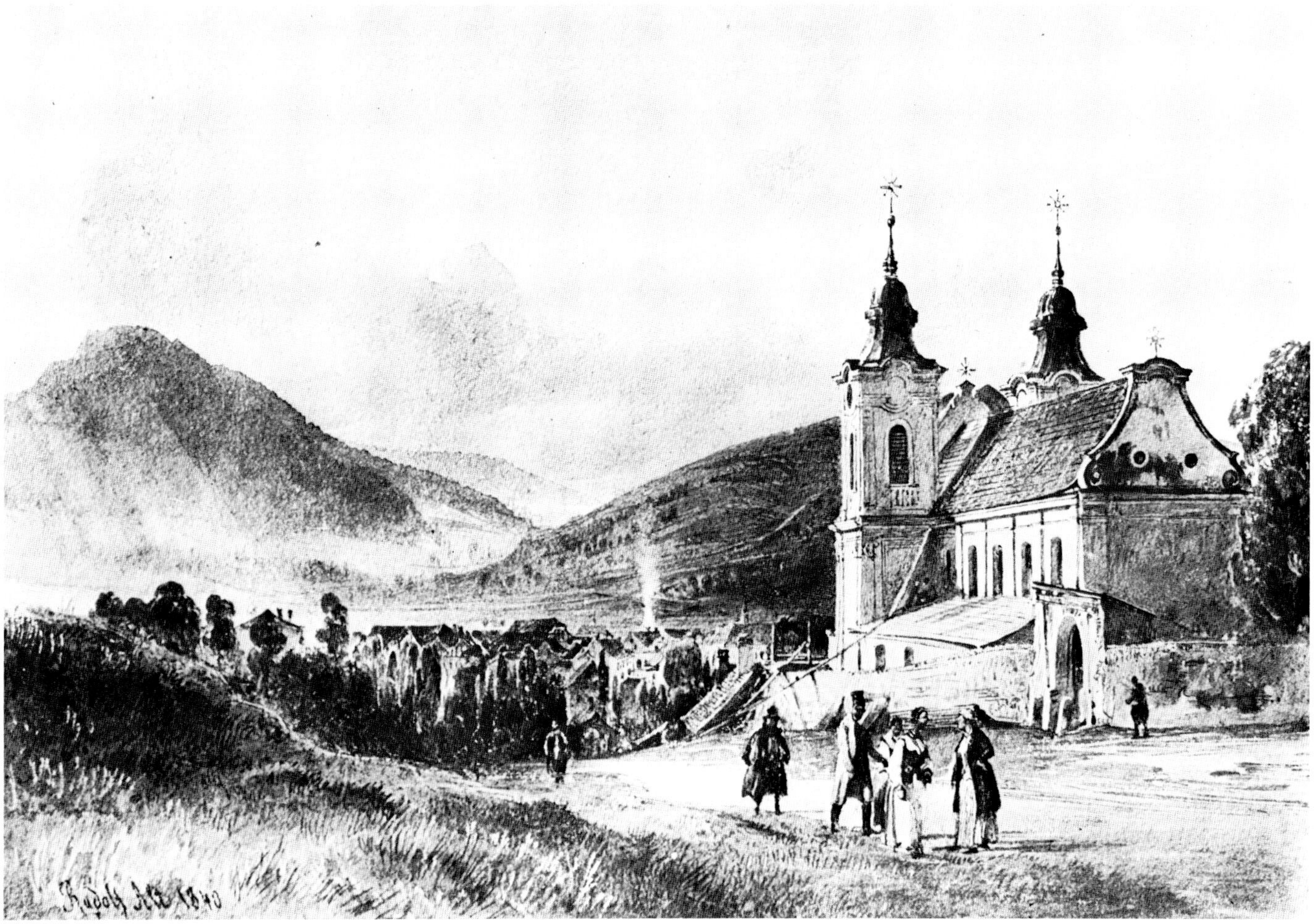

63. R. Alt, Die Kirche von Dukla, 1840

können, das sind Empfindungen, die kein Kaiser, kein König, kein Rothschild kennt, (keiner) der zu allem seinen Plach braucht; Empfindungen wie sie eben nur der Poet hat, der dazu im Vortheil ist, denn er kann sie festhalten durch Niederschreiben, ich kann sie nur in den Gegenstand hineinlegen, den ich eben treu wiederzugeben suche — mißlingt er mir, nun so wird man auch die Empfindung schwer herausfinden, die Empfindung ist aber der höchste Genuß, das Gelingen derselben aber dann die allerhöchste Seligkeit — ich kenne sie aber nicht"[64].

Genau dies mag Novotny gemeint haben, als er davon sprach, daß diese Demut vor dem Dasein überhaupt das Verhältnis des Menschen zur Wirklichkeit im 19. Jahrhundert kennzeichnet und wesentlich sein mag für die Kunst Österreichs[65].

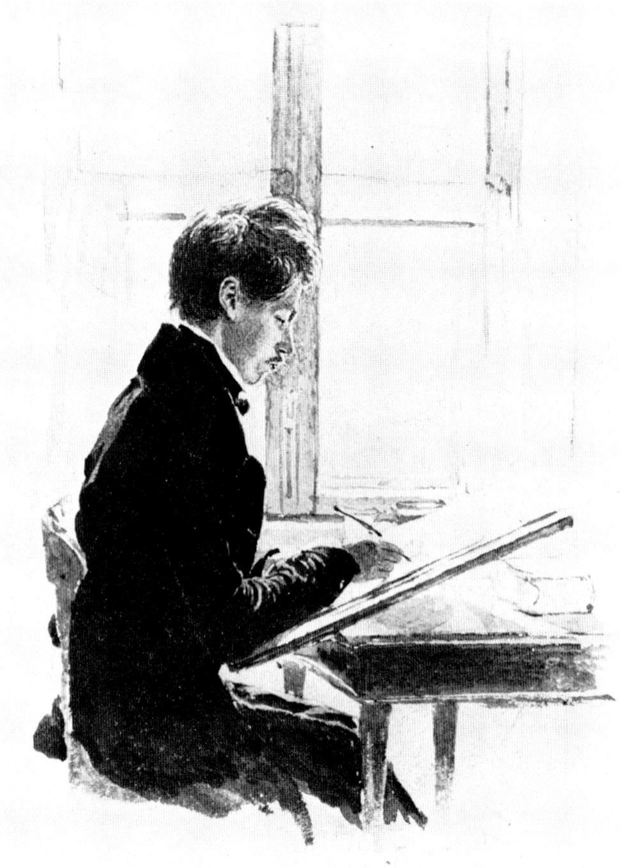

64. J. Alt, Rudolf im Atelier arbeitend, 1839

Das wichtigste Ereignis dieses Jahres 1840 war die im Herbst im Auftrag H. F. Müllers zur Fortsetzung des Bildwerkes über die Monarchie angetretene Reise nach Dalmatien, die in Triest begonnen wird. Vater und Sohn treffen in Zara (Zadar) zusammen, sind Ende August bereits weit im Süden, wo sie in Promina und Dernis malen, tauchen Anfang September in Sebenico (Šibenik) auf, malen in den Steinkohlenbergwerken bei Dernis und erreichen am 13. dieses Monats Spalato (Split). Sie fahren von dort mit einem Fiaker nach Trau (Trogir), um den Dom zu malen. Alt berichtet: „Erhitzt durch den starken köstlichen Maraschinowein, kamen wir beim Fuhrmann an, der außer der Stadt ist, da innerhalb derselben kein Wagen fahren kann; voll von ernsten Betrachtungen verließen wir die Gegend"[66]. Auf dem Domplatz von Spalato müssen sie beim Malen von einem Polizeimann vor den Zudringlichkeiten der Leute beschützt werden („Natürlich muß ich immer ein Trinkgeld spendieren"). Am 24. kommen sie in Ragusa (Dubrovnik) an, arbeiten hier voll Eifer („Wie herrlich ist Ragusa, das ist das Schönste, was ich bis jetzt gesehen habe") und treten per Schiff über Spalato (Split) und Cattaro (Kotor) (12. Oktober: „Viele Passagiere seekrank, wahrlich wenn unsereiner so leiden müsste, das Reisen wäre eine Marter") die Rückfahrt an (29. Oktober). Zwei Tage hatten sie im besonders malerischen Omblatal in dem von nur einem Pater bewohnten Franziskanerkloster verbracht, um eine mehr als reiche Ausbeute heimzubringen, die schließlich wieder über den Winter emsig genutzt werden konnte. Rudolf hat dabei einen neuen Versuch unternommen, nämlich mehrere kleinste Ansichten zusammen auf ein Blatt zu bringen; so aquarelliert er einige österreichische Blätter, und der Vater folgt ihm und setzt nach den Studien des Sohnes solche aus Dalmatien zusammen.

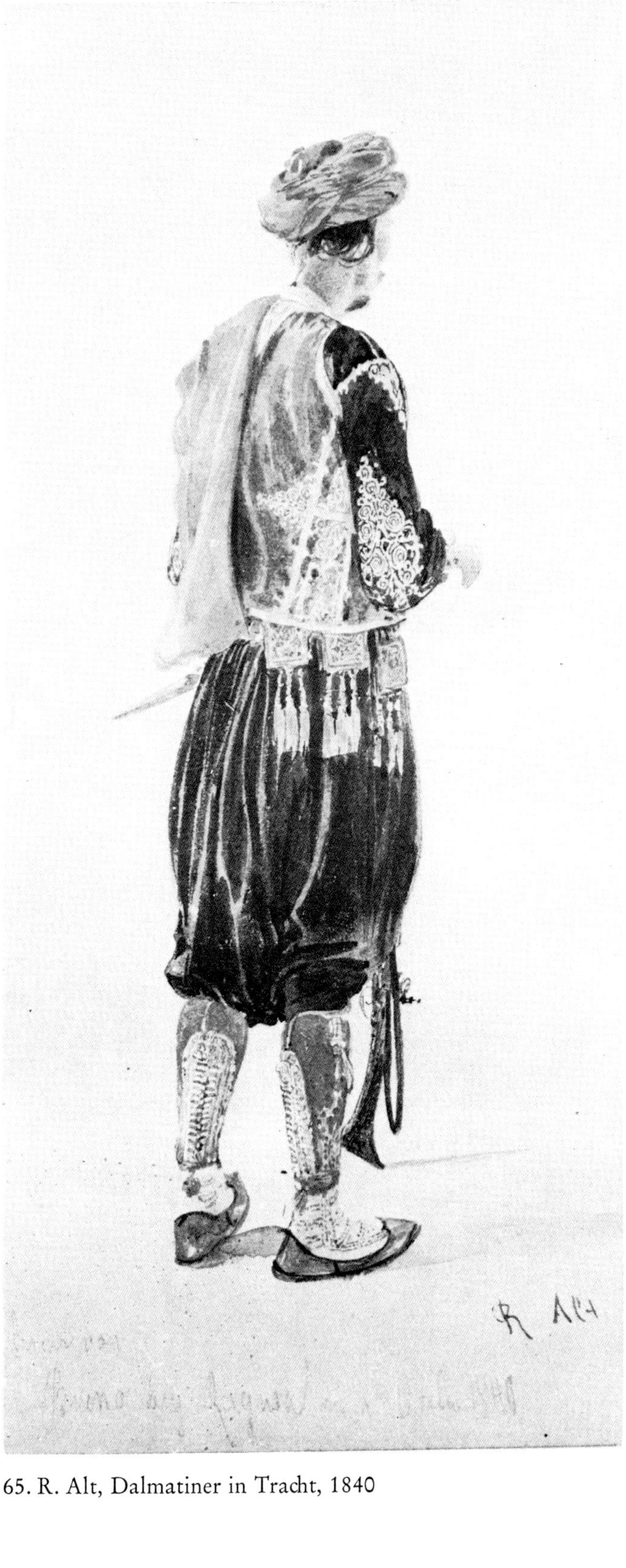

65. R. Alt, Dalmatiner in Tracht, 1840

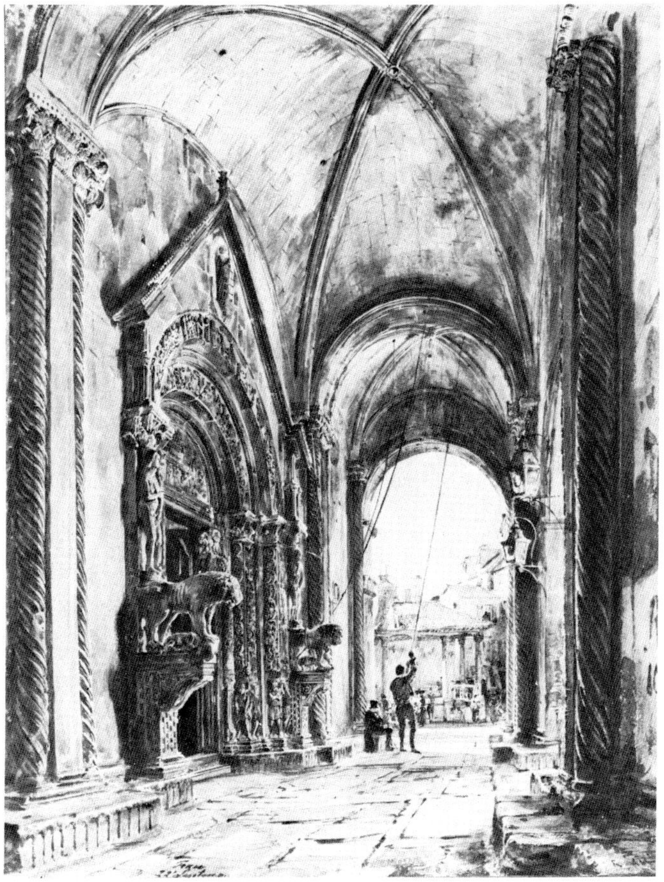

66. R. Alt, Vorhalle des Domes von Trogir, 1840

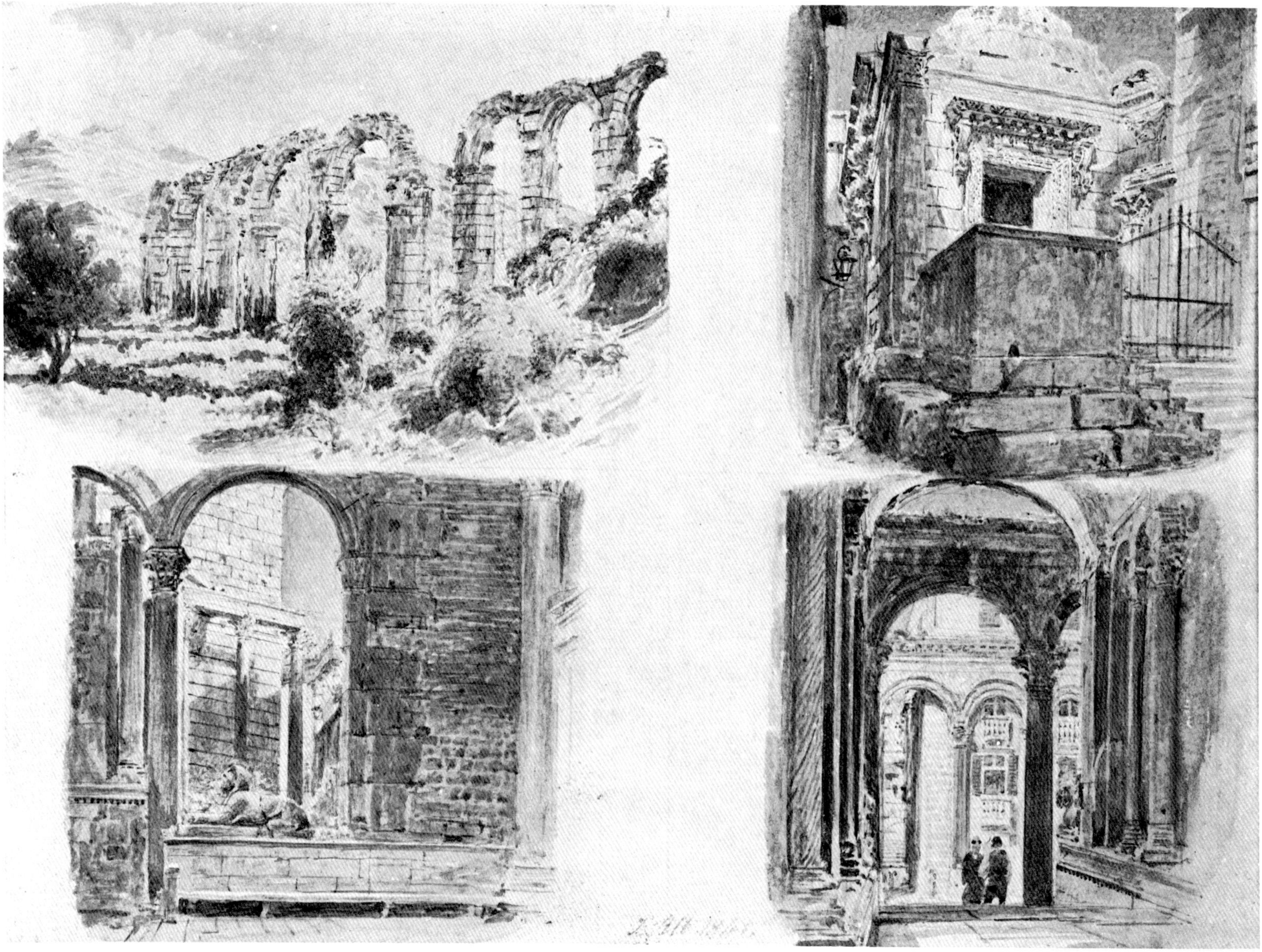

67. J. Alt, Vier dalmatinische Ansichten, 1840

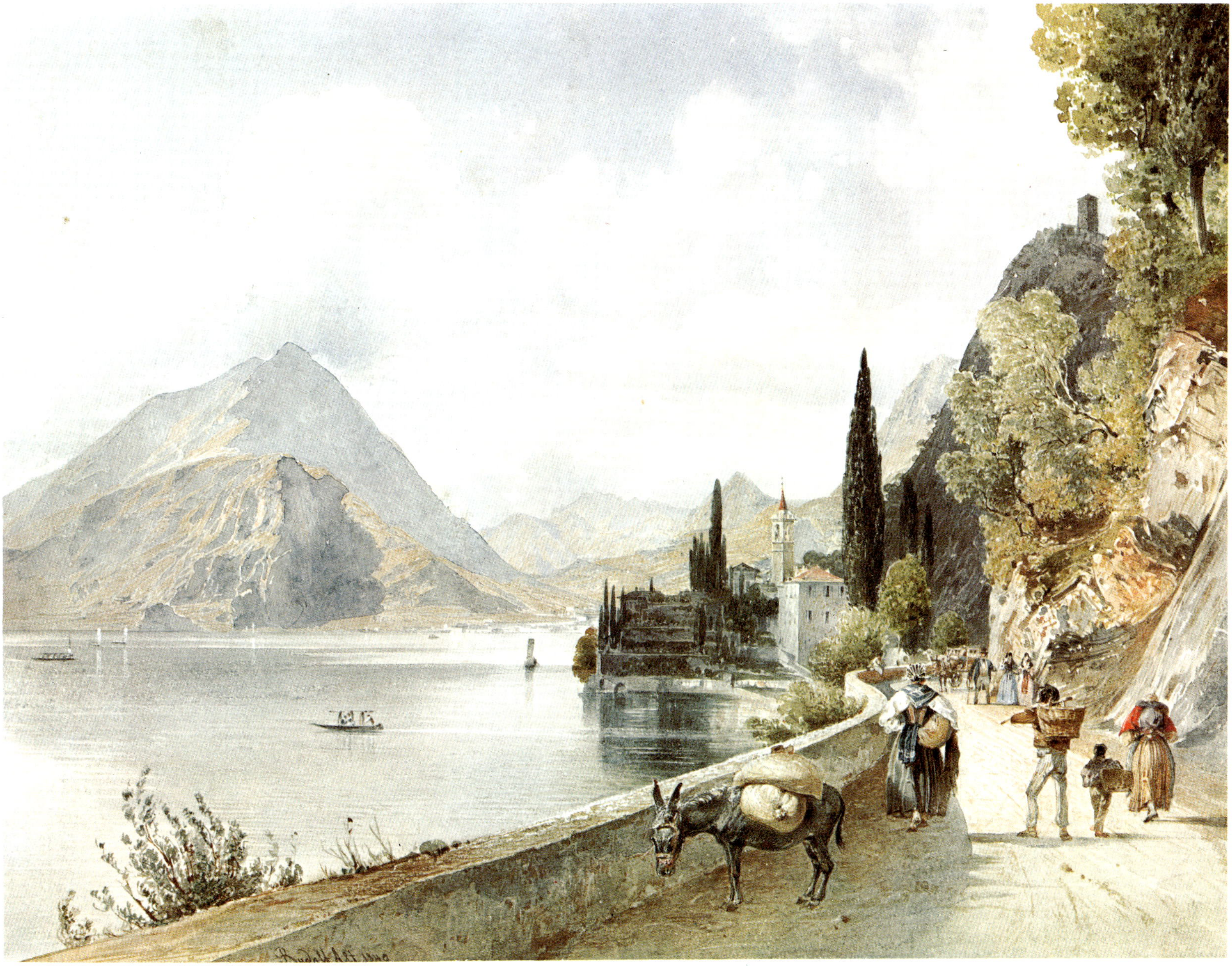

68. R. Alt, Varenna am Comersee, 1840

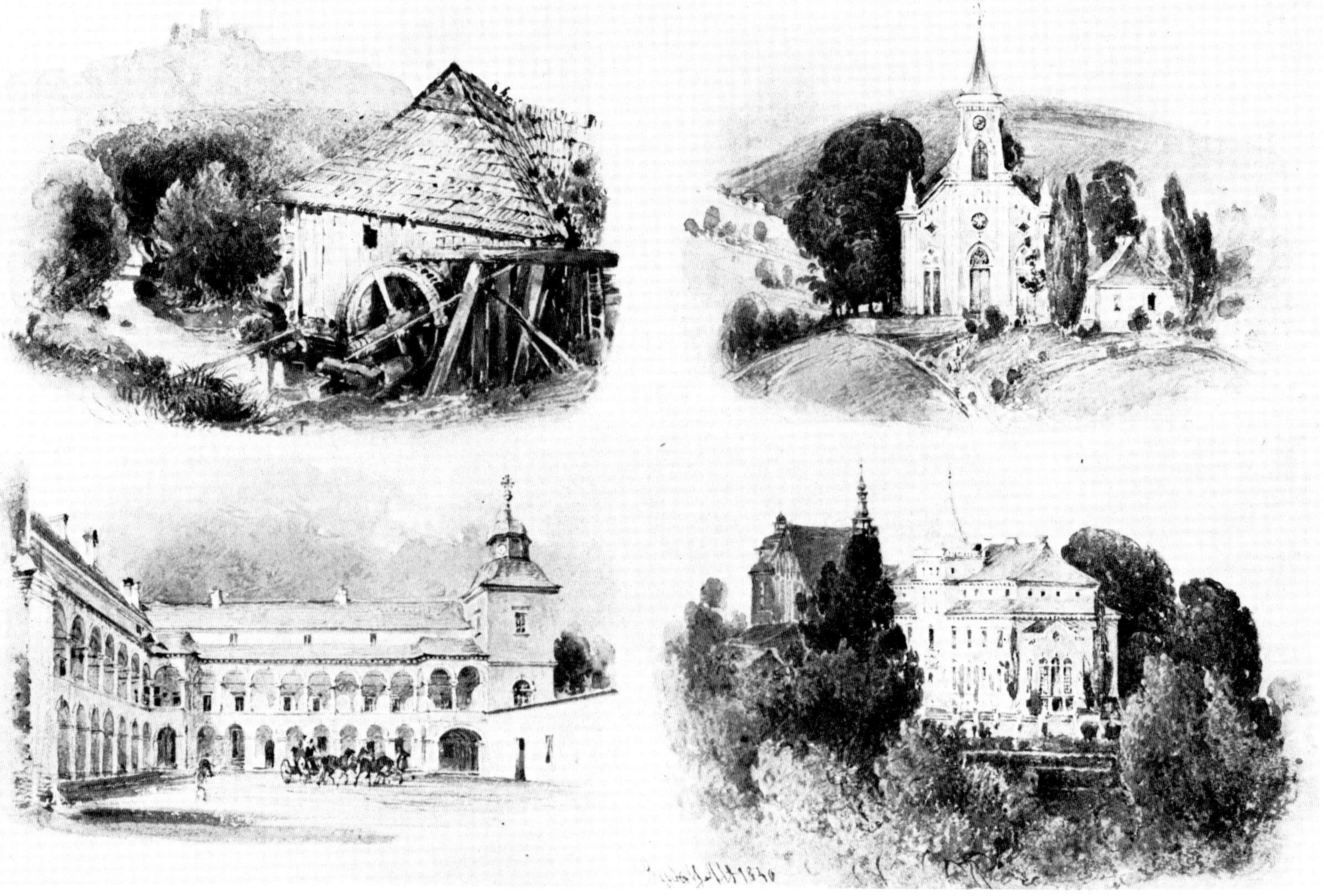

69. R. Alt, Vier österreichische Ansichten, 1840

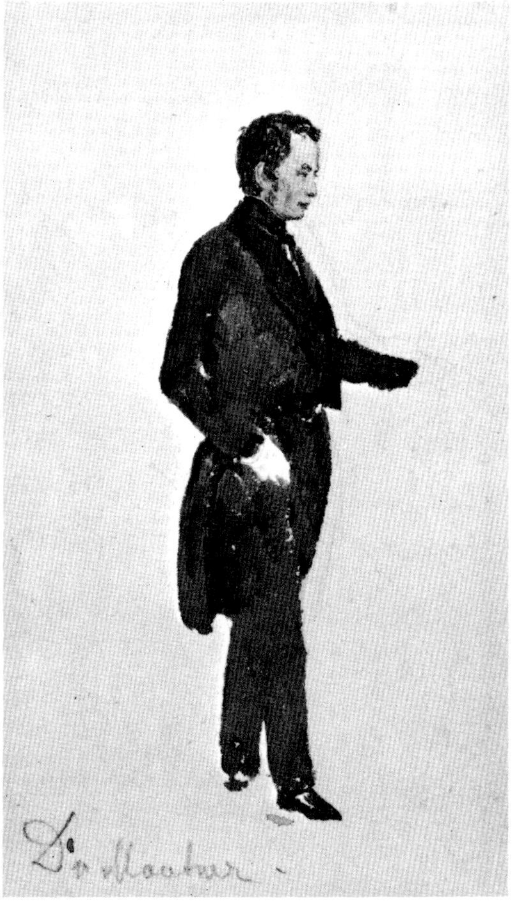

70. R. Alt, Dr. Ludwig W. Mauthner, um 1840

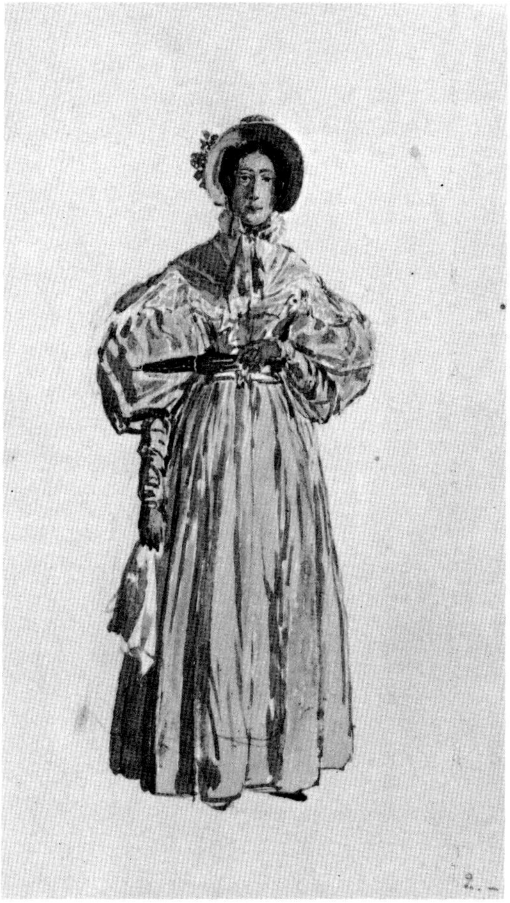

71. R. Alt, Damenbildnis, um 1840

Mitte des Jahres 1841 ist es dann soweit, endlich wähnt Rudolf sich am Ziel, vermag eine eigene Wohnung zu beziehen, einen eigenen Hausstand zu gründen, also Hermine zu seiner Frau zu machen. Die Trauung findet in der Alserkirche, die schon alle wichtigen Familienereignisse erlebt hat, statt (Trauungsmatriken Bd. 1841/9. VIII.). „Der 29jährige akademische Landschaftsmahler Rudolph Franz Alt“ heiratet die „21jährige Hermine Maria Oswald“ am 9. August, und beide beziehen in dem benachbarten, eben erst 1837 errichteten „Kleinen Bernardhof“, dessen Adresse damals Kasernengasse Nr. 18 lautete, im zweiten Stock jene Räume, die Rudolf von da an vierundsechzig Jahre bewohnen sollte. Später hieß man das Haus Reitergasse Nr. 327, wegen der nahen Husarenkaserne, dann schließlich Skodagasse Nr. 11. Das junge Paar war überglücklich, und gewiß bezieht sich die späte Erinnerung Rudolfs auch darauf, er denke mit Entzücken an jene Zeit zurück, wo alles dazu geschaffen schien, ein ewiges Meer von Wonne zu bereiten. Für die zarte, temperamentvolle Frau kam großes Unglück nur allzu rasch. Zunächst führte Rudolf die Arbeit schon wenige Wochen nach der Hochzeit fort, es war das unvermeidbare Los des

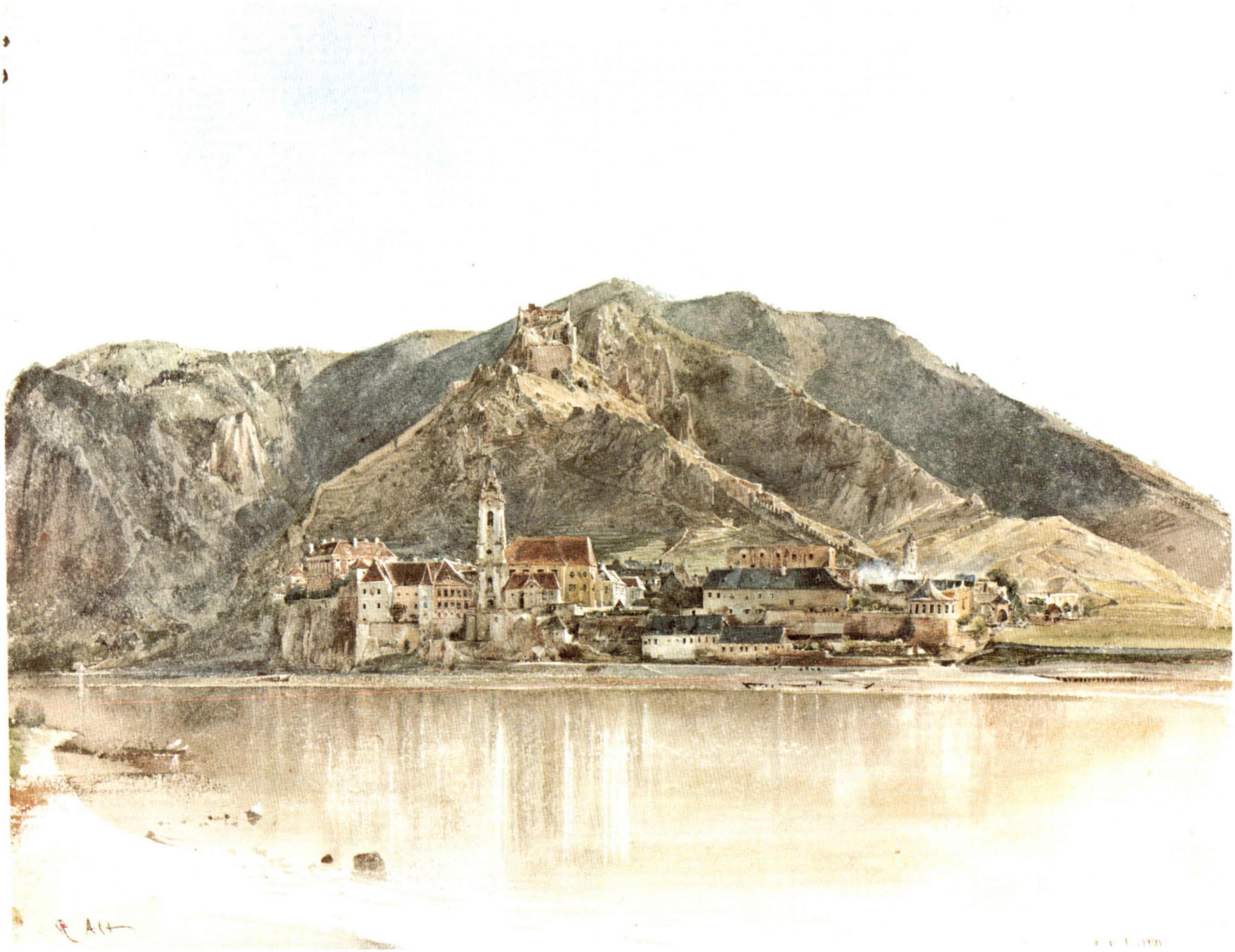

72. R. Alt, Blick auf Dürnstein an der Donau, 1841

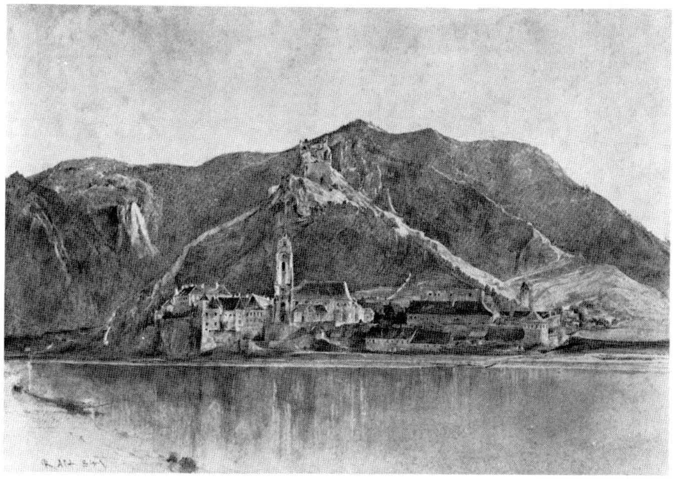

73. R. Alt, Dürnstein, 1841

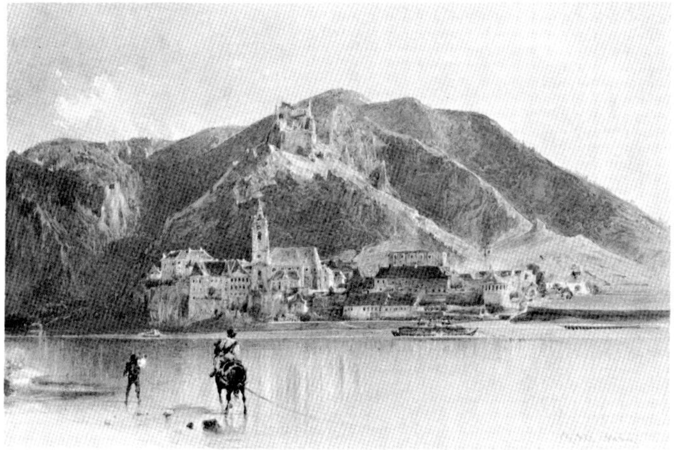

74. R. Alt, Dürnstein, 1842

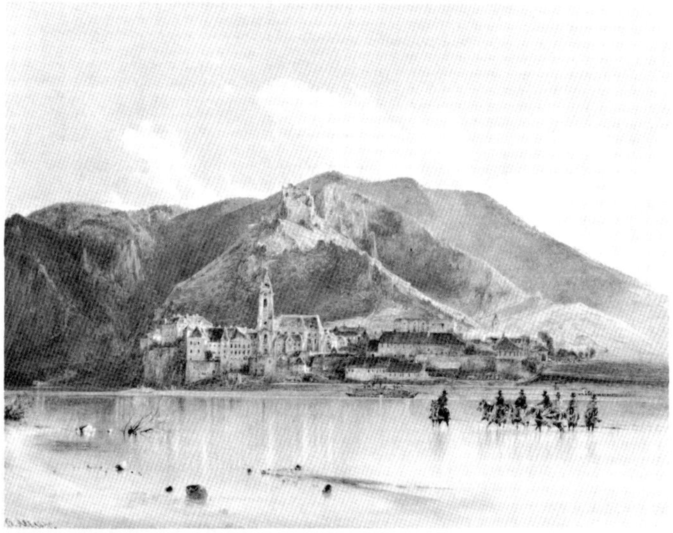

Landschaftsmalers. Er fuhr donauaufwärts nach Stein und malte noch im November in Dürnstein — übrigens eines seiner schönsten Aquarelle.
Ein Brief aus Melk — ein köstliches Bild seiner Besorgtheit — soll auch als Zeitdokument nicht vorenthalten werden:
Melk, 18. September 1841: (Er lädt sie ein, hinzukommen und die letzten drei Tage mit ihm zu verbringen, vorausgesetzt, daß die Schicklichkeitsregeln die Alleinreise einer jungen Frau gestatten, und gibt Verhaltensregeln.) „1. Den Passierschein; auf Deine und meine Bitte wird die Mutter die Güte haben, Dir dazu behilflich zu seyn, vielleicht, daß sie mit Dir zur Polizey geht, sintemalen ich es nicht liebe, daß Du allein hingingest; dann soll es, glaube ich, nur ein Passierschein auf drei Tage seyn, damit er nichts kostet. — Der Tag der Abreise soll der 25. dieses Monats seyn, an welchem Tage ich wieder in Stein eintreffen werde — oder längstens den 27. müßtest Du da seyn, weil ich am 29. bestimmt in Wien eintreffen will und der 25. und 27. auch die Tage sind, wo die Dampfschiffe aufwärts gehen. — Die Karte für das Dampfschiff brauchst Du nicht erst in der Stadt zu nehmen, sondern gleich vor der Abfahrt in Nußdorf, wo Du Herrn von Pilazi trafst — und bitte zugleich auf den ersten Platz zu gehen, kostet 1 fl. 30 kr. Münze — da sich da eine Damencajüte befindet, wo die Männer nicht Zutritt haben, daher gut für jene Frauen, die allein reisen und nicht immer in Männergesellschaft seyn wollen; was ich Dich bitte, besonders zu berücksichtigen. — Mittag wird in der großen Cajüte an der table d'hôte gegessen, was 48 kr. Münze, ohne Wein, kostet. Abends kommt dann das Schiff in Stein an — und mit ihm Du, meine liebe, theure Gattin, um

75. R. Alt, Dürnstein, 1843

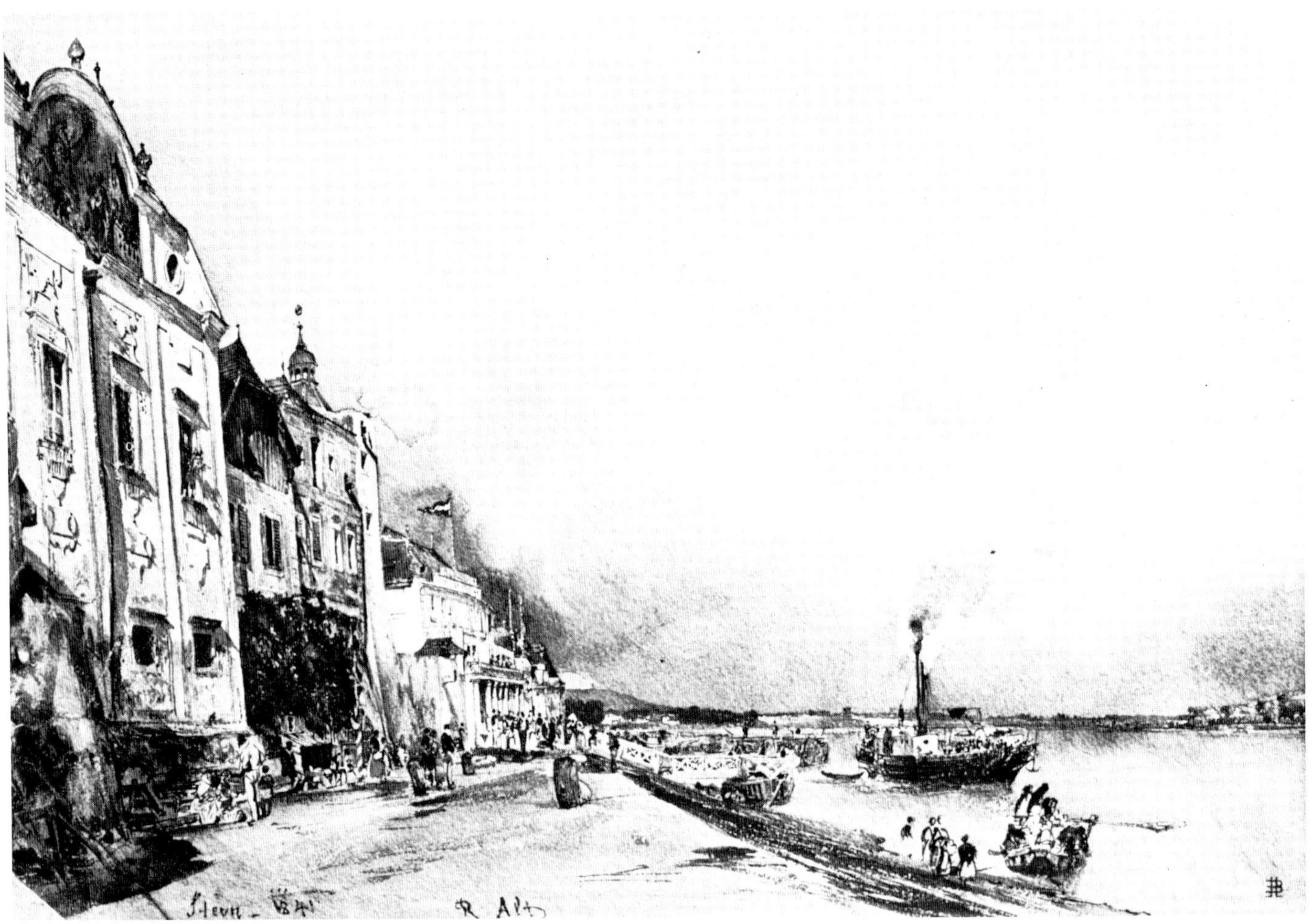

76. R. Alt, Der Landeplatz in Stein an der Donau, 1841

in meine Arme zu fliegen und drei köstliche Tage zu verleben. Da es also nur drei Tage dauern wird, so brauchst Du, glaube ich, fast nichts an Kleidung mitzunehmen, als was unumgänglich nöthig ist und sich leicht in einen kleinen Korb packen läßt — solltest Du Deiner Meinung nach eines sauberen Kleides bedürfen, da wir zur Baronin Spielmann gehen werden, so darfst Du es nur ungebügelt mitnehmen, denn in Stein bey meinem Wirth läßt sich das dann leicht plätten — und da Du dann nur mit einem Körbchen beladen bist, wäre auch der Weg von Haus nach Nußdorf leicht ohne Fiaker, vielleicht gar zu Fuß zu machen, Bruder Franz würde Dich gewiß begleiten, jedoch müßtest Du um 1/28 Uhr in Nußdorf seyn, denn das Dampfschiff fährt, glaube ich, jetzt um 8 Uhr weg — übrigens stehen bey der Nußdorfer Linie dann Wägen in Bereitschaft, die nicht 5 Zwanziger kosten, solltest Du nicht zu Fuß gehen können — noch den Linienpassierschein nicht zu vergessen, nebst dem anderen — ersterer muß am Eingange auf das Dampfboot dem Polizeymann abgegeben werden — also Glück auf die Reise! So hätte ich Dir denn alles Nöthige, glaube ich, aufnotirt, was eine Reiseanfängerin, wie Du, bedarf; daß Du in Deinem Benehmen, liebe Hermine, als alleinreisende Frau! auf dem Dampfschiffe in Gesellschaft der Männer, die bey solchen Gelegenheiten gewöhnlich sehr zudringlich sind und gerne kleine Liebesabentheuer anspinnen, dem Anstande gemäß und als meine Gattin auf meine Ehre immer nur bedacht seyn wirst, bin ich bei Deiner ausschließlichen innigen Liebe überzeugt; und Du wirst es um so mehr seyn, da mir durch Dein Kommen eine wahrhafte Freude bereitet seyn wird, und es Dir nicht minder seyn wird, da Du mich liebst."[67].

Im August 1842 steigert sich seine Besorgnis, Hermine steht vor der Geburt eines Kindes; es kommt zur Welt, lebt aber nicht lange. Der Kummer klingt ab, das Paar ist jung, und ein Jahr danach ist es zum zweiten Mal soweit. Doch die Dreiundzwanzigjährige wird vom Kindbettfieber befallen und stirbt, ebenso wie das Kind, am 23. November 1843. Rudolf ist verzweifelt, er flüchtet sich in die Arbeit.

Alts Ruf hatte sich trotz seiner eigenen Desperation nicht zuletzt durch die in diesem Jahr entstehenden Ansichtenwerke H. F. Müllers weit verbreitet. Was man von ihm nun aber überwiegend fordert, sind immer mehr Interieurs, „Zimmermalereien", wie er es nennt und er erkennt sehr früh, daß seinem Malen daraus Schaden erwächst. Aus Kuttenberg schrieb er noch am 19. August 1842 an seine Frau: er ist voller Verzweiflung, „Katzenjammer in hohem Grade gehabt, beynahe nichts zuwege zu bringen, Dich höchlich bedauert, so einen Mann zu haben, der nur ein miserabler Pfuscher ist — Vorsätze alle möglichen Kräfte aufzuwenden, um nicht zu sinken, allmäliges Ruhigerwerden — bis ich denn endlich heute die dritte Zeichnung vollendet, die mich so ziemlich zufriedenstellt. Zwar nichts

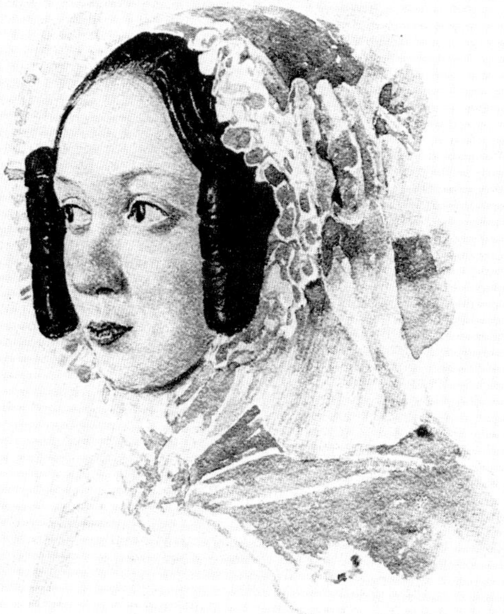

77. R. Alt, Hermine Alt, geb. Oswald, 1840

ausserordentliches, sie sieht aber doch keiner Dilettantenarbeit ähnlich, was ich schrecklich fürchte — — ich bekomme schon wieder mehr Übung im mahlen, ich fühle, dass es nothwendig war, mich von der Zimmerarbeit loszureissen".[68]

Doch lange noch nicht wird er das wirklich können. Im Gegenteil, Auftrag folgt Auftrag — Schlösser, Palais, Säle und Wohnzimmer. Die große künstlerische Krise steht ihm sogar noch ein volles Jahrzehnt bevor.

Ein lange erwartetes Naturereignis fand unter stärkstem Interesse der Wiener Bevölkerung am 8. Juli 1842 statt; eine totale Sonnenfinsternis war hervorragend zu beobachten und wurde zu einem erschütternd faszinierenden Ereignis, von

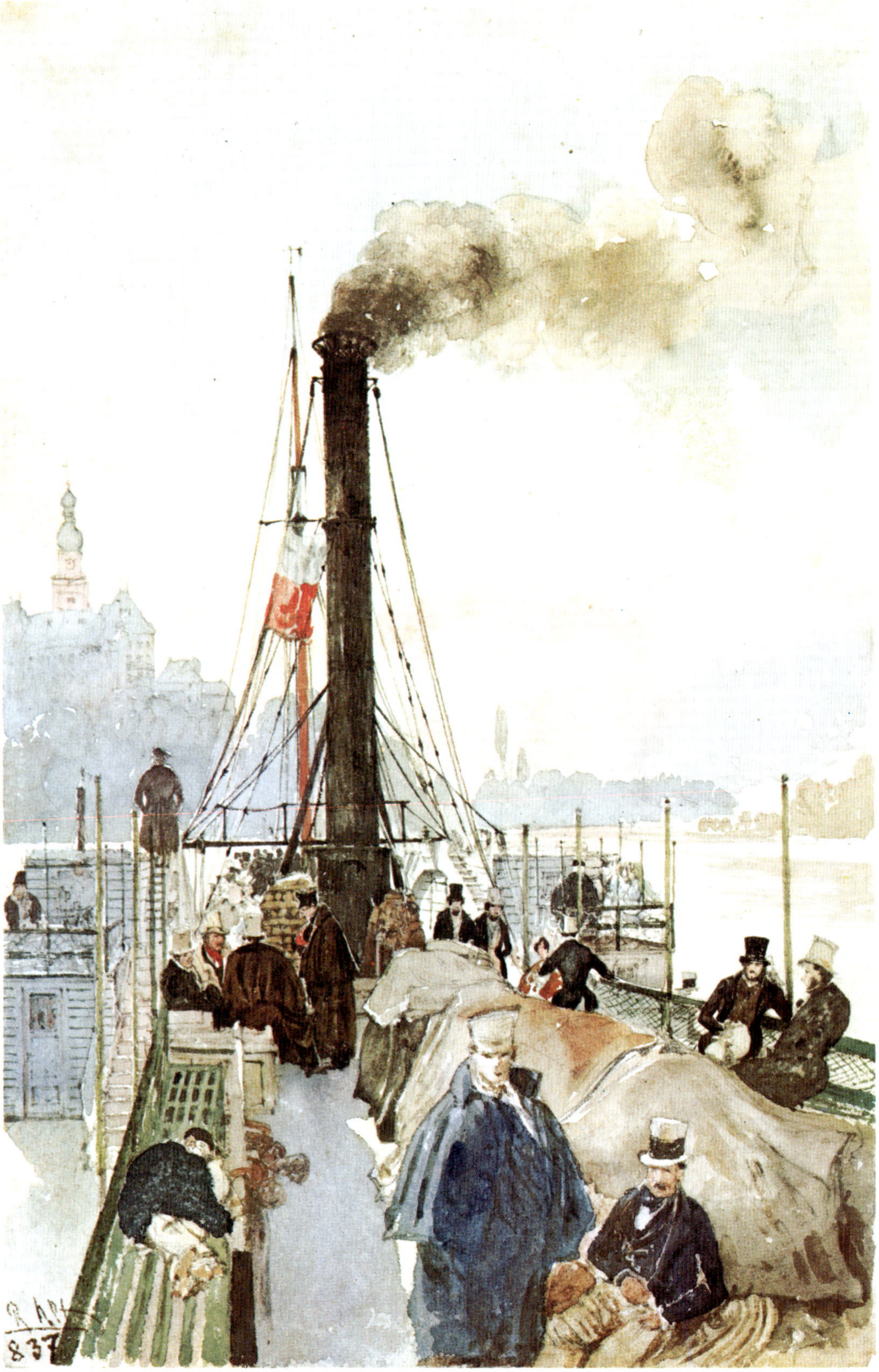

78. R. Alt, An Bord des Donaudampfers „Maria Anna“, 1837

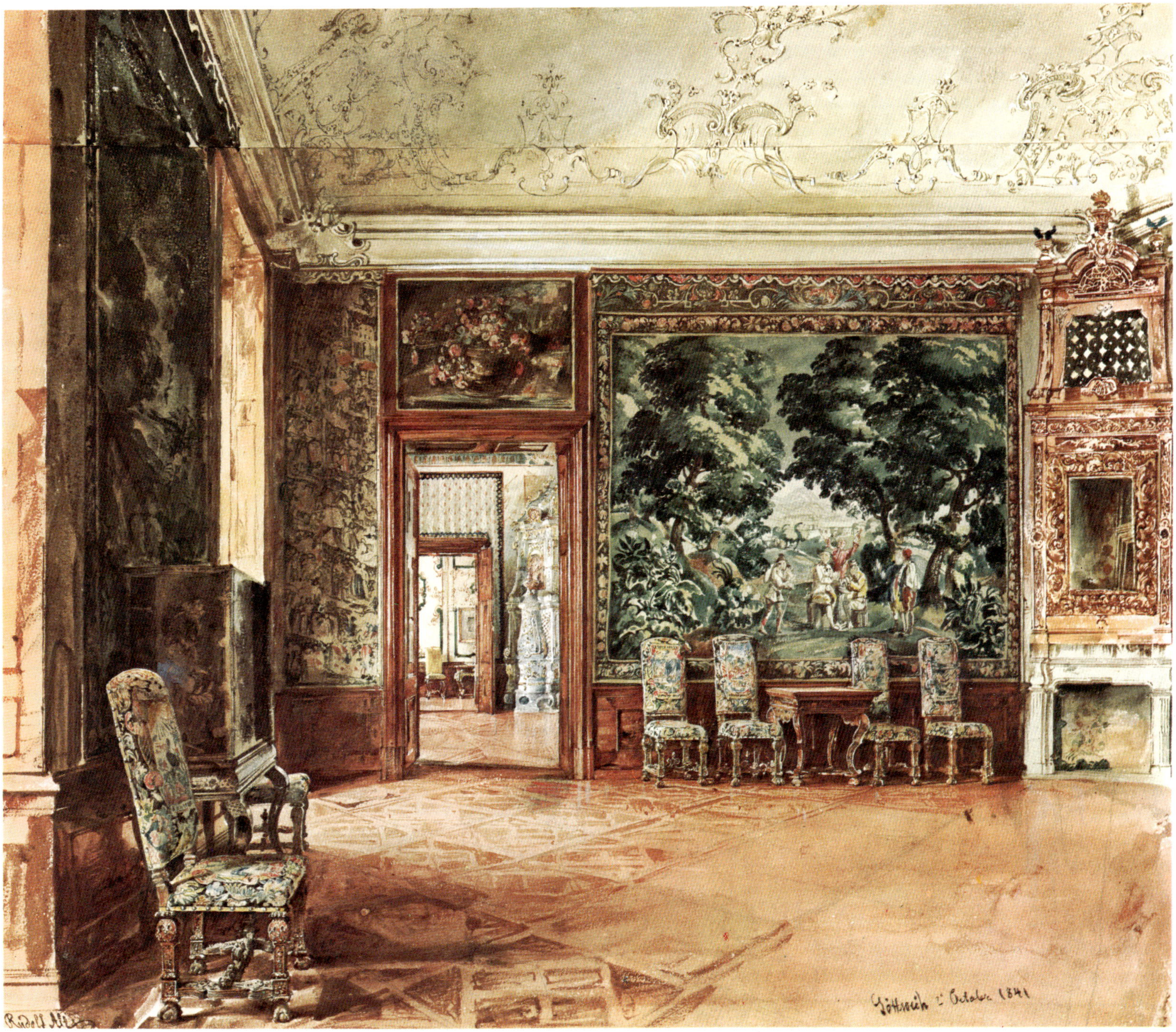

79. R. Alt, Das Gobelinzimmer in Stift Göttweig, 1841

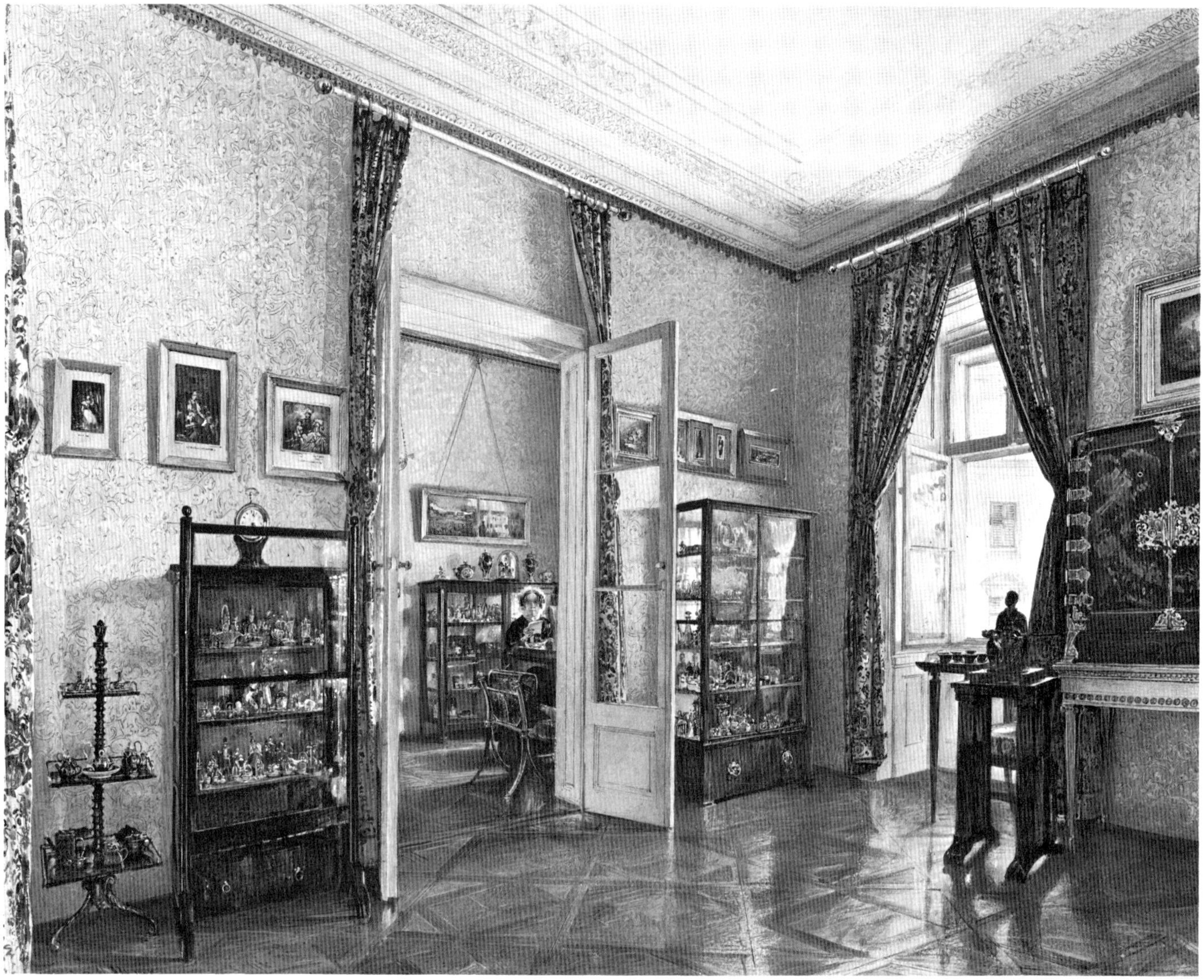

80. R. Alt, Wohnung des Fürsten Liechtenstein in der Jägerzeile, 1841

dem uns das berühmt gewordene literarische Zeugnis Adalbert Stifters berichtet:
„— der Fluß schimmerte nicht mehr, sondern war ein taffetgraues Band, matte Schatten lagen umher, die Schwalben wurden unruhig, der schöne, sanfte Glanz des Himmels erlosch, als liefe er von einem Hauche matt an, ein kühles Lüftchen hob sich und stieß gegen uns, über den Auen starrte ein unbeschreiblich seltsames, aber bleischweres Licht, über den Wäldern war mit dem Lichterspiele die Beweglichkeit verschwunden, und Ruhe lag auf ihnen, aber nicht die des Schlummers, sondern die der Ohnmacht — und immer fahler goß sich's über die Landschaft, und diese wurde immer starrer — die Schatten der menschlichen Gestalten legten sich leer und inhaltslos gegen das Gemäuer, die Gesichter wurden aschgrau — erschütternd war dieses allmähliche

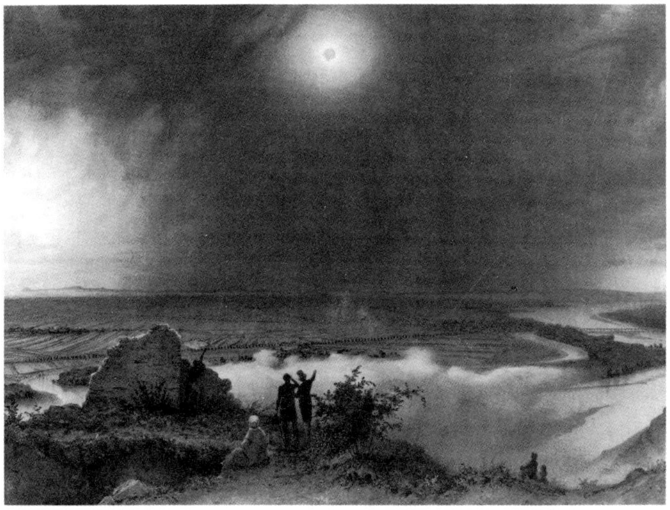

81. L. Russ, Sonnenfinsternis über Wien, 1842

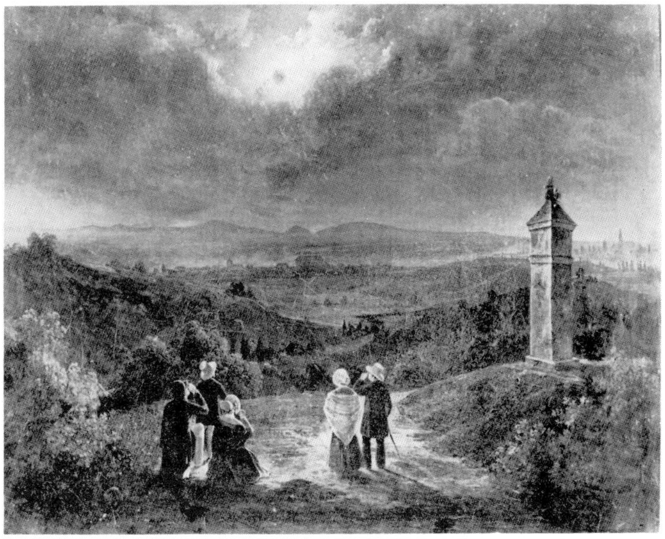

82. J. Alt, Sonnenfinsternis über Wien, 1842

Sterben mitten in der noch vor wenigen Minuten herrschenden Frische des Morgens ... gegen Südost lag eine fremde, gelbrote Finsternis und die Berge und selbst das Belvedere wurden von ihr eingetrunken — die Stadt sank zu unseren Füßen immer tiefer, wie ein wesenloses Schattenspiel hinab, das Fahren und Gehen und Reiten über die Brücke geschah, als sähe man es in einem schwarzen Spiegel — die Spannung stieg aufs höchste — ... nicht anders als wie der letzte Funke eines erlöschenden Dochtes schmolz eben auch der letzte Sonnenfunken weg, wahrscheinlich durch die Schlucht zwischen zwei Mondbergen zurück — es war ein überaus trauriger Anblick — deckend stand nun Scheibe auf Scheibe — und dieser Moment war es eigentlich, der wahrhaft herzzermalmend wirkte. Das hatte keiner geahnt — ein einstimmiges ‚Ah' aus aller Munde und dann Totenstille; es war der Moment, da Gott redete und die Menschen horchten.

Hatte uns früher das allmähliche Erblassen und Einschwinden der Natur gedrückt und verödet, und hatten wir uns das nur fortgehend in eine Art Tod schwindend gedacht, so wurden wir nun plötzlich aufgeschreckt und emporgerissen durch die furchtbare Kraft und Gewalt der Bewegung, die da auf einmal durch den ganzen Himmel ging: die Horizontwolken, die wir früher gefürchtet, halfen das Phänomen erst recht bauen, sie standen nun wie Riesen auf, von ihrem Scheitel rann ein fürchterliches Rot, und in tiefem, kaltem, schwerem Blau wölbten sie sich unten und drückten den Horizont. Nebelbänke, die schon lange am äußersten Erdsaume quollen und bloß mißfärbig gewesen waren, machten sich nun geltend und schauerten in einem zarten, furchtbaren Glanze, der sie überlief — Farben, die nie ein Auge gesehen, schweiften durch den Himmel. Der Mond stand mitten in der Sonne, aber nicht mehr als schwarze Scheibe, sondern gleichsam halb transparent, wie mit einem leichten Stahlschimmer überlaufen, rings um ihn kein Sonnenrand, sondern ein wundervoller, schöner Kreis von Schimmer, bläulich, rötlich, in Strahlen auseinanderbrechend, nicht anders, als göße die oben stehende Sonne ihre Lichtflut auf die Mondeskugel nieder, daß es rings auseinander spritzte — das Holdeste, was ich je an Lichtwirkung sah!

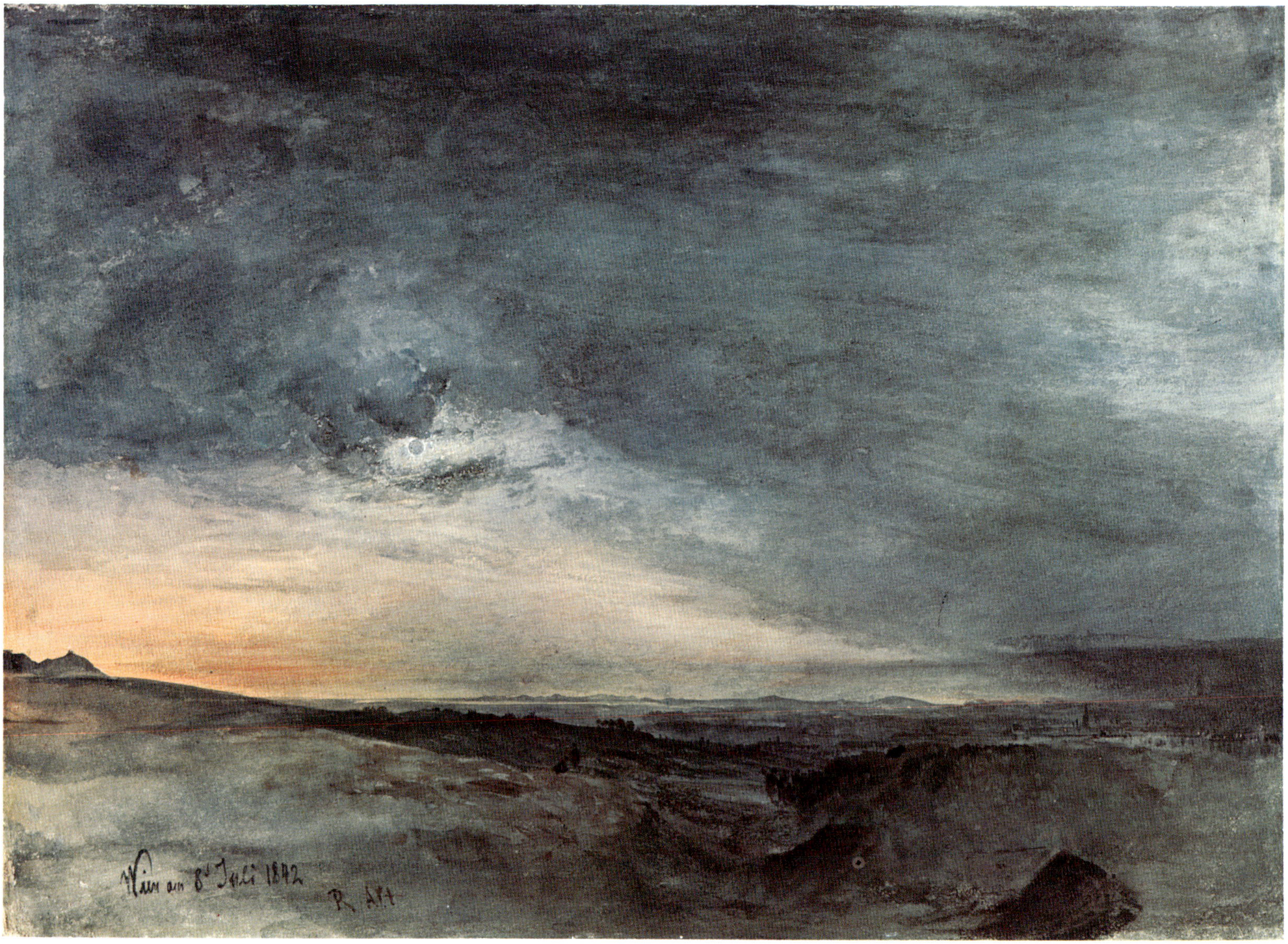

83. R. Alt, Sonnenfinsternis über Wien am 8. Juli 1842

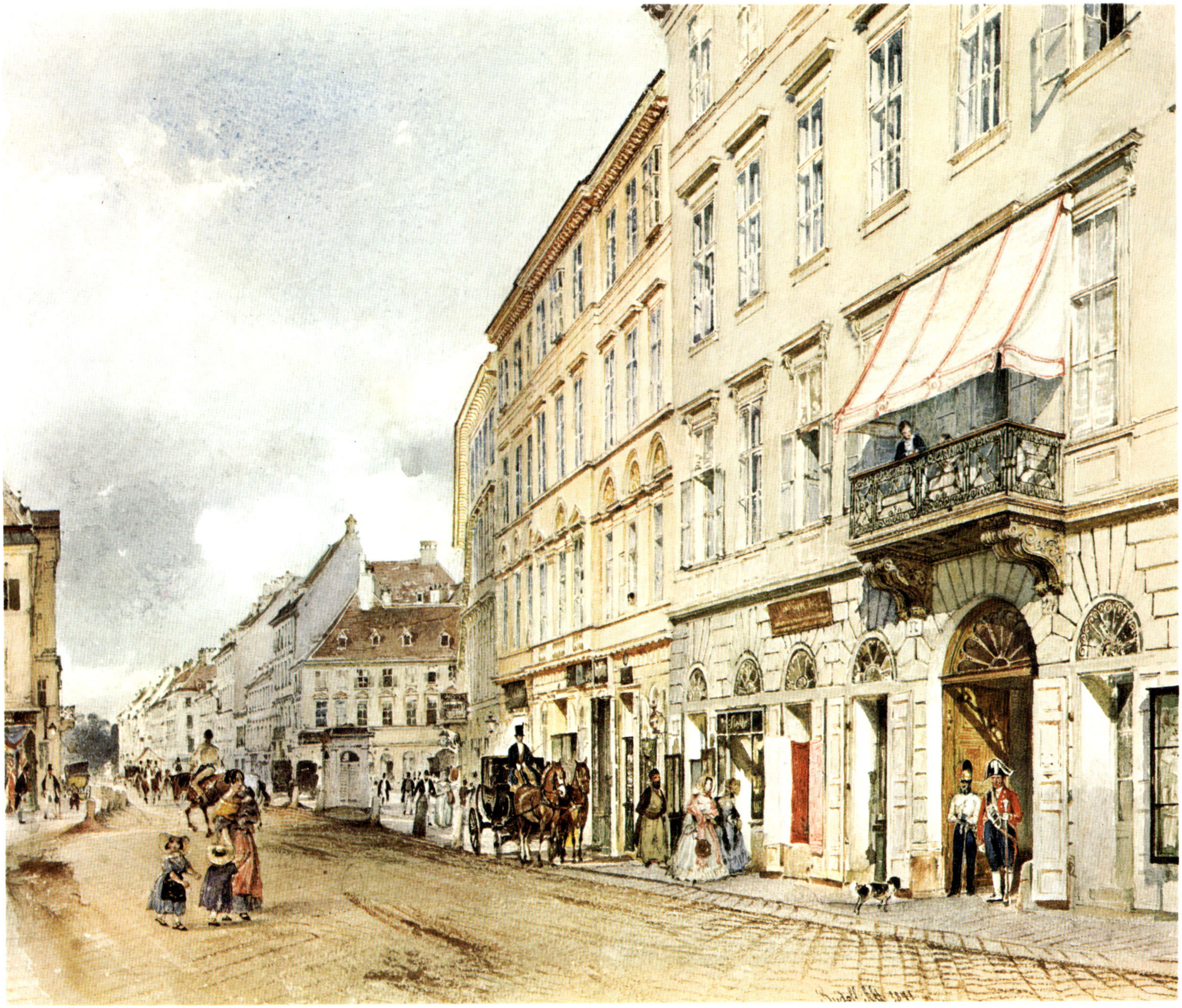

84. R. Alt, Das Wohnhaus des Fürsten Liechtenstein in der Jägerzeile, 1841

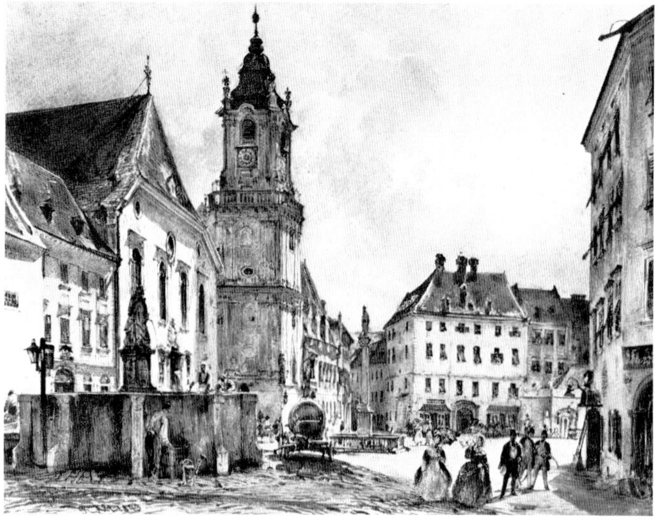

85. R. Alt, Ansicht aus Preßburg, 1843

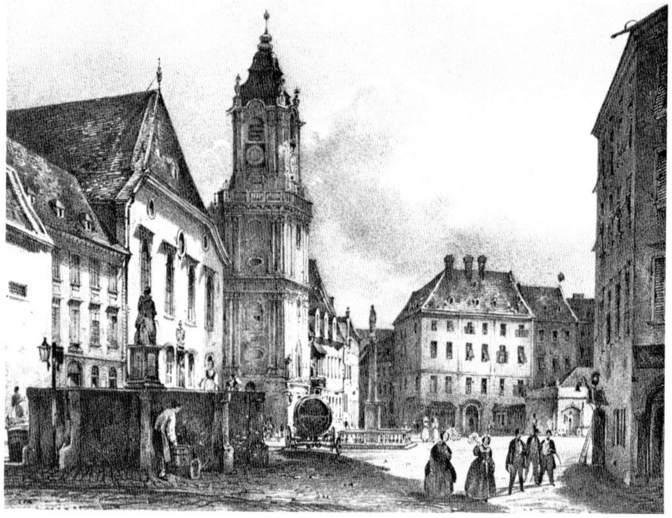

86. F. X. Sandmann, Lithographie nach dem Aquarell R. Alts

Draußen weit über das Marchfeld hin lag schief eine lange, spitze Lichtpyramide, gräßlich gelb, in Schwefelfarbe flammend, und unnatürlich blau gesäumt. Es war die jenseits des Schattens beleuchtete Atmosphäre, aber nie schien ein Licht so wenig irdisch und so furchtbar, und von ihm floß das aus, mittels dessen wir sahen. ... Wie heilig, wie unbegreiflich und wie furchtbar ist jenes Ding, das uns stets umflutet, das wir seelenlos genießen, und das unsern Erdball mit solchen Schaudern Zittern macht, wenn es sich entzieht — das Licht — wenn es sich nur so kurz entzieht."[69]

Die Menschen waren auf Kirchtürme, auf hohe Dächer und die Hügelzüge nördlich der Stadt gestiegen, um dieses Naturphänomen erleben zu können. Naturgemäß ließen sich vor allem die Maler solche Gelegenheit nicht entgehen, unter ihnen auch Vater und Sohn Alt. Sie begaben sich auf die Höhe der Türkenschanze. Jakobs Gemälde ist eine gut komponierte und erfaßte Szene, eine Schilderung der Betrachter der verdunkelten Sonne, der Nebel über dem Häusergewirr der Stadt. Ähnlich der kaiserliche Kammermaler Leander Russ, der einen geschickt gekonnten Bildbericht gibt. Rudolf aber ist all dem schon weit entrückt, er zeigt eine Vision von Schrecken, was eine Welt ohne Sonne bedeutet, was Licht alles ist, Wärme, Farbe, Leben und ohne sie Kälte und angstvolles Ersterben der Natur. Diese Vision ist wahrhaftig keine Landschaftsvedute, keine Reportage mehr, sie ist einfach große Malerei. Alt selbst hat diese Aquarellstudie noch in späten Lebensjahren sehr geschätzt. „Es ist ein optisch-koloristisches Abenteuer," sagt er, „es wird um zwei Grad kälter im Zimmer, wenn man das Blatt aus der Mappe holt". Er trennte sich auch bis zum Tod nicht von diesem Blatt, das in der Nachlaßversteigerung den hohen Preis von 300 Kronen einbrachte, der Dresdener Kunsthändler Gutbier hatte es erstanden. Erst viel später kehrte es dann nach Wien zurück.

Der Künstler hatte nun einen Wendepunkt erreicht. Ein nahezu gleichzeitig entstandenes Werk, „Blick auf Wien"[70], zeigt, daß er seine Malerei in lasierenden, fließenden Wasserfarben, mit dem

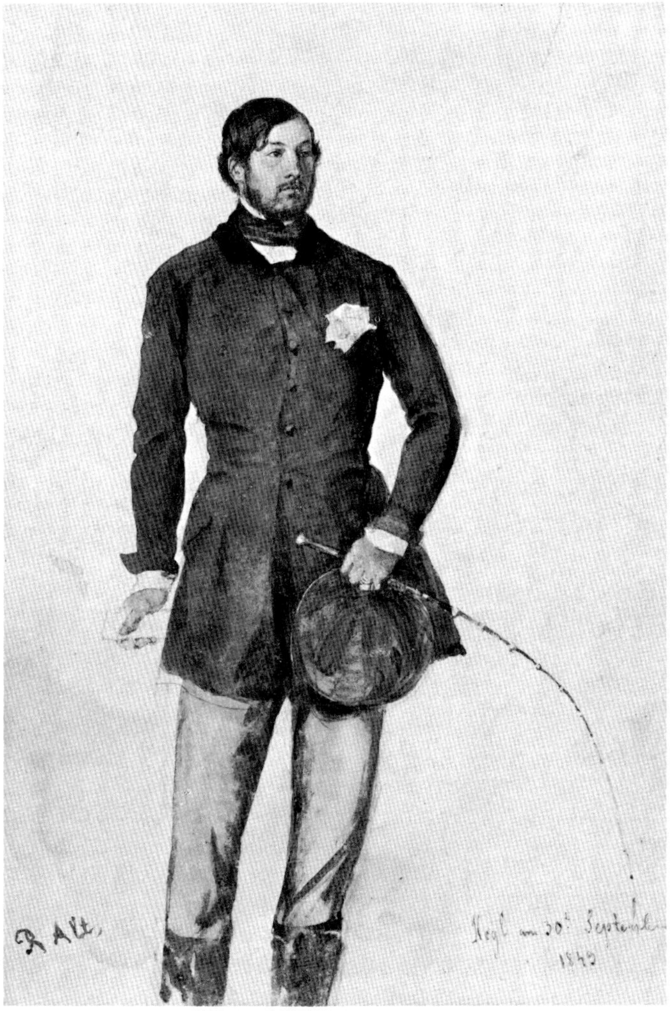

87. R. Alt, Felix von Pausinger, 1843

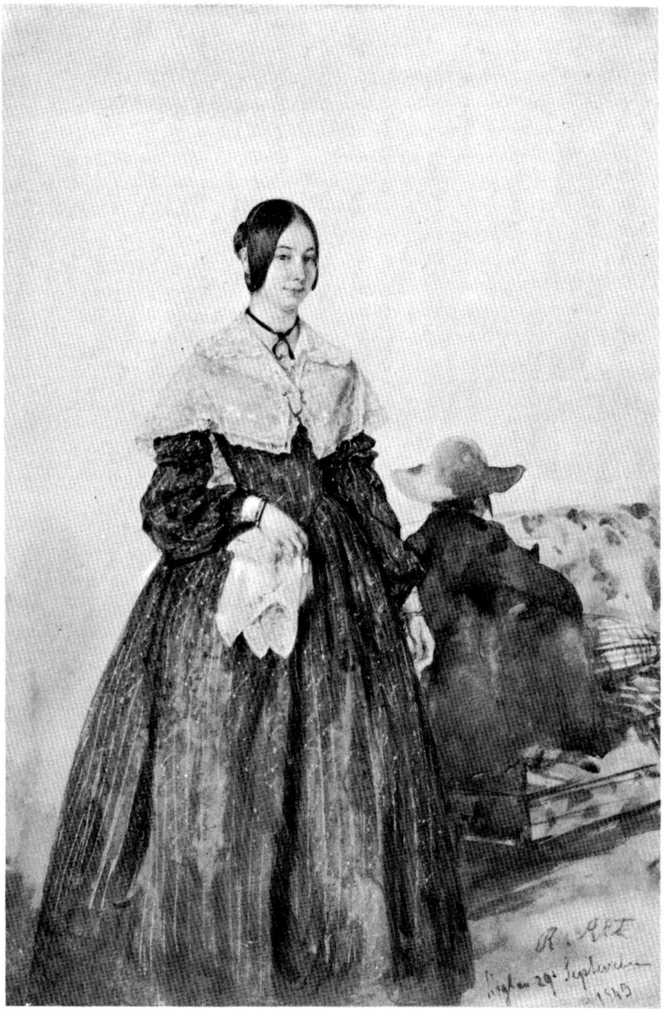

88. R. Alt, Emmy von Pausinger, 1843

lichterfüllten Freilassen des Papiers bis an die Grenze des Möglichen führt. Aquarelle wie das des Brückenturms in Prag, des Dachsteins vom Gosausee, des Blicks auf Wien vom Südbahnhof, zeigen diese Verbindung von locker hingemalter Vision und minuziöser Detailangabe. Selbst da, wo es sichtlich wieder um Auftragsarbeiten geht, wie um L. T. Neumanns „Malerische Ansichten“, z. B. mit dem Blatt Nr. 3 der Serie, „Der Marktplatz von Pressburg“, das F. X. Sandmann lithographiert hat[71], ist die Vorlage von solcher Meisterschaft. Bewundernswert allerdings ist auch die Perfektion der lithographischen Nachbildung. Die Familie des Felix von Pausinger saß auf dem Landgut Kogl im Attergau, unweit von Vöcklabruck. Dort hatte sich so etwas wie eine kleine Künstlerkolonie gebildet, auch der benachbarte Baron Weichs-Glon auf Schloß Walchen war kunstambitioniert, und so entwickelte sich ein fröhlich-geistreicher Kreis, dem in dieser Zeit auch Rudolf Alt zugehörte. Im September 1843 entstand hier eine ganze Gruppe von Blättern, Por-

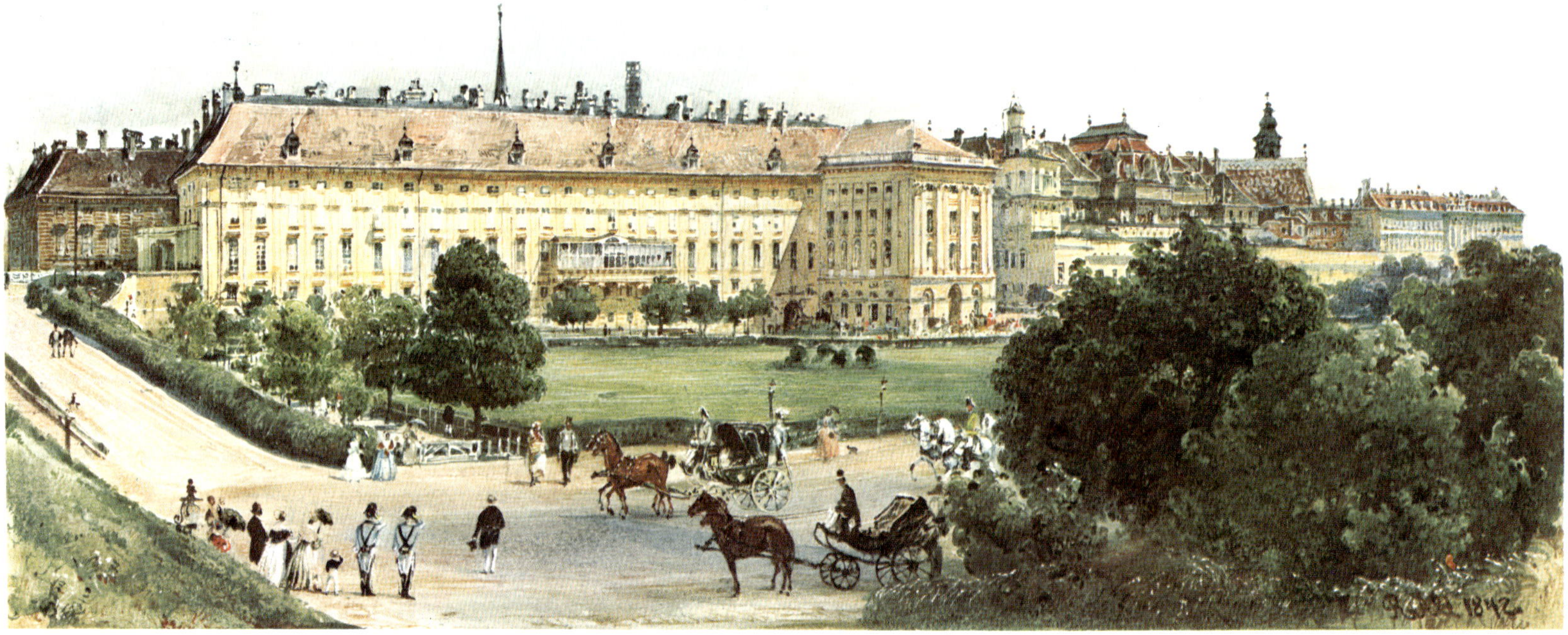

89. R. Alt, Die kaiserliche Hofburg in Wien, 1842

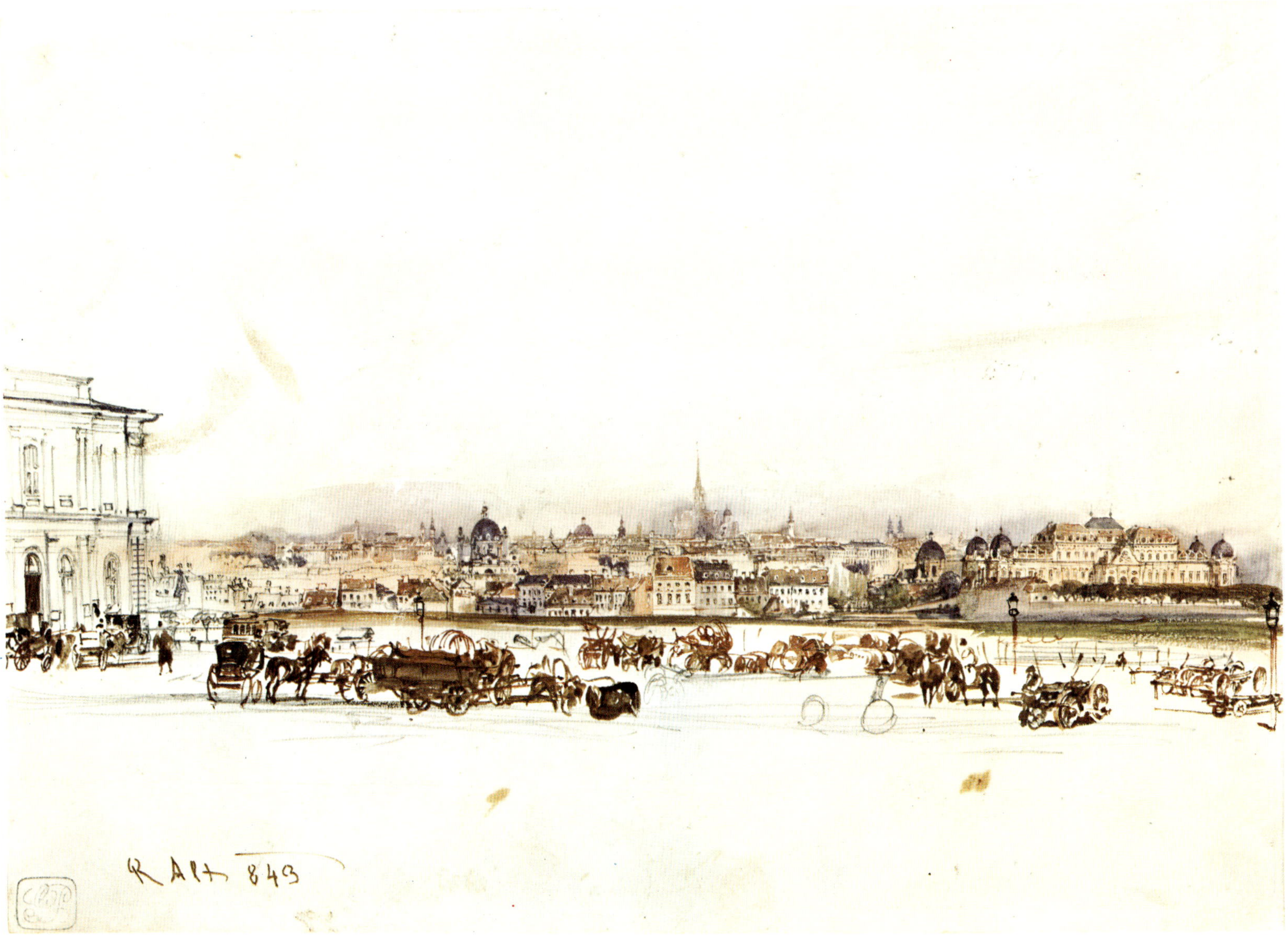

90. R. Alt, Blick vom Südbahnhof auf Wien, 1843

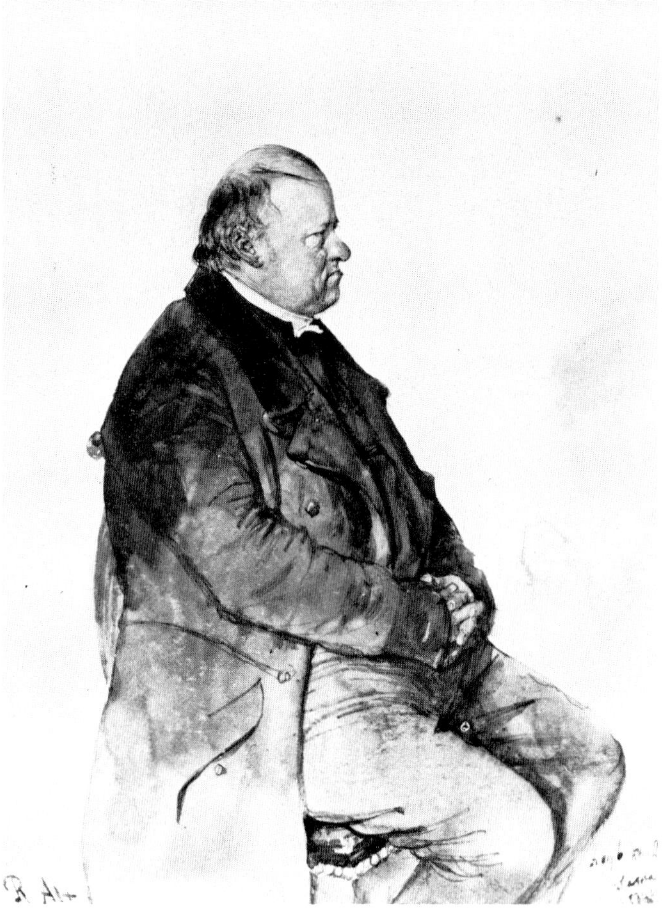

91. R. Alt, Der Gemeindeschreiber von Kogl, 1843

träts des Hausherrn, auch Emmy von Pausingers, zweier Baroninnen Weichs, des genüßlich tafelnden Amtsschreibers von Kogl und des schlauen Verwalters und von manchen anderen. Alt beherrscht nun offenbar einfach alles. Er macht selbst den eingerüsteten Stephansturm, der von bunt flutendem Geschehen in der alten Grabengasse und von den später dann 1866 abgerissenen alten, an den Dom herandrängenden Häusern umgeben ist, zu einem malerischen Kabinettstück.

Bei aller Präzision solcher topographisch wesentlicher Details ist es freieste Malerei, so daß man sich immer wieder dabei ertappt, fast auf den tatsächlich so interessanten Bildanlaß zu vergessen. Dabei war Alt bewußt immer von emsiger Aktualität, die Motive sind kaum je zufällig gewählt. Er spürt vielmehr Veränderungen, Neuerungen, wie etwa der neuen Turmspitze „seines Steffls“ sofort malerisch nach und hält, was geschieht, fest. Die Entwicklung der Technik war davon nicht ausgenommen, und dazu zählt vor allem die Eisenbahn. So wie er unmittelbar nach der Fertigstellung des Südbahnhofes — die Bahnstrecke Wien—Gloggnitz war 1842 in Betrieb genommen worden — vor das Belvedere hinausgewandert war, unternimmt er auch sofort, als 1844 die Bahnstrecke durch die Steiermark (die Erzherzog Johann so energisch veranlaßt hatte) von Mürzzuschlag bis Graz fertiggestellt ist, diese Reise, um an den malerischsten Punkten, wie Mürzzuschlag, Langenwang, Pernegg, Badelwand usf. — überall mit säuberlich eingefügter qualmender Eisenbahn natürlich — den Anbruch einer neuen Zeit zu dokumentieren. Daß diese wie aus dem Handgelenk mit nassem Pinsel hingezeichneten Blätter noch dazu Kunstwerke sind, erscheint umso bedeutungsvoller.

Noch weit wichtiger aber wird der Auftrag Neumanns, eine Serie von 48 Blättern in Budapest herzustellen, die zu einem Album „Die malerischen Ansichten von Pesth und Ofen“ (erschienen 1845) von F. X. Sandmann in Lithographie übertragen werden sollten. In ihrer Art werden diese Vorzeichnungen ein Hauptwerk, bestechend in der Auffassung, voll flutendem Licht, locker hingesetzt, meisterhaft. Mit glücklicher Hand hat man sie im Jahre 1892 zu einem Prachtband zusammengefaßt und dem Kaiser als Geschenk überreicht[72]; mehrere Blätter, so etwa das des Budapester Stadtwäldchens, mußte Alt oft und oft wiederholen, da sich offenbar immer wieder Käufer dafür einstellten.

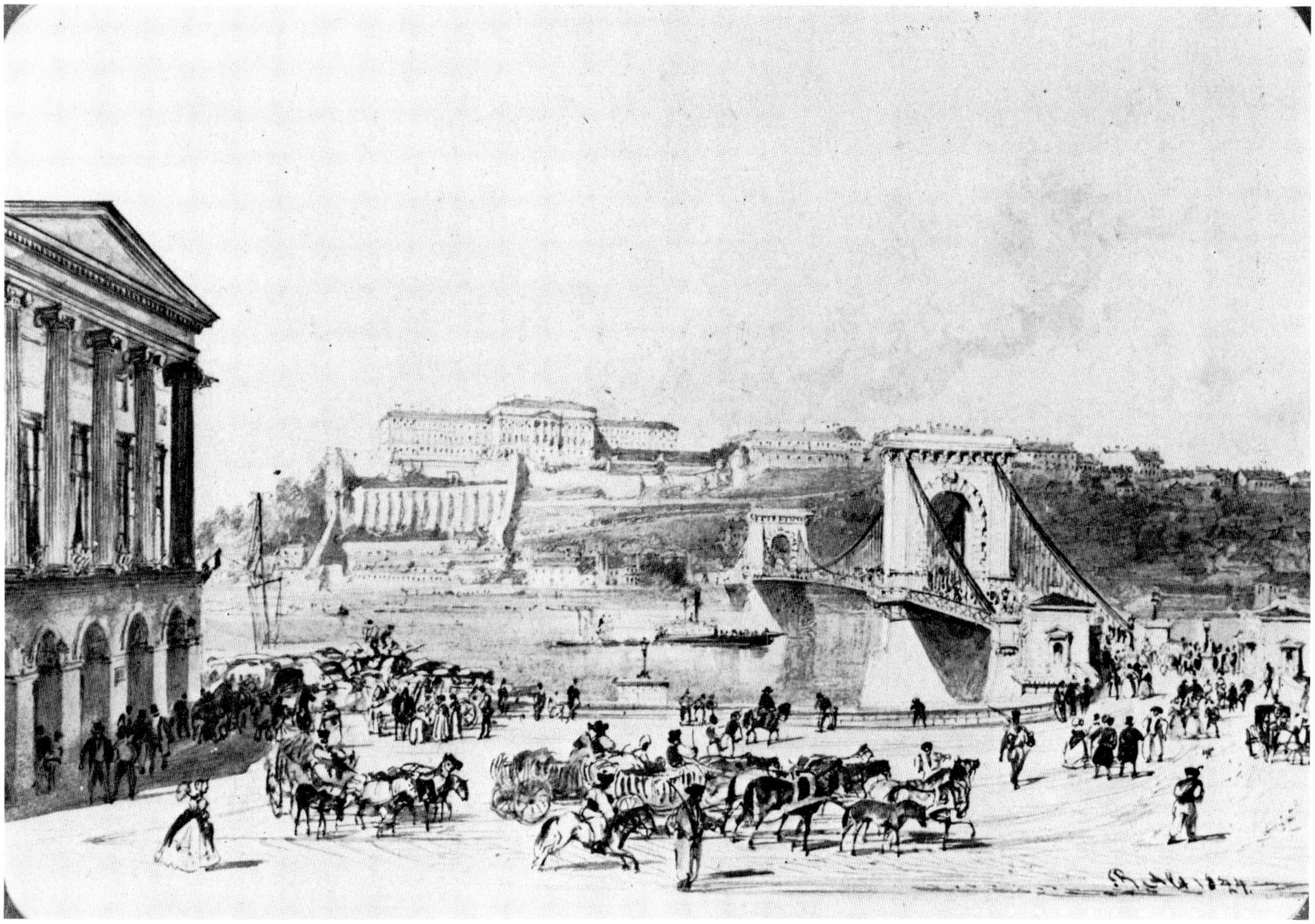

92. R. Alt, Buda und Pest mit der Kettenbrücke, 1844

Aber auch außergewöhnliche Wünsche erfüllte er mit nahezu unglaublicher Brillanz. Ein russischer Diplomat in Wien, Graf Barjatinsky, wollte Erinnerungen an Wien in Visitenkartenformat mitnehmen, er ging nach Paris, später mit seinem Sohn nach Rom. Die Blättchen waren verschwunden. Erst 1909 tauchten diese zehn zu den köstlichsten Miniaturen überhaupt zu zählenden Stücke wieder auf[73], man konnte einige reproduzieren, dann verloren sie sich wieder in Sammlungen, bis in jüngster Zeit wenigstens vier wieder aufgefunden wurden. Aber auch auf die freie Natur wußte nun der Künstler alles errungene Können zu übertragen, die Wiedergabe des plätschernden Wassers, der Schatten und der in allen Farben nuancierten Felspartien, sie schließt eine Phase seines Schaffens ab, die von höchster Brillanz gekennzeichnet ist.

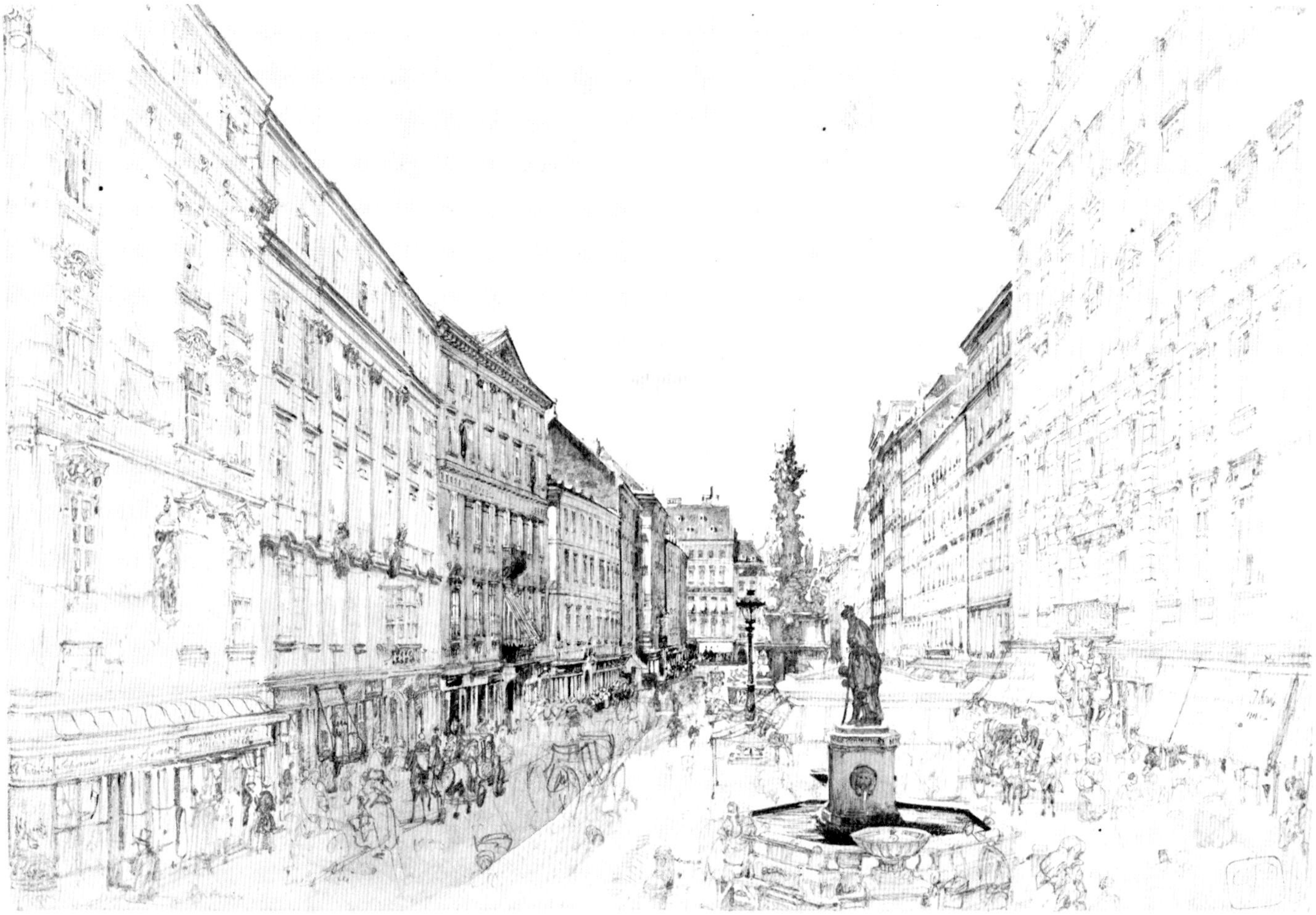

93. R. Alt, Der Graben in Wien, um 1843

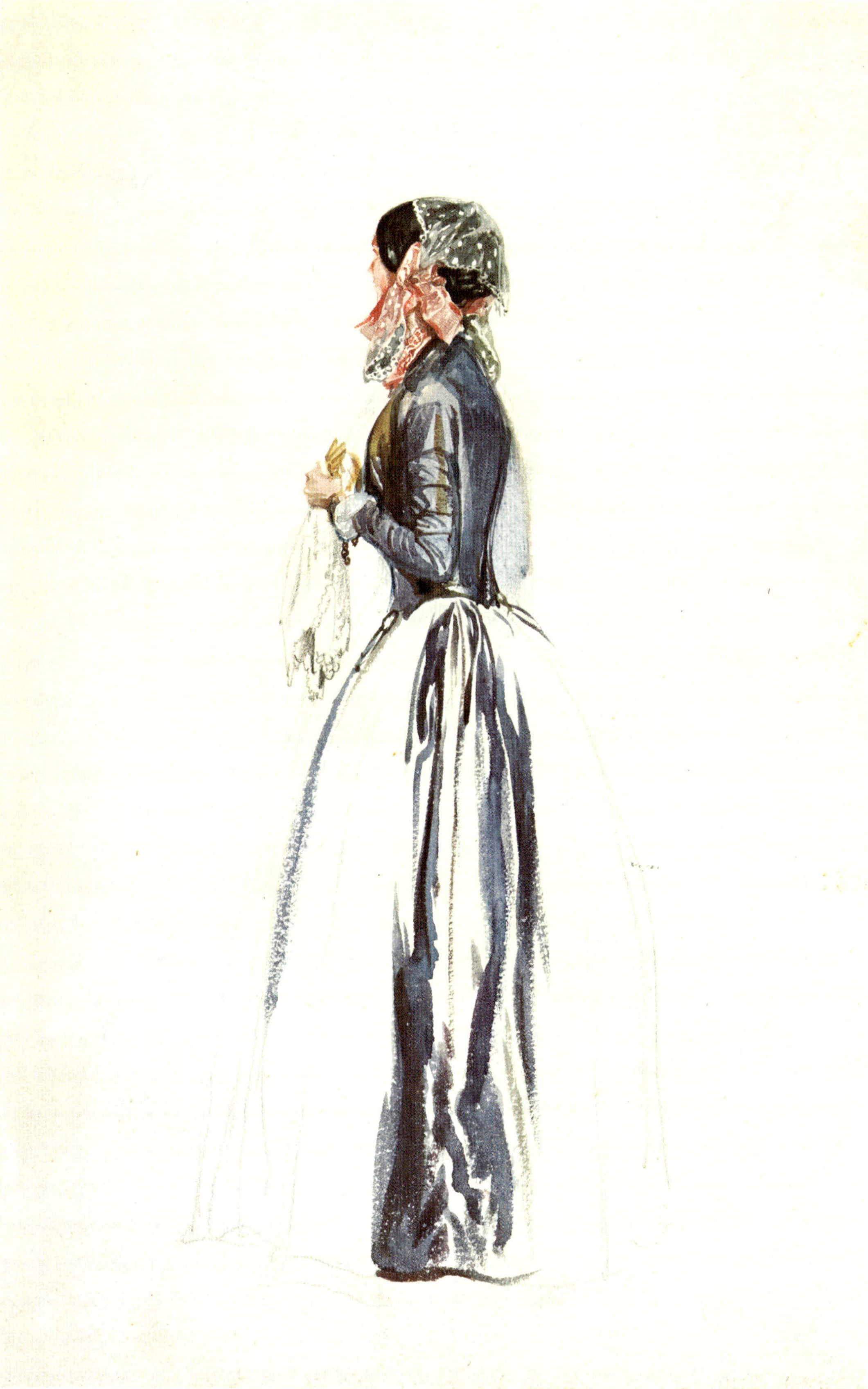

94. R. Alt, Dame mit Spitzentuch, um 1841

XIII

Ständig fast hektisch unterwegs, unternahm Alt im Sommer 1845 eine Reise über Mähren nach Schlesien, wo er das Schloß Grätz bei Troppau besuchte; Verwandte der Frau seines Bruders Karl wohnten hier, sie wollte er aufsuchen. Roessler schilderte die Ereignisse noch nach der authentischen Erzählung[74]: „Als er das Haus betrat, kam ihm ein schlankes und hübsches junges Mädchen freudig entgegengelaufen, das er kurzentschlossen und sehr angenehm bewegt kräftig an seine Brust zog und auf den schwellenden Mund küsste. Berta Malitschek, so hieß das Mädchen, hatte aber gar nicht den ihr noch unbekannten Vetter erwartet, sondern einen anderen Verwandten, und war, als sie Rudolf Alts feste Schritte hörte, in der Annahme, daß der Schlesier es sei, dem Wiener entgegengeeilt. Die nachträgliche Aufklärung über ihren Irrtum hinderte jedoch Alt nicht, sich in das hübsche Mädchen zu verlieben, dessen Gegenliebe zu gewinnen und es als zweite Gattin in sein Wiener Heim zu führen". Ende 1845 war man zur Verlobung entschlossen, eine Reihe von Förmlichkeiten (köstlich in einem Brief vom 11. November geschildert) mußten erfüllt werden, und dann konnte am 16. Februar 1846 die Trauung in der Troppauer Stadtkirche stattfinden. Dies war der Beginn einer fünfunddreißig Jahre währenden, glücklichen Ehe, in der ihm die am 1. Oktober 1824 geborene Berta eine treue und besorgte Gattin, eine liebevolle Mutter von fünf Kindern wurde, die ein gewiß nicht immer leichtes Dasein mit ihm getreulich teilte und erfüllte.

Alt war ein ausgesprochener Familienmensch, glücklich im Kreis der Seinen und für sie von steter Sorge erfüllt. Seine gesellige, fröhliche Art aber brachte ihn auch stets und mit großer Regelmäßigkeit in einen Kreis von Künstlerfreunden. Der Zusammenschluß von Künstlern in Vereinen bestand offiziell nicht, dem brachte das Metternich'sche System nicht viel Sympathie entgegen, aber es gab zumindest Stammtischrunden. Aus diesen sollten sich später die großen Zusammenschlüsse entwickeln. Eine dieser Runden, der eben auch Alt angehörte, beging das Jubiläum von Dürers Geburtstag am 21. Mai 1846 in einem besonderen Fest, zu dem man singend und auf gemieteten Pferden reitend, alles in altdeutscher Tracht, auf den Kahlenberg zog. Auf der Jägerwiese stand ein bekränztes Zelt, vor dem König Mai — Rudolf Alt mit einer Blumenkrone geschmückt — Hof hielt. Dieses Fest, von Künstlern mehrfach festgehalten[75], wurde berühmt und war das erste seiner Art. Mit Ausnahme der Sturmjahre folgten solche Maifahrten bis 1871, in denen Alt meist seine Königsrolle zu spielen hatte. Voll Pathos und mit eindrucksvoller Gebärde vom prächtig aufgezäumten Schimmel herab, wußte er diesen Festen mit Gedichten und Späßen ebenso ernst wie heiter seine Note aufzuprägen[76].

Die erste längere Trennung von seiner jungen Frau brachte schon im Juli 1847 die nächste Reise nach Budapest und von da an führte ihn sein Beruf jährlich etwa vier bis fünf Monate von zu Hause fort. Am 27. Juli 1847 schreibt er: „Vom Gasthause zum König von Ungarn aus schreibe ich Dir die ersten Zeilen meiner ersten Trennung von Dir, die mir das Herz so schwer macht, daß ich nur Trost und Friede in eifriger Arbeit finden zu können hoffe. Du glaubst garnicht wie ich mich auf einmahl so verlassen fühle; Dein liebes süsses und thränendes Gesichterl schwebt mir immer vor, und entzückend ist der Gedanke dieses liebe Herz mein nennen zu können. Aus dem Erfolg meines Hierseins sollst Du sehen wie innig ich Dich liebe"[77].

Das Sturmjahr 1848 sollte auch für die Künstlerfamilie Alt einige dramatische Momente bringen.

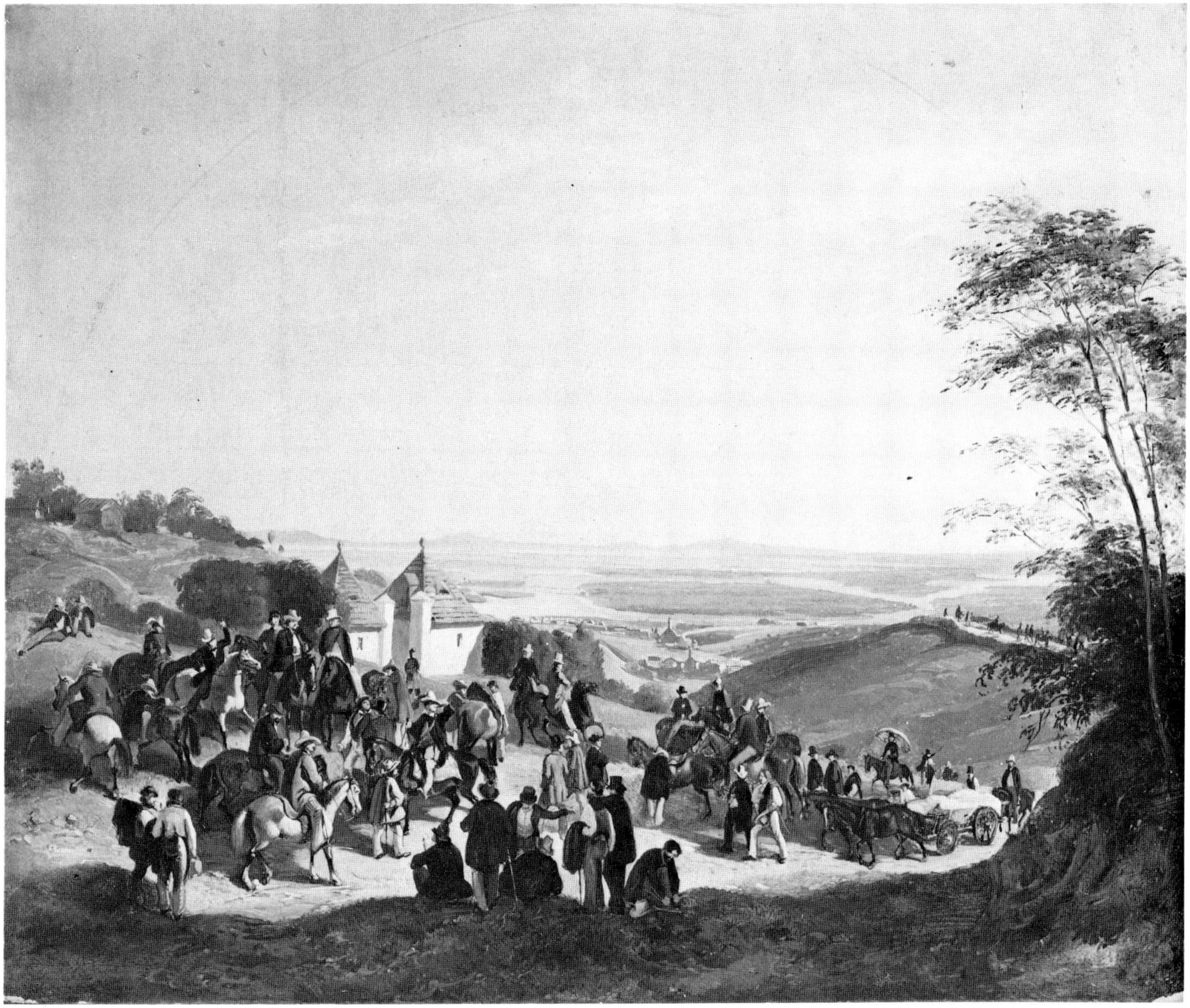

95. L. Passini, Das Künstlerfest am Kahlenberg, 1846

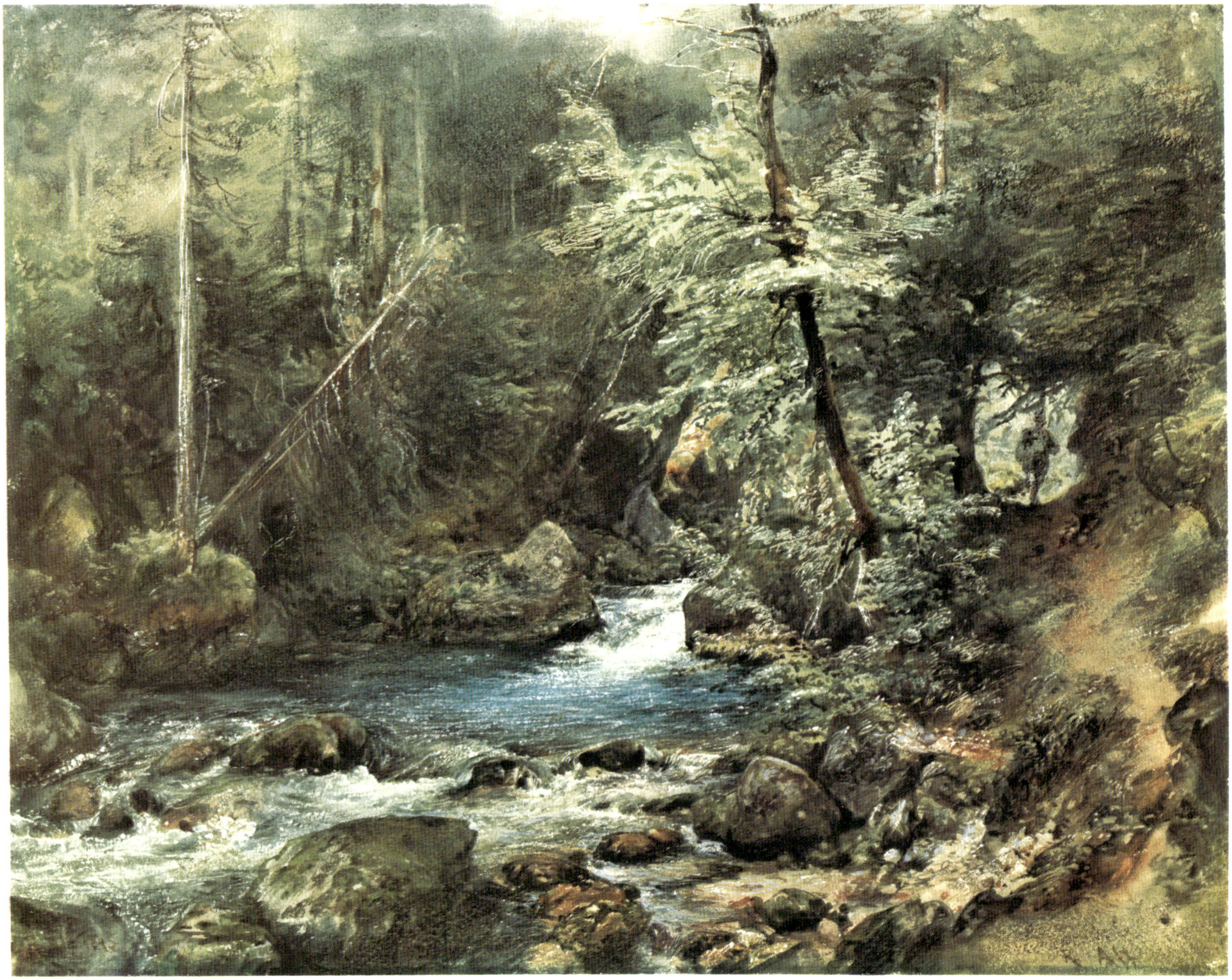

96. R. Alt, Waldbach Strub, 1845

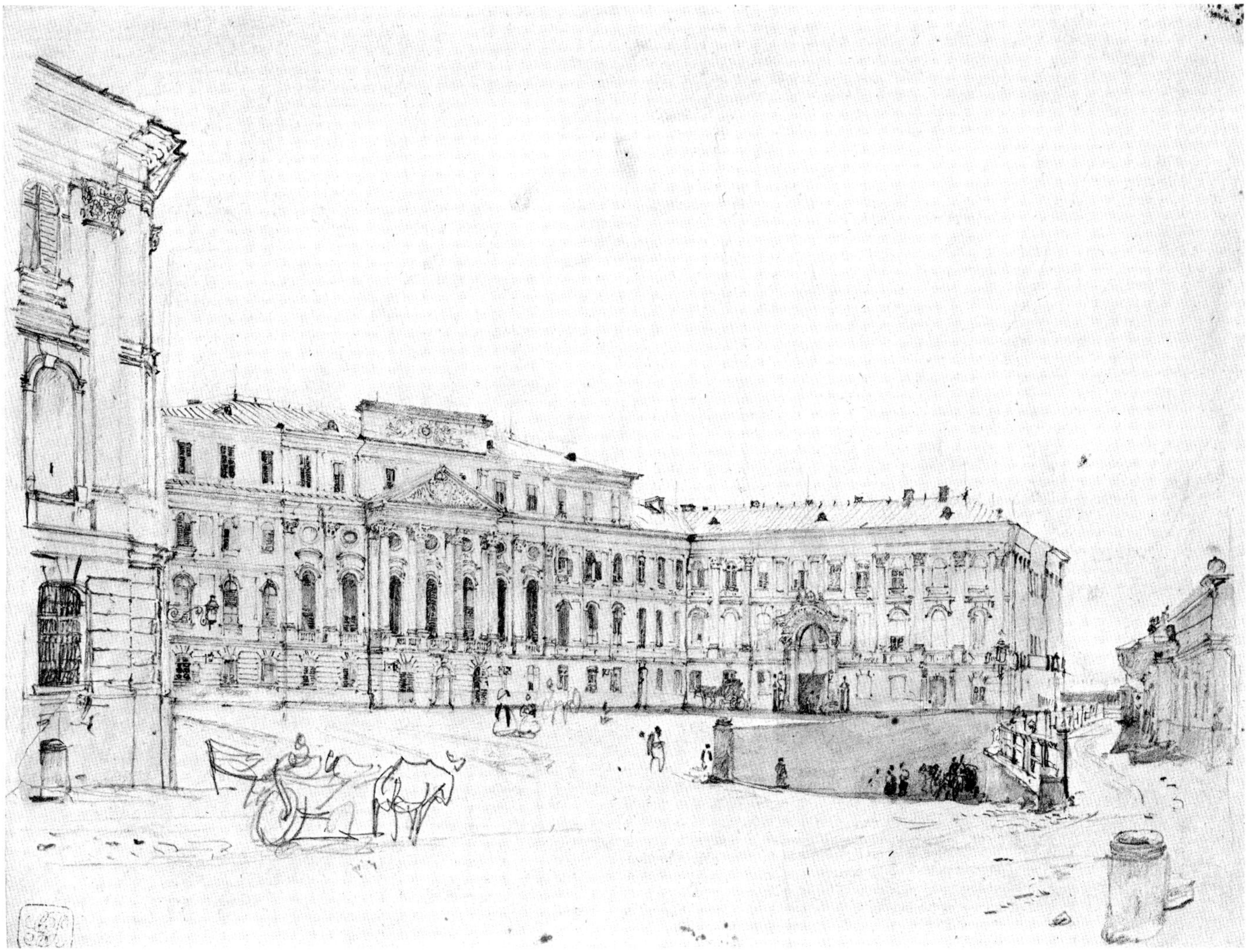

97. R. Alt, Die Burg von Buda (Ofen), 1847

Der Aufbruch des 13. März berührt sie zwar noch wenig, Alt selbst hatte sich mit Fragen der Politik oder gar einer Revolution nicht beschäftigt, aber als Unruhe aufkommt, schickt er vorsichtshalber die Gattin Berta und die Kinder zu den Schwiegereltern nach Troppau; er selbst stellt sich pflichtbewußt als Bürgergardist zur Verfügung. Mutter Anna verläßt Wien auch und reist nach Ybbsbach in ihr Familienhaus (von wo aus sie Rudolf inständig bittet, doch zu schreiben, „wie es um das liebe Wien steht, ob man bald seine Heimath wieder suchen darf oder was uns noch bevorsteht"). Bruder Franz wiederum findet sich in Gresten, wo er im Gartenhaus von Schloß Stiebar unterkommt. Rudolf aber muß in Wien — so klagt er — Wache halten und Gewehr putzen, er nimmt an Paraden und Fahnenweihen teil, was ihn zu dem Seufzer drängt: „So verdalkt man seine Zeit mit lauter solchen Sachen. — Morgen, Samstag, trifft mich zu meinem Leidwesen — die Rotenturmthorwache. Und ich wäre so gern einmal nach Klosterneuburg gegangen,

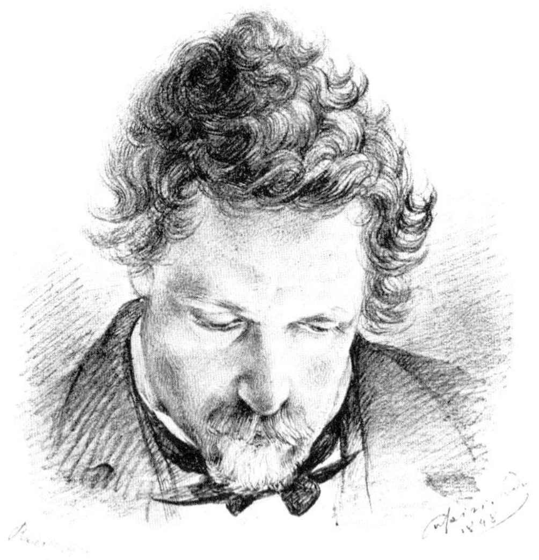

98. L. Passini, Rudolf Alt an der Arbeit, 1848

um einmal ein wenig aus dem politischen Treiben herauszukommen und mich in der freien Natur, die unser Herrgott doch so schön geschaffen hat, recht gemütlich zu ergehen." Für die Barrikaden war Alt nicht geboren.
Die historischen Ereignisse im Oktober 1848 allerdings, die Ermordung Minister Latours, der Sturm auf das Zeughaus, die sich steigernde Radikalisierung nicht zuletzt durch die hier agierende Deputation der Frankfurter Linken unter Blum und Fröbel, die am 17. Oktober in Wien eingetroffen waren, Kossuth, Messenhauser und Bem einerseits, sich abzeichnende militärische Konfrontationen zwischen den heranziehenden ungarischen Einheiten und den Truppen aus Kroatien unter Jellacic anderseits, alles dies führte zu einer erschreckenden Zuspitzung und einigen dramatischen Tagen, die dem Bürgergardisten Alt etwas allzu radikal wurden. Er verließ daraufhin zusammen mit dem sechzehnjährigen Ludwig Passini fluchtartig Wien. Dies war so überstürzt, daß seine fertige Mahlzeit am Tisch ungegessen bis zu seiner Rückkehr stehen blieb. In Traismauer bei Herzogenburg nahmen sie ein Notquartier im Gasthof Hofkirner. Auf einem Briefkuvert hielt er die Situation in schneller Skizze fest und gleich zeichnete er auch die verfallenen Bauernhäuser der Umgebung. Ja sogar unterwegs schon gelangen ihm Naturgegenstände prächtiger Art, wie die im Herbst farbig aufleuchtenden Laubbäume. Der Maler Alt war also endlich seinem Element wiedergegeben.
Nachdem die Wogen dieses Sturmjahres sich einigermaßen geglättet hatten, setzte der Künstler seine rastlose Arbeit unverdrossen fort. Allerdings ließ die politische Entwicklung dies im Moment gar nicht so einfach zu. Da blieb zunächst der für Wien am 22. Oktober 1848 angeordnete Belagerungszustand weiter bestehen. Erst nach dem Attentat auf Franz Joseph verfügte dieser am 31. August 1853, sogar da noch entgegen dem Rat seiner Umgebung, die Aufhebung. Einschränkungen mancher Art, darunter auch Schwierigkeiten für freies Reisen, waren die Folge. Alt blieb also 1849 nichts anderes übrig, als im September eine Wanderung in die nahe Wachau, nach Aggsbach und Aschach, zu unternehmen. Allein das schon mußte ihn, den sensiblen, ständig furchtsam um das Wohl seiner Familie besorgten Künstler höchst beunruhigen. Was würde geschehen, wenn er lange Zeit hindurch keine Arbeiten vor „interessanten Gegenständen" leisten könnte, wo ohnedies es am Nötigsten mangelt, die Kinder heranwachsen, Teuerungen das Leben erschweren? Dann gab es aber noch etwas, was ihn treffen mußte, nämlich der abrupte Verlust einer Alt'schen Existenzgrundlage: Kaiser Ferdinand hatte am 2. Dezember 1848 abgedankt und sich nach Prag zurückgezogen, womit auch die weitere Arbeit für die Guckkastenapparatur

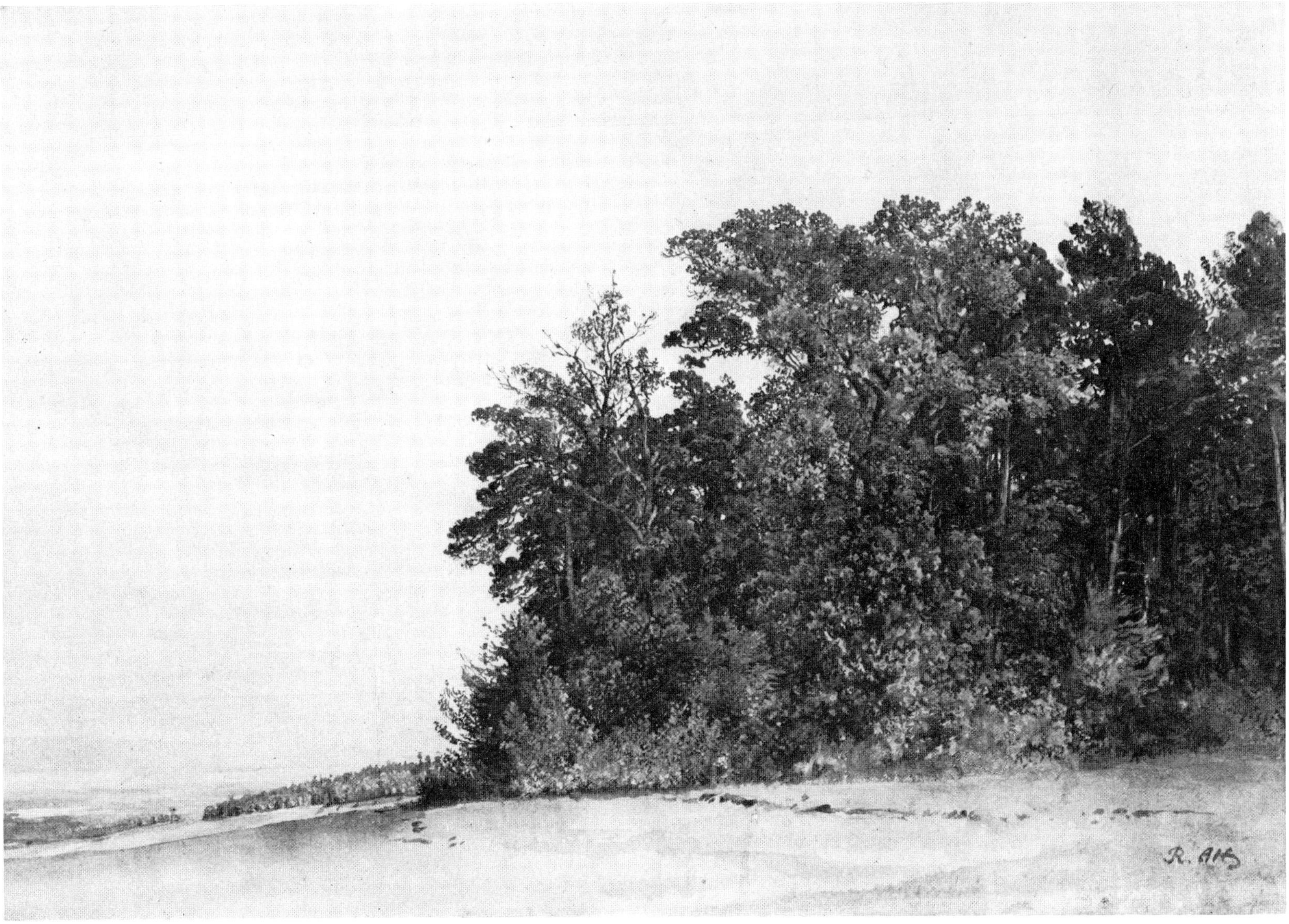

99. R. Alt, Herbstlich gefärbte Baumgruppe bei Wilhelmsburg, 1848

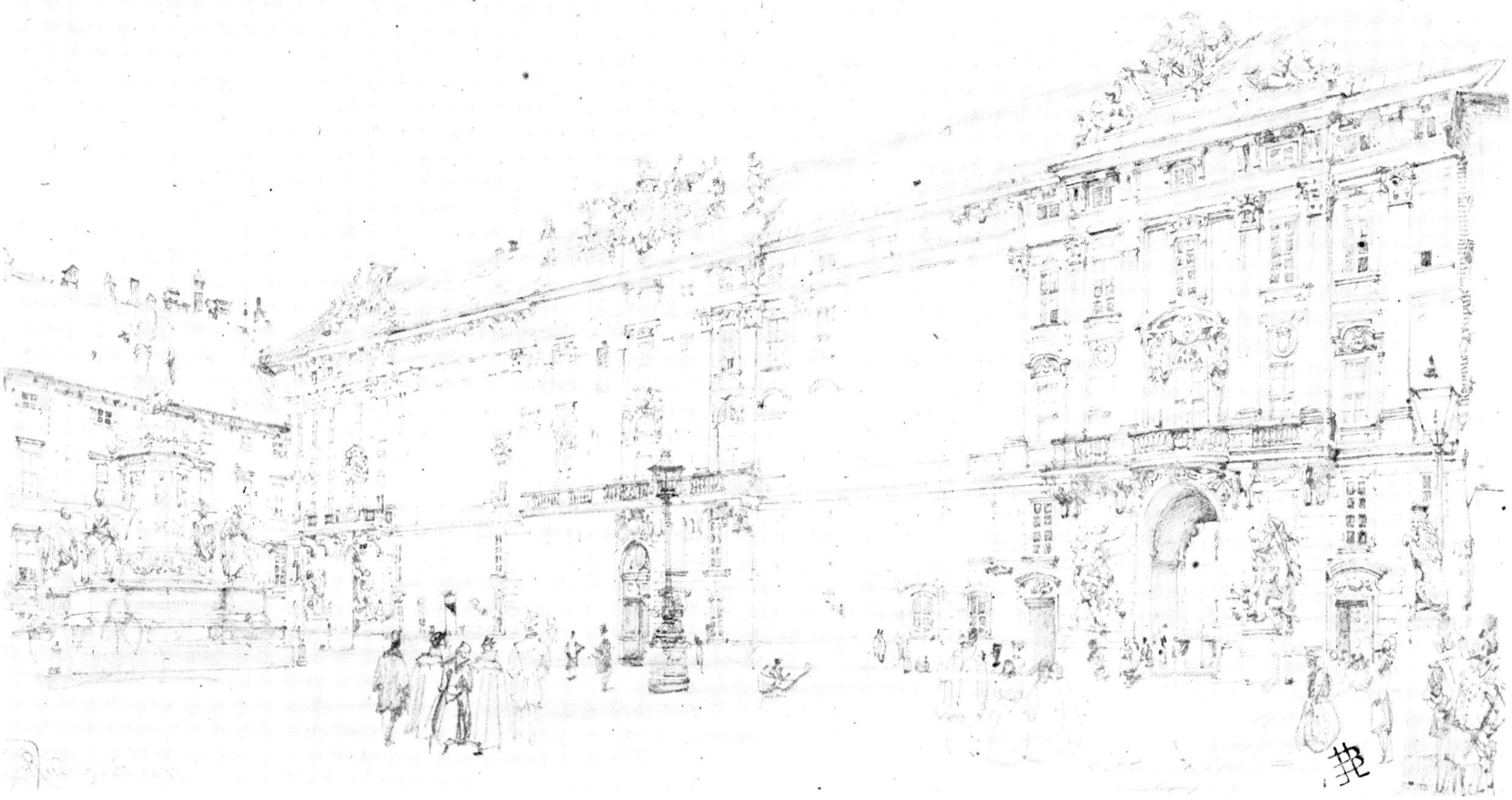

100. R. Alt, Der Innere Burghof in Wien, 1847

zu Ende war. Noch drei Blätter werden 1849 abgeliefert und nach Prag nachgesandt[78], dann ist endgültig Schluß. Zum einen tritt das andere; wie immer deprimiert ihn auch eben in diesem Jahr besonders die schlechte, sein Malen hindernde Witterung. Er malt zwar auch in Regen und Nässe, aber dabei gibt es kein Licht, die Malerei wird stumpf und tot. Er strengt sich an, verkrampft sich, ersetzt Imagination, Freude, Lust am Gelingen durch Routine, Können und neue technische Effekte. Diese geben sehr deutlich von 1850 an charakteristische Merkmale: Er malt nun deckend, dicht ausgemalte, zwar sehr fein ausgeführte Bilder, die Lichter aber setzt er nun mit Deckfarbe auf, also auf dunklerem Grund, oftmals auf dunkel getöntem Papier, voll Finesse wohl, aber vom echten Aquarell immer mehr entfernt. Die gelösten Gummifarben selbst werden nun, wo er kompaktere Wirkungen sucht, mit Deckweiß gemischt, sehr dicht sogar und deckend aufgetragen. Die Effekte der „body colour"-Malerei stehen ihm nun voll zur Verfügung, die künstlerische Leichtigkeit aber, spontane Stimmung und Wahrnehmung des Flüchtigen, sind dahin. Die körperhafte Wirklichkeit der Gegenstände hat über die subjektive Deutung, über die verwandelte Wahrnehmung von Licht und Atmosphäre gesiegt.

Alt muß auch durch eine solche innere Entwicklung bedrängt worden sein; er ist zeitweilig recht verzweifelt. Er schreibt nach Hause: „Aschach, 21. September 1849 — ich denke durch unablässige Thätigkeit müsse ich denn doch wieder aus dieser Klemme in der wir bisher stecken herauskommen — Ich denke bis übermorgen mit den 2 Zeichnungen fertig zu werden, d. h. wenn sie mir gefallen, eine davon sekkiert mich ungeheuer, so daß ich schon daran herumpinsle, daß es eine Schand und Spott ist. Es war aber auch die ganze Zeit gar keine Beleuchtung, da immer schlechtes Wetter war, immer trüb und Regen — dabei eine Kälte zum erfrieren. Unser armer Vater wird gewiß auch viel dabei gelitten haben —"[79]. Jakob Alt, erfahren wir daraus, hatte sich also ebenfalls aufgemacht, um wie Rudolf an der Fortsetzung der Donauansichten weiterzuarbeiten. Auch dieser Auftrag stammte noch von Kaiser Ferdinand und hatte den Vater schon seit zwei Jahren beschäftigt; die Serie war auch zum größeren Teil noch 1848 fertiggeworden; so erhielt Jakob Alt gemäß den Ausgabebüchern 1848, No. 178 „1500 fl für die auf den Befehl Sr. Maj. verfertigten 30 in Öl gemalten Donauansichten von Wien bis Linz"[80]. Übrigens sei hier gleich eine Korrektur vermerkt. Entgegen der in mehreren Veröffentlichungen dieser Serie angegebenen technischen Angabe „Gouache" ist natürlich „Ölfarben auf Papier" zutreffend. Die Datierung der Blätter läßt gut erkennen, in welcher Reihe die insgesamt 55 Werke entstanden sind: 25 Blätter im Jahr 1847 und 18 Blätter im Jahr 1848, denen 1849 dann noch 12 ergänzende Blätter folgten. Damit aber war auch diese Arbeit zu Ende. Auch Vater Alt also hatte sich von da an nach neuen Möglichkeiten seiner Tätigkeit umzuschauen, zumal gar nicht abzusehen war, ob der junge Kaiser die künstlerische Neigung seines Onkels überhaupt weiterzupflegen beabsichtigte. Nun starb am 22. August 1849 in Wien der Maler Moritz Michael Daffinger; er hatte die letzten Jahre seines stürmischen und temperamentvollen Lebens in tiefer Verzweiflung über den Tod seiner geliebten Tochter Mathilde, die 1841 der Typhusepidemie zum Opfer gefallen war, völlig zurückgezogen verbracht. Keine Frauenschönheit, keine glanzvolle Persönlichkeit des Wiener Biedermeier wurde mehr von ihm verewigt, sondern allein die Blumen der österreichischen Alpen. Jakob nahm sich nun dieser verwaisten Aufgabe an und mag darin so recht Möglichkeiten für ein

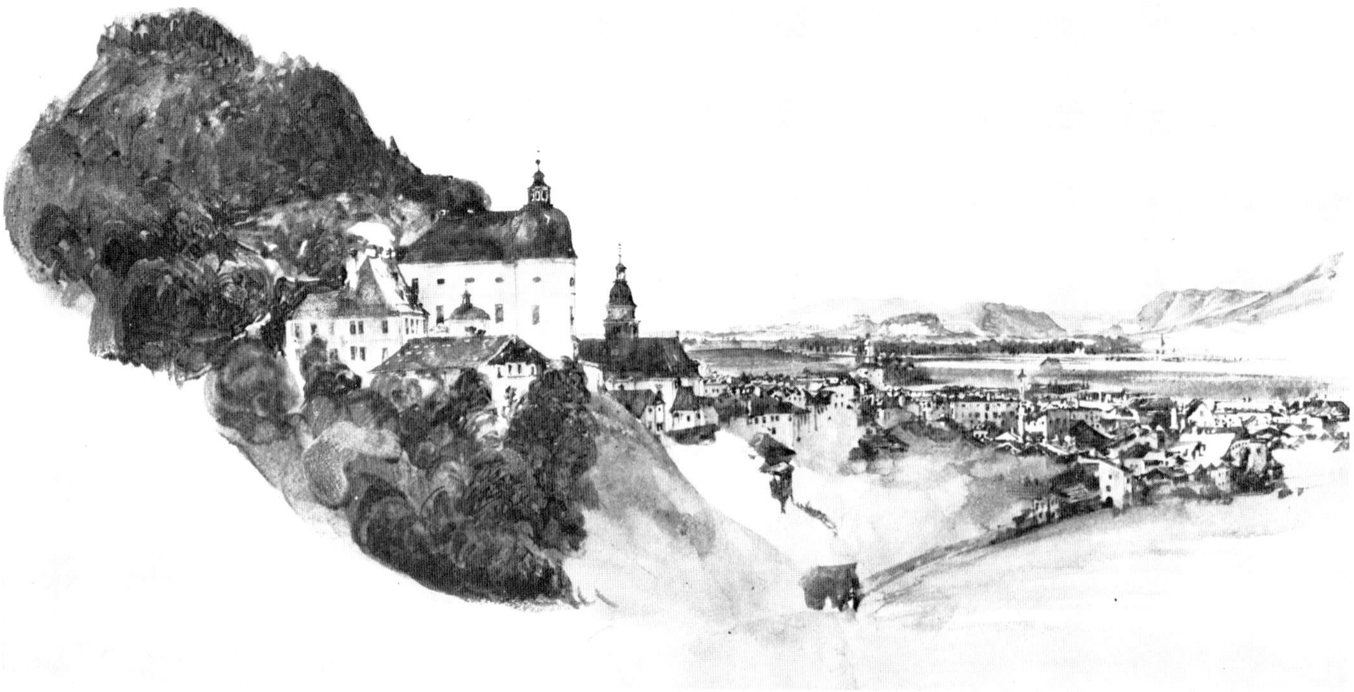

101. R. Alt, Hallein bei Salzburg, 1849

Alterswerk gesehen haben; das Arbeiten bei Wind und Wetter, das weite Reisen und Wandern mag er für einen über Sechzigjährigen nun doch als allzu anstrengend empfunden haben. So entstanden schließlich als das Alt'sche „Herbarium" jene 400 Blätter, die bis zum Tode Rudolfs geschlossen in Familienbesitz blieben, dann in der Galerie Wawra zum Verkauf gelangten, entgegen dem Wunsch verschiedener ausländischer Interessenten aber in den Besitz einer bekannten Wiener Sammlung kamen, während des Krieges „sichergestellt" waren und nach der Rückstellung (wobei schon Teile unauffindbar waren) in niederösterreichischen Museumsbesitz verkauft wurden. Zehn restliche Blätter sind später im Schweizer Kunsthandel aufgetaucht und befinden sich dort heute in Privatbesitz.

Rudolf hingegen gelingt die Umstellung auf die neue Situation zunächst weit schlechter als dem Vater. Er benützt auch im folgenden Jahr die Zeit, in der er nicht reisen kann, zur Aufnahme naher Punkte — von Schönbrunn oder Klosterneuburg etwa usw. Und er weiß dafür alle Meisterschaft der vierziger Jahre noch einmal voll einzusetzen. Dann aber macht er sich an die Ausführung älterer Studien, wobei ihm besonders da zunächst auch noch echte Meisterleistungen gelingen. Es sind mannigfache Wiederholungen in diesen Jahren um 1850, von Studien aus Prag, aus Venedig und sogar noch von römischen Land-

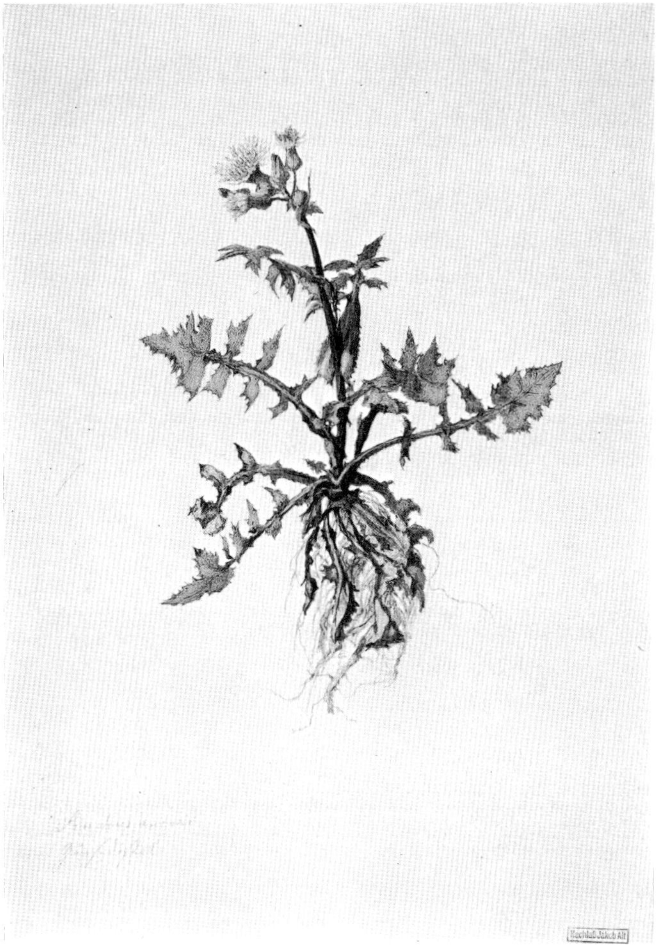

102. J. Alt, Aus dem Herbarium, um 1850

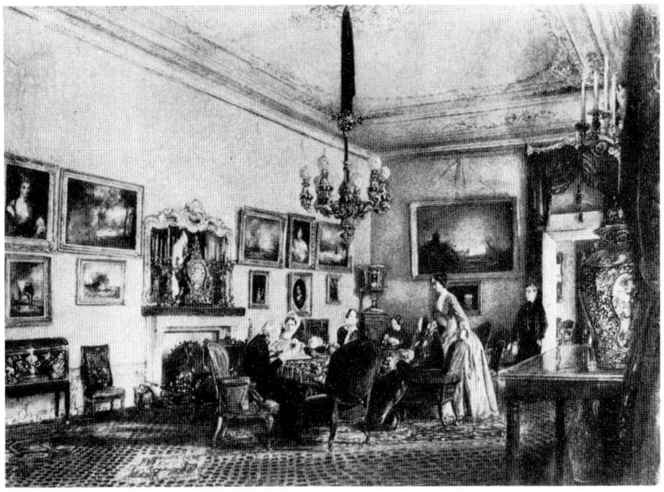

103. R. Alt, Fürst Metternich im Kreise seiner Familie, 1851

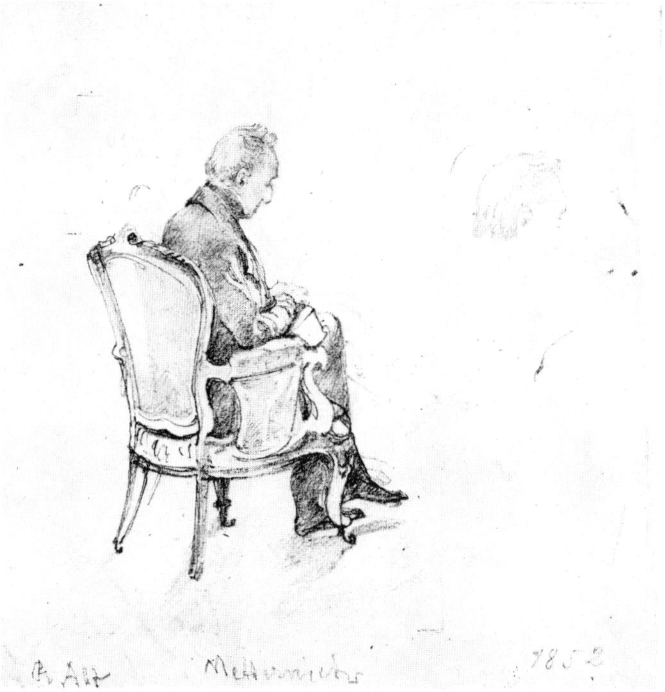

104. R. Alt, Fürst Metternich, Vorstudie, 1851

schaften. Schließlich aber verlegt er sich auf die Übertragung von Studien in große Ölbilder, so wie es übrigens Vater Jakob zu dieser Zeit auch macht. Aber der Vater erreicht viel mehr als er gerade darin einige Höhepunkte seines Schaffens, eine große Reife, wie zum Beispiel in jenem Gemälde des Stephansdoms[81], das den Blick auf Chor mit Kapistrankanzel und Adlerturm zeigt. Jetzt, im ersten Augenblick der Krise, macht sich tatsächlich das reiche Reservoir der beiden Künstler bezahlt. Doch bereits 1851 zeigt Rudolf überhaupt keine bedeutendere Leistung. Keine Reise

105. R. Alt, Die Freyung gegen den Heidenschuß in Wien (Ausschnitt), 1849

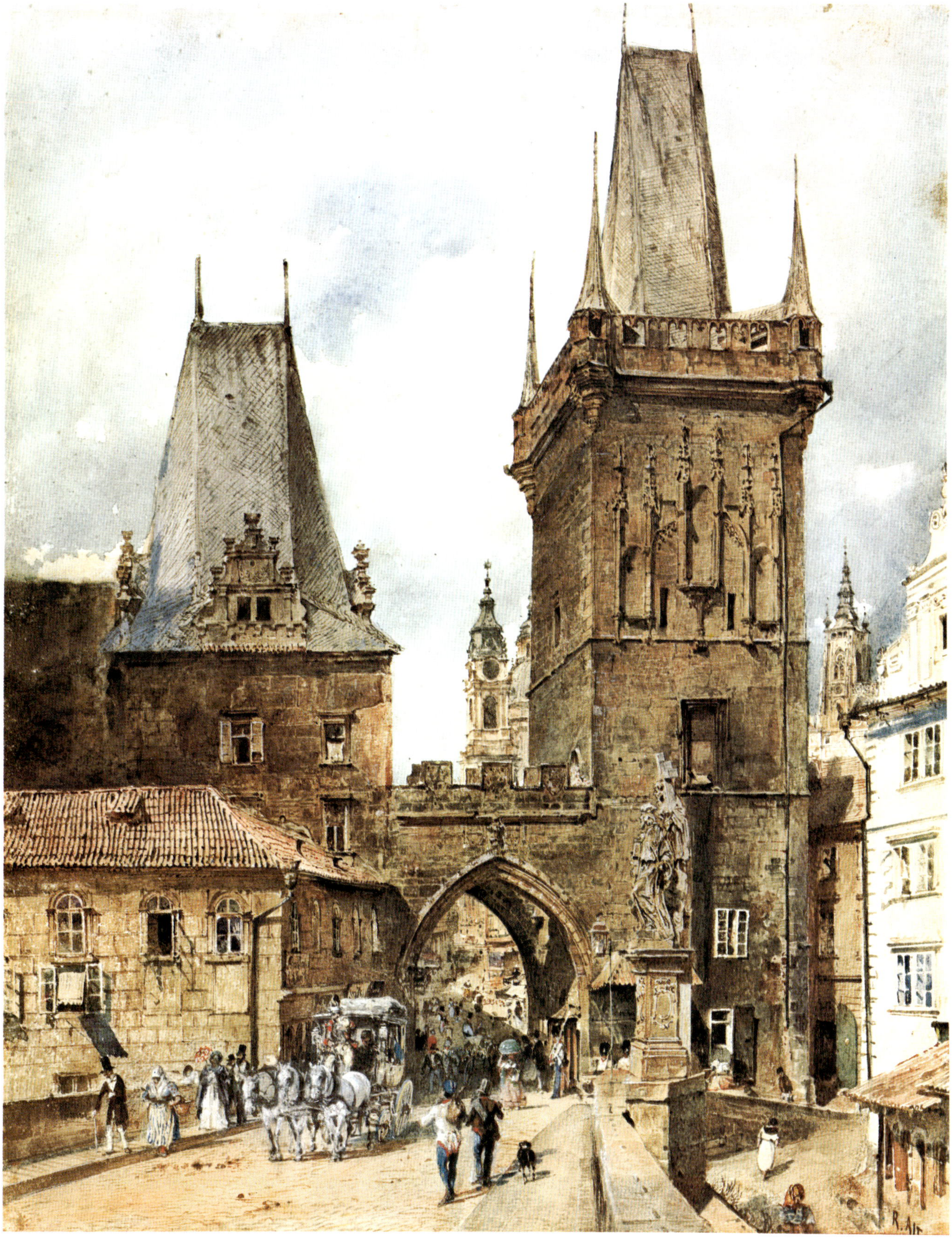

106. R. Alt, Das Brückentor in Prag, um 1853

und kein größeres Werk aus diesem Jahr sind bekannt. Immerhin hat er sich mit einem interessanten Auftrag beschäftigt, nämlich damit, den gestürzten Staatskanzler Fürst Metternich im Kreise seiner Familie in dessen neuem Palais am Rennweg, das er seit der Rückkehr aus der Emigration bewohnte, darzustellen und Alt versteht es auch psychologisch geschickt, die häusliche Atmosphäre dieser Familienrunde in ihrem kultivierten Interieur spürbar zu machen[82]; er läßt den Politiker die „Augsburger Allgemeine Zeitung" studieren, womit er andeutet, daß er zwar immer noch, nunmehr aber nur mehr passiv, politisch interessiert ist.

Eine Geschichte, die Alt später selbst gerne erzählte, spielt in diesem Jahr. Als das fünfte Kind der Familie im Kommen war, brachte der Vater die älteren aus dem Haus und führte sie in das Josephstädter Theater. Ende der Vorstellung (man gab den „Zauberschleier" von Franz X. Told) ging man nach Hause, wo das Ereignis in der Zwischenzeit bereits stattgefunden hatte. Doch untröstlich weinend empfing ihn die Mutter, es sei wieder „nur" ein Mädchen. Beruhigend meinte darauf der Vater, *„wer weiß, wozu es gut ist"*, — ein Wort, das er oft noch zitierte, denn so sollte es auch sein. Diese jüngste Tochter war Louise, die dann ihr Leben gänzlich der Begleitung des greisen Vaters widmen und ihn bis zu seinem Tod getreulich pflegen sollte.

Zu Alts geringer künstlerischer Leistungskraft in diesen Jahren mag auch ein sich anzeigendes körperliches Leiden beigetragen haben. Konkret erfahren wir davon zum ersten Mal in einem Brief an seine Frau Berta am 5. August 1852 aus Stein an der Donau, wo er eben auf der ersten größeren Reise nach den Ereignissen der letzten Jahre sich aufhält; eine Reise übrigens, die ihn von Regensburg bis Budapest führte[83]. „Und so sitze ich hier in dem hübschen Stein — nachdem ich bis 1/2 8 Uhr im Bette zugebracht und ausgeruht habe und will nachmittags an die Arbeit gehen; rauche dabei Cigaren, gehe von Zeit zu Zeit zum Fenster und sehe dem Treiben an der Donau zu, denn vor mir ist der Landungsplatz der Dampfschiffe, die sehr lebhaft auf- und abfahren, — will die Zeit in Ruhe geniessen — denn wie Du aus meinem Schreiben sehen wirst, so zittert meine Hand, von dem ich die Ursache nicht weiß —."
Das war der Anfang eines langwierigen Leidens, an dem eines so besonders erstaunlich ist, daß nämlich zunächst weder die Schrift (wie es Alt selbst befürchtete), noch das Malen tatsächlich Spuren davon zeigen. Selbstverständlich gibt es eine Altersschrift, die eben die zitternden Züge eines alten Mannes zeigt, dennoch aber wußte er den Pinsel bis zuletzt mit beispielloser Exaktheit zu führen. Das so unterhaltend klingende Bonmot vom „Impressionisten wider Willen", das später manchmal zitiert wurde, beruht im Kern auf der Antimodernität der Berichterstatter, die etwa sagen wollten, so „gepunktelt" malt man nur, wenn die Hand nicht mehr so kann, wie der Maler will. Hält man sich vor Augen, daß Alt mit diesem beginnenden Leiden erst oder überhaupt noch vor dem Anfang seiner ganzen Interieurs stand, die tatsächlich mit der Präzision eines hochwertigen Kameraobjektivs jedes Detail aufgenommen zeigen, wird einem der Widersinn dieser Behauptung klar. Dieses vermeintlich unfreiwillige Zufallsprodukt der späteren visuellen Malerei Alts war in der Tat mehr als ein Krankheitssymptom, nämlich höchste malerische Meisterschaft. Wir wissen aus diesem Brief aus Stein auch das genaue Reiseprogramm für den ersten Teil der Donaufahrt dieses Jahres 1852: Stein 3.—7. August, nach Melk 8.—11. August, Ybbs bis 13. August, Grein bis 15. August, Linz 17.—20. August, Passau 23.—24. August, 26. August bis 4. September in Regensburg, von

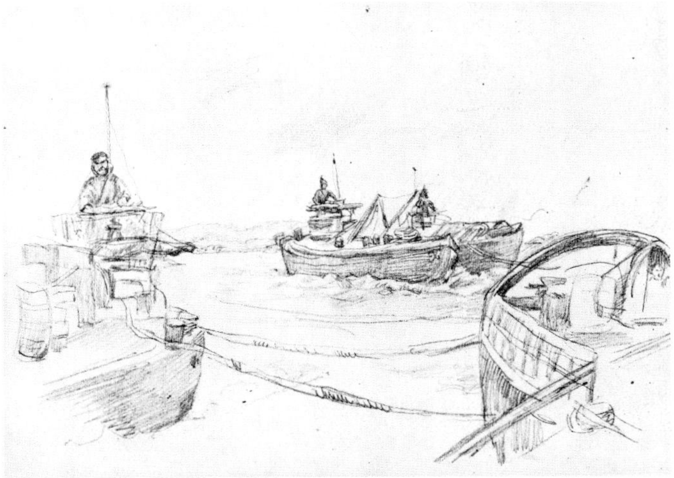

107. J. Alt, Donauschleppkähne, um 1855

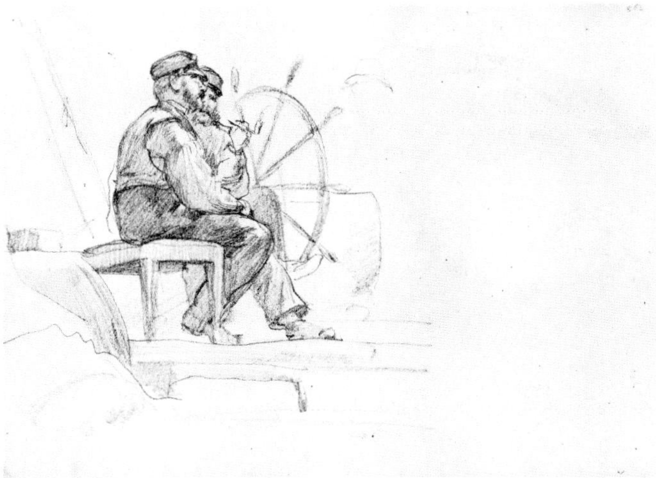

108. J. Alt, Donauschiffer auf Deck, um 1855

wo aus der Künstler bis zum 15. September nach Nürnberg ging, weil die Gräfin Saint-Genois wünschte, Nürnberger Ansichten zu bekommen. Alt mußte immer mehr trachten, solche direkte Bestellungen promptest auszuführen.

Es muß in den dieser Reise vorangegangenen Monaten gewesen sein, daß Alts besondere Fähigkeit, Interieurs wiederzugeben, vom Fürsten Alois Liechtenstein entdeckt wurde; es mag sich auch die Briefstelle des Künstlers an seine Gattin darauf beziehen: „Nach meiner Reise bin ich wieder zum Liechtenstein zitiert, das ist auch einer der Gründe warum ich die Fahrt so hinauszögere", er weiß offenbar von der kommenden Last. Jedenfalls entsteht noch in diesem Jahr die erste Seriendarstellung der Innenräume eines adeligen Schlosses, nämlich des Liechtenstein'schen Seebenstein. Damit erreicht auch unsere Schilderung des Lebenswerkes jenen Punkt, an dem ein Überblick — auch wenn er der Chronologie weit vorgreift — unerläßlich scheint. Dieser Teil des Schaffens von Alt ist tatsächlich ungewöhnlich und beruht auf zweierlei: auf dem phänomenalen Können des Künstlers, Innenräume in ihren Proportionen, Tiefenwirkungen, Lichtführungen zu erfassen, die diffuse und doch klare Atmosphäre wiederzugeben und mit einem unbestechlichen Auge die geringsten Details lückenlos aufzunehmen; dies auf der einen Seite. Demgegenüber aber bedurfte es anderseits einer besonderen gesellschaftlichen Situation wie auch einer historisch-ästhetischen Gesinnung, aus der heraus sich Auftraggeber geradezu leidenschaftlich dazu veranlaßt fühlten, ihre Familienbesitze und deren erlesene alte Einrichtung abzubilden — sei dies durch Ahnenstolz motiviert oder mehr im Stolz auf die eigene Leistung, auf die historistische Modernität oder auf persönlichen Geltungsdrang. Jedenfalls muß man Hevesi zustimmen, der sagte[84]: „Darin (in den Interieurs) war er nun wirklich ein Genie". Man kann das, was hier künstlerisch bewältigt wird, vielleicht am besten mit dem Begriff eines Raumstillebens umschreiben, das tatsächlich nicht nur photographische, sondern auch hohe künstlerische Ansprüche erfüllt. Nach Aussage des greisen Künstlers schätzte Alt selbst die Zahl der geschaffenen Interieurs auf dreihundert, Hevesi meint, es müßten ihrer jedoch eher mehr gewesen

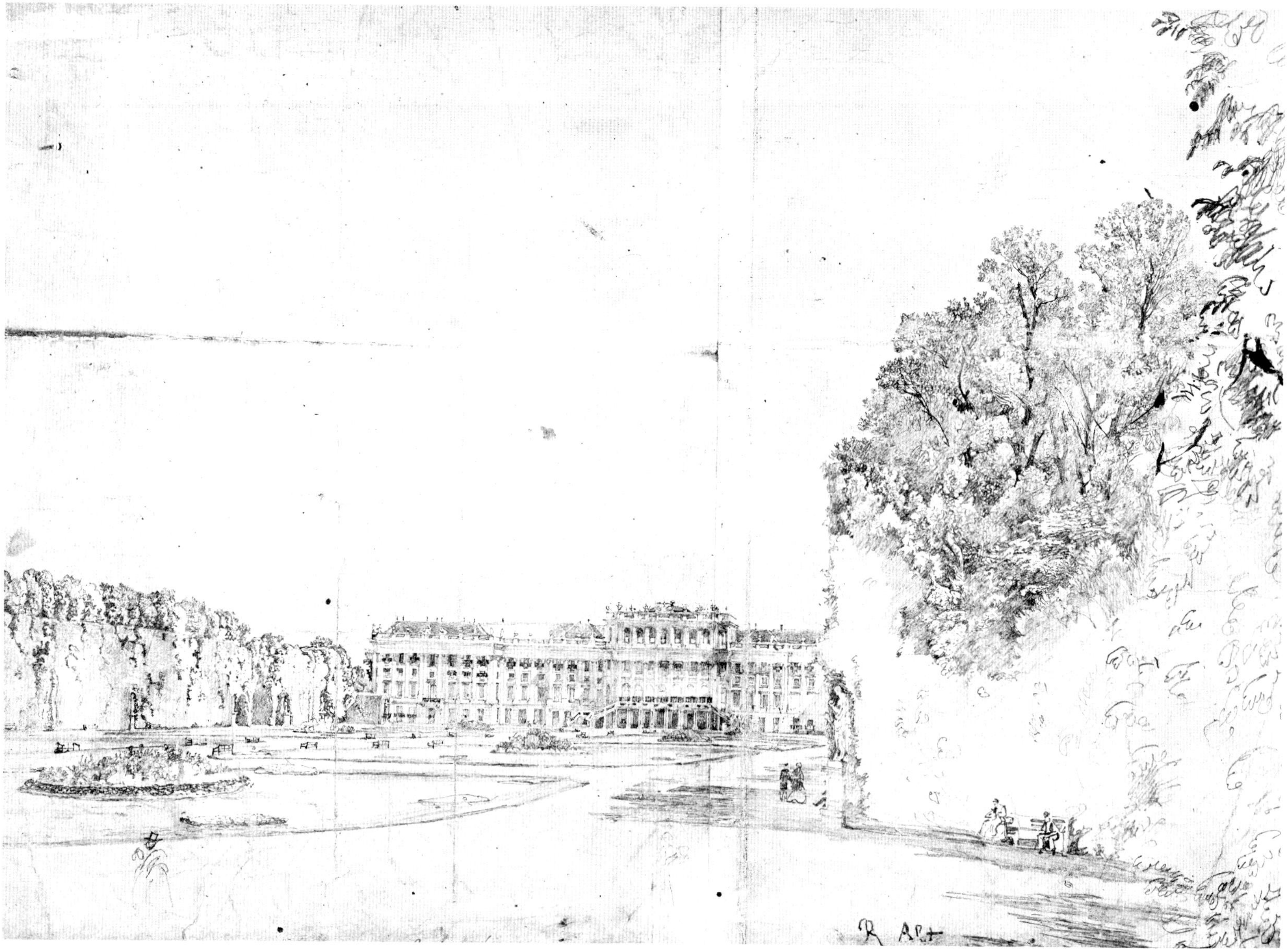

109. R. Alt, Schloß Schönbrunn von der Gartenseite, um 1850

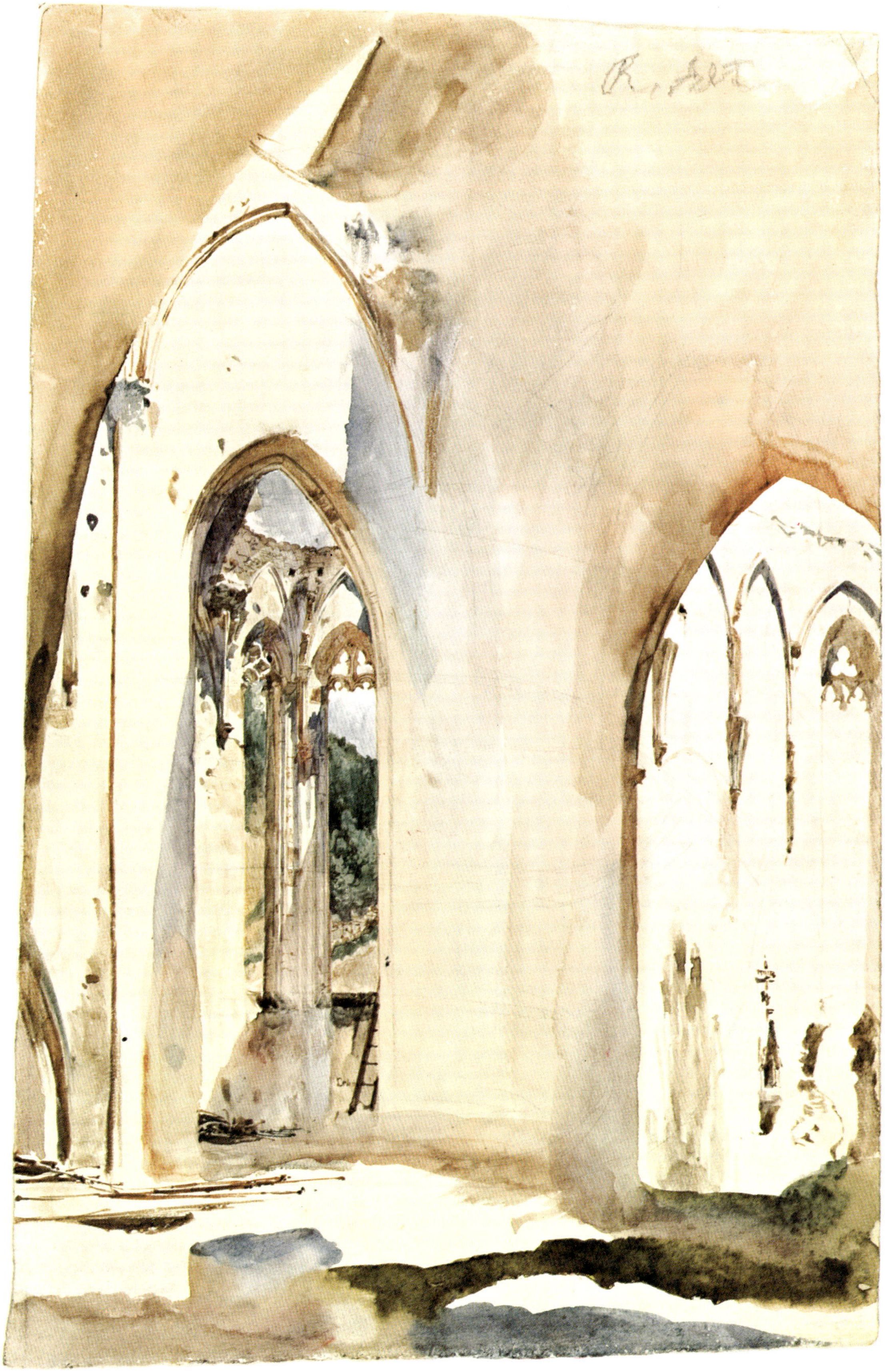

110. R. Alt, Gotische Kirchenruine in Kirchberg am Wechsel, um 1850

sein. Die lange Reihe hatte eigentlich mit dem Prager Rathaussaal 1839 begonnen, führt dann aber zu den Schlössern der Liechtenstein, Bouquoy, Harrach und Auersperg und schließt mit den Wiener Blättern, dem Belvedere, dem Kuppelsaal der Hofbibliothek und dem Atelier Makarts[85].
Ein wesentlicher kulturgeschichtlicher Hintergrund der Aufträge der fünfziger Jahre ist gewiß der neue romantisch-historische Zug in der Geschmacksbildung; der Historismus entfaltet sich, die Schlösser der adeligen Familien, vor allem jener Böhmens, werden mit großen Geldmitteln ausgebaut, wofür die Verbreitung des um 1850 von Nash geschaffenen lithographischen Albums mit den englischen Elementen der Neugotik entscheidend beigetragen haben mag.

XIV

Gleich der erste große Auftrag, jener des Grafen Longueval-Bouquoy für Schloß Rosenberg in Böhmen, sollte Alts umfassendster sein; die herrliche Lage und Einrichtung nehmen ihn völlig gefangen, als er im August 1853 dort anlangt. Die Schönheit der antiken Möbel, die wertvollen Waffen, Gefäße, Krüge, alles — wozu sogar die Unheimlichkeit eines gewaltigen Gewitters gehört, „das mit aller Macht auf das hochtronende Schloß sich ergießt" — alles das zu schildern, überließe er lieber seinen Produkten, meint er zu seiner Frau. Er begnüge sich zunächst damit, sich nur brieflich zu melden, daß er auf der Herfahrt weder ins Wasser gefallen sei, noch daß ihn die Wanzen in der Dampfschiffahrtskajüte, „da sie doch in Hunderten sich einfanden", aufgefressen hätten. Eine Bemerkung, „morgen fange ich zu arbeiten an — Gott gebe, daß es mir gut von der Hand geht, damit meine Sachen gefallen, da sie

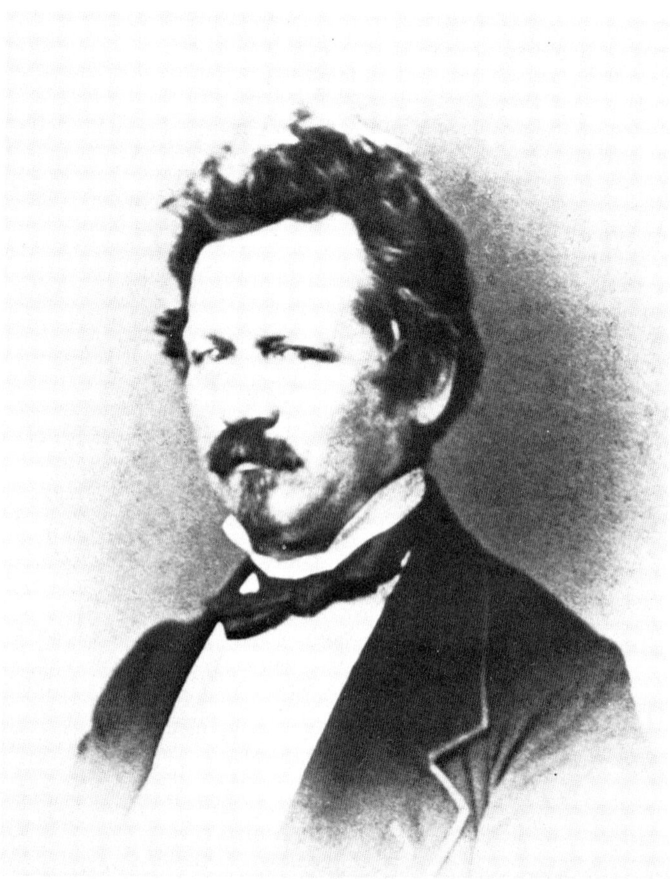

111. Rudolf Alt, um 1855

für die Ausstellung bestimmt sind"[86] weist auf eine erste von ihm beschickte Ausstellung im Ausland hin. Es könnte sich um die Deutsche Kunstausstellung München gehandelt haben, bestanden doch zu dieser enge Verbindungen der Wiener Künstlervereinigungen.
Die fünfziger Jahre vergehen also mit einer Überfülle von Aufträgen, mit allzu vielen, wie ihm selbst immer klarer wird, er muß auch zu seiner Zeit sehr deutlich gespürt haben, was heutige Überschau über das Werk aufzeigt, die Schwierigkeit und doch Eintönigkeit der Auftragsarbeiten in den Adelsschlössern erweist ihn zwar als einen fast unglaublichen Könner, Routinier und Vir-

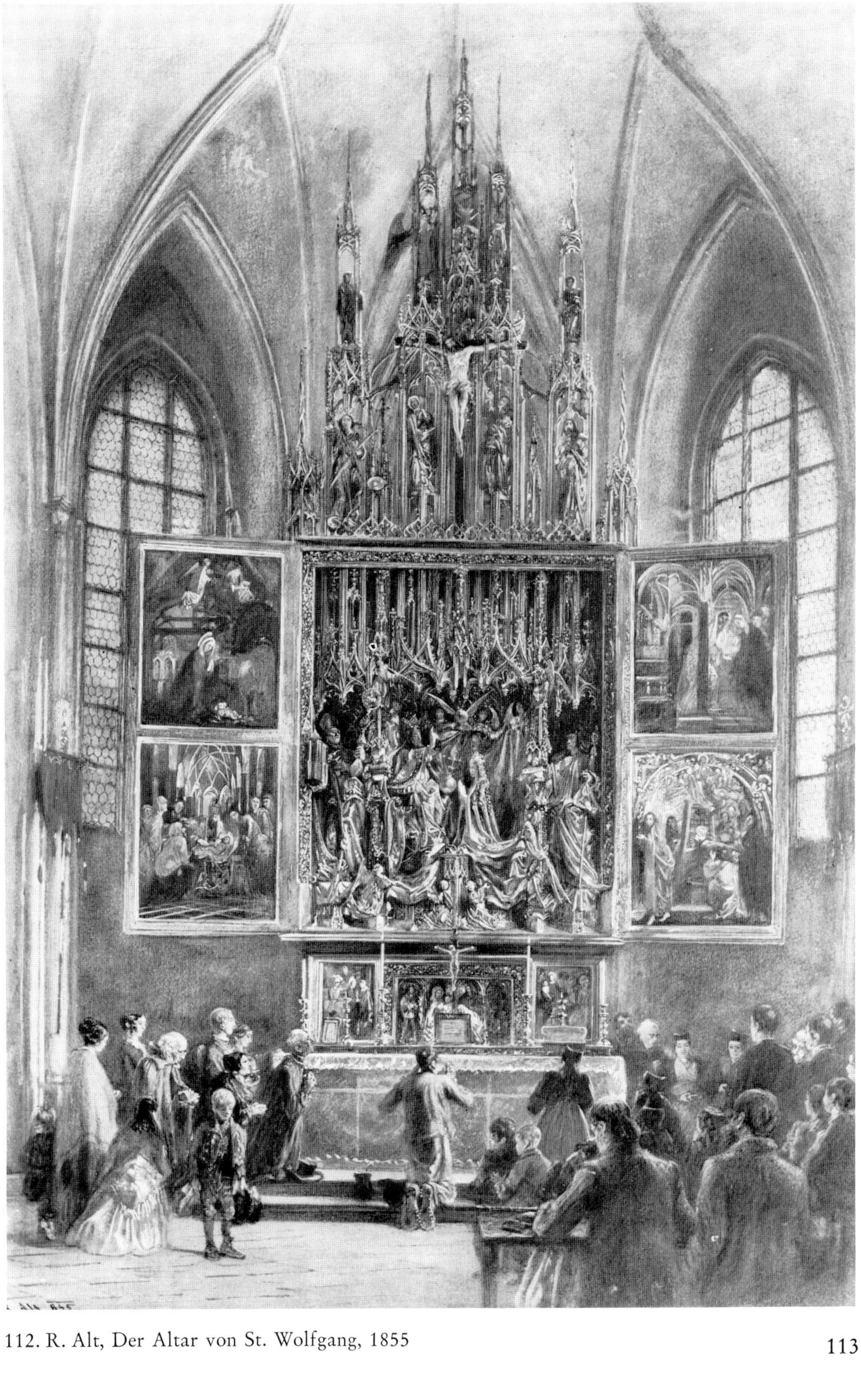

112. R. Alt, Der Altar von St. Wolfgang, 1855

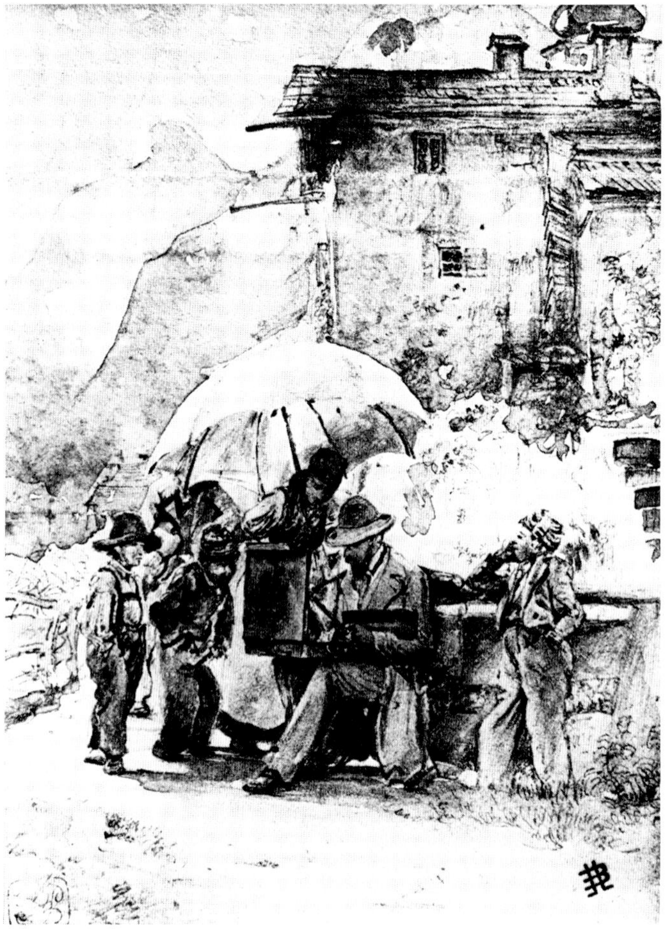

113. R. Alt, Der Maler Wipplinger in Hallstatt, um 1840

tuosen, aber seine künstlerische Kraft kommt dabei von Blatt zu Blatt mehr zum Erliegen, ja, sie erstickt fast daran. Roessler hat recht, wenn er sagt[87], daß man sich diese Interieurs einfach ansehen muß, um staunend zu erkennen, „daß Alt einer der größten Interieurmaler überhaupt ist, wie er ja überhaupt einer der größten Maler ist, ein ‚Allseher' und ‚Allmaler' wie er sich von einem Bekannten gern nennen hörte". Aber dennoch, dieses „Allmalenmüssen" mußte die künstlerische Leistungskraft immer stärker eindämmen. Und das ist auch der Grund seiner spöttelnden Klage an den Freund Johann Passini, der nun schon länger in Triest lebt[88]: „Zum Glück bin ich größten theils auß dem Haus beschäftigt schon seit 6—7 Wochen, denn als (er zeichnet hier einen Zimmermaler = Anstreicher) treibe ich mich in den Salons herum — und als Straßenmaler stehe ich gewiß aufm Stock im Eisenplatz wenn ich nicht aufm Mehlmarkt oder vorm Stubenthor — oder im Ratzenstadl steh. Sie können daraus sich an den Fingern abzählen wie beneidenswerth und glücklich ich durch die *glänzenden* Aufträge der Kunst bin. Dabei werde ich bis zum Eckel müde — und trägt mir durch meine dumme Ängstlichkeit nicht mehr ein als, daß wir leben können —". Dabei treten Auftraggeber mit immer merkwürdigeren Wünschen an ihn heran. So berichtet er, „Dittmarsch war ein einzigesmahl bei mir — er wollte von mir einen Ferogio (= Verrocchio) aus der Karl'schen Gallerie (= Sammlung Erzherzog Carl = Albertina) kopieren lassen, damit er auch Originale hätte —".
Der Anbruch der neuen Zeit zeigte sich nicht zuletzt in der Konstituierung verschiedener Künstlervereinigungen. Alt, dem vornehmlich seine Tischrunde mit seinem Freund Ludwig Anzengruber am Herzen lag (die „Anzengrube"), neben der er auch noch den Stammtisch „Die Nische" stets besuchte, war mit dem 1851 sich konstituierenden „Verein junger Künstler und Akademiker", der sich später „Albrecht Dürer Verein" nannte, in seinem gotisch-historisch eingerichteten Heim Laimgrube 162 tagte und einer der Pfeiler des späteren Künstlerhauses werden sollte, eng verbunden.

Eine der Arbeiten dieser Jahre, die man auch bei einem großen Überblick nicht zu nennen unterlassen darf, ist graphischer Natur. Gewiß, Alt war nie in erster Linie Graphiker — so eng auch die Zusammenarbeit mit seinem Vater zu Zeiten war, zunächst als kolorierender Hand-

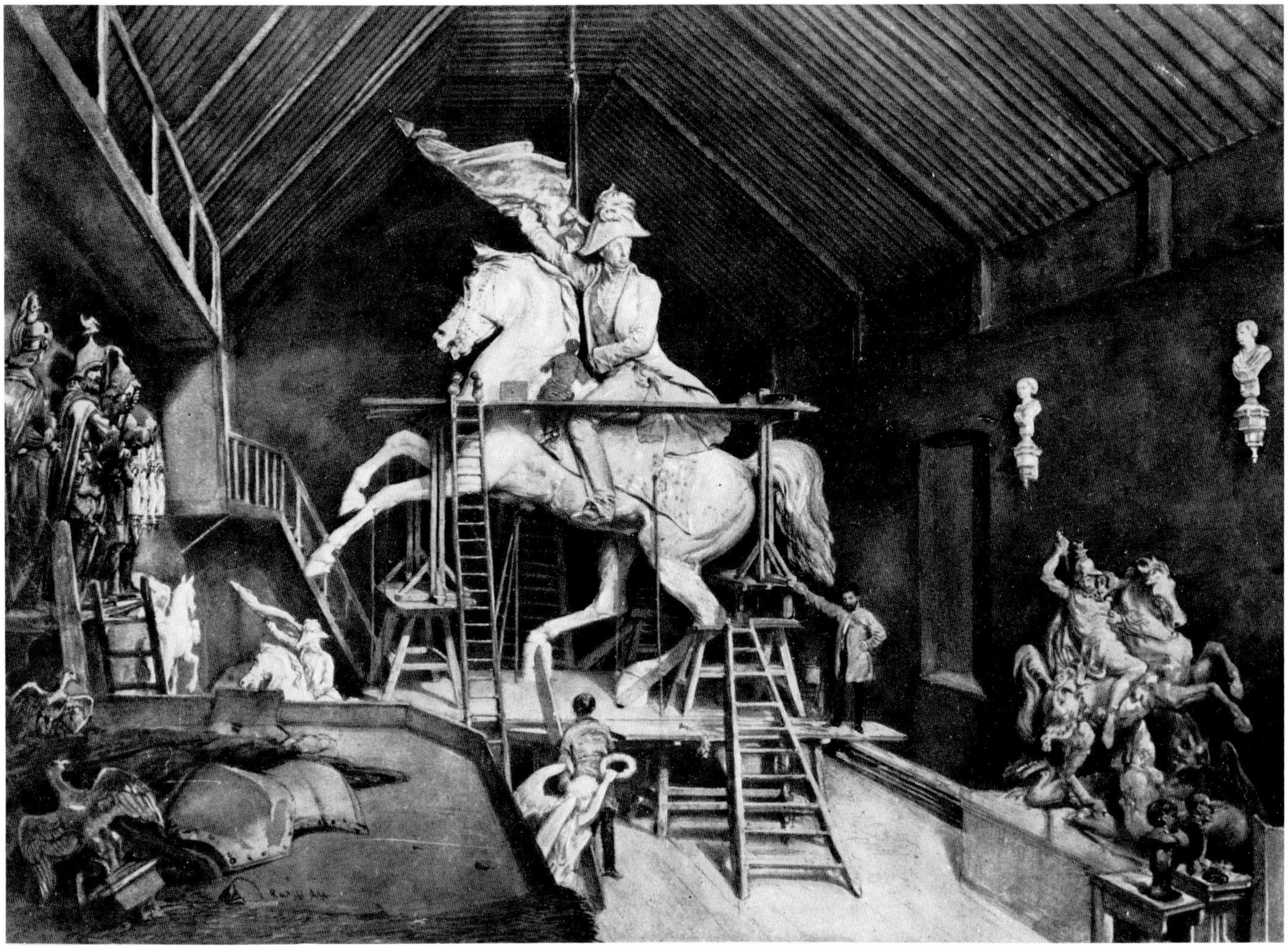

114. R. Alt, Das Atelier Anton von Fernkorns, 1856/57

langer, dann als lithographierender Schüler, schließlich als dem Vater Vorlagen verfertigender Künstler, so wenig nützte er seine perfekte technische Beherrschung dieses Mediums dann tatsächlich aus. Das Radierwerk umfaßt nicht mehr als 23 Blätter, Lithographien gibt es nur 29. Die frappierendste Leistung aber auf diesem Gebiet entstammt nun gar nicht dem engen Bereich der Originalgraphik, sondern ist die Darstellung „Konstantinopel von der Vorstadt Pera gesehen“ nach Ludwig Libays Zeichnung für das Werk „Ägypten, Reisebilder aus dem Orient“ (Wien 1857 Gr. Fol.) und läßt neben den bekannten eigenhändigen Vogelschauansichten „Die k. k. Residenz“ (1859/60) und „Schönbrunn“ ahnen, welche große Möglichkeiten seinem Können hier gegeben gewesen wären. Aber Alt war und blieb eben Aquarellmaler, auch wenn er zumindest ein Jahrzehnt hindurch die Deckfarbe dem transparenten Aquarell vorgezogen hat. Die große Synthese, die zum neuen Höhepunkt führen sollte, ließ aber noch auf sich warten.

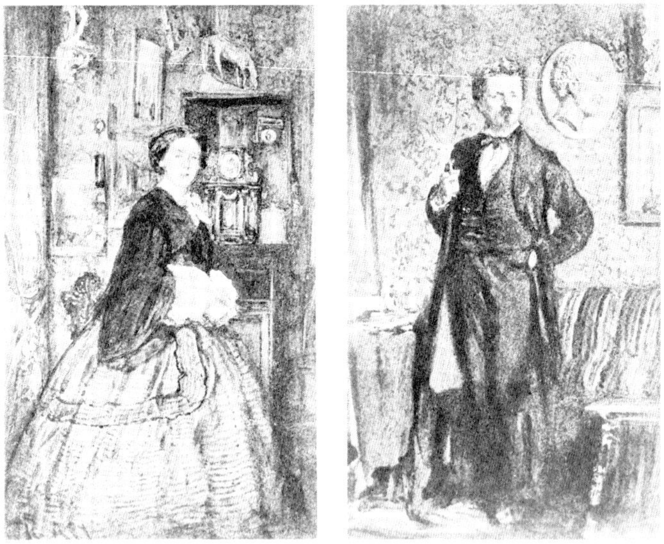

115. R. Alt, Porträt der Gattin Berta und Selbstbildnis, um 1860

Die Wanderungen in diesen Jahren sind also nach wie vor begrenzt, beschränken sich auf Böhmen, das Salzkammergut und die Umgebung Wiens. Genauso verzagt, wie sie begonnen haben, gehen die fünfziger Jahre zu Ende. Alt klagt seiner Frau immer wieder, wie begründet die „Lamentabel ist, wenn ich meine Arbeiten ansehe, wovon mich nichts befriediget — und nichts vollendet ist. Welch kleinmüthige Stimmung mich deshalb befällt, wenn noch dazu solches Wetter eintritt, das meiner Thätigkeit, meinem Streben noch unüberwindliche Hindernisse in den Weg legt —" (Grundlsee, 2. September 1859)[89]. Das ist nun nichts anderes, als er 1862 aus Gmunden schreibt[90], er erfülle zwar eine Menge Aufträge („nebstbei machte ich auch noch für einen jungen Wüstling eine kleine Zeichnung für die ich heute 20 fl erhielt"), er bekommt auch glücklich und endlich das Geld für einige ausgeführte Blätter (so daß er Berta endlich „die Lebensessenz schicken" kann), doch was ist das schon, wo er immer nur unterwegs ist (er geht von da nach Salzburg), „wie glücklich wäre ich Euch so bei mir haben zu

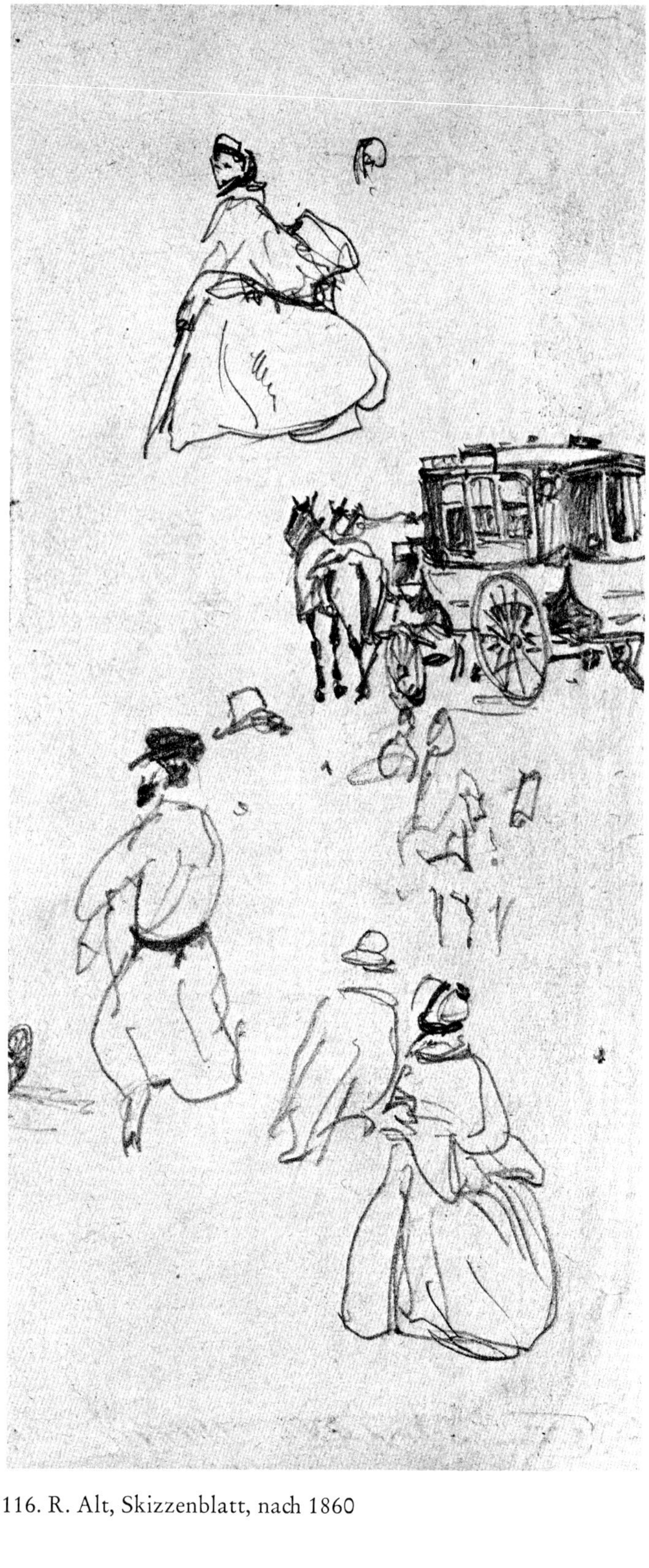

116. R. Alt, Skizzenblatt, nach 1860

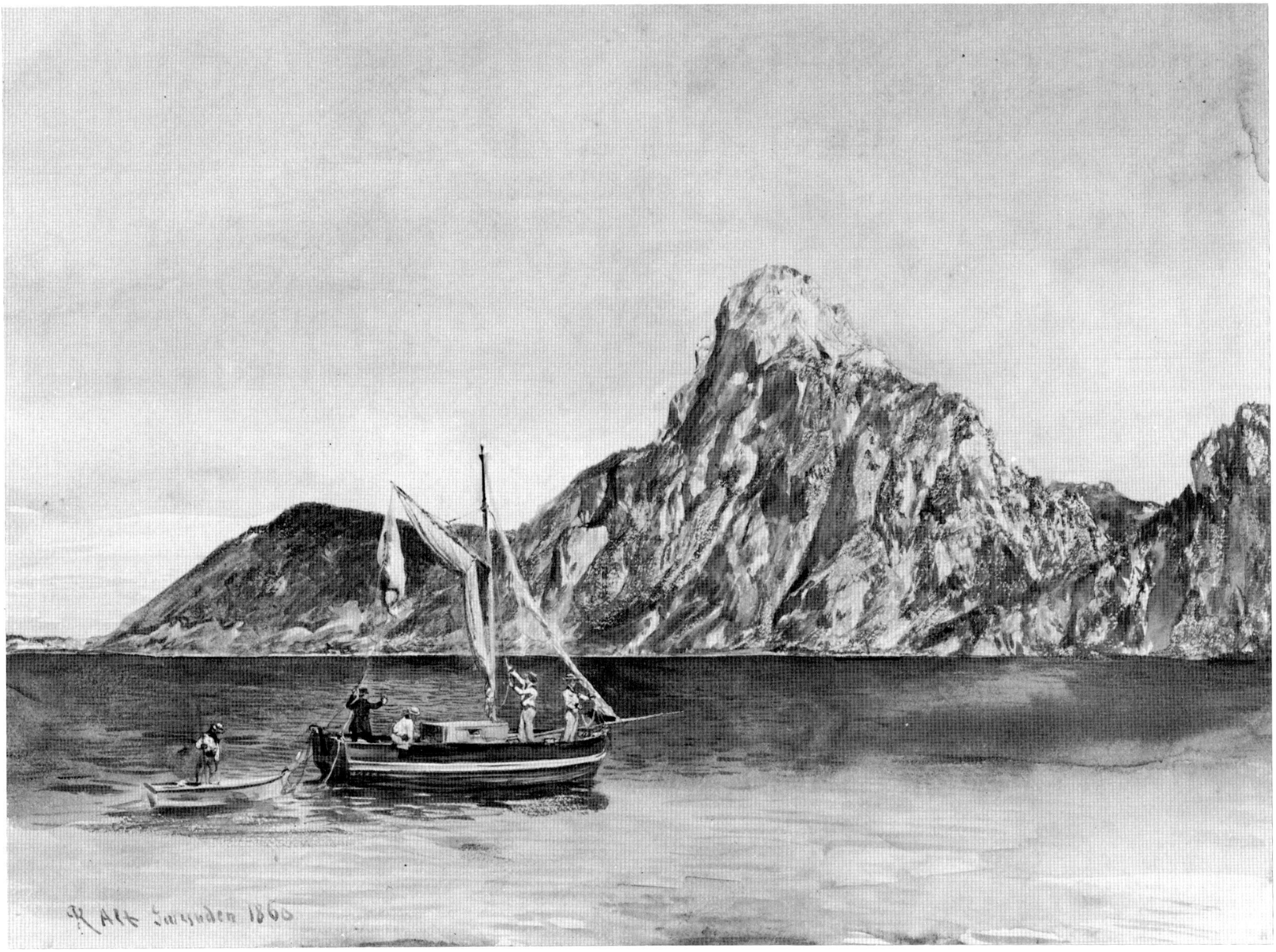

117. R. Alt, Der Traunsee, 1860

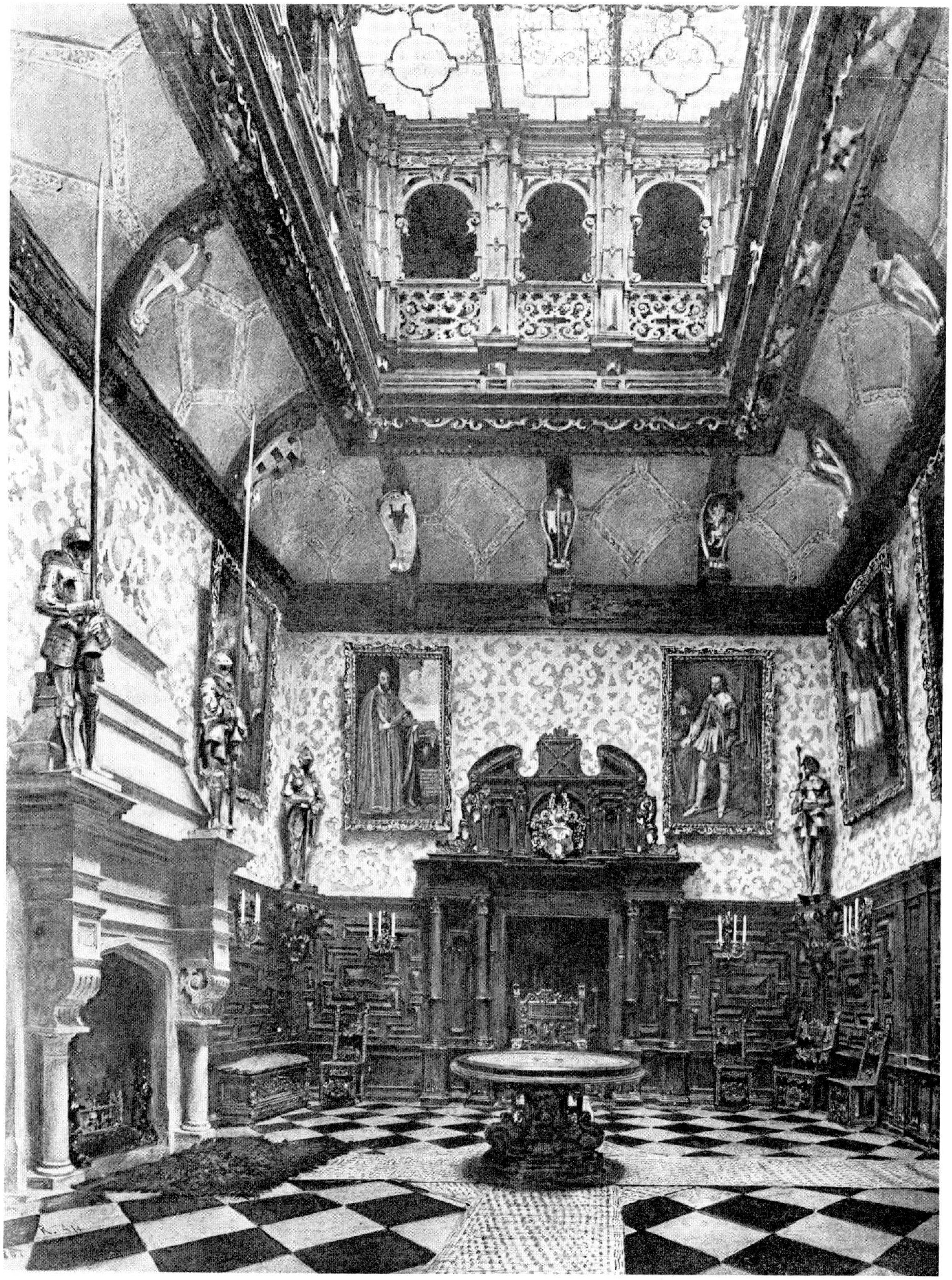

118. R. Alt, Saal in Schloß Hradek, 1861

können wie andere Väter, die (den) ihrigen den Genuß in der herrlichen Natur leben zu können zu verschaffen im Stande sind". Noch einmal, zu Anfang der sechziger Jahre, wird er von einem Auftraggeber, dem Grafen Harrach, zu einer solchen Serie von Schloßinterieurs verpflichtet. Diese Ansichten von Hradek mögen vielleicht die stärksten Beispiele sein für den Stil der fünfziger Jahre, der dichten, „fertig" malenden Pinselkunst eines Alt. Was hier einem Maler abverlangt wird und wie er es bewältigt, scheint fast beispiellos. Das ist alles zwar sehr weit von freier Malerei entfernt, aber es ist perfekt, virtuos und ein Kunststück ohnegleichen. Am 9. August 1864 heißt es: „Daß die Arbeit keine Leichte ist, dafür hat die Gothik gesorgt, und damit sie nicht vielleicht doch noch zu leicht ist, so sorgen Finsternis und unbequemer Platz schon sehr dafür —". Aber dann kam es ganz anders, der Umschwung ergab sich nahezu plötzlich und der Künstler hat ihn selbst auch genau erkannt[91].

Alts Schloßdarstellungen hatten innerhalb der österreichischen Aristokratie einen besonderen Ruf errungen. „Man" mußte einfach seine Besitzungen von ihm gemalt wissen, und solche Kenntnis war auf irgendwelchen Wegen auch bis an den Hof von Zar Alexander II. nach Petersburg gelangt, wo ja immer auch Österreicher verkehrten. Hans Graf Wilczek erzählt in seinen Memoiren[92] die reizende Geschichte, wie er in Livadia, dem Zarenschloß auf der Krim, zu Gast, plötzlich aus den Räumen der Kosaken laute Gesänge in Chören von urwienerischen Liedern, wie „Oh du lieber Augustin" und anderes, gehört hatte. Dem Erstaunten erzählte man, diese Musik habe ihnen der Wiener Maler Rudolf Alt beigebracht, der eben hier arbeite. Wilczek lernt den Künstler dann auch kennen und nennt ihn den größten unserer Maler[93]. Auch Rudolf Alt berichtet in seinen Briefen von der Begegnung mit dem Grafen, der sich in Begleitung des Fürsten Hohenlohe befunden habe.

Die Reise Alts nach der Krim folgte einer Einladung des Hofes, wahrscheinlich war der unmittelbare Auftraggeber der Architekt von Livadia, Monighetti, gewesen, die Vermittlung hatte wohl der Wiener Arzt Dr. Peters übernommen, der im Dienste des russischen Hofes stand. Monighetti hat sich auch tatsächlich während des ganzen Aufenthaltes um Rudolf Alt gekümmert, allerdings ging das nicht ganz reibungslos ab. Die erhaltenen Briefe[94] geben ein detailreiches Bild seiner Erlebnisse, denen, so reizvoll manche Schilderung auch sein mag, hier nicht eingehend gefolgt werden kann.

Am 25. Mai 1863 trifft Alt in Odessa ein. Die Reise bis dahin, zunächst an Bord des Dampfers „Sofie" bis Galatz und dann des „Metternich" nach Odessa, sei teils amüsant, teils ermüdend gewesen, berichtet er, doch habe er mit größtem Interesse „in einer beständigen Aufregung von dieser Menge Neuem" die türkischen Städte in ihrer bewegten, bunten Fremdartigkeit gesehen. Angst bei den Reisenden sei aufgekommen, weil sich starker Wind an der Küste anzeigte, als man, aus der Mündung der Donau heraus, in Sulina ankommt. Die Seekrankheit fordert sogleich ihre Opfer; als man in den Schlafräumen unter Deck beginnt, „den heiligen Ulrich zu begrüßen", rettet er sich auf das Verdeck, „wo die frische Luft mich erquickte und wo ein entschlossenes Halten und geschicktes Balancieren mich von dem Übel bewahrte —". Der Tag entwickelt sich dann dennoch angenehm, das Meer wurde immer schöner blau und grün, und nach neunstündiger Fahrt landete man fröhlich im Hafen von Odessa. Freund Cischini erwartet ihn, er kann bei ihm am Boulevard wohnen. Am nächsten Tag (27. Mai) reist er weiter und kommt am 28. abends in Jalta an. Der russische Dampfer „Mithritati" ist pünkt-

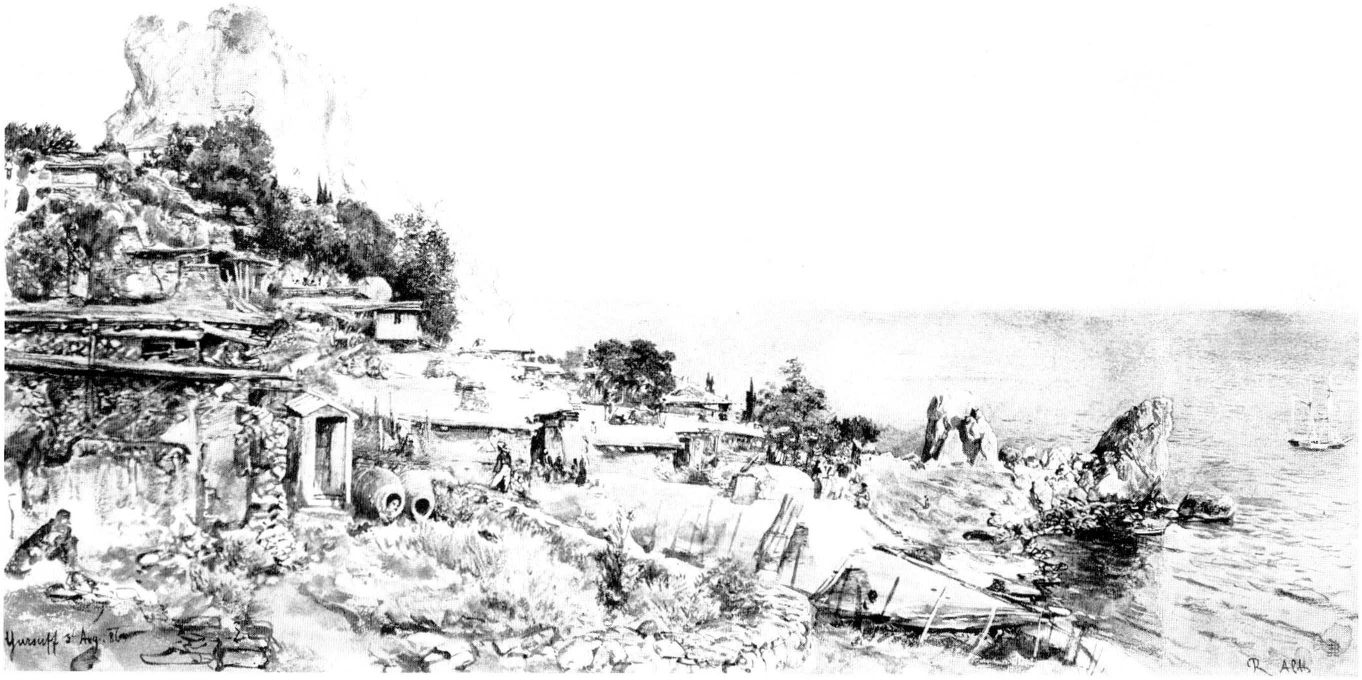

119. R. Alt, Yursuff auf der Krim, 1863

lich, ruhiges Wetter hatte die Fahrt schließlich begünstigt. Monighetti holt ihn nun mit dem Wagen ab, und man bringt ihn vorderhand in Livadia im Palais der Kaiserin unter, die erst am 1. August kommen soll. Unter allem Neuen, das ihm begegnet, ist auch, daß er sich im Reiten üben muß, „da man hier nur auf diese Arth Partien macht“. Monighetti leiht ihm seinen Schimmel, der Künstler nützt diese Gelegenheit gleich, malerische Punkte zu suchen und besucht das Kaiserliche Schloß Oreanda. „Es ging mir ganz gut dabei einen einzigen Unfall ausgenommen, der meine Führer und Mittags und gestern Abends noch die Tischgesellschaft lachen machte. Durch die Ungeduld meines Pferdes beim Aufsteigen zum Nachhausereiten von Oreanda verlor ich etwas die Geistesgegenwart, da ich noch nicht im Sattel festsaß, es lief mit mir davon und kam mit mir unter Bäume, wobei ich den Hut verlor und nicht mehr weiter konnte“. Dann geht aber auch das alles gut, er trabt und galoppiert bereits und kann dann alle weiten Reisen auf der Krim unternehmen. Das Schönste, was es hier gibt, ist das Schloß Aloupka des Fürsten Woronzoff, doch „landschaftlich gibt es bei uns nicht weniger schöne Gegenden“, meint Alt, Dalmatien etwa; am ähnlichsten scheint ihm die Gegend mit dem Comersee zu sein.

Er beginnt seine Arbeit fleißig in der Gegend von Livadia und schildert eindrucksvoll die Natur: „An einem Tag hatte die Natur eine Farbe, einen Ton wie ich es in meinem ganzen Leben nicht sah; überhaupt entfaltet die Natur hier eine Pracht, oder doch eigentlich nur Schönheit, um nicht überschwenglich zu werden, die mir von Tag zu Tag mehr zusagt.“ Das ist der Anfang einer Reihe

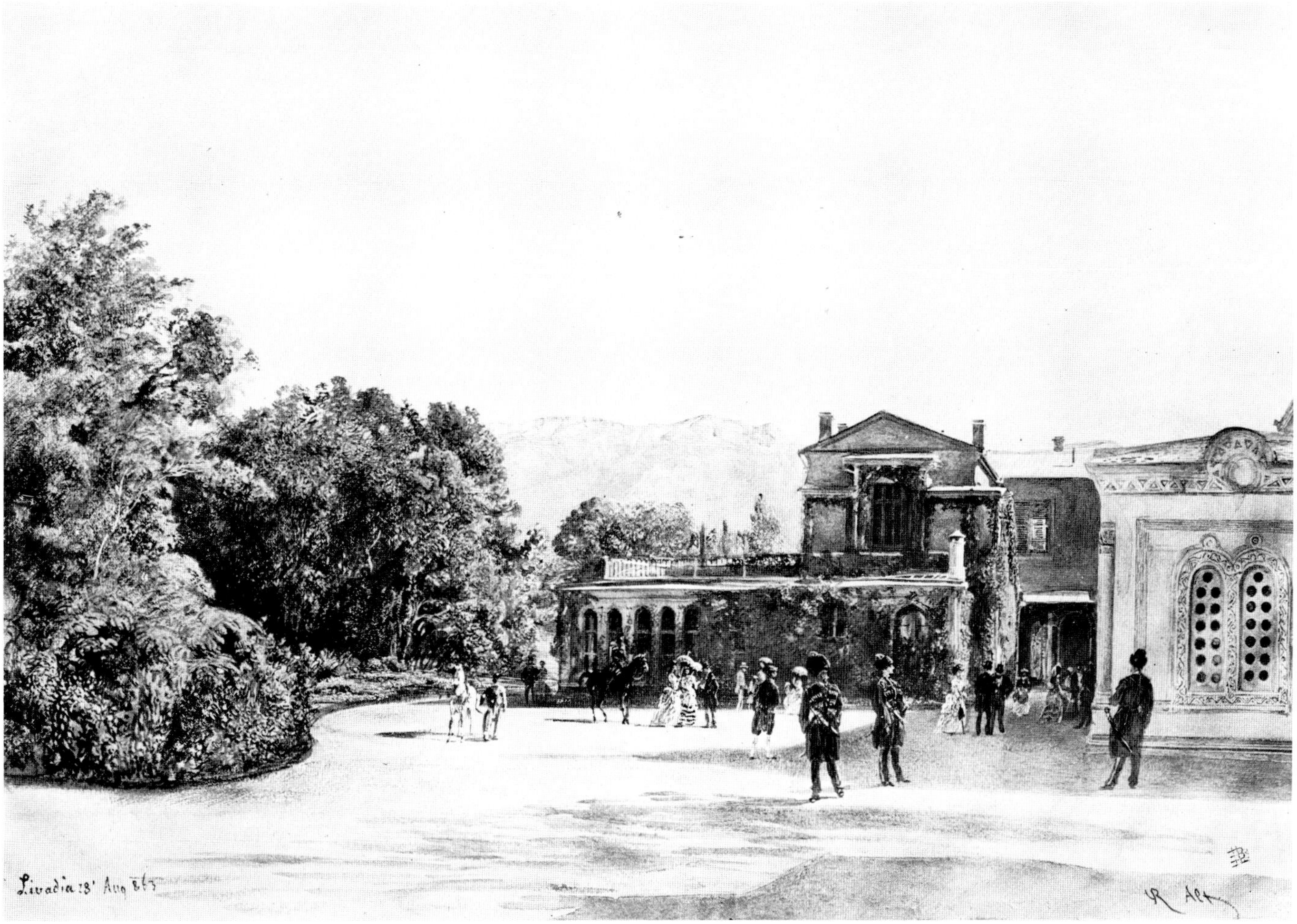

120. R. Alt, Schloß Livadia, 1863

von Erlebnissen, die aus einem überstrapazierten, um das getreuliche Erfüllen von Aufträgen ringenden, ängstlich und dadurch zuletzt doch ungeistig pinselnden Mann einen freien, souverän mit Wasserfarben umgehenden Künstler machten. Das beginnt bei den Formaten. Er entdeckt die Möglichkeit, sich zu entfalten. Es fällt auf, daß er nun mehrmals in den Briefen klagt, wie sehr ihm die Papiere Grenzen aufzwingen. Gewiß, er hat sich zu Hause verschätzt und zu wenig Material mitgenommen („Allein, es war die leidige Ökonomie daran schuld"), aber das ist neu, die Klage, „daß ich nicht nach Lust mich der Größe hingeben kann"[95]. Ebenso wandelt sich ganz plötzlich der Charakter der Farbe; er löst wieder viel lockerer, malt transparent, lasiert nun ganz dem Aquarell gemäß, ohne aber daraus, wie dies die englische Tradition fordert, eine Weltanschauung zu machen. Er ist nun tatsächlich frei, deckt, malt dunkel und setzt helle Lichter auf oder läßt frei und zeigt das Papier weiß als hellstes Licht. Wo er Körperlichkeit braucht, deckt

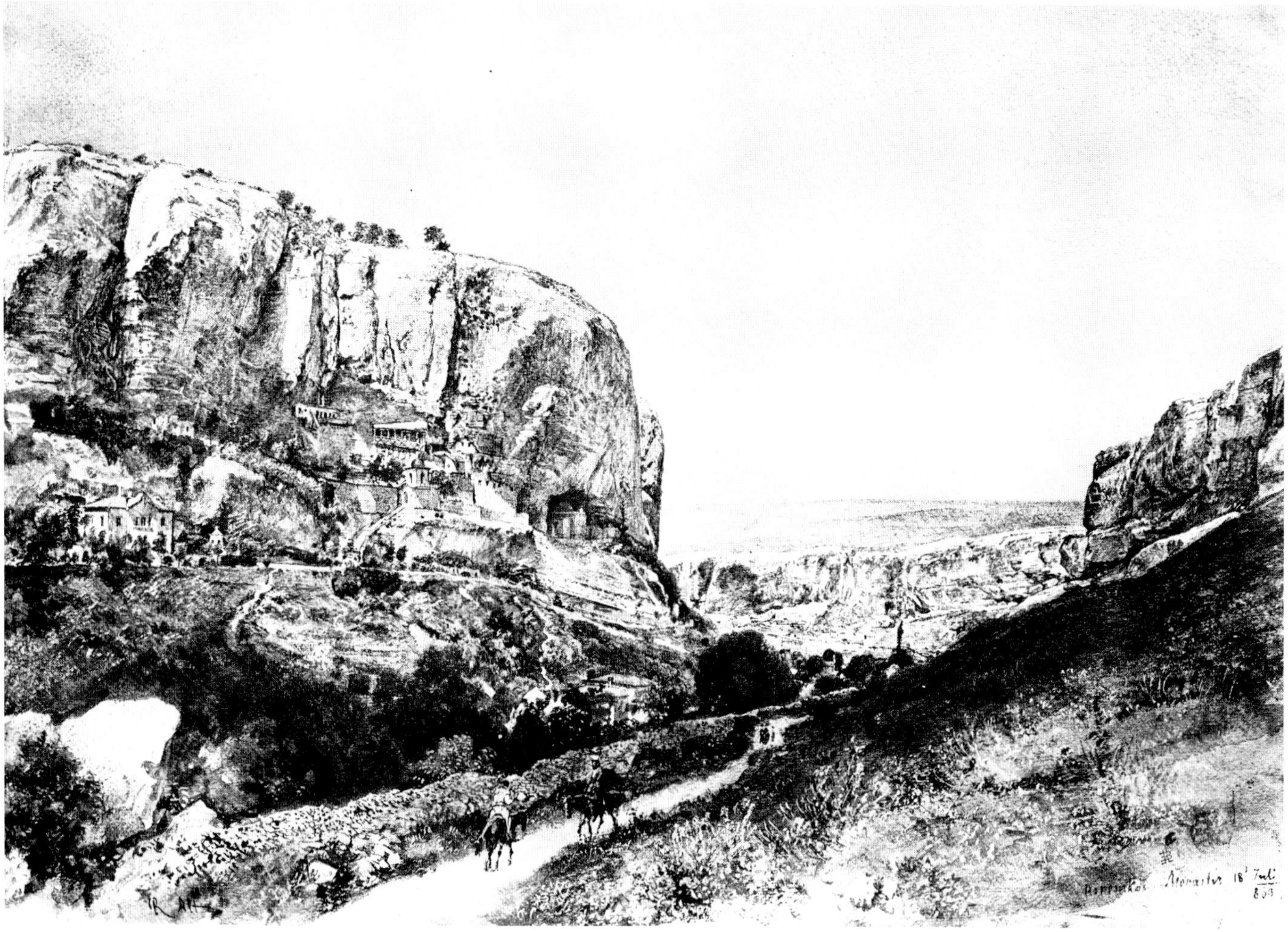

121. R. Alt, Usspenskoj Monastir, 1863

er, wo er Atmosphäre will, lasiert er, er kann praktisch alles. Die Natur ist nun neu gesehen, groß, strahlend, dunkel drohend oder zart, voller Lieblichkeit und viel weniger als Wirklichkeit gesehen, die das Auge zu analysieren hat, als aus dem Erlebnis der Freude, Bewunderung oder Besinnung heraus wieder künstlerisch neu gestaltet. Malen ist nun für Alt kein Virtuosenstück mehr, schon deshalb, weil es keine Schwierigkeiten mehr zu geben scheint, die man überwinden muß. Er ist ein wirklich großer Maler geworden.

Anfang Juli unternimmt er, mit Postpferden fahrend, doch, wie er klagt, schlecht sitzend und ganz durchgerüttelt und erfroren um halb zwei Uhr nachts ankommend, eine Reise nach Baktschi-Sarai. „Ich habe so viel Neues, Überraschendes, Großartiges und Schönes gesehen, daß ich nicht weiß wo ich anfangen soll zum erzählen“[96]. Ende Juli geht er nach Yursuff, wo er, weil die Natur so reich an Schönheit ist, länger bleibt als geplant. Klima und Strapazen bringen ihn allerdings an den Rand einer Erkrankung, doch übersteht er diese, wohl auch durch das fremdländische Klima bedingte, Attacke bald. Als die Zarin nun auf die Krim kommt, spricht sie ihn auch gelegentlich bei der Arbeit an, fragt, wie es ihm auf der Krim gefalle und bestellt Aquarelle zum Geschenk für den Thronfolger und sich. Alt macht sich daran, für die Zarin ein ganzes Album herzustellen. So malt er auch den September über, ohne sich im geringsten zu schonen, und Blatt um Blatt entsteht. Der 4. Oktober (nach russischer Zeitrechnung, das ist in Österreich erst der 23. September) ist der entscheidende Tag, an dem er das Album mit vorerst elf Aquarellen der Zarin übergeben kann. Man gratuliert ihm spontan zu dem Beifall, den der Zar und seine Umgebung dem Werk zollen und verlangt andere Skizzen zu sehen. Er ist glücklich; „daß mir damit ein großer Stein vom Herzen ist brauche ich wohl nicht zu erklären — und meine Hoffnungen auf einen guten Ausgang meiner Krimexpedition wieder etwas steigen“[97]. So wächst auch endlich sein Selbstbewußtsein wieder; „Gestern kam auch der in ganz Russland berühmte Maler Eubasofsky aus Theodosia hier an, ebenfalls seine Oehlbilder dem Kaiser heute vorzuweisen. Vor dem kam er zu mir, mir eine Visite machen und mir seine Sachen zu zeigen. — Sonnenauf- und Untergang — Mond- und Meeresschimmer etc. etc. Alles was knallt sah ich da — ganz das Gegentheil von meinen Sachen — und Dutzendarbeit — aber er hat vier Orden anhängen —“. Der Erfolg Alts ist echt; am 12. Oktober (30. September) spricht ihn die Kaiserin, als er in der Nähe des Thronfolgerhauses arbeitet, wieder an, der Kaiser und drei Kinder kommen hinzu, sie bestellen weitere fünf Blätter, wobei ihr besonders jene von Baktschi-Sarai zusagen. Allerdings — von irgendeiner Bezahlung ist nicht die Rede. In Hofkreisen rät man dem Maler, der Kaiserin doch ein Geschenk zu machen, man werde solches gewiß wohlwollend vermerken und ihn daraufhin gewiß nicht leer ausgehen lassen[98]. „— daß dieses Vorgehen ganz gegen meine Gesinnung ist und daß ich heute meine Antwort nach reiflicher Überlegung in diesem Sinne Kund gab“ schreibt er nun seiner Frau, „darfst Du mir nicht für übel auslegen. — Ich sagte: daß es mich sehr freuen würde wenn man aus Anerkennung für die Opfer, Entbehrungen, Qualen, die ich zu ertragen habe und der Liebe mit welcher ich mich der Sache hingab, die meine Aufgabe ist — mir ein kleines Andenken geben würde — aber so auf die so vielfach gebrauchte Art mag ich nicht — da bin ich nicht dazu geschaffen. — Damit bleibe ich auch ehrenhaft, aber gewiss einzig vis-à-vis der ungeheuersten Corruption —. Ich habe es hin und her überlegt und der Grundsatz aus Liebe zu Euch zu meinen Kindern keinen Groschen zurückweisen zu sollen — allein das Resultat war obiges — es ist mir nicht möglich mich zu erniedrigen —“.

Vom 29. Oktober (17. Oktober) ist der letzte Brief dieser Reise, die so recht eine künstlerische Wende in Alts Leben, aber keinen materiellen Erfolg bringen sollte. Da der Winter vor der Tür steht, wird die Heimreise besprochen, die restlichen Bilder sollen in Wien fertiggestellt werden. Nun aber ist Alt doch etwas enttäuscht, was dann so klingt: „Was mich anbelangt, so glaube ich mich der Geneigtheit und Achtung so ziemlich außer dem Hofe auch Graf Schuwalloff und Adlerberg erfreuen zu dürfen. Es ist blutwenig, wenn die Rubeln die Hauptsache sind —“. Etwa Mitte November scheint Alt nach Wien zurückgekehrt zu sein.

Über den Winter hinweg hat der Künstler viel Arbeit mit dem Auswerten der Studien und

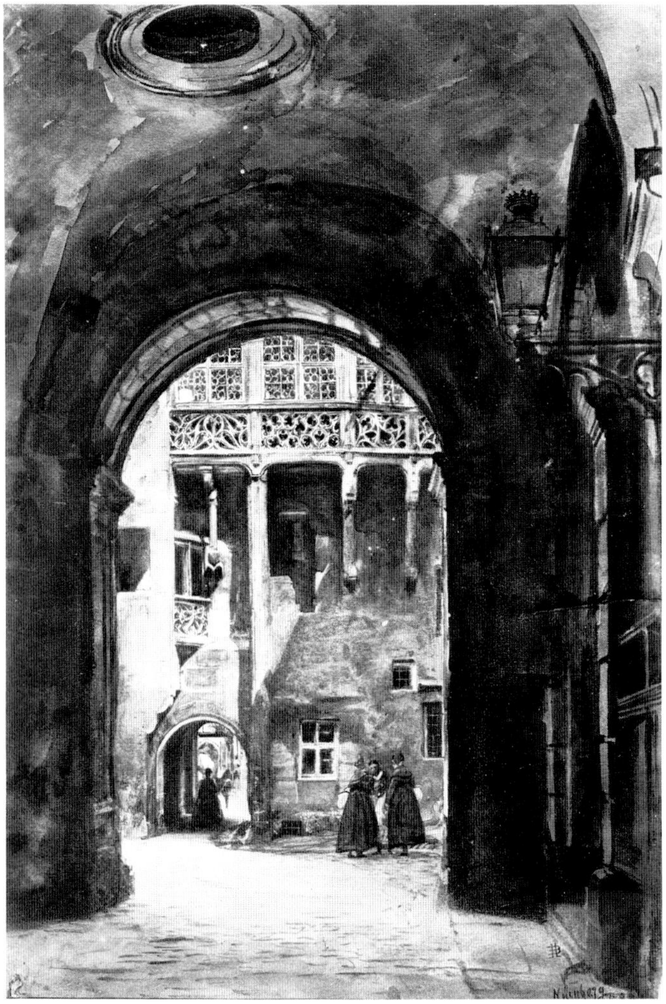

122. R. Alt, Hof des Alten Rathauses in Nürnberg, 1864

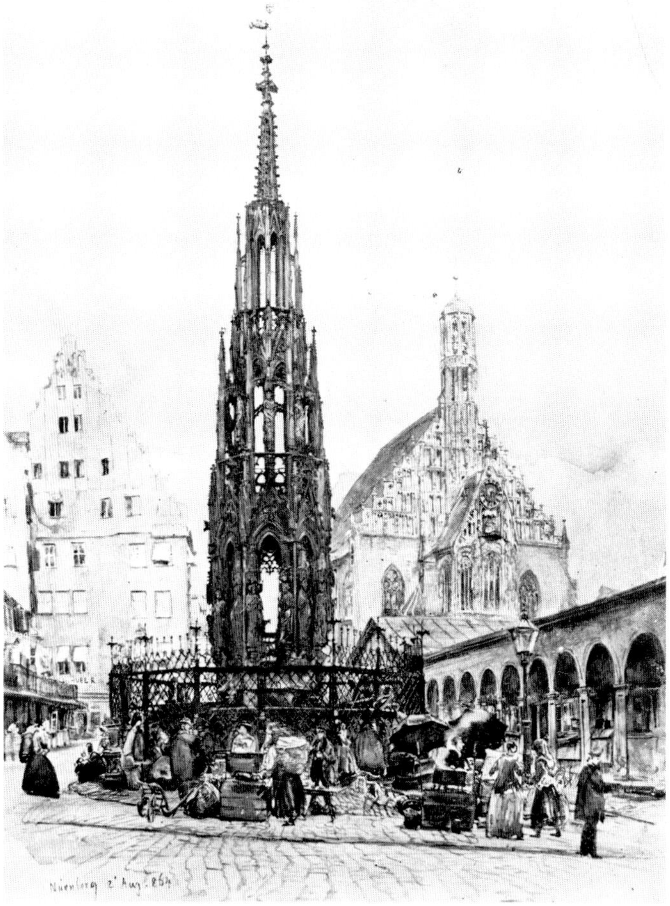

123. R. Alt, Der Schöne Brunnen in Nürnberg, 1864

Skizzen, er meint, auch die Staffagen müsse er im Atelier in Ruhe ausführen können. Und um der Sache doch noch einen gewinnbringenden Erfolg zu verleihen, bestimmt ihn schließlich seine Frau, daß er sich gut gerüstet im Sommer nach Bad Kissingen aufmachen soll, wo alle regierenden Häupter sich ein Stelldichein gäben und er doch noch hoffen könne, bei der Zarin seine Aquarelle von der Krim zu verkaufen. Er erreicht auch die Hofkreise, erhält viel Lob und großes Bedauern von Seiten der Kaiserin — wie ihm Graf Schuwalloff zum Abschied nochmals sagt —, daß er in Livadia nichts von seinen „Zimmermalereien“ geäußert habe[99]. Auch Graf Harrach teilt ihm mit, die Kaiserin habe sich mit Entzücken über seine Aquarelle geäußert, sie seien gleich der Gesprächsstoff mit dem Kaiser gewesen, aber, so meint Alt, „daß Graf Harrach dadurch sich geschmeichelt fühlt, ist natürlich, allein für mich ist dies ein höchst geringer Erfolg“[100]. Am 16. Juli 1864 verläßt Alt Kissingen und geht nach Nürnberg, um etwa fünf Tage zu

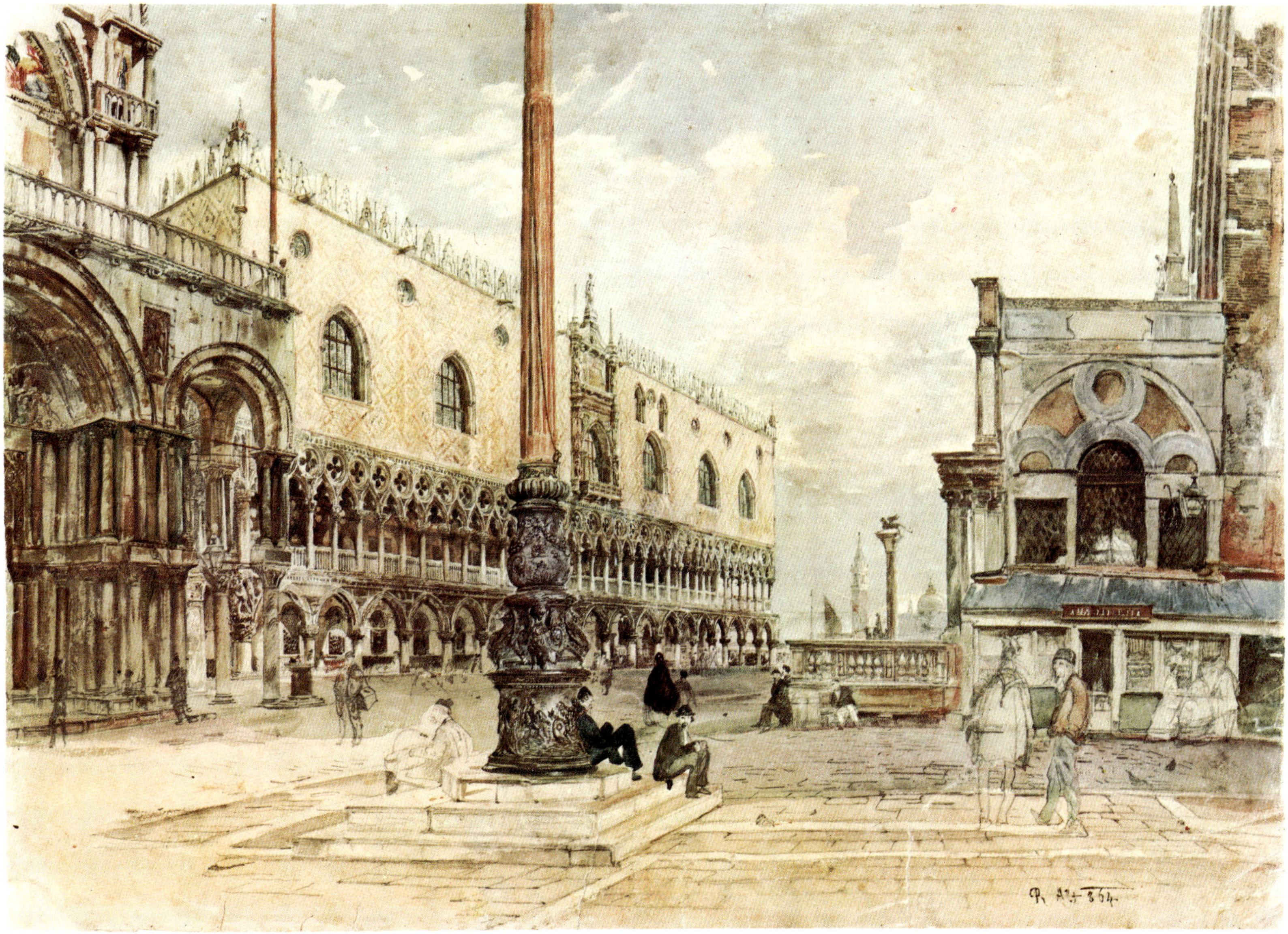

124. R. Alt, Dogenpalast und Piazzetta in Venedig, 1864

bleiben „und etwas zu machen". Dann aber folgt er einem ergänzenden Auftrag Harrachs, der in Hradek noch zwei bis drei Zeichnungen (so nennt Alt seine Aquarelle immer) wünscht, „der Graf hat hierzu neuerdings Lust bekommen da er und ich dadurch so schmeichelhaftes Lob ernteten — wenn man nur davon leben könnte —".

Das ganze Kapitel Krimreise hat aber schließlich dann doch einen versöhnlichen Abschluß dadurch gefunden, daß Ludwig Lobmeyr in Wien, der enthusiastische Sammler, über dreißig Blätter dieser Krimreise erwarb und so auch den finanziellen Erfolg sicherstellte, den Alt von Seiten des Hofes nicht erhalten hatte.

Doch schon in Nürnberg fühlt er in diesen Tagen die Folgen seiner neuerlichen Enttäuschung, seine Selbstkritik und die Depressionen setzen wie eh und je ein. Er weiß es selbst nur zu gut, daß er in dieser Beziehung einem Wechsel der Stimmungen unterliegt, die oft nur einer kleinen Veranlassung bedürfen[101]. „Am ärgsten ist schon die Qual, das Bewußtsein in meinen Leistungen auf dem Rückweg zu sein, und wenn ich auch Tage habe wo ich glaube es geht mir noch so wie ehedem so daß ich muthvoll und sicher mein graues Haupt erhebe mit dem Gedanken, ach es kann mir ja nicht fehlen, ich darf mich ja nur niedersetzen und machen", aber dann schlägt diese Sicherheit über Nacht um; „Kleinmüthig und gedrückt" ist er, „im Gemüthe ewig grau wie das Wetter." Aber hier in Nürnberg jedenfalls hat den Künstler seine triste Stimmung doppelt getäuscht, er malt einige ganz bedeutende Blätter, die durchaus die Wandlung zeigen, zu der er auf der Krim gefunden hat. Ein Zufall läßt ihn sogar noch in Nürnberg neuen Mut fassen: Ein Sammler zeigt ihm neue Aquarelle, „die französischen Wunderwerke", wie er sie nennt. Aber Alt ist keineswegs fasziniert: „Da bin ich doch lieber noch Ich als der gerühmte Mathieux, bedeutend gestärkt ging ich von dannen"[102]. Noch wesentlicher als all das aber sollte die neuerliche Begegnung mit dem Süden sein. Noch im Herbst 1864 entschließt er sich, nach Venedig zu gehen, aus Spargründen reist er dritter Klasse, doch alles Ungemach ist rasch vergessen beim „Anblick des italienischen Landes, seiner Natur, Architektur und seines menschlichen Treibens". Aber welchen Eindruck erst macht die malerische Stadt Venedig selbst auf ihn, als er am Canal Grande einfährt — jetzt nach siebenundzwanzig Jahren. Er logiert im Hotel Bauer, ist allerdings vom Preis bestürzt und mietet sich dann ein billigeres Privatzimmer, San Moisé, Calle lunga No. 2036. Bei der Arbeit ist ihm sehr kalt, der Wind ist eisig und schneidend, „aber schön ist es doch das Venedig, und ich preise mich glücklich, all das Schöne sehen und mitleben zu können"[103]. Von da an können wir Alts Tagewerk sehr genau verfolgen, so detailreich sind seine Briefe von dieser Reise. Anfangs kämpft er mit einer Erkrankung, überwindet sie, ist von einem mächtigen Arbeitsdrang erfüllt, kann dies aber immer nur wenige Stunden, darum geht auch alles nur langsam vorwärts, „aber, was mir lange nicht passiert ist, ich bin so ziemlich mit meinen Leistungen zufrieden, freilich lasse ich auch nicht nach und spare keine Mühe, um vielleicht doch damit zu reüssieren"[104]. Er schont sich wahrhaftig nicht: „Heute bin ich den ganzen Tag gestanden bei meiner Arbeit, bin daher schrecklich müde, glaube aber durch das Gelingen dieser 13ten neu angefangenen Zeichnung in dem gewissen inneren Wohlbehagen daran meine momentane Belohnung darin zu finden für die ausgestandene Mühe — und dann komme ich jetzt erst recht in die Fertigkeit hinein! Darum guten Mutes und nur nicht verzagt"[105]. Erst spät im Jahr kehrt er heim nach Wien, heim in den Kreis seiner Familie, deren Liebe ihn stets begleitet und der er in jedem

Briefe eingehende Erörterungen über Schule, Lesen, Klavierspielen, Bravsein, Fleiß und die nie vergessenen Wünsche zu allen Geburts- und Festtagen widmet.

Will man dem Ablauf dieses Künstlerlebens einigermaßen entsprechend folgen, darf man aufgrund der einzig vorhandenen schriftlichen Quellen, nämlich der Briefe von den Reisen, nicht übersehen, daß er den weitaus größeren Teil des Jahres in Wien verbrachte und hier nicht minder fleißig arbeitete sowie auch im Wiener Kunstleben tätig war. Anfang des Jahres 1861 hatte man über einen Vorschlag von Professor August von Siccardsburg zu beraten begonnen — man kam dazu im Gasthaus „Zur Sonne" im IV. Bezirk zusammen —, doch die Künstlergesellschaften „Albrecht Dürer Verein" und „Eintracht" zu vereinigen. Im Kern stand das Ziel, ein eigenes und repräsentatives „Künstlerhaus" zu errichten. Eine Denkschrift erging an den Staatsminister von Schmerling (14. Januar 1861), und kaum einen Monat später kam bereits die Verständigung, daß der Kaiser gewillt sei, den Künstlern den Bauplatz zu überlassen. Eine Generalversammlung beschloß nun, sich in einem Verein „Genossenschaft der bildenden Künstler" zu konstituieren, eine Konkurrenz für einen Bauplan des „Wiener Künstlerhauses" auszuschreiben und im Herbst (7. September 1861) einen Vorstand zu wählen. Siccardsburg wird nahezu einstimmig zum Vorstand, Rudolf Alt mit fünf anderen in den Ausschuß gewählt. Von da an ist er in dieser Vereinigung sehr tätig, kümmert sich um Mitglieder (die Freundschaft mit Nikolaus Dumba etwa beginnt hier), um Ausstellungen oder um neue Aktivitäten, wie etwa die Gründung eines Aquarellistenclubs. 1862 und 1863 treten als Stifter zahlreiche Persönlichkeiten mit teilweise sehr hohen Beträgen (an der Spitze der Kaiser mit 6.000 fl) bei, so daß man Ende 1864 bereits 26 Stifter, 65 Gründer, 20 Ehrenmitglieder, 220 ordentliche und 29 außerordentliche Mitglieder zählen kann. Zum Geburtstag des Kaisers im Jahr 1865 setzt man den feierlichen Baubeginn an. Aber da hat Rudolf Alt schon keine Zeit mehr für Feierlichkeiten und ist, wie sich immer mehr herausstellt, auch kein Freund von Vereinigungen. Seine Kritik und Abneigung gegen Cliquen und Protektionen sollte ihn immer mehr von der Genossenschaft entfremden und schließlich auch zum Bruch führen. So hatte, als man den Grundstein legte, sich unser Künstler längst wieder aufgemacht, um nach dem Süden zu gehen. Er beginnt die Reise in diesem Jahr am 4. September in Innsbruck, bis dahin hatte er sich lediglich in Steyr aufgehalten, geht von da nach Sterzing (11./12. September) und malt sofort mehrere bedeutende Blätter, nun in großen Flächen, breit und naß und doch von einer Präzision und Finesse, die ihresgleichen suchen. Dennoch steht schon der Beginn der Reise unter einem Unstern, er fühlt sich krank, hat Schmerzen, vergißt das aber alles, weil ihn die Gegenstände so fesseln, „das trägt dazu bei, daß ich heiter gestimmt bin — auch bin ich mit dem Wetter ganz zufrieden"[106]. Recht aufschlußreich ist die Bemerkung, daß er Berta gänzlich überlassen möchte, welche Blätter sie für die Ausstellung des alten Vereins wählt, „jedoch auf jeden Fall den Nürnberger Schönen Brunnen, dann ein oder beide aus dem Inneren der Markuskirche — aber nicht unter 150 fl". Das Nürnberger Blatt wird auch schließlich von Nikolaus Dumba erworben. Ein Name, der nun immer wieder auftaucht, ist der des Sammlers Gsell, den Alt später als denjenigen bezeichnet, der seine besten Studien — nachdem diese viele Jahr tot in Portefeuille und Kasten lagen — „hervorgerufen" habe. Friedrich Jakob Gsell wurde 1812 in Bischofsweiler im Elsaß geboren, war von Beruf Wollhändler und

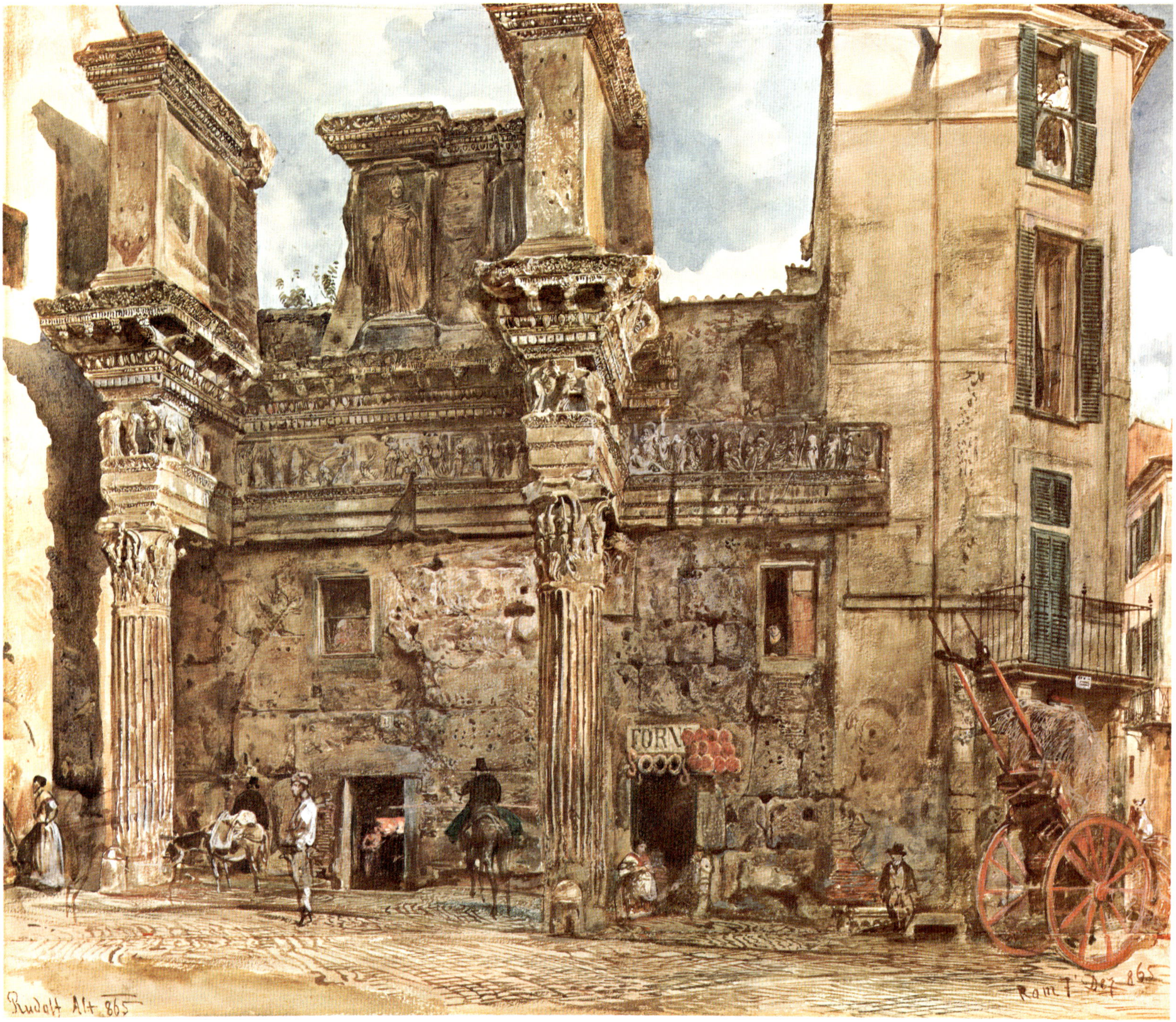

125. R. Alt, Scheinportikus des Nervaforums in Rom, 1865

damit zu beträchtlichem Vermögen gelangt. Nach Auflassung seiner Handelstätigkeit ließ er sich in Wien nieder, wohnte in dem gotischen Haus in der Schmöllerlgasse Nr. 3 und war 1849 durch die Versteigerung der Galerie Baronowsky dazu angeregt worden, sich mit dem Sammeln von Gemälden und Zeichnungen zu beschäftigen. Er brachte in den zwei Jahrzehnten bis zu seinem Tod eine erstaunliche Sammlung zustande, deren Grundstock aus der Versteigerung des Nachlasses des Grafen Festetics stammte. Bei seinem Tod im Jahre 1871 besaß er nicht weniger als 600 Ölbilder und über 1.000 Zeichnungen, deren Versteigerung im März 1872 die außerordentliche Summe von über einer Million fl einbrachte[107]. Er zeigte eine besondere Vorliebe für Rudolf Alt und hatte sich eine einfache Methode beigelegt, dessen Werke zu erwerben — er handelte nämlich nicht, sondern zahlte für jedes Blatt von vornherein den Einheitspreis von 35 fl, was ein wahrer Schandbetrag war, so hat es in einem Brief an Alt auch dessen Freund Ruf bezeichnet. Umsomehr, wenn man bedenkt, daß bei der Auktion nach seinem Tode, also nur wenig später, sich andere Sammler wie Eugen Miller von Aichholz und Baron Albert Rothschild erbittert um jedes Blatt Alts stritten und dabei Beträge bis zu 2.500 fl pro Aquarell zahlten. (Allerdings hatte dann der Künstler nicht das geringste davon.) Gsell besaß schließlich neben mehreren Ölbildern von Alt etwa 300 Aquarelle, beginnend mit den ersten Triester Studien von 1831 über Blätter aus Rom und Neapel von 1835 — von diesen allein 36 der schönsten —, dann Donauansichten von 1852/53 — insgesamt 23 Blätter —, dazu vier Nürnberger Ansichten bis zu Hallstätter Studien, Waldbach Strub und Gosausee (insgesamt 11 Blätter), von 1854 vier Grundlseeblätter und 28 Studien von Budapest[108]. Dieser Bestand besaß bald Berühmtheit. Als B. Bucher und O. Mündler den Artikel für Meyers Künstlerlexikon im Jahre 1869 verfaßten[109], zögerten sie nicht, sich in Superlativen auszudrücken. „Wer aber die kostbare Sammlung des Herrn Gsell in Wien durchsieht, der wird zu dem Geständnis sich gedrängt fühlen, dass auf dem ganzen Gebiet der neueren Kunst ihm nichts bekannt sei, was geeignet wäre eine lebhaftere Bewunderung hervorzurufen, als die Alt'schen Blätter —". Gsell kaufte auch in diesem Jahr 1865, wie Berta ihrem Mann nun auf die Reise mitteilt, wieder mehrere Blätter[110], was den Künstler sehr angenehm überraschte. Er fühlt sich nun finanziell durch diesen Sammler doch wesentlich gesicherter und kann sich daraufhin zu etwas lange schon Erstrebtem entschließen: er erwirbt für die wichtige Erweiterung der Wohnung in der Skodagasse das dritte Stockwerk des Hauses dazu, das zunächst einmal für die Kinder bestimmt wird und in einem läßt er die gesamten Räume herrichten.

Friedrich Jakob Gsell hatte bei seinem Tod den Wunsch geäußert, seiner Wahlheimatstadt Wien die gesamte Sammlung zu überlassen, soferne man sie zu einem entsprechenden, aber geringeren Betrag erwerben würde. Immerhin handelte es sich um 34 Gemälde Waldmüllers, um ebensoviele von Pettenkofen, um 40 Aquarelle von Kriehuber und zahlreiche von Gauermann und anderen Künstlern. Weder Ministerium noch Stadt aber konnten sich zu einer solchen Erwerbung entschließen. Alt sollte sich später darüber besonders gekränkt fühlen. Aber auch auf dieser Reise von 1865 bleibt er im Künstlerischen zunächst selbstkritisch und verzagt; er findet zwar gerade hier, in Sterzing, genügend Stoff, der ihn so ungeheuer fesselt, daß er sich kaum davon trennen kann, aber anderseits arbeitet er trotz höchst ermüdenden Fleißes höchst langsam und — wie er findet — auch ohne Glück; „Wenn auch sämtliche Sterzinger Einwohnerschaft hingerissen und voll Lo-

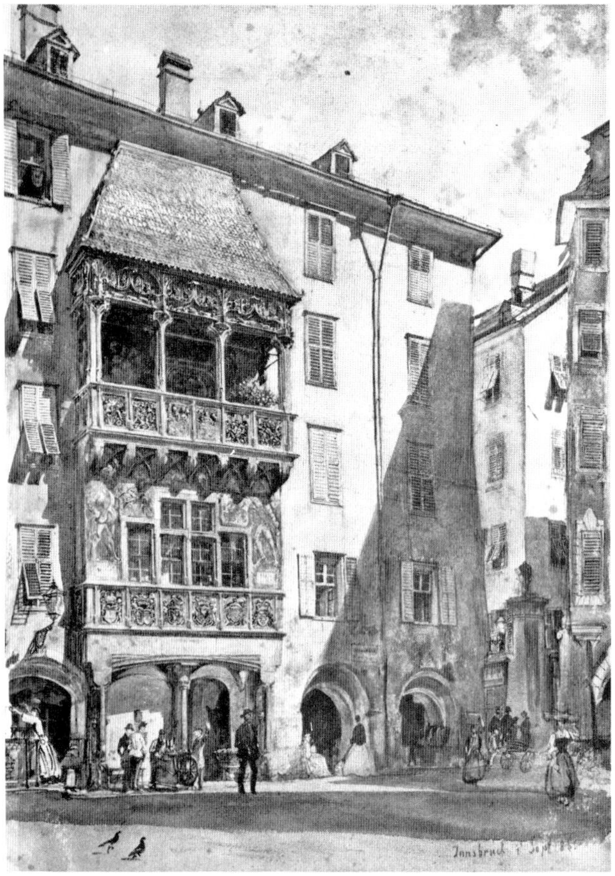

126. R. Alt, Innsbruck, das Goldene Dachl, 1865

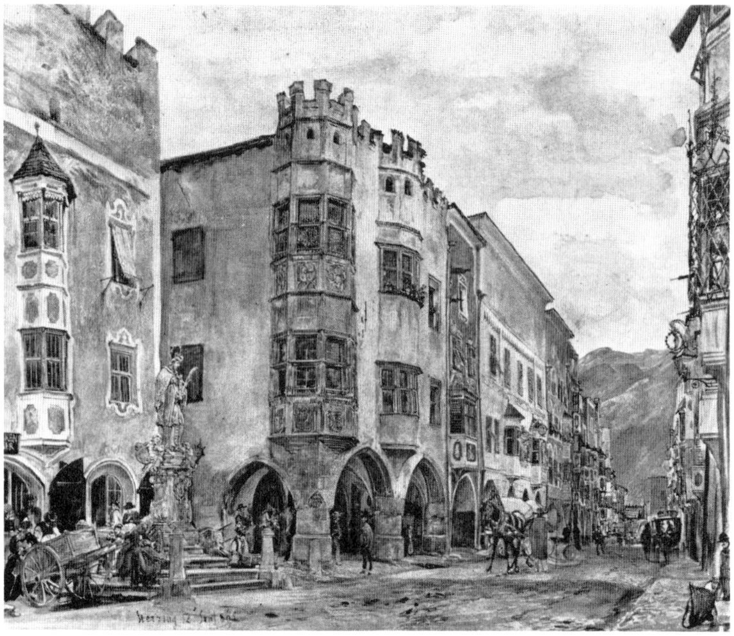

127. R. Alt, Sterzing, Hauptstraße, 1865

bes ist über meine Aufnahmen ihres Städtchens so betrachte ich es doch mit anderen Augen und anderen Anforderungen. Ich fühle zu sehr, daß ich alt werde, selbst in Gesellschaft kann ich stumm und einsilbig sitzen, alles ist mir gleich lästig — das bei der Arbeit zuschauende Publikum kann mich gleich in eine gereizte Stimmung versetzen — kurz ich bin schon ein echter Misanthrop geworden, wo ich mich eigentlich der herrlichen Natur und der jetzt schönen Tage närrisch freuen sollte; — umsomehr noch da ich durch Gsell in eine Lage versetzt wurde, die ich früher nicht kannte. Wenn ich denke welcher Sorge ich bei meinem letzten Aufenthalt in Venedig noch preisgegeben war — und jetzt — welcher Contrast!"

Die nächste Station, eine Woche später, ist Trient. Doch schon hier ist sein Reiseplan über den Haufen geworfen. Er kann es einfach nicht übers Herz bringen, nur die eine einzige Zeichnung herzustellen, die er sich vorgenommen hatte. So erreicht er erst am 17. September Verona, geht dann nach Florenz und direkt nach Rom. Schuld ist, wie er sagt, „ein schönes Pech", nämlich, daß „Na- und Architek-tur wie herrliches prachtvolles Wetter zusammenwirken mich in Trient festzuhalten"[111]. Es entstehen hier fünf Blätter, vier weitere, die er machen möchte, muß er dann doch

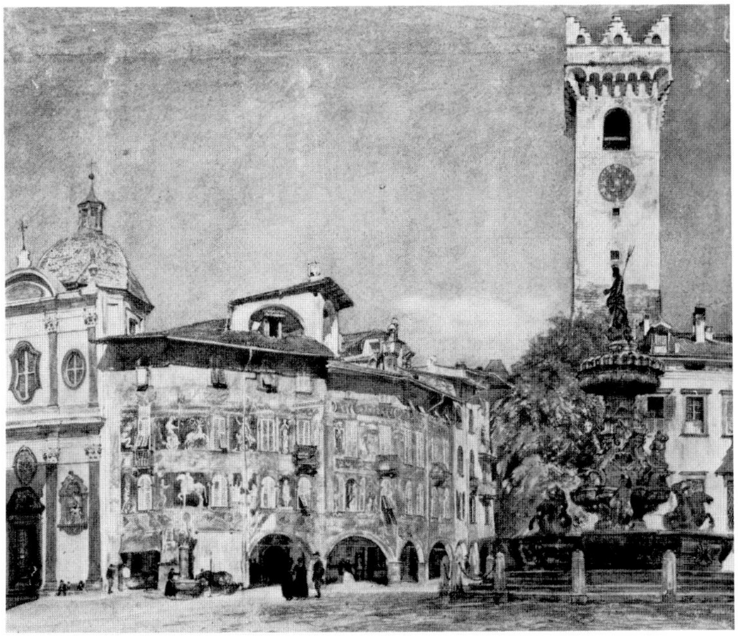

128. R. Alt, Trient, der Neptunbrunnen, 1865

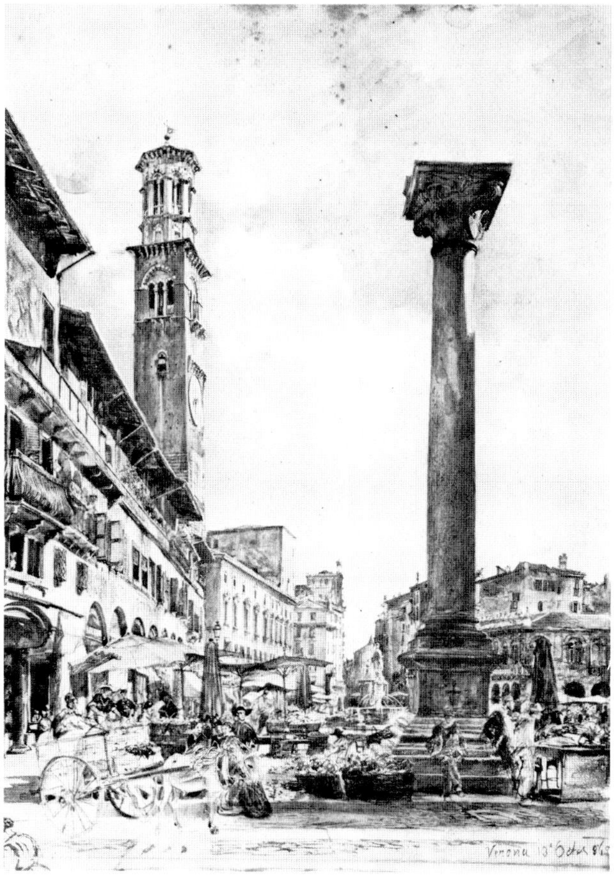

129. R. Alt, Verona, Piazza d'Erbe, 1865

auf ein anderes Jahr verschieben. „Trient ist meiner Ansicht nach eine der schönsten malerischsten Städte im Kleinen-Italiens; seine alten Palläste und Häuser, die es umgebende italienischen Charackter tragende Natur, seine Domkirche, alles wirkt zusammen, um auf mich den größten Eindruck zu machen."
Etwas verspätet also kommt er dann nach Verona, arbeitet hier bis Ende September, wo er im Gasthof „Alle due Torri" mit dem Wiener Maler Heinrich Stohl zusammentrifft, einem Schüler „des berühmten Aquarellisten Werner" und Kollegen Ludwig Passinis. Stohls vieles Reden aber, dazu die Zudringlichkeit des Publikums, vor allem die balgenden Buben, während er arbeitet, sind ihm doppelt lästig. Doch dann, als Stohl neben ihm malt, fühlt er sich gleich besser: „Trotzdem er alles so vollkommen macht und bis ins kleinste Detail ausführt, brachte er nur in meinen Augen ein miserables Bleistiftgekritzel zusammen — und trotzdem er den Gegenstand in der Luft mit dem Bleistift maß wie es nach seiner Angabe Werner und Passini machen — und es richtig eintheilte — und trotzdem nur den dritten Theil von dem was er machen wollte auf das Papier brachte — eine Beruhigung für mein Alter — die mich heute das Essen bedeutend besser schmecken lassen wird"[112]. Auch hier setzt

Alt die Reihe hervorragender Arbeiten, die dieses Jahr und diese Reise auszeichnen, fort. Der Gemüsemarkt, den er am 13. Oktober malt[113], ist in der Verbindung von Zeichnen und Malen, Andeuten und Ausführen geradezu signifikant für den neuen Ausdruck, zu dem er nun gelangt ist und der sich schon im Vorjahr in Venedig angekündigt hatte. Der Süden bringt ihn immer wieder zu einem neuen Licht, für dessen Bewältigung er technisch die unterschiedlichsten Mittel entdeckt; Freilassen, Aufsetzen, die Lasur für die Helligkeiten bestrahlter Partien, er beherrscht dies alles.

Deutlich wird, daß er immer größere Formate bewältigt, ohne im geringsten an Kraft und Spannung zu verlieren; im Gegenteil, nur auf diese Weise können jetzt Probleme in Angriff genommen werden, die weder die köstlichen kleinen Cimelien von ehedem, noch die perfektionistischen Interieurs auch nur annähernd erreicht hatten, Probleme, denen sich zweifellos die Spitzen der europäischen Malerei, in Frankreich etwa, verschrieben hatten, ohne daß Alt sie gekannt hätte[114]. Alt fand, sagte Otto Erich Deutsch[115], seinen Impressionismus und sein Pleinair lange vor den Franzosen, wobei die eigentliche Entdeckung eigentlich die unaufhörliche Veränderung der Dinge durch Luft, Beleuchtung, Sonne und Bewegung war[116]. Sein Bedürfnis nach großen Formaten, das sich ihm fast immer erst unmittelbar während des Malens vor dem Gegenstand aufzwang, brachte es mit sich, daß er immer und immer wieder an seine Papiere Streifen oder ganze Teile anklebte und weitermalte. Diese „Stückelei" ist eine ganz spezifische Alt'sche Eigenheit, nicht immer gerade schön, aber meist ein gutes Zeichen für das Blatt: ist es doch die eindeutige Bestätigung, daß es die erste Studie vor der Natur und nicht eine der fein ausgeführten Repliken ist, die doch oftmals jener spontan zupackenden Kraft wie die erste entbehren. Frau Berta schreibt ihm am 12. Dezember 1865 besorgt nach Rom; er antwortet[117]: „3. Schreibst Du, daß Dir das etwas bange macht, daß meine Zeichnungen so gestückelt sind; das kann ich leider nicht ändern. Ich habe bei jeder derselben den besten Willen sie so gut als möglich wie sie so interessant als möglich zu machen — und habe nur das im Auge und spare deshalb auch weder Zeit noch Mühe, so theuer sie mir zu stehen kommen; und wenn ich auf Gsell und weiß der Himmel wen noch reflektiere — so könnte ich sie nicht anders machen".

Das Reisen in Italien bringt ihm aber auch manche Erlebnisse, Skorpione etwa beim Arbeiten und im Hotelzimmer oder die Angst vor der Cholera („dieser verfluchten Saukrankheit, wenn uns nur der Himmel davor bewahrt", 5. Oktober 1865)[118]. Mitte Oktober verläßt er dann Verona und gelangt endlich über Florenz und Livorno nach Rom, wo er sich in der Via del Gambero Nr. 30, 2. Stock, einquartiert, nachdem er bei der Einreise alle Gesundheitsvorschriften („alle müßten in die Räucherkammer") über sich hatte ergehen lassen. Hier passiert ihm zunächst das Peinliche, daß ihm — mangels Sendung von zu Hause — das Geld ausgeht und er gezwungen ist, die Zufallsbekanntschaft mit einem griechischen Bildhauer auszunutzen, um sich Geld zu borgen. Dann allerdings erreicht er Ludwig Passini, der auch gleich helfend beispringt. Schlimmer noch ist die Angst, es könnte zu Hause etwas geschehen sein. Dazu kommt — das Wetter ist schlecht[119]. Alles klärt sich auf: Briefe und Geldsendungen mußten über Frankreich und per mare befördert werden. Mitte November wird zu seinem Erstaunen nun das Wetter schon so kalt, daß er kaum mehr im Freien arbeiten kann („und wenn ich es auf fünf Stunden Arbeit des Tages bringe, habe ich schon das Möglichste geleistet"). Dennoch,

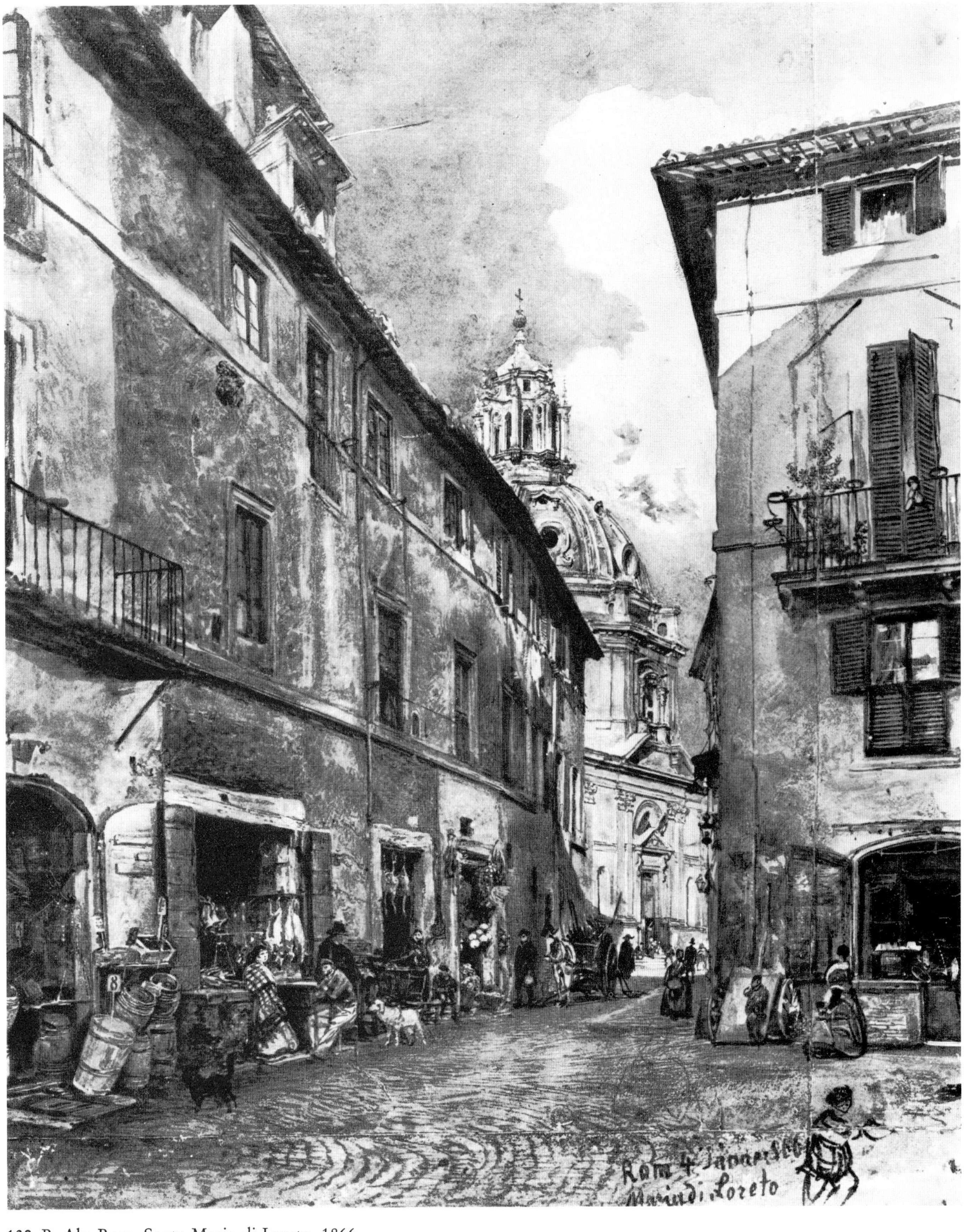

130. R. Alt, Rom, Santa Maria di Loreto, 1866

einige Werke dieser Wochen im Dezember bedeuten den großartigsten Abschluß der Reise von 1865; Alt verlängert seinen Aufenthalt noch weit in den Jänner hinein, bis er insgesamt 15 römische Blätter zustandegebracht hat. Die Datierungen mit 1866 dürfen daher oftmals nicht beirren, es sind eben jene Blätter, die in den ersten Jännertagen entstanden sind. Immer wieder fragt er sich vor der Heimreise: „Nun bin ich neugierig, wie sie gefallen werden, und ob die aus dem Jahr 35 besser sind — meiner Ansicht nach: nein!".

Nach der Rückkehr machen sich die großen Strapazen offenbar doch bemerkbar, Alt erkrankt schwer, die Unterkühlungen beim stundenlangen Arbeiten im Freien, die Unregelmäßigkeit an Mahlzeiten und Leben, die schlecht geheizten Zimmer, die Überanstrengung durch das doch sehr konzentrierte Malen konnten nicht ohne Folgen bleiben. Nur langsam kann er sich erholen, kann er der Ausarbeitung und Auswertung seiner Studien nachgehen. Das wiederum bringt die Familie aber in eine kritische Notlage. Man muß sich daraufhin entschließen, alles zu verkaufen, was nur möglich ist, einfach alles, was einen Käufer findet. So geht ein Teil der wertvollsten Aquarelle Alts unter jedem Preis in das Ausland, ein Teil nach Paris, der andere Teil wird von J. F. Gsell erworben[120].

So steht der Künstler, als er sich im Sommer wieder erholt hat, praktisch vor einem neuen Anfang. Er muß auch sofort zugreifen, als sich noch einmal die Gelegenheit bietet, eine Serie von „Schloß-Stilleben" zu malen. Der Auftraggeber ist Fürst Alfred Liechtenstein, der sich im Jahr zuvor, 1865, vermählt hatte. Sein schönes Schloß Hollenegg in der Weststeiermark wurde aus diesem Anlaß umgebaut und reich ausgestattet. Eigentlich als Überraschung für den Vater, Fürst Franz, gedacht, sollte ein Album diesen Umbau und die Ausstattung festhalten. Alt fuhr also Anfang September 1866 nach Hollenegg, seine Briefe von dort zeigen ihn gelöst und heiter, er beteuert, sich sehr gesund zu fühlen, die Kälte im Waggon hätte keinerlei üble Folgen gehabt. Dafür ist er umso mehr besorgt, weil sich in Wien die Choleraepidemie ausbreitet. Glücklicherweise aber bleibt seine Familie davon verschont. Er lebt in Hollenegg sehr ruhig, steht um ½ 6 Uhr auf, von ½ 7 Uhr an arbeitet er bis gegen 1 Uhr Mittag, wo bei der Fürstin gespeist wird, von ¾ 2 Uhr bis 6 Uhr malt er wieder und um ½ 8 Uhr wird zu Abend gegessen, um ¾ 10 Uhr geht er schlafen. So mühsam und schwierig die Aufgabe auch ist — wie er sagt —, so fleißig ist er und es geht ihm auch ziemlich leicht damit von der Hand. Er fühlt sich im Kreise seiner liebenswürdigen Auftraggeber sehr wohl, „der Fürst sieht mir gerne zu bei der Arbeit, ja am Sonntag war er gewiss eine Stunde bei mir, überhaupt scheint er großen Gefallen an mir zu haben"[121]. Bis Ende September hat Alt sieben Blätter in der Arbeit, zwei davon sind fertig, „es sind die Zimmer, die mich gar so schrecklich aufhalten"[122]; schließlich sind es nach einigen Nachträgen insgesamt elf Ansichten, zu denen noch eine Replik der Innenhofansicht gekommen ist. Eine ganz späte Ergänzung der Serie mit drei Blättern folgte nach Jahrzehnten, nämlich erst im Jahr 1890.

XV

In das Jahr 1867 fällt eine große, aber enttäuschte Hoffnung: Alt war eingeladen worden, auf der österreichischen Abteilung der Weltausstellung in Paris auszustellen, seine Werke werden auch gezeigt, doch — was für einen Aquarellisten immer gefährlich ist — an einer Stelle aufgehängt, die sich neben anderen großen Formaten höchst ungünstig auswirkte. Die Folge davon war: man nahm von seinen Werken keine Notiz.

Im Frühling schon bricht er zu einer Reise nach Italien auf; die Familie wähnt ihn bereits auf der Fahrt per Schiff nach Rom, als er sich noch immer in Graz aufhält. Er hatte nämlich in Hollenegg eine besonders liebenswürdige und heitere Grazer Familie namens Fritsche mit zwei Töchtern kennengelernt, die ihn damals sogar auf das Tanzparkett gebracht hatten, und ihm jetzt bei seinem Besuch alle Herzlichkeit erwiesen. So reist er verspätet, von seiner Familie auch brieflich geneckt, aber nun mit der rascheren Eisenbahn (Graz—Rom 52 Stunden), und kommt am 15. April abends in Rom an. Er ist voll des Entzückens über die Pracht der Natur: „Ein Spaziergang heute früh auf den Monte Pincio war ein Hochgenuss, die warme reine helle Luft, das üppige Grün der Bäume und Pflanzen der reichen Blumenflora, das herrliche Rom mit der imposanten den Hintergrund bildenden Peterskirche und Vatican, dabei eine Ruhe und Stille, die mir das Herz aufgehen machten, alles stimmt zusammen zu einem Dankgebeth gegen den Schöpfer, der mich in die Lage versetzt nicht nur das Schöne sehen zu können sondern auch die Empfindung dafür mitgab“[123]. Er verbringt die Karwoche in Rom, erlebt alle Feierlichkeiten im Petersdom (die er bilderreich schildert)[124], will sich aber nicht länger aufhalten, sondern bald nach Sizilien weiterreisen. Nach zweitägiger Un-

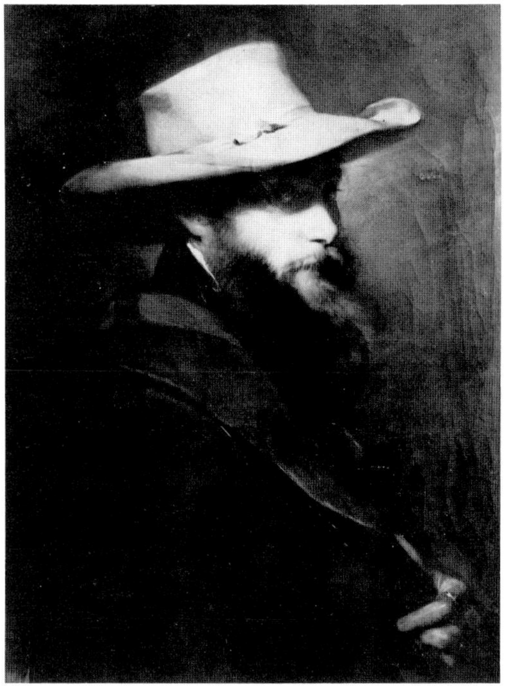

131. Georg Plach (um 1825—1885)

terbrechung in Neapel kommt er dann auch tatsächlich am 14. Mai mit dem Dampfschiff „Der Tiger“ („wie gewöhnlich nicht von der Seekrankheit befallen“) in Palermo an. Gleich geht er die ganze Stadt trotz der Hitze und blendenden Sonne („— das es mich schon zwei Portionen Granita gekostet hat —“) ab, fühlt sich sehr befriedigt und beschließt, etwa vier Wochen zu bleiben[125]. Immer wieder drängt er seine Frau, ihm doch von Plach mitzuteilen, wie seine Bilder auf der Pariser Ausstellung reüssieren, warum er nichts darüber sage usf.[126]. Nun aber in der Hitze beginnt ihn die Arbeit sehr anzustrengen, er malt wie immer meist stehend, das Papier ohne Unterlage über der linken Hand, mitten im Trubel der Marina, wo das Geschrei der Verkäufer sogar die Musik übertönt. Das Volk schart sich um ihn, „die Kerle sind nicht wegzubringen, wie die Fliegen, den warmen Hauch aus Nase und Mund

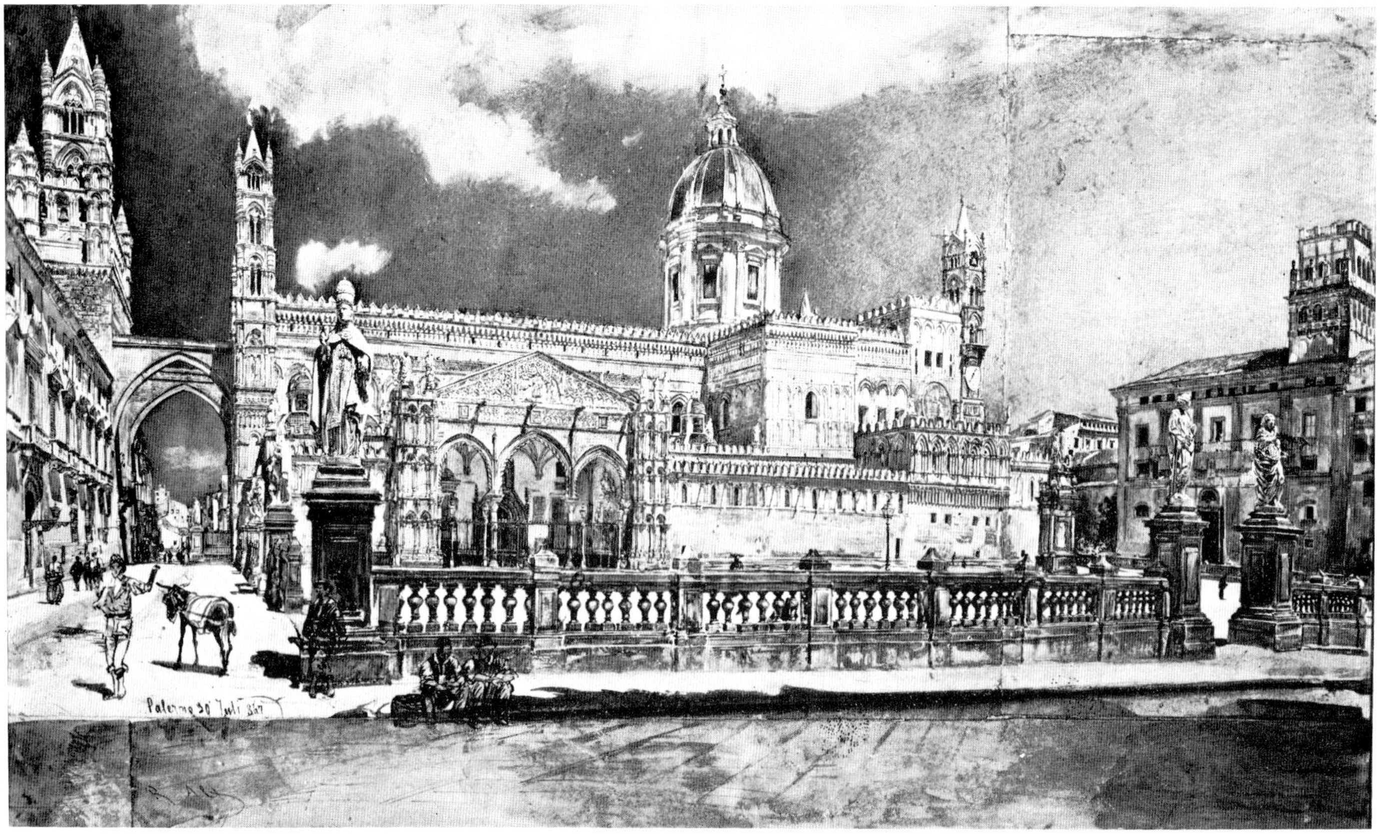

132. R. Alt, Der Dom von Palermo, 1867

spüre ich oft auf meiner Hand, so nahe stecken sie beides in meine Arbeit — trotzdem ist das Volk nicht unartig"[127]. Plach schlägt ihm vor, doch auch noch nach Messina, Girgenti und Syrakus zu gehen, was er ohnehin selbst schon wollte, woraus ersichtlich wird, daß ihre geschäftliche Beziehung bereits zu dieser Zeit in vollem Gange war. Dieser Kunsthändler war gewiß ein listiger Kaufmann, der aber im richtigen Moment begann, auf Alt zu setzen; Alt hat seinerseits sich niemals über ihn Illusionen gemacht („— wer weiß denn die Finten alle, die die Händler ausüben"), anderseits hatte er ihm doch auch wieder viel zu verdanken. Diese nicht ganz reibungslose Beziehung zwischen Alt und Plach zieht sich von da an durch viele Jahre.

Am 15. Juni erwähnt er zum ersten Male, daß die Cholera in der Umgebung haust, sie scheine aber Palermo verschonen zu wollen. Die grassierende Krankheit, fürchtet er nun (25. Juni), wird ihm auf alle Fälle einen Strich durch die Rechnung machen[128]; bald muß er erkennen, daß die Reise „nicht den gewünschten Ausgang nehmen dürfte, denn schon tritt im ganzen Land die Cholera auf"[129]; „Gestern kam der erste Cholerafall in Monreale vor daher ist auch die Stadt seit ein paar Tagen abgesperrt und alles was herein will muß sich der Räucherung unterziehen". Doch er hat zu seinen bisher 24 angefangenen Blättern von Palermo in Monreale zu arbeiten begonnen und er hat noch weitere vor. Eine erste Meinungsverschiedenheit mit Plach

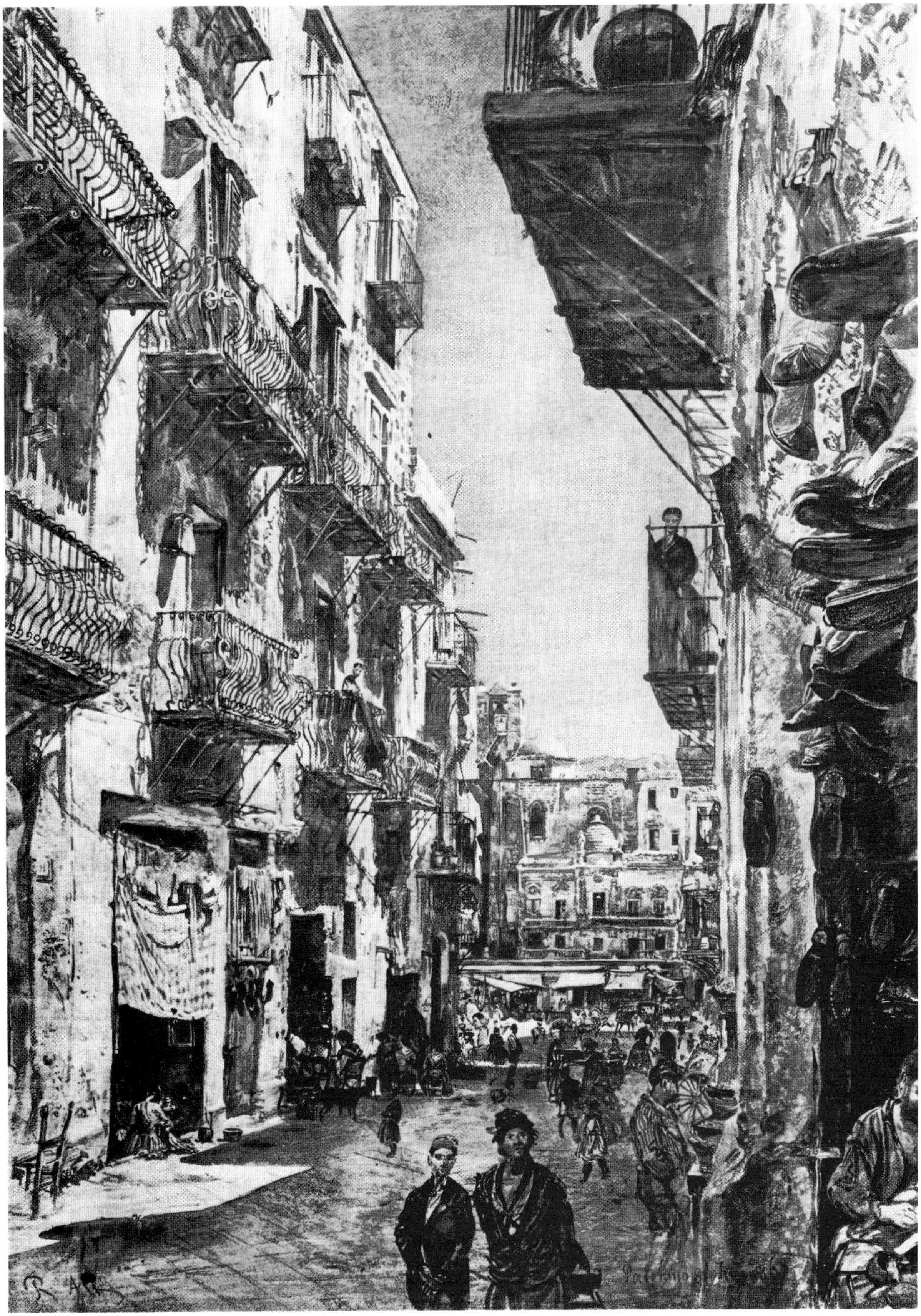

133. R. Alt, Straße in Palermo, 1867

wird durch die Ereignisse überholt. Der Händler fordert, Alt solle alle fertigen Blätter sofort an ihn senden; Alt aber kann sich nicht trennen, kämpft mit sich, da ihm anderseits daran liegt, an „dieser Freude der lieben Bertha Geld zu verschaffen“. Doch die Seuche führt ohnehin zum Verbot jeder Postsendung. Kurz danach werden auch alle Häfen Italiens für Schiffe aus Palermo gesperrt. Alt malt aber unverdrossen in Monreale weiter; „Ich habe im Dom eine große Studie angefangen, die wenn die Cholera nicht ihr Veto einlegt, ihr Geld werth sein dürfte“[130]. Dennoch, das Malen im Freien ist „eine Qual durch die Hitze, die seit ein paar Wochen herrscht so wie früher oft mein Papier nass und unpraktikabel wurde durch Tropfen die aus den Wolken auf sie fielen, so ist es jetzt der Fall durch die Tropfen, die mir von meinem Kopf darauf fallen“[131]. Nun erreicht die Epidemie doch Palermo: In einer Nacht werden 300 Menschen davon befallen, in den nächsten 24 Stunden zählt man 169 Anfälle mit 98 Toten[132], er kann aber nicht anders handeln, er muß die angefangenen Arbeiten fertigstellen, da sonst alles umsonst gewesen wäre. Noch einige Tage muß er aushalten und dann wird er sich nach Neapel absetzen; es sind immerhin doch auch schon drei Monate, die er hier, in dieser Stadt, arbeitet. „Leider verlasse ich sie unzufrieden über meine Ausbeute und traurig über den flauen Ausgang meiner mit so vielen Hoffnungen begonnenen Reise“[133]. Die Epidemie wird übermächtig, nun sind es gar 419 Tote in einer Nacht, über 500 Erkrankte; die Stadt ist menschenleer, kein Lärm ist mehr zu hören, Tausende sind geflohen. Nun erfaßt auch Alt die Angst, er flüchtet sich zum österreichischen diplomatischen Vertreter, Hofrat Leopold von Walcher, der darüber später berichtete[134]:

Als die Cholera in Palermo eben am heftigsten wütete, meldete sich bei ihm ein kleiner, eher schmächtiger Mann mit der seltsamen Bitte, zur Kenntnis zu nehmen, daß, wenn er — Walcher — in den nächsten Tagen hören sollte, daß ein Österreicher an der Cholera gestorben oder von Banditen ermordet worden sei, er, der Erschienene, das Opfer sei. Auf die Frage, mit wem er denn eigentlich die Ehre habe, erklärte der Besucher, er sei der Wiener Maler Rudolf Alt, in Palermo mit architektonischen Aufnahmen beschäftigt. Als Walcher, ein aufrichtiger Verehrer der Kunst, erkannte, daß der Künstler in Quattro Cantoni wohne — wo die Seuche am ärgsten wütete — und er auch durch den Anblick der vielen Conducte völlig deprimiert und nervlich am Ende sei, verschaffte er ihm bei einem befreundeten Herrn Unterkunft. Es sei, schildert Walcher weiter, hier zwar zu nächtlichen Szenen gekommen, als sowohl der Hausherr als Alt, offenbar gepeinigt von der Überzeugung, bereits von der Seuche befallen zu sein, sich durch reichen Cognacgenuss Linderung ihrer Zustände geschaffen hatten, doch sei die Krankheit an ihnen vorbeigegangen. Noch nach der Quarantäne habe Alt sich aus Neapel dankend gemeldet und humorvoll von der „Vielseitigkeit“ der Neapolitaner berichtet, die ihm täglich etwas anderes entwendet hätten. Zuletzt, was ihn besonders schmerzte, sogar seine Taschenuhr. Für Alt war es gewiß ein Glück, daß ihn in diesem kritischen Augenblick in Palermo der deutsche Großhändler Lehn in sein Haus aufnahm, wo er alle Bequemlichkeit und zweifellos entsprechende hygienische Verhältnisse fand. Er weiß nun auch schon, daß ihm die Quarantäne auf der Insel Nisida nicht erspart bleiben kann (Alt ist unverbesserlich: „Ich hoffe daselbst einige Studien machen zu können — wenn nicht alle Aussicht versperrt ist —“). Der nächste Brief folgt am 21. August bereits aus Nisida, das nahe bei Neapel liegt, ohne daß Alt davon etwas gesehen hätte, „mir kommt es vor

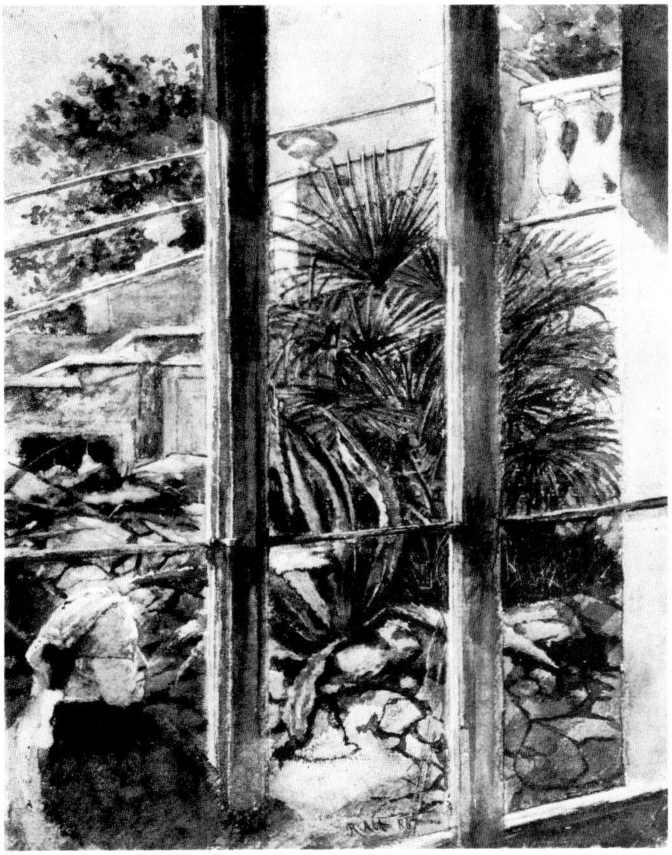

134. R. Alt, Im Lazarett von Nisida, 1867

wie wenn Jemand von einem sehr schönen Bilde nur die Rückseite der Leinwand mit den wenigen Goldverzierungen des Rahmens zu sehen bekäme. Und dennoch ist es schön — das blaue Meer, die fernen Berge mit der Insel Capri zum Schlusse und die schroffe Rückseite des Posilippo zum Vordergrunde dazu die herrliche reine Luft könnten einen bezaubern — wenn man hier auf Nisida eben nicht Gefangener wäre —“[135]. Aber es kommt noch schlimmer: Er erkrankt in der Quarantäne. „Seit 8 Tagen liege ich an miasmatischen Fieber darnieder, in folge dessen ich so schwach bin, daß ich mich kaum aufrechthalten kann“[136]. Er fühlt sich so, daß er schon zweimal im Geiste von allen Lieben Abschied nimmt, Halluzinationen, Schwindel quälen ihn (darunter die Vision, daß Bismarck und König Wilhelm ihm entgegentreten). Er packt sein Hab und Gut zusammen und rekapituliert: 30 Zeichnungen sind es, die er besitzt, 5 von Rom, 25 von Palermo, 9 sind groß und gestückelt. „Ich gebe sie an Plach wenn es die Nothwendigkeit erfordert, allein er wird die brauchbarsten aussuchen — nun er hat sich besser bewiesen als sein — Ruf!“. Sein Zustand wird noch schlechter (wenngleich der Doktor ihn besser findet). Am Vorabend war gar eine Kommission erschienen, um die Klagen und Wünsche der Gefangenen anzuhören, „— worauf ich nichts zu erwiedern wußte als wie ein echter Theaterheld oder Spitzer am 13. März 1848: la liberté!“[137]. Doch dann ist die Gefahr überwunden, er ist noch schwach, wird aber entlassen und kann endlich am 2. September Neapel betreten, er fühlt sich gepeinigt von Schwäche und allerlei Leiden. Diagnose: Affektion der Leber, dazu Alt: „Diese verfluchte Affektion der Leber hat mich heruntergebracht! Daß ich seit meiner Kindheit eine Affektion für Leberknödel habe ist nicht so gefährlich als diese Affektion der eigenen Leber.“ Er bleibt mehrere Wochen hier in ärztlicher Behandlung, stellt sich halbwegs wieder her und sendet alle Zeichnungen nach Hause, die er allesamt Berta schenkt. Sie solle damit tun, was sie meint, sie Plach zeigen, verkaufen oder behalten; „ich habe sie unter vieler Mühe, Schweiß und Aufopferung zusammengebracht“[138]. Dann schließlich ist es soweit, er kann Neapel, das sich ihm in den letzten Wochen von der schlechtesten Seite gezeigt hat, am 10. Oktober fluchtartig verlassen, um, Plachs Auftrag folgend, ohne Aufenthalt an den Comersee zu reisen. Hier erwartet ihn „poste restante“ die Mitteilung, daß an der neu zu errichtenden Kunsthochschule in Wien eine Professur für ihn bereit wäre, falls er sich um eine solche bewerben

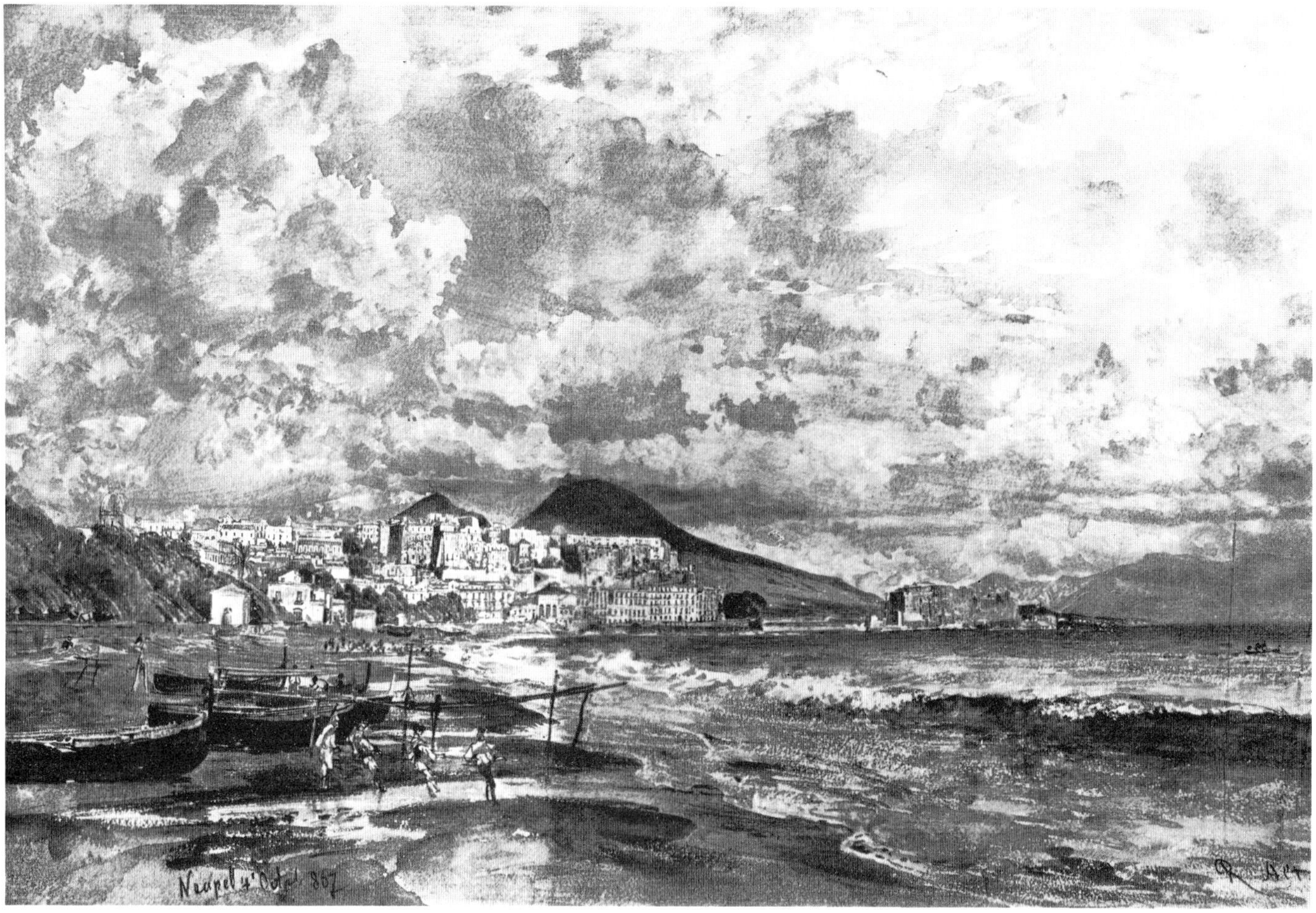

135. R. Alt, Neapel mit dem Vesuv, 1867

wolle; das Angebot schmeichelt ihm sichtlich, seine Antwort aber ist negativ, wohl wäre das Einkommen von 2.000 fl für ihn allein ausreichend, er aber brauche in seiner Lage mit Familie jährlich 4—5.000 fl, begründet er. Also müßte er den fehlenden Betrag durch andere Arbeiten hereinbringen, und das sei in Wien sehr schwer, wenn nicht unmöglich; er müßte also immer wieder ins Ausland reisen, und gerade das würde durch seine Anstellung verhindert werden. Er sieht die anderen, die sich aus ihrer obskuren Existenz nicht herauswinden können, obgleich oder weil sie die akademische Anstellung haben, und dann bricht es einmal ganz aus ihm heraus: „Wien ist mir in künstlerischer Beziehung schon ein zu miserables Nest“[139].

Doch schon am Comersee arbeitet er wieder wie eh und je von früh bis 5 Uhr nachmittags, um ½ 6 Uhr wird gegessen und um 8 Uhr geht er schlafen. Er bittet Berta, sich um den Verkauf der endlich in Wien eingelangten Blätter zu kümmern, sie vorher aber möglichst vielen zu zeigen,

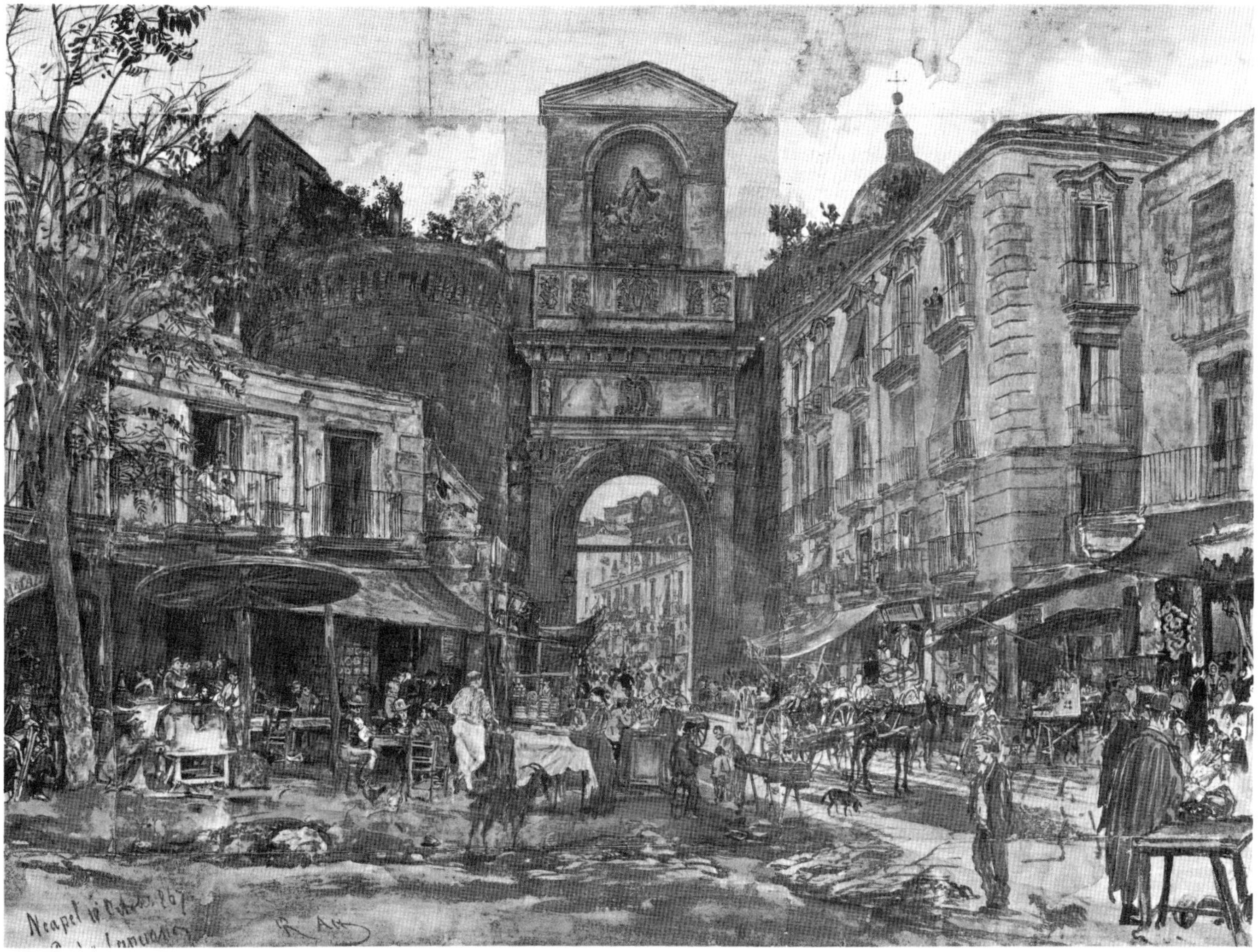

136. R. Alt, Die Porta Capuana in Neapel, 1867

„so z. B. Docktor Lützow, Professor der Kunstgeschichte an der Academie — oder Gsell, ja ich wünsche sogar eine der besseren im Museum ausgestellt (bei leibe nicht im Kunstverein) —". Ihm kommt vor, „Plach will aus dem ganzen Handel ein Geheimnis machen, ganz conträr gegen meine Lebensinteressen", aber wenn, dann solle er alle Blätter nehmen, aber nicht sich nur die besten und die für wenig Geld heraussuchen[140]. Endlich also hat er den Auftrag Plachs auch am Comersee erfüllt und kehrt über den Splügen — im vollen Winter — und Vaduz, wo er sich am 5. November 1867 als der letzten Arbeitsstation aufhält, heim. So hat er endlich also Italien nach sieben dramatischen Monaten verlassen und ein persönlich krisenreiches, künstlerisch aber mehr als ereignisvolles Jahr bewältigt.

Die Nachlese sollte reiche Früchte tragen, er arbeitet seine Studien aus und findet damit erste wahre Berühmtheit. Für einige Zeit ist Alts Bedürfnis, weite Reisen zu unternehmen, nun gedeckt. Er wendet sich vielmehr wieder Wien zu,

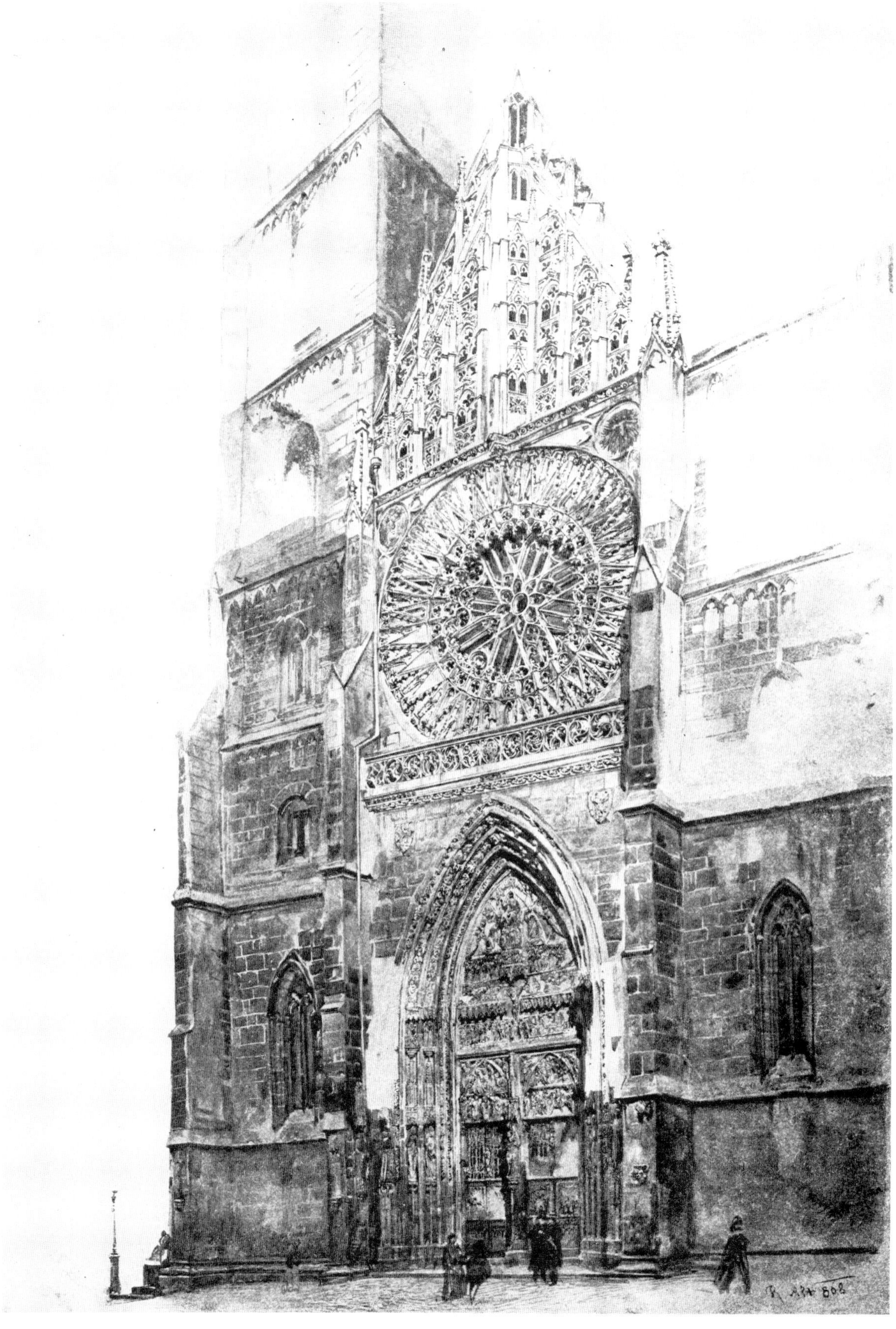

137. R. Alt, Die Fassade von St. Lorenz in Nürnberg, 1868

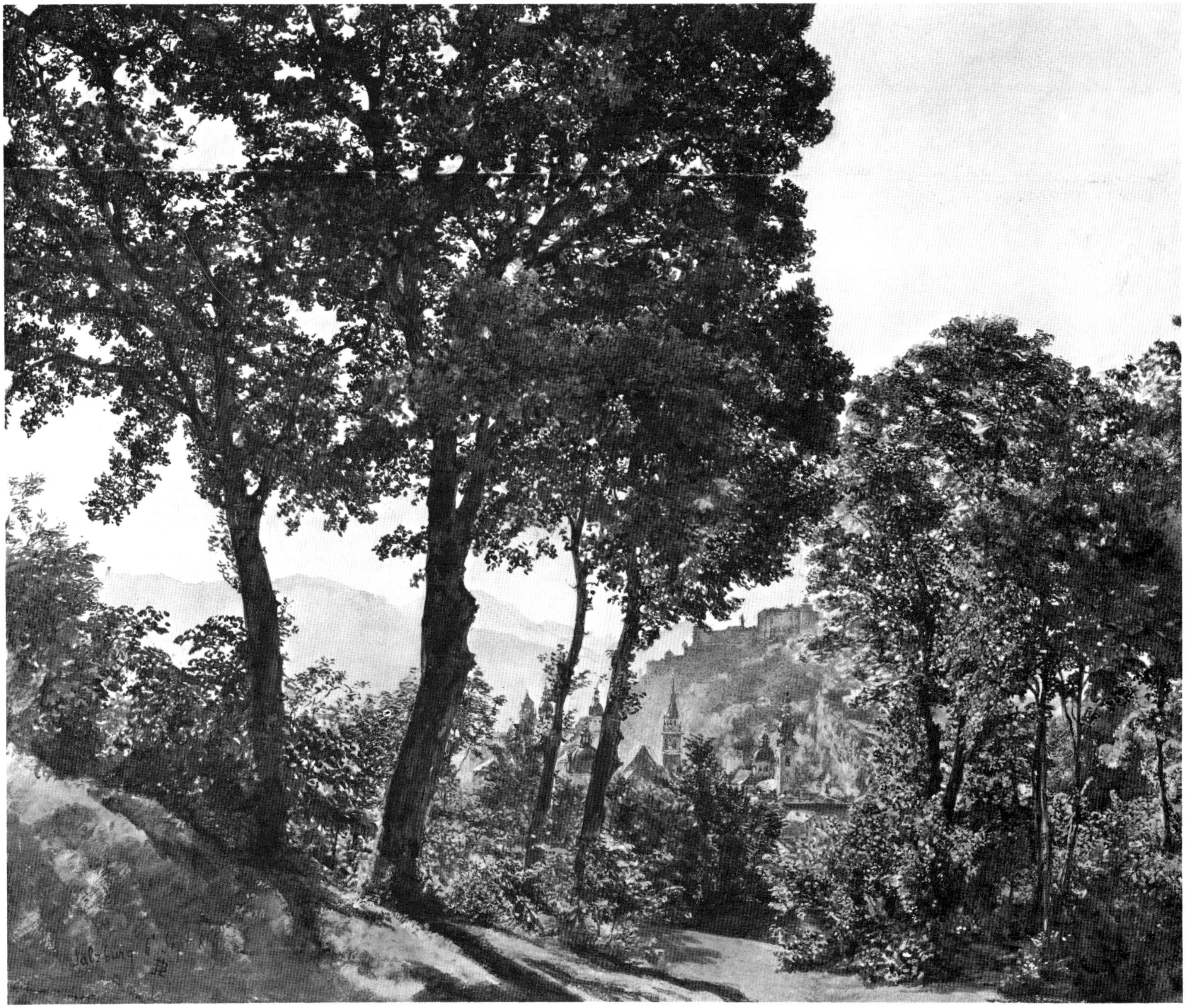

138. R. Alt, Blick auf Salzburg, 1869

seinem geliebten Stephansdom etwa, den er von neuem in allen Variationen festhält. Dann aber geht es nach Bayern, Nürnberg und Regensburg, Städte, die auf dem Programm des Jahres 1868 stehen, und wieder gibt es Höhepunkte im Schaffen. Anschließend, im Spätherbst, geht er nach Luzern, wo auch zahlreiche Ansichten entstehen; dennoch, seine Ausbeute scheint ihm gering. Wieder muß er sich dem Abbilden von Interieurs als Broterwerb zuwenden. Trotz alledem, die Erfolge beginnen sich abzuzeichnen. 1869 etwa werden wieder Blätter im Pariser Salon gezeigt, die, wie ihm berichtet wird, nun einen weit größeren Erfolg verzeichnen.

Man könnte, wollte man so exakte Daten überhaupt erstreben, das Jahr 1869 einen besonderen Wendepunkt in Alts Schaffen nennen. Vom Ende der sechziger Jahre an gibt es einen neuen Alt, konstatierte zutreffend schon Münz[141]. Es ist tatsächlich das erste Mal, daß er das, was man, wenn auch in einem weiten Sinne, nun noch Vedute nennen konnte, doch sehr entschieden verläßt. Bei einer ganzen Gruppe von Salzburger Blättern, die er im Herbst 1869, als er sich in Aigen aufhält, herstellt, spielen Bäume nun eine neue, nämlich dominierende Rolle; wie der Künstler nun immer und immer wieder ansetzt, die gleiche Idee in verschiedensten Anläufen zu realisieren, zeigt, daß es sich um keinerlei Zufallsprodukt handelt, „der ganze farbige Reichtum des lebendigen Lebens von Bäumen im hellen Licht voll innerer Kraft gestaltet, Bild der Nähe und Ferne lebendig einander bedingend verbunden“[142]. Alt ist nun frei von aller Konvention, frei vom bestellten Pflichtgepinsel, offen allein seinem künstlerischen Wollen und damit am Aufbruch in eine neue Schaffensphase.

XVI

Es mag hier sich eben jene Zäsur ergeben, die erlaubt, zusammenfassend dem Werdegang von Rudolfs um neun Jahre jüngeren Bruder Franz zu folgen. Der dritte Sohn Jakob Alts und Bruder Rudolfs, der am 16. August 1821 geborene Franz Alt, bewies nicht minder früh seine ererbte Begabung. Wie der ältere Bruder wuchs auch er zunächst als Schüler seines Vaters auf, wenngleich die lithographischen Serien zu seiner Zeit bereits abgeschlossen waren. Weit geordneter verlief daher seine akademische Ausbildung, die er mit vierzehn Jahren mit dem Eintritt in St. Anna am 18. April 1836 begann[143], zu der Zeit, als Vater und Bruder die Ergebnisse der gemeinsamen Italienreise ausarbeiteten und mit den Guckkastenbildern für den Kronprinzen bzw. Kaiser Ferdinand reich beschäftigt waren. Rudolf hatte früh schon, vielleicht zuerst noch ganz im Sinne der ursprünglichen Familienwerkstatt, eine Spezialisierung des Franz auf das Porträtfach vorgeschlagen, vielleicht auch schon im Gedanken an eine sonst heranwachsende Konkurrenz im eigenen Fach. Die Jugendzeit von Franz verlief in dem künstlerischen, musikalischen und fröhlichen Hause Alt mit seinen Geschwistern in glücklichster Weise. Seine Doppelbegabung ließ ihn viel Kirchenmusik betreiben, jeden Sonntag und Feiertag spielte er in der Kirche zu Margarethen, wo sein Lehrer Breicha als Kontrabassist engagiert war. Auch bei den großen Oratorien in der Winterreitschule der Hofburg — tausend Sänger und Musiker bei Haydns „Schöpfung“ u. a. — wirkte er mit. Franz folgte zunächst dem Wunsch, Porträtist zu werden, anfangs durch die ohnehin erforderliche Elementarschule unter Gsellhofer, in welcher das Zeichnen von Köpfen und Figuren mit Kreide geübt wurde, dann aber trat er in die Klassen Kupelwiesers und Johann Enders ein, so

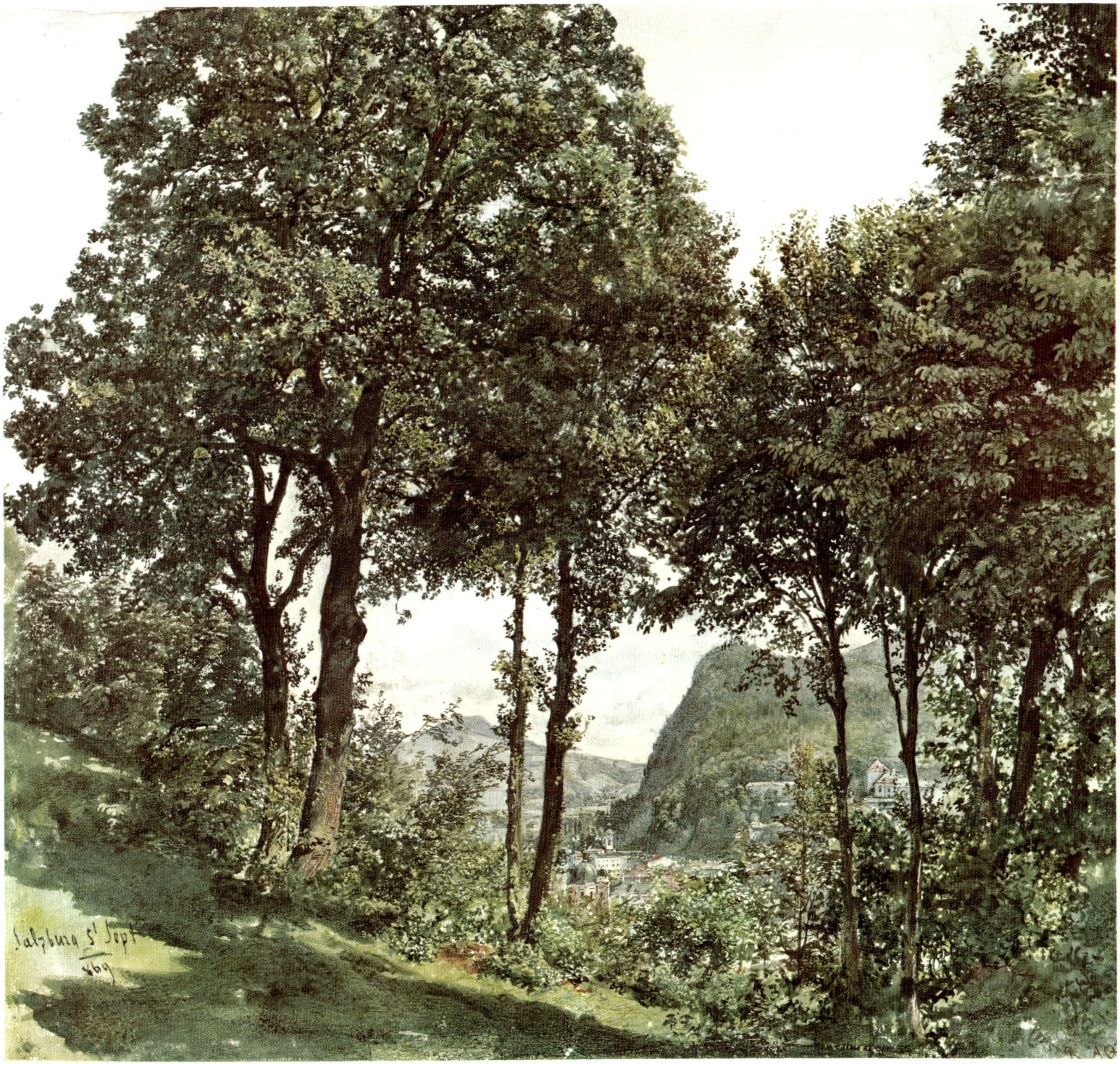

139. R. Alt, Blick auf Salzburg, 1869

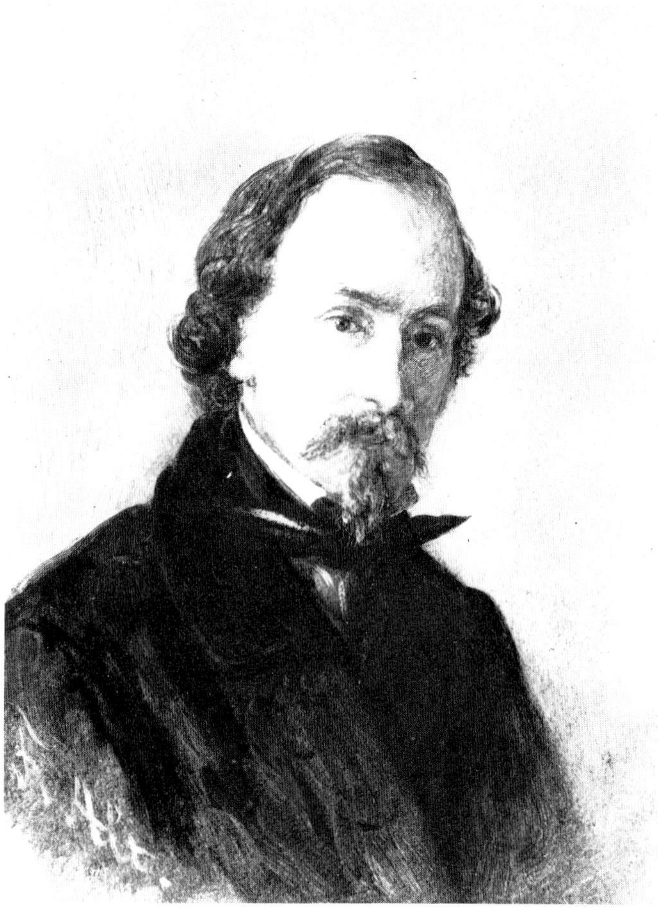

140. F. Alt, Selbstbildnis, 1842

wie er auch die Ölmalerei bei Danhauser erlernte und Prüfungen in Anatomie bei Schaller ablegte. Seine Ausbildung verlief also ganz anders als bei Rudolf, ganz akademisch, in welchem Sinne seine ersten Tätigkeiten auf das Kopieren nach Amerling, Krafft und Danhauser sich beschränkten, ebenso wie das bei seinen Mitschülern Eduard Ender, dem Sohn Johanns, Carl Göbel, Eduard Engerth, dem späteren Galeriedirektor, und Pettenkofen, seinem Freund, der Fall war. Aber bald zeigte sich — nicht zuletzt beim Kopieren von Blättern des Vaters und Rudolfs — daß Talent, Neigung und stilles Temperament nicht zum Porträt, sondern ebenso wie bei Vater und Bruder zur Landschaftsmalerei drängten. So nahm ihn der Vater zu einer ersten Studienreise im Jahr 1844 nach Tirol und Oberitalien mit, wo er seine frühesten eigenen Arbeiten schuf. Schon im nächsten Jahr aber machte er sich allein in die Schweiz und nach Oberitalien auf. Der Maler Schödlberger, der ebenso wie Johann Passini im Hause Alt als Freund aus und ein ging, konnte 1846 nun für Franz eine lebensentscheidende Verbindung herstellen. Graf Casimir Eszterházy, ein großer Kunstfreund und Kenner, hatte eben die große Herrschaft Tarvis gekauft und wollte von dieser malerischen Gegend ein Album besitzen, wofür er den geeigneten Maler suchte. Schödlberger schlug Franz Alt vor, der daraufhin in zwei Sommern über 40 Aquarelle von Tarvis bis Pontafel (Pontebba) und Raibl malte und in einem Album vereinte. Herbst und Winter brachte Franz anschließend im Hause des Grafen teils in Gattendorf, teils in Preßburg zu. Dort machte er sich durch Innenansichten des Schlosses viel Ansehen und wurde auch sogleich zum Unterricht für die Töchter des Hauses engagiert. Schon da ist deutlich, daß sich im Leben der beiden Brüder der größte nur denkbare Unterschied anzeigte: Im Gegensatz zum selbstkritischen, von innerer Sorge unaufhörlich bedrängten Rudolf, der dem kleinsten Familienkreis allein sich verbunden fühlte, einsam wanderte und geradezu selbstquälerisch jede Strapaze auf sich nahm, wuchs Franz zu einem liebenswürdigen, vielseitig gebildeten jungen Mann heran, dessen Geist und Charme ihn in den eleganten Kreisen des Adels und der Kultur zum beliebtesten Gesellschafter machten. Nahezu selbstverständlich erhielt er nun, durch Eszterházy vermittelt, weitere Aufträge aus der ungarischen Aristokratie, so daß er bald Wochen und Monate auf deren Landsitzen verbrachte und reizende Ansichten in seinem weichen Kolorit malen konnte. Das Jahr 1848 brachte für einige

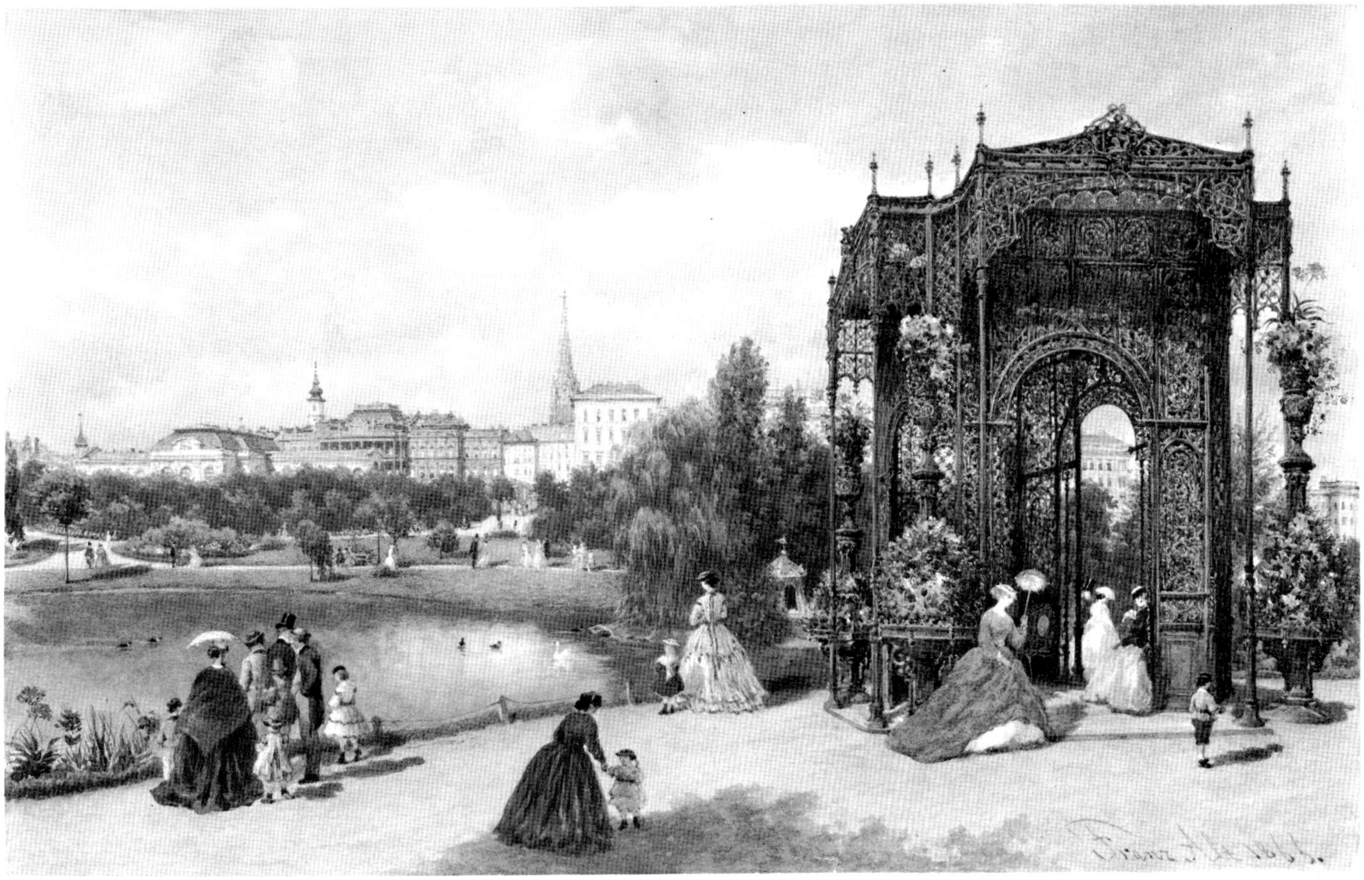

141. F. Alt, Beim Eisernen Pavillon im Stadtpark von Wien, 1866

Zeit eine Trennung von seinen ungarischen Mäzenen. Alt zog sich nach Gresten, der Heimat seiner Mutter, zurück, wo er in Schloß Stiebar angenehme Aufnahme fand und wo die Schloßbesitzerin, die lyrische Dichterin Baronin Knorr, seine Schülerin wurde. In das Jahr 1849 fällt die Bekanntschaft mit Marie Baronin Ebner-Eschenbach, der er im Winter auch Aquarellunterricht erteilte, aus dem sich eine enge lebenslange Bindung ergab. Er ging sodann für längere Zeit mit Ludwig Passini nach Venedig, wo die Freunde im Hause neben der Akademie wohnten und fleißig ihren Studien nachgingen. 1853 wieder zurückgekehrt, empfing er die Einladung eines Grafen Demblin, ihn und seine Gattin auf einer längeren Reise nach Belgien und Holland zu begleiten, auf welche Art eine Reihe von Ansichten aus Brüssel, Ostende, Gent und Rotterdam entstand. Diese Verbindung setzte sich in einem Aufenthalt auf dem Gut Strzebowitz in Schlesien fort, wo er der Gräfin Demblin Unterricht in der Blumenmalerei erteilte. Inzwischen war Casimir Eszterházy wieder nach Österreich gekommen und hatte sich in Salzburg niedergelassen. Er nahm den Umgang mit Franz Alt wieder auf, pflegte einen eleganten Salon, wo der Maler auch Erzherzog Ludwig Victor — dem später so bedeutungsvollen Sammler und Mäzen — vorge-

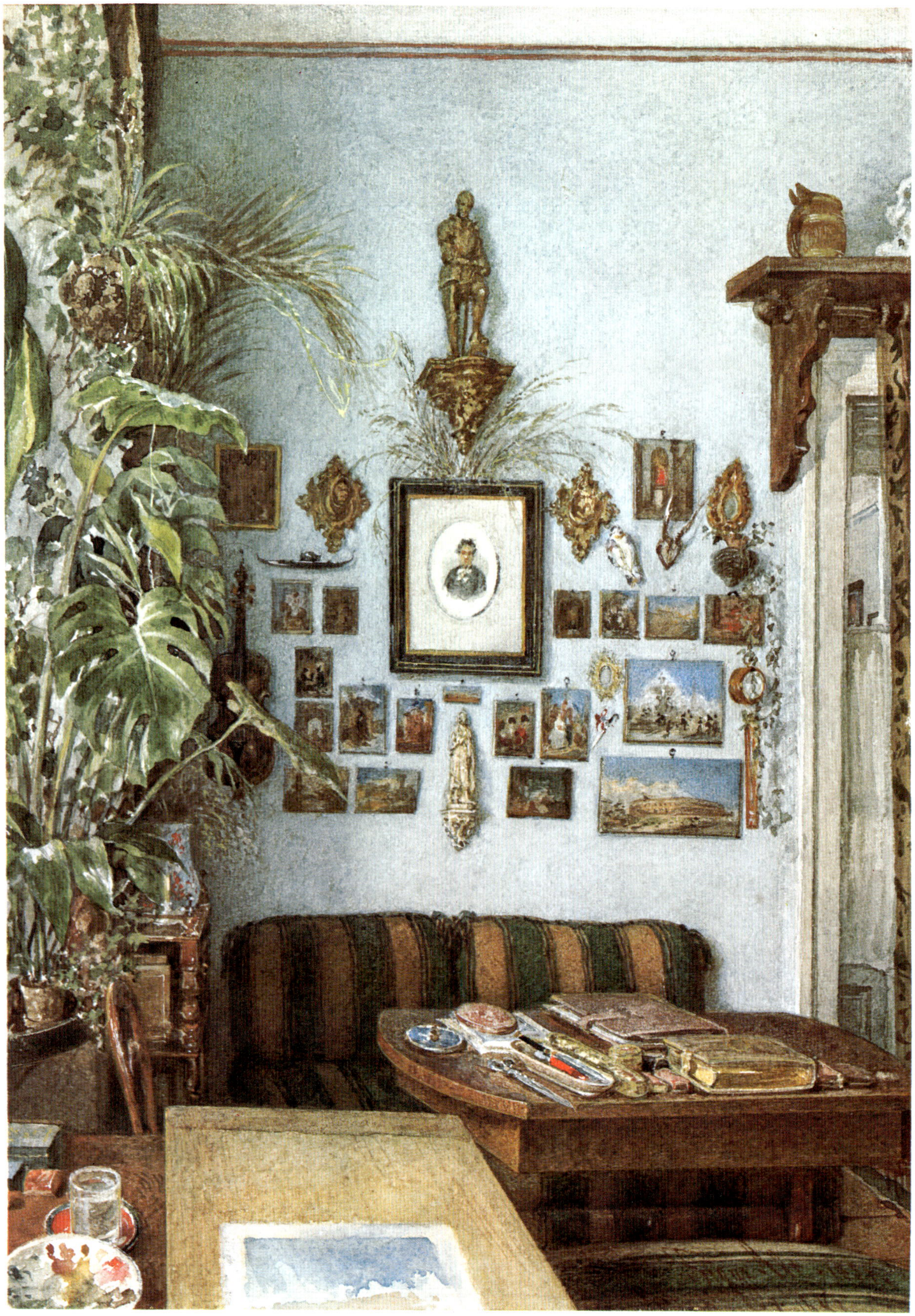

142. F. Alt, Das Atelier des Künstlers, 1881

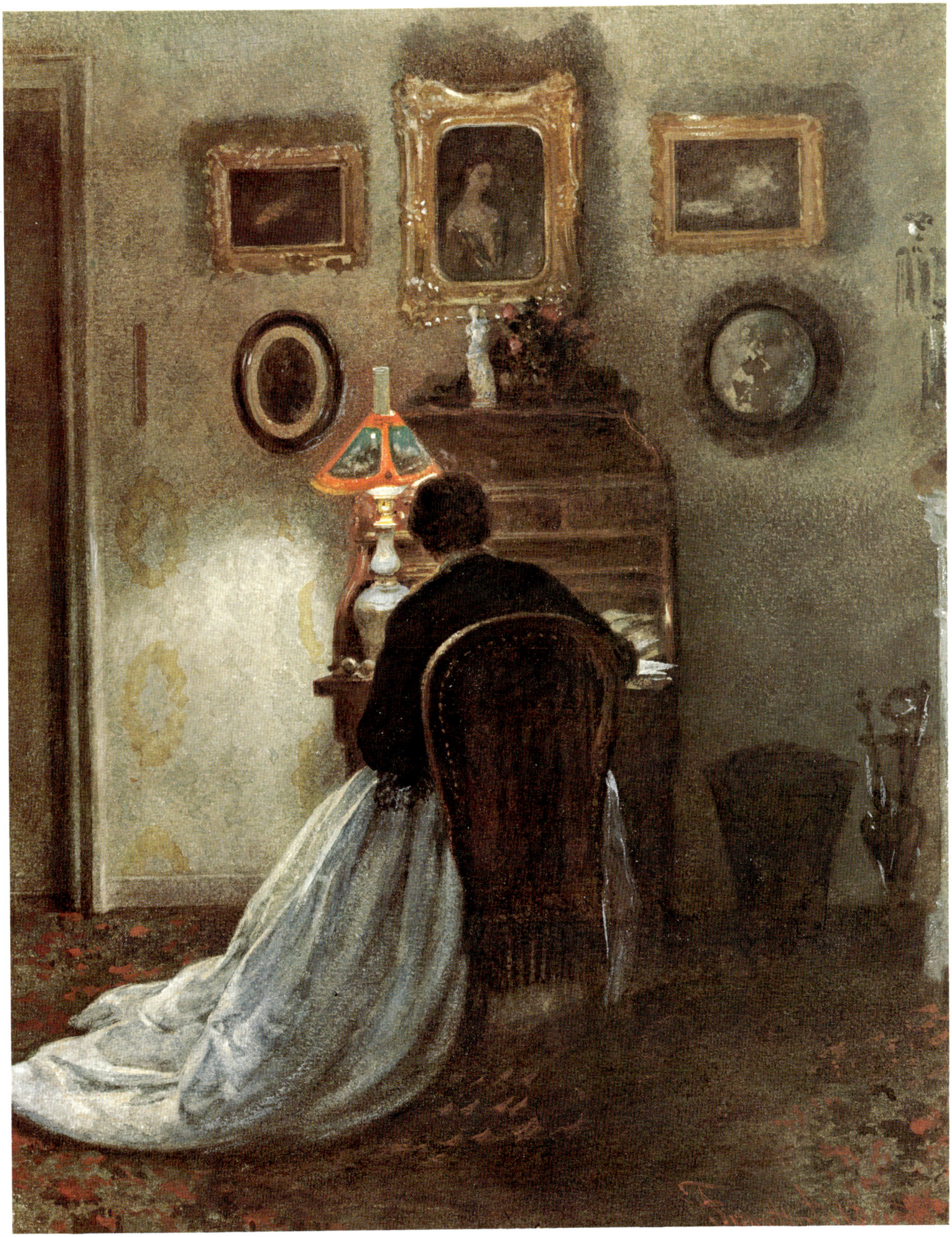

143. F. Alt, Im Lampenlicht schreibende Dame, um 1880

stellt wurde. Dies sollte noch von besonderer Wichtigkeit für ihn werden. Eine ungewöhnliche Reisegelegenheit ergab sich 1854 für Franz dadurch, daß die jüngste Schwester Alt, Louise, eine Anstellung als Klavierlehrerin im Hause eines Generals von der Launitz, der in Krementschug lebte, annahm und ihr Bruder sie auf der Reise dahin begleitete. Er nutzte die Gelegenheit, arbeitete drei Monate lang in Moskau und ging dann an den Hof nach Petersburg, wo er sich erfolgreich in Szene zu setzen verstand. Zahlreiche seiner Werke blieben dort oder gingen an die Höfe von Berlin und Stuttgart.

Rom erreichte der Künstler zum ersten Mal vor Weihnachten 1855, wo er einer Einladung des Domherrn Graf Robert Lichnowsky folgte, bei ihm den Winter zu verbringen. Eine Reihe von Darstellungen aus dem Vatikan entstand. Den Winter des darauffolgenden Jahres 1856/57 über war Franz in Paris, von wo er im März 1857 für einige Wochen auch nach London ging. (Es sei hier nicht unerwähnt, da es zur Charakteristik viel beiträgt, daß Rudolf diese internationalen Zentren der Kunst niemals besucht hat.) Nun kaufte die Königin von England einige Aquarelle des Franz, der mehr und mehr an Ansehen gewann. Wieder ein Jahr später ist Alt zum zweiten Mal in Rom und beabsichtigt, nach Neapel zu gehen, was er aber infolge der politischen Ereignisse aufgeben muß; überhaupt war er auf dieser Reise den stürmischen Ereignissen nur ganz knapp entgangen. Um 1860 folgten Reisen durch Deutschland und die Schweiz, danach hielt sich Alt mehrere Male in Oberitalien, vor allem in Venedig, auf. So wie sein Bruder in diesen Jahren auch, folgte Franz der Aufforderung, Schlösser der Monarchie zu malen. Der Graf Peter Pejacsevich ließ in Slavonien zahlreiche Ansichten seiner Besitzungen festhalten, was Alt immer auch dazu nutzte, den Söhnen der Auftraggeber Unterricht zu erteilen. In diesem Falle sollte dies von besonderer Bedeutung sein, beide Grafen Pejacsevich kamen nämlich in hohe Stellungen, Ladislaus war später Obersthofmeister bei Erzherzog Carl Ludwig — der in seinem Schloß Klesheim bei Salzburg zum Hauptsammler Franz Alts und dessen besonderer Förderer wurde — und Nicolaus gar wurde Generaladjutant des Kaisers. Das Jahr 1864 wurde insoferne ereignisreich, als eine Bekanntschaft mit dem Grafen Friedrich Thun zu einer langen Einladung nach Tetschen und Kwassitz führte, wo die beiden Töchter Unterricht erhielten, was sich mehrere Sommer hindurch wiederholte. Im selben Jahr 1864 wurde er von Kaiserin Elisabeth dazu beauftragt, die nach ihren Angaben eingerichteten Zimmer des Schlosses Schönbrunn in Aquarellen festzuhalten. 1867 hatte er eben der Einladung Folge zu leisten begonnen, dem jungen Prinzen Windisch-Graetz in Tachau Unterricht zu erteilen, als er die Nachricht erhielt, Erzherzog Carl Ludwig wünsche ihn als Begleiter auf einer Reise nach Spanien und Portugal. Er besuchte Madrid, Toledo, Lissabon, Sevilla, Malaga, Granada, Valencia, Barcelona und Cordoba und war damit an einem gewissen Höhepunkt seiner Stellung angelangt. Von da ab hat es lange Zeitperioden gegeben, in denen Franz Alt mehr Ansehen genoß als sein Bruder Rudolf. Er wurde ihm in Ausstellungen vorgezogen, verkaufte glänzend und selbst wußte er ein wesentlich angenehmeres Dasein zu leben. Vielleicht hatte er so manche Schwierigkeit des Charakters nicht mitbekommen, war versöhnlicher, den beiden altgewordenen Eltern gegenüber auch fürsorglicher geblieben. Künstlerisch aber war es fraglos ein Irrtum, ihn dem älteren Bruder vorzuziehen. Rudolfs Werk war in eine andere Kategorie der Landschaftskunst eingetreten, in eine höhere, wenn man will, in eine, in der jedenfalls andere Anforderungen gelten, besser aber gesagt

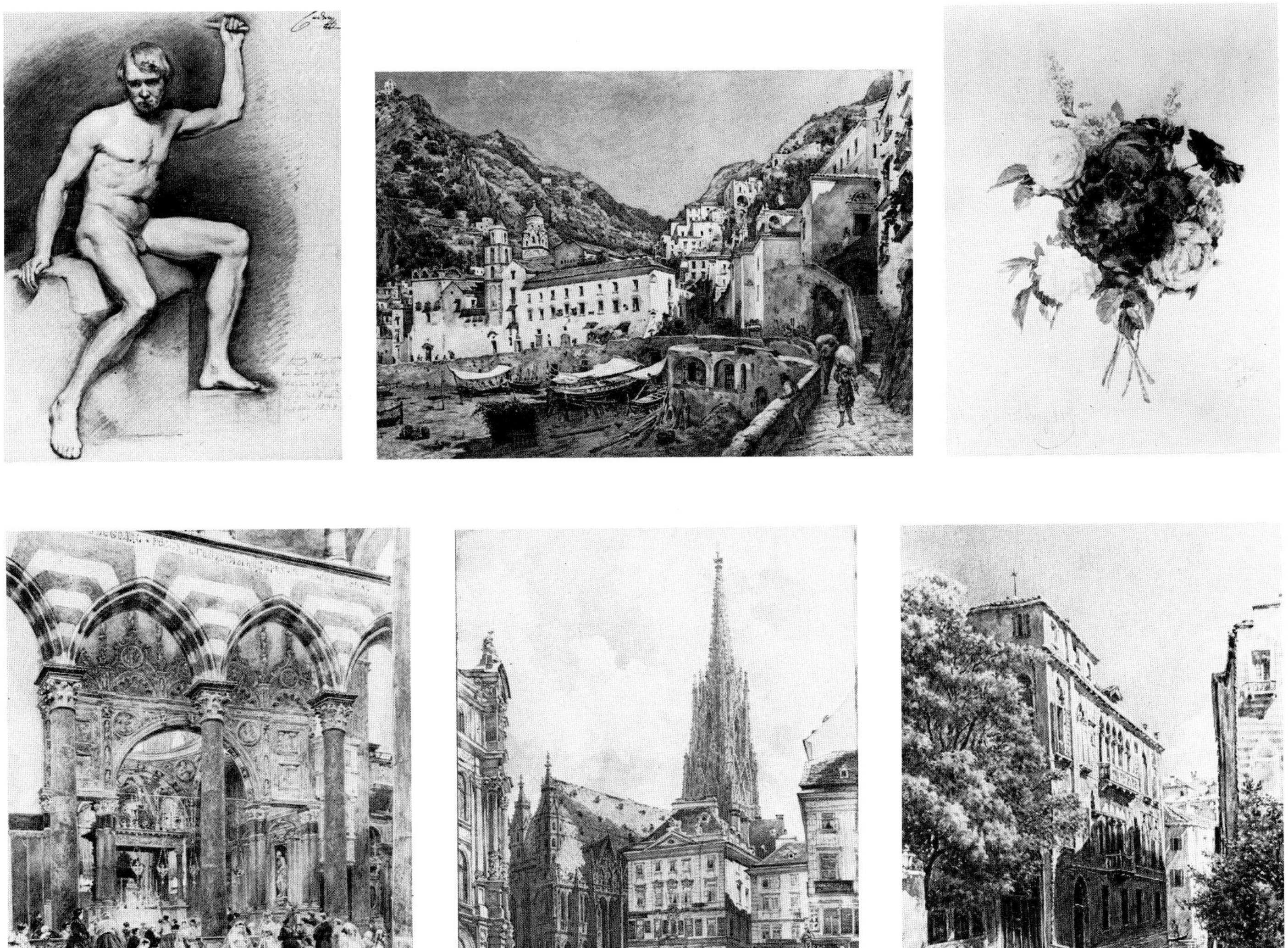

144. F. Alt, Acht Zeichnungen und Aquarelle aus dem Lebenswerk des Künstlers

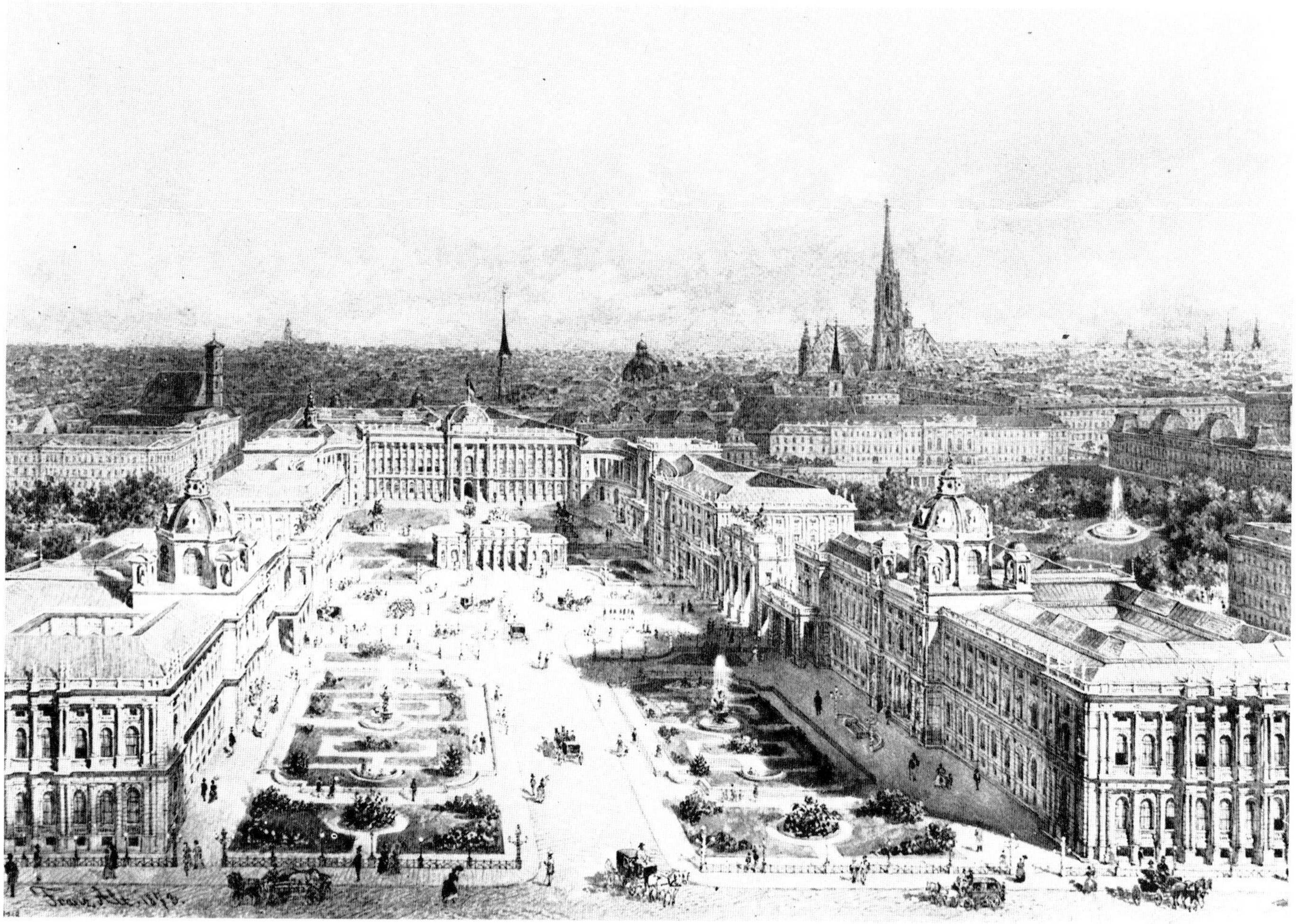

145. F. Alt, Das Projekt des Kaiserforums in Wien, 1873

in eine tiefere, die einfach über die treffende, liebenswürdig heitere Ansicht malerischer Punkte weit hinausgreift, in der es nicht um die gemütvolle Wiedergabe geht, sondern um das dramatische Geschehen dessen, der sieht und wiedergibt, ringt und verzweifelt, ahnt, hofft und dem unabwendbaren Vergehen in dieser Welt sein Gestalten in Formen und Farben entgegenhält. Das war der Prozeß, der mit der zweiten Jahrhunderthälfte in der Kunst Europas überall aufgebrochen war, und Rudolf Alt stand in vorderster Reihe mitten darin. Die Kunst des Franz Alt ist weich und fein gestimmt, voll schöner Partien, und man betrachtet sie niemals ohne Vergnügen. Aber auch dies sei gesagt, jede zu weit gehende Abwertung dieser Kunst wäre genauso falsch. Man muß seiner Leistung unbedingt gerecht werden.

1868 begegnete Franz in Salzburg einer Baronin Stieglitz, die in seinem Leben eine wesentliche Rolle spielen sollte. Er begleitete sie nach Würzburg, wo er sich zwei Monate aufhält, reiste dann im Jänner 1869 wieder nach Petersburg, um bis Ende April zu bleiben und auch hier künstleri-

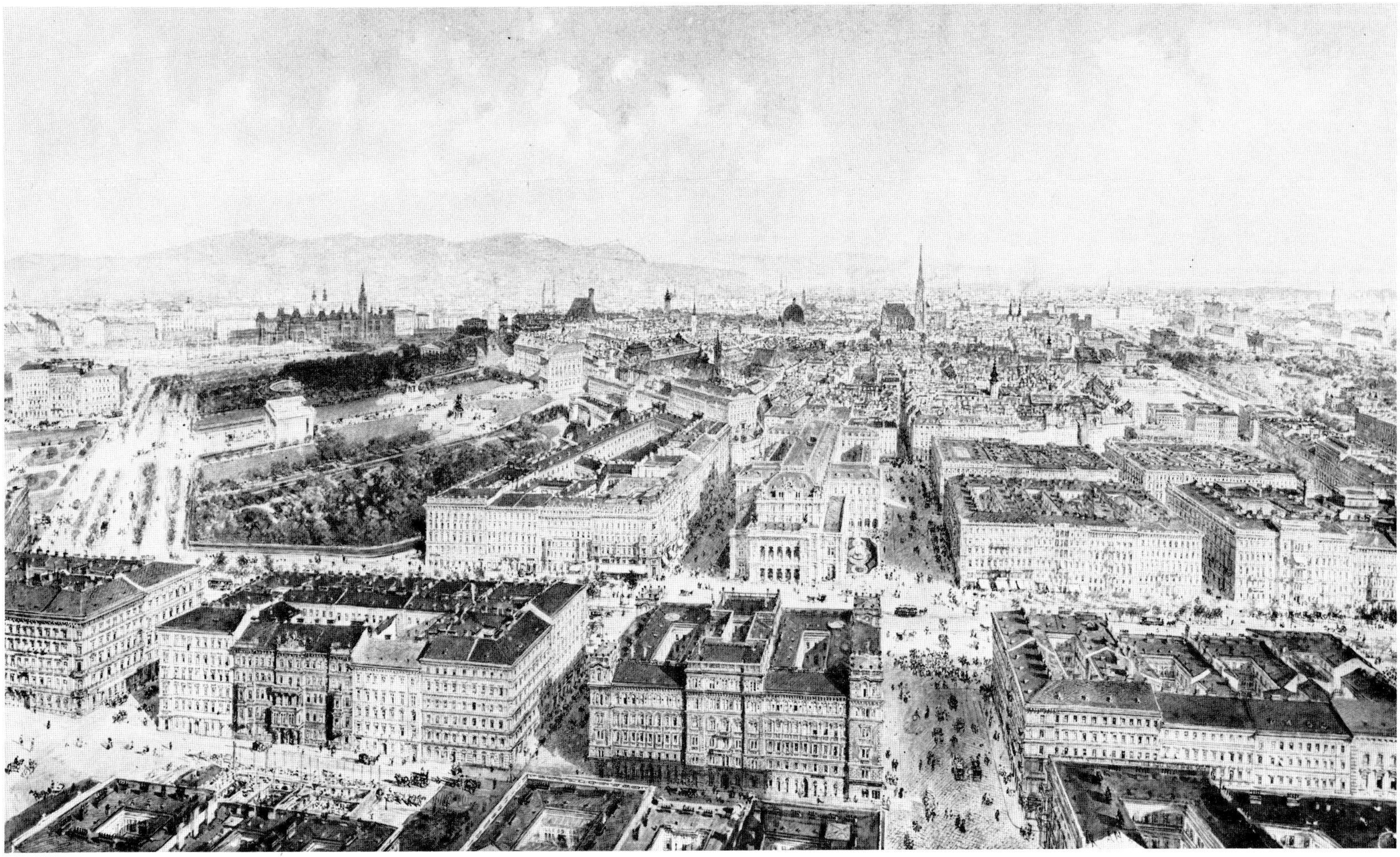

146. R. Alt, Blick von der Opernkreuzung in Vogelschau über Ringstraße und Stadt Wien, 1871

sche Aufträge der Baronin zu erfüllen. Dies war auch die Zeit, wo er sich mehr in Wien seßhaft machen wollte, der Eintritt in das Künstlerhaus vom 11. Dezember 1869 unterstreicht dies; er bleibt sein Leben lang Junggeselle und zieht mit der Schwester Karolina in einen Haushalt. In diesen Jahren entstehen seine schönsten Wiener Blätter.

Eine wichtige Reise sollte 1871 dann für ihn die nach Neapel sein, einer Stadt, die er so lange schon zu sehen gewünscht hatte. Er war natürlich zum großen Festtag der Eltern, der diamantenen Hochzeit, im Herbst 1871 zurück, und ihr Tod war für ihn dann auch ein noch gravierenderes Ereignis als für Rudolf. Franz nahm erst wieder 1873 seine Studienreisen auf, und zwar erst dann, als er in Wien beträchtliche Aufgaben für die Weltausstellung, nicht zuletzt gemeinsam mit seinem Bruder Rudolf, erfüllt hatte. Für Hölzels in Chromolithographie ausgeführtes Werk „Aus den deutschen Alpen“ unternahm von da an Franz Alt weite Reisen nach Tirol, Venetien, Paris, Florenz, Neapel und Capri, Fiume, Abbazia, Pola, in die Normandie, nach Deutschland und in die Schweiz. Im Jahre 1884 führte er noch vielfache Aufträge für Erzherzog Ludwig Victor und Karl Victor, den Großherzog von Toskana, den Prinzen Coburg an der Riviera, in Nizza, Cannes, Monte Carlo und am Comersee aus. Man kann das Werk des Künstlers auf weit über 2000 Blätter schätzen, doch täuscht der in solcher Aufzählung sich aufdrängende Eindruck von rastloser Unstetheit. Franz Alt war am liebsten daheim in Wien und in der Stille seines Zuhause in der Skodagasse, wo er in Ruhe seine Blätter ausführen konnte.

Doch damit greifen wir den Ereignissen allzusehr voraus.

XVII

In den Jahren gegen 1870 bringt Rudolfs wachsendes Ansehen ihm auch Aufmerksamkeit von Seiten der Akademien ein. Da war zuerst die Aufnahme zum Mitglied, dann das Angebot der Professur, das er ablehnt, und schließlich beginnt man, seine Werke für die Akademie zu erwerben[144]. Offenbar spielte dabei der Kunsthistoriker Professor Carl von Lützow tatsächlich die entscheidende Rolle, er legte der Kommission die Blätter vor und wählte sie wohl auch aus. Dies war für den Künstler ein äußerst wichtiger Anfang auch offizieller Beachtung. Dazu kam, daß Alts Geschicklichkeit ihn zu allen, auch zu den unglaublichsten architektonischen Zumutungen befähigte. Als 1869 Gottfried Semper und Karl Hasenauer den Plan für das „Kaiserforum“ schufen, jenes gewaltige Projekt, das die neue architektonische Formung Wiens krönen sollte, indem es die Neubauten um den Heldenplatz unter Einbeziehung des Nobile-Baus bis über die Ringstraße hinweg mit gewaltigen Triumphbogentoren zu den Hofmuseen zusammenzufassen plante, wird Alt beauftragt, nach den Plänen und Skizzen eine riesenhafte Perspektive auszuführen. Ähnliches hatte er schon vorher in kleineren Dimensionen im Auftrag der verschiedenen an den Ringstraßenprojekten beteiligten Architekten, am meisten allerdings für Hasenauer[145], öfter getan, ja er hatte sogar Varianten verschiedener Ideen gemalt, etwa bei Brunnenentwürfen, um diese ansprechend vorstellbar werden zu lassen. Zwar waren diese Aufgaben wahrhaftig künstlerisch seiner nicht würdig, sie wurden vielfach sogar von den Architekten signiert, die sich eben bloß seiner attraktiven Malweise versichern wollten, oftmals, um den Bauherrn zur Zustimmung zu bringen; sie waren aber Kunststücke ersten Ranges, deren erstaunlichste vielleicht die im Jahr

1869 zur Donauregulierung hergestellte Totalvogelschau der Stadt Wien[146] und nicht minder der Gesamtblick auf die Stadt von der Opernkreuzung her geblieben sind.
Mit der feierlichen Schlußsteinlegung fand am 1. September 1868 der Bau des Künstlerhauses seinen Abschluß, und der Reihe nach konnten nun die festlichsten Ausstellungen stattfinden, um der Öffentlichkeit eigene und fremde Kunst vorzuführen. Dies bedeutete eine Chance, aber auch eine Quelle steten Verdrusses; nicht alle Punkte der Räume genossen gleiches Ansehen, das Komitée wählte aus und lehnte ab, mußte auch ablehnen und beleidigte so manche der Maler, die Entscheidungen ihnen gegenüber nur als Intrige und Bestechung begreifen wollten. Um mit den daraus resultierenden Gruppierungen nichts zu tun zu haben, entzog sich Alt immer mehr dieser, wie er es nannte, „Seelos-Selleny Clique". Dennoch, als die Gesellschaft der bildenden Künstler im Herbst 1870 eine erste große Alt-Ausstellung einrichtete — übrigens zum überwiegenden Teil aus der Sammlung J. F. Gsells —, war dies doch der entscheidende Schritt zu weiterer Anerkennung. Rudolf Alt wird nun immer mehr zu einem Inbegriff Wiener Künstlertums, oder besser gesagt, der durch sein Schaffen Wien seinen eigenen Inbegriff bewußt machende Künstler. Als das Opernhaus von van der Nüll und Siccardsburg fertiggestellt und eröffnet wird, was am 25. Mai 1869 feierlich geschah, ist Alt auch schon an der Arbeit, es zu verewigen. Seit 1846 hatte er die Radiernadel nicht zur Hand genommen, aber als der Verlag der „Gesellschaft für vervielfältigende Kunst" 1870 mit dieser Aufgabe an ihn herantritt, meistert er auch diese Technik sofort perfekt. Dennoch ist er kein eigentlicher Graphiker, das wird auch hier ganz klar; welchen Reiz des Hell-Dunkel, des locker hingesetzten Strichs, der Lebendigkeit können seine Zeichnungen geben, und wie starr bleibt dagegen die Arbeit auf der Kupferplatte[147]. Aber ein noch viel umfangreicherer Auftrag fällt in diese Zeit, Alt stellt für Quirin von Leitners „Monographie des Kaiserlichen Lustschlosses Schönbrunn" (erschienen 1875) von 1870 bis 1874 siebzehn Radierungen nach Vorzeichnungen her. Sie sind gewiß nicht alle gleich im technischen Gelingen[148], dennoch stellen sie, im ganzen betrachtet, seine graphische Meisterleistung dar[149]. Sehr bewußt versucht hier Alt, sich an seine großen Altwiener Vorgänger Schütz und Ziegler anzuschließen. Ein Blatt stellt er sogar, allerdings mit einigen Variationen, als genaue Kopie nach Schütz her.
Ansehen macht beliebt. Immer mehr gute Freunde finden sich bei Alt ein, die ihn für Gelegenheitsarbeiten — Geburtstagsbilletts, Weihnachtsgrüße, Jubiläen — auszunützen wissen. Der gesellige Künstlerverein „Grüne Insel", dem Rudolf auch angehört (er trägt dort den Namen „Ritter Conrad der Heuler"), läßt durch ihn ein Widmungsblatt für Grillparzers 80. Geburtstag herstellen, die „Erzherzog Albrecht-Privatbahn", die in Galizien ihren Betrieb aufgenommen hat, wird durch ein köstlich ausgestattetes Blatt geehrt, und manche seiner Bekannten erwarten dies wie einen selbstverständlichen Dienst.
Endlich, im Juni 1871, zieht es ihn wieder nach dem Süden[150]. In Venedig der erste Schock: Die Markuskirche wird restauriert, ist völlig eingerüstet. „Der erste Blick auf den Marcusplatz hat mir eine solche Ohrfeige versetzt, daß ich momentan im Stande gewesen wäre Venedig zu verlassen — die Marcuskirche, die mir als erste, brillanteste Ausbeute dienen sollte, ist, o Entsetzen zum großen Theile mit Brettern verschalt! Trostlos ging ich gestern Abend herum —". Aber der Aufenthalt wird dann doch mehr als ergiebig. Er verbeißt sich in das schon so oft von ihm gemeisterte Motiv des Hofes im Dogenpalast;

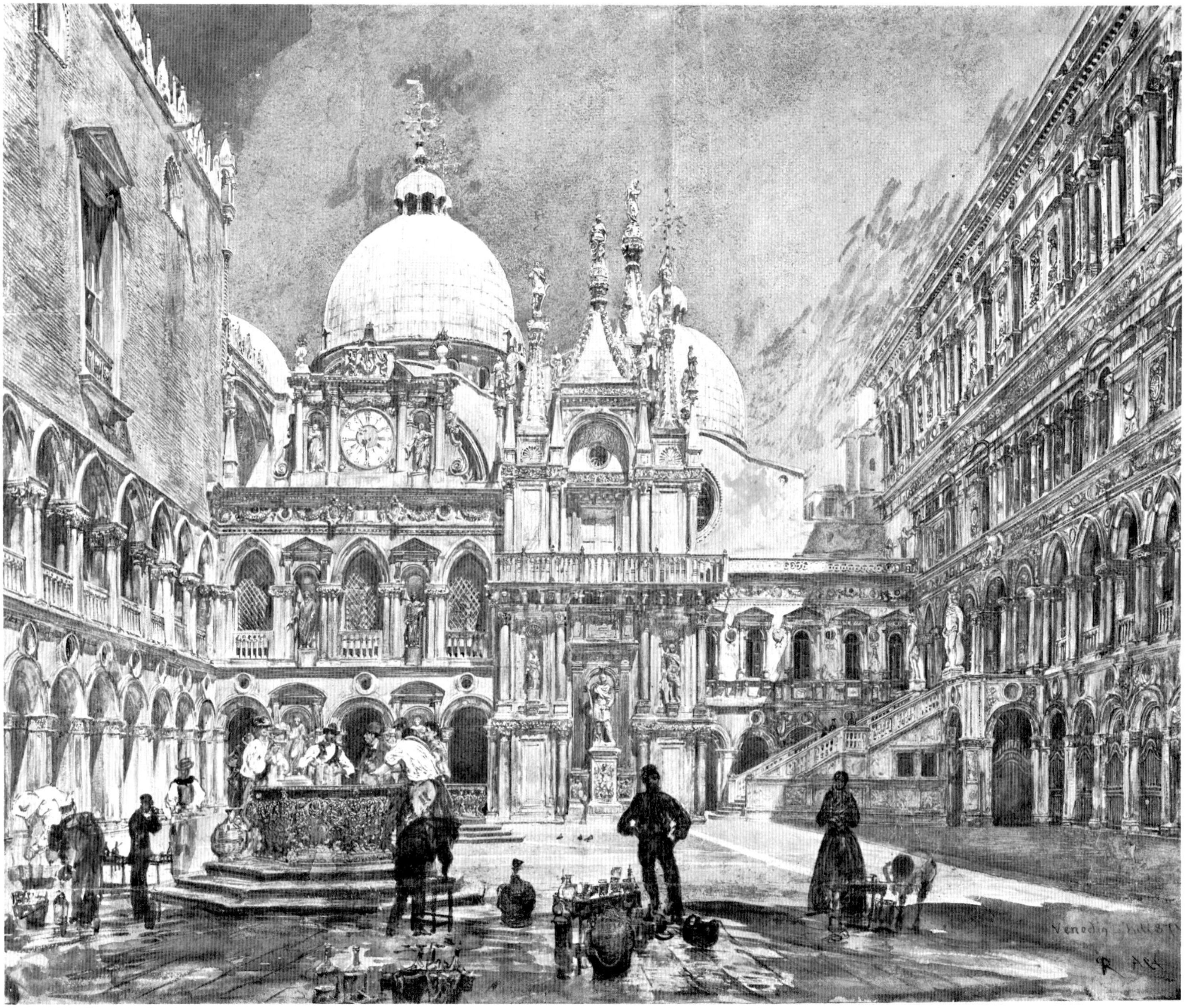

147. R. Alt, Der Hof des Dogenpalastes in Venedig, 1871

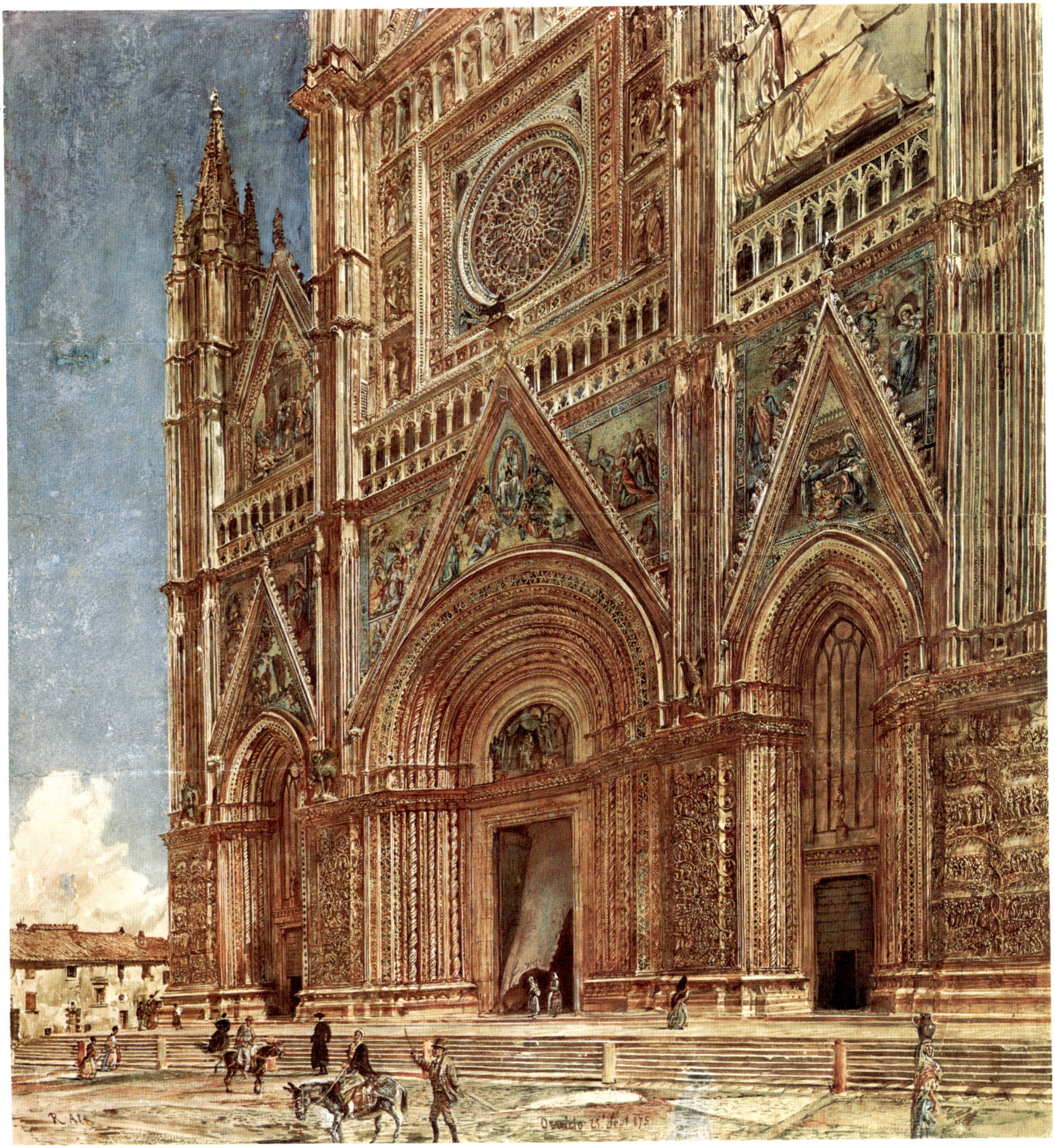

148. R. Alt, Die Fassade des Domes von Orvieto, 1875

noch niemals hat er in dem Gleichmaß der Architektur aber jene freie Lebendigkeit, jenes aufleuchtende Spiel in Licht und Schatten so zustandegebracht wie hier in der Fülle der Julisonne und noch niemals hat er die Repoussoirs so breit, so frei hingemalt wie hier. Noch ein zweites Mal, in den ersten Septembertagen, setzt er sich vor das Motiv, von der anderen Seite her gesehen[151], und wieder ist es der Kontrast von minuziöser Ornamentik und breitem malerischem Auftrag, der die volle Spannung herstellt. Er selbst sogar ist einmal nicht unzufrieden, beobachtet andere Maler, vergleicht: „Venedig 9. Juli 1871. Leider geht es mir sehr langsam, allein wenn ich sehe, was andere leisten und wie sie nichts zusammenbringen, so stehe ich noch immer jung da gegen die wirklich Jungen“[152]. Er erholt sich auch durch das Baden im Meer, hat angenehme Gesellschaft und verzögert so immer wieder seine Abreise. Am 9. September aber ist er in Bologna, beschließt, gleich weiterzureisen und schreibt an seine Frau Berta: „Bologna wäre nicht so schlecht in malerischer Beziehung, ja es ist sogar interessant, aber ich bin jetzt so an Venedig gewöhnt, daß es wirklich schwer ist für eine Stadt, selbst eine alte italienische, mir zu gefallen. Es geht mir schon so wie mit Dir, liebe Bertha, seitdem ich mit Dir so gewöhnt bin, kann mir auch keine Frau mehr gefallen, selbst wenn es eine alte italienische wäre —“[153]. Er geht nach Orvieto, wo er sich fast Unmögliches zumutet; „Fünf Tage sitze ich schon wie angenagelt vor dem Dom“[154], dann reist er nach Siena weiter, wo ihn ähnliches erwartet: „Der Dom hat mir aus dem Traume geholfen und ich werde ihn kaum in die Arbeit nehmen, denn ich habe an dem von Orvieto genug, bei dem ich mich aufgeopfert habe bis zur Apathie“[155]. Er malt in der Stadt — den Torre del Mangia, Palazzi, das Winkelwerk und dann, während er auf die Erlaubnis, in den Gartenanlagen zu arbeiten, warten muß, doch den Dom, den hochaufschwingenden Raum mit der Kanzel, was wiederzugeben schon fast ein Pinselwerk überschreitet.

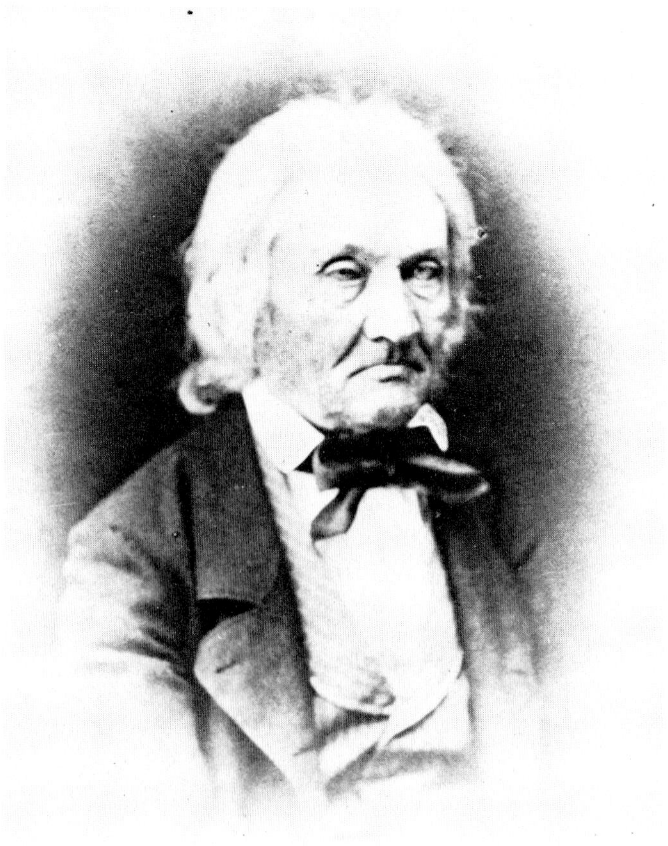

149. Jakob Alt in den letzten Lebensjahren

Aber Alt ist nun jemand, die Händler in Wien bemühen sich um ihn; Neumann zum Beispiel sagt ihm, man müsse ihm wohl, wenn er zurückkehre, ein paar Stationen entgegenfahren, wenn man etwas von seinen Sachen bekommen möchte. Das freut ihn sichtlich, wenngleich er — und das zu Recht — darüber enttäuscht ist (15. Oktober 1871), daß der österreichische Staat nicht Gsells testamentarischen Wunsch erfüllt hat, dessen Sammlung geschlossen zu erwerben. Sie wäre

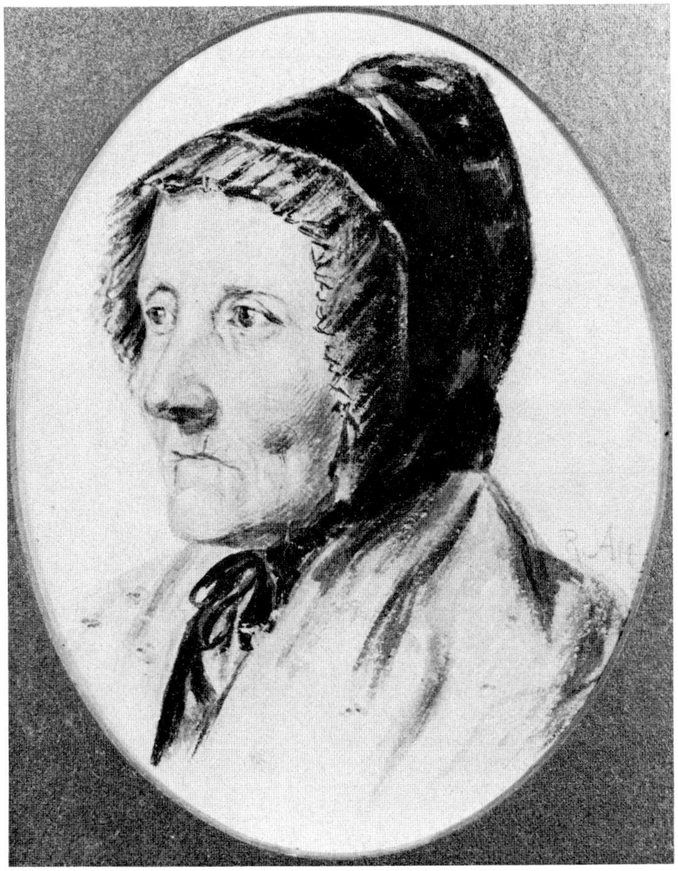

150. R. Alt, Bildnis der Mutter, 1872

bis heute ein unschätzbarer Bestand des Alt'schen Werkes geworden, so aber zerflatterte alles kurz danach in alle Welt. Ende Oktober bricht Alt in Siena, als plötzlich Kälte einfällt, auf und kehrt heim.

Er kommt eben zurecht, die diamantene Hochzeit der Eltern am 12. November 1871 zu feiern; mit dem Vater verbinden ihn glückliche Erinnerungen und dankbar empfindet er auch für ihn. Eben auf dieser Reise drückte er dies einmal aus: „Freue mich, daß der Großvater meine paar Worte so herzlich aufgenommen hat" (Siena, 10. Oktober 1871). Der Bruch mit der Mutter beruhte auf der Entzweiung mit Franz; er scheint bis zum Tod nicht mehr überbrückt worden zu sein. Nur Monate nach der gemeinsamen Familienfeier stirbt Anna Alt am 18. August 1872, und bereits am 30. September folgt Jakob ihr nach. Begraben wurden beide am Matzleinsdorfer evangelischen Friedhof. Der künstlerische Nachlaß wurde im Frühjahr 1874 im Künstlerhaus ausgestellt und dann in einer Versteigerung als das bleibende Ergebnis dieses arbeitsreichen, fleißigen Lebens vom 17. bis 29. Jänner 1876 in Wien veräußert. Diese Ausstellung umfaßte 388 Katalognummern.

Dieses Frühjahr 1872 sollte von besonderer Bedeutung werden. Es ist das erste Mal, daß Rudolf in einer Ausstellung so recht in den Vordergrund treten konnte, im Künstlerhaus zeigt man 58 Aquarelle, die allgemein Bewunderung erwecken. Man hatte den sechzigsten Geburtstag zum Anlaß genommen und konnte nicht ahnen, daß die Jubiläen des siebzigsten, achtzigsten und neunzigsten Geburtstages noch immer größer, erfolgreicher und staunenswerter folgen sollten.

Nun hatte sich Rudolf die Reise des Jahres 1872 ganz anders vorgenommen, er wollte tiefer in den Süden. An Venedig vorbeizufahren, dazu ist er allerdings nicht imstande; so sitzt er Mitte Oktober mit Ruben, den beiden Russ, Fux, Dumba, Schönn und anderen am Markusplatz bei Mond- und brillanter Gasbeleuchtung (!), doch dann treibt ihn schlechtes Wetter, Regen und wieder Regen, weiter. „Ich würde mir nichts daraus machen, könnte ich nur arbeiten dabei — aber meine Mittel dazu, alles würde gleich in eine braune Soß aufgelöst und endlich in ein Nichts zerrinnen" (20. Oktober 1872). Er nimmt in Rom, das eben die Hauptstadt Italiens geworden ist, festes Quartier im Hotel Amerika und macht sich fleißig an die Arbeit. Die antike Architektur fasziniert ihn wieder, gewaltig, fast kristallin in ihrer klaren Größe stehen die Triumphbogen, die

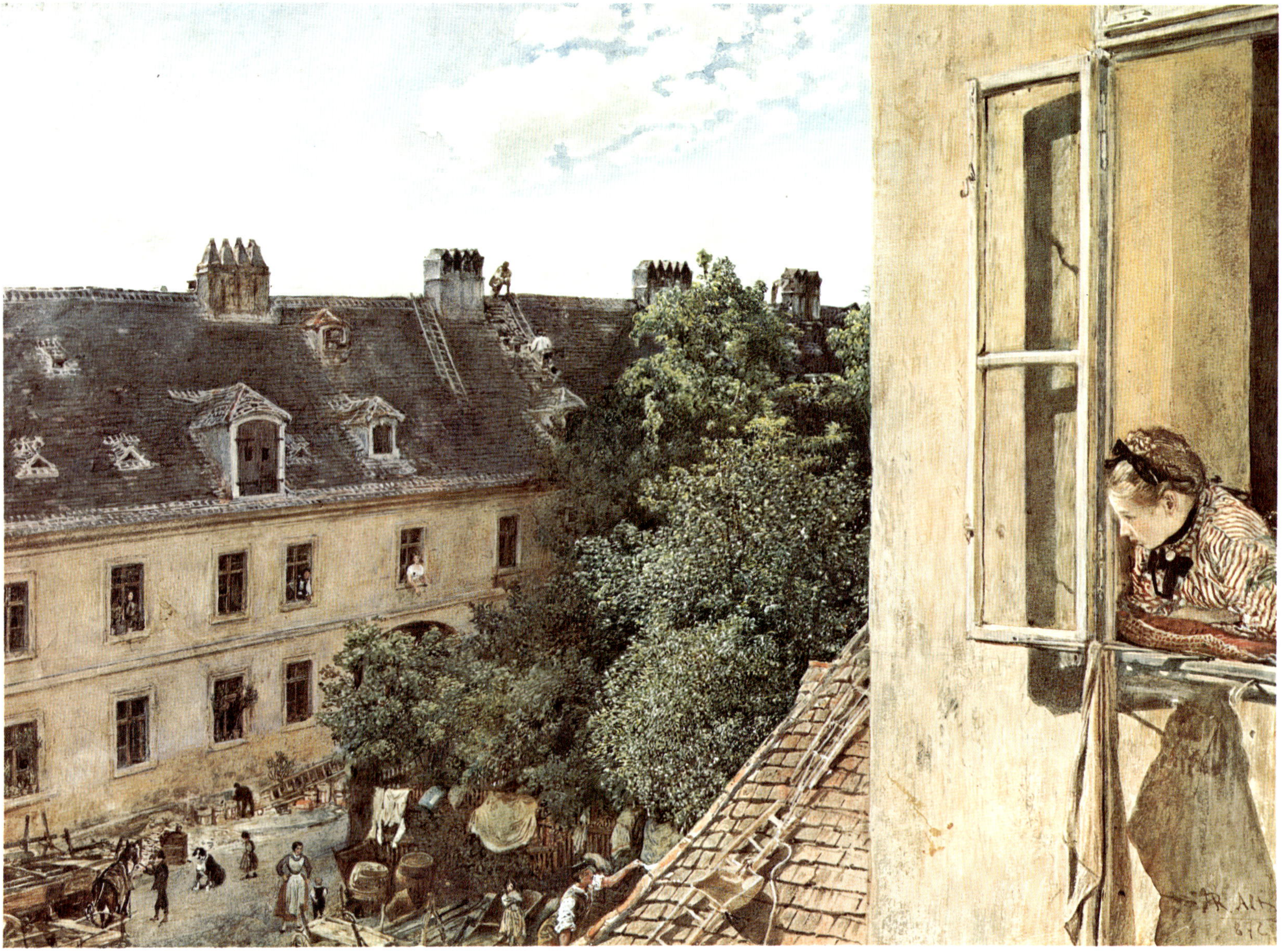

151. R. Alt, Blick aus dem Fenster in die Alservorstadt, 1872

edlen Ruinen und Reste. Alt hat einen scharfen Blick, was die Verschandelung betrifft: „Rom macht auf mich den alten, erhabenen, großen Eindruck, abgesehen von manchen Verschönerungen, die nicht sehr vom guten Geschmack der Römer zeugen“[156]. Im November arbeitet er an vier Blättern am Forum Romanum, „Ach wenn's schön ist, so ist es aber schon sehr schön hier; die Bäume sind noch völlig belaubt, ein blauer Himmel, wie man ihn sich nicht schöner denken kann, die reizenden Gärten, die es gibt, überall gucken die Orangenbäume mit ihrem saftigen Grün, beladen mit ihren goldenen Früchten, hervor.“[157] So bleibt er über Weihnachten, wo er dann doch die Einsamkeit besonders drückend findet und sehnsuchtsvoll an Wien denkt. Seine Frau berichtet anfangs Jänner, daß Plach in Schwierigkeiten geraten sei, doch er beruhigt, sie nehme sich sein Schicksal zu sehr zu Herzen, Plach schlage alle mit seinem Maul zehnmal tot, meint er, überdies sei er doch der einzige Kunsthändler, der sein Geschäft zu betreiben verstünde und der auch den Künstler weniger drücke als andere es tun. Dann beginnt er in Rom zu kränkeln, er fühlt sich oft schlecht, lebt sehr zurückgezogen und kehrt schließlich Ende Februar — bis dahin rastlos tätig — nach Wien zurück. Nun aber hatte er auch alle Eile dazu, denn große Aufträge warten hier auf ihn: Rüstete Wien sich doch zur Weltausstellung rings um die fertiggestellte Rotunde. Beide Brüder Alt haben mannigfache Mitarbeit zu leisten. Die Stadt wünscht für den Pavillon ein großes Panorama in Vogelschau; ein Album „Wien im Jahr der Weltausstellung“ (ausgeführt in Eduard Hölzels Kunstanstalt), das gemeinsam mit Franz hergestellt wird und die Beteiligung an der Ausstellung in der neuen Kunsthalle, die von der Künstlergenossenschaft eingerichtet, vom Kaiser feierlich am 16. Mai eröffnet und zu einem triumphalen Erfolg wird. Nicht weniger als für 66.465 fl werden Werke angekauft! Die Weltaussstellung selbst erreichte übrigens die sensationelle Besucherziffer von 7 Millionen und das alles unter den ungünstigsten wirtschaftlichen Auspizien. Hatte doch der Börsenkrach am 9. November eine katastrophale Situation geschaffen und auch der Ausbruch einer Choleraepidemie sich nicht minder lähmend auf das gesamte Leben ausgewirkt. Gerade nun im Strudel aller dieser Ereignisse wird Alt mit Wirkung vom 23. Dezember 1873[158] zum Vorstand der Künstlergenossenschaft (die er ohnedies nicht gerade liebt) gewählt und er hat in diesem Jahr nicht unerhebliche Probleme zu bewältigen. Die finanzielle Lage zwingt dazu, die Folge der Jahresausstellungen zu unterbrechen, mancherlei andere Schwierigkeiten treten auf, schließlich aber kann er doch auf ein erfolgreiches Amtsjahr zurückblicken. Nicht zuletzt war der größte Erfolg der, daß der Erzherzog-Protektor (wie man ihn nannte) Carl Ludwig das Grundkapital von 12.000 fl für drei jährlich zu vergebende Goldmedaillen als Künstlerpreise stiftete. Im Vorstand, der Alt in diesem Jahr zur Seite stand, waren Professor Heinrich von Angeli, Christian Griepenkerl, Ferdinand Laufberger und William Unger tätig. Der Verein selbst umfaßte zu dieser Zeit 48 Stifter, 234 Mitglieder und 24 Ehrenmitglieder, und Angeli erinnerte sich drei Jahrzehnte später noch sehr freundlich an diese Zeit, doch auch daran, daß ihm Alt recht verbittert schien. „Er hatte auch wirklich und wahrhaftig recht mit der Welt und den Menschen unzufrieden zu sein. Er hat nie etwas gehabt und alle Leute, die von ihm seine Bilder um einen Pappenstiel kauften sind an ihm reich geworden. Ich sagte ihm damals ‚Gehen Sie doch nach Paris oder London. Dort müssen Sie ja Millionär werden!‘ Aber er war ein Mensch, der an Wien nun einmal hing“[159]. Alt selbst hat später einmal an so etwas gedacht:

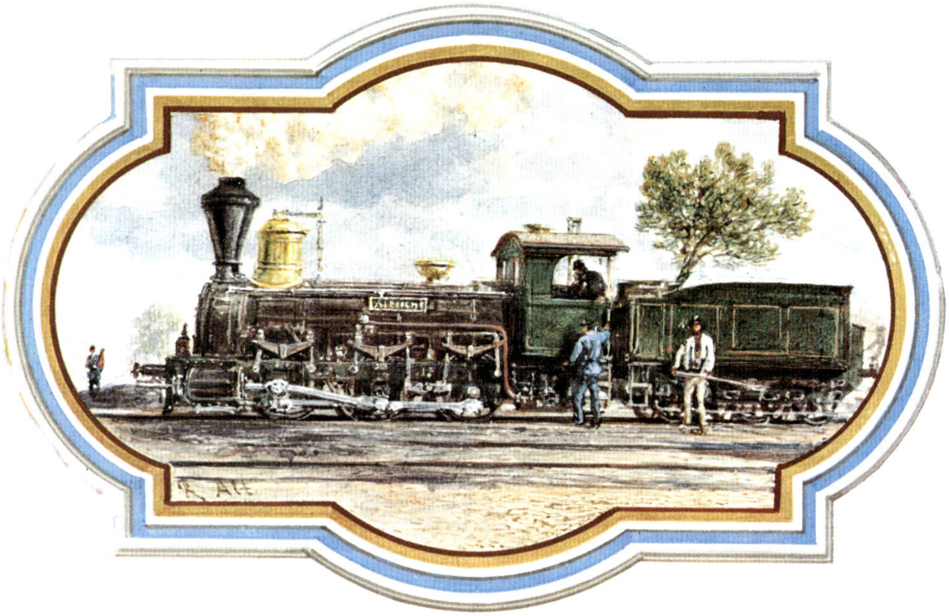

152. R. Alt, Dampflokomotive, um 1873

„Ich möchte es doch auch so gerne so weit bringen und mir Hunderttausende verdienen, wie es Künstler in Paris und London zuwege bringen", notiert er am 4. Oktober 1882 in Venedig, fügt aber hinzu, „es soll allerdings viel Schwindel dabei getrieben werden"[160].
Aber Auftrag um Auftrag kommt nun an ihn heran und wird von ihm getreulich erfüllt, mit aller Akribie und malerischer Delikatesse. So etwa bei der kleinen Lokomotive in dem Widmungsblatt für die Eröffnung der Eisenbahnlinie Lemberg—Stryj—Skole—Stanislau (16. Oktober 1873) oder bei jenem für einen Maler besonders unergiebigen Auftrag der Stadt Wien, die gesamten Aquaedukte der Wiener Hochquellenleitung zu konterfeien; der Gesamttitel lautet „Die Wiener Wasserleitung von der Quelle bis zur Stadt". Endlich ist es Herbst, endlich kann er wieder losziehen, er geht nach Trient und schafft hier in bisher dem Aquarell unzugänglich gewesenen Dimensionen einige wahre Meisterwerke.
Gleich die ersten Jännertage 1874 sollten aber — ausgelöst durch die Leistung für die Weltausstellung — für so manche Überwindung und Strapaze große Genugtuung bringen. Mit Wirkung vom 6. Jänner wird Rudolf Alt der Orden Eiserner Krone 3. Klasse verliehen, eine Auszeichnung, die mit der Erhebung in den Adelsstand verbunden ist und zur Führung des Prädikats „von" berechtigt, vorausgesetzt allerdings, der Ausgezeichnete sucht aufgrund dieser Berechtigung um Gewährung an. Es wird sich nie klären lassen, warum, doch jedenfalls suchte Alt darum nicht an und er erhielt daher auch die Erhebung in den Ritterstand nicht. So sehr er im Leben die finanzielle Sicherstellung seiner Familie, so sehr er die künstlerische Anerkennung für sich selbst suchte, Ehrungen waren ihm durchaus suspekt. Seine Historiographen Hevesi, Leisching oder Roessler baten ihn oftmals, doch die verschiede-

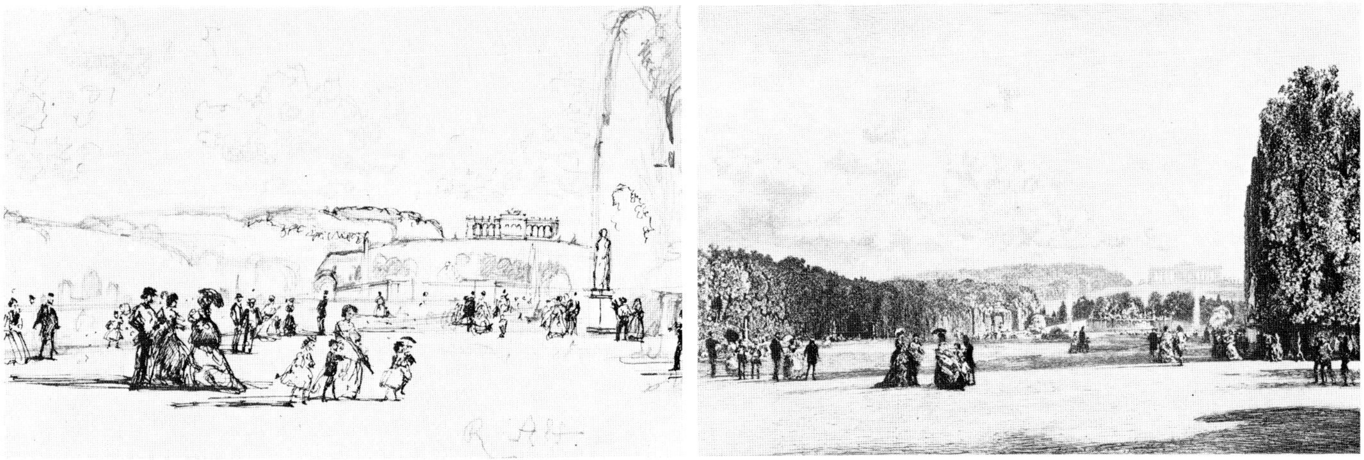

153. R. Alt, Studie im Park von Schönbrunn und ausgeführte Radierung, um 1874

nen, aus aller Welt zugegangenen Auszeichnungen mitzuteilen. Er wußte es gar nicht, wollte es auch nicht wissen und sprach verächtlich von diesen „Papierln". Vielleicht hat er zu dieser Zeit damals persönliche, vielleicht auch politische Gründe gehabt, das Adelsprädikat nicht zu wollen. Sein Ansuchen sollte er jedenfalls erst volle dreiundzwanzig Jahre später im Jahr 1897 stellen und die Nobilitierung erhalten.

Hatte die Akademie der bildenden Künste, wie schon gesagt, dem Künstler schon vor einiger Zeit durch Ankäufe für die Sammlung neue öffentliche Anerkennung geschaffen, so trat nun die höchste staatliche Kunstinstanz, das Ministerium für Kultur, auf den Plan, indem es dem Rektorat der Akademie die Mitteilung machte, man habe aus der Ausstellung der Künstlergenossenschaft das Aquarell „Mailänder Dom" um 500 fl erworben[161] und übergebe es der dortigen Sammlung; mehr noch, man hege die Absicht, dem Künstler Auftrag zu erteilen, hervorragende Baudenkmäler Österreichs in Aquarellen darstellen zu lassen und habe auch sogleich Ansichten des Wallenstein-Palais und auch des Belvedere in Prag bestellt. Die Akademie möge einen dritten Vorschlag vorlegen. Das Kollegium entschließt sich zu einem Alternativvorschlag: sowohl das Mausoleum neben der Domkirche als auch der Landhaushof mit Brunnen in Graz zählten doch zu den hervorragendsten Baudenkmälern in Österreich, „an Ort und Stelle wird sich Herr Alt je nach Lage der Dinge für das eine oder andere Object entscheiden". Von da an erhält der Künstler jährlich Aufträge, in großen Formaten seine Aquarelle — eine wahrhafte Krönung dieses Lebenswerks — zu schaffen. Alt hat sich auch unverzüglich mit großer Bemühung darangemacht, malt im August in Prag und im Spätherbst in Graz. Am 12. Dezember 1874 kann die Akademie die ersten drei — Grazer Mausoleum, Belvedere am Hradschin und Halle des Wallenstein-Palastes — übernehmen[162], und schon im Frühjahr 1875 teilt dann das Ministerium neuerlich mit: „Auch in diesem Jahr erlauben es die Mittel zwei weitere Aquarelle zu bestellen", und das sollte noch viele Jahre hindurch möglich sein.

Kaum, daß Alt im Herbst 1874 sein Grazer Blatt, wohin ihn seine Familie begleitet hatte, fertig hat, eilt er schon nach Venedig, wo er im Hotel

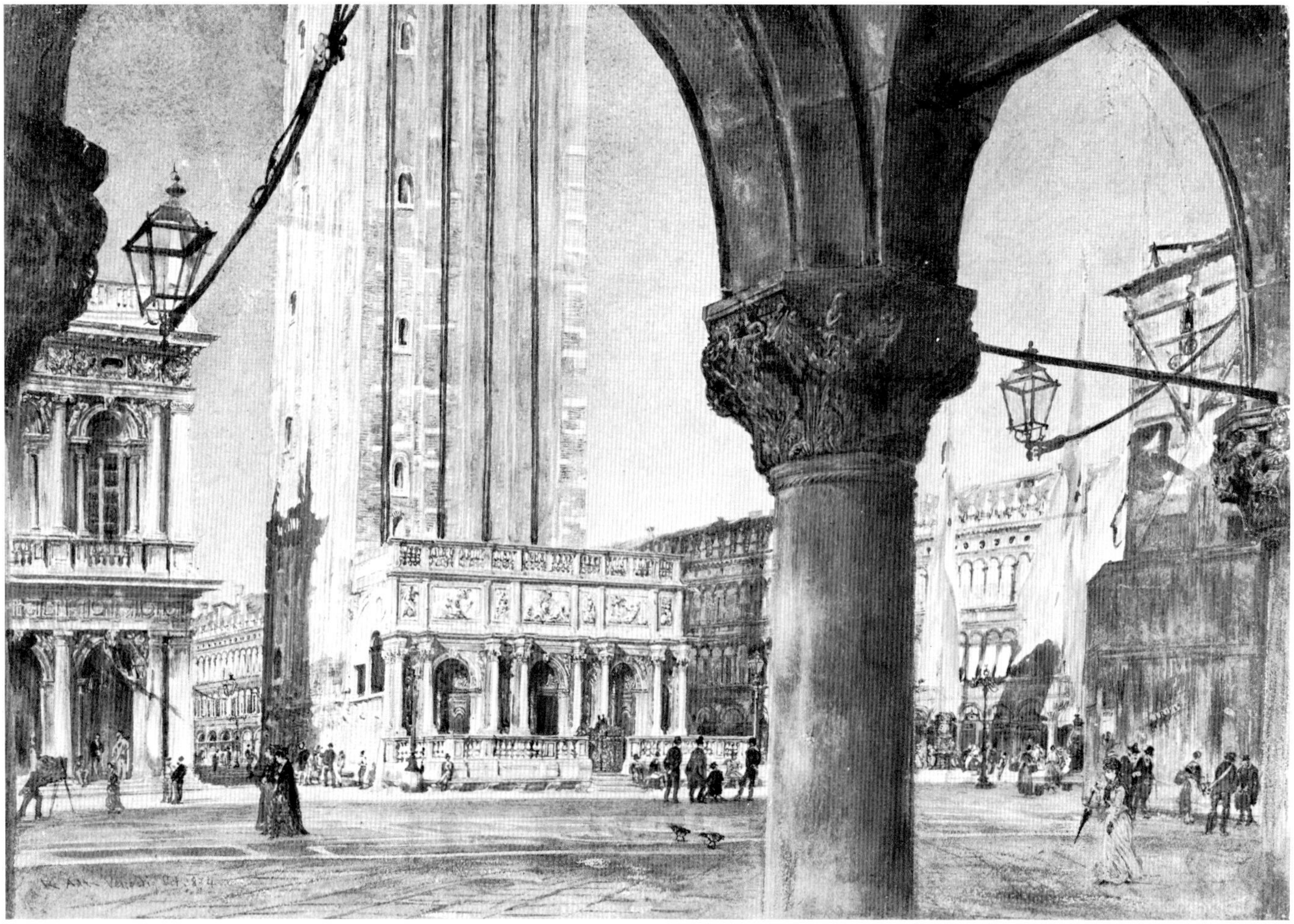

154. R. Alt, Blick aus den Kolonnaden des Dogenpalastes auf den Markusplatz in Venedig, 1874

d'Italie absteigt und anfangs in, wie er sagt, die scheußlichste Lage kommt, „da meine Tasche worin sich die Zeichnungen und alle meine Materialien befinden, sich von mir getrennt hat und statt nach Venedig, sich nach Triest begeben hat". So ist er anfangs zu dem ihm ungewohnten Spazierengehen verurteilt, sitzt aber fast die gesamte Zeit dennoch in der Markuskirche, „wo 12 sag zwölf Künstler darunter 3 Damen zeichneten und malten, in Wasser und in Öhl — dazu noch 5 in der Vorhalle der Kirche!!! Was und wie sie es machten ist die erbärmlichste Klexerei und Schmiererei unter Mühe und Plage vollbracht, daß es nur eine Schande ist — Ach wenn ich nur meine Materialien schon hätte"[163]. Doch dann bekommt er seine Tasche und ist rasch mitten in der Arbeit; „thatsächlich sitze ich um 7 Uhr früh nachdem ich am Marcusplatz gefrühstückt habe auch schon beim Geschäfte, ununterbrochen bis 12 Uhr; bei Bauer wird dann ein Gabelfrühstück eingenommen um nach 1 Uhr wieder weiter zu arbeiten was bis Schlag 6 Uhr dauert". Als sich

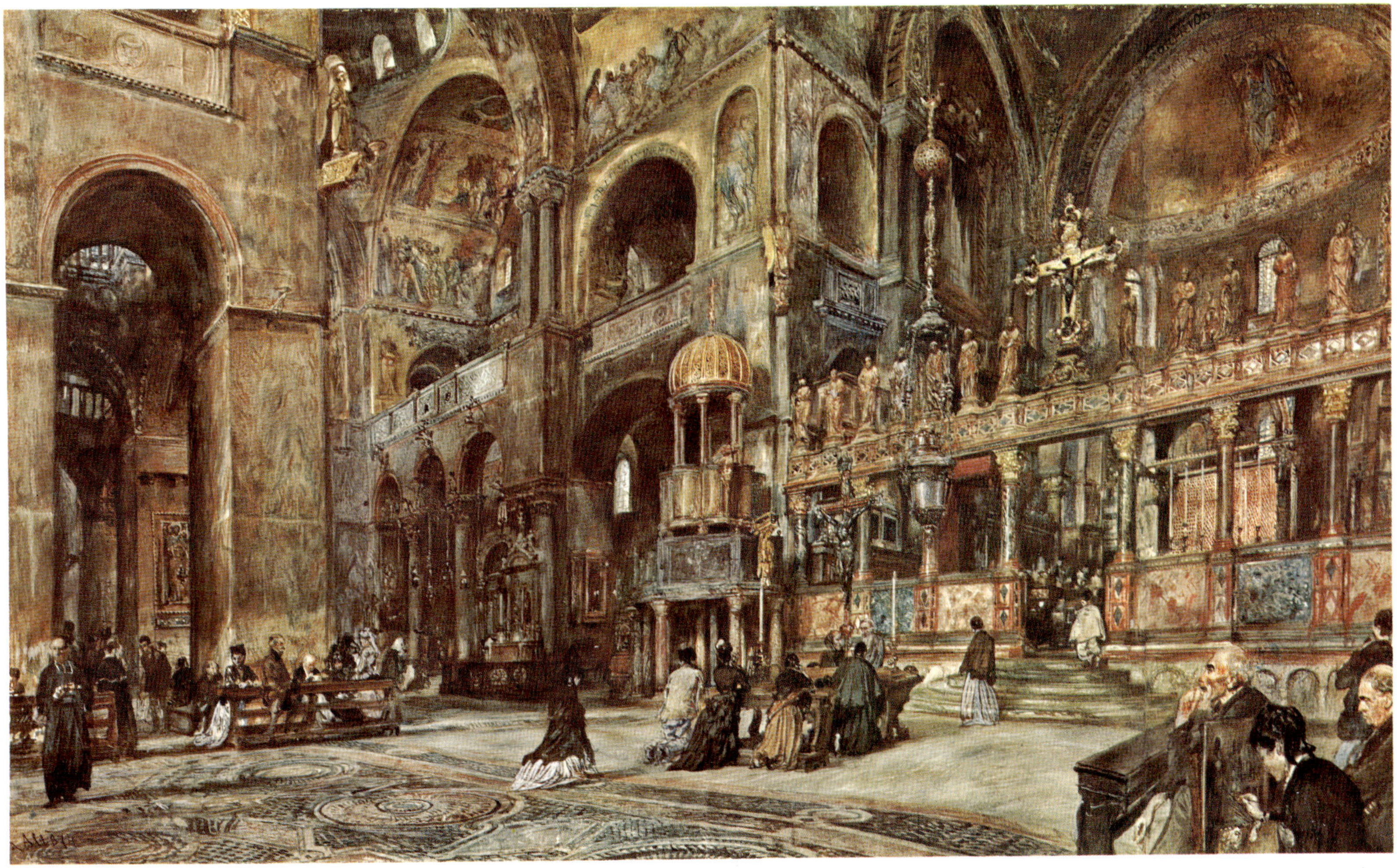

155. R. Alt, Das Innere von San Marco in Venedig, 1874

das Wetter verschlechtert, flüchtet er in die Markuskirche, fängt dort eine Zeichnung (wie er die Aquarelle stets nennt) an, muß aber, da es finster wird, schon früh aufhören. „Gesund bin ich, zufrieden und vergnügt auch, da mir die Arbeit so ziemlich, abgesehen von dem Mühevollen so ziemlich von der Hand geht". Er genießt die Musik am Markusplatz, spielt mit anderen Malerfreunden, mit Ruben und Passini, Tarock und fragt seine Frau besorgt, ob man ihm in Berlin (wo er eine Ausstellung beschickte) wohl kein Bild zurückgewiesen habe. Er kann in diesem Jahr nicht allzulange ausbleiben, da er Mitte November bei der Generalversammlung im Künstlerhaus anwesend sein muß und so kehrt er auch — allerdings mit einer Reihe ganz hervorragender Blätter — eher heim. Eben in diesem Jahr macht ihm seine Frau bittere Vorwürfe, er male immer wieder dasselbe, wer solle das schon kaufen, was man bei ihm schon kennt und man kann dies von ihrem Gesichtspunkt sogar begreifen; er verteidigt sich, halb scherzend, halb ernst, in einem Brief: Dies sei nur der deutlichste Beweis, „daß ich, bei Dir wenigstens, ein armes verkanntes Genie bin", denn „ich bringe doch immer wieder Neues nach Hause und auf die kurze Zeit, die mir dieses Jahr zugemessen ist wohl in mir bekannter Art — die Hauptsache ist und bleibt immer die, daß was ich mache immer gut ist, und das strebe ich unaufhörlich an — und wenn ich das Gute nicht erreiche, so ist es nicht Nachlässigkeit oder der Mangel an gutem Willen, sondern der des Könnens"[164].

Der Auftrag des Ministeriums lautet für 1875: 1. Die Halle des Schlosses Trient, 2. Domplatz daselbst, 3. Schloß Taufers in Tirol und 4. Innenansicht des Schlosses Porcia in Kärnten. Am 15. Dezember kann Alt zwei Werke übergeben, die am 15. Jänner 1876 von Lützow für die Akademie übernommen werden. Nun hatte sich schon in Venedig ein deutliches Fortschreiten seiner schmerzhaften Gicht gezeigt, die durch das jahrzehntelange Stehen und Sitzen im Freien, in kalten Kirchen und Schlössern, vor der Natur bei jeder Witterung, nahezu selbstverständlich sich eingestellt hatte. Eine Badekur wird unvermeidlich, und so verbringt er zum ersten Mal in diesem Sommer mehrere Wochen in Teplitz. Seine Tochter Hermine begleitet ihn, und schon bald kann er über eine deutliche Besserung nach Hause berichten. „Ich kann schon recht hübsch herum gehen, nur thun mir noch immer die Knie wehe, was ich besonders spüre wenn ich vom Sitzen aufstehe; allein auch das wird sich verlieren"[165]. Aber für Alt gibt es einfach kein Pausieren; zwischen den Bädern und Behandlungen wird gemalt, er findet, wie er sagt, kein anderes Mittel zur Beruhigung als die Arbeit[166], und so entdeckt er den Schloßpark mit seinen herrlichen alten Bäumen in allen Nuancen abgestufter Grüntöne, unter denen Menschen ruhen oder gehen, sich einbetten in die Naturwelt zu einer großen, niemals ihm noch begegneten Einheit. Bemerkenswerte Blätter, die dieses Erlebnis eines völlig neuen Naturgefühls in sich tragen, entstehen, und es kann keine Frage sein, daß eben hier Wurzel und Ansatz zu neuen Wegen der Malerei sich anzeigen.

Bald fühlt er sich so weit gekräftigt, daß er die dem Auftrag des Unterrichtsministeriums nachkommende Reise nach Taufers antreten kann, wo er bei schlechtestem Wetter einige Tage allerdings unverrichteter Dinge verbringen muß. Ein trüber Geburtstag hier bei Gewittern und Wetterläuten, meint er. Um wieviel lieber wäre er noch bei der Familie, die in Schönbühel ihre Sommerfrische verbringt, doch was nützt es, die Aufgabe will erfüllt sein. Am 18. September endlich ist er fertig und kann weiter nach Trient reisen, wo es glücklicherweise doch wesentlich weniger rauh

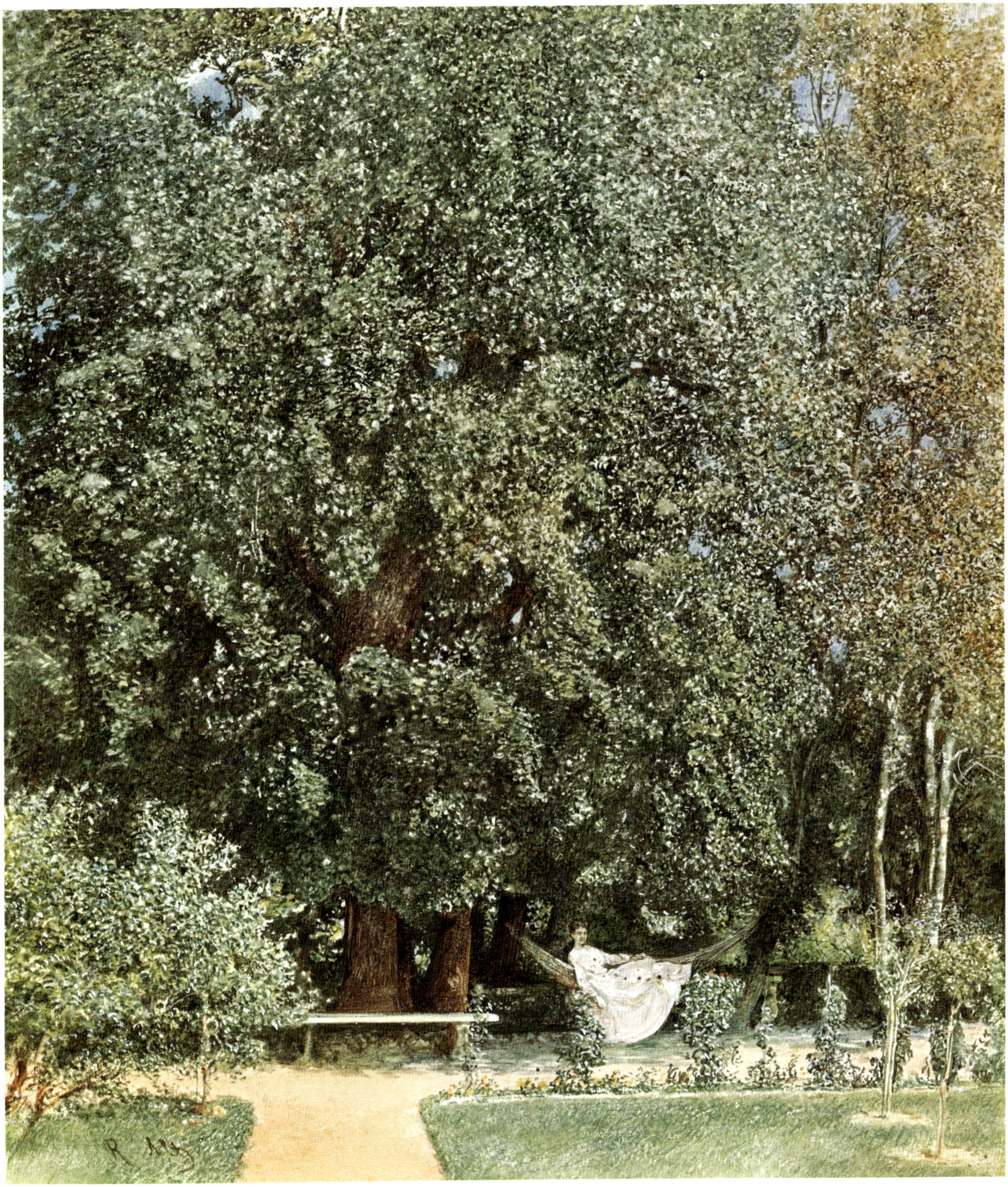

156. R. Alt, Im Schloßpark von Teplitz, 1875

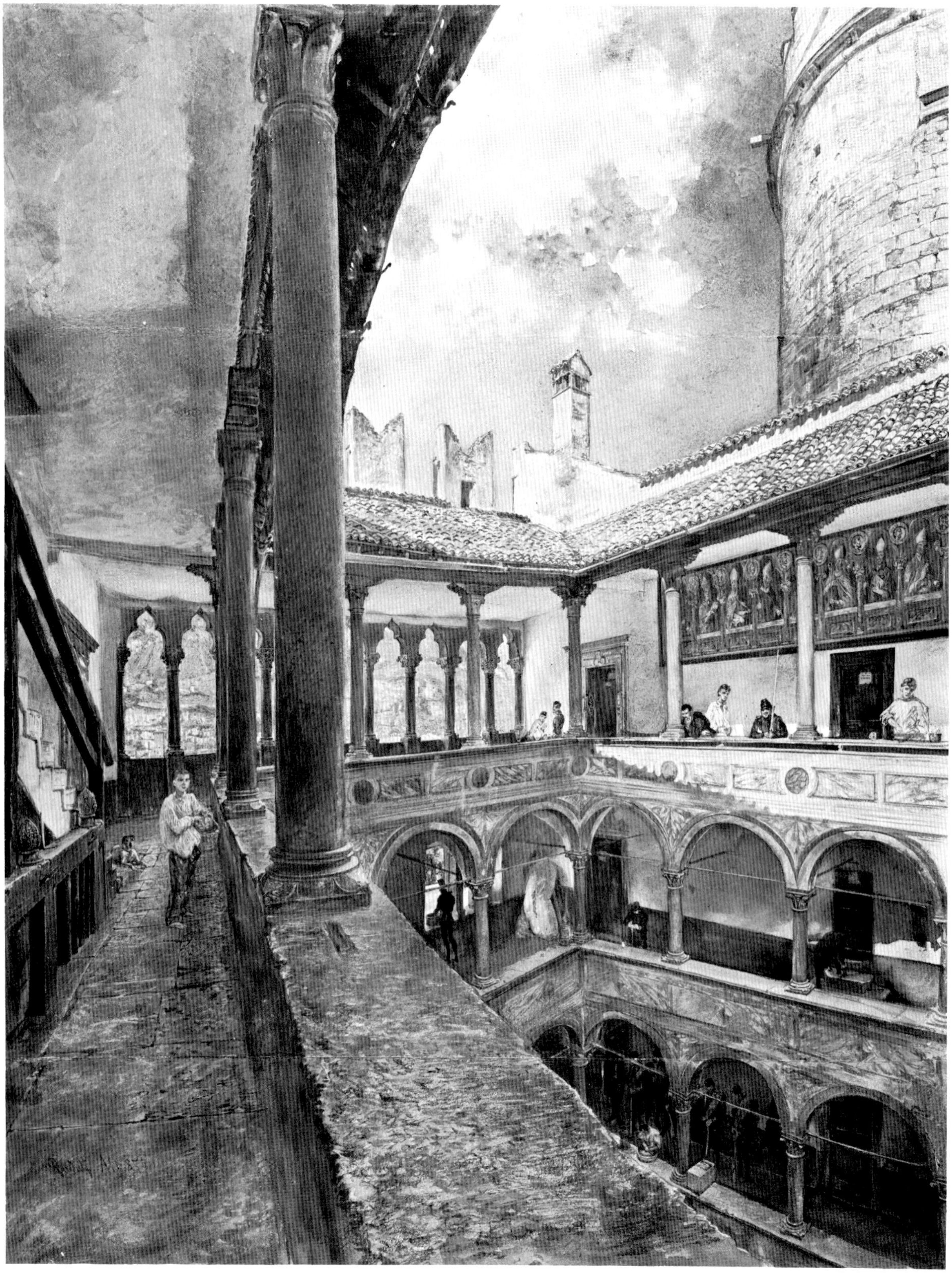

157. R. Alt, Der Hof des Kastells von Trient, 1875

ist; „mußte ich mich doch heute Abends mit einem Gefrorenen in dem nächsten Kaffeehaus erquicken und erfrischen nachdem ich den ganzen Tag im Castell gearbeitet hatte, wo, da es Kaserne ist, mir die Soldaten bei der Hitze noch den Comis-tabak unter die Nase rauchten“[167].

Im März 1876 folgt der neue Auftrag: Das Unterrichtsministerium stellt dem Künstler für zwei Aquarelle die Wahl des Themas völlig frei; er entschließt sich — nachdem Eitelberger zu Prag und Eger geraten hatte — für das alte Schloß in Eger und das Collegium Jagellonicum in Krakau. Das bedeutet eine Reise in die nordöstlichen Provinzen der Monarchie. Doch zuvor muß er die Kur in Teplitz ein zweites Mal absolvieren, er verläßt Wien und die Familie „mit rechtem Herzweh“ am 14. Juli, quartiert sich am folgenden Tag in Teplitz wieder im Hotel zum goldenen Schiff ein, findet endlich ein Dachzimmer, das er bezieht, weil er daraus die Aussicht auf den ganzen Park hat. Er meint, Hermine werde es natürlich finden — seine ersten Schritte schon sind in den Schloßpark gerichtet. „Der Park ist noch so als wenn nicht ein langer Winter zwischen unserem Scheiden von ihm und einem heutigen Wiedersehen läge“[168], und man sieht, was dieses Motiv ihm bedeutet. Hier in Teplitz erhält Alt auch eine ihn doch sehr erfreuende Mitteilung: Auf der Weltausstellung in Philadelphia hat man ihm die goldene Medaille zuerkannt und er, der nie auf Äußerlichkeit, auf Ehren und sichtbaren Erfolg aus war, jetzt zeigt er sich davon berührt: „— wobei ich nur sonderbar finde, daß über die Kunstprämierung garnichts in den Zeitungen verlautet“, das ist sein Kommentar. Aber alles wird überdeckt von dem besorgniserregenden politischen Geschehen, von den Kriegsrüstungen Rußlands und der Türkei, die ihn bis zu solchem „Gefühl der Hilflosigkeit“ bringen, daß er sich oft nicht zu helfen weiß; nur

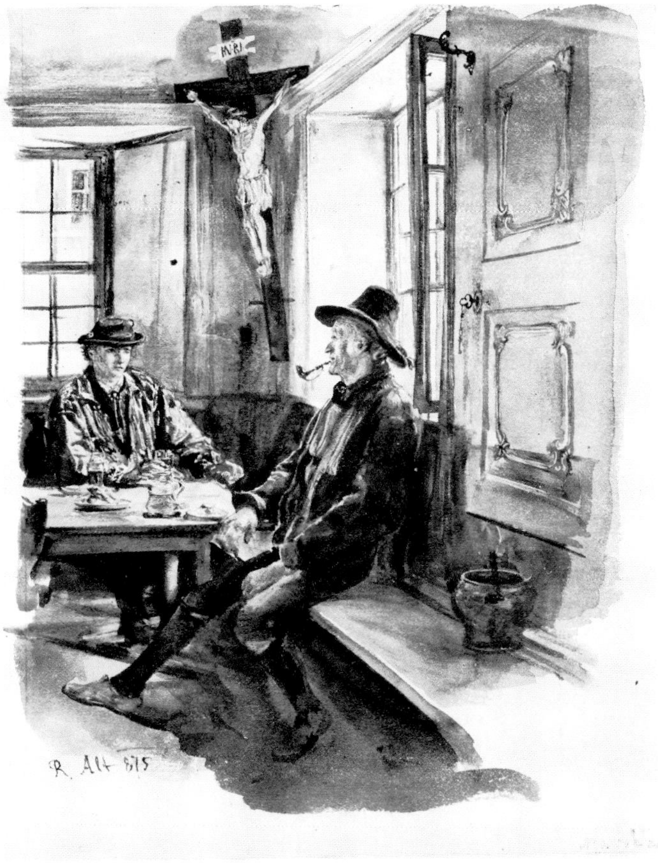

158. R. Alt, Im Wirtshaus von Sand in Südtirol, 1875

wenn er im Schloßpark malt, faßt er sich wieder. „Verfluchen thue ich die Machthaber, die nur ihren Eroberungslüsten folgen zu müssen glauben, die nur ihrem Ehrgeiz fröhnen.“ Wozu, fragt er, braucht man solche Herrscher, die nur der Befriedigung ihrer Abenteuerlust folgen und „damit das Glück, das Leben so vieler tausender von Menschen verwüsten“[169]. Aber seine körperliche Schwäche überfällt ihn immer deutlicher: „Es ist der schönste Tag geworden. Ich arbeite daher sehr fleißig — ich muß da durch Fleiß ersetzen was mir an Schnelligkeit abgeht. Das Zittern der Hand ist Schuld, daß ich langsam arbeite“[170]. Aber die vier Wochen der Kur vergehen bald, und danach eilt er nach Krakau; er atmet auf,

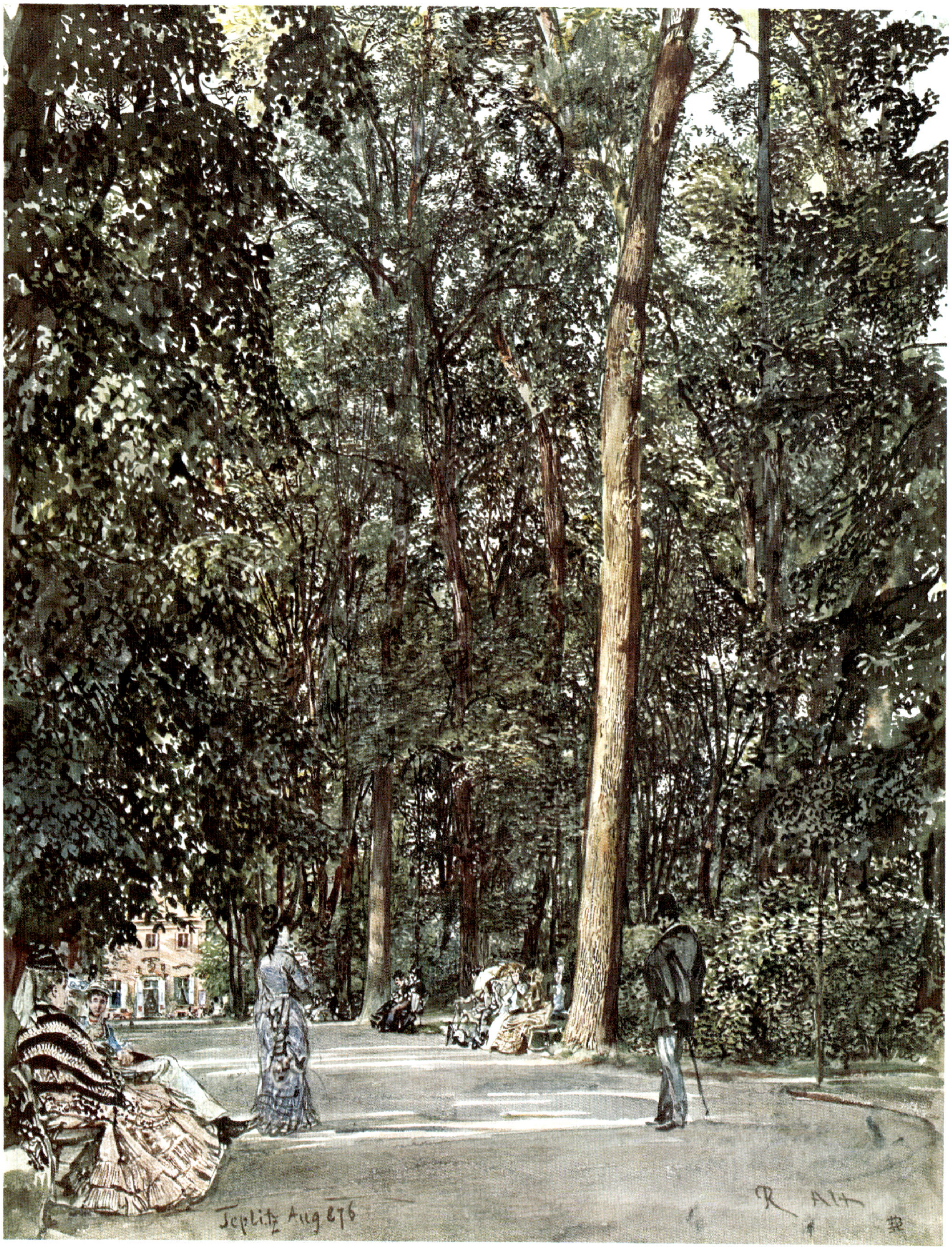

159. R. Alt, Die Allee des Teplitzer Schloßparks, 1876

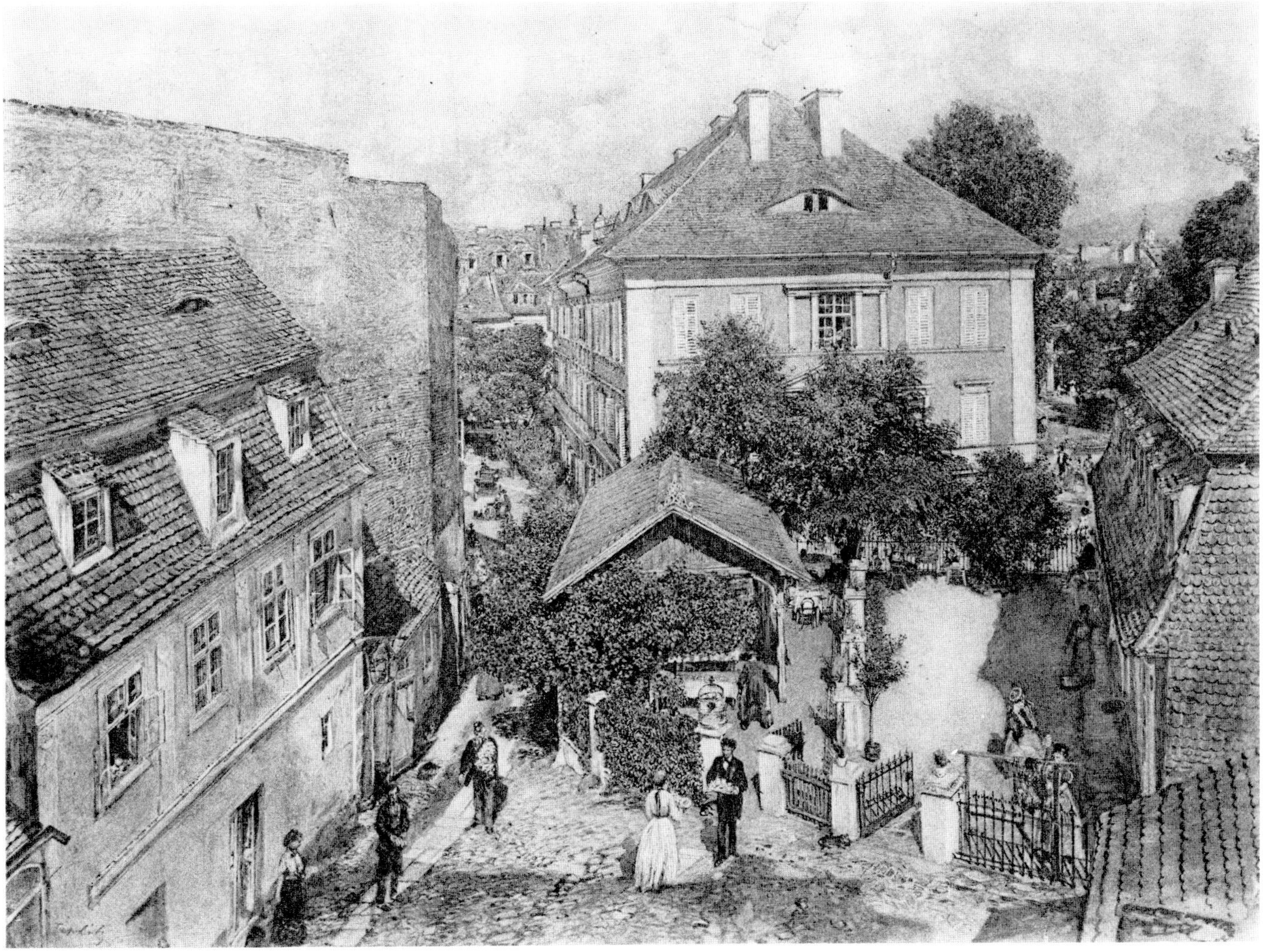

160. R. Alt, Gasthausgarten in Teplitz, 1876

nicht mehr „alltäglich“, besser „allnächtlich“ um 4 Uhr zum Bad aufstehen zu müssen, „par force“ zu schwitzen und alles das pflichtgemäß. Aber dann beginnt er doch zuerst den „Academieauftrag“ in Eger, wohin er am 20. August aufbricht. „Die Strafe folgte auf dem Fuße meiner besseren Eingebung nicht gefolgt zu sein, denn Eger ist sehr unbedeutend für meinen Zweck, so daß ich unentschlossen bin ein größeres Bild hier zu machen“. Von dem historischen Bau stehen nur mehr Wände, aber es ist noch immer das einzige Objekt, das sich bietet, „dadurch bin ich nun in die Verlegenheit gesetzt des ‚soll ich oder soll ich nicht‘ — denn fällt die Geschichte zu unbedeutend aus, so fürchte ich mir das Missfallen der Academie oder des Ministeriums zuzuziehen und hätte dann in der Folge auf nichts mehr zu hoffen“[171]. Er fängt dann doch an, entschließt sich, zu bleiben und arbeitet an einem großen Blatt mit dem Schloß (wozu er Nachmittagsbeleuchtung braucht) und vormittags an einem kleinen (einer Studie vom Hauptplatz),

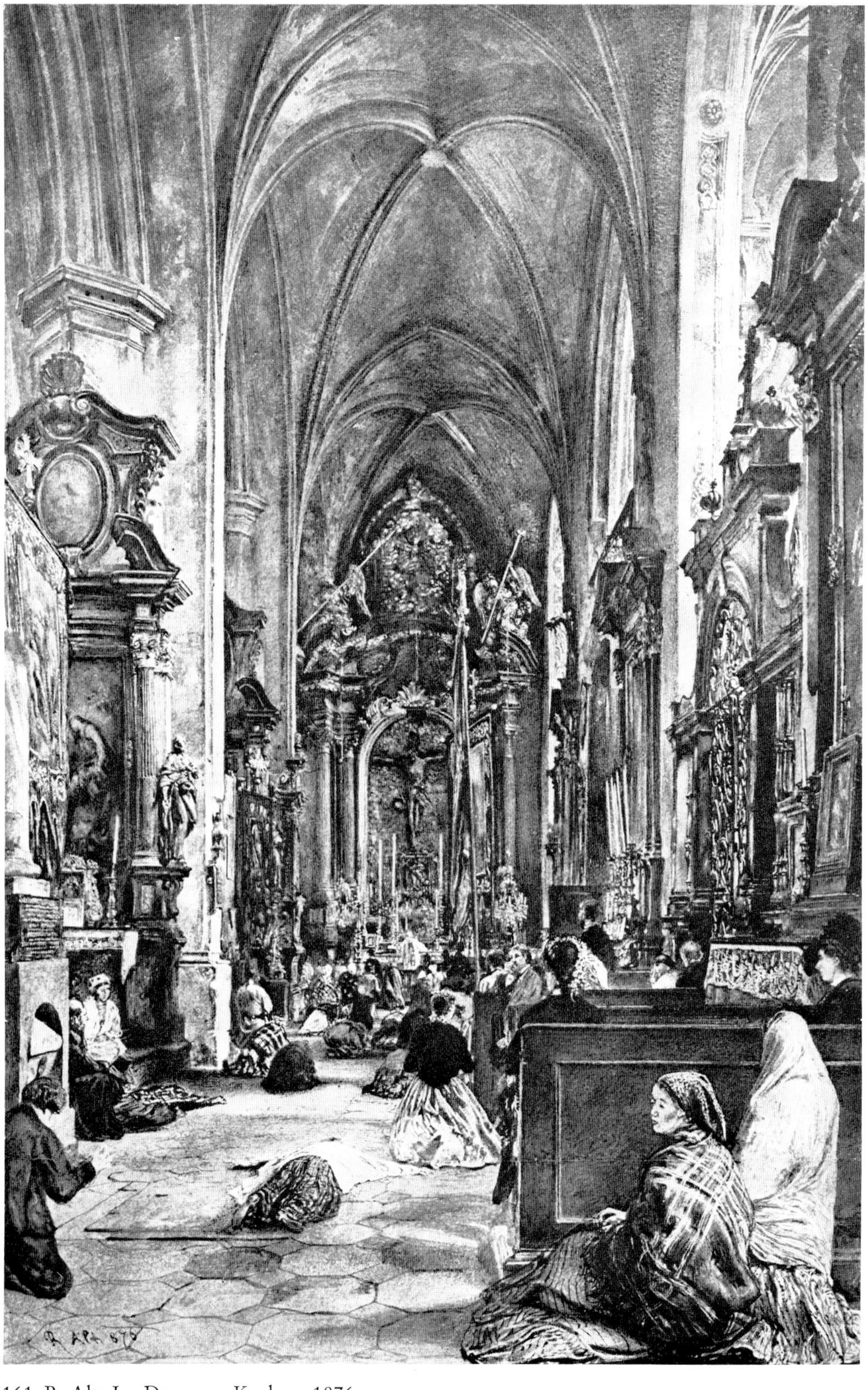

161. R. Alt, Im Dom von Krakau, 1876

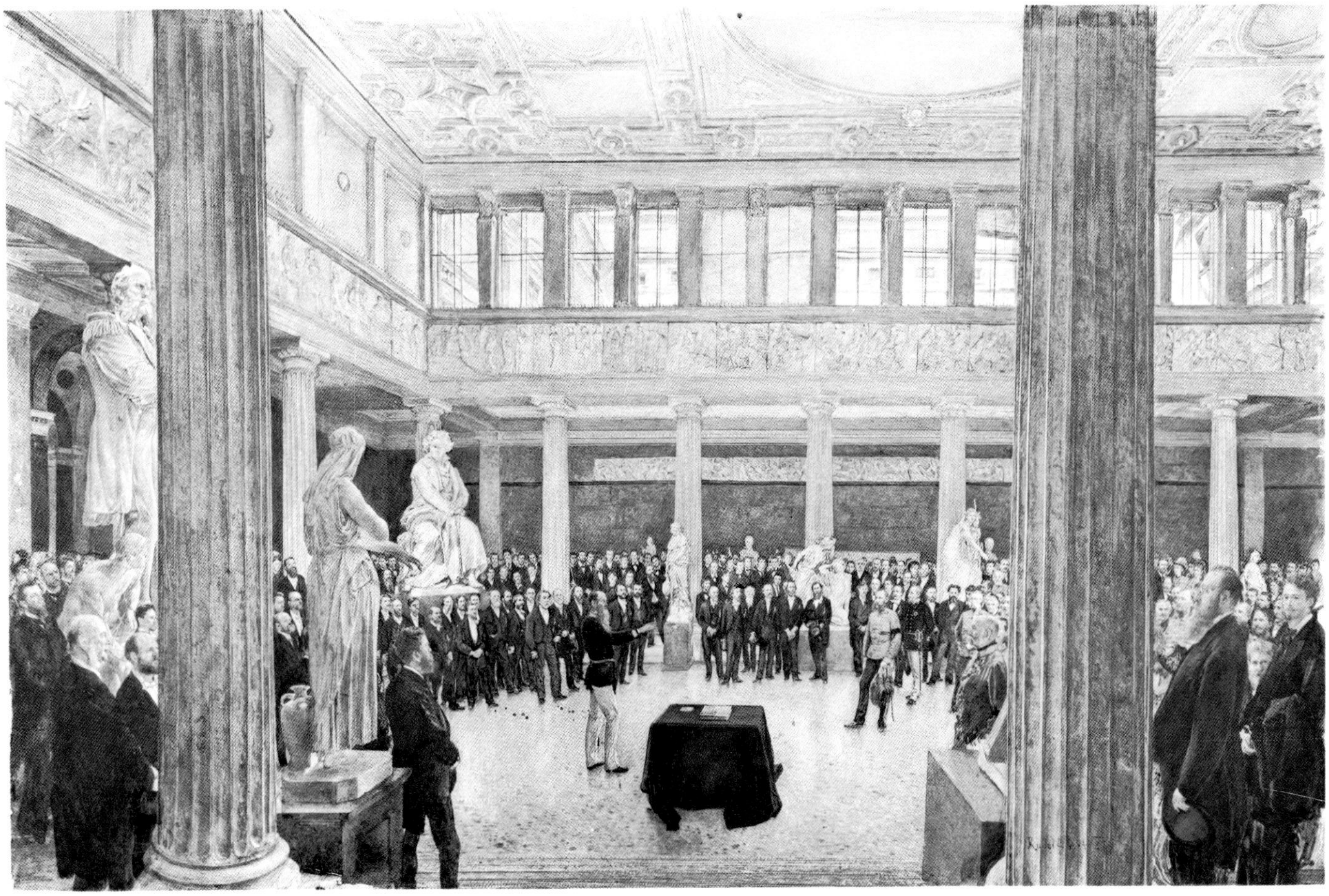

162. R. Alt, Die Eröffnung der Akademie der bildenden Künste in Wien am 3. April 1877, 1878

„was ein recht hübsches Motiv ist, nur ist dabei das fatale, daß der Kohlenruss mit dem die Luft hier angefüllt ist wenn sie drückend oder windig ist, sich ein solcher Kohlenruss Niederschlag auf meinem Papier wie nicht minder auf mich legt, daß ich nur mit Schmier in Schmier dabei arbeite“[172]. Mit den Blättern in Eger fertig, entschließt er sich doch zu der weiten Reise nach Krakau, er findet gerade dort viele schöne Punkte, wählt aber dann ein Hauptbild, an dem er bei jedem Wetter arbeiten kann[173], es ist die Innenansicht des Domes.

Noch im Herbst erkrankt er neuerlich ernsthaft, wie man aus einem Brief an Pepi Gallmeyer, die berühmte Chanteuse, erfährt. Hier spricht er von seiner „nicht endenwollenden dummen Krankheit“, die ihn an freier Bewegung hindert, ihn viel ans Bett fesselt, höchstens, daß er im Zimmer und von einem Platz zum andern sich bewegen kann[174].

Überschaut man die Leistungen dieses Jahres, die Auftragsbilder, die Wiener Werke, die Reichenauer Blätter (es sind vier, die er günstig verkaufen konnte) und vor allem die Studien im Teplitzer Schloßpark, so kann man von einer weiteren Entfaltung der neuen Lichtmalerei spre-

163. R. Alt, Erste Skizze des Eröffnungsbildes (Ausschnitt), 1877

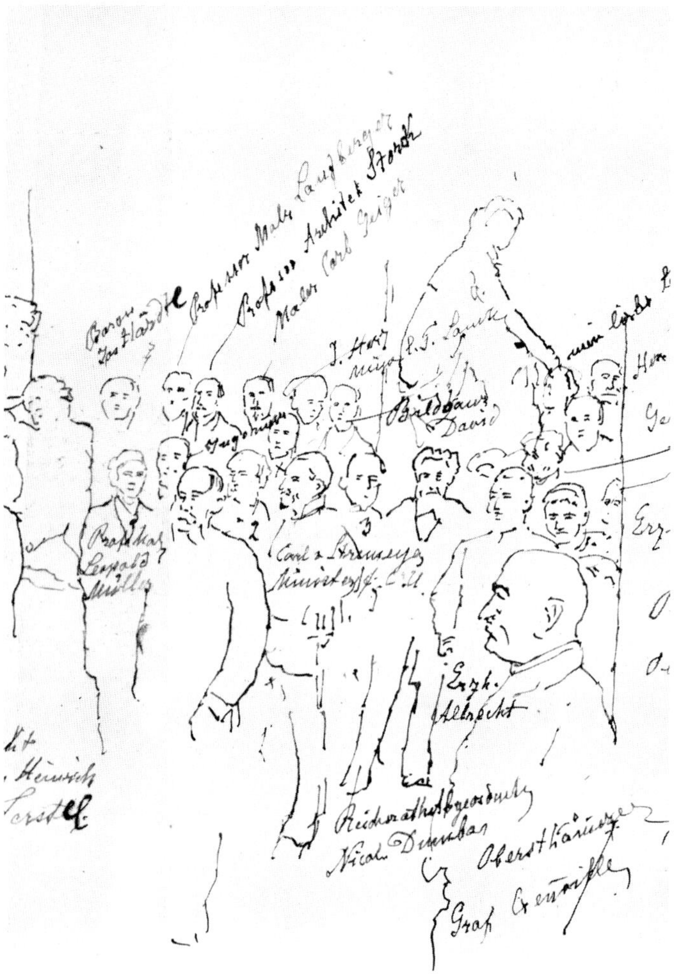

164. R. Alt, Vorstudie mit Namensangaben (Ausschnitt), 1877

chen. Eitelberger schon sagte zu diesen Werken, jetzt sei Alt auf der Höhe seines Schaffens[175]. Es geht nicht mehr um Probleme der Mittel, der transparenten oder deckenden Farben, nicht mehr um die technische Bewältigung von Perspektiven oder Staffagen, sondern darum, daß er jederzeit frei von jeder Einschränkung sich an das heranwagen kann, was er sich zum Ziel setzt. Er hat zu allem alle Mittel in der Hand. Was er aber tut, tut er nicht etwa als Virtuose, sondern als Künstler, der alle begrenzenden Konventionen übersteigt. Und hier genau dürfte der Ansatz dafür liegen, warum er eben jetzt immer mehr der Jugend als Inbegriff einer kommenden Avantgarde zu erscheinen begann. Nun allerdings, kaum genesen, macht er sich an den vielleicht kompliziertesten Auftrag seines Lebens. Das Gebäude der Akademie der bildenden Künste von Theophil Hansen war fertiggestellt und erfuhr am 3. April 1877 seine feierliche Eröffnung durch den Kaiser, in Anwesenheit des gesamten Kollegiums und der Spitzen des Wiener kulturellen Lebens. Seine Aufgabe war es, eine detaillierte Darstellung dieses Festaktes zu geben. Aus dem

165. R. Alt, Ausgeführte Porträtvorzeichnung (Ausschnitt), 1877/78

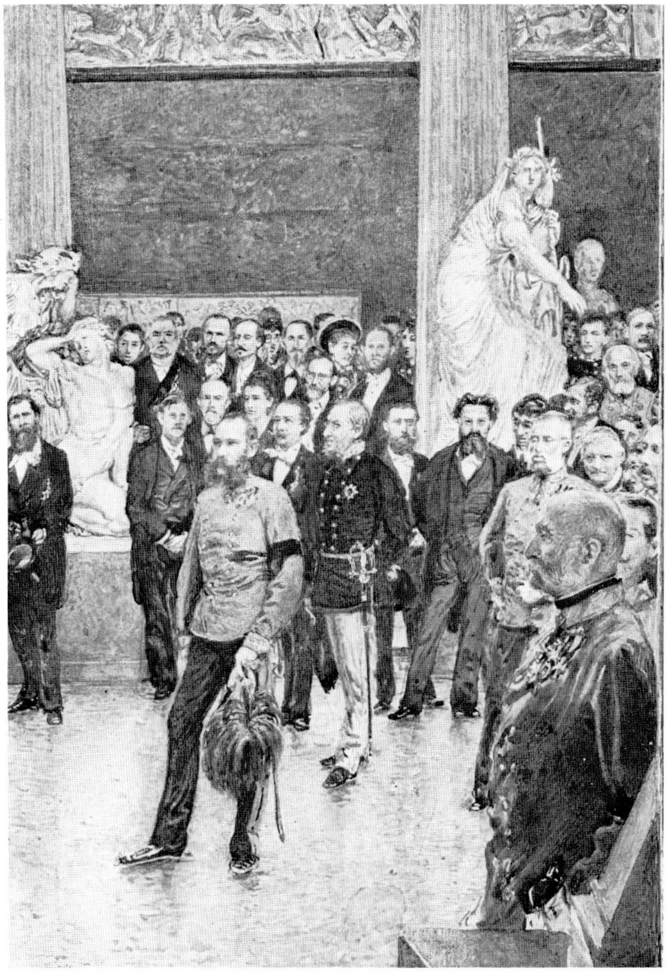

166. R. Alt, Ausgeführtes Aquarell (Ausschnitt), 1878

Durchblick zwischen zwei Säulen auf die im großen Bogen um die Hauptpersonen gruppierten, die große Halle füllenden Personen, gelang es ihm, eine wirkungsvolle Komposition mit der minuziösen Einzeldarstellung von höchster Porträtgenauigkeit zu verschmelzen. Zahlreiche höchst zeitraubende Studien gingen dem Werk voraus[176].

Es mag auch nicht uninteressant sein, zu verfolgen, wie mit seiner Berühmtheit — immerhin verleiht man ihm für das Blatt „Taufers" am 24. März 1877 die Erzherzog Carl Ludwig Medaille — sich nun auch die Preise für seine Blätter zu verändern beginnen (was allerdings zum Teil auf die seit 1873 veränderten Geldwerte zurückzuführen ist). Hatte er etwa 1850 für das Aquarell „Der Platz Hof in Wien" noch ganze 60 fl erhalten und 1865 Preise zwischen 70 und 90 fl, wobei selbst die großen Italienblätter die 100-fl-Grenze nicht überschritten[177] und er manchmal sogar pauschal „10 Blätter à 40 . . . fl 400, 15 dto à 20 . . . fl 300, 60 dto à 10 . . . fl 600 und 20 dto à 5. . .fl 100" verkauft hatte[178], so kann er nun[179] für die Italienblätter — sieben Stücke, die so ziemlich alles sind, was er von der letzten Reise noch besitzt — doch immerhin zwischen 300 und 600 fl fordern. Natürlich kam zu all dem, daß Alt alles eher war als ein Geschäftsmann; so antwortet er in einem Schreiben dem Grafen Trauttmannsdorf, der Aquarelle erwerben will[180], „Noch erlaube ich mir zu erwähnen, daß wenn E. W. mir erlauben — so würde ich pro Blatt 60 fl ansetzen, ungeachtet, ich im ersten Schreck für 50 fl mich aussprach — allein selbst das ist doch ein Bettelpreis und offen gestanden schäme ich mich dessen".

Und noch einmal, im folgenden Jahr 1877, macht er sich in Teplitz wieder im Schloßpark an die Arbeit. Sofort nach der Ankunft am 30. Juli sucht er sich das Motiv, „Einen Gegenstand, natürlich Baumpartie, habe ich schon"[181]. Das natürlich ist nicht nur selbstironisch zu verstehen, sondern zugleich auch programmatisch. Hierin liegt das eigentlich malerische Ziel, wenn er einmal ohne Auftrag arbeiten kann. Er macht sich noch verbissener, noch mehr das Lichterspiel suchend, an das Problem heran. Aber vor Flimmern und zitternden Blättern gerät er geradezu in Verzweiflung. Am 31. August meldet er sich noch immer von hier, immer noch mit diesen Studien beschäftigt. Mit großer Anteilnahme hat er den Krieg gegen die Türkei verfolgt, deren Partei er temperamentvoll nimmt; und so meint er: „Noch bin ich hier, wäre aber schon abgefahren und zwar direkt nachhause, denn ich habe keine Lust mehr, wenn ich nicht eine Baumstudie in der Arbeit hätte, die mein Schipkapass ist, der fast unüberwindlich ist und den ich dennoch besiegen muß, wenn auch noch 10.000 fallen müßten, d. h. Pinselstriche, damit nicht die ersten 10.000 umsonst gefallen sind —"[182]. Man hat festgestellt[183], daß in dieser Zeit Makarts üppige Farbigkeit und Malerei nun Einfluß auf Alt gewonnen hätten. Gewiß hat Alt Makart auch bewundert und sein Werk gekannt, war doch dessen Erfolg beispiellos: Als er z. B. im Dezember 1877 sein Gemälde „Einzug Karls V. in Antwerpen" im Wiener Künstlerhaus ausstellte, eilten nicht weniger als 23.000 Besucher in einer Woche dahin, um diesen neuen Höhepunkt der Wiener Kunst zu sehen! Vielleicht hat Alt auch unbewußt so manches auf sich wirken lassen, aber im tiefsten Kern haben beide nichts miteinander zu tun. Der Zusammenhang ist selbst im Farbigen rein äußerlich; vielleicht war dies dadurch auch verstärkt worden, daß Alt in diesem Jahr die Makartzimmer im Palais Dumba malte und daher intensiver mit dessen Werken beschäftigt war. Aber Alt wird malerisch üppiger, weil dies einerseits durch die Zeit gegeben ist, im Lebensstil, im Wollen und Schönheitsempfinden liegt, anderseits, weil es seiner sicheren selbstbewußteren Art nun auch individuell entspricht. Eben als man ihm die erfreuliche Mitteilung macht, daß die Bestellungen durch das Unterrichtsministerium wieder fortgesetzt werden, hat die Akademie noch eine Überraschung bereit. Alt, der eben mit jenem schwierigen Auftrag der Darstellung des Festaktes beschäftigt ist, wird gemeinsam mit Sigmund l'Allemand vorgeschlagen, den Reichel'schen Künstlerpreis für sein Gesamtwerk in der Form so zu erhalten, daß man drei Jahrespreise 1875 bis 1877 zu einem einzigen zusammenfaßt[184]; das Ministerium bewilligt je 1.500 fl auszuzahlen und ordnet an, die beiden Aquarelle „Inneres des Stephansdoms" und „Das Belvedere" als Beitrag Österreichs zur Weltausstellung nach Paris zu senden. Mit neuem Eifer macht Alt sich an die Aufgaben des herankommenden Jahres 1878, dessen Hauptergebnis eben das genannte Akademiebild ist, das vom Ministerium der Akademie am 26. Juli 1878 „zur Erinnerung an jenen feierlichen Akt gewidmet" wird[185]. Der Künstler malt derweil in Klosterneuburg (wo er für Nikolaus Dumba tätig ist), dann in Budapest, geht Ende September über München und Feldafing im Auftrag des Kronprinzen Rudolf nach Schloß Possenhofen, hat aber auch hier wieder einmal Wetterpech, und einmal mehr durchzieht dieses Lamento recht eintönig die Briefe wie die Jahrzehnte zuvor. Er scheint aber nun eines ganz deutlich zu empfinden, seine Arbeit, sein Schaffen gehören eigentlich in eine erst kommende Zeit, die Enttäuschung, die er zu durchleben hat, liegt vor allem an der dafür noch nicht reifen Zeit. An Nikolaus Dumba mit dem Dank für die Einladung, im Sommersitz bei Liezen „ein paar freie heitere gemütliche Tage zu verleben" schreibt er, daß es in diesem Jahr schon zu spät sei, er habe noch zu viele Aufgaben vor sich: „Allein das Schicksal, das mich überall zu spät kommen lässt, nur auf die Welt bin ich viel zu früh gekommen, vereitelte mir diese schöne Hoffnung"[186]. Als dann Alt endlich doch noch eine kleine Studienreise — Venedig und Pistoia hatte er gewählt — im Spätherbst antreten kann, ist es immerhin schon Ende Oktober. In Innsbruck hat „das kalte Wetter bereits grausam" eingesetzt, er glaubt kaum, die hier begonnenen Arbeiten noch fertigstellen zu können[187]. Am 3. November trifft er in Venedig ein, nach einer fürchterlichen Reise zwar, bei der es am Brenner so kalt war, daß er verzweifelte und glaubte, es nicht aushalten zu können. Nun zeigt sich auch wieder das Übel mit der Hand, das Zittern setzt unaufhaltsam ein. „Morgen früh fange ich meine Arbeit in der Marcuskirche an, um ein Bild zu machen, was noch besser werden solle als das was ich vor vier Jahren machte —". Noch einmal also fordert ihn dieses unerhört schwierige Problem des Halbdunkels von San Marco heraus, mit seinen Verschneidungen, tiefen Farben, die metallisch aufleuchten können und den andächtig versunkenen Menschen. Er wird von der größten Angst befallen, krank zu werden und will sich auch schon deshalb auf das Interieur beschränken, „einzig auf das Innere der Marcuskirche, die ebenfalls wie alles Andere seinen unwiderstehlichen Reiz ausübt"[188]. Er arbeitet die ganze Woche, nur „Samstag ist das Arbeiten in der Kirche verwehrt — ich trabte daher wieder einmal in die Galleria in der Academie, von der ich sehr ermüdet heimkam"[189]. So geht das den ganzen November, er ist nicht zufrieden, nennt Schreiben seinen einzigen Trost in der Einsamkeit, wird bald abreisen, eigentlich ist er unschlüssig. „Ich bin rathlos wie Andrassy", witzelt er[190], fährt aber schließlich doch. Angekommen, erwartet ihn in Wien eine große Überraschung. Mit Beschluß vom 23. November 1878 hat die Akademie beantragt, ihm, gemeinsam mit Sigmund L'Allemand, Josef Tautenhayn und Ludwig Passini, den Titel eines Professors zu verleihen. Nun war Alt zwar seit 1866 bereits wirkliches Mitglied der Akademie, doch diese Ehrung gab ihm zweifellos große Genugtuung, umsomehr, als der Erlaß des Ministeriums an das Professorenkollegium ausdrücklich die Erfolge bei der Weltausstellung in Paris als Anlaß betonte[191].

Das Jahr 1879 beginnt mit großem Fleiß, die Stadt Wien bestellt zwei Wiener Ansichten für das Prachtwerk über den Huldigungsfestzug und mannigfache Arbeiten in der Stadt überhaupt beschäftigen ihn.

Dann kommt es aber doch, wenn auch ein Jahr später, zur Einladung auf den Sommersitz von Nikolaus Dumba bei Liezen in der Steiermark. Vorher jedoch, ab 10. August über Waidhofen reisend, nahm er in Admont Quartier (im Gasthof Post), um einige Tage in dieser schönen Landschaft zu arbeiten; zunächst behindert ihn wieder einmal das Wetter[192], doch dann entstehen bei herrlichster spätsommerlicher Sonne einige Hauptwerke mit den Bergen des Gesäuses, Blätter von

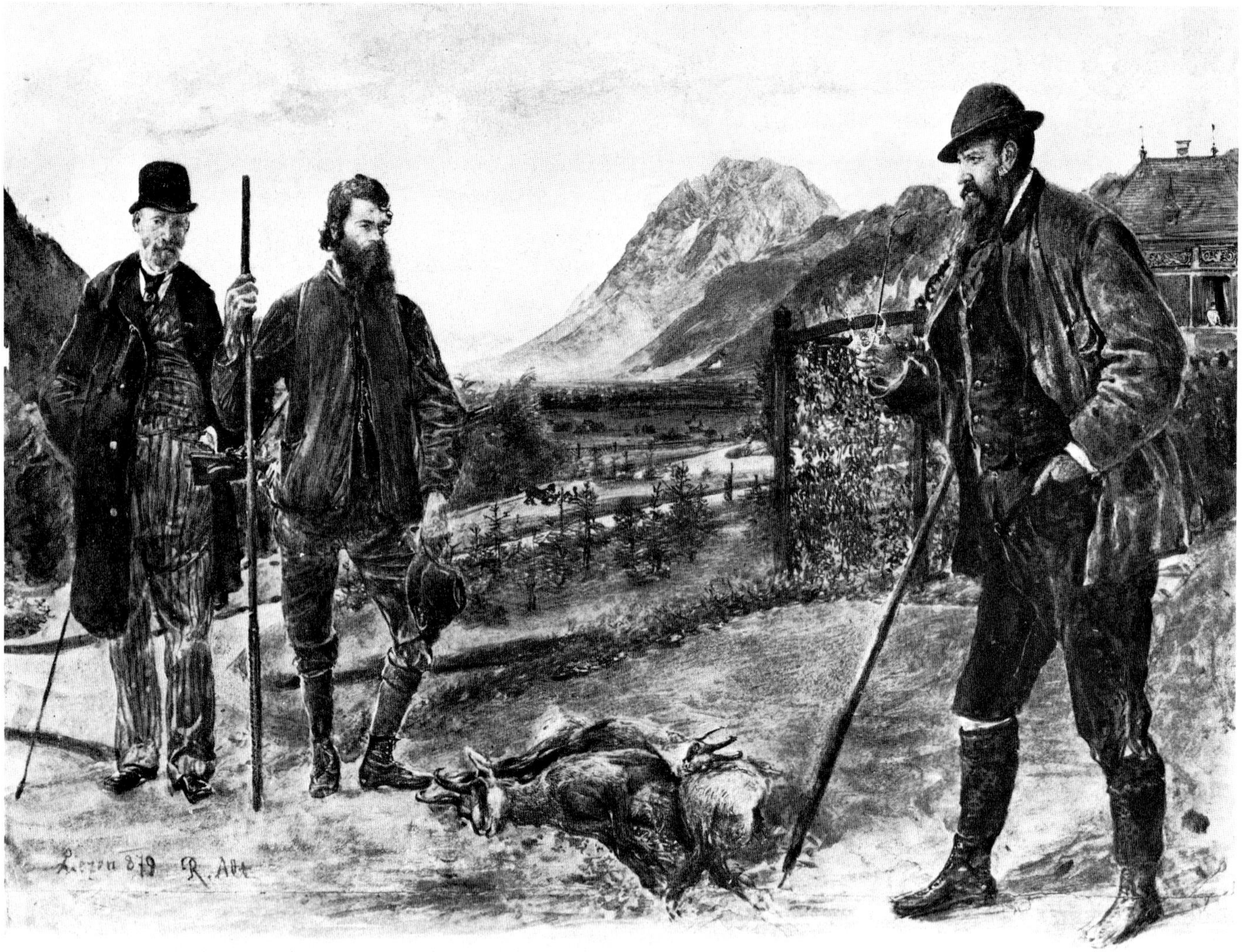

167. R. Alt, Nikolaus Dumba mit einem Jäger und einem Sommergast in Liezen, 1879

einzigartiger Qualität, wie etwa das Blatt der Albertina erkennen läßt[193]. Diese Gruppe und die sich daran anschließenden Liezener Blätter zeigen eine malerische Souveränität, die selbst bei Alt erstaunt; was er sich nun malerisch zumutet, ist äußerste Impression im Festhalten eines Augenblicks[194]. Mag es zutreffen, daß ihn Pettenkofens Malweise des nassen, breiten Hinstreichens beeindruckt hatte, aber was sagt das schon aus. Denn so gemalt, wie Alt hier in Liezen, hat nur einer, nämlich er. Sei es im Hinfluten des Lichtes, im flimmernden Grün der Büsche und Bäume, im Stilleben eines Gemüsebeetes etwa mit den Kraut- und Kohlköpfen im Vordergrund, oder gar dann in diesem „Ausflug in der Sommerfrische"; Alt hat dieses Blatt für sich selbst aufbewahrt, in dem der Pinsel in sehr fein nuancierter fließender Farbe, ganz naß, nur durch freibleibende Lichter, eine Schilderung gibt, wie sie ihresgleichen in der Weltkunst sucht. „Alt ist hier, 1879, aus seiner eigenen Fähigkeit, den Menschen und die Natur zu erfassen, in Augenblicken, in denen er vollen Mut zu sich gehabt hat, zu einer Lösung gekommen, von solch revolutionärer Kraft, wie sie die bedeutendsten Werke der großen impressionistischen, französischen Maler zeigen“[195]. Er war nun in seiner brennenden Ungeduld noch rastloser, ungehemmter, er sei — berichtet er aus Admont — „unermüdlich bei der Arbeit, ja ich verwünsche es, daß der Magen seine Forderungen stellt und die Nacht ihr Halt gebietet“[196]. Er gehe von Admont weg gar nicht gern zu Dumba, da er „gewiß dort mehr der Unterhaltung als der Arbeit werde leben können“. Daß es dann nicht so war, zeigen glücklicherweise die dort entstandenen Hauptwerke.

Nikolaus Dumba (1830 Wien — 1900 Budapest) war der Sohn des Sterio Dumba, eines aus Mazedonien eingewanderten Griechen, der in Wien zu Vermögen gelangt war. Der Sohn, bereits hochgebildet, hatte nach dem Absolvieren von Gymnasium und Universität weite Studienreisen vornehmlich in den Orient unternommen, war von großer Vielseitigkeit, Kaufmann und Politiker, wobei er der liberalen Seite zugehörte. Dumba zählte bald zu den bedeutendsten Persönlichkeiten Wiens, hatte sich ein beträchtliches Vermögen geschaffen, war von 1870 bis 1885 im Abgeordnetenhaus von großem Einfluß und außerdem bis 1896 im Niederösterreichischen Landtag tätig. Sein Ressort war es, mit Fragen des Unterrichtes und der Kultur sich zu befassen. Und selbst von starkem Kunstinteresse, ließ er sich sein Palais am Ring von führenden Künstlern der Zeit, von Makart bis Klimt, ausschmükken. Er sammelte vor allem Skulpturen und war in allen Ausschüssen der Kunstvereine, als Ehrenmitglied der Akademie und als Kurator des Österreichischen Museums ebenso wie als Vizepräsident des Musikvereines kulturell tätig. Im

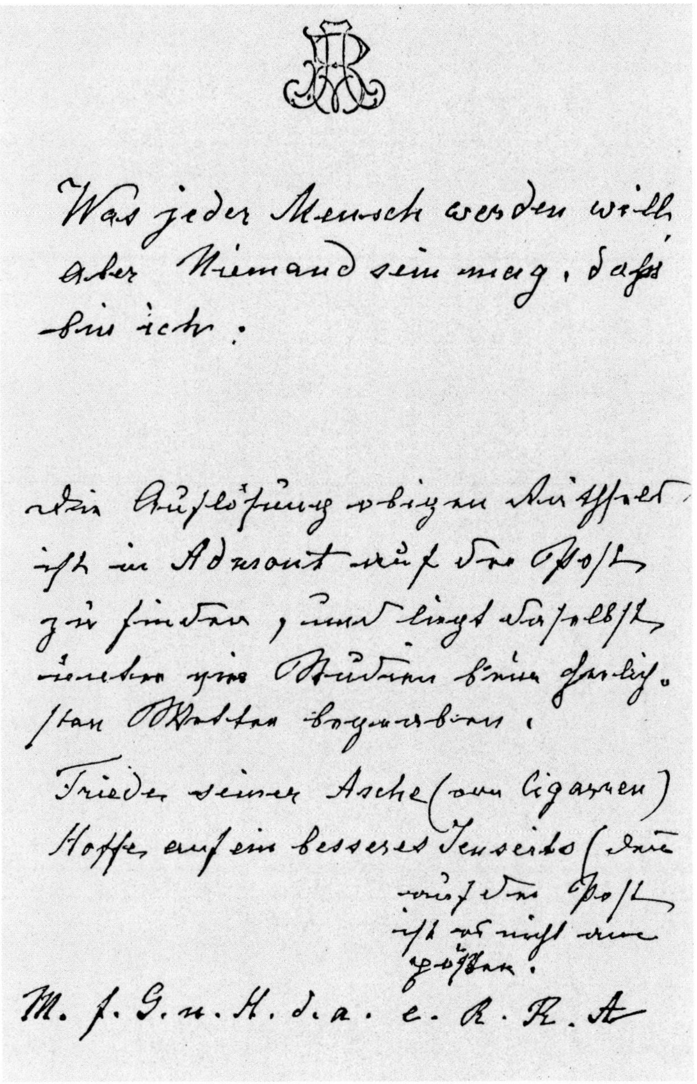
Was jeder Mensch werden will
aber Niemand sein mag, daß
bin ich:

die Auflösung obigen Räthsels
ist in Admont auf der Post
zu finden, und liegt dasselbe
unter zwei [illegible] eines zerleg-
ten [illegible] begraben.
Friede seiner Asche (von Cigarren)
Hoffe auf ein besseres Jenseits (denn
auf der Post
ist es nicht [illegible]
[illegible]!
M. f. G. u. H. d. a. e. R. R. A

168. Schriftliche Anmeldung Alts zum Besuch in Liezen

Privatleben war er vor allem mit Schubert beschäftigt, ebenso als Sänger wie als Sammler. Die Stadt Wien hat seine umfassende und einflußreiche Tätigkeit durch die Verleihung der Ehrenbürgerschaft honoriert.

Am 22. August meldet sich der Künstler bei Dumba schriftlich an, tut dies in Form eines Scherzes, indem er ein Rätsel aufgibt; ohne Unterschrift stellt er die Frage, wer er sei, „was jeder Mensch werden will und keiner sein mag —

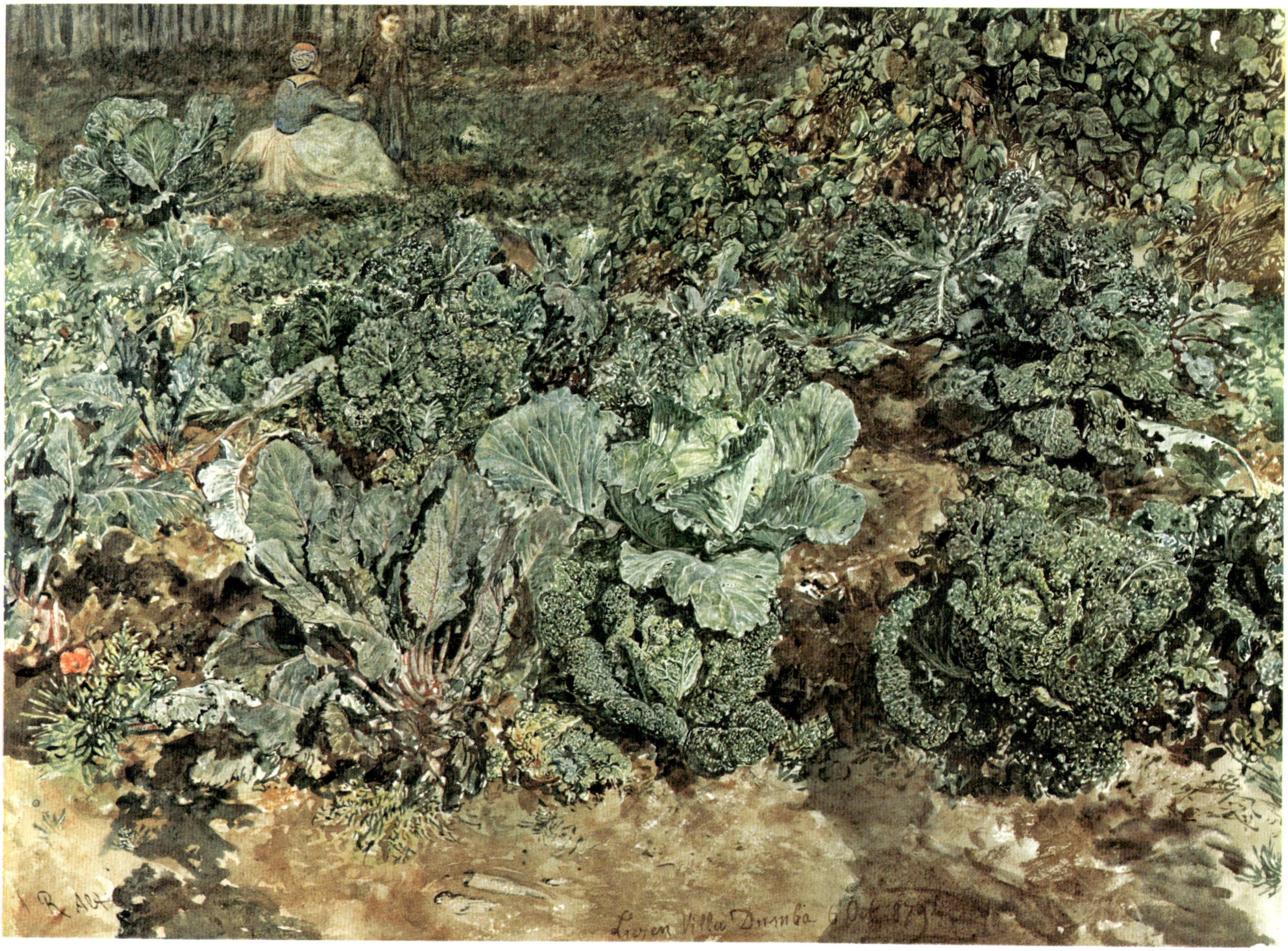

169. R. Alt, Kraut und Kohl im Gemüsegarten des Landhauses Dumba in Liezen, 1879

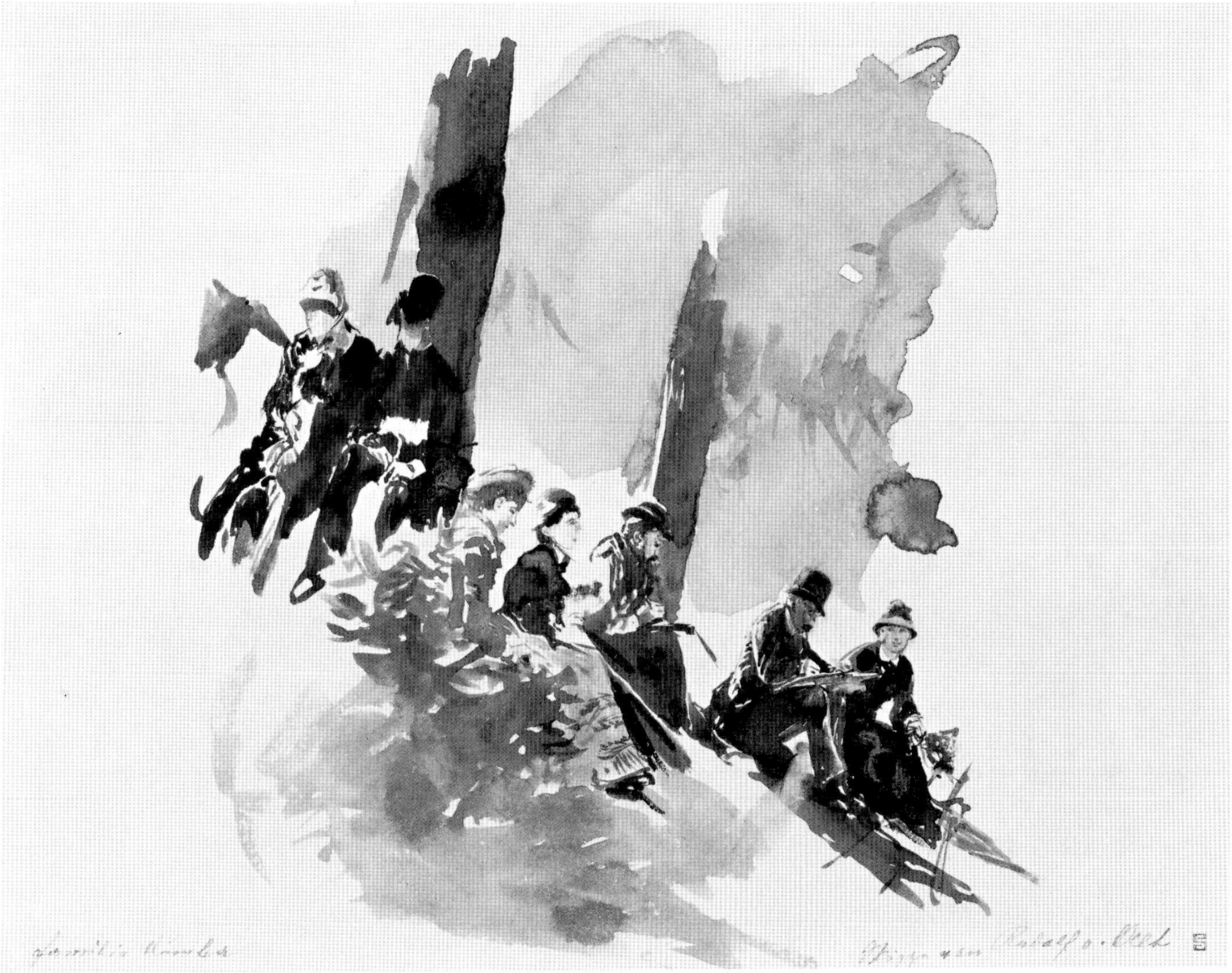

170. R. Alt, Ein Ausflug in der Sommerfrische von Liezen, 1879

das bin ich“ = die Antwort: „Alt“. Und scherzhaft schreibt er weiter, er liege auf der Post (doppelsinnig dafür, daß er im Hotel Post in Admont wohnte und damit bittet, ihn abzuholen), wartend unter Zigarrenasche und vier bei herrlichstem Wetter gemalten Studien liegend. Bei Dumba nimmt man ihn mit offenen Armen auf, als er dann am 26. August ankommt. Zunächst erschrickt er, „große Gesellschaft im Hause vorzufinden“, die Maler Kundtmann und Pischinger und andere sind da[197], bald berichtet er seiner Frau aber schon gutgelaunt über die Tage hier (er dankt ihr für die „Geburtstagswünsche mit Cigarrenbegleitung“) und schildert die Ausflüge, die „Parthien“, die sie unternehmen[198], dann aber wird ihm, der allein zu sein gewöhnt ist, die Gesellschaft doch zu viel[199]. Ende September ist Alt noch immer hier, leider ist er nicht Herr

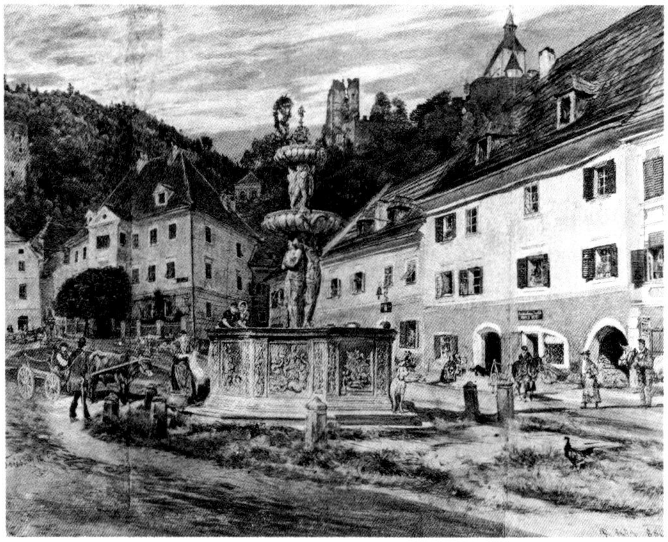

171. R. Alt, Hauptplatz in Friesach mit dem Stadtbrunnen, 1879

seiner Zeit, „alles wirkt aber hier zusammen, um mir meine ‚Herrlichkeit' zu rauben. Ja, selbst mit meinen Arbeiten geht es sehr langsam, weil zu viel spazierengegangen wird, von dem ich mich leider nicht so leicht zurückziehen kann." Wieder erfährt er davon, eine kleine Auszeichnung erhalten zu haben, was ihm schmeichelt, auch wenn er meint, das Verkaufen, mit dem es hapere, wäre ihm mehr am Herzen gelegen[200]. Dieser schöne Monat in Liezen vergeht rasch: „Seelos hat ein Bild für Dumba hier gemacht, Pischinger gibt den Damen Unterricht, und ich male an meinen Studien — und so leben wir in Freundschaft und Eintracht, nähren uns gut, und nachdem Abends Dumba eine Reihe Schubertscher Lieder sehr schön vorgetragen, wird zu den Taroktischen gegangen"[201]. Am 6. Oktober dann löst sich der Kreis auf, Dumbas fahren ab, und Alt geht über Friesach nach Spittal in Kärnten. Von dort aus dankt er dem Gastgeber, er sei im „todtenstillen" Friesach (= „Fries-ach!") als einziger Gast im Hotel, nur den Postmeister als Gesellschaft, aber der Humor verläßt ihn nicht: „Hier in diesem Fall bin ich wirklich einmal einzig!"[202]. Nichtsdestoweniger beginnt er, den schönen Renaissancebrunnen zu malen, allerdings stellt er das Blatt erst im folgenden Jahr fertig, da er rasch nach Spittal gehen muß: „Hier arbeite ich in dem Hofe eines Schlosses des Fürsten Porcia, der sehr froh ist, daß ich hier male, denn er selbst ist Maler und mit Eifer, es steht mir daher Alles was zu meiner Bequemlichkeit ist zu Diensten"[203]. Wenn er mit diesem mühevollen Blatt des Schloßhofes fertig ist, wird er heimkehren. Doch dann hat er doppeltes Pech, Schnee fällt allzu früh, läßt ihn nicht weiterarbeiten, außerdem verschüttet er Medizin über die Zeichnungen[204]. Dennoch existieren diese Blätter heute, sie wurden also vollendet und gerettet; das Ministerium überweist beide Werke mit dem ansehnlichen Honorar von 1.000 fl an die Akademie[205]; der Auftrag setzt sich weiter fort, Themen werden ihm sogar freigestellt, doch solle er kunstgeschichtlich interessante Baudenkmäler Österreichs wählen. Das Rektorat wird im übrigen angewiesen, bei der nächsten Frühjahrsausstellung die bereits erworbenen Werke Alts zur öffentlichen Besichtigung zu bringen. So setzt er sich zum nächsten Ziel, das Kornmesserhaus in Bruck und das Khevenhüllersche Hochosterwitz in Kärnten zu malen. Dieses Ziel stellt eines der Hauptereignisse des folgenden Jahres 1880 dar. Mitte August ist er vor der sogenannten „Alten Herzogsburg von Bruck an der Mur" an der Arbeit. „Den ganzen Tag treibe ich mich zeichnend auf dem riesengroßen Platz herum und sitze so bequem als möglich beim Malen, da ich mitten auf dem Platze einen Tisch zur Verfügung habe, den mir der Eigenthümer des Hauses, das ich male, immer dahin stellt, ja nicht nur das, ich habe auch einen Schemel unter meinen Füßen. Kann ich's am Brüsseler Hof besser haben?"[206]. Dies bezieht sich auf das nächste große Ereignis dieses Jahres, den Auftrag, in Brüssel jene Punkte zu malen, die für die Jugend der künftigen Gemahlin des Kronprinzen bedeutungsvoll waren. Die Anregung zu diesem sogenannten „Kronprinzenalbum“ war von Nikolaus Dumba ausgegangen, der mit Moritz Freiherr von Königswarter und Albert Freiherr von Rothschild dem Comité „der kaufmännischen, industriellen und gewerblichen Berufsclassen in Wien“ vorschlug, dem Kronprinzen Rudolf und der Kronprinzessin Stephanie anläßlich ihrer Vermählung am 10. Mai 1881 ein Album mit etwa 70 Handzeichnungen und Aquarellen österreichischer Künstler schaffen zu lassen und dieses in einem künstlerisch reich geschmückten Schrank darzubringen, um die moderne österreichische Kunst möglichst vollständig vorzuführen. Der Vorschlag wurde begeistert aufgenommen und zeitgerecht Mitte 1880 schritt man an die Ausführung. Alts Anteil beläuft sich hierbei auf sechs Aquarelle von Laeken und Brüssel, die wie eine Auswahl von 24 Blättern insgesamt dann in Lichtkupferstichen, einem raffinierten in Wien entwickelten Reproduktionsverfahren, durch die Gesellschaft für Vervielfältigende Kunst auch als Album publiziert wurden.

Alt verzögert sich schon einmal am Anfang dieser Reise; er ist in Bruck noch nicht fertig und wird daher nicht mit dem Maler Seelos reisen, sondern allein etwa acht Tage später nachkommen. Er reist dann über Nürnberg, hält sich aber dort bereits länger als vorgesehen auf, trifft er doch am 29. August den Grafen Lanckoronski, der ihm gleich den Auftrag erteilt, in Nürnberg für ihn noch den Hof eines großen Bürgerhauses zu malen[207]. Um den 15. September kommt er dann in Brüssel an, wohnt Rue de masteau Nr. 9 bei einem Herrn van Breé; es wird Oktober, er plagt sich recht und schlecht, immer wieder vom Wetter aufgehalten[208]. Am 21. Oktober kann er melden, drei der bestellten Blätter fertig zu haben, zwei sind noch in Arbeit und dann werde er sich an die Interieurs von Laeken machen[209]. Sein letzter Brief aus Brüssel ist mit 10. November datiert, und bald danach ist er wohl heimgekehrt. Der Winter scheint einem anderen eher merkwürdigen Auftrag der bulgarischen Regierung gegolten zu haben, nämlich 40 Aquarelle nach Photographien vom russisch-türkischen Kriegsschauplatz aus dem Jahre 1878 herzustellen, um diese in einem Album aus Anlaß des 25jährigen Regierungsjubiläums dem Zaren Alexander II. zum Geschenk zu machen. Man mag sich vorstellen, daß diese Dienstleistungen einen freien Künstler vom Alt'schen Format angeödet haben müssen. Überhaupt bricht über ihn, den Familienmenschen, dessen Gedanken immer jedem seiner Enkel, den Kindern und Schwiegerkindern und der Gattin (die schon lange nun „die Großmutter“ heißt) gelten, großes Unglück herein. Sigmund, der Schwiegersohn, kränkelt schon einige Zeit. Das macht ihn schon besorgt, als dann aber auch Hermine, die Tochter, erkrankt, wird es todernst. Schon in Brüssel erfährt er andeutungsweise, Hermine liege und dürfe sich nicht bewegen. Mitten im Jahr 1881 dann erkrankt auch die Gattin Berta schwer. Hermine scheint sich zu erholen, doch die Besserung schreitet nur langsam voran, sie bedarf unbedingt der Erholung in guter Luft. Also beschließt Alt, mit ihr über Innsbruck in das Pustertal zu fahren, wo er Mitte Juli eintrifft und alles, was ihm möglich scheint, unternimmt, um bei Milch, Butter, Ruhe und kleinen Waldspaziergängen diesen Aufenthalt so schön und gesund wie nur möglich einzurichten. Doch die Nachrichten von zu Hause werden immer bedenklicher. Nicht der Familie selbst, aber seinen Freunden von der Tischrunde „Die Nische“, mit denen er nach wie vor durch all die Jahre jeden Freitagabend verbringt, teilt er seine Verzweiflung mit; hierher datiert übrigens die enge und langjährige

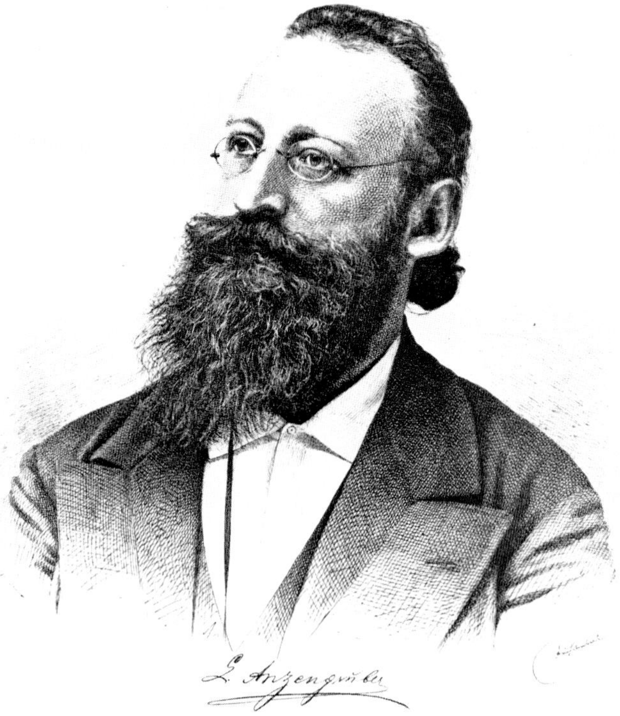

172. Ludwig Anzengruber (1839—1889)

Freundschaft mit dem Dichter Ludwig Anzengruber, die ihm sehr viel bedeutet[210]. Vielleicht am berührendsten ist der alternde Künstler und von Sorgen um seine Lieben gequälte Mensch dann, wenn er in seinen Briefen dennoch die alten witzigen Wortspielereien versucht, etwa wenn er aus St. Lorenzen im Pustertal an Nikolaus Dumba eine Kette von Verdrehungen mit dem Namen des dort ansässigen Adelsgeschlechtes der Künigl versucht[211]. Dann aber wird er doch still, angstvoll und verzagt. Vielleicht trägt dieses ganz verinnerlichte Hineinleben in die Natur, in ihre Schönheit und in den geheimnisvollen Wandel des Augenblickes, in ihre Gesetze, das Werden und Vergehen, sogar zu dem bei, was den Arbeiten dieser Zeit, etwa wenn er die Gebirge um Cortina malt, wo er sich noch am 10. September aufhält[212], so besonders eigen ist. Über den sichtbaren Reiz des Motivs und dessen Wiedergabe hinaus erfährt die Arbeit eine noch tiefere Verinnerlichung in der künstlerischen Ausbeutung der Gegebenheiten. Wenige Tage danach, am 15. September, stirbt, ohne daß er sie wiedergesehen hätte, seine treue Begleiterin, die gute Mutter seiner Kinder und nun „die Großmutter" Berta in Atzgersdorf, wo sie so viele Sommer verbracht hatte.

Rudolf, zurückgeeilt, bricht, so bald er nur kann, schon wenige Wochen später nach Budapest auf[213]; macht sich im Spätherbst in Wien an die Folge von Interieurs aus dem Palais Lanckoronski, malt den großen Saal im Palais Daun-Kinsky und versenkt sich mit äußerster Kraft in seine Arbeit.

In diesem Jahr erhält er besonders spät den Auftrag des Unterrichtsministeriums, und es muß schon der völligen Aufbietung seiner Disziplin bedurft haben, um einem Auftrag mit Termin 10. März 1882 nachzukommen, der am 17. Dezember 1881 erteilt wird. Zwei von drei bestellten großen Ansichten bringt er tatsächlich fertig: das Savoy'sche Palais des k. k. Finanzministeriums und das Erdgeschoß des Oberen Belvederes. Er sieht sich allerdings in der unglücklichsten Lage[214], ist von der Gicht gepeinigt und solchen Aufträgen einfach nicht gewachsen, er habe zwar „nie Kälte noch Hitze gescheut, wenn es sich um Arbeit handelt", nun aber, wo es sehr fraglich ist, ob das Belvedere überhaupt geheizt sei, wisse er nicht, was tun. Doch die Ansicht vom Treppenhaus des Belvedere wird nicht nur ein vollkommenes Meisterwerk, es wird auch gänzlich neu wie nichts Ähnliches im Sehen eines Innenraumes bisher[215]. Er schafft eine Darstellung, die von einem geradezu irrationalen Licht durchflutet wird, von der man als Betrachter heute nicht weniger staunend stehen kann und sich fragt,

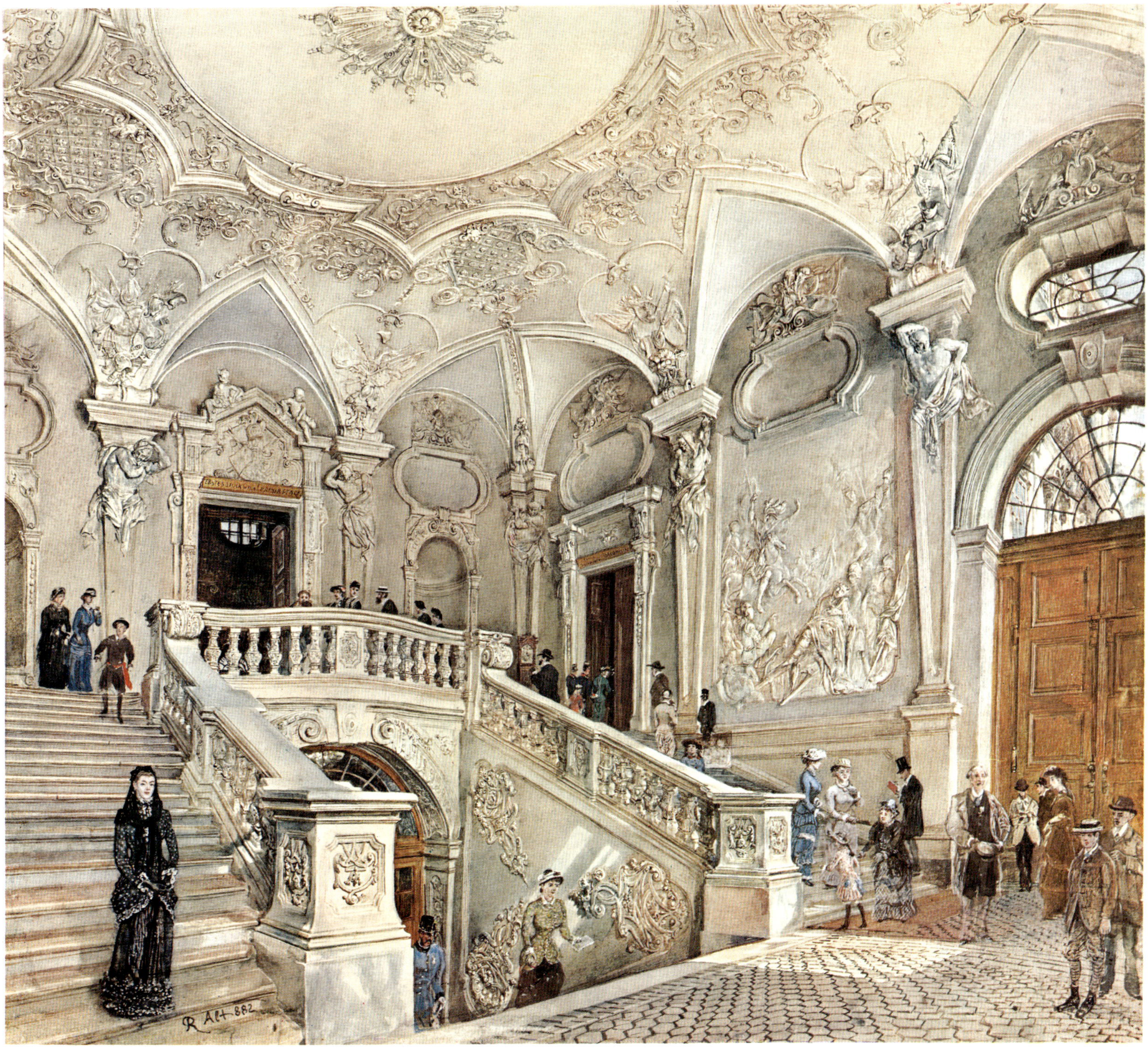

173. R. Alt, Das Treppenhaus im Oberen Belvedere, der kaiserlichen Gemäldesammlung in Wien, 1882

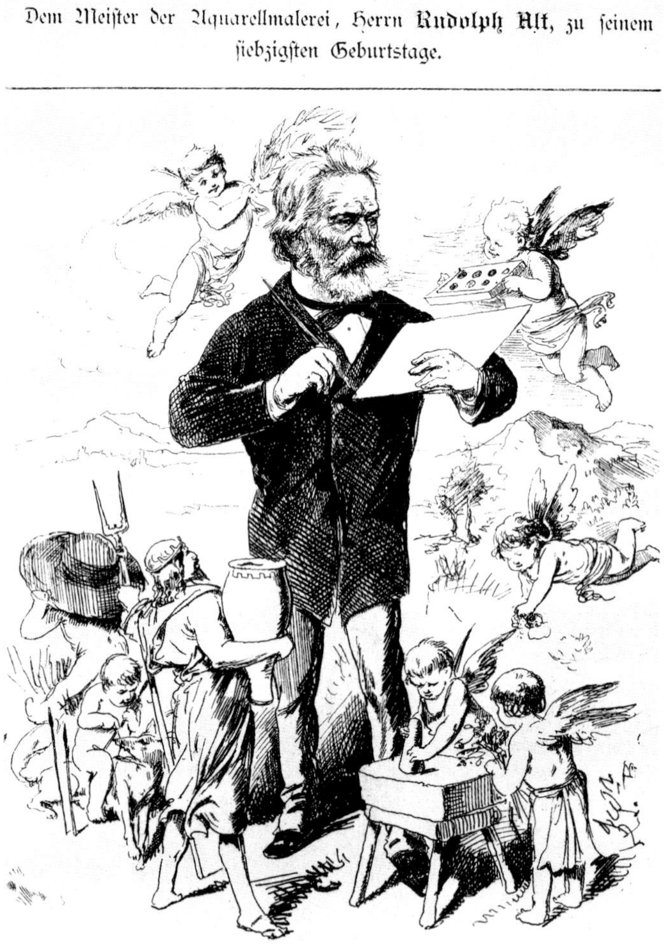

174. Glückwunsch zum siebzigsten Geburtstag

wie diese malerischen Mittel eigentlich beschaffen sind, die der Künstler hier einzusetzen wußte, Mittel, die er sich in langen Jahrzehnten erobert hatte. Als man später — zum ersten Male eigentlich 1889 durch die Lobmeyr-Sammlung — die Blätter in Ausstellungen zu sehen bekam, bildeten sich immer wieder Gruppen von Besuchern, von Künstlern und Aquarellisten, die sich vor manchem Stück in allen möglichen Vermutungen ergingen, wie denn diese oder jene Einzelheit wohl gemacht sei[216]. Eben hier lernt man zu begreifen, wenn Alt selbst einmal gesagt hat, das Aquarellmalen habe er eigentlich an den Interieurs gelernt[217]. Dann, sobald es möglich ist, macht er sich an den dritten Auftrag, die Ansicht aus Klosterneuburg. Dieses Blatt ist nicht minder ein Hauptwerk, der gotische Doppelerker wird in brillanten Kontrast von der Strenge der Architektur zu den aus dem Schulgebäude drängenden Buben gestellt. Gerade hier in Klosterneuburg muß ihm viel durch den Sinn gegangen sein, Gedanken an Familie und Kinder, an die schwerkranke Hermine. Und gerade hier schreibt er irgendwo in einem Brief einen Satz, den man seinem Leben wie einen Leitspruch voranstellen könnte: „Es ist schon nicht möglich“, sinniert er, „daß alles klappt. Wenn der Mensch arbeiten muß, so kann so vieles was das Herz beansprucht, nicht zur Wirklichkeit werden“[218]. Er malt dann in der Kirche, in der es sehr kalt ist, und erkrankt neuerlich.

In Wien wendet er sich in diesem Jahr seinem Lieblingsthema, dem schönsten überhaupt, dem Dom von St. Stephan zu. Ganz verfeinerte Bleistiftzeichnungen entstehen, skizzenhaft angedeutet nur und dennoch von größter Dichte.

Alt ist nun siebzig Jahre. Er erfährt Ehrungen, Glückwünsche, Auszeichnungen. Die Akademie telegraphiert am 28. August 1882 — nachdem man endlich herausgefunden hat, daß er sich „am Lande“, in Atzgersdorf befindet — „Dem Altmeister der Kunst, dem lieben Freunde und Collegen zu seinem siebzigsten Geburtstage die herzlichsten Glückwünsche!“[219], und E. Ranzoni widmet ihm in der „Neuen Freien Presse“[220] eine lange eingehende Würdigung; der Münchener Bildhauer Gedon bringt einen festlichen Toast auf ihn aus — Wien könne auf ihn stolz sein wie auf seine besten Männer —, Alt gehört, sagt Ranzoni, zu den populärsten Figuren Wiens,

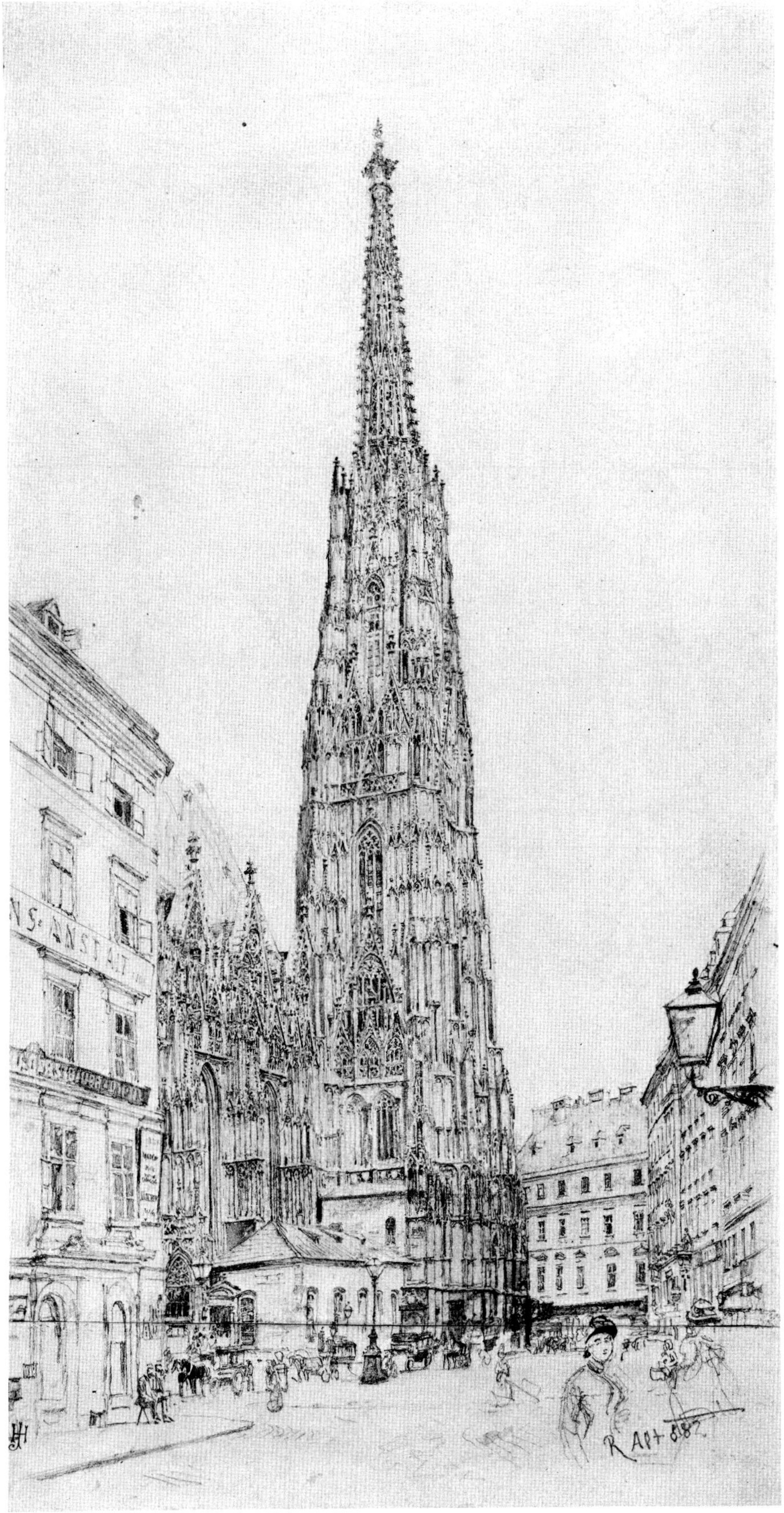

175. R. Alt, Der Turm des Stephansdomes, 1882

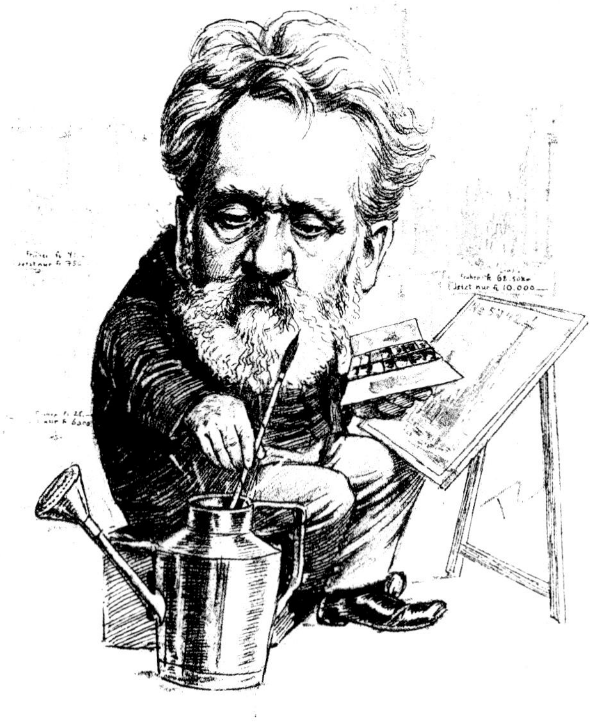

176. Karikatur Alts als Stephansdommaler, um 1880

„man muß Alt bei der Arbeit sehen, um die Unmittelbarkeit mit welcher er schafft ganz würdigen zu können. Da sitzt er, den die Stirne tief beschattenden Schlapphut auf dem vorgebeugten Haupte, ein Blatt Papier auf den Knien, auf einer Bank oder dem niedrigen Feldstuhl mitten unter allen Leuten und fängt seine Arbeit gleich mit Pinsel und Farbe und manchmal an einem Ende an, so schulwidrig, wie dies nur ein Stümper oder ein — Genie zu thun pflegt —". Er hat nun weiteste und vollste Anerkennung erreicht. Sammler schätzen ihn, bemühen sich um seine Werke, er kann jetzt auch auftreten und weiß seine Stellung zu verteidigen. Ein charakteristischer Briefwechsel — für beide Teile übrigens — hat sich erhalten[221]. Alt gratuliert einem Kunden, der Bilder, großformatige Ansichten der Hofburg, bestellt und erhalten, aber nicht bezahlt hat, zu einer Auszeichnung; er schreibt scherzhaft, aber es ist ihm dabei ganz ernst: „Erlaube mir aber die Bemerkung, daß wenn es einem Potentaten einfiele, einen Orden zu stiften an denjenigen, der den Künstler für geleistete Arbeit honnet honoriert, so dürften Sie schon meinethalben ihn schwerlich erhalten". Es seien also nun fünf Monate vergangen, daß er die Arbeit geleistet habe, doch nun wäre es an der Zeit, zu bezahlen. Der Kunde scheint brieflich sofort scharf und in dem Sinne, daß er gar nicht daran denke, geantwortet zu haben. Darauf wieder der Künstler, zwei Tage später, der explodiert: nun sei die Reihe des Erstaunens an ihm, denn es sei traurig genug, daß er seinen wohlverdienten Lohn erst erkämpfen müsse. Aber das wäre es noch nicht, es sei vielmehr der eine geschriebene Satz: er als „Colorierer" solle ruhig warten; „also, ein Colorierer soll ich in Ihren Augen sein! Da sind Sie fehlgegangen mit Ihrem Anliegen, Sie sind statt dem auf einen Aquarell-Maler gestossen, der sich sogar als Künstler fühlt". Er hätte sich, schreibt er, mit solchen Anforderungen an jemanden anderen wenden müssen, „freilich müssen Sie dabei auf künstlerische Auffassung des Gegenstandes, auf die dem betreffenden Bilde einen eigenen Reiz verleihende Staffage verzichten. Ich glaube das sind doch künstlerische Aufgaben?" Er widerlegt das Argument, daß so etwas ohnehin schnell gemalt sei: "— dem Künstler gelingt manches was (er) in ein paar Stunden macht, oft besser als wo er oft so viele Wochen daran laboriert, kennen Sie das nicht?" Und er schließt „— so stellt sich für mich die Nothwendigkeit heraus, mich von Ihnen auf Nimmerwiedersehen zu beurlauben — doch wie lange wird es dauern mit mir und alle Schmerzen haben ein Ende — aber in der Wiener Luft war kein gutes Sein für mich."

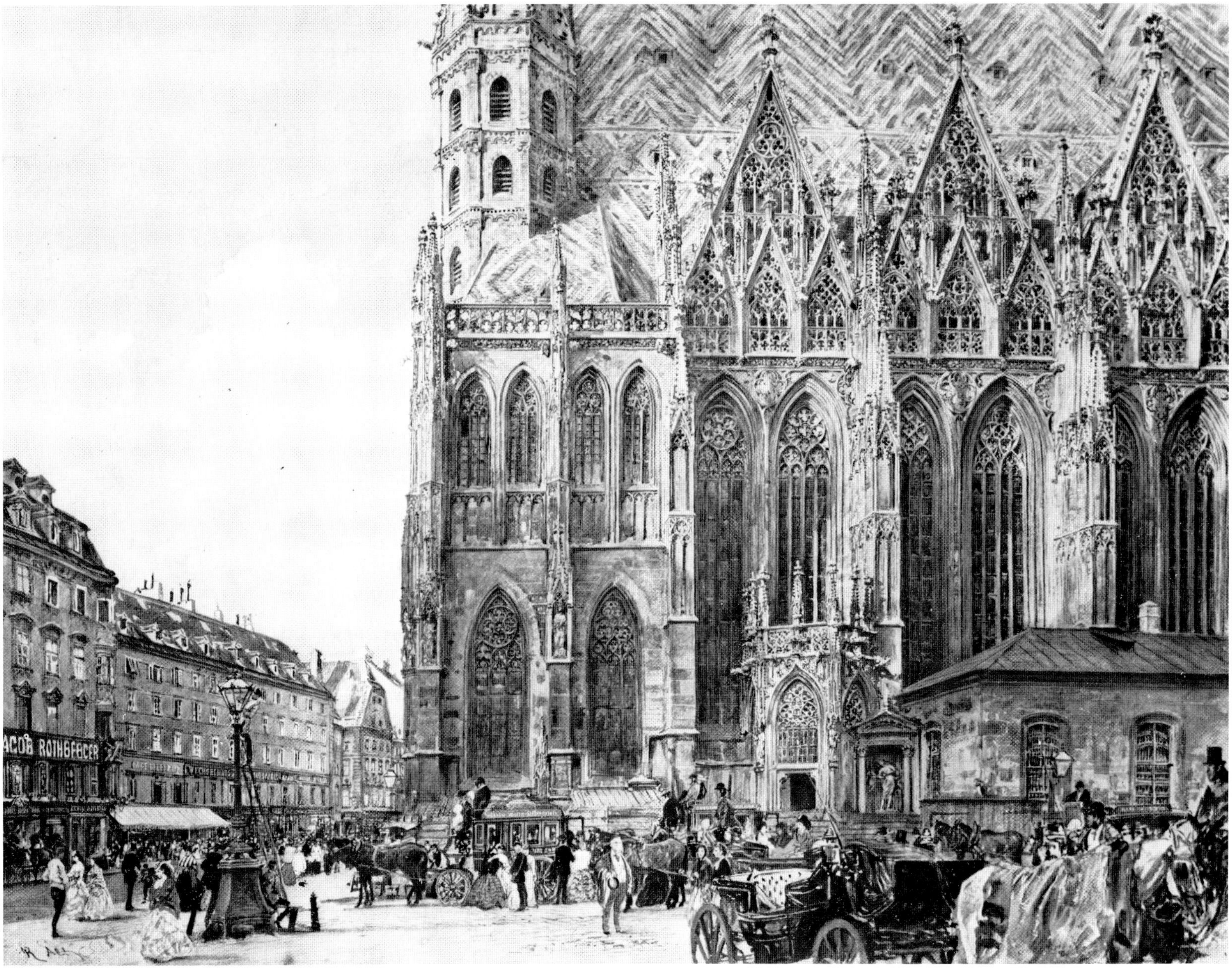

177. R. Alt, Der Stephansplatz, um 1885

Spät im Jahr macht Alt sich noch einmal nach Venedig auf. Anfang Oktober geht er an die Arbeit, will sich aber auch diesmal auf Interieurs beschränken, „ohne die Marcuskirche in Betracht zu ziehen, in der gegenwärtig zehn Maler und Malerinnen, Meissonier mit eingeschlossen, sitzen und ihr Handwerk ausüben“[222]. Eine Dame begleitet ihn hier in Venedig beim Malen, ein Fräulein Trautmann, Tochter eines Feldmarschall-Leutnants aus Wien, die mit ihm in Santa Maria del Carmine sitzt und ihn außerordentlich verehrt (sie hatte ihm wegen des kalten Steinbodens ihren zusammengelegten Regenmantel unter die Füße gelegt, berichtet er fast gerührt). Doch allzu rasch bricht der Herbst ein. Am 4. November berichtet er von so starkem Nebel, daß am Canal Grande die Dampfschiffe den ganzen Tag nicht fahren konnten[223].

Man muß sich bei der Erwähnung des Fräuleins Trautmann daran erinnern, daß Alt praktisch keinerlei Schüler hatte, zwar manche Nachahmer, aber keine Nachfolger. Zur Schulbildung eignete sich nun seine Malerei gewiß nicht, eben weil sie ganz allein von seiner eigenen Hand abhing. Das ließ sich kaum lehren und Theoretisierer war er auch keiner, keine Ideologie, keine Utopie lagen seinem Fleiß und seiner Arbeit zugrunde, nur eine übermächtige Liebe zur Welt und ihren natürlichen Erscheinungen. Alt hat in späten Jahren allerdings verschiedenen Damen der Gesellschaft Unterricht erteilt, Marie von Wittgenstein vor allem oder Josefine von Mauthner, Frau Marie Menger (an die sich einige Entschuldigungen, daß er nicht zum Unterricht erscheinen könne, erhalten haben) und wenige andere.

Die Weiterarbeit in Klosterneuburg für das Ministerium läßt ihn schließlich sich an ein Motiv heranwagen, das fast sogar seine Leistungskraft überfordert: an den Blick durch die geöffnete Gittertür auf den Nielloaltar des Nikolaus von Verdun oder, wie man sagt, den Verduner Altar[224]. Diese Feingliedrigkeit und Kompliziertheit hat ihn aber stark strapaziert, so sehr, daß er brieflich sogar von „diesem verfluchten Gitter“ spricht[225], dessen Schnörkelsystem er in jeder Nuance nachzuspüren hatte, was Hevesi schon eine seiner „Herkulestaten“ nannte. Das Blatt kann am 3. Juni 1883 von der Akademie übernommen werden[226], dann allerdings stockt die lange Reihe der Aufträge. Wir kennen den Grund für dieses Auslaufen nicht. Hat es am Geld des Staates gemangelt, an dessen Wollen oder hat sich Alt doch langsam von diesen nur mit größten Strapazen und langen Aufenthalten verbundenen Reisen zurückgezogen? Zunächst hat es nicht den Anschein, da er sich äußerst beunruhigt und gekränkt fühlt. Er wird zwar zwei Jahre später noch einmal und dann noch ein weiteres Mal je ein Blatt herstellen und diese beiden sollten besondere Höhepunkte ihrer Art werden. Aber die Reihe war dennoch abgeschlossen. Es entstehen in diesem Jahr und kurz danach tatsächlich noch andere Hauptwerke. So etwa das Selbstbildnis von 1883, der Rathaushof mit dem Brunnen, das Amerling-Schlößchen oder Perchtoldsdorf und so viele andere.

Seit einiger Zeit fällt auf, daß in Alts Äußerungen immer ein kaum unterdrückter Unmut mit den herrschenden politischen Regierungsverhältnissen anklingt. Er war allerdings viel zu wenig gesprächig, um tatsächlich eine konkrete Meinung zum Ausdruck zu bringen. Aber da heißt es im ausdrücklichen Bezug auf Wahlen und politische Konstellationen: „Ich schäme mich — wie wenig fähige Köpfe es in unserem armen Wien gibt“[227], oder: „So etwas ist nur bei in jeder Beziehung für uns traurigen Verhältnissen möglich“[228]. Er nimmt sich kein Blatt vor den Mund und man weiß auch nicht, ob es ihm in offiziellen Augen gut getan hat. „Der Gall, wissen's, der von der Correspondenz", schildert er einmal als Neunzigjähriger einem Journalisten, „war alleweil besorgt. Alt, du wirst dich noch um deine Freiheit bringen! sagte er. Denn ich machte meist politische Witze —"[229] (Neue Freie Presse, 24. August 1902, p. 7).

Als 1883 die schwerkranke älteste Tochter Hermine stirbt, wird er sogar noch mehr zum Mittelpunkt seiner Familie, noch mehr der alte Vater und Großvater, der den Seinen alle Kraft und Hilfe für ihr Leben geben möchte. Das Historische Museum bewahrt eine ergreifende kleine Skizze in seinem Notizbuch, das das erloschene zarte Gesicht des jungen Mädchens auf dem Totenbett zeigt.

1884 nimmt er wieder einige Aufträge an, in böhmischen Schlössern Interieurs zu malen, obwohl seine Gicht immer schmerzvoller wird, so daß er die erste Zeit dieses Jahres nur liegend verbringen konnte[230]. Beim Fürsten Kinsky in Chotzen soll er zwei Bilder malen, er verbringt den Juli dort, Anfang August geht er nach Hérmanméstec und beschließt die Arbeitsreisen dieses Jahres Ende September und Anfang Oktober in Salzburg. Hierher hat er zum ersten Male Louise mitgenommen, seine spätere ständige Begleiterin, das „jüngste Töchterchen, daß sie auch ein wenig etwas anderes einmal sieht als ewig Atzgersdorf oder St. Veit"[231]. Doch dann, Mitte Oktober nach Wien zurückgekehrt, erkrankt er ernsthaft; mehrere Wochen verbringt er „theils im Bett, theils diwanlagernd". Es war einfach in dieser Zeit alles zuviel für ihn geworden. Trotzdem gewinnt er langsam wieder seinen alten Humor zurück, auch wenn er noch im Februar 1883 der Künstlergenossenschaft auf deren Einladung zu einem Maskenfest geantwortet hatte, „wo soll auch bei mir der Humor herkommen? Die bitteren Lebenserfahrungen und die traurigen politischen Verhältnisse mußten jeden heiteren Moment des Gemütes ersticken"[232]. Nun aber spielt er schon wieder mit Worten: „Nachdem Makart tot ist — werde ich seiner Farbenpracht nachstreben, ja ich hoffe ihn sogar zu übertrumpfen, denn ich werde bei einem Frühlingsbild nur Märzroth verwenden! Bei einem Schlachtenbild — Billroth" und er führt diesen Gedanken noch weiter fort[233].

Er erhält 1884 noch einmal einen Staatsauftrag, zwar nur für ein Blatt, das allerdings eines seiner kapitalsten wird: es geht um den Kuppelsaal der Hofbibliothek. Alt liefert sein Meisterwerk Ende Juli ab, ist aber verzagt, als kein weiterer Auftrag erfolgt. Er versucht vorzusprechen, sucht Gelegenheiten, in das Ministerium zu gelangen, alles ohne Erfolg, es gibt da eine Kommission und wieder eine andere Instanz, die nicht zuständig ist und alle äußern sich immer wieder unverbindlich; er bleibt jedenfalls ohne Auftrag. Warum, fragt er? „Mängel in der Kunstleistung an ernstem Streben und an Gewissenhaftigkeit trotz meines Alters kann man mir wohl keine Vorwürfe machen, umso weniger wenn man die Aufträge in großartigem Maßstab in Betracht zieht, mit denen Andere beglückt werden; ich erwähne nur die größtentheils schlechten Bilder für das Naturhistorische Museum und den gedankenlosen und elenden Machwerks zeugenden Parlamentslandschaften, die nur eine Schande für Wiens Kunst sind!"[234].

Im Mittelpunkt des Jahres 1885 steht eine Reise in die Steiermark, auf der ihn wiederum Louise begleitet. Zuerst ist er in Marburg (11. Juli), wo er seine Tochter Louise sehr neckt, daß sie wegen der jungen Offiziere so lange hierbleiben möchte und er dadurch gezwungen sei, immer und immer wieder neue Aquarelle anzufangen. Kaum in Graz angekommen, wählt er mit sicherem Blick die bedeutendsten Punkte, Landhaus, Luegg und Sporgasse. Was er bei der schönen

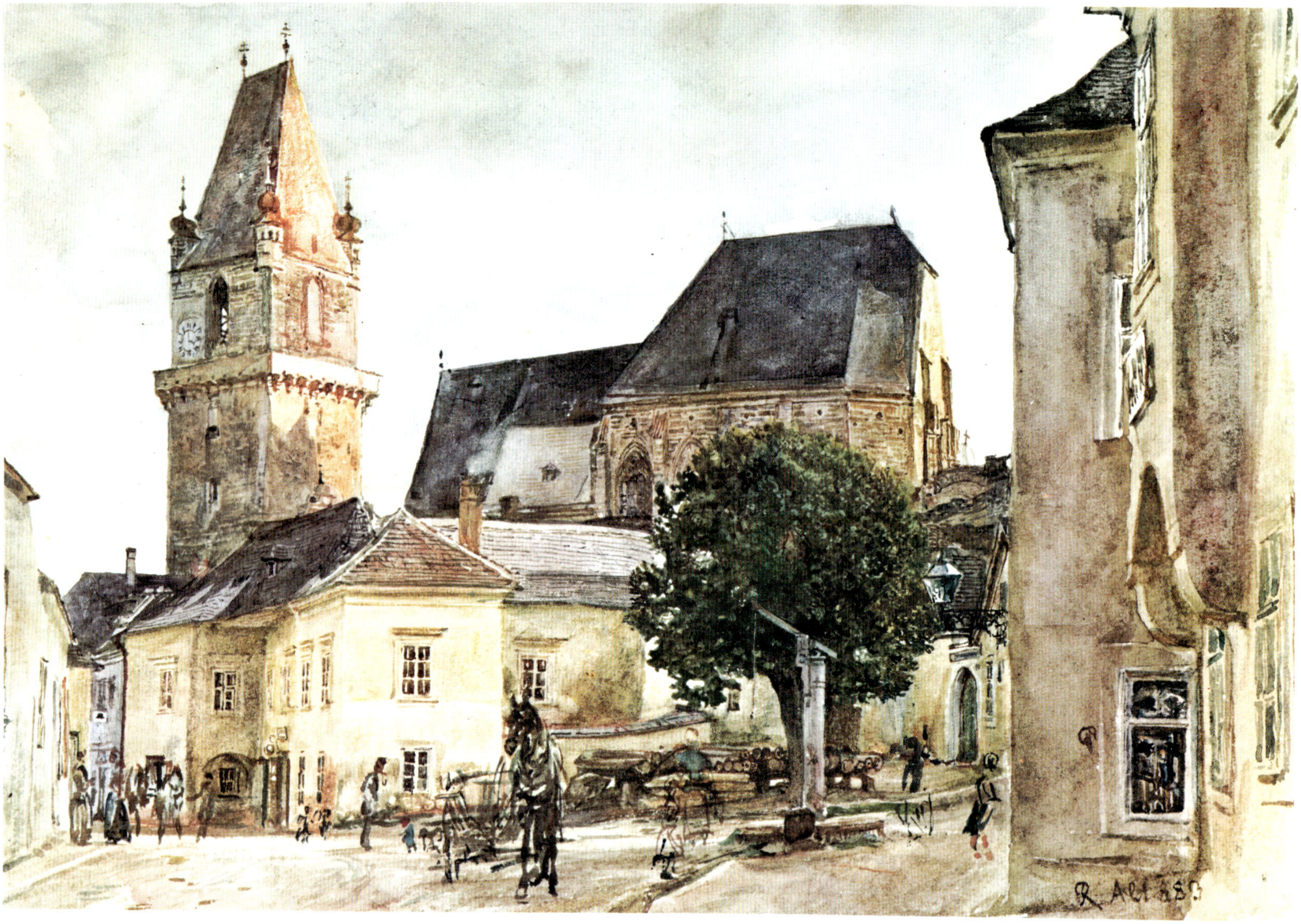

178. R. Alt, In Perchtoldsdorf, 1883

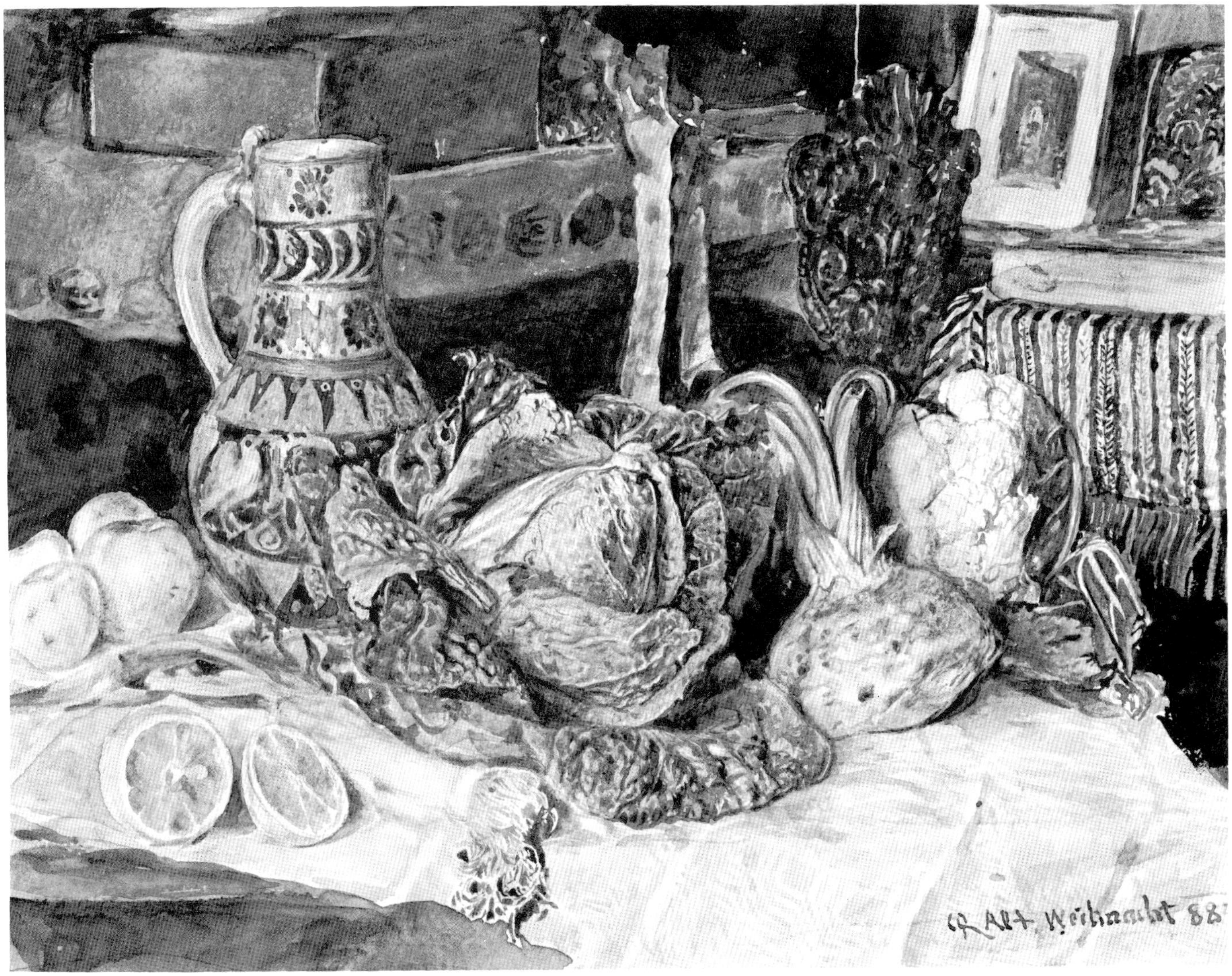

179. R. Alt, Stilleben mit Früchten und Gemüse, 1884

Renaissancefassade sich leistet, ist höchst raffiniert, zunächst teilt er die zwei Bau- und damit Stilperioden von Zeughaus und Landhaus in zwei Bildhälften auf, die miteinander kontrastieren, dann gießt er über das Ganze ein Streiflicht, das der plastischen Gliederung stärkste Wirkung gibt. Schließlich gar stellt er ganz besonders köstliche Frauentypen davor — ein bißchen provinziell sind sie, die Damen in der Herrengasse, die eine mit ihrem übertriebenen Chic, mit der Brille, die er eigentlich im Stadtpark skizziert hatte, aber hier kam sie ihm gerade als Staffage recht. Von ähnlicher malerischer Meisterschaft ist die Darstellung der Sporgasse mit dem schönen Luegg, die Stadt und Bewohner voll Lebhaftigkeit zeigt. Wie sehr Alt auch zu dieser Zeit noch seine Werke im direkten Auftrag arbeitete, zeigt ein Brief an einen nicht näher bezeichneten Auftraggeber in Wien[235], dem er mitteilt, er möge ihn nun abholen kommen, das Wetter sei günstig, um die ge-

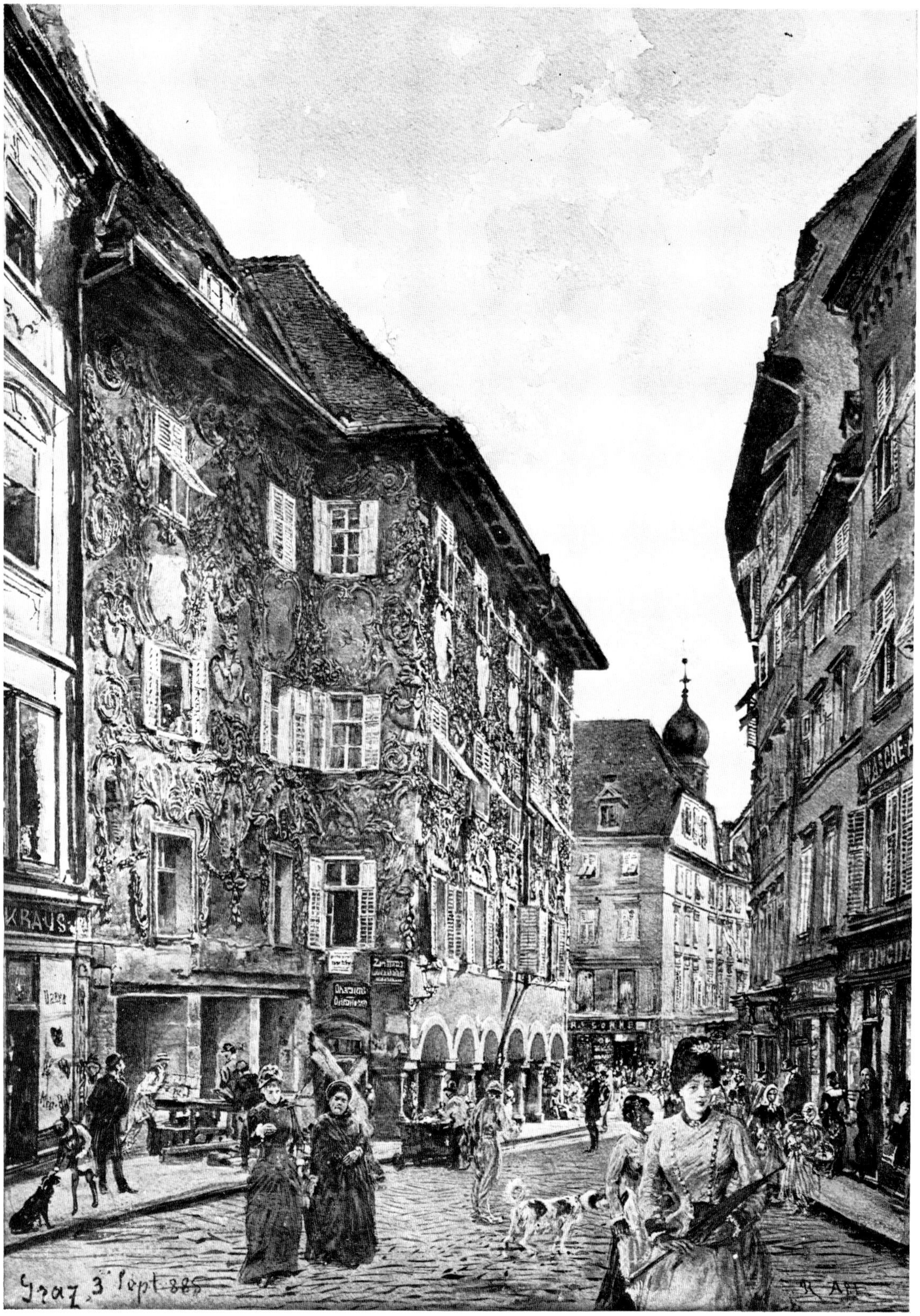

180. R. Alt, Die Sporgasse in Graz mit dem Luegg, 1885

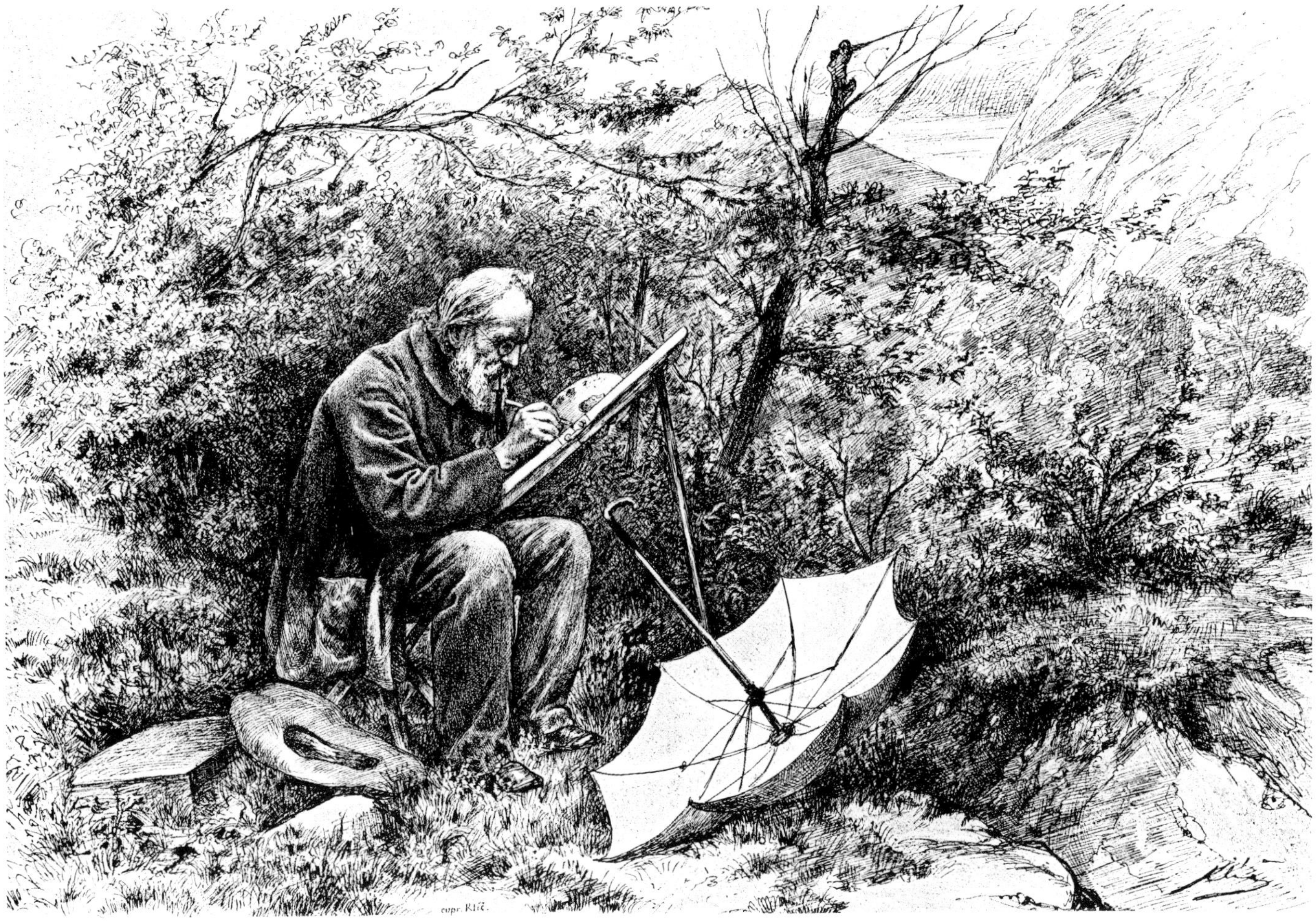

181. K. Klič, Rudolf Alt an der Arbeit, um 1880

wünschte Ansicht des Augartens für ihn zu malen, damit er ihm zeige, welcher Blickpunkt ihm passe.

Das Malen in Aquarell war nun in ein hohes Ansehen gelangt. Wo sind die Zeiten, da man es noch als Studie, als Hilfsmittel betrachtet hatte? Nun lernt und übt man es und versteht es als einen Teil der höheren Bildung und man stellt es im Aquarellistenclub aus, der sich als Teil der Wiener Künstlergenossenschaft selbständig gemacht hatte. Alt beteiligt sich natürlich, doch langsam entzieht er sich dieser Vereinigung immer mehr und mehr. Er geht seine Wege lieber allein. Aus all den meisterhaften Blättern in Aquarelltechnik, die man nennen sollte, würdigen müßte, ist eines wohl besonders hervorzuheben, weil es vielleicht das allererstaunlichste ist. Und zwar das Atelier Makarts in der Gußhausstraße, nach dem Tod des Malers und während der langwierigen Inventuraufnahme gemalt, „diese verwirklichte Vision eines berauschten Farbenfanatikers", wie Roessler es nannte[236]. Daran ist es einmal die Dimension, die man bisher im Aquarell nicht für zu bewältigen gehalten hatte und dann die

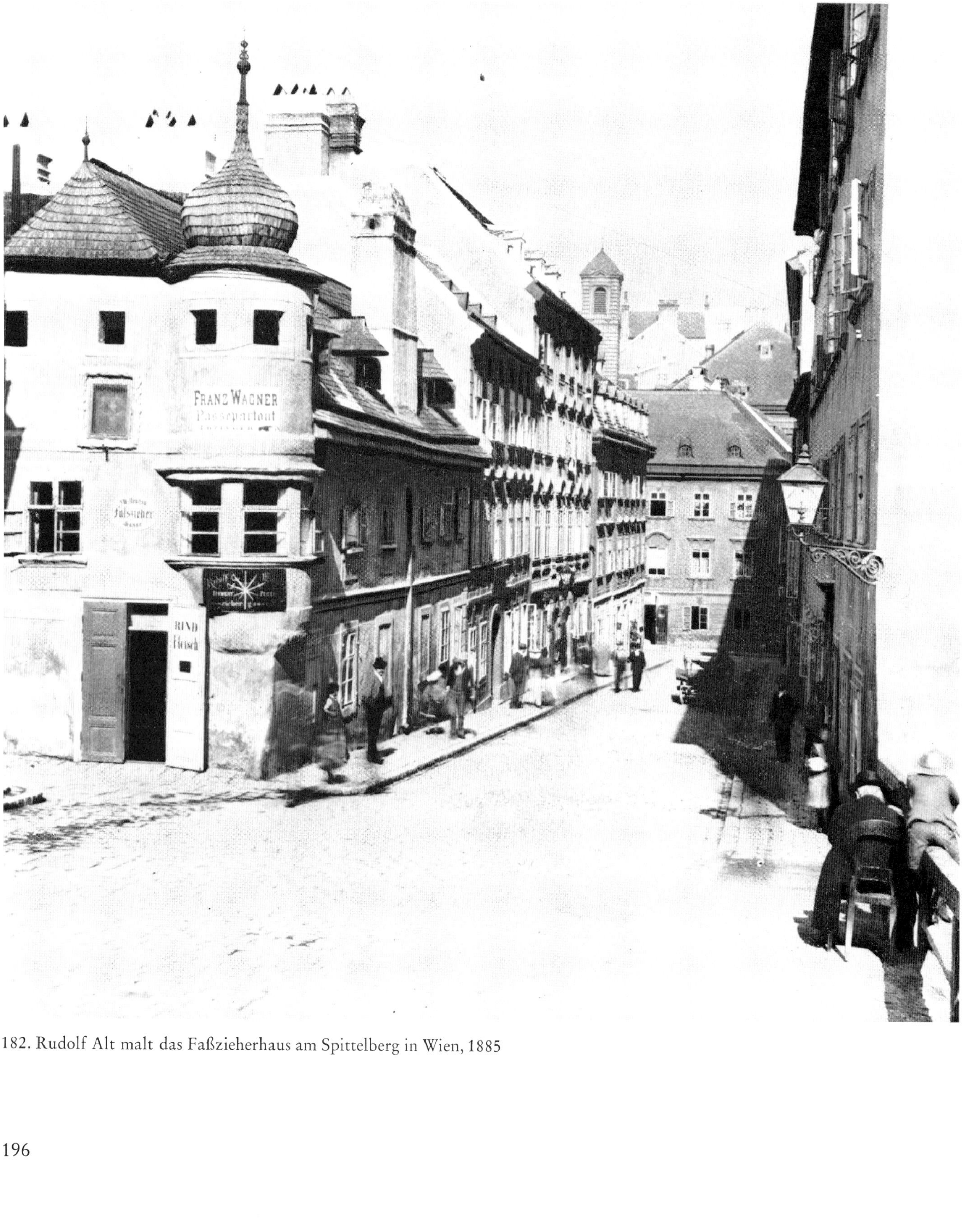

182. Rudolf Alt malt das Faßzieherhaus am Spittelberg in Wien, 1885

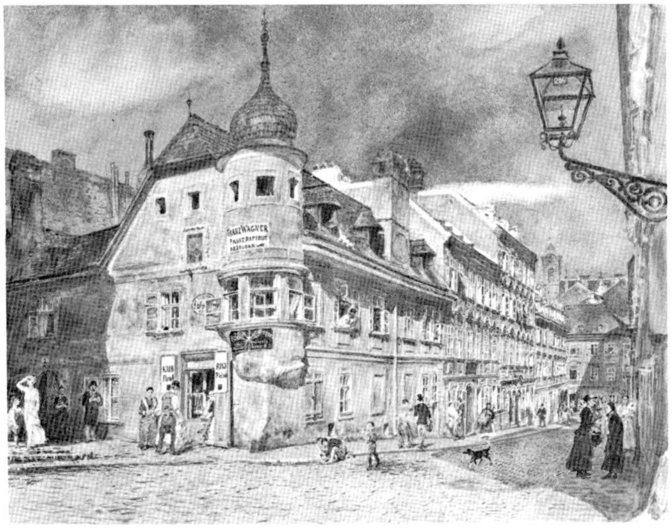

183. R. Alt, Das Faßzieherhaus am Spittelberg, 1885

Präzision in der Wiedergabe alles Gegenständlichen, die vollends überrascht. Schließlich aber beinhaltet es noch mehr — und zwar das Ungreifbare der Makartatmosphäre, die der Künstler hier einzufangen verstand: sie quillt geradezu aus dem Bild heraus, in einer unglaublichen künstlerischen Gestaltung.

Das andere, letzte Hauptwerk für das Unterrichtsministerium, besser gesagt für die Akademie, war „Der Bibliothekssaal von Admont", das von der Sammlung am 30. Jänner 1887 übernommen werden konnte[237]; Alt hat diese Arbeit als eine der anstrengendsten seines Lebens bezeichnet.

Louise begleitet ihn in dem Jahr 1887 nun auch nach Gastein, von dort nach Zell am See. Recht planlos reisen sie weiter, immer da bleibend, wo es schön ist und wo es etwas zu malen gibt[238]. Und daß es in Innsbruck besonders schön ist, zeigt sich bald. Es sind in verschiedener Fassung die Bronzefiguren des Maximiliangrabes, die Alt besonders beschäftigen. Das Hauptblatt wird ein Kabinettstück, über das er in einem Brief selbst schmunzeln muß[239]. Was kaum je gelang, hier geschieht es: Er gesteht sich ein, daß ihm dieses Aquarell eigentlich alle Ehre mache. Welch ungewöhnlich versöhnliche Haltung dieses Mannes nun mit sich selbst!

Die jüngste Tochter war die einzige, die noch im Hause Alt verblieben war. Anna, Bertha und Rudolph waren verheiratet und ihre eigenen Lebenswege gegangen, und so nahm sie die Pflege des greisen Vaters wie eine selbstverständlich ihr zufallende Pflicht auf sich. Sie hatte die künstlerische Begabung in Form der Musikalität geerbt und daher ursprünglich das Ziel gehabt, sich ganz der Musik zu widmen. Als Pianistin bildete sie sich zuerst bei Professor Ramesch, dann am Konservatorium aus, schließlich erteilte sie bereits selbst Unterricht, so lange allerdings nur, bis der Vater sie gänzlich in Anspruch nahm. Seit 1877 stand Alt in ständiger ärztlicher Behandlung des angesehenen Josephstädter Arztes Dr. Karl Kerzendorfer, der nicht zuletzt auch ein tüchtiger Klavierspieler war. Wenn die Visite vorbei war, musizierte man im Hause gemeinsam, Louise spielte vierhändig mit ihm, und bald verband beide eine tiefe Neigung. Sie verlobten sich. Von da an achtundzwanzig Jahre hindurch besuchte Kerzendorfer so gut wie allabendlich die Skodagasse, man legte Patiencen, spielte Klavier oder plauderte. Die Heirat kam nie zustande, schien es doch ausgeschlossen, den alten Herrn allein zu lassen[240].

Eine Alts Persönlichkeit charakterisierende Geschichte soll hier noch eingefügt sein. Im höheren Alter schon erfuhr er, daß eine Bekannte aus früheren Tagen, eine ehemals berühmte Schauspielerin, nun schon lange Zeit schwer krank sei, unbeweglich und ans Bett gefesselt, und daß es ihr größter Wunsch wäre, noch einmal die schönsten Punkte des Wienerwaldes wiederzusehen. Das allerdings war nicht möglich. Alt aber nahm ganz dünne Leinwand in Größe der gesamten

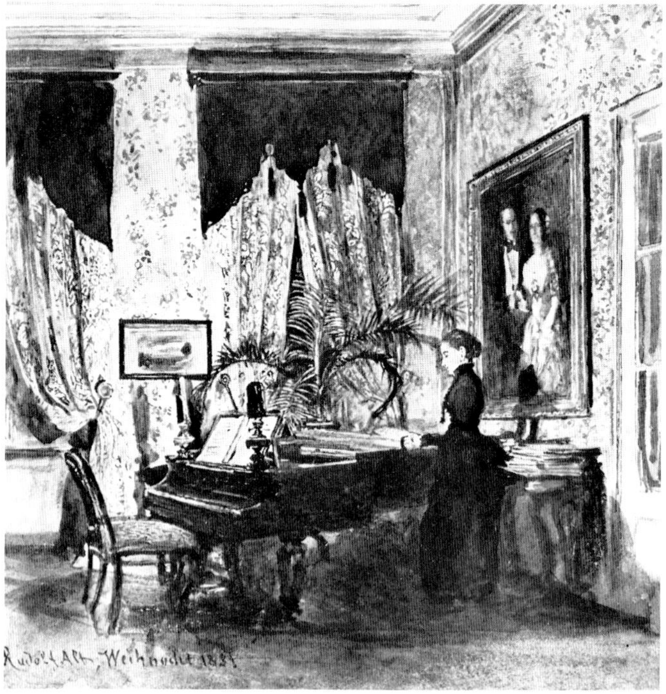
184. R. Alt, Louise beim Flügel in der Wohnung, 1887

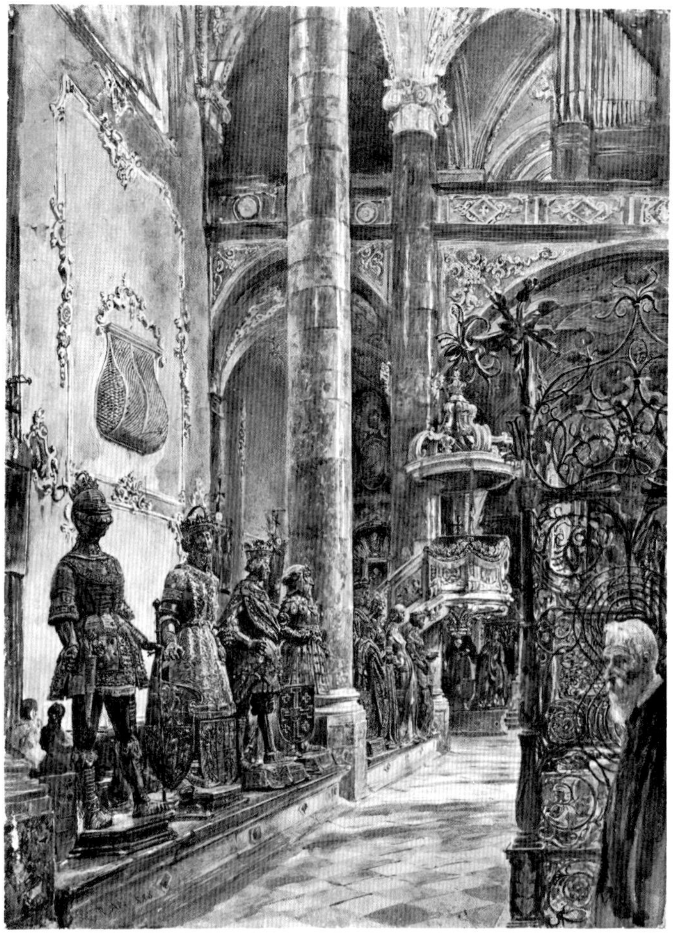
185. R. Alt, In der Hofkirche von Innsbruck, 1886

Fenster ihres Krankenzimmers, tränkte das Material so, daß es ganz durchsichtig wurde und malte in schönster Manier einige Ansichten aus dem Wienerwald darauf. Aufgespannt und in die Fenster eingesetzt, erfüllten diese Gemälde so den letzten Wunsch der Todkranken — sie sah, wenn die Sonne schien, durch das Fenster in die Erinnerung zurück[241].

Das sich auch für Alt immer entschiedener anzeigende Alter läßt keine weiten Reisen mehr zu. Louise ist ständig an der Seite des Vaters, betreut, begleitet, hilft. So sucht er immer mehr nun die Themen seiner Heimatstadt künstlerisch zu erfassen; er findet sie unerschöpflich, auch wenn er sich oft und oft wiederholt. Von dem sehr markanten Michaelerplatz mit dem Blick auf das Alte Burgtheater und die Hofburg gibt es zahlreiche Varianten und doch sind sie sämtlich ganz anders, ganz individuell und jedesmal vor der Natur selbst entstanden. Die Variation ergibt sich zum Teil durch Veränderungen der Gebäude, der Laternen, der Ladenschilder, weit mehr aber noch durch die sehr unterschiedliche Auffassung des Künstlers. Um ein klein wenig verschiebt sich der Standpunkt, die Figuren agieren anders, Format und Stimmung wandeln sich. Was sich dabei anzeigt ist nicht weniger, als daß die Bedeutung des sachlichen Gegenstandes selbst stark schwindet. Was Alt nun sucht, ist ein gutes, ein immer besseres Bild, ein Kunstwerk zu schaffen und eben das sollte sich als sehr wesentlicher Schritt erweisen.

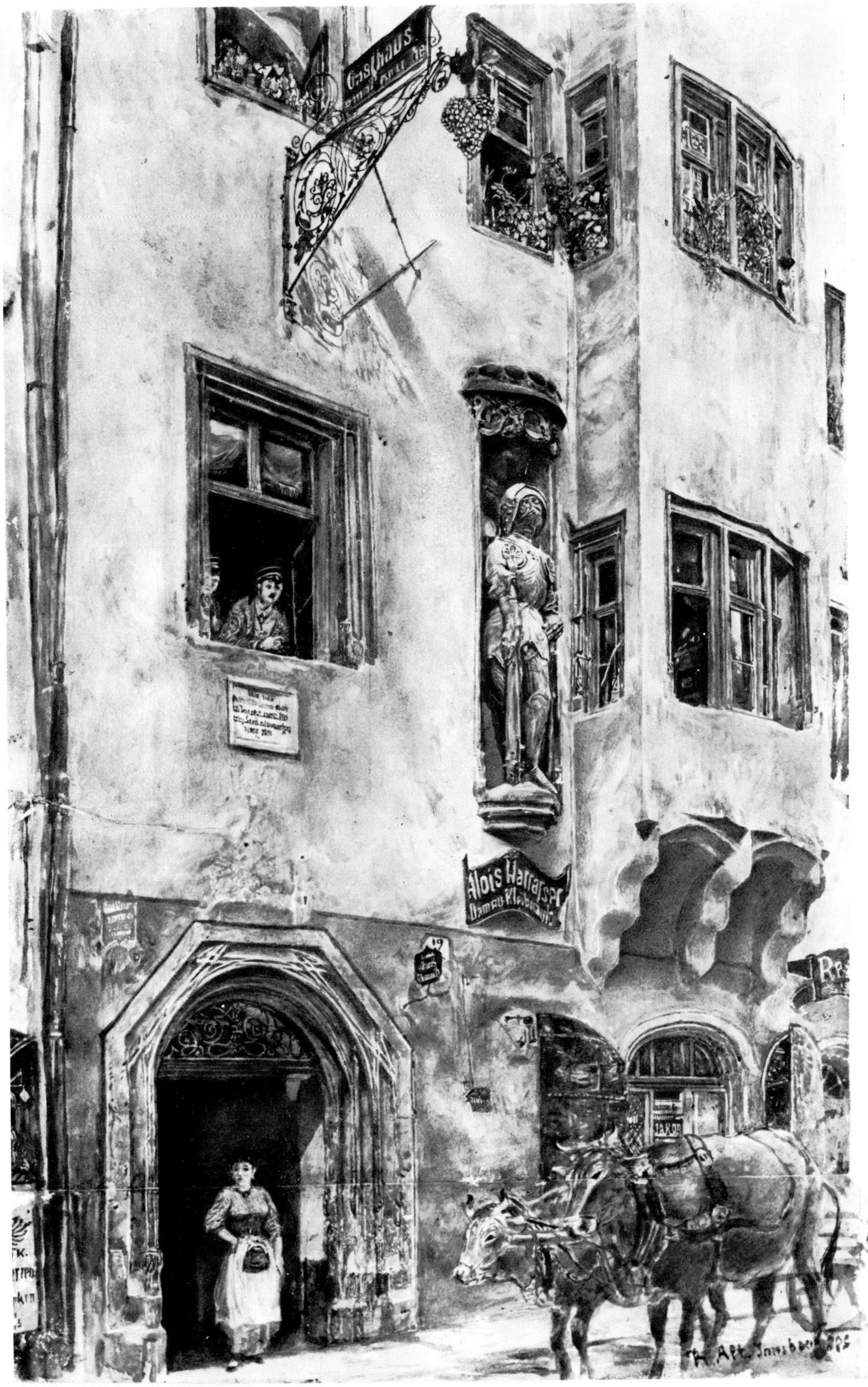

186. R. Alt, Das Burgriesenhaus in Innsbruck, 1889

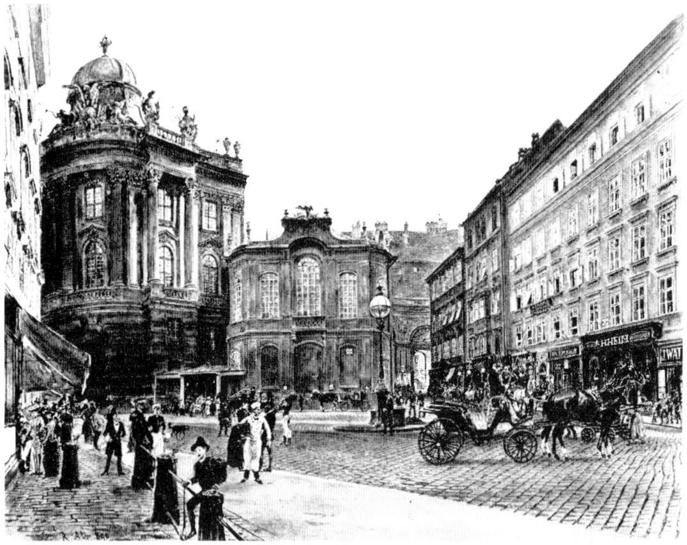

187. R. Alt, Der Michaelerplatz in Wien, 1890

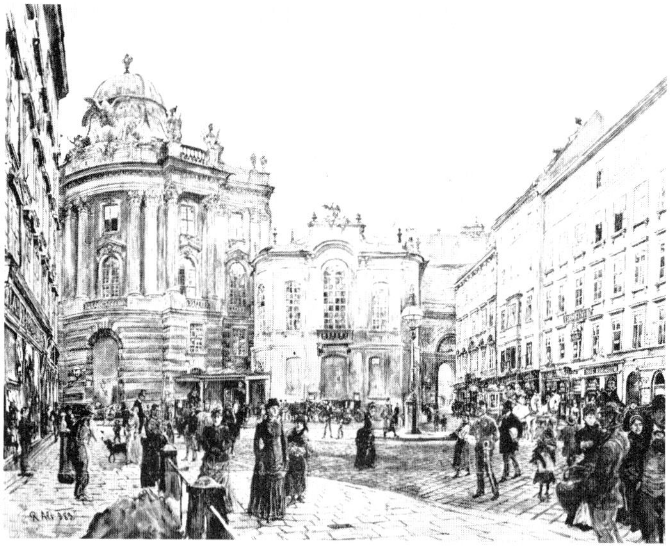

188. R. Alt, Der Michaelerplatz in Wien, 1883

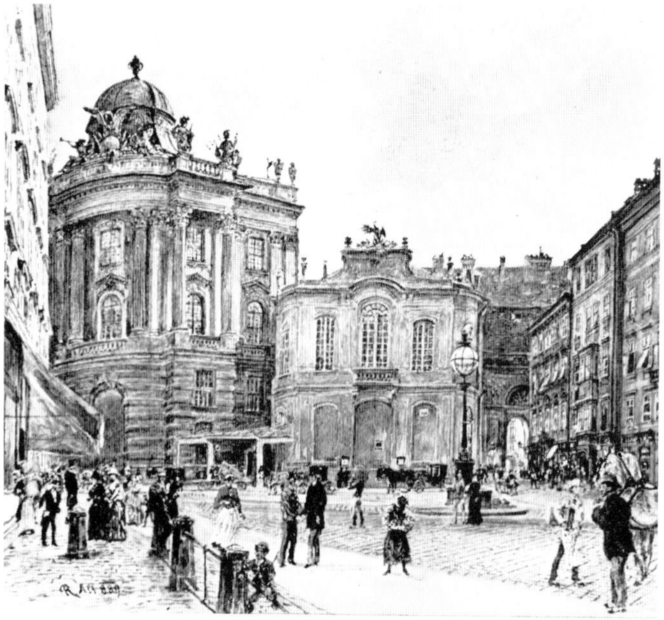

189. R. Alt, Der Michaelerplatz in Wien, 1889

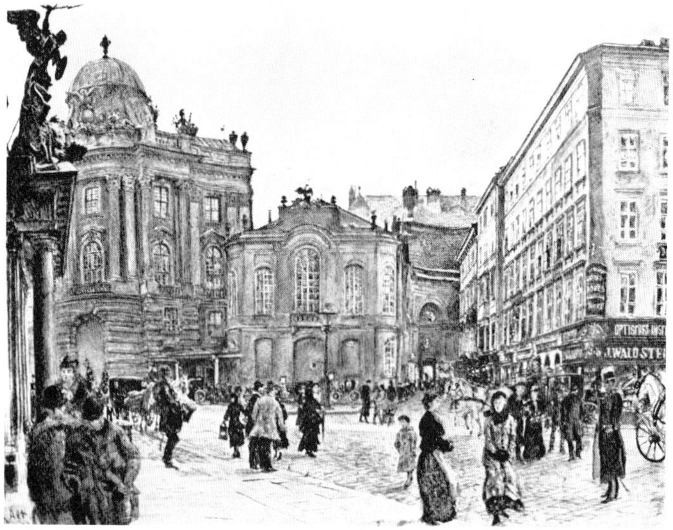

190. R. Alt, Der Michaelerplatz in Wien, 1880

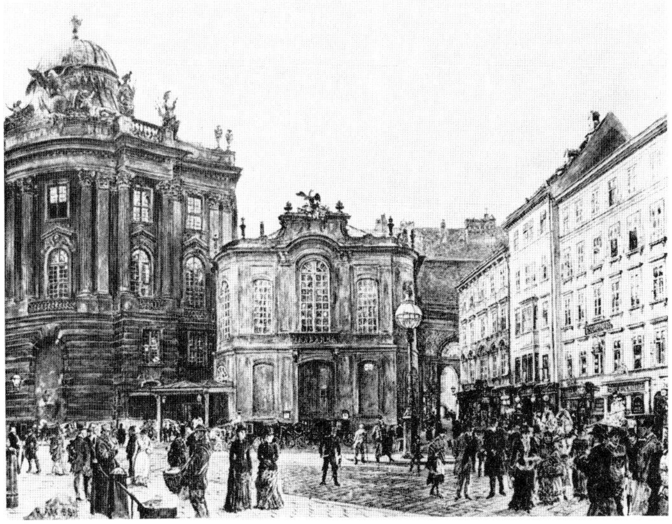

191. R. Alt, Der Michaelerplatz in Wien, 1884

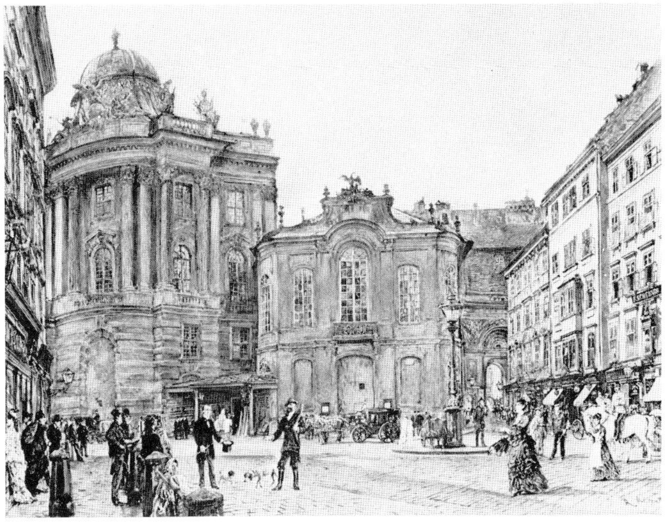

192. R. Alt, Der Michaelerplatz in Wien, 1889

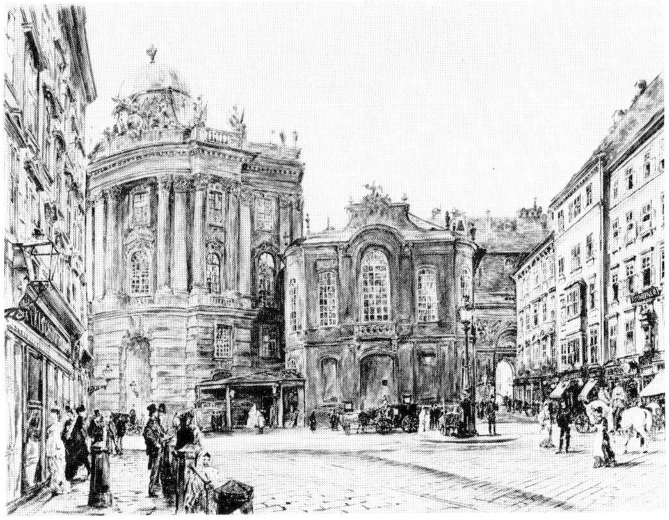

193. R. Alt, Der Michaelerplatz in Wien, um 1883

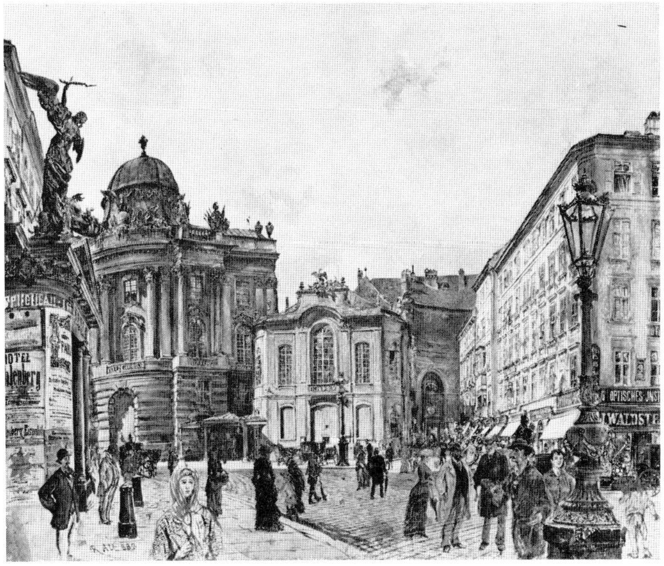

194. R. Alt, Der Michaelerplatz in Wien, 1883

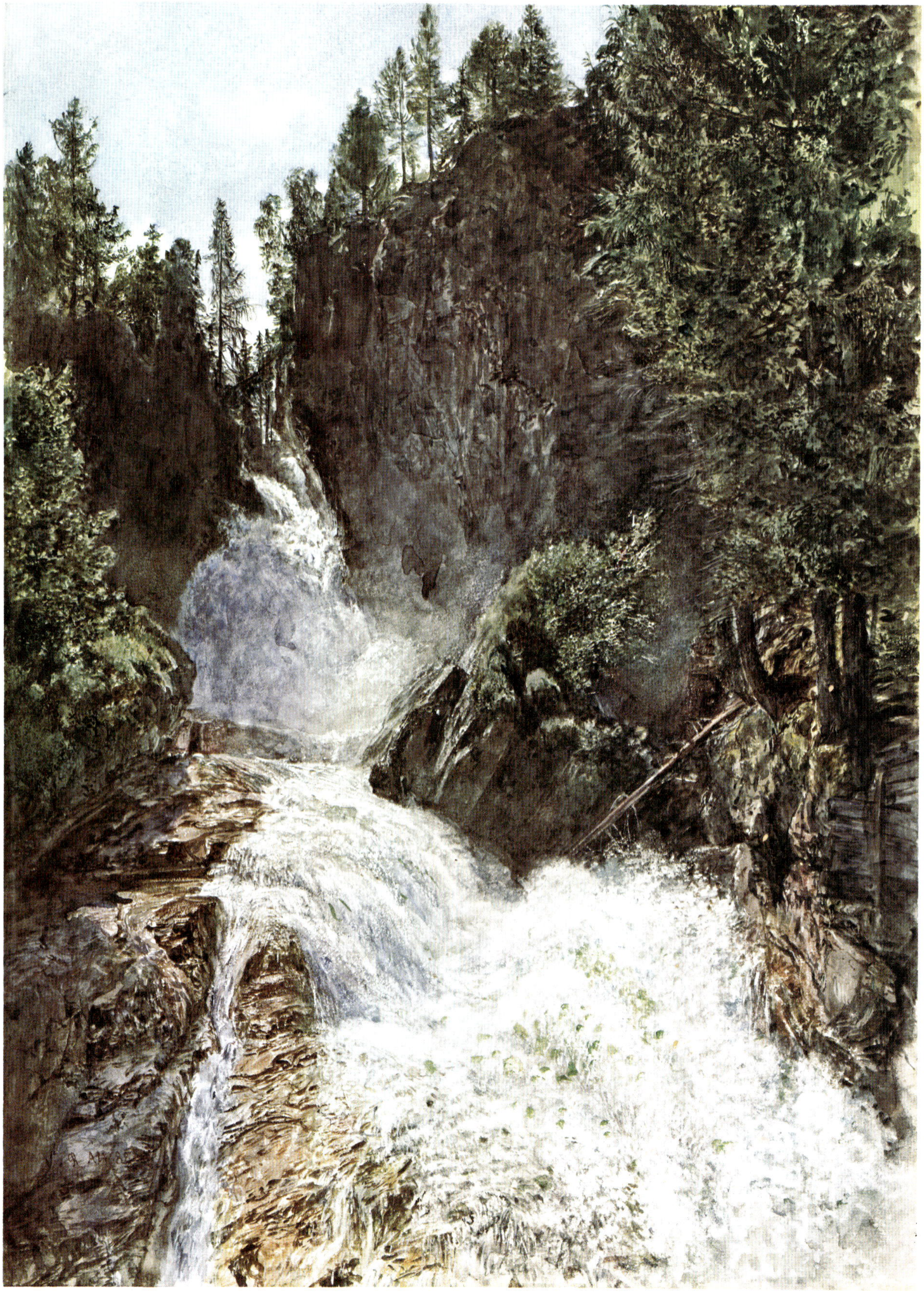

195. R. Alt, Der Wasserfall in Gastein, 1888

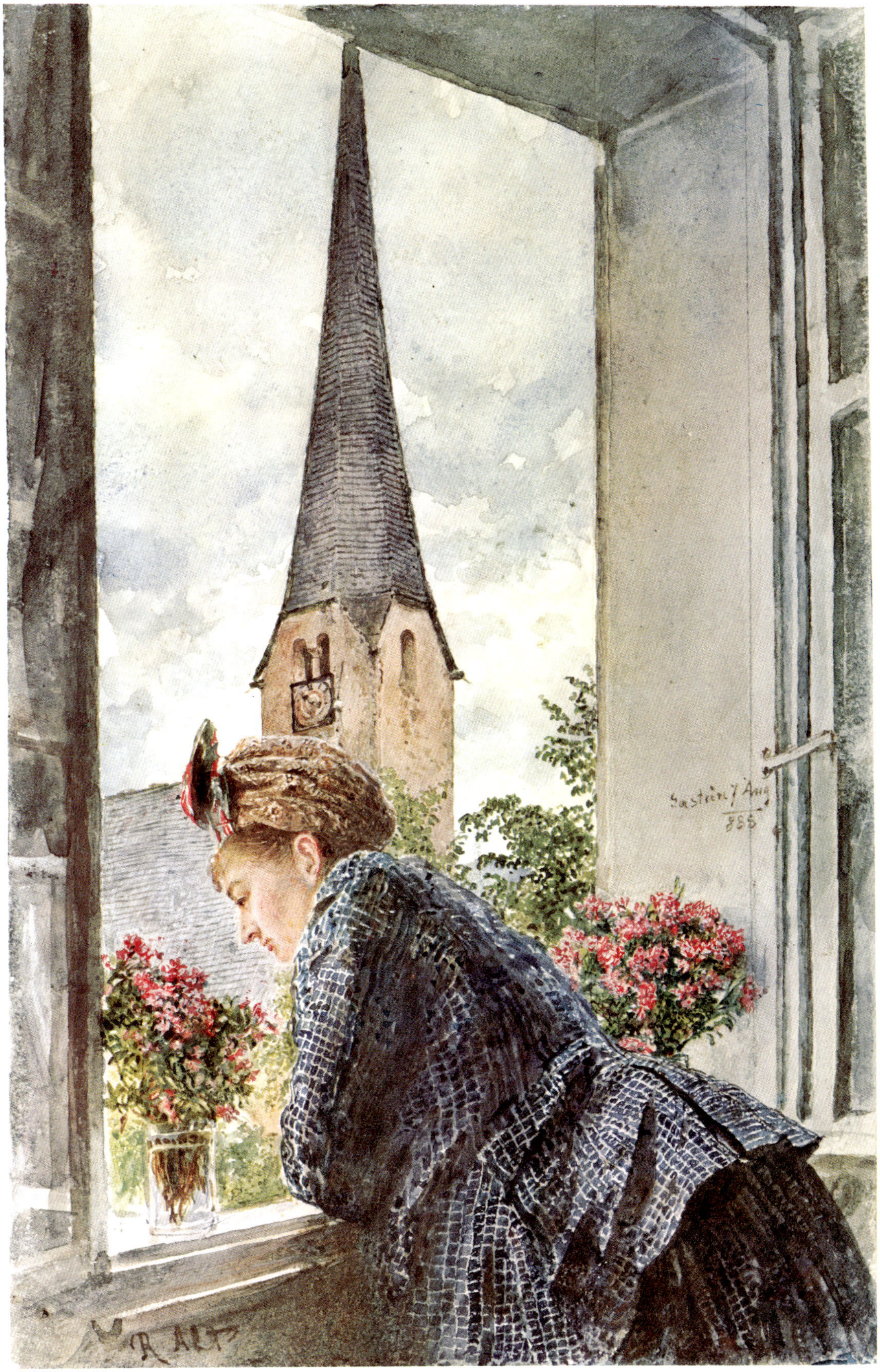

196. R. Alt, Louise Alt am Fenster in Gastein mit dem Blick auf die Nikolaikirche, 1888

XVIII

Nun beginnt so recht ein neues Kapitel der Alt'schen Lebensgeschichte, das in Gastein entstehende Werk. Der inzwischen fünfundsiebzigjährige Künstler reiste mit seiner Tochter von nun an alljährlich im Hochsommer nach Badgastein, wie wenn er die Erinnerung an die ersten Reisen an der Hand seines Vaters beschwören wollte. Ein angenehmes Quartier, wenn auch bescheiden, hatten Vater und Tochter nun beim Windischbauer gefunden, in einem kleinen weißen Häuschen, bestehend aus einer Waschküche unten, Zimmer und Kabinett oben. Glückliche Tage folgten, wenn auch immer vom mißmutig registrierten Wetter arg unterbrochen; doch da heißt es, „das Bad schmeckt mir, das Essen und Trinken schmeckt mir, ja sogar die Arbeit tut es, was will man mehr?" (9. August 1887 aus Bad Gastein)[242]. Schreiben fällt ihm bereits sehr schwer, das Malen aber nicht, es ist vielmehr so, als ob ein ewig Junger mit Lebenskraft und Lebensfreude eine Summe seines jahrzehntelangen Ringens ziehen würde. Die Reife des Alterswerkes formt sich hier in wahren Meisterwerken; dem Wasserfall, dem Kötschachtal, dem alten Friedhof, der Gasteiner Fichte und einer bewaldeten Wand, in die er einfach hineinblickt, alles Dinge, die man noch niemals hierzulande so gesehen, so dargestellt hatte und die für alle Zeiten noch immer zu sehen lehren können. Zieht man überhaupt den Bogen von dem ersten Wasserfall von 1830, diesem kostbaren Wassersprühen in Weiß und Hellblau, wo alles in der skizzenhaften Notiz verklingt, wo alles nur dem Andeuten eines nicht Greifbaren dient, zu dem mächtig rauschenden Naturerlebnis des Alters, beginnt man dieses Leben langsam zu begreifen, das sich — ausgehend von der großen österreichischen Wende zur Wirklichkeitsentdeckung des 19. Jahrhunderts bis zum Ausklang, wo die Realität ihre Gegenständlichkeit zu verlieren beginnt — zum Ausklang also in eine neue Welt herein spannt. Die große Fichte gar, an die er sich mehrere Jahre hintereinander immer wieder heranmacht, ist in der Tat der Gipfel dieser Art von Herrlichkeit, wie sie Hevesi nannte, „ergreifend, ja rührend in der unbewussten Kraft- und Schönheitsfülle ihres Wesens. Wie eine Abgesandte der großmächtigen Allmutter Natur steht sie da im Bilde und richtet die große Botschaft aus, von Unsterblichkeit, von einer sich ewig selbst erneuernden Unverwüstlich-

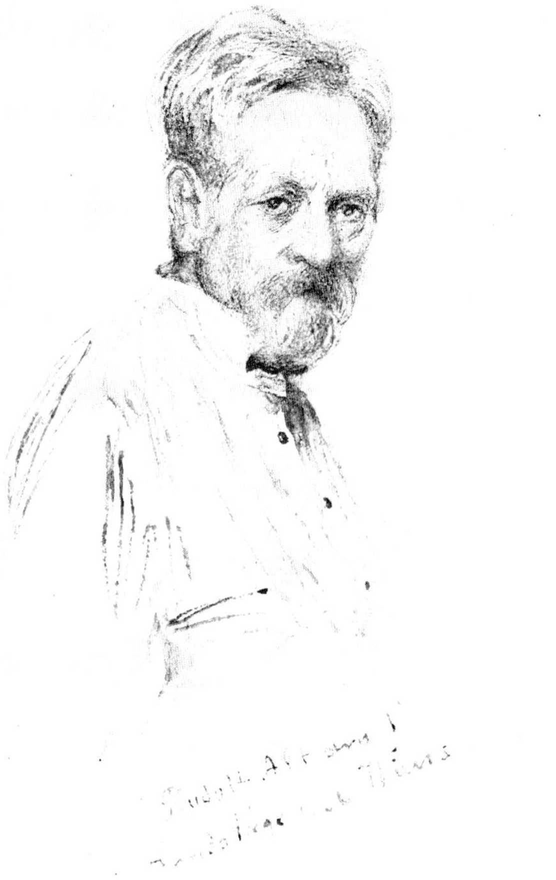

197. R. Alt, Selbstbildnis „am 1. Hundstage Wiens", 1886

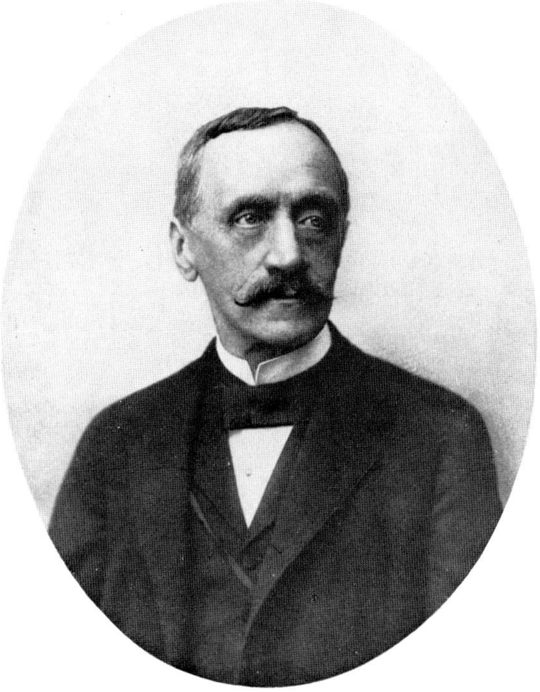

198. Ludwig Lobmeyr (1829—1917)

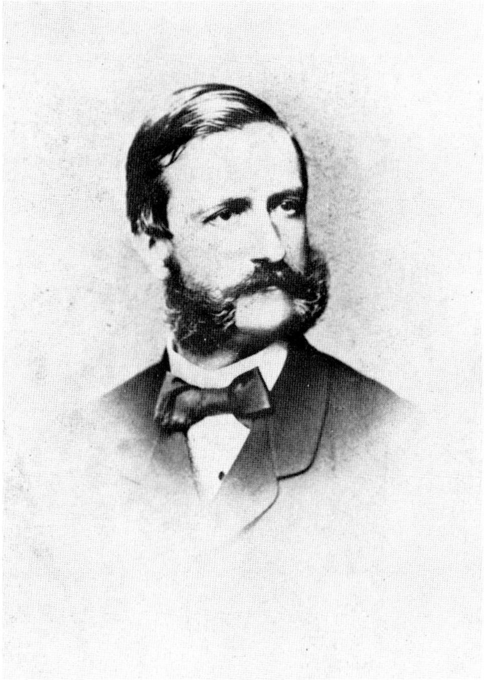

199. Vinzenz Ritter von Miller-Aichholz (1827—1913)

keit“[243]. Vielleicht möchten wir es weniger aufwendig sagen, gewiß aber gleich im Sinn, hier ist erreicht, was nur sehr Große erreichen, nämlich über die Zeiten hinaus Gültiges zu sagen. Die Natur selbst ist nach einem langen Leben Alts letzte Aussage, und mit ihr ist er wahrhaft zeitlos.

Inzwischen hatte sich der Ruhm des Künstlers stark verbreitet. Dies zeigt sich vielleicht am stärksten daran, daß die etablierte Kunstwelt nun von ihm Kenntnis nimmt. Man kann dies gut an den Auszeichnungen ablesen, die ihm nun verliehen werden; eine große Ehrung war es gewiß, daß er 1888 (als zweiter überhaupt) das neugestiftete Österreichische Ehrenzeichen für Kunst und Wissenschaft verliehen erhielt. Das Bürgerrecht der Stadt Wien hatte er bereits zum 70. Geburtstag erhalten, er, der „als Erbe der künstlerischen Begabung seines Vaters bereits in den Jünglingsjahren als Landschaftsmaler Aufsehen erregte“, heißt es da, er, der „in diesen meisterhaften Darstellungen verstand — wie sonst kein anderer Erinnerungen an das Vergangene in poesievoller Weise festzuhalten und der Gegenwart ein treues Abbild ihres Könnens und Wollens zu geben — den Zeitgenossen zur Freude, den kommenden Geschlechtern zur Belehrung und zum Genusse“. Ohne Frage, Rudolf Alt war nun gefeiert, geehrt und berühmt.

Im Zuge solcher Entwicklung entschloß man sich im Jahr 1889, die gesamte Alt-Sammlung von Ludwig Lobmeyr im Künstlerhaus auszustellen; nun umfaßte sie immerhin 91 Blätter, und da Rudolf Alt in diesen Wochen krank sein Haus nicht verlassen konnte, machte ihm der Sammler eines Tages die Überraschung, die gesamte Ausstellung in seine Wohnung zu transportieren, wo der Künstler gerührt die schönsten Momente der Erinnerung genoß[244].

Es kam zum letzten öffentlichen Auftrag, nämlich zur Ausführung einiger Aquarellansichten in Wien für die Kassette, die der Erzherzogin Marie Valerie von der Stadt Wien zur Vermählung mit Erzherzog Franz Salvator von Toskana am 31. Juli 1890 überreicht wurde. Sonst aber folgte der Künstler nun allein seinen Zielen, seinen eigenen Aufgaben, und gerade damit sollte er der jungen Künstlergeneration zu einer Art Vorbild werden. Der Wandel seiner malerischen Auffassung wird in diesen Jahren tatsächlich erstaunlich. Er formt nun leicht und in einer Summe von farbig äußerst differenzierten Flecken seine Vision der sichtbaren Gegenstände. Dabei wird immer deutlicher, daß es um Gegenstände an sich gar nicht geht; er sucht auch das Motiv nicht im geringsten irgendeiner effektvollen Besonderheit wegen. Er schaut zum Beispiel auf die andere Talseite, auf Felsen und Gebüsche, und dann immer und immer wieder in die Bäume, in Zweige, Blätter, Geäst. Sein Malen konzentriert sich so auf das künstlerische Problem, nicht auf den geringen oder fast gleichgültigen Gegenstand. Ist er in Wien, gibt es da den Blick in die Skodagasse, in den Hof seines Wohnhauses, in sein Atelier (mit dem 1848 als „Alterthum" in Hallstatt erworbenen Barockschrank, der schon in der Lithographie „Mozart am Kahlenberg" figuriert) oder auf Töpfe, Vasen und Blumen. Es ist, besser gesagt, wird immer mehr so, als ob er bloß einen Anlaß braucht, das Eigentliche, die malerische Bewältigung noch rastloser anzugehen.

Das Jahr seines 80. Geburtstages sollte sein Ehrenjahr werden. Rudolf Alt wurde in diesem Jahr so ziemlich alles zuteil, was es für einen lebenden Künstler nur geben konnte, man erhob ihn zum Ehrenmitglied der Wiener Akademie, zum Ehrenmitglied der Berliner Akademie und des Vereines bildender Künstler in Berlin, er wird aber auch Ehrenmitglied der Societé Royale Belge in Brüssel, Ehrenbürger der Stadt Wien, doch nur das Adelsprädikat des Ritterstandes trug er nicht, weil er noch immer nicht darum angesucht hatte, obwohl ihm das seit der Ordensverleihung bereits zustand. Am 28. August 1892 übertrafen sich die Zeitungen in auszeichnenden Würdigungen. Und: Die Genossenschaft der bildenden Künstler veranstaltete im Künstlerhaus eine Gesamtausstellung seines Werkes mit nicht weniger als 522 Katalognummern — eine der umfangreichsten und größten Ehrungen, die einem lebenden Künstler hierzulande jemals zuteil geworden ist. Diese Ausstellung gestaltete sich in der Tat zu einem Triumph, man feierte den Jubilar vom frühen Morgen an, überschüttete sein bescheidenes Atelier mit Blumen, „zahllos war die Menge der Telegramme, Briefe, Adressen, Diplome, Albums, der verschiedenartigsten Geburtstagsgeschenke und mitten im Chaos empfing der freundliche, immer zu Scherzen aufgelegte alte Herr die Gratulanten und Deputationen"[245]. In der Ausstellung des Künstlerhauses hatten alle bedeutenden Sammler ihre Schätze an Alts Werken vereint, die Eröffnung nahm einen feierlichen Verlauf, sie wird als ein rechtes Fest geschildert, wobei der Abend einem großen Bankett vorbehalten war. Freunde, Verehrer, Vertreter der Künste und Persönlichkeiten des Kulturlebens scharten sich als Gratulanten um den Meister, „um ihm zu seinem Ehrentag den Tribut der Bewunderung und Werthschätzung zu zollen"[246]. Alt war ergriffen und gerührt und versicherte mit Tränen in den Augen, dieser Tag habe ihn mit vielem versöhnt, was ihm in den Jahren harten Kampfes widerfahren sei.

Aber auch er selbst hatte eine Überraschung zu bieten. In aller Früh des Geburtstagsmorgens

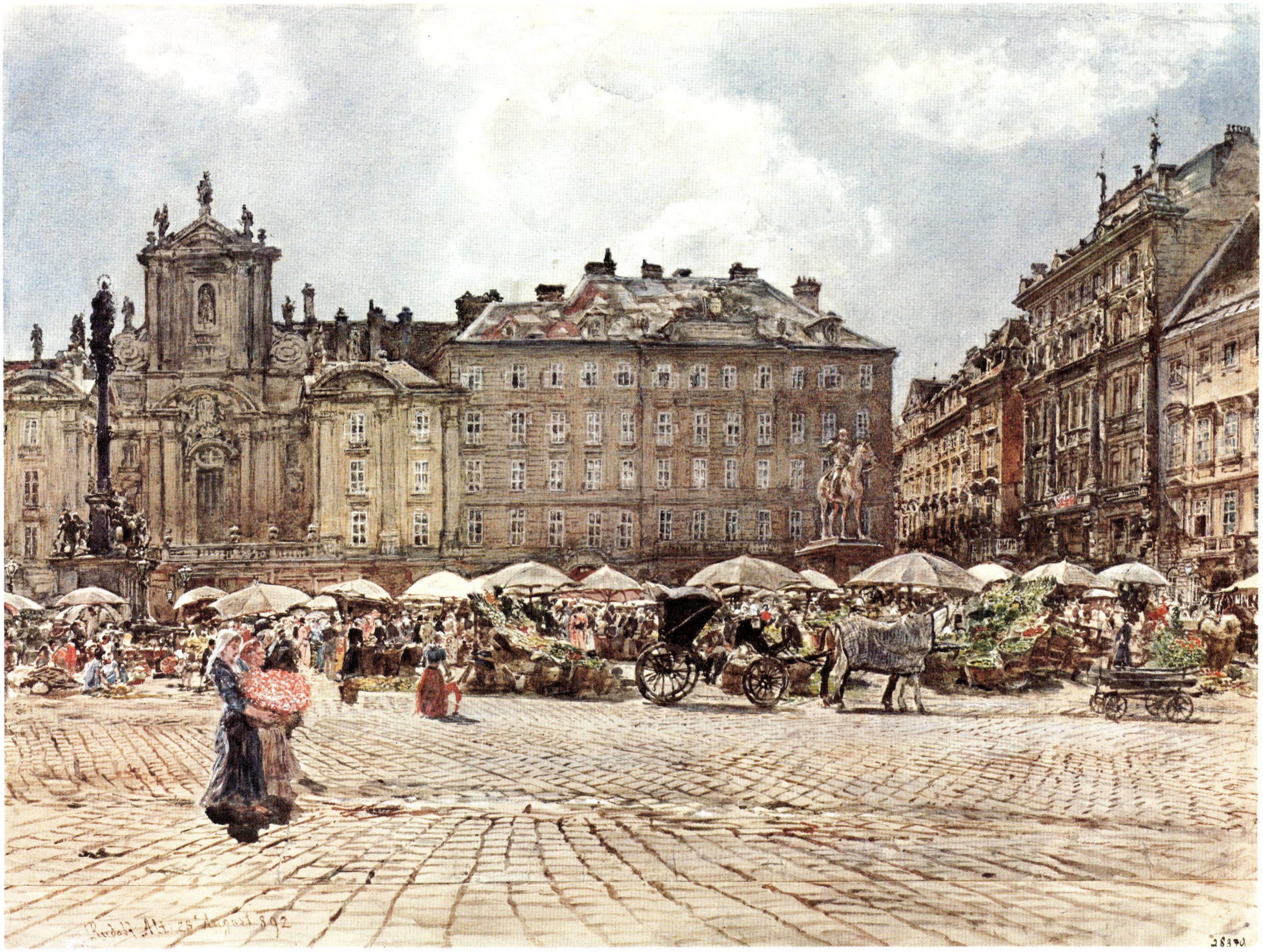

200. R. Alt, Der Platz am Hof in Wien, 1892

hatte er ein Aquarell „Ein Morgen Am Hof“ vollendet, das er allen Gratulanten zeigte und das vollends zum Ereignis der Ausstellung wurde. Spontan entschloß sich eine Gruppe von Verehrern, dieses Blatt um einen aus Spenden einfließenden Betrag anzukaufen und einem Museum zu schenken — man überreichte Alt 5.500 Kr., das Blatt ist heute ein Glanzpunkt der Alt-Sammlung in der Albertina. Erzherzog Carl Ludwig telegraphierte, Unterrichtsminister Freiherr von Gautsch drückte aus, der Künstler habe während einer langen Reihe von Jahren in idealer Auffassung seines Berufes „eine reiche künstlerische Tätigkeit entfaltet und damit an dem Aufblühen der österreichischen Kunst hervorragenden Anteil genommen“, die Akademie sprach von einer unbestrittenen Herrschaft, die er von frühester Jugend bis ins höchste Alter bewahrt habe, und die verschiedensten Deputationen übertrafen einander an Lobeshymnen.

Was aber Alt besonders gefreut haben mag, es kam zu einer spontanen Kundgebung der „Jungen“ für ihn, den „Alten“, zu einer fast ostentativen Demonstration[247], in der eigentlich zum ersten Mal ein neuer Kunstwille gegen den verstockten Kunstbetrieb aufbrach.

Am abendlichen Bankett dieses Tages nahm Alt im Kreis der Kollegen und Freunde, der Kunstöffentlichkeit und Sammler, mit Kindern und Enkeln teil. Zahlreich sind die Schilderungen dieses Festes und die Anekdoten, die sich darum ranken; nur eine sei hier erwähnt. Als der greise Künstler vorgefahren war und feierlich im Vestibül empfangen und in den Festsaal geführt wurde, erhob sich alles; die Musik intonierte einen Tusch — Alt erschrak geradezu, winkte jedoch rasch gefaßt ab und sagte: „Aber, aber meine Herren, was soll denn das, Tusch für einen Aquarellmaler!“ — Unter schallendem Gelächter wurde er zum Ehrenplatz geführt, es blieb bei dieser heiteren Laune. Für jedes Lob, jede Ehrung hatte er, wie berichtet wird, „kurze, aber drastische, launige und dafür desto wirksamere Erwiderungen“[248]. Der Künstler dankte in einem Schlußwort, vor allem, weil er so glücklich sei, seine gesamten Werke noch einmal vereint zu sehen, was er sich nicht hätte träumen lassen (selbstverständlich war es, trotz der großen Anzahl, nur ein Bruchteil seines Lebenswerkes) und er schloß damit, daß seine vielen Freunde ihn heute ohnehin derart in den Himmel gehoben hätten, daß er füglich sich bereits als gestorben betrachten könne. Als er in den späten Abendstunden zum Aufbruch gedrängt wurde, meinte er, er erkläre sich überhaupt nur bereit, nach Hause zu gehen, wenn man ihm heute schon die bindende Erklärung abgebe, daß die Feier seines 90. Geburtstages jedoch bis in die Morgenstunden dauern würde. Bei allem zeitbedingten Pathos dieser Jubelfeier, mancher schwülstigen Lobeshymne, wie sie uns überliefert ist, war es aber ganz gewiß großartig, daß ein lebenslang so hart ringender und letztlich einsamer Mensch einen solchen Tag erleben durfte.

Die Aufschlüsselung des umfangreichen Kataloges der Jubiläumsausstellung vermag nicht wenige interessante Einzelheiten auszusagen. Über die Sammler seines Werkes etwa; namentlich nicht genannt waren lediglich die beiden Sammlungen des Kaisers und des regierenden Fürsten von Liechtenstein. Angeführt sind (nach Anzahl der Leihgaben geordnet):

1. Ludwig Lobmeyr, Wien	87
2. Carl Graf Buquoy-Longueval, Gratzen	35
3. Franz und Eugen Miller von Aichholz, Wien	26
4. Carl Graf Lanckoronski	22
5. Carl Figdor, Wien	18
6. Moritz Freiherr von Königswarter	17

7. Erzherzog Carl Ludwig, Klesheim b. Salzburg 15
8. Dr. Robert Schaub, Wien 15
9. Franz Xaver Mayer, Wien 15
10. Alfred Fürst Liechtenstein, Hollenegg . 13
11. Nikolaus Dumba 8
12. Gabriele Miller von Aichholz 8
13. Paul Ritter von Schöller 7
14. Rudolf Edler von Arthaber, Wien 7
15. Dr. Wilhelm Ritter von Mauthner 7
16. Carl Neblinger 4
17. Josef Freiherr von Liebig 4
18. August Rath, Wien 4
19. Moriz Mayr, Wien 4
20. Rudolf Reichert, Wien 4
21. August Artaria 3
22. Rudolf Freiherr von Doblhoff 3
23. Franz Rogge, Wien 3
24. Max Orel 3
25. Ernst Mauthner, Wien 3
26. Berta Fichtner, Mauer b. Wien 3
27. Christine Breden, Wien 2
28. Dr. Ernst Marbach, Wien 2
29. Dr. Max Menger 2

und andere mit je einem Blatt.

XIX

Für den nun in ein sehr hohes Alter eintretenden Künstler verengte sich naturbedingt der Gesichtskreis. Von Krankheit immer öfter behindert, schuf er die späteste Gruppe seines Werkes, die letzten und erstaunlichsten Aquarelle. Was vorbei war, war die Zeit der Reisen. In Wien für immer länger an die Wohnung und den Arbeitstisch gebannt, wurden diese Jahre nur durch die sommerlichen Ferien unterbrochen, die er mit Louise in Gastein verbrachte.

Sei es nun in Wien — wo sich sein nach wie vor von höchster Intensität getragenes Spätwerk auf Blicke aus dem Fenster der Wohnung, in sein Atelier, auf ein Stilleben oder in den Spiegel oder auch auf Abwandlungen lange zurückliegender Studien beschränkt oder sei es in Gastein, wo ihn eigentlich nur einige Motive, diese aber jedes Jahr wieder, beschäftigen. Wie weit da Alt bereits in seiner Auffassung war und wie weit er darin schon sehr früh gegangen war, zeigt das Beispiel vom Blatt Klosterneuburg, wo er die gotische Lichtsäule an einem ganz anderen Platz malte als dem, wo sie sich befindet. Darüber befragt, sagte er, so gefalle es ihm besser, es sei schöner so. Die Wirklichkeit verliert also ihre unbestritten dominierende Rolle, sie wird Anlaß für den Künstler, ist aber nicht mehr dessen Ziel. Damit vollzog Alt den Schritt in das 20. Jahrhundert.

Er mußte damit eine geradezu emphatische Begeisterung der Avantgarde wecken, die künstlerische Ideale in diesem Spätwerk erfüllt sah, wie man sie bislang noch nicht beobachtet hatte. In der Tat, Alt arbeitete unbeirrt, und die Ergebnisse sind heute noch immer eindrucksvoll. Er setzt die Technik des Aquarells in einer Weise ein, die ihren bisherigen Möglichkeiten geradezu diametral entgegengesetzt scheint. Er scheut sich überhaupt nicht, etwa Deckfarbenspritzer in Tupfen als Lichter aufzusetzen oder, wenn er es so braucht, mit dem Pinselstiel Farbe wieder auszukratzen; aber nicht minder entstehen die Lichter durch Freilassen des Papiers, genauso, wie es der Künstler eben in diesem Augenblick benötigt, um seine Vision zu verwirklichen. Flecken formen Andeutungen von Objekten, die Farbe wird in großen Zügen aufgestrichen, wie man dies bisher einfach für undenkbar gehalten hatte. Ein Beispiel, das bis zur äußersten Grenze geht, ist wohl die Studie zum Kitschelt-Hof, um die nicht

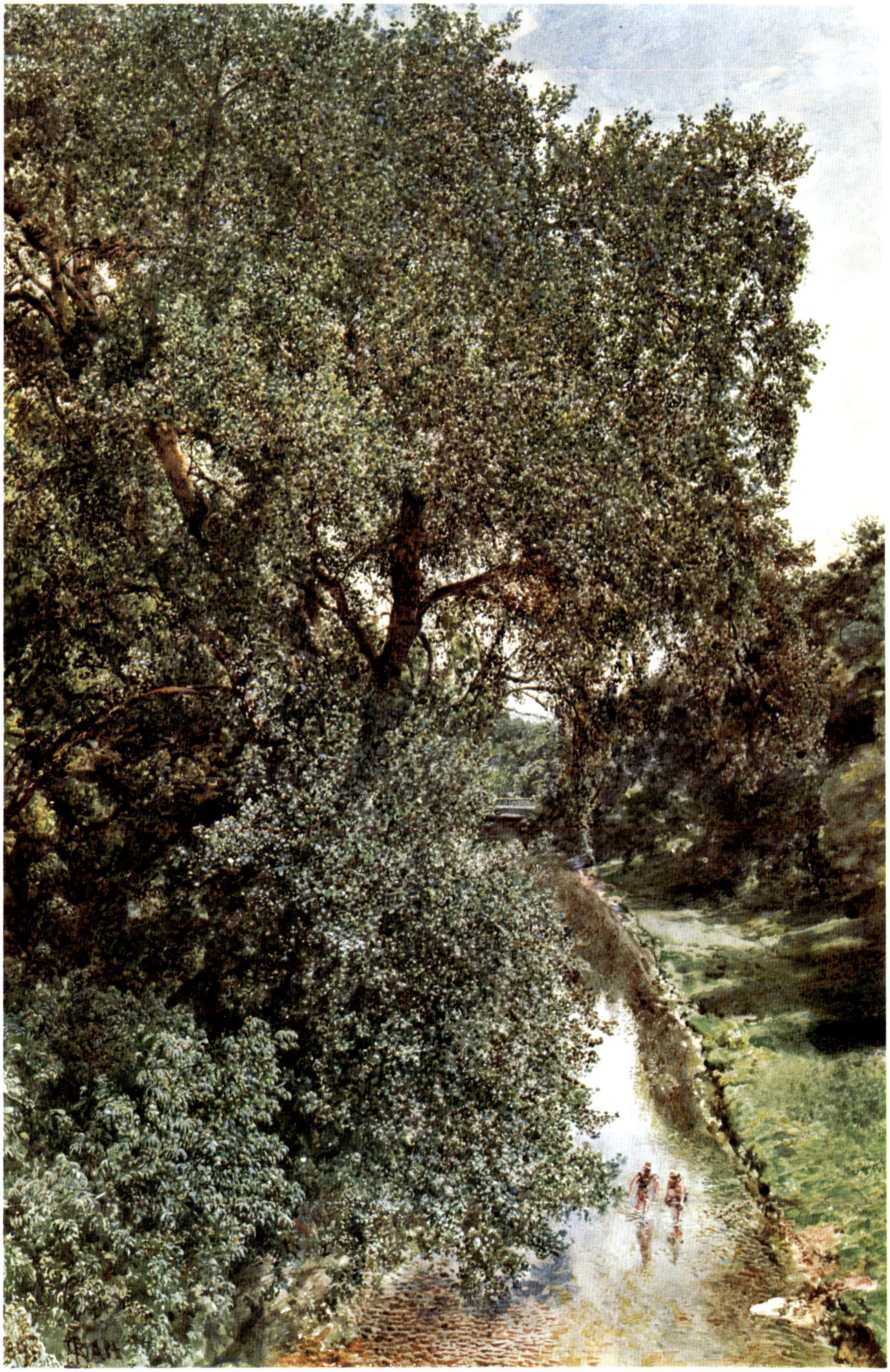

201. R. Alt, Der letzte schöne Baum am Wienfluß, 1898

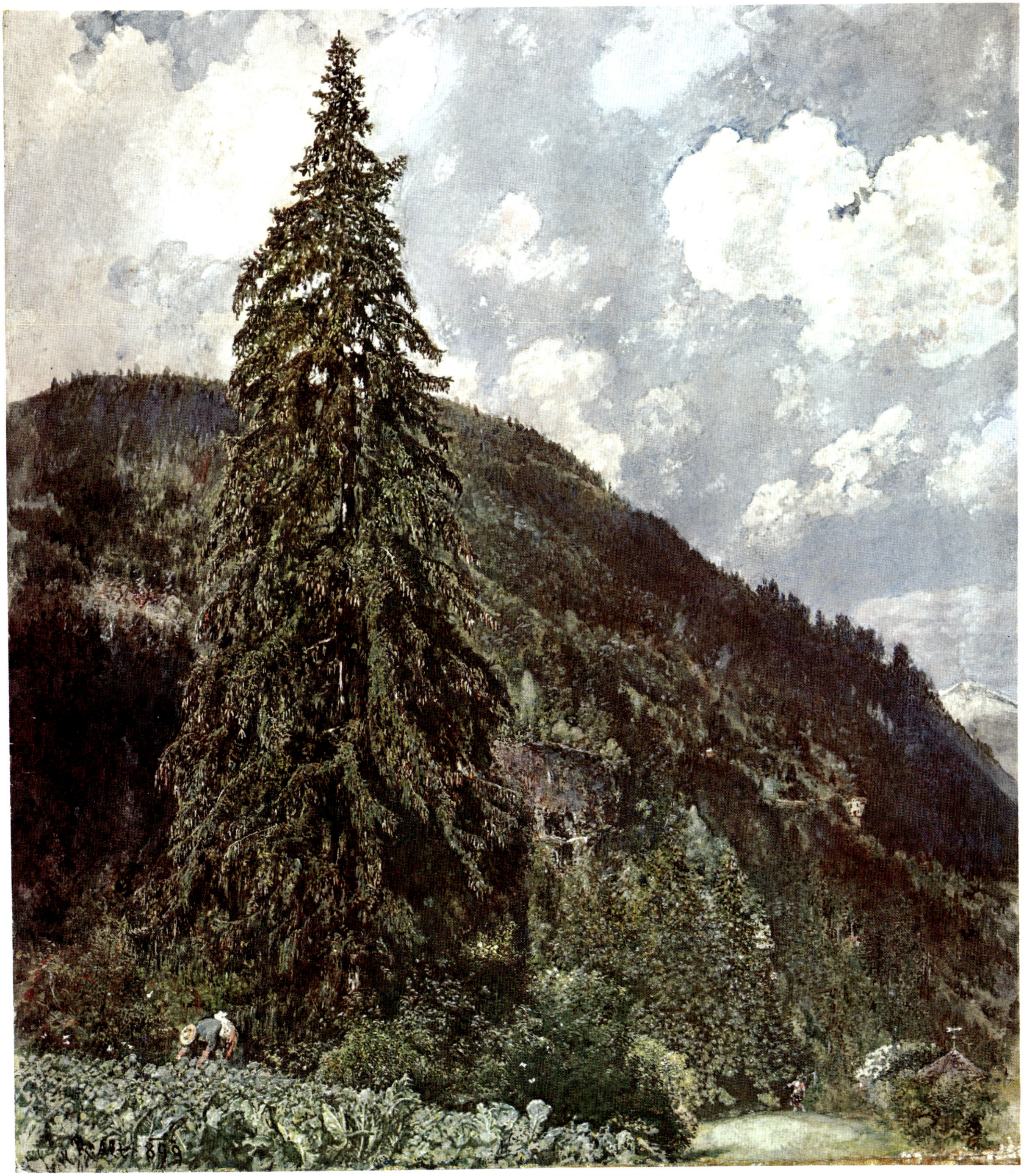

202. R. Alt, Die große Fichte in Gastein, 1899

umsonst die junge Generation bei der Ausstellung im Künstlerhaus über Nacht einen Lorbeerkranz gehängt hatte. Alt wendet sich, durch seine physische Unbeweglichkeit bedrängt, immer mehr dem eigenen Ich zu, eine Reihe von Selbstbildnissen entsteht, von unerhörter Eindringlichkeit in der Intensität dieses Greisenantlitzes. Auch hierin ist er von höchster Modernität, weil es nun um alle eigene psychische Problematik anstelle des schönen Bildes für irgendwen geht.

Briefe aus Gastein geben uns eine gute Vorstellung von diesem Lebensabschnitt. Wie eh und je bildet in ihnen das Wetter den Hauptstoff; doch er weiß es auch: „Wenn ich so im Geiste meinen Lebenslauf durchgehe und an meine vielen Reisebriefe denke, so stellt sich heraus, daß sie meistens mit Jammer und Verzweiflung über entsetzlich schlechtes Wetter angefüllt sind" (18. August 1891)[249]. Nicht anders ist es hier. Klagen über Nebel, Gewitter und verhängte Berge werden abgelöst durch begeisterte Schilderungen, wie schön das sei, was die Natur ihm biete. „Ja, wenn ich nur die Bläue des Himmels sehe, so ist das schon wunderbar, denn solches Blau glaube ich gibt es nirgends"[250]. „Früh um 8 Uhr haben noch Nebel und Regenwolken jede Aussicht versperrt, jetzt um 10 Uhr verspricht es den herrlichsten, schönsten Tag zu geben, alle Gegenstände leuchten in brillantester Färbung. Darum niemals den Mut verlieren — und das ist es auch, was ich mir im geheimen immer vorsage." Zu Zeiten war Alt gänzlich an den Sitzwagen gefesselt und mußte ausgefahren werden. Louise widmete sich in aufopfernder Weise ihrer Aufgabe als Begleiterin und Helferin.

„Mir geht es elend. Ich kann nicht gehen, unter heftigen Schmerzen tu ich arbeiten, kurz ich bin der leibhaftige Elendsgletscher nur mit dem Unterschied, daß der Schnee auf meinem Gipfel trotz Sonnenhitze nicht schmilzt"[251]. Aber selbst dann läßte er einfach nicht nach, er malt, wie Kraft und Wetter es nur erlauben. Die Werke nehmen an Dimension noch zu, er wählt gewaltige Formate und dann stückelt er sie noch an wie all die Jahrzehnte davor. Zwar geht die Anzahl zurück, hatte er bisher von diesen Sommern in Gastein bis zu dreißig Blätter heimgebracht, sind es nun einige wenige. „Mit meinem Arbeiten geht es sehr langsam vorwärts, obwohl ich soviel als möglich dabei bin"[252]. Doch diese wenigen Aquarelle bekrönen tatsächlich sein ohnehin an Höhepunkten überreiches Lebenswerk. Er schaut mit begeisterten Augen in die Natur wie ehedem, und es liest sich in aller Schlichtheit ergreifend, wenn er am 25. Juli 1895 sagt: „Wir haben heute einen Göttertag, den ich mit Schauen ins Grüne und Blaue zubringe, was mir sehr wohl tut". Aber was uns in Wahrheit daran berührt, ist die Einsicht, daß mit dieser unwandelbaren Liebe zur geschaffenen Welt es nun weithin zu Ende zu gehen scheint. Die Kunst des neuen Jahrhunderts wird bald anderen Grundüberzeugungen folgen, jenen, wie sie Charles Baudelaire vielleicht am schärfsten formuliert hat: „Ich finde es überflüssig und langweilig darzustellen, was wirklich ist. — Die Natur ist häßlich und ich ziehe das Ungeheuer meiner Phantasie der Trivialität der Tatsachen vor". Man muß bedenken, daß man bereits näher als ein Jahrzehnt an die „Demoiselles d'Avignon" von Pablo Picasso herangekommen war und daß eine neue Welt von dort aus ihren Ausgang nehmen sollte. Der Lebensbogen eines von frühester Kindheit bis an die Schwelle des Todes unablässig tätigen Künstlers, der neun Jahrzehnte überspannt, umfaßt eben Weltwenden erstaunlicher Gegensätze, war doch Alt vom Ausklang der Napoleonischen Ära her, von Wiens Klassik und Biedermeier, über Revolution, Gründerzeit und Ringstraßentriumph nun bis an das 20. Jahrhundert herangekommen.

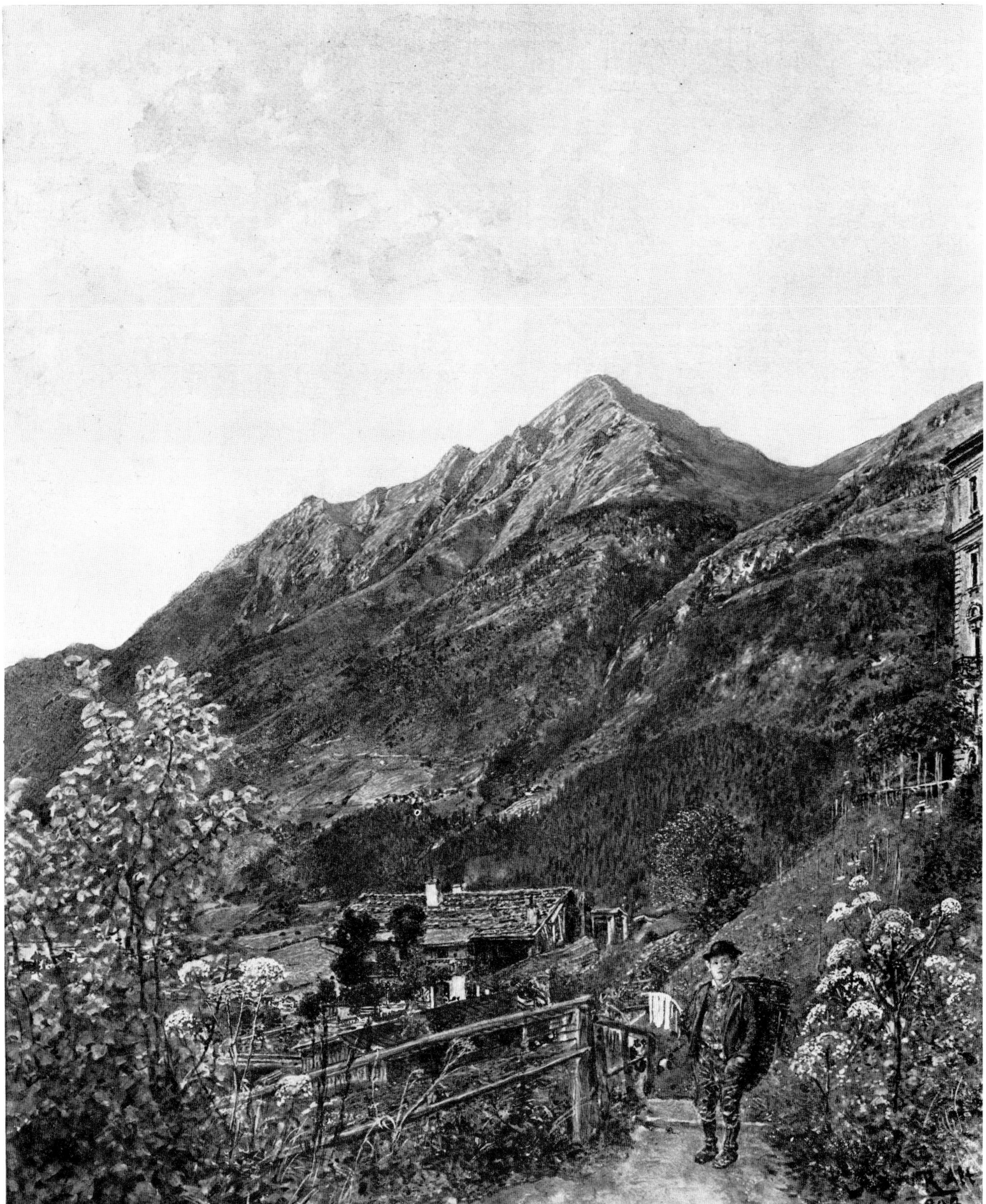

203. R. Alt, Der Gamskarkogel bei Gastein, 1893

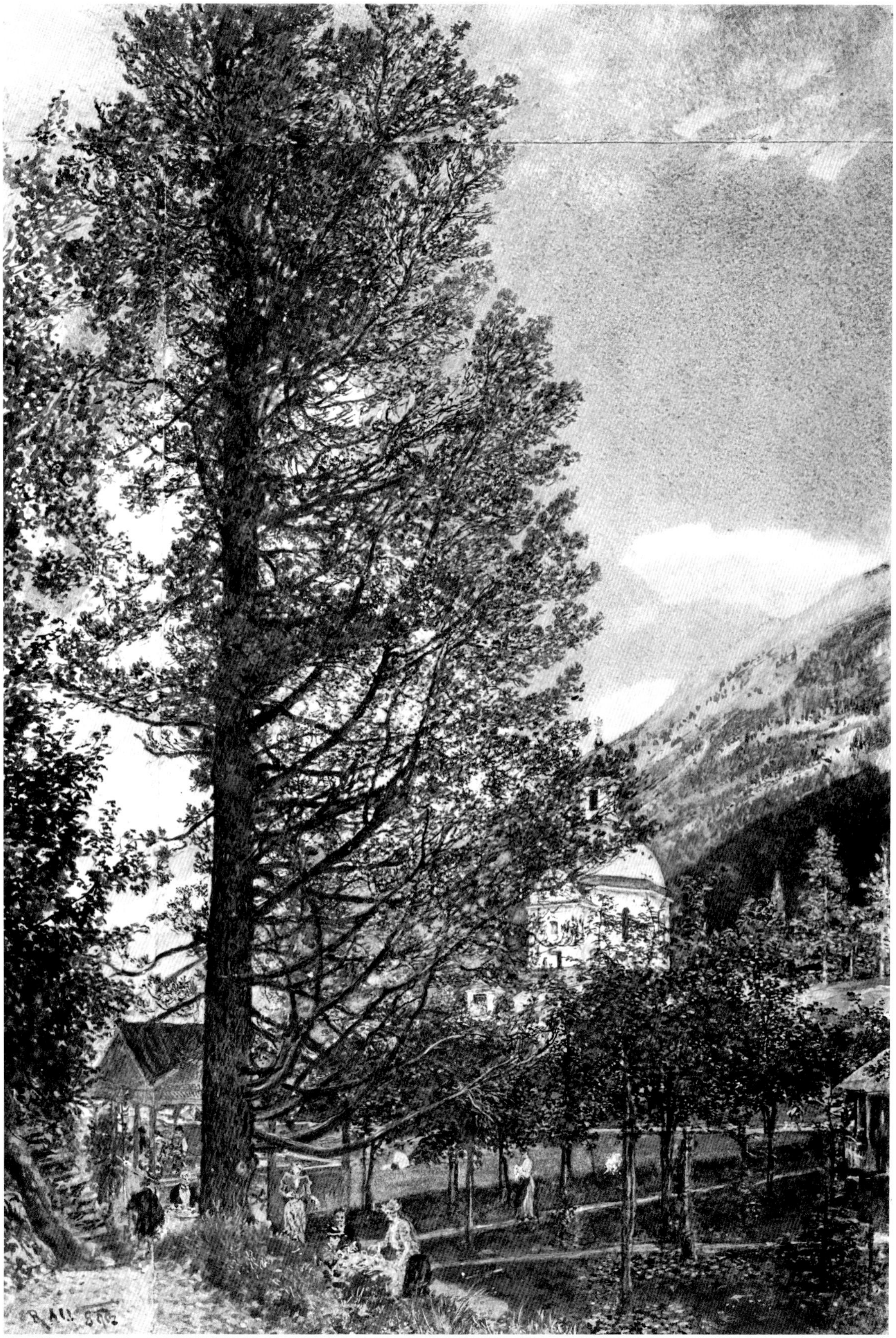

204. R. Alt, Böckstein bei Gastein, 1890

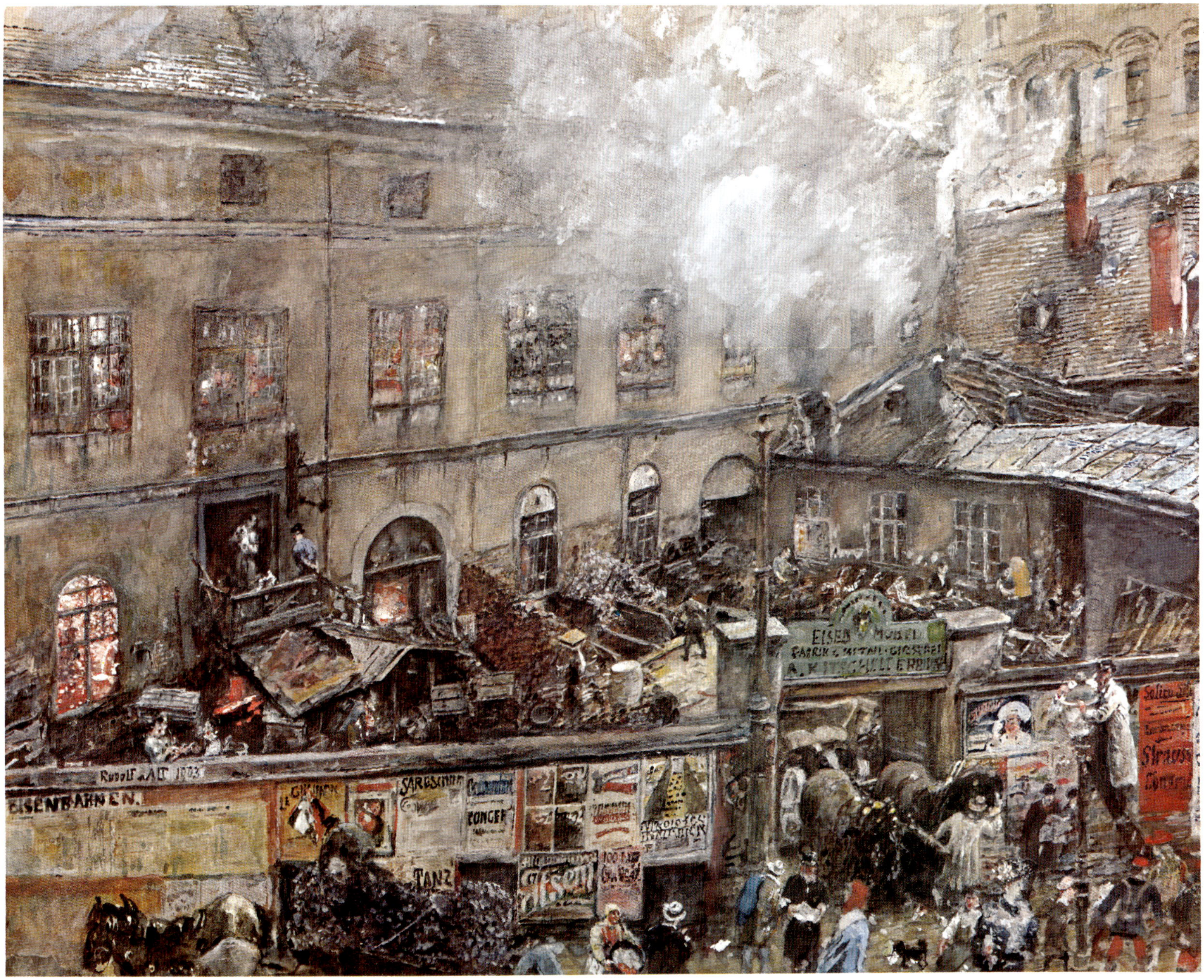

205. R. Alt, Die Eisengießerei Kitschelt in der Skodagasse, 1903

Wir, die wir uns wiederum dem Ende dieses Jahrhunderts nähern, beginnen die Welt auch mit neuen Augen, vielleicht mit Augen, die auch das Werk eines Alt wiederum anders sehen gelernt haben, zu betrachten.
Doch noch ein bedeutsames Ereignis tritt in diesem Leben ein. Wie oft in der Welt waren die auslösenden Momente äußerlicher Natur, hinter denen allerdings die längst aufgestaute Unruhe nur mühsam überdeckt gewesen war. Alt war nie ein Freund des Kunstbetriebes in der Vereinigung der „Genossenschaft Bildender Künstler" gewesen, hatte oftmals von der etablierten „Clique" gesprochen und sich wie vom Aquarellistenclub — bei dessen erster Verleihung des Kaiserpreises von 400 Dukaten im Jahre 1890, der Gustav Klimt für das Blatt „Inneres des Alten Burgtheaters" zugesprochen wurde, er noch entscheidend mittätig war — immer mehr zurückgezogen. Allerdings war ihm selbst so manche Ehrung zugekommen. Das kk. Ministerium für Cultus und Unterricht hatte mit Erlaß vom 8. März 1895 Auszeichnungen für im Künstlerhaus ausgestellte Werke gestiftet. Alts „Blick in den Kitschelt-Hof" (der eigentliche Titel lautet „Eine Eisengießerei in Wien") erhielt das erste Ehrendiplom[253]. Nebenbei gesagt ist dieses Werk wahrhaftig der erstaunlichste Endpunkt, den der Künstler gesetzt hat, gleich ungewöhnlich von der Thematik wie von der Gestaltung her. Jedenfalls besaß die Jury nicht nur Mut, sondern echte Einsicht in zeitlose Qualität, diese Auszeichnung in einer, wie man meint, sehr verstockten Kulturepoche dafür zu verleihen. Alt dankt gerührt: „Von Freude und Stolz erfüllt über die unerwartete Anerkennung meiner neuesten Arbeiten, die sie bei Ihnen gefunden, kann ich nur meinen herzlichsten Dank sagen, zu dem es mir an Worten gebricht, um das richtige Gefühl ausdrücken zu können, ist diese Anerkennung doch die höchste Auszeichnung für mich, die ich gewiß zu schätzen weiß. Aus Ihrer Zuschrift spricht zu deutlich Ihr warmes Herz für die Kunst, was in jetziger Zeit eine so seltene Erscheinung ist, trotzdem sie schönes schafft; sie ist aber auch die Trösterin und Beruhigerin bei so vielen Unbilden, die den Ausübenden so oft treffen und ihm das Leben verbittern. Bewahren Sie Ihre warmen Herzen und preisen Sie das Schicksal, das Sie zu wahren Künstlern bestimmte. Nehmen Sie nochmals meinen innigsten herzlichsten Dank für die Freude, die Sie gemacht haben Ihrem am Körper gebrochenen, aber im Herzen noch gesunden alten Collegen Rudolf Alt — Wien, 20. April 1895"[254].
Dieser Brief war eine Demonstration. Man hatte ihn auch so verstanden: Am Briefkopf vermerkte man „Brief von Prof. Rud. Alt an die Jungen" und die archivalische Eintragung lautete sogar „No. 58 Begeisterter Brief Alts an die Jungen". Dem war vorausgegangen, daß eine Gruppe junger Mitglieder der Vereinigung über Nacht in der Ausstellung einen Lorbeerkranz über das Aquarell Alts gehängt hatte, um ihre Begeisterung auszudrücken. Am Rande spielte sich derweil ein Konflikt ab, den Franz Alt mit dem Vorstand der Genossenschaft austrug; sein Bild „Weg an der Villa Gropollo in Nervi" war von der Ausstellungskommission für das Jahr 1896 abgelehnt worden. Franz Alt meldete daraufhin seinen Austritt an; er betonte, daß der wahre Grund hiefür gar nicht allein die Ablehnung des Bildes sei[255], wäre es doch nicht das erste Mal, daß ihm ein Bild zurückgewiesen worden sei, aber seine Ansichten „über Jury und Ausstellungen überhaupt sind von der jetzigen Gebahrung so verschieden, daß ich mich nicht mehr damit befreunden kann. Ich bitte also meinen Austritt als definitiv anzunehmen". Sieht man dies im Zusammenhang mit der Zuerkennung des Preises an Rudolf, ist nicht ausgeschlossen, den Protest

des Franz so zu verstehen, daß er sich gegen die „modernistische“ Linie der „Jungen“ gerichtet habe. Umsomehr kann man dies, als die alte Eifersucht der beiden Brüder gerade im Künstlerhaus schon zu beträchtlichen Vorfällen geführt hatte, die allerdings — so muß man gestehen — überwiegend Rudolf anzulasten waren. So hatte er im Mai 1881 in einer Ausstellung von Aquarellen sich nicht gescheut, in ein Blatt des jüngeren Bruders „Verbesserungen“ hineinzumalen, was dieser mit rührendem Gleichmut erwiderte: „Lieber Rudolf. Ich habe im Künstlerhaus gesehen, was Du ohne mein Wissen an meinem Aquarell von der Burg gemacht hast. Es ist zwar gegen meine Überzeugung, da ich aber annehmen muß, daß es in guter Absicht geschah, so danke ich Dir dafür und wünsche glückliche Reise —“[256]. Fest steht, daß die Kluft zwischen den „Jungen“ und der Genossenschaft sich rasch vergrößerte. In all dem bezog Rudolf für die „Avantgarde“ Stellung und dieser wiederum galt er als Symbolfigur des freien, von kommerziellen Konzessionen unabhängigen Künstlers; „Dass Rudolf Alt nicht längst die internationale Größe ist, die er einst ohne Zweifel werden wird, ist eine der seltsamsten Thatsachen des modernen Kunstlebens“ schließt Ludwig Hevesi den programmatisch im Heft Nr. 1 der neuen Zeitschrift „Ver Sacrum“ erschienenen Artikel über ihn. Das Geschehen nun ist höchst brisant. Die Gruppe von jungen Künstlern, die sich um Gustav Klimt gesammelt hat, bildet noch im Rahmen der Genossenschaft eine eigene Vereinigung bildender Künstler Österreichs und wählt Rudolf Alt zu ihrem Ehrenpräsidenten. Die Generalversammlung der Genossenschaft verurteilt diesen Vorgang, dies löst die Wendung aus. Alt schreibt unverzüglich am 24. Mai 1897: „Löblicher Ausschuß der Genossenschaft der bildenden Künstler Wiens! Die ganz unberechtigten Anklagen gegen die Vereinigung bildender Künstler Österreichs, deren Ehrenpräsident ich bin, und die entschiedene Mißbilligung, welche uns der Vereinigung angehörige Genossenenschafts-Mitglieder in öffentlicher Generalversammlung ausgesprochen wurde, veranlaßt mich, aus der Genossenschaft bildender Künstler Wiens auszutreten und auf meine Ehrenmitgliedschaft zu verzichten“[257]. Und mit gleicher Empörung beschließen die anderen den Austritt: Seit Jahren, so heißt es in der Begründung, versuche die Gruppe, ihre Kunstanschauungen zur Geltung zu bringen, „diese Anschauungen gipfeln in der Erkenntnis der Nothwendigkeit das Wiener Kunstleben in lebendigeren Zusammenhang mit der fortschreitenden Entwicklung der Kunst des Auslandes zu bringen und das Ausstellungswesen auf eine rein künstlerische, vom Marktcharakter freie Basis zu stellen, hiedurch geläuterte, moderne Kunstanschauungen in weiteren Kreisen zu wecken und in letzter Linie die officiellen Kreise zu einer erhöhten Kunstpflege anzuregen“[258]. Dieses so gewichtige Schreiben trägt die Unterschriften von Gustav Klimt, Carl Moll, Rudolf Bacher, Ernst Stöhr, Joseph Olbrich, Koloman Moser und anderen.

Das war wie ein Signal, alle jungen Künstler melden ihren Austritt an, schriftlich, persönlich, telegraphisch und machen sich unverzüglich an die bekannte Gründung und weitere Tätigkeit der Wiener Secession. Ein faszinierendes Kapitel hat damit begonnen; was ihnen entgegenschlug, war beunruhigte Konvention, Ignoranz der Gewohnheit und — das berühmte gesunde Volksempfinden. Der Ruf der Entrüstung nämlich, der sich durch Generationen kaum wandelt: „Was man dem Volke noch in dieser wahnwitzigen Art zu bieten wagen wird!“. Es seien „die äußersten Grenzen gewiesen bis zu denen sich die ‚Genialität‘ vorwagen darf. Was darüber hinausgeht, ist Perversität und Unsinn“, schreibt R. von

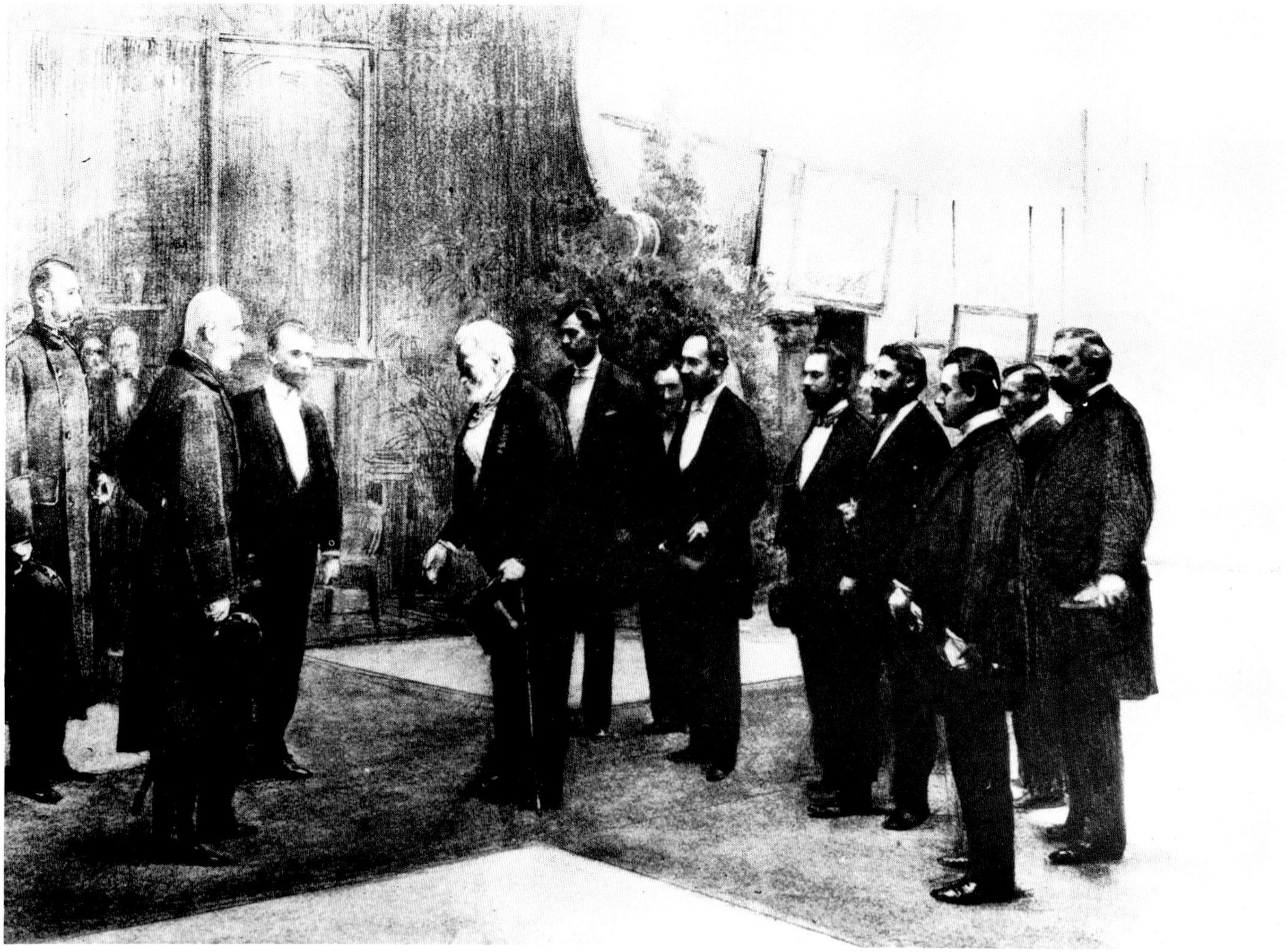

206. R. Bacher, Rudolf Alt begrüßt gemeinsam mit Gustav Klimt an der Spitze der Wiener Secession Kaiser Franz Joseph I. in der 1. Ausstellung, 1898

Enderes am 27. Jänner 1898 in der „Ostdeutschen Rundschau". Dies war symptomatisch.
Alt war nun gewiß nicht der Wortführer, er war achtzig Jahre lang kein Theoretisierer gewesen und er war es auch jetzt nicht, aber sein Beispiel wirkte mitreißend und er selbst trat mit aller Tapferkeit für die Freiheit der Jungen ein. Berühmt geworden ist jene Szene, als den Vertretern der Secessionisten eine Audienz bei Kaiser Franz Joseph I. gewährt worden war, um die Einladung zur Besichtigung der ersten Ausstellung vorzubringen. Als der Kaiser an der Spitze dieser Gruppe der „Avantgarde" den ihm so wohlbekannten, greisen Rudolf von Alt erblickte, fragte er erstaunt, ob er sich dafür nicht doch etwas zu alt fühle (gewiß nicht ohne den Doppelsinn des Namens bedacht zu haben). Alt erwiderte: „Ich bin zwar wirklich schon alt, Majestät, fühle mich aber immer jung genug, um stets von vorne anzufangen"[259]. Dieses Wort verbreitete sich wie ein Lauffeuer, und Alts Wertschätzung durch die wirklich Jungen stieg zu echter Verehrung. Rasch war die junge Secession mit ihrer ersten Ausstellung an die Öffentlichkeit

getreten; über eine eigene Lokalität verfügte man nicht, also mußte man die Räume der Gartenbaugesellschaft am Parkring[260] mieten. Vom 26. März bis 15. Juni 1898 zeigte man dort vor allem Werke der internationalen Moderne, die in Wien ganz unerhörtes Aufsehen erregten. Man begründete diese Unternehmung im Katalog recht provokativ, habe man doch „den größten Theil unseres Publicums bisher in süßer Unkenntnis über die machtvolle Kunstbewegung im Ausland gelassen“. Dies solle sich ändern, „damit das Publicum einen neuen und höheren Maßstab für die Bewerthung der heimischen Hervorbringungen erhalte“[261]. Im Mittelpunkt des Hauptsaals der Ausstellungsräume der Gartenbaugesellschaft postierte man Alts Werke: Stephanskirche, Gasteiner Studie, Eine Fichte in Gastein, Motiv bei Salzburg und Peterskirche. Nicht weniger als 57.000 Besucher in nicht einmal drei Monaten — das hatte es bisher noch nicht gegeben. Dabei war es fraglos ein Wagnis gewesen, in einer Stadt, deren Kultur man besondere Beharrlichkeit zuspricht, die überwiegend der Musik zugeneigt ist, ein Versuch, der großen Mut erforderte und Überzeugung. Das Mitwirken Alts war dabei fraglos eine wesentliche Unterstützung. Man entschloß sich daher auch, als die Ausstellung beendet wurde, ihm mit einer Ehrung zu danken. Als er an diesem Schlußtag in Begleitung seiner Tochter die Ausstellungsräume betrat, stellte sich Gustav Klimt vor alle anderen Mitglieder und übergab ihm mit Worten des Dankes einen Ebenholzrahmen mit fünf goldenen Lorbeerblättern auf schwarzem Grund. Schon kurz zuvor, am 27. April 1898, einem sonnigen Frühlingstag, war man am Getreidemarkt zur Grundsteinlegung für das Secessionsgebäude, dessen Entwürfe der große Architekt Joseph Maria Olbrich geschaffen hatte, zusammengekommen[262]. Ludwig Hevesi hat die Szene in dem Nachruf auf J. M. Olbrich[263] ge-

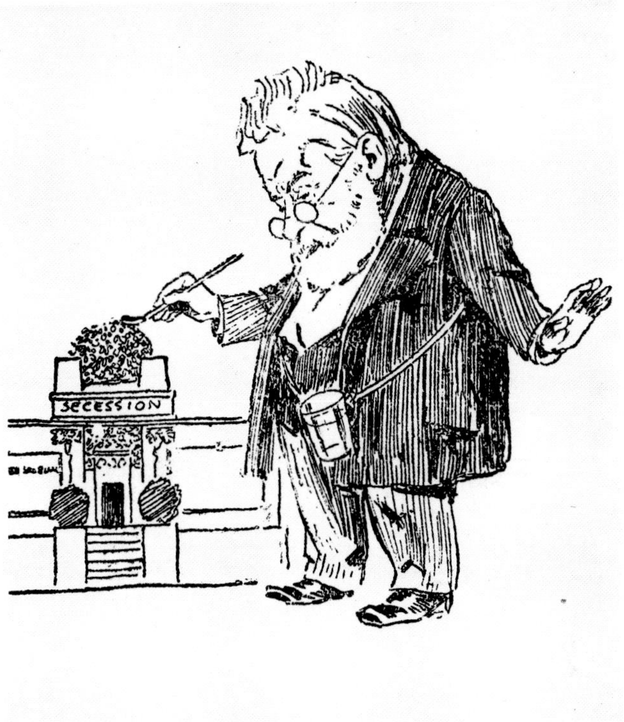

207. Th. Zasche, Karikatur Alts, der die Secession bemalt, 1898

schildert: „Rudolf Alt, der greise Ehrenpräsident saß in seinem Lehnstuhl, zwischen Mörteltruhen und Ziegelhaufen, und erhob sich, um die weihenden Hammerschläge zu führen. Einen großen Lorbeerkranz hatten die Jungen ihm gespendet. Und als die schlichte Weihehandlung geschehen, zerpflückte man den Kranz und jeder der Anwesenden erhielt ein paar immergrüne Blätter“. Man umringte Alt, schüttelte ihm die Hände, sprach von der Bedeutung des Vorganges, bis er abschließend sagte: „Wenn Ihr wieder einen Grundstein legt, ruft’s mich: ich komme wieder“[264]. Nach sechsmonatiger Bauzeit war Olbrichs Bau fertiggestellt, und noch im selben Jahr 1898 fand hier vom 12. November bis 31. Dezember die zweite Ausstellung der Secession statt. Man wählte wiederum sieben Blätter Alts für den Mittelraum: Die Eisengießerei, Die alte Nikolauskirche von Gastein, Der Eingang in den Park von

Schönbrunn, Fensteraussicht, Pflanzenstudien und Naßfeld, alle aus Gastein. Sämtliche Werke also aus allerletzter Zeit, was sehr deutlich das Interesse an dem gegenwärtigen, also dem Spätwerk des Meisters, erweist. Auch ein Jahr darauf zeigte die Secession wieder inzwischen entstandene neueste Werke, so etwa den Blick von der Ries auf Graz, den Blick vom Krapfenwaldl bei Wien, das Portal der Niclaskirche, die Piazzetta in Venedig und eine weitere Studie von Gastein.

XX

Diese neunziger Jahre sind im Schaffen Alts außerordentlich. Er wandelt sich noch einmal sehr deutlich, hinsichtlich der Farbigkeit einerseits, in der Art der Gestaltung anderseits. Hatte noch 1887 oder 1888 bei aller Intensität die Malerei des Lichtes, der Plastizität architektonischer Formen vorgeherrscht, die dann vom breiten Aufstreichen nasser Farben abgelöst worden war, so trat nun ein Malen in hingetropften Flecken und Spritzern über die gesamte Fläche auf, in hellen, fast grellen Farben, das den Gegenstand zwar nie verleugnet, eigentlich viel deutlicher werden läßt als jede konkrete Umrißzeichnung dies kann, das aber die Vision, den Augen-Blick samt aller subjektiver Emotion und erlebter Atmosphäre mit zu vermitteln vermag.

Seit 1899 reiste Alt auch im Sommer nicht mehr so weit, sondern hatte sich das angenehm gelegene Goisern zwischen Hallstatt und Ischl gewählt, wo man sich beim Zimmermeister Putz gegen die Ortschaft Lasern zu einmietete. Hier, mit dem Blick gegen die Berge, in den Garten, in die Blätterpracht der Obstbäume, entstanden nun die großen, ganz locker gehaltenen Spätwerke. Am 24. August 1902, wenige Tage vor dem neunzigsten Geburtstag, an dem der ganze Ort den berühmten Künstler mit einem Fackelzug, mit Lampions und einer Serenade feierte, berichtete Th. Thomas über einen Besuch[265]: „Ich treffe den Meister auf der Veranda bei der Arbeit. Er sitzt auf der Holzbank in einem schwarzen Röcklein, mit sorgfältig geschlungener, lichter Cravatte, vor dem Tische, den ein rothgeblümtes Tuch bedeckt, und malt eifrig an seinem Blatte, das lose vor ihm liegt. Alt hat sich nie eines Reißbrettes bedient. Neben ihm liegen Taschentuch, Brillenfutteral, der Bleistift, der Virginiastummel und der Farbenkasten, der recht wüst ausschaut. — Der Meister malt, was er von der Veranda aus sieht: Zwei alte Apfelbäume, deren moosige Stämme der Sturm verbogen und verkrümmt hat, stehen am Rande des sonnigen, aufwärts steigenden Weges. Wiese rechts und Wiese links. Erst wollte Alt ein ganz kleines Bildchen machen, aber wie's ihm oft geht, es wuchs ihm unter den Händen und er mußte ein Blatt anstückeln.“ Der greise Künstler erzählte nun gern von seinen Erinnerungen, vom Vater, den frühen gemeinsamen Wanderungen, von Italien und der Plackerei auf den Schlössern, wie es ihn immer wieder nach Venedig gezogen und wie er die Schönheit seiner Wienerstadt ein Leben lang geliebt habe. Das Thema Wien aber war einer jener Punkte, wo der alte Herr sehr zornig werden konnte: „Ich gehe gar nimmer in die Stadt, weil ich weinen müßt, was da alles niedergerissen und demoliert wird“. Er erfand ein schönes Wort dafür, als er von „Zerschönerung“ sprach. In einem Artikel, den Roessler[266] wiedergibt, hat er sich darüber Luft gemacht. So manches daran besitzt sogar Aktualität: „Da hab ich nun gelesen, daß man jetzt auch den Neuen Markt regulieren will. Ich muß gleich sagen, ich bin ein geschworener Feind solcher Regulierungen weil dabei nichts Gutes herausschaut. Was haben die Regulierer aus diesem schönen Wien schon alles gemacht — es ist

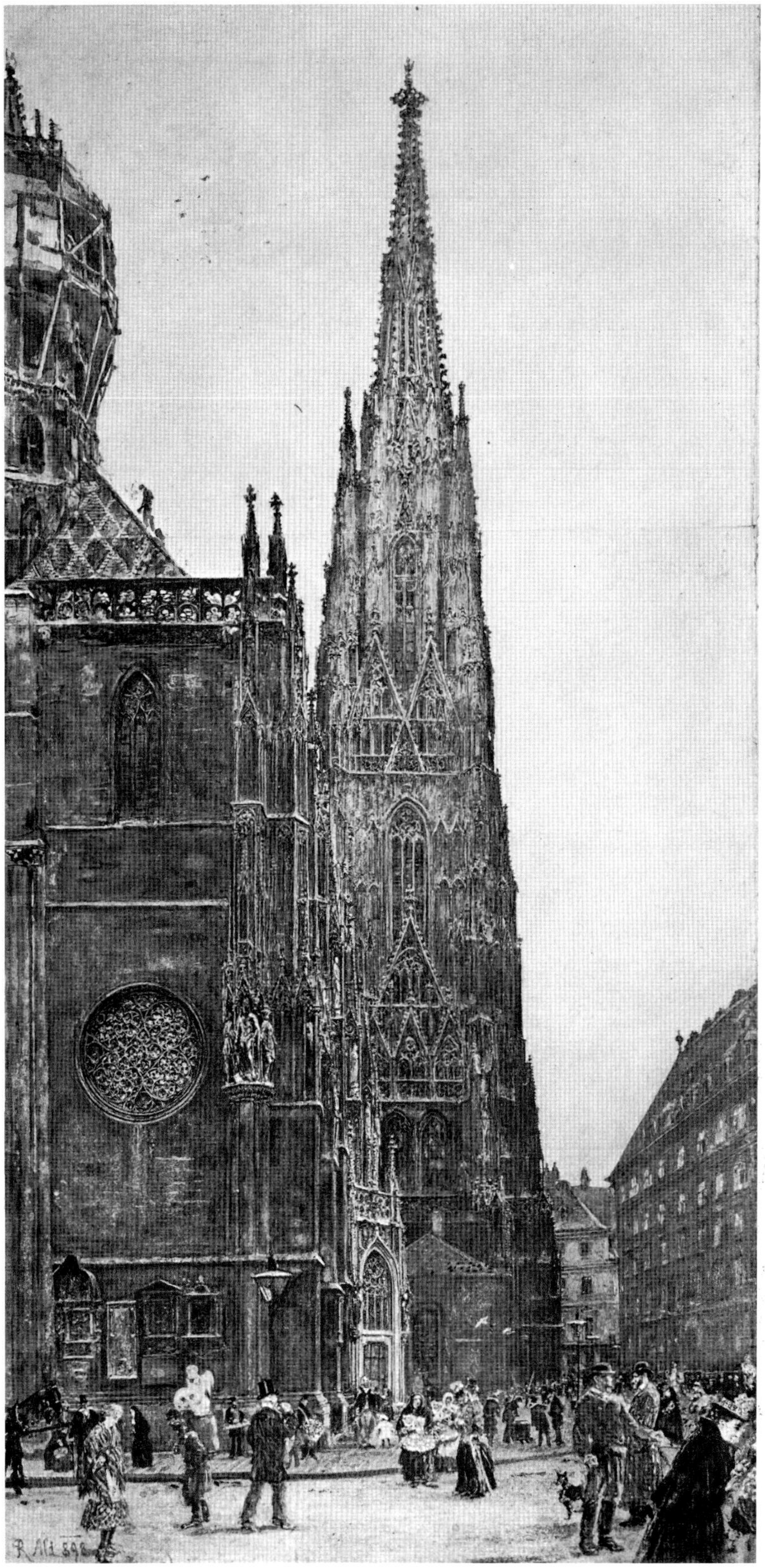

208. R. Alt, Der Stephansdom, 1898

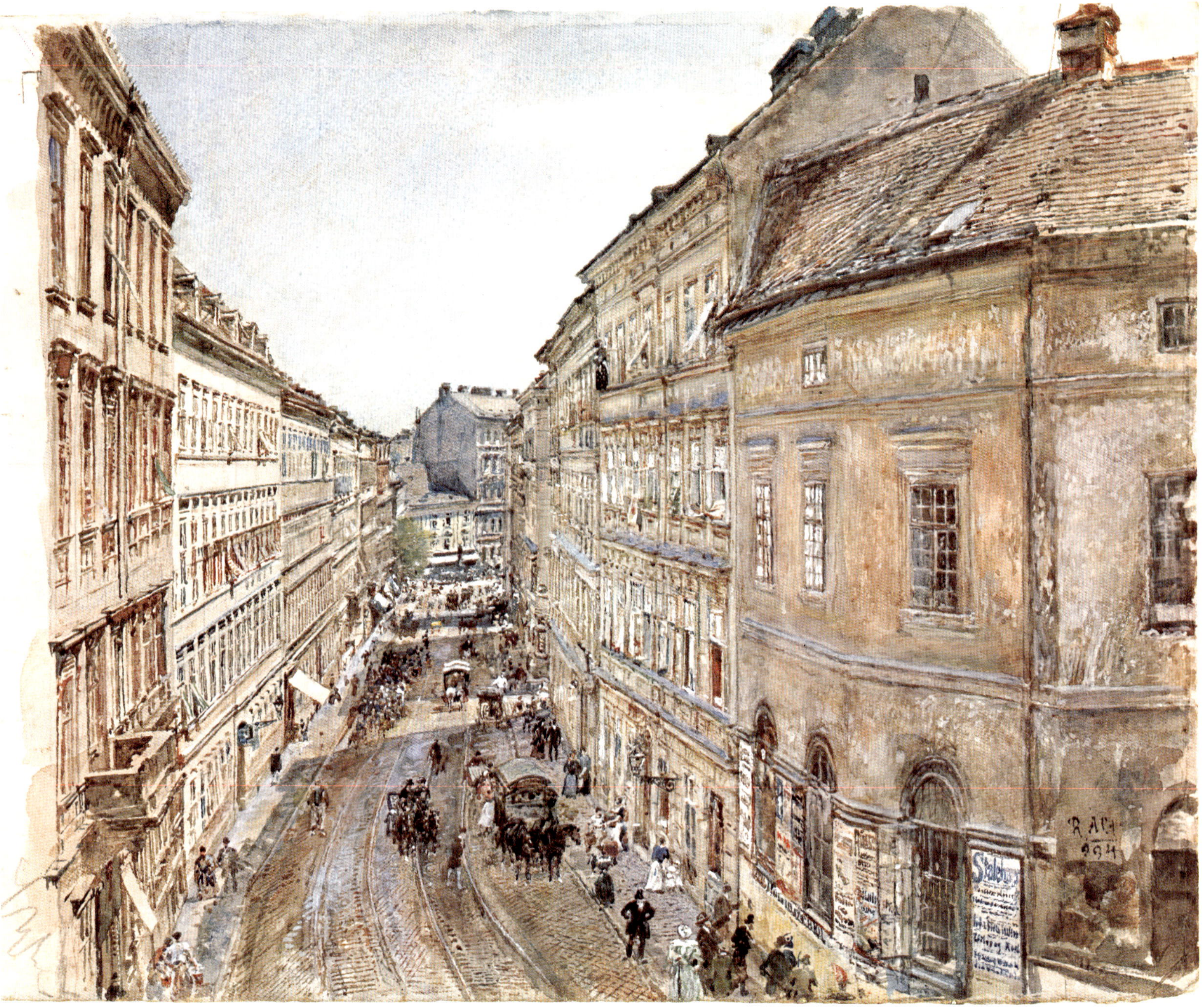

209. R. Alt, Blick vom Fenster des Ateliers in die Skodagasse, 1894

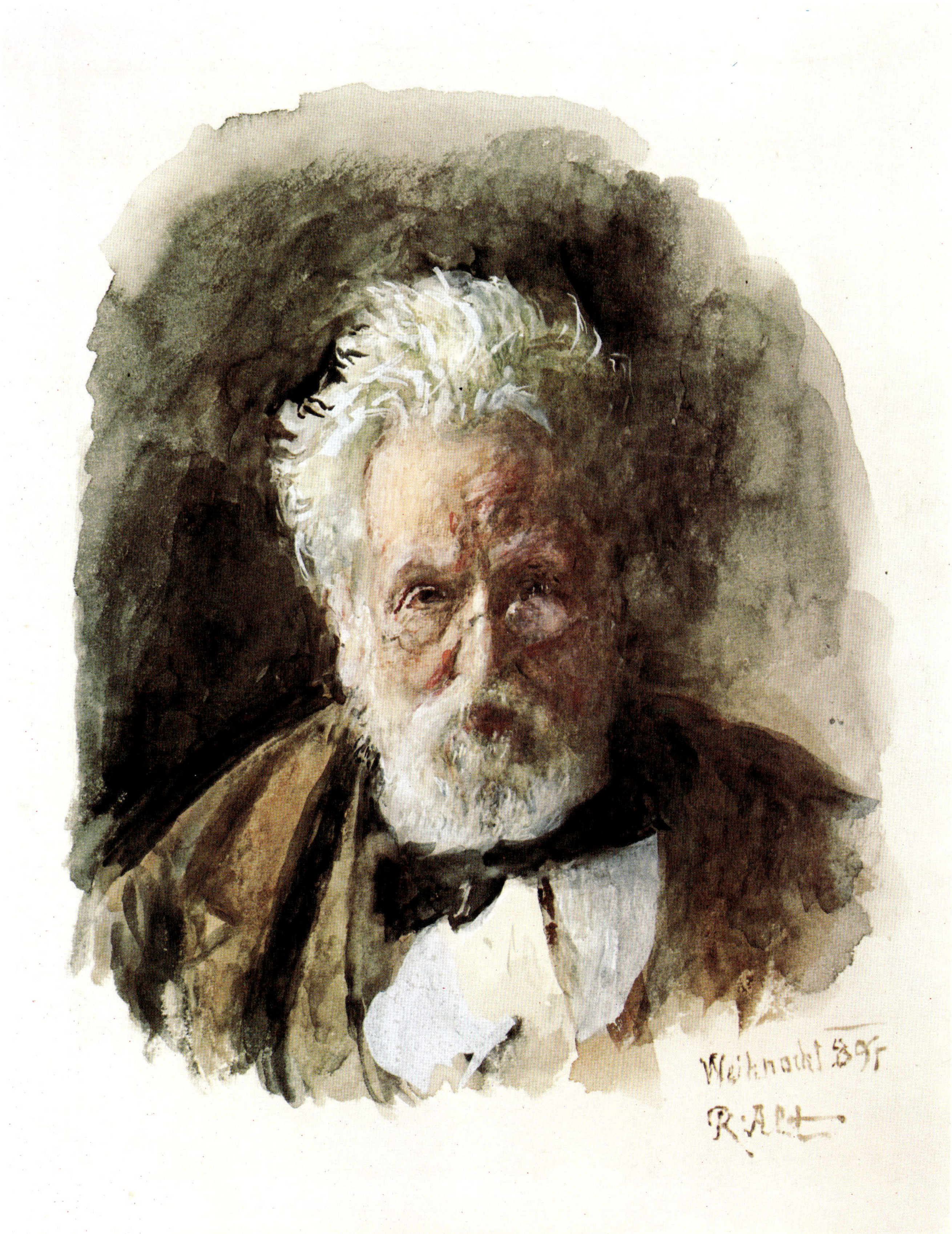

210. R. Alt, Selbstbildnis, 1897

ja geradezu trostlos! Und das heissen sie Verschönerung! — Ich sehe ja ein, daß da und dort etwas Altes fallen muß, aber alle Neuerung soll mit Bedacht vorgenommen werden, das schöne Altertümliche tunlichst geschont, der alte Charakter der Stadt gewahrt werden — Aber man baut ja die Häuser und Straßen jetzt durchaus nach dem Lineal und freut sich dann unbändig, wenn eine solcherart verschönerte Gasse oder ein verschönerter Platz ausschaut, als wenn er die Lineale alle geschluckt hätte — Aber sie werden wieder so einen niederträchtigen Kasten hinbauen, einen nach dem anderen, ich wette! Die Ästhetik, das Gefühl für das Schöne geht diesen Häuser-Schablonisten völlig ab. — Aber diesen Gleichheits-Nivellierern ist das wahrscheinlich ein Dorn im Auge. Darum sei's den Herren, die das alte Wien verschandeln wollen gesagt: Vandalen sind sie. Sie sollen nicht zuviel herumvandalieren. Sie brauchen Wien gar nicht viel zu verschönern, denn sie wissen, meiner Seel', gar nicht, wie schön dieses Wien ist!".

Den Sommer 1903 verbringt Alt wiederum in Goisern (wo ihn der Maler Petrovits noch in einem kleinen Blatt festhält) und auch 1904 ist er noch einmal dort. Immer wieder im Laufe dieser späten Jahre war der Vergleich Alts mit Adolf von Menzel, der Berliner „kleinen Excellenz", gefallen, ja man nannte ihn gerne den österreichischen Menzel oder „Menzel der Landschaft". Schon Roessler[267] hat vor diesem Vergleich gewarnt, er meinte, man täte besser daran, ihn den Alt zu nennen. Und das ist auch unsere Meinung. Das aber hatte zunächst äußere Ursachen. Parallelen des Alters, der Lebensbahn, der Popularität; dann jedoch auch — bei aller Verschiedenheit — solche künstlerischer Art, die Rolle der Realität, die optische Charakterisierung, die Schilderung der eigenen Welt etwa. Hevesi hat mehrmals davon gesprochen: „Man muß an Menzel denken, wie eben bei Alt des öfteren"[268]. Nicht wenig schließlich mag das emotionale Motiv — das Bündnis von Nord und Süd, von Berlin und Wien, von Deutschland und Österreich auch in der Kunst — seinen Beitrag geleistet haben. Jedenfalls schätzten einander die beiden Künstler selbst außerordentlich und vollkommen fern all der genannten Überlegungen. So lud man Menzel zu seinem achtzigsten Geburtstag im August 1897 nach Wien (nicht, wie manchesmal irrtümlich publiziert wird, zu Alts achtzigstem Geburtstag, also 1892), war doch auch Menzels Ausstellung im Künstlerhaus kaum ein Jahr zuvor im April 1896, die immerhin 285 Werke in Öl, Aquarell, Gouache, Zeichnung und Graphik gezeigt hatte, ein noch unvergessener Erfolg. Man lud nun einen Künstlerkreis zum Abendessen in das Hotel Sacher und setzte Alt neben den Ehrengast. Ein Teilnehmer berichtet über die Szene: „Menzel, wohl angeregt und sich im Kreise von Künstlern behaglich fühlend, benahm sich doch sehr gemessen. Alt dagegen war sprudelnder Laune. Witz auf Witz, darunter wohl auch mancher Wiener ‚G'spaß' gingen von ihm aus und erheiterten die Tafelrunde". In dieser Laune forderten alle, das österreichisch-deutsche Bündnis müsse durch den Bruderschaftstrunk der beiden großen Künstler besiegelt werden. Gesagt, getan, unter dem Applaus folgten Trunk, Umarmung und Kuß[269]. Alts Tochter Louise erzählt dazu noch[270], als die Szene vorüber war, hätte sich der Vater zu Menzel gebeugt und gesagt: „Was, ein junges Mädel hättest Du lieber abgebusselt!" Beim Abschied versprach Menzel, bald wiederzukommen, doch es kam nicht mehr dazu. Im Abstand von nur vier Wochen starben beide Künstler wenige Jahre später.

Die letzte Zeit seines Lebens verließ Alt die Wohnung in der Skodagasse kaum noch, doch selbst da setzte er seine Arbeiten ungebrochen,

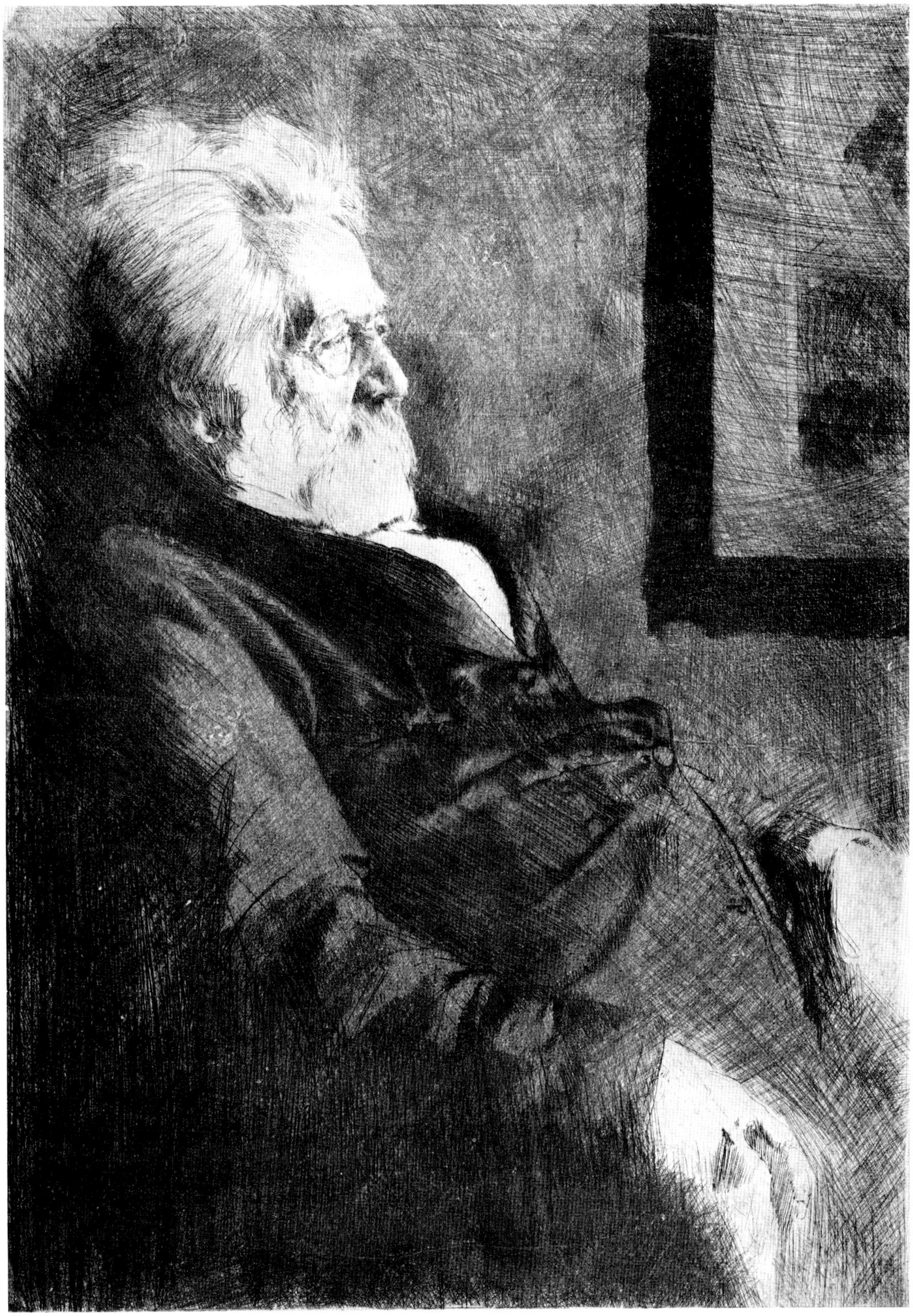

211. F. Schmutzer, Bildnis Rudolf von Alt, 1899

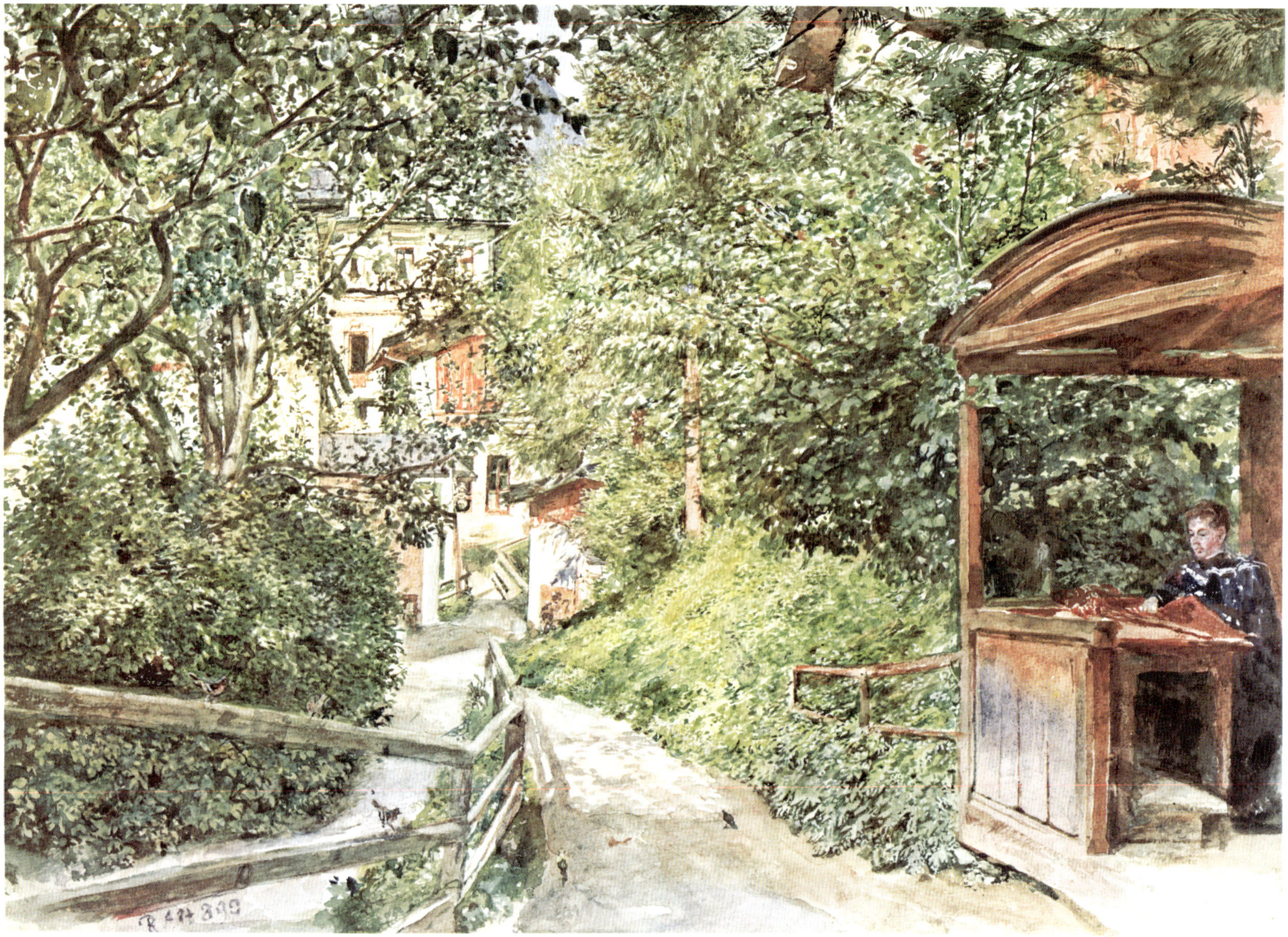

212. R. Alt, Louise Alt in der Laube des Gartens in Gastein, 1899

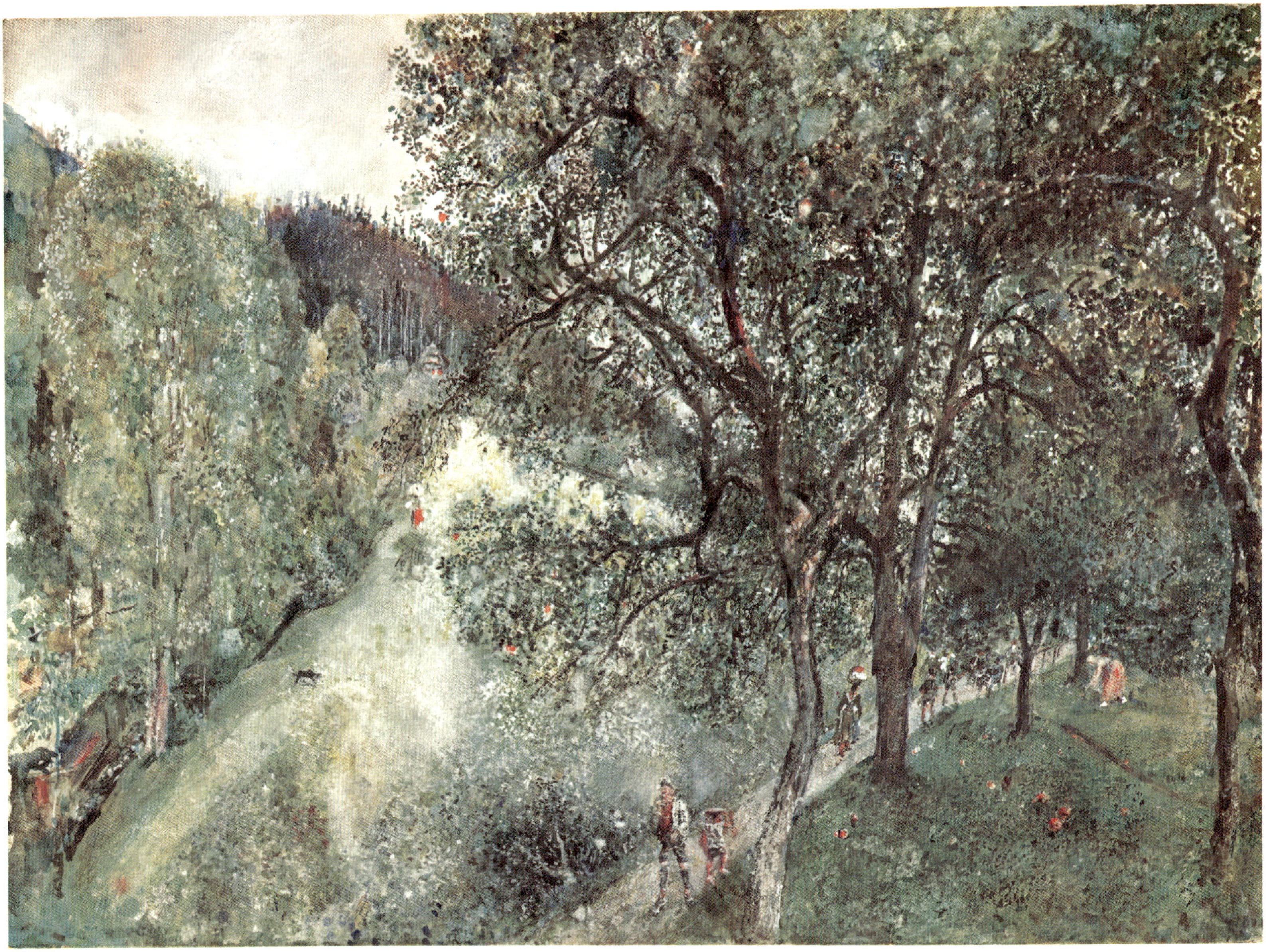

213. R. Alt, Apfelbäume in Goisern, 1901

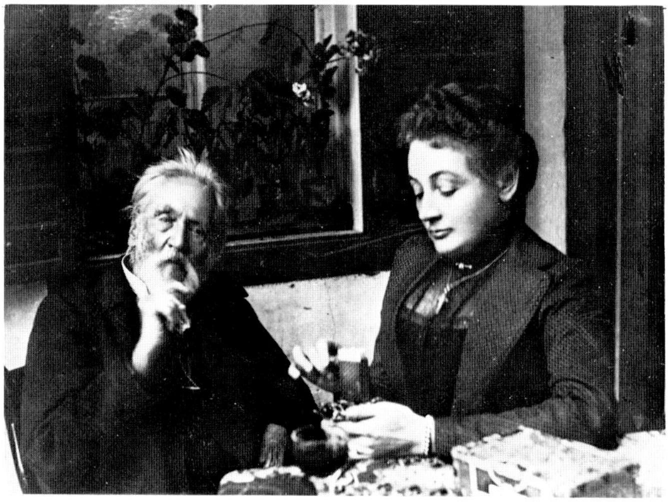

214. Rudolf von Alt mit seiner Tochter Louise in Goisern, 1902

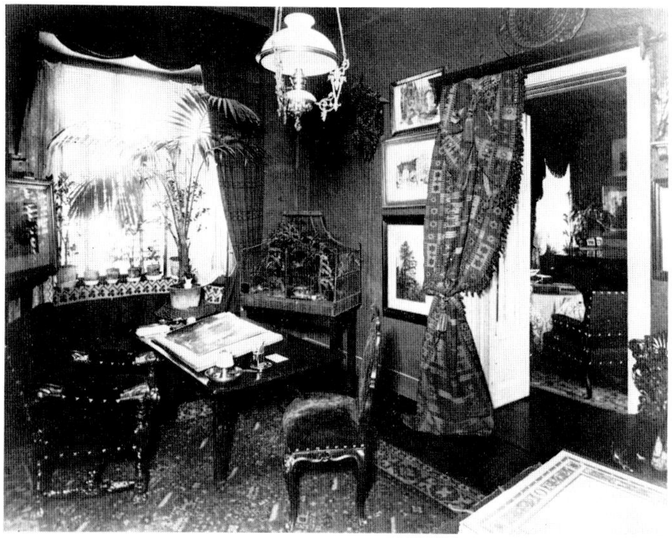

215. Das Atelier des Künstlers

mit erstaunlicher malerischer Kraft bis zum Ende fort. Er malte nach wie vor alles aus seiner nahen Umwelt, mehrere Male wiederholte er den Blick in sein Atelier mit dem schönen Barockkasten, Blumenstücke, Stilleben und mehrere Male auch noch die faszinierende Szene des dampfenden, im Arbeitsrhythmus lebendigen Eisenwerkes Kitschelt, das er im Hof gegenüber vor Augen hatte. Er erfuhr von dem großen Erfolg, den seine Bilder auch 1904 wieder in der Secession hatten, verbrachte den Sommer noch einmal in Goisern, doch wurde sein Zustand im Herbst zusehends schlechter. Das so unüberschaubare und von ihm selbst als nicht mehr zählbar bezeichnete Lebenswerk endete mit einem Blick ins Atelier, der unvollendet blieb[271]. Das Blatt ist fertig in allen Details, allein an der Stelle, an der er selbst sich zum Schluß noch einmal an seinem Arbeitstisch sitzend darstellen wollte, ist nur ein leerer weißer Fleck am Aquarellpapier geblieben.

Rudolf von Alt erkrankte am 19. Jänner 1905 an einer bronchitischen Grippe, am selben Tag wie sein Hausarzt Dr. Karl Kerzendorfer, der Verlobte Louises. Zwei Tage später war Kerzendorfer tot. Alt erfuhr dies tiefunglücklich, sah er doch für seine geliebte Tochter kein Glück mehr, sie blieb auch bis ans Ende ihres Lebens, das noch weit in den Zweiten Weltkrieg hineinreichte, allein[272]. Zwar erholte sich der Greis noch einmal von der Krankheit, er konnte aufstehen, am Arm Louises Gehversuche machen und sogar wieder Reisepläne für den Sommer entwickeln; dann bat er noch mehrere Male die Tochter, am Flügel Beethoven zu spielen und war, im Lehnstuhl sitzend, ein stiller, innerlich bewegter Zuhörer. Am 11. März wurde er plötzlich nach einer neuerlichen Erkältung von einer Schwäche befallen, der herbeigeholte Arzt konnte nur konstatieren, daß es nun dem Ende zugehe. Nach vier Uhr morgens wurde der Puls des Schlafenden schwächer und schwächer, und in aller Stille kam schmerzlos das Ende.

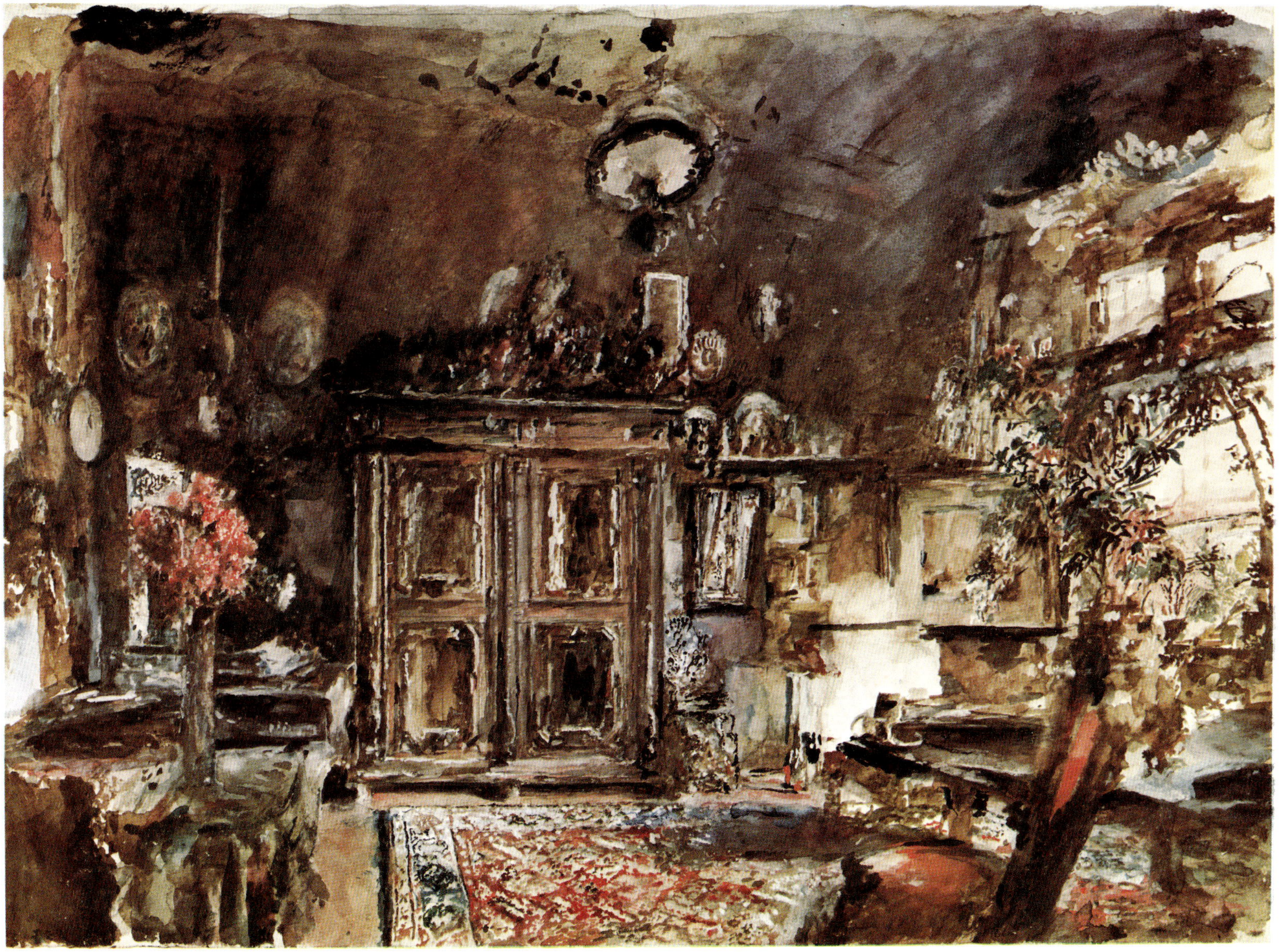

216. R. Alt, Das letzte Aquarell: Blick ins Atelier, 1905

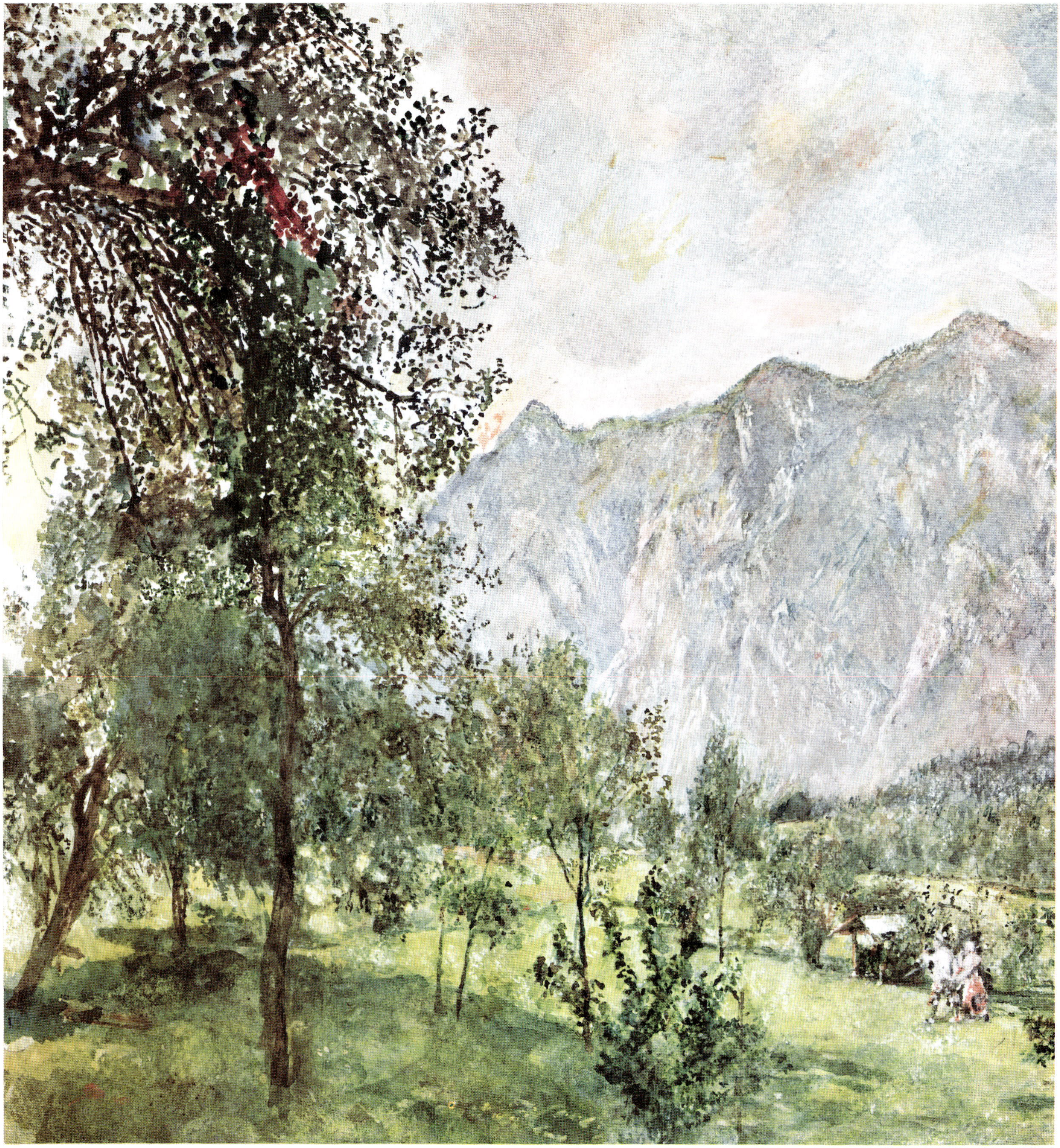

217. R. Alt, Landschaft bei Goisern gegen die Hallstätter Berge (Auschnitt), um 1902

XXI

In großer Aufmachung berichteten alle Zeitungen über den Verlust, und durch mehrere Tage füllten Nachrufe und Erinnerungen die Spalten, in denen man ihn noch einmal „den Menzel der Landschaft", einen Klassiker und Entdecker nannte, der einen einsamen Höhepunkt der deutschen Kunst bedeute. „Österreich hat nicht nur seinen ältesten, es hat auch einen seiner größten und herrlichsten Künstler verloren", hieß es da. Sein Lebenswerk sei kaum zu überblicken, gewiß aber sei, daß er Millionen Menschen beglückt und erquickt habe und in der Kunstgeschichte einen Ehrenplatz einnehmen werde[273]. Die Verwandten nahmen Abschied, die noch lebenden Kinder, die Enkel, Freunde und Verehrer, darunter Marie Wittgenstein, Rudolf Bacher, Carl Moll und Petrovits; die Beileidskundgebungen nahmen erstaunliche Ausmaße an. Der Unterrichtsminister Dr. von Hartel depeschierte mit Worten vom Ruhm österreichischer Kunst, den Alt weit über die Grenzen hinausgetragen habe und dem schmerzlichsten Gefühl, das sein Verlust hinterlasse. Der Oberstkämmerer Baron Gudenus, Hofrat Weckbecker, Tina Blau, der deutsche Künstlerbund, die Berliner Secession, alle kondolierten, Telegramme, Schreiben, Kränze trafen ein. Der Trauerzug bewegte sich am Nachmittag des 15. März 1905 bei schönem, warmem Frühlingswetter vom Sterbehaus vor die Alserkirche, genau dahin, wo Alt getauft worden war und wo er als Knabe dem Trauerzug Beethovens beigewohnt hatte. Hier wurde die Einsegnung vorgenommen, die Straßenlaternen waren entzündet, die Bevölkerung bildete ein dichtes Spalier. Von dort ging der Zug mit dem von Pferden gezogenen, mit Lorbeerkränzen geschmückten Trauerwagen zur Akademie der bildenden Künste am Schillerplatz, Studenten in Tracht hatten ihn begleitet. Auf der

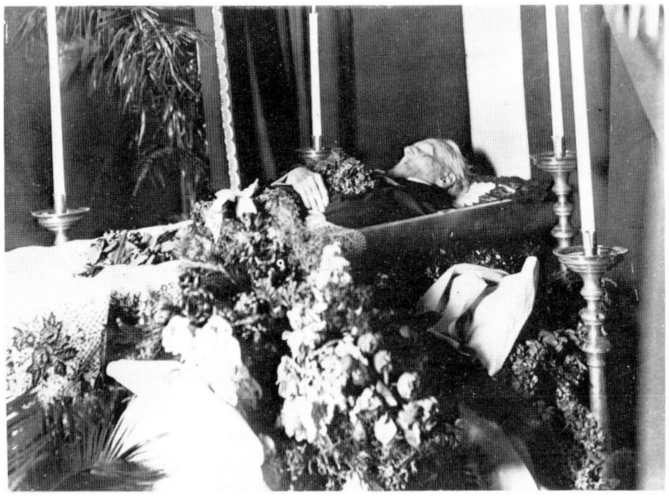

218. Rudolf von Alt auf dem Totenbett

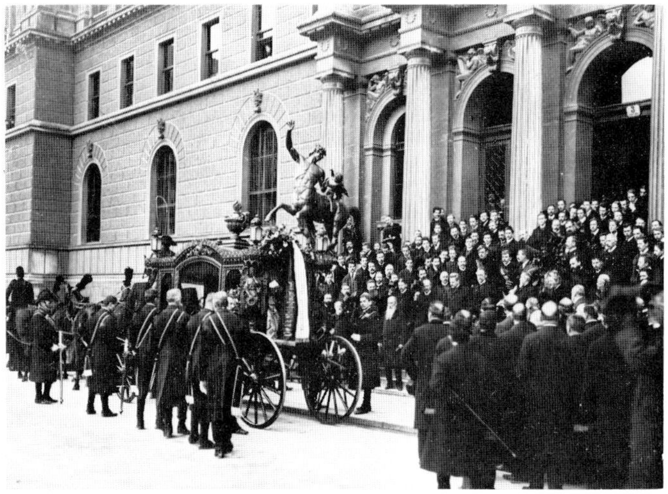

219. Der Leichenzug vor der Akademie

Treppe nahmen Schüler und Professoren Aufstellung, Zumbusch, Angeli, Hellmann, Griepenkerl, L'Allemand, Wagner, Unger und viele andere. Ein letzter Gruß wurde gesprochen, der Rektor schloß: Der Gruß gelte dem gottbegnadeten Menschen, dem seine Kunst nicht Schätze einbrachte, der ferne von dem Getriebe des Marktes im stillen, emsigen Schaffen Unsterblichkeit erwarb. „Möchte dieses einfache Künstlerleben, arm an äußeren Ereignissen, reich an innerem

Glück, wie es nur echten Künstlern beschieden ist, die akademische Jugend zur Nachfolge begeistern". Von dort setzte sich der Zug zur Secession in Bewegung, die reich mit Trauerschmuck versehen war. Hier erinnerte Professor Rudolf Bacher daran, wie der Verstorbene mit zitternder Hand die Hammerschläge auf den ersten Stein zu diesem Hause geführt hätte, das einer freien und reinen Kunst gewidmet sei und zitierte noch einmal das Wort, daß sich Rudolf von Alt jung genug gefühlt habe, um von vorne zu beginnen und empfahl sein Denken, Fühlen und Schaffen in einer Welt des Streites und des Unfriedens als Leitstern. Die Wagen fuhren von hier mit dem langen Kondukt der Trauergäste zum Zentralfriedhof, wo der Sarg still der Erde übergeben wurde.

Damit hatte die irdische Laufbahn dieses großen Künstlers ihr Ende gefunden. Die Nachlaßabhandlung gibt einen detaillierten Einblick in seine Lebens- und Familienverhältnisse. Seine Liebe und tiefe Dankbarkeit durfte Louise, die er im Testament bevorzugt bedacht hatte, empfangen. Der wichtigste Passus des Testaments vom 22. Februar 1900 war der, daß sein gesamter künstlerischer Nachlaß in einer Auktion zu veräußern und der Erlös auf die Erben entsprechend zu verteilen sei. Der Aktivbestand an Vermögen belief sich auf 94.685 Kr., an Erben existierten der Sohn Rudolph, die Tochter Louise, die Enkel nach der 1902 in Goisern verstorbenen Tochter Anna, verwitweten Brandeis und jener der ebenfalls bereits verstorbenen Tochter Bertha, verwitweten Fichtner.

Die Inventaraufnahme zeigt, fast ergreifend, was eben dieses Leben auch erwiesen hatte, eine grenzenlose Bescheidenheit, den einzigen überhaupt erwähnenswerten Besitz bildeten der Schrank und einige geschnitzte Bauernstühle. Kleider und Wäsche erwiesen sich als ohne jeden Wert, so daß praktisch außer dem imponierenden Werk an Aquarellen und Zeichnungen nichts hinterblieb. Wie schon einen Teil der verkäuflichen Blätter zu Lebzeiten, sollte die Kunsthandlung H. O. Miethke nun den Nachlaß zur Veräußerung bringen. Zu den dort bewahrten, hier nur zahlenmäßig zu erfassenden Stücken — insgesamt 24 Porträts, 18 Ölbilder und 69 Aquarelle wie eine große Anzahl von Zeichnungen — trat der in der Skodagasse selbst in mehreren Mappen aufgehobene Bestand eines langen Künstlerlebens, insgesamt 512 Blätter, die Miethke nun übernahm.

In großer Aufmachung kam es dann etwa ein Jahr später, vom 12. Februar 1906 an, in der Galerie Miethke am Graben zur Versteigerung. Bereits die Ausstellung davor verlief sensationell, und nicht minder sollte es die Auktion selbst sein. Der reich ausgestattete, großformatige Katalog ist bis heute eines der wesentlichsten Quellenwerke zum Überblick über Alts Oeuvre. Arthur Roessler verfaßte das sehr persönlich gehaltene und dichterische Vorwort. Es wird von feinsinnigen Gedanken und Erinnerungen durchzogen, spricht von der weichen Stimmung Wiens, die Alt, sei es in Aquarellen oder den silbrig schimmernden Zeichnungen, so einzufangen verstanden hatte, von den Bauwerken, die er erfaßt, erlebt hätte wie kein anderer. „Wien bildete den unerschöpflichen Born für ihn. Aber sein Auge war auch für die Schönheit und Anmut anderer Städte und ihrer Bauten nicht blind". Achtzig seiner erlebten dreiundneunzig Jahre hat er in täglicher unermüdlicher Arbeit verbracht. Aber was daran mehr imponiert als die schier unübersehbare Menge der Bilder, ist, daß ihm solche Arbeitsleistung Lust, reine Lust war, nicht Zwang, Qual, Mühsal. Und dabei blieb er immer auffallend harmonisch und erfüllt von einer ruhigen Zuversicht auf die Richtigkeit seines Lebens und seines Tuns und das trotz stärkster Selbstkritik, trotz großer Angst und Bedrängnis. „Ihm galt das Leben als Leben in jedem seiner Augenblicke, und es schien ihm wert, jederzeit gelebt zu werden. Alt war sich dessen bewußt, daß wir nie wieder in die völlig gleiche Lage gelangen können und er trachtete demgemäß darnach das Besondere, Nichtwiederkehrende intensiv in sich aufzunehmen. Unbekümmert um alles Strittige war es ihm allein darum zu tun, seiner Freude an den Erscheinungen der Natur und an den gelungenen Gebilden der Menschen künstlerisch Ausdruck zu geben, um an den Dingen und Formen die Freude wieder zu wecken, die Freude an dem Überlieferten und stündlich Entstehenden wiederzubringen“[274].

Der Umfang des Angebotes war erstaunlich, es umfaßte 13 Ölbilder sowie 487 Zeichnungen und Aquarelle, Werke aus allen Zeiten seines Lebens, allen Ländern und Orten, wo er gearbeitet hatte und in den verschiedensten Techniken. Das Interesse an dem Nachlaß war ungeheuer. Sammler und Käufer drängten sich vom 12. bis 15. Februar in dem Etablissement Dorotheergasse 11 und steigerten ihre Angebote gegenseitig zu nie dagewesenen Höhen. Tageszeitungen, Kunstblätter und Zeitschriften berichteten vor- und nachher eingehend: „Der Mann war einzig, seine Hinterlassenschaft ungewöhnlich“, heißt es in „Kunst und Kunsthandwerk“[275]. Der Erlös für die versteigerten Werke betrug die außerordentliche Summe von 181.000 Kronen. So erfreulich dies im Sinne des Testamentes auch war, so bekümmernd ist es, zu bedenken, wie Alt sein Leben lang um einige wenige Gulden gerungen hatte, und man muß daran denken, wie Kronprinz Ferdinand von 1833 bis 1836 pro Aquarell etwa 20 bis 25 fl gezahlt hatte, wie des Künstlers Freunde ihn lebenslang ausnützten und wie Käufer ihre bestellten Bilder nicht zahlten, wie der berühmte Professor Skoda statt eines Honorars für eine höchst mühselige Arbeit einen freundlichen Gruß mit einem originellen Bierkrug als Dankgeschenk sandte, wie Erzherzogin Sophie den Betrag von 25 fl für die Schönbrunner Blätter sogar im Jahr 1860 noch viel zu hoch fand und Alt den Grafen Trauttmannsdorf inständig bat, statt 50 doch 60 fl für ein Aquarell zu zahlen.

In der Auktion bei Miethke kam es zu einigen Rekorden. Der „letzte schöne Baum im Wienfluß“ erzielte gar den Spitzenpreis von 7.000 Kr. und wurde schließlich von Frau M. Weiß von Tesbach erworben, die „Rosalienkapelle bei Forchtenstein“ ging um 2.800 Kr. an L. Wittgenstein, die Kaiserliche Sammlung zahlt für die „Wirtsstube zu Sand in Tirol“ 5.000 Kr. und für „Kötschachbach bei Gastein“ 2.000 Kr. Die Stadt Wien bietet für die „Peterskirche“ aus dem Jahr 1897 nicht weniger als 2.700 Kr., der „Platz in Gastein“ (1891) geht um 2.500 Kr. an Direktor Zuckerkandl. Die frühen Aquarelle werden zumeist von Eugen und Vinzenz Miller von Aichholz ersteigert, doch auch von den ganz späten Blättern aus Goisern geht manches in diese schöne Sammlung. „Katholisches Kasino in Innsbruck“ erreicht 5.000 Kr. (L. Wittgenstein), für „Die Stephanskirche“ von 1898 zahlt Direktor Zuckerkandl nicht weniger als 4.000 Kr. u. a. m. Nun also waren Alts Werke zerstreut, aufgenommen von den verschiedensten Sammlungen, sie zierten von da an zahlreich die Salons der Wiener Gesellschaft und begannen jedes ihr eigenes Schicksal in diesem hinreichend bewegten Jahrhundert, in das der greise Meister gerade noch hineingeblickt hatte. Weltkrieg und Zusammenbruch der Monarchie ließ Besitze schmelzen und die schönsten Dinge in fremde Hände übergehen, Emigrationen und Zweiter Weltkrieg veränderten wieder tiefgreifend die Kunstbesitze,

viele Blätter wurden verkauft, entwendet, verbracht, versteigert, verschenkt.
Aber eben dadurch gilt umsomehr, was ganz am Anfang aller kunstwissenschaftlichen Beschäftigung mit diesem so umfangreichen, doch verstreuten Werk Otto Erich Deutsch im Jahr 1907, als er den Artikel für Thieme-Beckers eben mit Band I begonnenes Künstlerlexikon verfaßte, als Schlußwort seiner ausgezeichneten, von keinem späteren Autor auch nur annähernd in Dichte und Inhalt erreichten Abhandlung formulierte: „Alts starke Individualität und sein klassisches Lebenswerk wird man in weiteren Kreisen erst schätzen lernen, wenn seine in alle Winde verwehten Blätter gesammelt und gesichtet sein werden. Dann wird Rudolf v. Alt unter den größten deutschen Meistern genannt werden“[276]. Es war ein auf Vollständigkeit ausgehendes Sammeln und Sichten damals nicht möglich und es ist dies heute keinesfalls eher, sondern noch weit weniger der Fall, wußte doch sogar schon der Künstler selbst auf die Frage, wieviele Blätter er wohl gemalt habe, nur zu sagen, „Na, ein paar tausend werden es schon sein, aber ich habe nie Zeit gehabt, mich darum zu kümmern“[277].
Es sind mehrere Faktoren, die seine ungenügende Anerkennung bewirkt haben; einer davon war gewiß auch der, daß sein später Erfolg, der doch erst seit 1892 mit der großen Ausstellung, mit der enthusiastischen Huldigung der „Jungen“ in der Ausstellung von 1895, dann mit Leischings erstem größeren publizistischen Versuch im Jahre 1902 und auch Hevesis Artikel vom selben Jahr sowie schließlich posthum mit Roesslers Katalogvorwort von 1906 einsetzte, bereits in eine Zeit fiel, die künstlerisch neue Wege beschritten hatte. Immer entschiedener hatten Kunst und Natur sich voneinander zu trennen begonnen. Die Gewißheit in die Schöpfung Gottes, Evidenz der Geborgenheit des Menschen, war dahin. Unruhe begann in den sensibelsten Künstlern zu gären, die junge Generation eines Egon Schiele, Richard Gerstl oder Oskar Kokoschka war im Auftauchen. Naturalismus und Realismus waren also unwiderruflich abgelaufen und das Malen von lieblichen Landschaftsaquarellen in die Zonen schöngeistiger Bildung höherer Töchter abgeglitten. Vielleicht vollzog sich die Wendung in das neue Jahrhundert in Wien — eben durch die besondere traditionelle Dominanz der tragenden Gesellschaft — noch mehr im Untergrund, noch krasser als anderswo, selbst, wenn es für viele unbemerkt blieb. Mit der guten alten Zeit aber sank auch Rudolf Alt in eine ihm völlig unangemessene Rolle, eben liebenswerte Erinnerungen zu präsentieren und nicht mehr. Wahrscheinlich ist es immer dann, wenn offiziell Pathos von einem Künstler Besitz ergreift und gar dann, wenn von der gemeinsamen Verpflichtung die Rede ist, den Meister niemals zu vergessen, nicht mehr zum besten bestellt. Als die Stadt Wien daran ging, das Ehrengrab Rudolf Alts entsprechend zu schmücken, war es wohl auch hier so. Der Auftrag an Josef Engelhart, das Grabmal zu entwerfen und seine sentimentale Attitüde, alles wirkte zusammen. So kam es am 25. Oktober 1908 am Wiener Zentralfriedhof zu jener feierlichen Enthüllung, die vorzunehmen Wiens Bürgermeister zugesagt hatte. Es war ein wirklich bedeutsamer Augenblick also, der ein ganzes Leben aufzuwiegen gehabt hätte, ein langes, mühevolles und doch so erfülltes Künstlerleben, als Lueger seine Rede begann. In Wahrheit war es ein Schlußpunkt am Vorabend einer zusammenbrechenden Welt.
Daran änderte auch nicht, daß nun die höchste Kulturinstanz des Staates, der Minister für Unterricht und Kultus, den Schriftsteller Ludwig Hevesi beauftragte, einen Prachtband zum bleibenden Gedächtnis an Rudolf von Alt zu verfassen; das

reiche Material — gesammelt in jahrzehntelanger Verbindung mit dem Künstler und sehr bedeutsam an sich — blieb aber Stückwerk. Hevesi hat mitten in der Arbeit an dem Werk seinem Leben plötzlich ein Ende gesetzt. Karl Kuzmany stellte den prunkvollen Band zwar fertig, doch die 1911 erschienene Auflage von 500 Exemplaren — möglicherweise der damaligen Gesellschaft Genüge leistend — war keinesfalls geeignet, Alts Anerkennung wirklich weit und bleibend in die Welt zu tragen.

XXII

So also stellt sich heutiger Überschau der ein volles Jahrhundert umspannende Lebensbogen des Rudolf Alt in den wesentlichen Fakten dar; soweit jedenfalls, als die wenigen Quellen — die spärlichen Selbstzeugnisse, die zahllosen, doch so stereotyp bei schlechtem Wetter an die Familie gerichteten Briefe von den Studienreisen, manche von Zeitgenossen überlieferten Anekdoten, einige aufgezeichnete Gespräche und die nicht wenigen, doch wirren literarischen Behandlungen — eine einigermaßen chronologische Darstellung überhaupt zulassen. Dies aber bleibt zur Klarlegung und Würdigung des Werkes die grundlegende Voraussetzung, obwohl oder vielleicht sogar weil dieses Leben verlief, ohne daß spektakuläre äußere Geschehnisse, Erlebnisse, Begegnungen, theoretische Erörterungen oder dramatische Vorgänge seine Schilderung besonders fesselnd zu machen vermöchten. So wie die bescheidenen, sorgenvoll erlebten, mühsam bewältigten Tatsachen eben waren, so war auch dieser Künstler selbst. Gerade darin aber zeichnet sich das menschliche Bild, das hinter dem Werk steht, so ungemein stark ab; ein Bild, das uns als Zeugnis einer Person, einer Zeit und seiner Welt weit mehr gilt als manche heroische Künstlervita des Geniekultes.

Nachzutragen wäre, daß Louise von Alt sich nach dem Tode ihres Vaters unverzüglich der Aufgabe annahm, ihren Onkel und dessen Schwester Karolina, die bisher dessen Haushalt geführt hatte und gemeinsam mit ihm in der Skodagasse wohnte, zu betreuen und bis an ihr Lebensende zu pflegen. Mag sein, daß für Louise der Gedanke eine Rolle gespielt hat, es gelte hier etwas gutzumachen. Jedenfalls empfing sie die liebevollste Dankbarkeit des greisen, kränklichen und immer mehr der Taubheit verfallenden Franz Alt, den sie in den letzten Lebensjahren auch immer wieder nach Gresten begleitete, wo er im Gartenhaus des Schlosses Stiebar seine Sommer zubrachte. Er schrieb ihr am 15. Juni 1909 aus Bad Ischl, wohin er achtundachzigjährig noch einmal gereist war: „Mein Herz ist erfüllt voll Dankbarkeit für Deine Liebe und Sorgfalt, mit der Du uns die Nachteile und Schwächen des Alters zu mildern und beseitigen strebst. Ich habe seit jeher Respekt vor Dir gehabt, wenn ich hörte, wie ausgezeichnet Du Deinen Vater betreut und gepflegt hast. Ich hätte aber nicht erwartet, daß Deine edle Gesinnung auf uns übergehen werde“[278]. Franz Alt starb am 13. Februar 1914.

Was von da an die Namen der Alt's am ehesten zu festigen und verbreiten vermochte, waren die großen Ausstellungen. Franz Alt wurde zum unglücklichsten Zeitpunkt die Auszeichnung einer Ausstellung der Albertina zuteil, nämlich mit der Eröffnung am 23. Juni 1914, und es war die kriegsbedingte Schließung, die einen möglichen posthumen Erfolg verhinderte. Einen wahren Höhepunkt aber bedeutete die ungemein festliche und erfolgreiche Ausstellung, den die Wiener Secession im Jahre 1912 dem 100. Geburtsjubiläum Rudolf Alts widmete. Die Gedächtnis-Ausstellung der Vereinigung fand als XLII. Veranstaltung November—Dezember statt und umfaßte 228 Katalognummern. Im Mittelsaal zeigte man die Hauptwerke der Spätzeit, in den flankierenden Räumlichkeiten folgte man möglichst chronologisch der Darstellung von Leben und Werk. Auch die Stadt Wien ließ diesen Anlaß nicht unbemerkt vorübergehen und feierte den 100. Geburtstag mit der Enthüllung des von Hans Scherpe gestalteten Denkmals. Die Anbringung war gewiß mit Bedacht für einen schönen Punkt, nämlich die Außenseite der Minoritenkirche, bestimmt worden. Heute allerdings kommt dieser Aufstellungsort einem Versteck gleich.

Die wichtigsten Ausstellungen, die tatsächlich auch wissenschaftliche Ansprüche erfüllten, fanden erst nach dem Zweiten Weltkrieg statt. Das war zuerst im Jahre 1953 die Akademie der bildenden Künste mit einer kleineren, aber erlesenen Veranstaltung, der bald Ludwig Münz' feinsinnige Publikation folgte. Der Autor betonte in besonderem Maße Alts lockere, skizzenhafte Aquarelle, in denen sich seine künstlerische Gelöstheit in der Tat am deutlichsten äußert. Beide Veröffentlichungen aber wurden im Jahr 1955 durch die große Ausstellung der Albertina weit überboten. Im Vorwort des Kataloges hat zum ersten Mal ein Kunstforscher von großem Format, Otto Benesch, Stellung bezogen, und Eckhart Knab, Kustos der Albertina wußte alle erforderliche Akribie wissenschaftlicher Erforschung für die Ausstellung einzusetzen. Dies machte die Veranstaltung zu einem Ereignis ersten Ranges. In seinen Ausführungen ging Benesch davon aus, daß in dem Zusammenstoßen von zwei Bewegungen — nämlich der exakt reproduzierenden, aus barockem Erbe herkommenden Vedute und der als geistiger Wiedergeburt des kosmischen und pantheistischen Naturerlebens, das Dürer, die Meister der Donauschule und Brueghel erfüllt hatte, entstandenen Romantik — in Österreich, in einem Zeitalter künstlerischer Hochblüte, sich eine neue Landschaftskunst ergab, deren großartigste Vertreter Ferdinand Georg Waldmüller und Rudolf Alt wurden. Dieser Ansatz allein schon fundierte eine neue Würdigung des Künstlers, einen neuen Rang, den die Ausstellung mit ihren 305 Katalognummern auf das vollkommenste bestätigte[279]. Erst daran konnte man erkennen, welchen Schaden die bisherige journalistisch-literarische Schilderung mit ihrer Einordnung in die „Wiener G'schichten" unter dem Aspekt des „goldenen Herzens im guten, alten Wien" eigentlich angerichtet hatte. Und Anekdoten über Anekdoten. Die vorliegende Darstellung hat daher auch weitgehend auf anekdotische Amusements verzichtet, auch wenn sie, wie in manchen Fällen, Alt besonders zu charakterisieren vermöchten. Ebenso verzichtet wurde auch auf die Behandlung der Ölgemälde überhaupt. Alle Gemälde Alts entstanden sekundär nach Aquarellvorlagen, sie sind allerdings in vielen Fällen von großem malerischem Reiz, was vornehmlich für jene zwischen 1832 und 1840 entstandenen Gemälde, beginnend mit dem Stephansdom der Österreichischen Galerie bis zu den Ansichten von Venedig, Rom und Dalmatien, gilt; Alts Bedeutung aber, ja seine in mancher Hinsicht singuläre Größe als Aquarellmaler ist unvergleichlich wichtiger. Ebenso bewußt verzichtet wurde schließlich auch auf jede topographische Erörterung, so aktuell dies auch im nostalgischen Vergleich etwa vom schönen Damals und dem zerstörenden Heute sein könnte. Doch gerade zu solchem Schluß dürfte Alt nicht mißbraucht werden, er darf ganz einfach nicht länger zum sentimentalen Zeugen des ewigen Biedermeier gestempelt werden, sondern sollte zeitlos gesehen werden in seiner künstlerischen Leistung. Er sollte als einer derjenigen gelten, die dem Malen mit Wasserfarben, diesem empfindlichsten Nachspüren der sichtbaren Vision und aller ihrer Schwingungen, die äußersten Möglichkeiten abgewonnen haben, als einer, der — wieder sei hier Hugo von Hofmannsthals Gedanken von 1893 gefolgt —

als „künstlerische Individualität die freie Kraft gehabt hat, eine neue, aus lebendigen Augen erschaute Perzeption des Weltbildes in einer Weise darzustellen, die sich der Seele des Betrachters zu übertragen geeignet ist —“[280].

Damit ist Alt auch ein wertvoller Zeuge dieses der Welt zugewandten, das Schöne in ihr suchenden und das Eigene liebenden Jahrhunderts, in dem ohne Frage die Kultur Österreichs eine gewichtige Aufgabe zu tragen und erfüllt hatte. Alt hat dieses Jahrhundert vom Anfang, von der Wendung aus dem großen Krieg, bis zum Ende, zur Wendung in einen noch größeren Krieg, durchlebt und alle Phasen der Wahrnehmung der Realität unablässig durchschritten. War am Anfang jene Verschmelzung gestanden, in der die sachliche Vedute mit der Schilderung des Ungreifbaren verbunden werden sollte, so führte die stimmungsbetonte Darstellung des Geschauten immer stärker zum Auflösen strenger Formen, zum visionären Erlebnis, und damit geriet auch er zusehends in den Strom der Auseinandersetzung der „Alten“ mit den „Jungen“. Der Aufbruch war eingangs durch Ferdinand Georg Waldmüller (1793—1865) am eindeutigsten geprägt worden. Die Kunst, meinte er, sei nicht an irgendein Land, irgendeinen Raum gebunden[281], ihr Geist durchziehe die Welt vom Anfang bis zum Ende, aber sie müsse erkannt, erfaßt und gestaltet werden und dies sei immer nur aus zwei Quellen heraus möglich, aus Wahrheit und Natur! Das war also der große Aufruf gegen das akademische „Componieren“ des „Ideals“, der Aufruf zum Realismus gewesen. So manche Facettierung ergab sich daraus. In der Landschaftsmalerei war Alt der vielleicht konsequenteste Vollstrecker in Österreich geworden. Waldmüller hat genau erkannt, welche Aufgabe gerade hier sich bietet: „Wer wollte leugnen, daß das berechtigende Elemente zum Verständnis wahrer Kunst, tiefe Gemüthlichkeit und inniges Gefühl, eben vorzugsweise in Österreich zu finden sei?“ fragte er, wobei er natürlich in unserem Sprachgebrauch nicht die dem Österreicher noch immer angedichtete Gemütlichkeit, sondern echte Fähigkeit des Gemütes zur Wahrnehmung meinte. Es gibt für dieses Aufbrechen der neuen Gesinnung ein sehr aufschlußreiches Dokument von der Hand jenes Mannes, den Alt als seinen eigentlichen Entdecker bezeichnet hat, des Hofrats Franz Edlen von Habermann, der der Akademie als außerordentlicher Rat angchörte[282] und als solcher im Jahre 1837 dieser einen Entwurf für neue Instruktionen des Unterrichtes der Landschaftsmalerei ausarbeitete[283]. Hierin wird dem bisherigen Programm nichts weniger als das Konzept des Realismus entgegengehalten. Es heißt hier, die Grundlage der Landschaftsmalerei sei das genaue Beobachten, doch offenbare sich die Natur nur in der Stille der Einsamkeit ihrem Bewunderer. Alles Studieren könne daher allein das Ziel haben, die freie Individualität zu entfalten, nicht aber zu künstlicher Nachäfferei zu führen. Es könnte also keinesfalls darum gehen, gedankenlos nachzumalen, was man vor Augen sieht, sondern um ein geistvolles und lebendiges Auffassen desjenigen, was den eigentlichen Charakter eines darzustellenden Objektes ausmacht, was denselben gewissermaßen individualisiert, mit einem Wort, es ginge um Kunst im wahrsten Sinne. Allerdings sei diese auch nicht die Darstellung von Phantasiegebilden, auch wenn man solchen möglichste Naturwahrheit im einzelnen gebe, sondern die Kunst sei in der Natur selbst und man müsse sie durch geschickte Wahl des Standpunktes, der Beleuchtung, durch Benützung oder Beseitigung von Zufälligkeiten herauslösen, um die eigentliche und charakteristische Wirkung des darzustellenden Objektes auf den Beschauer hervorzubringen.

Es wird sehr deutlich, daß auch dies mit Alts

Fortschritten zu tun hat, war er doch derjenige, der diesen Überzeugungen am entschiedensten gefolgt war, und daß Habermann sie den veralteten Theorien des Mössmer an der Akademie entgegenhalten wollte. Aber nicht minder klar ist, daß damit der Konflikt der Alten und der Jungen ganz offenbar wurde. „Seit fünfzig Jahren" schreibt im Jahr 1876 C. von Vincenti[284] über die Verhältnisse in Wien, „stehen sich auf keinem Felde der Malerei die Alten und die Jungen schroffer gegenüber, als auf dem landschaftlichen". Corot habe mit der Einführung der dekorativen Landschaft diese Feindseligkeit auf dem Gewissen, und der Kampf dauere nach wie vor fort. „Auf der einen Seite stehen Künstler, deren Lehrjahre fast ein Menschenalter zurückdatieren, sie bauen die Maltechnik auf die Zeichnung; auf der anderen Seite finden wir die jüngere Landschaftschule, welche zum Teil vorzugsweise in der Tonwirkung und oft rein coloristischen Naturstimmung ihr Heil sucht und findet. Die ‚Alten' machen ihren Gegnern Vernachlässigung der Form, Augentäuschung vermittelst gefälliger Tonwirkungen, Raffinement in der Technik zum Vorwurf und nennen sie à-peu-près-Maler, Chikisten und Farbenaccordisten; worauf die Jungen naserümpfend antworten: ‚Eure Form ist akademisch, aber nicht malerisch.'" Diese junge Generation mußte immer stärker von Alts Aquarellen angezogen werden, sie mußte vor dem Alterswerk schließlich begeistert erkennen, daß hier ihre Ziele verwirklicht wurden. Alt war ohne äußere Einflüsse, ohne Studien in anderen Kunstzentren, ohne das „Musée imaginaire" der Reproduktionen, zu seinem Ergebnis gelangt; sein Weg war der einer unablässigen Bemühung um ein immer lebendigeres, immer ergreifenderes Bild der Natur, auf dem er schließlich zu der Einsicht gelangte, daß das einzige Bleibende eigentlich nur im Deuten des Vergänglichen liege. Er hat indes niemals große Worte darum gemacht. Auf die Frage, wann er eigentlich seine besten Bilder gemalt habe, antwortete er nachdenklich, er habe wohl zu allen Zeiten gute und auch schlechte Bilder gemalt; beste allerdings seien keine dabei[285].

So blieb es anderen überlassen, die gedanklichen Schlüsse zu ziehen, und niemand hat dies mit meisterhafteren Worten getan als Hofmannsthal eben damals, als er klagte, daß Wien der Kunst ein allzu geringes Verständnis entgegenbringe und davon sprach, daß die Malerei eine Zauberschrift sei, die mit farbigen Klecksen statt der Worte eine innere Vision der Welt um uns vermittelt: „Unser Publikum setzt sich vor einem Bild zu allen möglichen Nebensächlichkeiten eines Kunstwerkes in Beziehung, nur nicht zur Hauptsache, zum eigentlich Malerischen; es interessiert sich für die Anekdote, für kleine Mätzchen und Kunststückchen, für alles nur nicht für das Notwendige. Ja, es gibt Leute, denen es wie ein Paradoxon erschiene, wollte man ihnen das Selbstverständliche sagen, daß die Kunst der Farben an Gewalt über die Seele gleich ist der Kunst der Töne, daß in Bildern, wie in den wundervollen Werken der Musik, Offenbarung und Erlebnis enthalten sind"[286].

Welche Fülle von schwerwiegenden Gedanken eines Neunzehnjährigen an der Schwelle zu einem neuen Jahrhundert, in das Rudolf von Alt noch hereinragt, selbst als Greis unbeirrt malend, überzeugt von seinem Lebenssinn und bis zuletzt suchend in aller seiner Einfachheit. So eben wie es Bruno Bucher nach einem Atelierbesuch geschildert hat: „Originell ist die Aquarell-Palette Alt's. Einige Ackermann'sche Farben, kaum erkennbar, denn sie sind zumeist vom Durcheinander, also vom Schmutz der übrigen Farben bedeckt, ein einziger Pinsel und ein kleines Töpfchen Wasser, das einer graugrünen Jauche gleicht, bilden das übrige Werkzeug. Schon daraus mag man ersehen, welch' geringen Apparates eigentlich ein Kunstwerk bedarf."[287]

Anmerkungen

1. Ludwig Hevesi, Rudolf Alt, Sein Leben und sein Werk. hsg. vom k. k. Ministerium für Kultus u. Unterricht. Text von —; Nach dem hinterlassenen Manuskripte für den Druck vorbereitet durch Karl M. Kuzmany, Wien, Artaria & Co., 1911; p. 154.
2. Hevesi, a. a. O. 1911; p. 144.
3. Hugo von Hofmannsthal, 1893; zit. nach Werner Hofmann, Moderne Malerei in Österreich, Wien, 1965; p. 23 f. Der Aufsatz erschien unter dem Titel „Die Malerei in Wien" 1893 in der Zeitschrift „Neue Revue" (Prosa I der Ges. Ausg. Abs. 4 u. Abs. 8).
4. In „Erinnerungen aus der Jugendzeit", abgedruckt bei Arthur Roessler, Rudolf von Alt, Wien, 1909; p. 20 f.
5. Stadtbibliothek Wien, Handschriftensammlung (St.W.HS), Inv. Nr. 127.990 vom 16. September 1849.
6. Aus Nürnberg, 23. Juli 1864, zit. nach Hevesi, a. a. O. 1911; p. 36.
7. Hevesi, a. a. O. 1911; p. 9.
8. St. W. HS., Inv. Nr. 128.004.
9. Hevesi, a. a. O. 1911; p. 2.
10. Gratulationen zum 80. Geburtstag, Neue Freie Presse, Nr. 10.062 vom 29. August 1892.
11. Roessler, a. a. O. 1909; p. 56 f.
12. Hevesi, a. a. O. 1911; p. 1 f. und Ludwig Münz, Rudolf von Alt, 24 Aquarelle, Wien, 1954; p. 1 f.
13. Archiv der Stadt Frankfurt, Personenstandesregister, Fasz. 1785, p. 724 und Fasz. 1789, p. 539.
14. S. Stammtafel im Anhang.
15. Jakob Gauermann, Tagebücher, Neue Galerie am Landesmuseum Joanneum Graz, 1800—1823; p. 247 ff.
16. Hans Rudolph Füessli, Annalen der bildenden Künste f. d. österr. Staaten. I. u. II. Folge, Wien, 1801; p. 20 ff.
17. Füessli, a. a. O. 1801; p. 27.
18. Ausstellungskatalog Die Kammermaler Erzherzog Johanns, Graz, Neue Galerie am Landesmuseum Joanneum, 1959; p. 127.
19. Jakob Gauermann, Tagebücher, a. a. O. 1839—1840; p. 144.
20. Akademie der bildenden Künste in Wien, Verwaltungs-Akte 1805. Antrag H. F. Fügers auf Stipendien für Carl Gsellhofer und Carl Ruß.
21. Cyriak Bodenstein, Hundert Jahre Kunstgeschichte Wiens, Wien, 1888; p. XXVIII, Anm.
22. Franz Heinrich Bökh, Wiens lebende Schriftsteller, Künstler etc., Wien, 1821.
23. Pfarrkirche Alservorstadt, Taufregister 29. August 1812, Bapt. P. Bruno Sonnenmayer, Pate Cäcilia Schaller, Kellermeisterswitwe, wird katholisch erzogen.
24. Ignaz Schwarz, Wiener Straßenbilder im Zeitalter des Rokoko, Beschreibendes Verzeichnis, Wien, 1914; p. XXVI f.
25. Akademie Verwaltungs-Akte 1801, 28. April.
26. Carl Bertuch, Bemerkungen auf einer Reise aus Thüringen nach Wien im Winter 1805 und 1806, Weimar, 1808/1810; p. 111.
27. Ausstellungskatalog Die Kammermaler —, a. a. O. 1959.
28. Heinrich Schwarz, Salzburg und das Salzkammergut, Wien, 1926, 3. Aufl.; p. 45.
    Akademie Archiv, Metternich-Registratur N. 49/1819:

    Hochwohlgeborener hochzuverehrender Herr Hof-Rath

    Da Euer Hochwohlgeboren über den Gegenstand meines malerisch topographischen Werk betreffend, zu referieren haben, so unterstehe ich mich hier hochdieselben gehorsamst zu bitten zum Besten dieser Sache mitwürken und ihre baldigste Erledigung von der nun Alles was die Existenz derselben betrifft, erwürken zu wollen. Vorläufig, habe ich schon die Anstalten getroffen, daß sogleich nach erhaltenem Fond, mit aller möglichen Thätigkeit die Arbeiten bey diesem Unternehmen wieder ihren Anfang nehmen können, indem ich nun schon *mehrere geschickte Maler zum Illuminieren der Blätter* engagiert habe und weshalb ich mir hier die Freiheit nehme Euer Hochwohlgebohren gehorsamst zu bitten zur Aufmunterung und Sicherstellung für diese Künstler und um meiner eigenen Ruhe willen, in wenigen Zeilen mich verständigen zu lassen, daß dieses Unternehmen bereits von allen höchsten und hohen Stellen des Staats für unterstützungswürdig befunden wurde und nun auf dieselbe auch hoffen darf.
    Ich habe die Ehre mit aller Hochachtung und Respekt zu verehren
    Euer Hochwohlgebohren ganz gehorsamster Diener.
    Karl Viehbeck
    Wien den 2. Nov. 1819
    hat sein Quartier auf der Landstraße an der Gärtnergasse No. 42
29. Abb. Nr. 6.
30. Peter Pötschner, Genesis der Wiener Biedermeierlandschaft, Wien, 1964; p. 157.
31. Vgl. Hevesi, a. a. O. 1911; p. 4 und Roessler, a. a. O. 1909; p. 16 f.
32. Roessler, a. a. O. 1909; p. 16 f.
33. A. Martinez, Wiener Ateliers, VIII. Folge, Wien, 1896; p. 1—36: „Jakob, Rudolf und Franz Alt". Zit. Franz Alt, p. 25.
34. Roessler, a. a. O. 1909; p. 20.
35. Hevesi, a. a. O. 1911; p. 6.
36. Hevesi, a. a. O. 1911; p. 10.
37. Hevesi, a. a. O. 1911; p. 21.
38. Österreichisches Archiv für Geschichte etc. (Hormayr), Nr. 89, 1832; p. 353 ff.
39. Fred Hennings, Fast Hundert Jahre Wien — Rudolf von Alt, Wien, 1967; p. 18.

40. Roessler, a. a. O. 1909; p. 21.
41. Hevesi, a. a. O. 1911; p. 19 f.
42. Ausstellungskatalog Rudolf von Alt 1812—1905 Gedächtnisausstellung im 50. Todesjahr, Wien, Albertina 1955, Vorwort von Otto Benesch; p. 5 f.
43. Akademie Verwaltungs-Akte 1870/Nr. 399, Protokoll der II. Sitzung am 17. Dezember.
44. Akademie Protokolle Verwaltungs-Akte 1821/31, Bd. 26.
45. August Schaeffer, Die Kaiserliche Gemäldegalerie in Wien, Moderne Meister, Wien, 1903; p. 112.
Mössmer fand auch im Urteil anderer Zeitgenossen kein günstigeres Bild. So schreibt Jakob Gauermann in seinem Tagebuch 1839/1841 (Neue Galerie Graz) p. 135: „Wenn ein Professor der Landschaftsmahlerey an der k. k. Kunstakademie nichts Besseres geben kann als Hr. M. uns alljährlich bey der Kunstausstellung auftischt, so wäre es vorteilhafter mit solchen Producten weg zu bleiben —". p. 197: „M. ist ein guter biederer Mann u. Professor aber gleichwohl ein sehr mittelmäßiger Künstler, äußerst arm in der Composition, meist Gegenden mit sanften Hügeln, einem kleinen fließenden Wasser, einer Ruine, einem Dorf, einen Au, Bildstöckl u. armselige Staffage in einem kotigen Colorit ausgeführt; dieser Mann ist so beschränkt u. für seinen Liebling Molitor so sehr eingenommen, daß er nichts in allen Mahlereyen der Welt noch in der Natur goutieren kann, das nicht dieses Mahlers Werken ähnelt u. die schönsten u. erhabensten Szenen in der Natur sind für ihn umsonst, er sieht den Wald vor Bäumen nicht —".
46. Akademie Verwaltungs-Akte 1832/4—8.
47. Akademie Verwaltungs-Akte 1832/4—4.
48. Ausstellungskatalog Rudolf von Alt, Albertina, 1955; p. 6.
49. Österreichisches Archiv für Geschichte etc. (Hormayr), Nr. 89, 1832; p. 859.
50. Hevesi, a. a. O. 1911; p. 100.
51. Münz, a. a. O. 1954; zu Taf. 2.
52. Hevesi, a. a. O. 1911; p. 13.
53. Hevesi, a. a. O. 1911; p. 14 und Roessler a. a. O. 1909; p. 19.
54. Dr. Julius Meyer, Allgem. Künstlerlexikon, Leipzig, Bd. I, p. 532 ff., (Biogr. von B. Bucher und Otto Mündler), 1872.
55. Meyer, Künstlerlexikon, a. a. O. 1872; p. 533.
56. Münz, a. a. O. 1954; zu Taf. 3.
57. Hevesi, a. a. O. 1911; p. 112.
58. Hevesi, a. a. O. 1911; p. 5.
59. St. W. HS., „Alt".
60. Hevesi, a. a. O. 1911; p. 20.
61. Ausstellungskatalog Rudolf von Alt, Albertina, 1955; Otto Benesch in —; p. 6.
62. Hevesi, a. a. O. 1911; p. 130 schreibt: „Zu den allerschönsten Sachen von Alts Hand gehören seine Pflanzenstudien, nicht bloß die nach imposanten Bäumen, sondern auch die nach bescheidenen Gräsern und Unkräutern. Mich haben sie immer an Albrecht Dürer erinnert, aber nicht nur mich, auch Charles Ephrussi, den bedeutenden Pariser Dürerkenner. Schon als er in der Sammlung Herz die Studien einer Fichte von 1831 sah, rief er aus ‚Das ist ja wie die Dürerschen Gräser!' Und als er gar eine gewisse große Kraut- und Unkrautstudie erblickte, die ich eine ‚Verdüre' nennen werde, wenn ich auf sie zurückkomme, sagte er bewegt ‚so etwas ist seit Albrecht Dürer nicht gemalt worden'."
63. Münz, a. a. O. 1954; zu Taf. 4.
64. Nach Hevesi a. a. O. 1911; p. 52.
65. Fritz Novotny in Ausstellungskatalog Unvergängliches Österreich — Ferdinand Georg Waldmüller und seine Zeit, Villa Hügel Essen, 1960; p. 30.
66. Hevesi, a. a. O. 1911; p. 22.
67. Hevesi, a. a. O. 1911; p. 23.
68. Hevesi, a. a. O. 1911; p. 24.
69. Nach Roessler a. a. O. 1909; p. 33.
70. Historisches Museum der Stadt Wien, Inv. Nr. 17.669, Abb. bei Münz a. a. O. 1954; Taf. 4.
71. Graphische Sammlung Albertina, Ö. K. „Alt", Bd. I, Nr. 30.
72. Österreichische Nationalbibliothek, Fideikommiss-Sammlung PH. 837.
73. Hevesi, a. a. O. 1911; p. 72.
74. Roessler, a. a. O. 1909; p. 42.
75. W. Koschatzky und A. Strobl, Die Dürerzeichnungen der Albertina, Salzburg, 1971; p. 86.
76. Roessler, a. a. O. 1909; p. 56.
77. St. W. HS., Inv. Nr. 127.985.
78. Heute Schloß Konopište, ČSSR.
79. St. W. HS., Inv. Nr. 127.988.
80. Haus-, Hof- und Staatsarchiv.
81. Jakob Alt, Der Stephansdom. Ansicht des Chores mit der Capistrankanzel und des Adlerturmes; Öl auf Leinwand, sign. und dat. „J. Alt 1850", 39 x 31 cm, Österreichische Galerie Wien.
82. Hennings, a. a. O. 1967; Abb. 56.
83. St. W. HS., Inv. Nr. 127.993.
84. Hevesi, a. a. O. 1911; p. 76.
85. S. die Aufstellung in der Anlage.
86. St. W. HS., Inv. Nr. 127.994.
87. Roessler a. a. O. 1909; p. 40.
88. Privatbesitz Wien; dat. 27. April 1851.
89. St. W. HS., Inv. Nr. 124.995.
90. St. W. HS., Inv. Nr. 128.917.
91. Roessler, a. a. O. 1909; p. 28.
92. Hans Wilczek erzählt seinen Enkeln Erinnerungen aus seinem Leben. Leykam Graz, 1933; p. 50.
93. Wilczek, a. a. O. 1933; p. 372.
94. St. W. HS., Inv. Nr. 128.005 bis 128.020.
95. St. W. HS., Inv. Nr. 128.012; Blatt 3.
96. Dat. 7. Juli; Hevesi, a. a. O. 1911; p. 33.
97. St. W. HS., Inv. Nr. 128.011.
98. St. W. HS., Inv. Nr. 128.013; Blatt 4.
99. St. W. HS., Inv. Nr. 128.871; Blatt 1.
100. St. W. HS., Inv. Nr. 128.270; 8. Juli 1864.
101. St. W. HS., Inv. Nr. 128.272; 23. Juli 1864.
102. Dat. 9. August 1864; Hevesi, a. a. O. 1911; p. 36.

103. St. W. HS., Inv. Nr. 128.280 und 128.274.
104. St. W. HS., Inv. Nr. 128.275, Bl. 2; 20. Okt. 1864.
105. St. W. HS., Inv. Nr. 128.279; 18. Nov. 1864.
106. St. W. HS., Inv. Nr. 128.256; 21. Aug. 1865.
107. Frits Lugt, Les Marques de Collections, La Haye 1956; Nr. 1108.
108. Hevesi, a. a. O. 1911; p. 40.
109. Meyer, Künstlerlexikon, a. a. O. 1872; p. 532 ff.
110. St. W. HS., Inv. Nr. 128.255; 10. Sept. 1865.
111. St. W. HS., Inv. Nr. 128.154; 22. Sept. 1865.
112. St. W. HS., Inv. Nr. 128.253; 29. Sep. 1865.
113. Graphische Sammlung Albertina, Wien, Inv. Nr. 28.345.
114. Ausstellungskatalog Rudolf von Alt, Albertina, 1955; Otto Benesch in —; p. 7.
115. Thieme-Becker, Künstlerlexikon, Bd. I. (1907); p. 342.
116. Roessler, a. a. O. 1909; p. 29.
117. St. W. HS., Inv. Nr. 128.261.
118. St. W. HS., Inv. Nr. 128.251; Blatt 8.
119. St. W. HS., Inv. Nr. 128.257; 10. Nov. 1865.
120. Otto Erich Deutsch in Thieme-Becker a. a. O. 1907; p. 341.
121. St. W. HS., Inv. Nr. 128.258; 25. Sept. 1866.
122. St. W. HS., Inv. Nr. 128.259; 30. Sept. 1866.
123. St. W. HS., Inv. Nr. 128.232; 16. April 1867.
124. St. W. HS., Inv. Nr. 128.237; 24. April 1867.
125. St. W. HS., Inv. Nr. 128.239; 14. Mai 1867.
126. St. W. HS., Inv. Nr. 128.240; 22. Mai 1867.
Georg Plach (gest. 1885) kann als einer der ersten Kenner seiner Zeit in Wien gelten (Lugt 1188), der ebenso als Händler wie als Sammler in der Wiener Kunstszene eine Rolle spielte. Zu den wertvollsten Leistungen sind seine Erwerbungen für die Sammlung Rothschild zu zählen. Nach seinem Tod wurde sein Besitz (R. Alt, Kriehuber, Pettenkofen u. a.) bei Wawra am 9. Dez. 1885 versteigert.
127. St. W. HS., Inv. Nr. 128. 242; 1. Juni 1867.
128. St. W. HS., Inv. Nr. 128.243; 26. Juni 1867.
129. St. W. HS., Inv. Nr. 128.244; 4. Juli 1867.
130. St. W. HS., Inv. Nr. 128.245; 14. Juli 1867.
131. St. W. HS., Inv. Nr. 128.246; 28. Juli 1867.
132. St. W. HS., Inv. Nr. 128.247; 5. August 1867.
133. St. W. HS., Inv. Nr. 128.248; 11. August 1867.
134. A. Martinez, a. a. O. 1896; p. 11 ff.
135. St. W. HS., Inv. Nr. 128.249; 21. August 1867.
136. St. W. HS., Inv. Nr. 128.250; 27. August 1867.
137. St. W. HS., Inv. Nr. 128.265; 29. August 1867.
138. St. W. HS., Inv. Nr. 128.268; 7. Sept. 1867.
139. St. W. HS., Inv. Nr. 128.235; 20. Okt. 1867.
140. St. W. HS., Inv. Nr. 128.000; 30. Okt. 1867.
141. Münz, a. a. O. 1954; zu Taf. 12.
142. Münz, a. a. O. 1954; zu Taf. 12.
143. Akademie Protokoll 1797—1850, p. 286.
144. Akademie Protokoll, Verwaltungs-Akte Nr. 399-1870/III und Akt 196-1905 „Bezugsakten über die Erwerbung der Rudolf Alt'schen Aquarelle“.
145. Hevesi, a. a. O. 1911; p. 86.
146. Österreichische Nationalbibliothek, Fideikommiss-Sammlung.
147. Graphische Sammlung Albertina ÖK Alt, Bd. 2, Nr. 200.
148. Hevesi, a. a. O. 1911; p. 81.
149. Quirin Leitner, Monographie des Kaiserlichen Lustschlosses Schönbrunn. Auf allerhöchsten Befehl Seiner Majestät des Kaisers, Wien 1875 (Albertina 40.958-E/KSHB).
150. Hevesi, a. a. O. 1911; p. 47.
151. Staatliche Graphische Sammlung München, Inv. Nr. 45.596.
152. Hevesi, a. a. O. 1911; p. 47.
153. Hevesi, a. a. O. 1911; p. 47 f.
154. 16. Sept. 1871.
155. 26. Sept. 1871, Hevesi a. a. O. 1911; p. 48.
156. 11. Nov. 1871, Hevesi a. a. O. 1911; p. 50.
157. 21. Nov. 1871, Hevesi a. a. O. 1911; p. 51.
158. St. W. HS., Inv. Nr. 76.988.
159. Neue Freie Presse 1905, 14. März.
160. Hevesi a. a. O. 1911; p. 56.
161. Akademie Verwaltungs-Akte 1874, Nr. 256 v. 22. Juni 1874.
162. Akademie Verwaltungs-Akte 1874, Nr. 258 v. 12. Dez. 1874.
163. St. W. HS., Inv. Nr. 128.285; 6. Sept. 1874.
164. St. W. HS., Inv. Nr. 128.282; 14. Okt. 1874.
165. St. W. HS., Inv. Nr. 128.288; 10. Juli 1875.
166. Hevesi, a. a. O. 1911; p. 53.
167. St. W. HS., Inv. Nr. 128.287; 19. Sept. 1875.
168. St. W. HS., Inv. Nr. 128.289; 15. Juli 1876.
169. St. W. HS., Inv. Nr. 128.290; 28. Juli 1876.
170. St. W. HS., Inv. Nr. 128.290; 28. Juli 1876.
171. St. W. HS., Inv. Nr. 128.299; 21. August 1876.
172. St. W. HS., Inv. Nr. 128.295; 23. August 1876.
173. 14. Sept. 1876, Hevesi a. a. O. 1911; p. 53.
174. Roessler, a. a. O. 1909; p. 63 f.
175. Hevesi, a. a. O. 1911; p. 94.
176. Kupferstichkabinett der Akademie der bildenden Künste, Inv. Nr. 21.356.
177. Nach Roessler a. a. O. 1909; p. 46.
178. Hevesi, a. a. O. 1911; p. 59.
179. St. W. HS., Inv. Nr. 54.592; 30. März 1877.
180. St. W. HS., Inv. Nr. 54.594; 11. April 1877.
181. St. W. HS., Inv. Nr. 128.323; s. d.
182. St. W. HS., Inv. Nr. 128.328; s. d.
183. Hevesi, a. a. O. 1911; p. 141.
184. Akademie Verwaltungs-Akte 1877, Nr. 90 und 221.
185. Akademie Verwaltungs-Akte 1878, Nr. 335.
186. St. W. HS., Inv. Nr. 54.586; 27. Sept. 1878.
187. St. W. HS., Inv. Nr. 128.307; 29. Okt. 1878.
188. St. W. HS., Inv. Nr. 128.304; s. d.
189. St. W. HS., Inv. Nr. 128.305; s. d.
190. St. W. HS., Inv. Nr. 128.319; s. d.
191. Akademie Verwaltung-Akte 1878, Nr. 471.
192. Roessler, a. a. O. 1909; p. 75.
193. Graphische Sammlung Albertina Inv. Nr 34.808 u. a.
194. Münz, a. a. O. 1954; zu Tafel 11.
195. Münz, a. a. O. 1954; zu Tafel 11 f.
196. Roessler, a. a. O. 1909; p. 75 f.
197. St. W. HS., Inv. Nr. 128.308.

198. St. W. HS., Inv. Nr. 128.309
199. St. W. HS., Inv. Nr. 128.310.
200. Roessler, a. a. O. 1909; p. 52.
201. 28. September 1879, Hevesi a. a. O. 1911; p. 54.
202. St. W. HS., Inv. Nr. 54.590.
203. Hevesi, a. a. O. 1911; p. 54.
204. St. W. HS., Inv. Nr. 128.315.
205. Akademie Verwaltungs-Akte 1880, Nr. 115.
206. Hevesi, a. a. O. 1911; p. 55.
207. Hevesi, a. a. O. 1911; p. 55.
208. Roessler. a. a. O. 1909; p. 53 f. und 76.
209. Hevesi, a. a. O. 1911; p. 55.
210. St. W. HS., Inv. Nr. 15.691 vom 2. August 1881. Ludwig Anzengruber (29. Nov. 1839 Wien—10. Dez. 1889 Wien) war zunächst Buchhändler, dann von 1860 bis 1867 Schauspieler und ab 1869 Kanzleibeamter; er erregte mit dem antiklerikalen Volksstück „Der Pfarrer von Kirchfeld“ (1870) solches Aufsehen, daß er sein Amt niederlegen und sich ausschließlich der Schriftstellerei widmen konnte. Die Zeitschrift „Die Heimat“ und das satirische Blatt „Figaro“ führte er bis zu seinem Tod. Er verfaßte eine Reihe von dramatischen Werken, darunter „Der Meineidbauer“ (1872), „Die Kreuzelschreiber“ (1872), „Das vierte Gebot“ (1877) sowie zahlreiche Erzählungen und Romane. 1885 erhielt er den Grillparzerpreis. Seine hervorragende Kunst des volkstümlichen Realismus, voll Kraft der Lebensbeobachtung und psychologischer Vertiefung, gewinnt in der Gegenwart ganz außerordentlich an Bedeutung und Ansehen. Anzengruber gehörte ebenso wie Rudolf Alt der Tafelrunde „Die Nische“ an, die jeden Freitagabend in Wicharts Gasthaus „Zum silbernen Löwen“ (VII, Kochgasse 24) zusammentrat. Die Freundschaft mit Alt war eng und von tiefgreifender Bindung.
211. St. W. HS., Inv. Nr. 54.584; 17. August 1881.
212. Graphische Sammlung Albertina, Inv. Nr. 31.075.
213. Hevesi, a. a. O. 1911; p. 56.
214. St. W. HS., Inv. Nr. 22.104; 30. Dez. 1881.
215. Münz, a. a. O. 1954; zu Tafel 19
216. Roessler, a. a. O. 1909; p. 41.
217. Roessler, a. a. O. 1909; p. 38 f.
218. Roessler, a. a. O. 1909; p. 78.
219. Akademie Verwaltungs-Akte 335/1882.
220. Neue Freie Presse Nr. 323 vom 26. August 1882.
221. Österreichische Nationalbibliothek, Handschriften-Sammlung, Autographen 123/71 ff, 22. Mai 1882.
222. Hevesi, a. a. O. 1911; p. 56.
223. Roessler, a. a. O. 1909; p. 78.
224. Kupferstichkabinett der Akademie der bildenden Künste, Inv. Nr. 17.271.
225. Hevesi, a. a. O. 1911; p. 91.
226. Akademie Verwaltungs-Akte 274/1883.
227. 7. Nov. 1882, Hevesi a. a. O. 1911; p. 56.
228. St. W. HS., Inv. Nr. 22.106, 30. Juli 1884.
229. Neue Freie Presse vom 24. August 1902, p. 7.
230. St. W. HS., Inv. Nr. 33.667.
231. St. W. HS., Inv. Nr. 33.664; 10. Okt. 1884.
232. St. W. HS., Inv. Nr. 31.969; 28. Februar 1883.
233. St. W. HS., Inv. Nr. 33.664.
234. St. W. HS., Inv. Nr. 22.106; 30. Juli 1884 an Dumba.
235. St. W. HS., Inv. Nr. 54.588; 20. Mai 1886.
236. Roessler, a. a. O. 1909; p. 39.
237. Akademie Verwaltungs-Akte 88/1887.
238. Roessler, a. a. O. 1909; p. 81 f.
239. Hevesi, a. a. O. 1911; p. 80.
240. Kunst dem Volk 1941, Nov., p. 30 ff.
241. Die Gemälde befinden sich heute in Wiener Privatbesitz. Die wiedergegebene Schilderung entstammt familiärer Tradition des Eigentümers.
242. Roessler, a. a. O. 1909; p. 82 f.
243. Hevesi, a. a. O. 1911; p. 131.
244. Hevesi, a. a. O. 1911; p. 147. Ludwig Lobmeyr (1829 Wien—1917 Wien), Sohn eines Glasfabrikanten, der seit 1838 seinen Betrieb aufgebaut hatte. Die beiden Söhne Ludwig und Josef führten diesen hervorragend als Gesellschafter zu wirtschaftlicher Blüte. Seit 1864, dem Todesjahr Josef Lobmeyrs, war Ludwig Alleininhaber. Sein Vermögen und sein Kunstsinn befähigten ihn zu reger Sammler- und Förderertätigkeit. Seit 1864 mit dem Museum für Kunst- und Industrie verbunden, suchte er neue Wege und gelangte zu großen Erfolgen auf den Weltausstellungen, vor allem im Lusterbau. Lobmeyr war Mitglied des Herrenhauses des Österreichischen Reichsrates, dann Ehrenmitglied der Akademie der bildenden Künste (1888) und der Genossenschaft der bildenden Künstler (1888), Ehrenbürger der Stadt Wien (1889) u. a. Seine Sammlung bestand aus rund 1000 Aquarellen und Zeichnungen neben 101 Gemälden, die nach seinem Tod in einer Auktion bei C. J. Wawra in Wien veräußert wurden. Der Katalog dieser Versteigerung vom 22. Oktober 1917 enthält ausführliche Darstellungen seiner Persönlichkeit und der Werke. Die erzielten Preise waren geradezu phantastisch: Das Aquarell „Hof des Dogenpalastes“ ging auf 33.500 Kr., der „Hafen von Palermo“ auf 23.500 und einige der Wiener Ansichten auf 15.000 bis 17.000 Kr. Der Gesamterlös betrug 3 Mill. 300.000 Kr. (s. Hans Tietze in Der Kunstmarkt vom 16. Nov. 1917, p. 55; Frits Lugt, Les Marques de Collections, La Haye 1956, Nr. 387).
245. Neue Freie Presse vom 28. August 1892.
246. Neue Freie Presse vom 29. August 1892.
247. A. Martinez, Wiener Ateliers, VII. Folge, Wien 1896, p. 1—36.
248. Neue Freie Presse vom 29. August 1892.
249. Roessler, a. a. O. 1909; p. 85.
250. 18. August 1891; Roessler a. a. O. 1909; p. 85.
251. 9. August 1894; Roessler a. a. O. 1909; p. 86.
252. 10. Juli 1895; Roessler a. a. O. 1909; p. 86.
253. Künstlerhaus Archiv Nr. 488 vom 16. Mai 1895.
254. Künstlerhaus Archiv Nr. 437 vom 20. April 1895.
255. Künstlerhaus Archiv Nr. 308 vom 14. April 1896.
256. Hevesi a. a. O. 1911; p. 8.
257. Künstlerhaus Archiv Nr. 558 vom 7. Juni 1897.

258. Künstlerhaus Archiv Nr. 558 vom 24. Mai 1897.
259. Roessler, a. a. O. 1909; p. 65 f. Ausführlich bei Christian M. Nebehay, Gustav Klimt — Dokumentation, Wien 1969; p. 144.
260. Christian M. Nebehay, a. a. O. 1969; p. 139 f.
261. Katalog der 1. Kunst-Ausstellung der Vereinigung Bildender Künstler Österreichs (Secession) Wien, 1897.
262. Christian M. Nebehay, a. a. O. 1969; p. 169 Anm. 8 b.
263. Roessler, a. a. O. 1909; p. 47. Hevesi a. a. O. 1911; p. 149. Nebehay, a. a. O. 1969; p. 169.
264. Nach Arthur Roessler, Der Malkasten, Künsleranekdoten, Wien 1924; p. 132 f., auch Hevesi a. a. O. 1911; p. 148.
265. Neue Freie Presse vom 24. August 1902, p. 7.
266. Roessler, a. a. O. 1909; p. 68 ff.
267. Katalog des Nachlasses Rudolf von Alts, Miethke Wien 1906; p. 19.
268. Hevesi, a. a. O. 1911; p. 129 und Roessler, a. a. O. 1909; p. 7.
269. Roessler, a. a. O. 1909; p. 63. Neue Freie Presse vom 12. Februar 1905; p. 11. Kunst dem Volk, November 1941, p. 30 ff.
270. Ankwicz-Kleehoven, a. a. O. 1941; p. 31.
271. Staatliche Graphische Sammlung München, Inv. Nr. 46.901.
272. Ankwicz-Kleehoven, a. a. O. 1941; p. 30 f.
273. Neue Freie Presse vom 13. März 1905; vom 14. März 1905 und 16. März 1905.
274. Miethke, a. a. O. 1906; p. 17.
275. Kunst und Kunsthandwerk, Monatsschrift des Österr. Museums f. Kunst und Industrie; IX. Jg. 1906. p. 209 f.
276. Thieme-Becker, Künstlerlexikon, Bd. I (1907); p. 343.
277. Neue Freie Presse vom 24. August 1902; p. 7.
278. Dr. Hans Ankwicz v. Kleehoven „Rudolf v. Alt und seine Tochter Louise, Zum Tode Louise v. Alts“ in Kunst dem Volk, November 1941, p. 30 f. (12. Jg. Folge 11).
279. Ausstellungskatalog Rudolf von Alt, Wien, Albertina, 1955.
280. Hugo von Hofmannsthal, Die Malerei in Wien, 1893; in Gesamtausgabe der Werke-, Prosa I, Wien o. J., p. 191 ff.
281. Ausst. Kat. Unvergängliches Österreich — F. G. Waldmüller und seine Zeit; Villa Hügel Essen, 1960; p. 15 ff.
282. Carl von Lützow, Geschichte der k. k. Akademie d. Bild. Künste, Wien, 1877; p. 182.
283. Akademie Verwaltungs-Akte Nr. 97/1837
284. C. von Vincenti, Wiener Kunst Renaissance, Gerold Wien, 1876; p. 349 ff.
285. Hevesi 1911, a. a. O.; p. 89: Alt zu Artaria. Roessler 1909, p. 28. Leisching 1902, p. 77.
286. Hugo von Hofmannsthal 1893 a. a. O.; p. 191 ff.
287. Bruno Bucher zit. v. August Schaeffer, Die Kaiserliche Gemäldegalerie in Wien, Moderne Meister, Wien 1903, p. 176.

Bildnachweis

Bild-Nr.		
Umschlag	AV 43/40	Hist. Mus. d. St. Wien, Inv. 56.389
1	AV 83/01	G. S. Albertina, Inv. 30.999
2		Foto Bildarchiv d. Öst. Nat. Bibl. Nr. D 19.532
3		Hist. Mus. d. St. Wien, Inv. 56.338
4		Hist. Mus. d. St. Wien, Inv. 69.695
5		G. S. Albertina, Inv. 4.949
6		G. S. Albertina, Inv. 14.615
7		G. S. Albertina, Inv. 4.941
8		G. S. Albertina, Inv. 4.942
9	Graph. Verz.	A/I/Nr. 7 (Ausschnitt); Probedruck zum Mappenwerk „Schloß Laxenburg bei Wien“, Wien 1820
10	Graph. Verz.	A/I/Nr. 7 (Ausschnitt); ausgef. Expl. im Mappenwerk „Schloß Laxenburg bei Wien“, Wien 1820, f. 14, Ritterschloß von der Ostseite.
11	Graph. Verz.	A/I/Nr. 6 (Ausschnitt); Probedruck zum Mappenwerk „Schloß Laxenburg bei Wien“ in Radiertechnik (Aberli-Manier).
12	Graph. Verz.	A/I/Nr. 6 (Ausschnitt); ausgef. Expl. im Mappenwerk „Schloß Laxenburg bei Wien“, als Lithographie; Wien 1820, fol. 13, Ritterschloß von der Südseite.
13		Hist. Mus. d. St. Wien, Inv. 55.294
14	Graph. Verz.	A/II, s. n. „Donauansichten“, Wien 1820, G. S. Albertina D 310
15		Foto Bildarchiv d. Öst. Nat. Bibl. Nr. 134.140
16		Vignetten einer Reihe von Bleistiftzeichnungen mit Wiener Ansichten, Hist. Mus. d. St. Wien, Inv. 105.323
17		Aus der Reihe wie Bild 16, Hist. Mus. d. St. Wien, Inv. 105.329
18	AV 29/02	Graz, Neue Galerie am Lds. Mus. Joanneum, Inv. II 9.931
19		G. S. Albertina, Inv. 26.885
20		„Anfangsgründe zum Landschaftszeichnen von J. Alt“, Pinsel und Feder, Hist. Mus. d. St. Wien, Inv. 114.820
21	AV 26/01	Foto BD Wien, Nr. 1.782
22	Graph. Verz.	A/II, s. n. „Donauansichten“, Wien 1820, G. S. Albertina D 310
23	Graph. Verz.	B/III „Malerische Donaureise“, Wien 1833: a) Ursprung der Donau im Schloß zu Donaueschingen, b) Ulm, c) Die Lange Wand bei Welfenberg, d) Melk, e) Klosterneuburg, f) Kamenitz, Syrmien.
24	AV 29/16	G. S. Albertina, Inv. 32.494
25	AV 29/13	Kupferst. Kab. d. Akad. d. bild. Künste, Wien, Inv. 13.017
26	AV 29/01	Foto Alt-Archiv G. S. Albertina
27	AV 30/02	Foto Alt-Archiv G. S. Albertina
28	AV 30/11	G. S. Albertina, Inv. 31.615
29	AV 30/06	G. S. Albertina, Inv. 26.675
30	Graph. Verz.	C/I/Nr. 3; Foto Bildarchiv d. Öst. Nat. Bibl. Nr. 240.187. Aquarell in Wiener Privatbesitz, s. AV 31/09
31	Graph. Verz.	B/II/Nr. 21 Der Grundlsee; Nr. 23 Heiligenblut; Nr. 33 Das Naßfeld bei Gastein; Nr. 5 Der Hallstätter-See.
32	Graph. Verz.	B/I/Nr. 32; Expl. der G. S. Alpertina
33	AV 32/16	nach Hevesi 1911, Tf. 3
34	AV 31/10	Bundesmobilienverwaltung Mürzsteg, Inv. 374/I/17
35		Foto Österr. Galerie, Wien, Inv. 2.081
36	AV 32/17	Hist. Mus. d. St. Wien, Inv. 106.499
37	AV 32/01	G. S. Albertina, Inv. 4.954
38		Stiftung Oskar Reinhart, Winterthur, Inv. 15
39	AV 33/05	Hist. Mus. d. St. Wien, Inv. 23.906
40	Graph. Verz.	B/II/Nr. 60; Foto Bildarchiv d. Öst. Nat. Bibl. Nr. 281.203
41	Guckk. Verz.	1834/5; ehem. Fideikommiß-Sammlung, Bildarchiv d. Öst. Nat. Bibl. Inv. Pk 502/18
42	Guckk. Verz.	1834/2; Foto Alt-Archiv G. S. Albertina
43	AV 34/01	G. S. Albertina, Inv. 38.350
44	AV 35/26	G. S. Albertina, Inv. 28.369
45	AV 35/29	G. S. Albertina, Inv. 32.433
46	AV 35/01	Foto Bildarchiv d. Öst. Nat. Bibl. Nr. 129.035
47	AV 35/41	nach Hevesi 1911, Abb. 10
48	AV 35/18	Privatbesitz Wien, Foto Lünemann
49		Öl/Leinw., Österr. Galerie, Belvedere, Inv. 4.382
50		Öl/Leinw., Privatbesitz Wien, Foto Österr. Galerie, Belvedere
51		Öl/Pappe, Sammlung Georg Schäfer, Schweinfurt, Inv. 132.006/75
52	Guckk. Verz.	1836/5; G. S. Albertina, Inv. 28.336
53	AV 41/02	nach Hevesi 1911, Abb. 38
54	AV 37/34	Foto Alt-Archiv G. S. Albertina, aus dem Kunsthandel
55	UV	Foto Bildarchiv d. Öst. Nat. Bibl. Nr. BDA 1.421
56	Guckk. Verz.	1838/7; ehem. Fideikommiß-Sammlung, Bildarchiv d. Öst. Nat. Bibl. Inv. Pk 3.037/1
57	Guckk. Verz.	1844/1; G. S. Albertina, Inv. 22.519
58	AV 37/15	Foto Bildarchiv d. Öst. Nat. Bibl. Nr. 240.267
59	AV 38/13	Privatbesitz Wien, Foto Lünemann
60		Foto Bildarchiv d. Öst. Nat. Bibl. Nr. Pk 2.539
61	AV 39/07	Privatbesitz Wien, Foto Lünemann
62	AV 39/06	Foto Bildarchiv d. Öst. Nat. Bibl. Nr. D 20.033
63	AV 40/13	Foto Bildarchiv d. Öst. Nat. Bibl. Nr. 240.569. Vgl. das vor der Natur gemalte Aquarell AV 39/10 (Abb. Hevesi 1911/21) und die danach hergestellte Chromolithographie von J. Zahradniczek, Graph. Verz. H/5 Nr. 4
64		Foto Bildarchiv d. Öst. Nat. Bibl. Nr. Pk 2.539, verwendet in Abb. 51. Das Blatt befindet sich heute in der G. S. München
65	AV 40/46	Foto Alt-Archiv G. S. Albertina, aus dem Kunsthandel
66	AV 40/80	Foto Künstlerhaus Wien, Inv. 463 N; 2082/62
67		Privatbesitz Wien, Foto Lünemann
68	AV 40/43	G. S. Albertina, Inv. 31.634
69	AV 40/23	Foto Sammlung Georg Schäfer, Schweinfurt, Inv. 360.540 A
70	AV 40/02	Hist. Mus. d. St. Wien, Inv. 102.606

71	AV	40/03	Hist. Mus. d. St. Wien, Inv. 102.607
72	AV	41/08	Künstlerhaus Wien, Inv. 462 N
73	AV	41/09	Foto Sammlung Georg Schäfer, Schweinfurt, Inv. 1.473 A
74	AV	42/04	G. S. Albertina, Inv. 34.515
75	AV	43/12	G. S. Albertina, Inv. 34.921
76	AV	41/20	Foto Bildarchiv d. Öst. Nat. Bibl. Nr. 240.201
77	AV	40/01	Foto Bildarchiv d. Öst. Nat. Bibl. Nr. 240.571
78	AV	37/03	Staatl. Graph. Sammlung München, Inv. 45.139
79	AV	41/10	Staatl. Graph. Sammlung München, Inv. 45.094
80	AV	41/25	Privatbesitz Wien, Foto Lünemann
81			G. S. Albertina, Inv. 22.738
82			Foto Sammlung Georg Schäfer, Schweinfurt, Inv. 96.123.345
83	AV	42/27	Hist. Mus. d. St. Wien, Inv. 105.390
84	AV	41/24	Privatbesitz Wien, Foto Lünemann
85	AV	43/35	Privatbesitz Wien, Foto Lünemann
86	Graph. Verz.	H/IV,	Sandmann; G. S. Albertina, Inv. ÖK Alt 2/179
87	AV	43/20	G. S. Albertina, Inv. 4.960
88	AV	43/19	G. S. Albertina, Inv. 30.762
89	AV	42/31	G. S. Albertina, Inv. 34.681
90	AV	43/41	G. S. Albertina, Inv. 28.043
91	AV	43/23	Foto Alt-Archiv G. S. Albertina, aus dem Kunsthandel
92	AV	44/31	Aus dem „Kaiseralbum"; ehem. Fideikommiß-Sammlung, Bildarchiv d. Öst. Nat. Bibl. Inv. K 837
93	AV	43/43	G. S. Albertina, Inv. 28.045
94	AV	41/01	G. S. Albertina, Inv. 35.469
95			Privatbesitz Wien, Foto Lünemann
96	AV	45/27	Oberösterr. Lds. Mus. Linz, Inv. Ha 8.007
97	AV	47/02	G. S. Albertina, Inv. 26.700
98			Privatbesitz Wien, Foto Lünemann
99	AV	48/13	Foto Alt-Archiv G. S. Albertina
100	AV	47/19	Staatl. Graph. Sammlung München, Inv. 45.114
101	AV	49/05	Staatl. Graph. Sammlung München, Inv. 45.069
102			Privatbesitz Schweiz, Foto Studio Otto, Wien
103	AV	51/01	Foto Bildarchiv d. Öst. Nat. Bibl. Nr. 112.641
104	AV	51/02	Hist. Mus. d. St. Wien, Inv. 63.420, Foto Alpenland
105	AV	49/07	Hist. Mus. d. St. Wien, Inv. 17.666
106	AV	53/08	Kupferst. Kab. d. Akad. d. bild. Künste, Wien, Inv. 13.013
107			Aus einem Skizzenbuch, Privatbesitz Wien, Foto Lünemann
108			Aus einem Skizzenbuch, Privatbesitz Wien, Foto Lünemann
109	UV		G. S. Albertina, Inv. 32.495
110	AV	40/19	G. S. Albertina, Inv. 30.533
111			Foto Archiv des Künstlerhauses Wien
112	AV	55/05	Oberösterr. Lds. Mus. Linz, Inv. Ha 11.150
113	AV	40/04	Bildarchiv d. Öst. Nat. Bibl. Nr. 240.502
114	AV	56/08	Bildarchiv d. Öst. Nat. Bibl. Nr. LW 71.706
115	AV	60/01 + 02	nach Hevesi 1911, Abb. 108
116	AV	60/16	Die Donaulände in Wien, G. S. Albertina, Inv. 28.038 (Ausschnitt)
117	AV	60/14	Staatl. Graph. Sammlung München, Inv. 45.091
118	AV	61/02	nach Hevesi 1911, Tf. 11; Privatbesitz unzugänglich
119	AV	63/43	Foto Bildarchiv d. Öst. Nat. Bibl. Nr. 240.259
120	AV	63/22	Foto Bildarchiv d. Öst. Nat. Bibl. Nr. 240.262
121	AV	63/34	Foto Bildarchiv d. Öst. Nat. Bibl. Nr. 240.260
122	AV	64/08	Foto Bildarchiv d. Öst. Nat. Bibl. Nr. 240.217
123	AV	64/07	Foto Bildarchiv d. Öst. Nat. Bibl. Nr. D 6.162
124	AV	64/15	Staatl. Graph. Sammlung München, Inv. 45.651
125	AV	65/18	Privatbesitz Wien, Foto Lünemann
126	AV	65/04	G. S. Albertina, Inv. 34.701
127	AV	65/09	G. S. Albertina, Inv. 30.942
128	AV	65/11	G. S. Albertina, Inv. 28.361
129	AV	65/25	G. S. Albertina, Inv. 28.345
130	AV	66/12	Staatl. Graph. Sammlung München, Inv. 45.093
131			F. v. Amerling, Porträt des Kunsthändlers Georg Plach, Öl/Leinw., Wien 1852; Privatbesitz Wien, Foto Bildarchiv d. Öst. Nat. Bibl. Nr. L 23.489
132	AV	67/22	Foto Bildarchiv d. Öst. Nat. Bibl. Nr. BDA 1.106
133	AV	67/31	Foto Bildarchiv d. Öst. Nat. Bibl. Nr. BDA 1.166
134	AV	67/16	Staatl. Graph. Sammlung München, Inv. 45.623
135	AV	67/12	Foto Bildarchiv d. Öst. Nat. Bibl. Nr. BDA 1.461
136	AV	67/15	G. S. Albertina, Inv. 28.374
137	AV	68/14	nach Hevesi 1911, Taf. 6
138	AV	69/03	Sammlung d. Reg. Fürsten von Liechtenstein, Vaduz, Inv. 2.928
139	AV	69/01	G. S. Albertina, Inv. 36.527
140			verso bez. „gemalt im Alter von 21 Jahren". Sammlung Georg Schäfer, Schweinfurt, Inv. 653.197 A
141			Hist. Mus. d. St. Wien, Inv. 61.779
142			Hist. Mus. d. St. Wien, Inv. 46.901
143			Privatbesitz Wien, Foto Lünemann
144			a) Akademischer Akt, 1838; Hist. Mus. d. St. Wien, Foto Koschatzky b) Amalfi, 1841; Neue Galerie am Lds. Mus. Joanneum Graz, Foto RF 30.237 c) Blumenstrauß, 1849; Foto Bildarchiv d. Öst. Nat. Bibl. Nr. D 8.071 d) Genua, 1860; Foto Bildarchiv d. Öst. Nat. Bibl. Nr. D 20.028 e) Wien, Stephansdom, 1875; Foto Bildarchiv d. Öst. Nat. Bibl. Nr. D 12.891 f) Venedig, um 1880; Foto Bildarchiv d. Öst. Nat. Bibl. Nr. D 14.493 g) Paris, 1876; Foto Bildarchiv d. Öst. Nat. Bibl. Nr. D 17.375 h) Wien, Volksgarten, 1867 Foto Bildarchiv d. Öst. Nat. Bibl. Nr. BDA 1.460
145			Foto Bildarchiv d. Öst. Nat. Bibl. Nr. 128.941
146	AV	71/05	Foto Alt-Archiv G. S. Albertina
147	AV	71/17	Privatbesitz Wien, Foto Lünemann
148	AV	75/11	Foto Alt-Archiv G. S. Albertina
149			Foto Bildarchiv d. Öst. Nat. Bibl. Nr. Pf 6.37(1)
150	AV	72/01	Foto Bildarchiv d. Öst. Nat. Bibl. Nr. D 20.274
151	AV	72/05	G. S. Albertina, Inv. 28.339
152	UV		G. S. Albertina, Inv. 4.961 (Ausschnitt)
153	UV		Privatbesitz Wien, Foto Lünemann und Graph. Verz. Nr. G/13, G. S. Albertina
154	AV	74/12	Staatl. Graph. Sammlung München, Inv. 45.600
155	AV	74/10	G. S. Albertina, Inv. 28.342
156	AV	75/09	G. S. Albertina, Inv. 34.259
157	AV	75/14	G. S. Albertina, Inv. 30.947

158	AV	75/03	Privatbesitz Wien, Foto Lünemann
159	AV	76/19	G. S. Albertina, Inv. 32.880
160	AV	76/20	nach Hevesi 1911, Taf. 15
161	AV	76/07	nach Hevesi 1911, Taf. 31
162	AV	78/05	Kupferst. Kab. d. Akad. d. bild. Künste, Wien Inv. 21.356
163	AV	78/07	Staatl. Graph. Sammlung München, Inv. 45.222
164	AV	78/06	Kupferst. Kab. d. Akad. d. bild. Künste, Wien, Inv. 21.357 verso
165	AV	78/06	Kupferst. Kab. d. Akad. d. bild. Künste, Wien, Inv. 21.357 recto
166	AV	78/05	Kupferst. Kab. d. Akad. d. bild. Künste, Wien, Inv. 21.356 Ausschnitt
167	AV	79/14	Staatl. Graph. Sammlung München, Inv. 45.597
168			Handschr. Sammlung d. St. Wien, Inv. 54.585
169	AV	79/11	G. S. Albertina, Inv. 32.879
170	AV	79/12	G. S. Albertina, Inv. 36.602
171	AV	79/09	G. S. Albertina, Inv. 28.402
172			Foto Bildarchiv d. Öst. Nat. Bibl. Nr. Pf 927(7)
173	AV	82/07	G. S. Albertina, Inv. 28.401
174			Foto Bildarchiv d. Öst. Nat. Bibl. Nr. Pf 638(4)
175	AV	82/12	G. S. Albertina, Inv. 23.994
176			Theodor Zasche (1862—1922) „Karikaturen-Winkel"; Foto Bildarchiv d. Öst. Nat. Bibl. Nr. 240.523
177	UV		Privatbesitz USA, Foto Alt-Archiv G. S. Albertina
178	AV	83/08	Staatl. Graph. Sammlung München, Inv. 45.110
179	AV	84/02	Oberösterr. Lds. Mus. Linz, Inv. Ha 11.151
180	AV	85/06	Privatbesitz Wien, Foto Bildarchiv d. Öst. Nat. Bibl. Nr. 240.203
181			Foto Bildarchiv d. Öst. Nat. Bibl. Nr. 512.528
182			Foto Bildarchiv d. Öst. Nat. Bibl. Nr. 128.347
183	AV	85/11	Hist. Mus. d. St. Wien, Inv. 17.668
184	AV	87/13	Staatl. Graph. Sammlung München, Inv. 45.157
185	AV	86/10	G. S. Albertina, Inv. 28.399
186	AV	89/09	Staatl. Graph. Sammlung München, Inv. 45.085
187	AV	90/16	1890; Bildarchiv d. Öst. Nat. Bibl. Nr. 240.193
188	AV	83/15	1883; Bildarchiv d. Öst. Nat. Bibl. Nr. L 8.670
189	AV	89/17	1889; Bildarchiv d. Öst. Nat. Bibl. Nr. D 5.811
190	AV	80/26	1880; Privatbesitz Wien, Foto Lünemann
191	AV	84/14	1884; Bildarchiv d. Öst. Nat. Bibl. Nr. LW 74.224
192	AV	89/16	1889; 1973/599 DW 162, Tf. 100
193	AV	83/16	um 1883; German. Nat. Mus. Nürnberg, Inv. Hz 5.733
194	AV	83/17	1883; Staatl. Graph. Sammlung München, Inv. 45.649
195	AV	88/11	Privatbesitz Wien, Foto Lünemann
196	AV	88/08	Staatl. Graph. Sammlung München, Inv. 45.161
197	AV	86/02	Oberösterr. Lds. Mus. Linz, Inv. Ka 161
198			Foto Bildarchiv d. Öst. Nat. Bibl. Nr. Pf 100.377(1)
199			Foto Bildarchiv d. Öst. Nat. Bibl. Nr. Pf 20.266(2)
200	AV	92/14	G. S. Albertina, Inv. 28.370
201	AV	98/12	Kupferst. Kab. d. Akad. d. bild. Künste, Wien, Inv. 26.217
202	AV	99/02	Privatbesitz Wien, Foto Lünemann
203	AV	93/05	Foto Bildarchiv d. Öst. Nat. Bibl. Nr. 240.233
204	AV	90/07	Staatl. Graph. Sammlung München, Inv. 45.607
205	AV	03/01	G. S. Albertina, Inv. 28.343
206			Foto Bildarchiv d. Öst. Nat. Bibl. Nr. 213.217
207			Foto Bildarchiv d. Öst. Nat. Bibl. Nr. 240.524
208	AV	98/10	Privatbesitz USA, Foto Lünemann
209	AV	94/08	G. S. Albertina, Inv. 31.180
210	AV	97/01	Staatl. Graph. Sammlung München, Inv. 45.081
211			Werkskatalog Arpad Weixlgärtner „Ferdinand Schmutzer", Nr. 19, Unikat des 3. Zustandes; Abb. Die Graph. Künste 1900, p. 99
212	AV	99/03	Staatl. Graph. Sammlung München, Inv. 45.077
213	AV	01/01	Residenz Galerie Salzburg, Inv. 12
214			Foto Bildarchiv d. Öst. Nat. Bibl. Nr. Pf 638(7,7 Var)
215			Foto Bildarchiv d. Öst. Nat. Bibl. Nr. LW 75.272
216	AV	05/01	Staatl. Graph. Sammlung München, Inv. 45.625
217	AV	02/01	Staatl. Graph. Sammlung München, Inv. 45.595
218			Foto Bildarchiv d. Öst. Nat. Bibl. Nr. Pk 2.539
219			Foto Bildarchiv d. Öst. Nat. Bibl. Nr. Pz 1905 III 15/1/1
220			Handschriftensammlung d. Öst. Nat. Bibl., Autogr. Inv. 611/3—1
221			aus Ver Sacrum, Wien, 1. Jg. Heft 1, Januar 1898, p. 14
222	UV		Privatbesitz Wien, Foto Lünemann

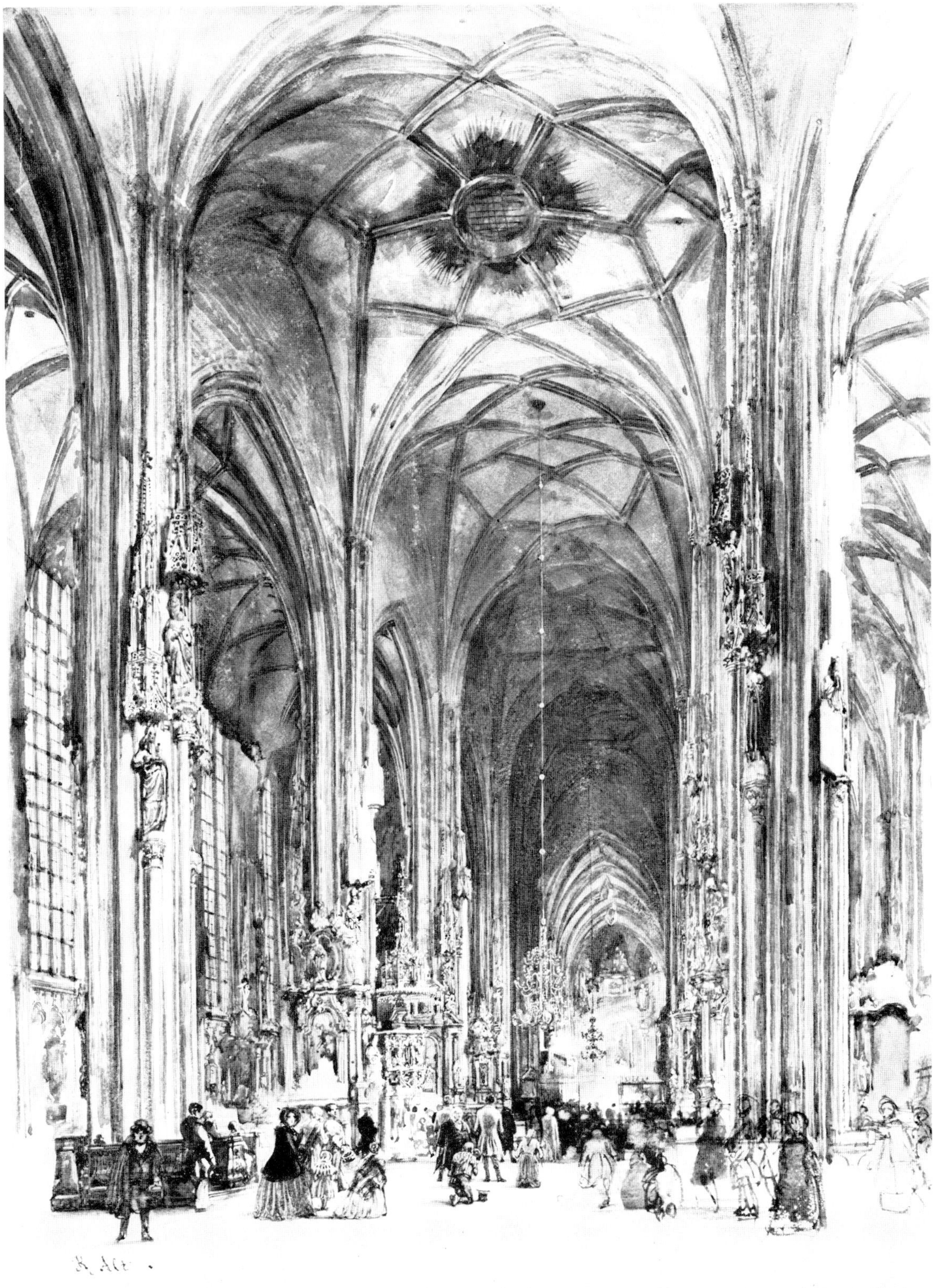

222. R. Alt, Das Innere des Stephansdomes, um 1870

DIE FAMILIE ALT

Johann Adam Alt
Fischermeister
* Frankfurt a. M.
† Frankfurt a. M.
∞ I. 24. 4. 1714 Frankfurt a. M.
Susanne Hepner
∞ II. 4. 9. 1725 Frankfurt a. M.
Anna Margarete Herr
* 28. 12. 1696 Blofeld/Bingenheim
† 12. 6. 1773 Frankfurt a. M.

Johann Leonhard Alt
Tischlermeister
* 3. 10. 1735 Frankfurt a. M.
† 25. 12. 1798 Frankfurt a. M.
∞ II. 7. 9. 1785 Frankfurt a. M.
Barbara Horst (Horz)
* Anspach b. Usingen
† 17. 9. 1808 Frankfurt a. M.

Jakob Alt
Maler
* 27. 9. 1789 Frankfurt a. M.
† 30. 9. 1872 Wien VIII, Reitergasse 14
(Skodagasse 14)
∞ 12. 11. 1811 Wien, Alservorstadt

Rudolf Franz (1897 Ritter von) Alt
* 28. 8. 1812 Wien, Alsergrund 136
(IX. Alserstr. 8)
† 12. 3. 1905 Wien VIII, Skodag. 11

Karl Friedrich
* 13. 8. 1813 Wien, Alsergrund 136
† . . .
. . . Marie Wessely
6 Kinder

Lidwina Karoline
* 29. 12. 1815 Wien, Alsergrund 106
† . . .

Franz Jakob
* 6. 9. 1818 Wien, Alsergrund 136
† . . .

I.

∞ 9. 8. 1841 Wien, Alservorstadt
Hermine Maria Oswald (Oßwald)
* 2. 11. 1820 Wien I., Am Hof
† 21. 11. 1843 Wien, Alsergrund 316
(Skodagasse 16)

II.

∞ 16. 2. 1846 Troppau
Berta Leopoldine Maliczek
* 1. 10. 1824 Troppau
† 15. 9. 1881 Atzgersdorf

I.

Rudolf Heinrich
* 6. 10. 1842 Wien, Alsergrund 327
(Reitergasse 14)
† vor 1846

Maria Leopoldine
* 12. 10. 1843 Wien, Alsergrund 316
(Reitergasse 16)
† 27. 11. 1843 Wien, Alsergrund 316

Hermine Maria
* 7. 9. 1847 Wien
Alsergrund 316
† 23. 11. 1883 Wien
VIII. Skodagasse 18

Rudolf Brandeis
* 27. 7. 1873

Johann Adam Schaller
Fleischhauer u. Gastgeb
* 1689
† 17. 7. 1752 Wieselburg
∞ *Eva Rosina*

Johann Schleicher
Weinhauer u. Wirt
* 1725 Engabrunn
† 11. 6. 1763 Hadersdorf
∞ 18. 6. 1748 Haitzendorf
Maria Anna Prauneiss
* Baumgarten
† Hadersdorf

Franz Andreas Schaller
Fleischhauer u. Gastgeb
* 27. 12. 1720 Wieselburg
† 26. 3. 1809 Wien, Alsergrund 111
∞ II. 12. 1. 1773 Hadersdorf
Maria Cäcilia Schleicher
* 10. 2. 1754 Hadersdorf b. Krems
† nach 1822 Wien

Maria Anna Schaller
* 14. 7. 1790 Gresten, NÖ.
† 18. 8. 1872 Wien VIII, Reitergasse 14
(Skodagasse 14)
∞ I. 28. 5. 1809 Wien, Alservorstadt
Georg Franz Rudolph (1781—1811)

Anna Cäcilia * 14. 3. 1820 Wien, Alsergrund 154 † 1860 Ofen (Budapest) ∞ 6. 2. 1853 Wien, Alservorstadt *Ignaz Nowotny* 2 Kinder	*Franz* * 17. 8. 1821 Wien, Alsergrund 144 † 13. 2. 1914 Wien VIII, Skodag. 11	*Karoline* * 2. 11. 1822 Wien, Alsergrund 144 † . . .	*Aloisia (Louise)* * 11. 5. 1833 Wien, Alsergrund 162 † . . . Wien VIII, Skodag. 11

II.

Anna Engelberta * 20. 8. 1849 Wien Alsergrund 316 † 4. 10. 1902 Goisern ∞ 7. 9. 1872 *Sigmund Brandeis*	*Rudolf Jakob* * 17. 4. 1851 Wien Alsergrund 327 † nach 1914 Atzgersdorf ∞ 12. 2. 1888 *Magdalena Gottwald*	*Engelberta Franziska* * 9. 11. 1855 Wien Alsergrund 327 † 13. 10. 1900 Atzgersdorf ∞ 21. 10. 1876 *Hermann Josef Fichtner*	*Aloisia (Louise) Gabriele* * 8. 2. 1859 Wien Alsergrund 327 † 27. 9. 1941 Wien VIII. Skodagasse 11

Bertha Brandeis * 18. 8. 1877	*Richard Brandeis* * 28. 3. 1883	*Rudolf Ernst Alt* * 5. 12. 1888	*Magdalene Alt* * 21. 11. 1896	*Johanna Fichtner* * 12. 8. 1877	*Hermine Fichtner* * 4. 4. 1879	*Hermann Fichtner* * 1. 7. 1880

Album der Familie Rudolf von Alt

Das sogenannte Familienalbum wurde von Alts Gattin Berta angelegt und umfaßte Blätter stark persönlicher Prägung und Erinnerungen. Aus dem Nachlaß ging es an Louise von Alt über, wurde nach 1922 von Marie von Wittgenstein erworben, kam auf dem Erbweg in die Sammlung Dr. Th. Stonborough in Wien, gelangte von dort vor wenigen Jahren in den Kunsthandel, wo es aufgelöst und völlig zerstreut wurde. Das abschriftlich erhaltene Dokument der Bestandsaufnahme aus dem Jahre 1922 bildet daher eine wertvolle, bleibende Unterlage.

1 a) Jugendbildnis von Jakob Alt, Vater Rudolfs, Brustbild, aquarellierte Bleistiftzeichnung
b) Jugendbildnis von Rudolf Alt, Brustbild, signiert: R. Alt und der Vermerk „Das bin ich", aquarellierte Bleistiftzeichnung

2 a) Selbstbildnis von Rudolf Alt; aquarellierte Bleistiftzeichnung
b) Bildnis der zweiten Gemahlin Rudolf Alts, Frau Berta Alt. Aquarellminiatur, runde Vignette

3 Luise Alt als schlafendes Kind; signiert: R. Alt, lavierte Sepiazeichnung (Nur diese *eine* Zeichnung auf dem Blatt)

3a Grabmal der Julia, von Franz Alt dazugeklebt H. Wittgenstein

4 Berta Alt stehend, ganze Figur; signiert: R. Alt; Bleistiftzeichnung

5 Luise als schlafendes Kind, signiert: R. Alt; Bleistiftzeichnung. Auf der Rückseite des Blattes Bleistiftskizze zu dem Aquarell: Die Enthüllung des Erzherzog Karl Monumentes

6 Luise als Mädchen, Brustbild; signiert: R. Alt und „den 24. Jänner ½9 Uhr Abends/868" Bleistiftzeichnung

7 Luise im Profil nach rechts, sich auf einen Tisch stützend; signiert: R. Alt, 3. März 1869, Abends 9 Uhr; Bleistiftzeichnung

8 Köpfchen der Tochter Anna Alt; signiert: R. Alt; Bleistiftzeichnung

9 Luise als Mädchen, sitzend und stickend bei dem von der Lampe beleuchteten Tische; signiert: R. Alt; Aquarell (Anm. von fremden Hand: Auf Seite 55 neu eingeklebt)

10 Frau Berta, im Fauteuil sitzend und lesend; Bleistiftzeichnung

11 Köpfchen der Tochter Hermine; signiert: Franz Alt; Aquarell

12 Der Haspelmacher. Alte Frau mit altem Mann als Gegenüber, der den Wollfaden halten muß. Signiert: Franz Alt; Bleistiftzeichnung

13 Oberösterreichischer Bauer, ganze Figur, Rückenansicht; signiert: Franz Stöber; aquarellierte Bleistiftzeichnung

14 a) Bildnis einer Wienerin, Hüftbild; signiert: R. Alt; aquarellierte Bleistiftzeichnung
b) Köpfchen der Zuckerbäckerstochter Flach; signiert: R. Alt; Aquarellminiatur

15 (Leeres Blatt!)/von fremder Hand:/Bleistiftskizze "von der Bastei in's Kärnthner Thor Theater von Rud. Alt u. sign." eingeklebt von H. Wittgenstein

16 Selbstbildnis Rudolf Alts als hoher Sechziger; fast ganze Figur; signiert: R. Alt; Bleistiftzeichnung

17 a) Silhouette des Wenzel Maliczek, Vaters der Berta Alt; verfertigt auf dem Schloß Grätz in Schlesien
b) Wienerin in ganzer Figur, aus der Spätbiedermeierzeit, Aquarellminiatur

18 a) Dalmatiner, stehend, ganze Figur; Aquarellskizze von Rudolf Alt
b) Stilleben, totes Rebhuhn, Aquarell von Franz Alt 1846 mit Widmung

19 Slovakin aus Lundenburg Aquarell; Slovak lavierte Bleistiftzeichnung; signiert: R. Alt. Beide auf einem Blatt ausgeführt

20 Auferweckung von Jairus Töchterlein; signiert: R. Alt, Como; Aquarell

21 Almhütte; signiert: R. Alt; Bleistift. Auf der Rückseite eine Ansicht von Wien in miniaturartiger Ausführung; Aquarell

22 Silhouette von Jakob Alt, im Profil nach links; Brustbild

23 Der Börseplatz mit der Börse von Triest von Jakob Alt; Bleistiftzeichnung

24 a) Bauernpferdefuhrwerk von R. Alt. Eigenhändiger Vermerk: „Wieliczka 28. Sept."; Bleistiftzeichnung
b) Fiakerfuhrwerk von R. Alt; Bleistiftzeichnung, oben in der Ecke Bildnis eines Veteranen, Bleistiftzeichnung

25 Der Sebaldusaltar von Peter Vischer in Nürnberg; Bleistiftzeichnung. Auf der Rückseite 14 kleine Bleistiftskizzen von R. Alt Betende darstellend

26 Studien aus Dalmatien. Sitzender, rauchender Mann in ganzer Figur, vielleicht ein Conte Battina (?); rechts Bleistiftskizze eines Mannes; signiert: R. Alt und ... bursch des Baron ... (?). Auf der Rückseite 5 Volkstypen: Männer, Frauen, 2 Köpfchen und Dobrodana aus Cattaro

27 Pfarrkirche von Troppau, Trauungsstätte mit seiner zweiten Frau; von Jakob Alt signiert, Aquarell

28 Die Insel Curzola signiert: R. Alt und 25. September 1840; Aquarell

29 Der Hallstätter Friedhof; Aquarell gemalt von Rudolf Alt im Alter von 12 Jahren nach einem Ölbild von Jakob Alt; signiert: R. Alt 1824

30 Landschaft mit See. Stich von Ant. Schindler, April 1816, nach der Erfindung des Jac. Alt. Widmung „Meinem lieben Bruder Augustin Schindler gewidmet"

31 2 Blätter aus Skizzenbüchern von Rud. Alt u. zw. Straßenfiguren eingeklebt H. Wittgenstein

32 Der Kahlenberg vom Kobenzl aus gesehen; signiert: R. Alt; Aquarellskizze

33 Stift Raigern bei Brünn; signiert: R. Alt; Aquarellskizze

34 Kirche in Dukla (Galizien); signiert: Rudolf Alt, Dukla 16. September 1839; Aquarell

35 Mühlau bei Preßburg. Dorfansicht; Franz Alt 1854; Aquarell

36 Der Sakristeikasten in der Mödlinger Kirche; signiert: R. Alt, Mödling 1850 R. A.

37 Briefumschlag mit Bleistiftzeichnung, den Wohnraum darstellend, den die Famile Alt nach der Flucht aus Wien im November 1848 in Traismauer im Gasthofe des Hofkirchner bewohnt hat. Im Hintergrunde des Zimmers die kleine Hermine Alt. Rechts auf dem Blatt das Brustbild des jugendlichen Passini, der mitgeflohen war. Signiert: R. Alt 1848

38 Landschaft mit dürrem Baum, zwei Landleute als Staffage. Signiert: Wien den 10. Juny 831. Wilhelm Erharek (?); getuschte Bleistiftzeichnung

39 Fotografie eines Salons nach einem Aquarell R. Alts

40 Lithographie nach dem R. Altschen Aquarell 1833 „Die Ferdinandsbrücke mit dem Donaukanal“

41 Lithographie der Notre Dame Kirche in Krakau. Prozession als Staffage

42 Lithographie von J. Axmann nach dem Aquarell von Rud. Alt: Das Heidenthor bei Petronell

43 Stich von Joh. Passini nach G. Reni: Die Heil. Familie

44 a) Das Tor der Jakobskirche in Brünn, signiert: R. Alt, Kleines Aquarell
b) Der Brunnen am Krautmarkt, kleines Aquarell
c) Theben (?) an der Donau; signiert: R. Alt

45 a) Ansicht von Klosterneuburg; signiert: R. Alt, Aquarell
b) Ansicht eines Schlosses von Jakob Alt; Aquarell

46 a) Volkssänger Terzett in Rom von R. Alt. Kleines Aquarell
b) Schloß Grätz in Schlesien von Jakob Alt; Kleines Aquarell

47 Lithographie von J. Passini nach R. Alt: „Die Neugierigen“

48 Skizzen u. Studien aus Cattaro von R. Alt: Ochsengespann, Fiaker, Reitender Dalmatiner, Reitpferd mit Begleiter; auf der Hinterseite Figurinen, Bewegungsstudien

49 Im Wurstelprater von R. Alt; aquarellierte Bleistiftzeichnung

50 a) Hermine Alt in ganzer Figur; von R. Alt. Bleistiftzeichnung
b) Berta Alt in ganzer Figur; von R. Alt. Bleistiftzeichnung

51 Die Karlskirche mit der ehem. Bastei; Miniaturaquarell 3 x 4 cm; von R. Alt

52 Das Geschwisterpaar Berta und Luise Alt. In derselben Stellung kommen beide auf dem Aquarell: Der Brunnen im Dogenpalast zu Venedig vor; Bleistiftzeichnung

53 Maler im Freien arbeitend; Kleine Bleistiftzkizze von R. Alt (Blatt aus einem Skizzenbuch von R. Alt dazugeklebt)

54 a) Innenansicht der Seebensteiner Kapelle; signiert: Rudolf Alt 1850; Aquarell
b) Die Pfarrkirche in Teschen; signiert: R. Alt Teschen. Rückwärts dasselbe Motiv

55 Lousie als Mädchen sitzend und strickend bei dem von einer Lampe beschienenen Tisch. Signiert: R. Alt; Aquarell Bildnis des Malers Juch, Rückenansicht Widmung an Frl. Luise anläßlich des Todesfalles ihres Vaters

56 Zwei Gelegenheitskarten an Frl. Luise mit der humorist. Darstellung eines Urwaldes; Federzeichnung; und eines Bundes Spargel; Aquarell von L. E. Petrovits

57 Rudolf Alt an der Arbeit in Agatha bei Goisern am 29. August 1903. Bleistiftzeichnung von L. E. Petrovits

58 Lithographie von J. Axmann nach R. Alt — Ruine Greifenstein

59 Gratulationskarte von Alois Greil 1902. Aquarell

60 Letztes Blatt — leer!/57 a Bildnis des Malers Juch Rükkenansicht, m. Widmung an Frl. Luise anläßlich des Todesfalles ihres Vaters

Vorstehendes Verzeichnis wurde vom Gefertigten so gewissenhaft und genau als möglich mit gütiger Hilfe des Frl. Luise von Alt angefertigt.

Wien, Pfingsten 4. Juni 1922

Direktionsrat August Bittner

Ein Besuch bei Rudolf Alt

„Neue Freie Presse“
Nr. 13650, Wien, Sonntag, 24. August 1902, Seite 7

Von der Hauptstraße in Goisern, deren Häuser sie so hübsch unregelmäßig besäumen, daß fast jedes eine malerische Ecke bildet, führt ein kleines Gäßlein, das seinen Charakter jeden Augenblick verliert, um Wiesenpfad oder Gartenweg zu werden, zur Ortschaft Lasern. Dort wo der Weg fast schon Berg und Wald erreicht, gabelt er sich, und am sanften Abhang einer mit Obstbäumen bepflanzten Wiese mit weitem Ausblick auf die Felsenwälle, die ferne den Hallstätter See umsäumen, liegt die Villa, in der Rudolph Alt nun schon seit manchem Jahr seinen Sommer zu verbringen pflegt. Ich treffe den Meister auf der Veranda bei der Arbeit. Er sitzt auf der Holzbank in einem schwarzen Röcklein mit sorgfältig geschlungener, lichter Cravate, vor dem Tische, den ein rothgeblümtes Tuch bedeckt, und malt eifrig an seinem Blatte, das lose vor ihm liegt. Alt hat sich nie eines Reißbrettes bedient. Neben ihm liegen Taschentuch, Brillenfutteral, der Bleistift, der Virginiastummel und der Farbenkasten, der recht wüst ausschaut. Er erzählt selbst, wie er einmal in Salzburg an der Brücke stand und malte — bis vor zehn Jahren machte Alt auf seinen Reisen und Spaziergängen seine Skizzen und Studien immer stehend — umringt von einer Schar neugierig gaffender Jungen, die alldieweil er eben stand, nicht sehen konnten, was er pinselte. Da ihn schließlich die ihn immer mehr umdrängenden Zuschauer genirten, fing er an, seinen Pinsel der Reihe nach an ihren Gesichtern abzuwischen. Die Buben liefen davon und schrien nur: „Ui je, hat der ein dreckiges Farbenkastel!“ — „Wahr is,“ sagt er, indem er auf die Blechschatulle zeigt.

„Einen Menzel der Landschaft“ hat einmal Ludwig Hevesi den Meister genannt. Er dachte dabei an eine „große innere Verwandtschaft mit jenem anderen uralten Allseher und Allmaler“. Aber ein bißchen erinnert auch Alt’s Kopf mit dem weißen Bart und dem heiter und ruhig flammenden Haupthaar, dessen Weiß seidig glänzt, an die große, kleine Excellenz. Die Brille rutscht ihm bis zur Nasenspitze herunter, und dahinter funkeln, lachen, leuchten ein Paar blaue Augen, die wohl nur darum heute mit neunzig Jahren so frisch und fröhlich dreinschauen, weil sie Zeit ihres Lebens immer nur die Natur in sich aufgenommen haben, und sich nicht um das Treiben der Menschen kümmerten. Der Meister malt, was er von der Veranda aus sieht: Zwei alte Apfelbäume, deren moosige Stämme der Sturm verbogen und verkrümmt hat, stehen am Rande des sonnigen, aufwärts steigenden Weges. Wiese rechts und Wiese links. Erst wollte Alt ein ganz kleines Bildchen machen, aber wie’s ihm oft geht, es wuchs ihm unter den Händen, und er mußte ein Blatt anstückeln. Er hat mit „stückeln“ schon wahre Heldenthaten vollbracht. Ein Bild, das er einmal in Rom vom Pantheon machte, hat er sechsmal angestückelt. Dieser Baumschlag hier ist seine Nachmittagsbeschäftigung. Vormittags sitzt er im Zimmer beim Fenster und malt ein großes Bild von der Ramsau, die sich jenseits der Wiesen und Obstbäume schroff und steil erhebt. Das wird wohl einer der besten Alt werden, welche die letzten Jahre gebracht haben. Einmal hat er schon dieselbe Aussicht gemalt, das Bild kam aber auf keine Ausstellung, sondern wurde gleich von Herrn Wittgenstein gekauft. „Zwei Bilder im Sommer! Ich bin halt ein alter Mann. Noch vor ein paar Jahren brachte ich ihrer an die dreißig im Herbste nach Hause. Wie viel ich in meinem Leben gemalt habe? Es wird wol in die Tausende gehen. Weiß gar nicht, wo sie alle hingerathen sind. Ich habe nie Buch geführt. Habe immer arbeiten müssen. Meine erste Erinnerung reicht zurück bis in mein sechstes Jahr. Da nahm mich mein Vater mit nach Mariazell und wir kamen über den Weichselboden. Dort kehrten wir in ein Wirtshaus ein, und der Lehrer, der auch dort war, lobte meine schöne Schrift. Mit zwölf Jahren habe ich schon Vorlagen meines Vaters copirt, und mit dreizehn Jahren illuminirte ich seine Radirungen. Mit fünfzehn Jahren kam ich zum erstenmale nach Italien, nach Como, und mit dreiundzwanzig Jahren zum erstenmal nach Rom. Immer stand mein Sinn nach Italien; ich war zwei- dreimal in Rom, zwei- dreimal in Neapel, in Venedig. Nach Paris oder Berlin bin ich nie gekommen. Als vierzehn- fünfzehnjähriger Bursch bekam ich auch schon meine ersten Aufträge. Wissen Sie, was ich damals war? Ein Stubenmaler. Die hohen Herrschaften ließen mich auf ihre Schlösser kommen, und ich malte Bilder von ihren Zimmern. Noblig nennt man das „Intérieurs“. So war ich bei Liechtenstein, Kinsky, Harrach u. s. w. Ich hatte auch sonst schon Aufträge. Der Apotheker Moser hatte vom alten van der Nüll, vom Vater des Architekten, einen Hohlspiegel gekauft. Den sah der damalige Kronprinz Ferdinand und der gefiel ihm so gut, daß er ihn sich anschaffte und von meinem Vater Bilder dazu malen ließ. Ich mußte dabei helfen. Wir bekamen fünfundzwanzig Gulden pro Blatt, und der Kronprinz bestellte vier Stück im Monat. Als er später Kaiser wurde, zahlte er freilich sechzig Gulden pro Blatt, bestellte aber nur zwei im Monat. Sehens, das waren die Preise, mit denen ich froh sein mußte: fünfundzwanzig bis sechzig Gulden. Die Leut’ haben halt damals kein Geld für die Kunst gehabt. Wird wieder so werden, passen’s nur auf! Das große Ölbild, „Die Prager Brükke“, hab’ ich auch um sechzig Gulden an den Rahmenmacher Bühlmayer verkauft. Und vor ein paar Jahren brachte es das Bild auf einer Auction zu zehntausend Gulden. Heute besitzt es der Herr v. Schoeller. Heuer kaufte die Stadt Wien auf einer Versteigerung ein Bild von mir um fünfzehnhundert Gulden. Hab’ seinerzeit auch nur fünfundzwanzig Gulden dafür gekriegt! Noch im Jahr 1884 bestellte der Plach ein Selbstporträt bei mir. Er zahlte dafür hundert Gulden. Dann hat’s der Baron Königswarter um sechshundert auf der Plach’schen Auction gekauft.“

Während der Meister spricht, malt er eifrig fort. Er hält in der Linken unter dem Tisch ein Stück Farbe, und die Rechte, die den Pinsel führt, ist ganz ruhig und sicher und zittert nicht. Hie und da legt er auch den Pinsel fort und zündet seinen Virginiastummel zum xtenmal wieder an. Manchmal auch wendet er den Blick von den beiden Obstbäumen und schaut mich mit den blauen Gucken an, und da liegt meist in diesem Blick statt einer Antwort auf irgendeine Frage ein lustiges „Was kümmert's mich! Der Hader der Menschen kümmert mich nicht, ich war zeitlebens nur Maler!".

„Ich war als junger Mensch" erzählt er nach einer Weile und setzt daweil liebevoll einige Tupfen Carmin auf die Baumrinde, „ich war einmal ein sehr schüchterner junger Mensch. Mit fünfzehn Jahren ging ich einmal um 4 Uhr Früh fort. Nach Mödling malen. Nachdem ich den ganzen Vormittag herumgestiegen war und gearbeitet hatte, war ich sehr hungrig, aber ich traute mich in kein Wirtshaus hinein. Endlich nahm ich mir ein Herz und ging zu einem Hauer, wo ich ein Glas Wein trank und ein Stückel Brot aß. Nachmittags wanderte ich nach Laxenburg, wo ich auch malte. Der Hunger wurde immer ärger, und auf dem Heimweg über Favoriten war er doch stärker als meine Schüchternheit und ich ließ mir in einem Gasthause einen Schinken geben. Aber ich war so müde, daß ich nichts essen konnte, und so packte ich meinen Schinken in ein Papier und brachte ihn nach Hause. Der Thomas Ender hat mich oft eingeladen, ihn zu besuchen. Aber ich war immer zu schüchtern, um hinzugehen. Ich ging immer ein paarmal ums Haus herum und traute mich nicht hinauf. Später habe ich die Schüchternheit abgelegt. Ich hatte sogar Witz. Die Leute sagten immer: „Alt, mach' an Witz!" Und ich ließ mir's nicht zweimal sagen. Der Gall, wissen's der von der Correspondenz, war allerweil besorgt. „Alt, du wirst dich noch um deine Freiheit bringen!" sagte er. Denn ich machte meist politische Witze. Aber auch später bin ich immer so geblieben wie ein Hirsch: die sind auch sehr scheu, wenn sie aber einmal zutraulich werden, dann werden sie auch gleich keck." Und dabei lächelt der Meister ganz verschmitzt in heiterer Erinnerung an die fröhliche Geselligkeit Alt- und Neu-Wiens, die sein Leben erfüllte.

An Ereignissen war sein Leben nicht reich.

„Ich war im Jahr 1848 National-Gardist, aber ich ging sehr bald nach Traismauer, wo meine Leute wohnten. Und im Jahr 1867 mußte ich wegen der Cholera in Neapel in Quarantaine gehen. Jetzt vor ein paar Jahrln bin ich Mitglied der Secession geworden. Sehen's da war ich einmal g'scheit! Es freut mich daß ich dabei bin. In die Kunstausstellungen freilich kann ich nicht mehr gehen. Nicht einmal den Beethoven hab' ich seh'n können. Nur die Photographien hab' ich g'sehn. Es macht aber auf mich den Eindruck, als sei er nicht sehr ähnlich. Wissen's, aber das is nur so ein Eindruck. Denn geseh'n hab' ich den Beethoven im Leben nicht. Ich hab' nur den Geistlichen geseh'n, wie er gerad' gegangen ist, ihn versehen."

Der Meister unterbricht wieder einmal seine Arbeit, um aufmerksam *seine* Hühner zu beobachten, die einen Ausflug auf ein nachbarliches Wiesengrundstück unternommen haben, und nun gemächlich zurückkehren. Alt ist ein großer Thierfreund, besser gesagt, Vogelfreund. In einem Bauer — auch einer Sommerwohnung, denn in Wien haben sie's bequemer-sitzen seine zwölf Lieblinge: Canarien, Hänflinge, Finken. Und wenn er von der lustigen Bande spricht, dann ahmt er scherzando ihren Pfiff, Ruf und Gesang nach.

Von einem zusammenhängenden Erzählung ist natürlich nicht die Rede, auch dann nicht, als der Meister nach dem Kaffee eine Virginia nach der anderen raucht. Aber da und dort lüpft er eine Erinnerung, holt er, für den die Welt ein Bilderbuch war, dessen Blätter er mit mikroskopischer Treue illuminierte, ein Reiseblättchen aus seinem Gedächtniß. Einmal war er für den Kunsthändler Müller am Graben, der ein Werk über Österreich—Ungarn herausgab, in Galizien und Dalmatien, einmal hat er eine Reise nach der Krim unternommen, dann begleitete er den Kronprinzen nach Belgien. Seine liebsten Entdeckungsfahrten aber machte er ins Salzkammergut, hieher in sein gewohntes Goisern, nach Gastein und vor allem um und durch Wien. Mit welcher Liebe hat er die alten, schönen, stillen Plätze, die stolzen Kirchen, die Ecken, die so friedlich und ruhig sind, vergessene Inseln im stürmischen Meere der Großstadt, und wieder andere Ecken, an denen sich das Leben stößt und laut und bunt aufwallt, die Durchhäuser, das alte, enge Winkelwerk der Gassen, die Ausblicke und Durchblicke gemalt und immer wieder gemalt. Oft dutzendemale dieselbe Ansicht; und immer ist eine kleine Abwechslung dabei. „Ich gehe garnimmer in die Stadt" sagt er, „weil ich weinen müßt, was da alles niedergerissen und demoliert wird." Heute noch löst er mühelos die verzwicktesten perspectivischen Probleme, wenn er auch scherzend klagt, daß er oft ganz irre sei und eine Linie erst ein paarmal wegwaschen müsse, ehe sie richtig sitze.

„Wer mich die Perspective gelehrt hat? Eigentlich Niemand. Der Corrector ist freilich manchmal in die Akademie gekommen, wie ich als junger Bursch dort war, und hat was von Perspectiv geredt, aber was ich weiß und was ich bin, bin ich aus mir selber geworden."

Heute mit neunzig Jahren ist Alt immer noch im Werden. Heute wird erst sein Name der, der er zu sein verdient. Sein Ruhm, der erst in letzter Zeit zum Weltruhm wuchs, ist noch ganz jung. Was Wien, was Oesterreich, was die heutige deutsche Kunst an ihm hat, ist erst in den Tagen der Secession laut und eindringlich gesagt worden. Seine Unsterblichkeit ist noch ganz frisch, keine Unsterblichkeit, die verbrieft und bescheinigt wird in zahllosen Büchern, Monographien und Artikeln — es gibt mit Ausnahme des herzwarmen Artikels, mit dem Ludwig Hevesi das erste Heft des „Ver Sacrum" einbegleitete, und der humor- und liebereichen Charakteristik Alt's, die Hevesi jetzt als prächtige Jubelgabe erscheinen ließ (Sonderheft der Zeitschrift für Bildende Kunst), so gut wie nichts Gedrucktes über ihn — sondern eine Unsterblichkeit, die wie ein kräftiger Baum aus dem Gefühle seiner Freunde und Verehrer hervorwächst. Und für Rudolph Alt, der sich nie um Kunsttheorien und Kunstdebatten kümmerte, sondern nur immer fleissig drauf los malte, was sein Herz ihm auftrug, ist so eine Unsterblichkeit im Herzen der Wiener viel mehr werth, als das schönste, gedruckte Lobsprüchlein mit schweren kunstgeschichtlichen Siegel daran.

Th. Thomas

Ehrungen und Auszeichnungen Rudolf Alts

1832 19. Februar, Verleihung des Frh. v. Gundel'schen Preises der Wiener Akademie.

1873 Verleihung des Ordens Eiserner Krone Dritter Klasse (6. Jänner 1874) mit der Berechtigung, um Erhebung in den Ritterstand anzusuchen.

1874 Vorstand der Genossenschaft Bildender Künstler.
Ehrenmitglied der Wiener Akademie der bildenden Künste.
Aufnahme zum „Auswärtigen ordentlichen Mitglied" durch die Berliner Kunstakademie (Sitzung vom 9. April 1874).

1876 Große Silberne Medaille der Internationalen Kunstausstellung München.
Goldene Medaille der Internationalen Weltausstellung in Philadelphia.

1877 Verleihung des Reichelpreises der Akademie für 1875/76/77 (Protokoll Nr. 190/1877) in Höhe von 1.500 fl.
Verleihung der Erzherzog Karl Ludwig Medaille in der Jahresausstellung des Künstlerhauses für das Aquarell „Taufers".

1879 Verleihung des Titels „Professor" durch den Kaiser.

1882 29. August Verleihung des Bürgerrechts der Stadt Wien aus Anlaß des 70. Geburtstages.

1883 Goldene Medaille der Internationalen Kunstausstellung München.

1886 Vorstand des Wiener Aquarellistenklubs der Genossenschaft bildender Künstler Wiens.
Goldene Medaille der Jubiläumsausstellung Berlin.
Ernennung zum Ehrenmitglied der Akademie der bildenden Künste in Wien.
Ernennung zum Ehrenmitglied der Akademie in Berlin.
Ernennung zum Ehrenmitglied der Societé belge des Aquarellistes.

1888 Verleihung des k. k. Öst. Ung. Ehrenzeichens für Kunst und Wissenschaft.

1891 Ernennung zum Ehrenmitglied der Genossenschaft bildender Künstler.

1892 Verleihung der Ehrenbürgerschaft der Stadt Wien und Ernennung zum Gemeinderat.
Medaille zur 200 Jahrfeier der Wiener Kunstakademie.
Bronzemedaille der Worlds Columbian Exhibition.
Übergabe von 10.000 Kr. durch Kunstfreunde für das Aquarell „Am Hof".

1894 und 1895 Große Goldene Staatsmedaille der III. Internationalen Kunstausstellung in Wien und Verleihung des Ehrendiploms für das Aquarell „Eine Eisengießerei in Wien" durch das Unterrichtsministerium.
Eine Gruppe junger Künstler bringt an diesem Werk einen Lorbeerkranz an.
Verleihung der höchsten Preismedaille der Kunstausstellung Berlin.

1897 17. November, Erhebung in den Ritterstand durch Kaiser Franz Joseph I.
4. Dez. jährliches Ehrengehalt von 2400 fl. durch die Stadt Wien und ein ebensolches Ehrengehalt von 2400 fl. durch das k. k. Unterrichtsministerium.
Wahl zum Ehrenpräsidenten der Wiener Secession.

1900 Bronzenes Erinnerungszeichen des Handelsministeriums für Paris.

1902 Ehrungen zum 90. Geburtstag aus aller Welt, Glückwunschadressen, Geschenke, Auszeichnungen.

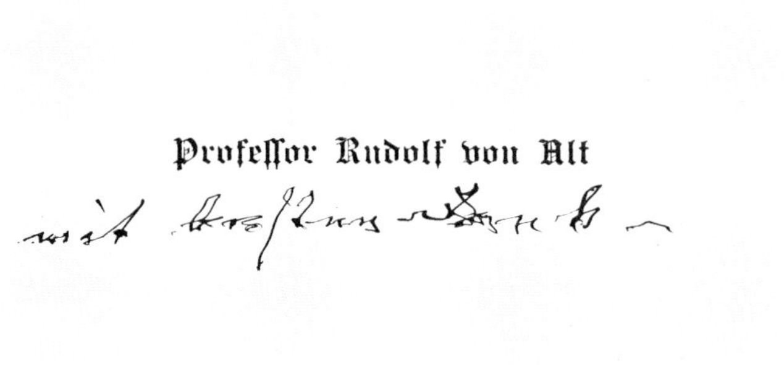

220. Visitekarte mit Dank an Karl Graf Lanckoronski

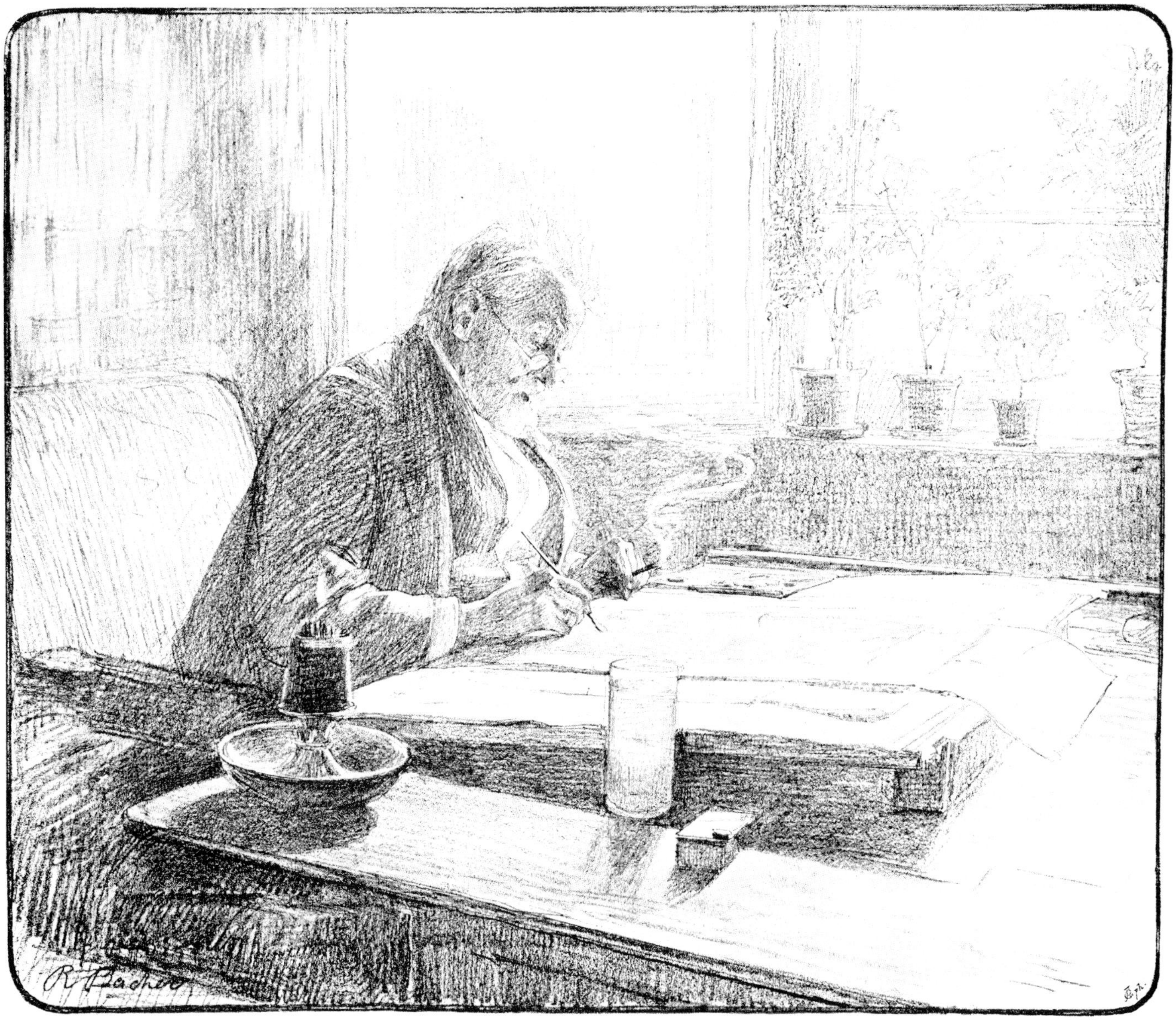

221. R. Bacher, Rudolf von Alt am Arbeitstisch, 1898

Lfd. Nr.	Jahr	Nr.	Titel	Familienfonds Ausgabebuch	Signatur Datierung	Besitz	Inv. Nr.	Fidei-Kommiss-Katalog-Nr.
1	1833	1	Aussicht von der Rosalienkapelle	—	(Rudolf Alt)	Bildarch. NB.	K 502/Portf. II	24
2	1833	2	Como	—		Bildarch. NB.	K 502/Portf. I	17
3	1833	3	Die St. Antonius-Kirche in Padua	—	'J. Alt 1833' (Rudolf Alt)	Alb./F. K. Bd. 11	22.562	129
4	1833	4	Donau-Strudel	—		Bildarch. NB.	K 502/Portf. I	14
5	1834	1	Innsbruck	—	v. Rudolf Alt entw. v. Jakob Ait gemalt	Bildarch. NB.	K 502/Portf. II	20
6	1834	2	Kloster Melk	—	'J. Alt 1834'	Schloß Konopiště, ČSSR		—
7	1834	3	Weinzierl	—		Bildarch. NB.	K 502/Portf. I	13
8	1834	4	Botzen in Tyrol	—		Bildarch. NB.	K 502/Portf. I	10
9	1834	5	Gresten in Österreich	—	'J. Alt 1834'	Bildarch. NB.	K 502/Portf. I	1
10	1834	6	Riva am Gardasee	—	(Rudolf Alt)	Bildarch. NB.	K 502/Portf. II	23
11	1835	1	Tivoli	—	'J. Alt 1835'	Alb./F. K. Bd. 6	22.560	77
12	1835	2	Stift Admont	—		Bildarch. NB.	K 502/Portf. I	25
13	1836	1	Tivoli	(Januar bis Mai 1836: Bezahlung von 8 Blättern)	'J. Alt 1836' (Rudolf Alt)	Alb./F. K. Bd. 7	22.562 a	121
14	1836	2	Piazza reale in Turin	13. Juni 1836	'J. Alt 1836'	Schloß Konopiště, ČSSR		—
15	(1836)	3	Der Turm von Pisa	13. Juni 1836	'J. Alt'	Alb./F. K. Bd. 7	22.568	87
16	1836	4	Der Dom in Turin (Piazza Vittorio Emanuele)	22. Juli 1836	'J. Alt 1836'	Schloß Konopiště, ČSSR		—
17	1836	5	Aussicht gegen Dornbach (Blick aus dem Atelier des Künstlers)	22. Juli 1836	'J. Alt 1836'	Albertina	28.336	30
18	(1836)	6	Bologna, die Türme Asinelli und Carisenda	26. Sept. 1836		Alb./F. K. Bd. 6	22.557	76
19	1836	7	Tasso's väterliches Haus in Sorrent bei Neapel	26. Sept. 1836	'J. Alt 1836' (Rudolf Alt)	Alb./F. K. Bd. 11	22.601	122
20	1836	8	Das Innere der Sct. Peters-Kirche in Rom während dem vierzigstündigen Gebeth	24. Nov. 1836	(Rudolf Alt)	Bildarch. NB.	K 502/Portf. II	19
21	1836	9	Die große Marine auf der Insel Capri	18. Jan. 1837	'J. Alt 1836'	Alb./F. K. Bd. 6	22.555	74
22	1836	10	Das Pantheon, oder die Piazza rotonda in Rom	18. Jan. 1837	'J. Alt 1836' (v. Rudolf Alt entworfen)	Alb./F. K. Bd. 10	22.588	110
23	1836	11	Die Engelsburg in Rom	4. März 1837	'J. Alt 1836'	Schloß Konopiště, ČSSR		—
24	1837	1	Der Dom in Regensburg	—	'J. Alt 1837'	Alb./F. K. Bd. 5	22.526	65
25	1837	2	Die Kirche Santa maggiore in Rom	4. März 1837	'J. Alt 1837' (Rudolf Alt)	Alb./F. K. Bd. 10	22.593	111
26	1837	3	Das Kapuzinerkloster bei Amalfi	13. April 1837	'J. Alt 1837'	Alb./F. K. Bd. 7	22.554	75
27	1837	4	Das Kapitol in Rom	13. April 1837	'1837' (Rudolf Alt)	Alb./F. K. Bd. 10	22.592	112
28	1837	5	Ansicht von Rom	3. Juni 1837	'J. Alt 1837'	Alb./F. K. Bd. 6	22.553	81
29	1837	6	Aussicht von der Rosalienkapelle gegen Österreich	3. Juni 1837	'J. Alt 1837' (Rudolf Alt)	Alb./F. K. Bd. 9	22.585	104
30	1837	7	Das Forum Romanum in Rom	26. Juni 1837	'J. Alt 1837'	Alb./F. K. Bd. 6	22.552	78
31	1838	1	Frankfurt am Main	(Prot. Nr. 143: Bezahlung von 3 Blättern)				62
32	1838	2	Dom und Guttenberg-Denkmal in Mainz	—	'J. Alt 1838'	Alb./F. K. Bd. 5	22.528	63
33	1838	3	San Giovanni Laterano	—	'J. Alt 1838'	Alb./F. K. Bd. 6	22.556	80
34	1838	4	Lambach in Oberösterreich	Prot. Nr. 530/1838	'J. Alt 1838'	Alb./F. K. Bd. 1	22.506	38
35	(1838)	5	Certosa di Pavia	Prot. Nr. 530/1838				—
36	1838	6	Die Domkirche und das Theater in Como	Prot. Nr. 530/1838	'J. Alt 1838' (Rudolf Alt)	Alb./F. K. Bd. 11	22.599	125

37	1838	7	Fronleichnamsprozession in Perchtoldsdorf	Prot. Nr. 530/1838	'J. Alt 1838'	Bildarch. NB.	K 502/Portf. I	12
38	(1838)	8	Ansicht von Ofen und Pesth	Prot. Nr. 806/1838				—
39	(1838)	9	Prämonstratenserstift Josz bei Kaschau	Prot. Nr. 806/1838	'J. Alt 1838'	Alb./F. K. Bd. 4	22.532	54
40	(1838/39)	1	Domkirche in Kaschau	25. Jan. 1839				—
41	1839	2	Ansicht von Kaschau	25. Jan. 1839	'J. Alt 1839'	Alb./F. K. Bd. 4	22.538	53
42	1839	3	Platz in Eperies (Ungarn)	7. März 1839	'J. Alt 1839'	Alb./F. K. Bd. 4	22.533	51
43	1839	4	Die Salinen von Soovar bei Eperies	7. März 1839	'J. Alt 1839'	Alb./F. K. Bd. 4	22.534	52
44	1839	5	Schmöllnitz (Ungarn)	20. April 1839	'J. Alt 1839'	Alb./F. K. Bd. 5	22.531	67
45	1839	6	Leutschau in der Zips	20. April 1839	'J. Alt 1839'	Alb./F. K. Bd. 5	22.530	68
46	1839	7	Schloß Lublau mit dem Tatra-Gebirge in der Zips	29. Mai 1839	'J. Alt 1839'	Alb./F. K. Bd. 5	22.527	69
47	1839	8	Der Tegernsee in Bayern	29. Mai 1839	'J. Alt 1839'	Alb./F. K. Bd. 5	22.524	66
48	1839	9	Hauptplatz von Linz	15. Juli 1839	'J. Alt 1839' (Rudolf Alt)	Alb./F. K. Bd. 1	22.583	118
49	(1839)	10	Linz	15. Juli 1839	(v. Rudolf Alt entw., v. Jakob Alt gemalt)			119
50	1839	11	Ansicht von Krivan von der Bela-Brücke bei Rhadek in der Liptau	9. Dez. 1839	'J. Alt 1839'	Alb./F. K. Bd. 4	22.535	60
51	1839	12	Friedeck im Teschner-Kreise/Schlesien	9. Dez. 1839	'J. Alt 1839'	Alb./F. K. Bd. 2	22.515	36
52	1840	1	Neu-Sandez in Galizien	—	'J. Alt 1840' (Rudolf Alt)	Alb./F. K. Bd. 9	22.589	—
53	1840	2	Kloster Tyniez an der Weichsel in Galizien	—	(Rudolf Alt)	Bildarch. NB.	K 502/Portf. II	21
54	(1840)	3	Gräfenberg in Schlesien	21. Jan. 1840	'J. Alt'	Alb./F. K. Bd. 2	22.518	37
55	1840	4	Teschen in k.k. oesterr. Schlesien	21. Jan. 1840	'J. Alt 1840'	Alb./F. K. Bd. 2	22.513	34
56	1840	5	Das Städtchen Jablunka im Teschner-Kreise/Schlesien	6. März 1840	'J. Alt 1840'	Alb./F. K. Bd. 2	22.520	35
57	1840	6	Troppau	6. März 1840	'J. Alt 1840'	Alb./F. K. Bd. 2	22.516	33
58	1840	7	Das Bartfelder-Baad im Saroser-Comitat in Ungarn	14. April 1840	'J. Alt 1840'	Alb./F. K. Bd. 5	22.522	70
59	1840	8	Kalwaria im Wadowizer-Kreise in Galizien	14. April 1840	'J. Alt 1840' (Rudolf Alt)	Alb./F. K. Bd. 10	22.594	101
60	1840	9	Dachstein im Salzkammergut	17. Juli 1840	'J. Alt 1840' (Rudolf Alt)	Alb./F. K. Bd. 9	22.584	107
61	1840	10	Der Traunplatz in Ischl	17. Juli 1840	'J. Alt 1840' (Rudolf Alt)	Alb./F. K. Bd. 9	22.587	109
62	1840	11	Der Traunsee in Oberösterreich	12. Aug. 1840	'J. Alt 1840' (Rudolf Alt)	Alb./F. K. Bd. 10	22.579	116
63	1840	12	Zara	29. Dez. 1840	'J. Alt 1840'	Alb./F. K. Bd. 1	22.511	6
64	1840	13	Aussicht bei dem Kaiserbrunnen bei Zara	29. Dez. 1840	'J. Alt 1840'	Alb./F. K. Bd. 1	22.576	5
65	1841	1	Piazza grande mit der Domkirche von Sebenico	13. Febr. 1841	'J. Alt 1841'	Alb./F. K. Bd. 1	22.505	8
66	1841	2	Ansicht von Spalato	13. Febr. 1841	'J. Alt 1841'	Alb./F. K. Bd. 1	22.510	7
67	1841	3	Der Domplatz in Spalato	17. April 1841	'J. Alt 1841' (Rudolf Alt)	Alb./F. K. Bd. 9	22.578	92
68	1841	4	Reste des Palastes Diokletian in Spalato mit der Vorhalle der Domkirche	17. April 1841	'J. Alt 1841' (Rudolf Alt)	Alb./F. K. Bd. 10	22.596	91
69	1841	5	Ruinen in Spalato im Palast Diokletians mit einem Teil des ehemaligen Jupitertempels	5. Juni 1841	'J. Alt 1841' (Rudolf Alt)	Alb./F. K. Bd. 8	22.573	100
70	1841	6	Ansicht von Ragusa	5. Juni 1841	'J. Alt 1841' (Rudolf Alt)	Alb./F. K. Bd. 8	22.574	96
71	1841	7	Collonade des Jupitertempels in Spalato	17. Juli 1841	'J. Alt 1841' (Rudolf Alt)	Alb./F. K. Bd. 8	22.575	93
72	(1841)	8	Parthie von Ragusa mit der Insel Lacroma	17. Juli 1841				—
73	1841	9	Der Bazar von Ragusa	23. Sept. 1841	'J. Alt 1841' (Rudolf Alt)	Alb./F. K. Bd. 8	22.571	94
74	1841	10	Das Franziskanerkloster im Omblathale bei Ragusa	8. Nov. 1841	'J. Alt 1841' (Rudolf Alt)	Alb./F. K. Bd. 8	22.569	95
75	1841	11	Aussicht gegen Mula und Dobrota im Canale von Cattaro	8. Nov. 1841	'J. Alt 1841' (Rudolf Alt)	Alb./F. K. Bd. 8	22.577	98
76	1841	12	Ansicht von Dobrota gegen Mula im Canale von Cattaro	18. Dez. 1841	'J. Alt 1841' (Rudolf Alt)	Alb./F. K. Bd. 8	22.572	97

77	1841	13	Domplatz in Cattaro	18. Dez. 1841	'J. Alt 1841' (Rudolf Alt)	Alb./F. K. Bd. 8	22.570	99
78	1842	1	Persenbeug	—	'Franz Alt 842' (Rudolf Alt)	Alb./F. K. Bd. 9	22.597	106
79	1842	2	Die Domkirche in Preßburg	—	'J. Alt 1842'	Alb./F. K. Bd. 4	22.537	58
80	1842	3	Ansicht von Zara	—	'Franz Alt 842'	Alb./F. K. Bd. 9	22.598	105
81	1842	4	Hafen von Spalato	29. Jan. 1842				—
82	1842	5	Spalato (Piazza Signori?)	29. Jan. 1842	'J. Alt 1842'	Schloß Konopiště, ČSSR		—
83	1842	6	Weszprim in Ungarn	12. März 1842	'Jac. Alt 1842'	Alb./F. K. Bd. 4	22.540	56
84	1842	7	Füred gegen Tilhany am Plattensee	12. März 1842	'J. Alt 1842'	Alb./F. K. Bd. 3	22.523	55
85	1842	8	Preßburg	26. April 1842	'J. Alt 1842'	Alb./F. K. Bd. 4	22.536	59
86	1842	9	Martinsberg bei Raab/Ungarn	26. April 1842	'J. Alt 1842'	Alb./F. K. Bd. 4	22.539	57
87	(1842)	10	Ansicht von Preßburg	25. Juni 1842				—
88	1842	11	Kremsier	25. Juni 1842	'J. Alt 1842'	Alb./F. K. Bd. 9	22.517	102
89	1842	12	Der Dom in Speyer	10. Dez. 1842	'J. Alt 1842'	Schloß Konopiště, ČSSR		—
90	1842	13	Die Burg Schönberg und die Kirche in Oberwesel am Rhein	10. Dez. 1842	'J. Alt 1842'	Alb./F. K. Bd. 5	22.529	61
91	1843	1	Ansicht von Bingen gegen Rüdesheim und den Johannisberg am Rhein	4. Febr. 1843	'J. Alt 1843'	Alb./F. K. Bd. 5	22.525	64
92	1843	2	Der Dom in Aachen	15. April 1843	'J. Alt 1843'	Schloß Konopiště, ČSSR		—
93	1843	3	Der Dom in Frankfurt am Main	6. Mai 1843	'J. Alt 1843'	Schloß Konopiště, ČSSR		—
94	1843	4	Die Thainkirche in Prag	19. Juni 1843	'J. Alt 1843' (Rudolf Alt)	Alb./F. K. Bd. 10	22.591	82
95	1843	5	Trient von der Etsch-Brücke	11. Aug. 1843	'J. Alt 1843'	Alb./F. K. Bd. 3	22.550	48
96	1843	6	Die Justinenkirche und die Antoniuskirche in Padua	11. Aug. 1843	'J. Alt 1843'	Alb./F. K. Bd. 7	22.567	86
97	1843	7	Der Como-See gegen Torno	16. Sept. 1843	'J. Alt 1843' (Rudolf Alt)	Alb./F. K. Bd. 11	22.603	123
98	1843	8	Die Piazza Bra mit Amphitheater in Verona	16. Sept. 1843	'J. Alt 1843' (Rudolf Alt)	Alb./F. K. Bd. 11	22.600	120
99	1843	9	Varenna am Comosee	4. Nov. 1843	'J. Alt 1843' (Rudolf Alt)	Alb./F. K. Bd. 10	22.700	126
100	1843	10	Die Villa Melzi am Como-See	4. Nov. 1843	'J. Alt 1843' (Rudolf Alt)	Alb./F. K. Bd. 11	22.605	127
101	1843	11	Das Innere des Mailänder Domes	14. Dez. 1843	'J. Alt 1843' (Rudolf Alt)	Alb./F. K. Bd. 11	22.606	128
102	1843	12	Der Hafen von Como	14. Dez. 1843	'1843' (Rudolf Alt)	Alb./F. K. Bd. 11	22.602	124
103	1844	1	Ansicht vom Haidersee gegen die Oertlerspitze	5. Febr. 1844	'J. Alt 1844'	Alb./F. K. Bd. 2	22.519	32
104	1844	2	Die Magdalenenkirche mit der Aussicht gegen Linz und den großen Briel	5. Febr. 1844	'J. Alt 1844' (Rudolf Alt)	Alb./F. K. Bd. 10	22.586	117
105	1844	3	Stadt Steyer	23. März 1844	'J. Alt 1844'	Alb./F. K. Bd. 1	22.507	39
106	(1844)	4	Der Hallstätter-See gegen Obertraun	23. März 1844	'J. Alt'	Alb./F. K. Bd. 9	22.508	3
107	1844	5	Stift Wilhering bei Linz	4. Mai 1844	'J. Alt 1844'	Alb./F. K. Bd. 2	22.509	40
108	1844	6	Der Attersee	4. Mai 1844	'J. Alt 1844'	Alb./F. K. Bd. 9	22.580	103
109	1844	7	Der Platz in Ragusa mit dem Kreisamtsgebäude	21. Juni 1844	'J. Alt 1844'	Alb./F. K. Bd. 1	22.512	31
110	1844	8	Salzburg	21. Juni 1844	'J. Alt 1844' (v. Rudolf Alt entw. v., Jakob Alt gemalt)	Alb./F. K. Bd. 10	22.581	22
111	1844	9	Residenzplatz in Salzburg	27. Juli 1844	'J. Alt 1844' (Rudolf Alt)	Alb./F. K. Bd. 10	22.582	114
112	1844	10	Mährisch-Ostrau und Wilkowitz	27. Juli 1844	'J. Alt 1844'	Alb./F. K. Bd. 1	22.514	4
113	1844	11	Die Pfarrkirche in Bozen	27. Juli 1844	'J. Alt 1844' (Rudolf Alt)	Alb./F. K. Bd. 10	22.595	113
114	1844	12	Kloster Wilten bei Innsbruck	29. Okt. 1844	'J. Alt 1844'	Alb./F. K. Bd. 2	22.545	41
115	1844	13	Schloß Amras in Tirol	12. Nov. 1844	'J. Alt 1844'	Alb./F. K. Bd. 2	22.521	42
116	1844	14	St. Maria maggiore in Trient	7. Dez. 1844	'J. Alt 1844'	Alb./F. K. Bd. 3	22.542	47
117	1844	15	Aussicht von Desenzano gegen Sermione und den Montebaldo am Lago di Garda bei Sonnenaufgang	7. Dez. 1844	'J. Alt 1844'	Alb./F. K. Bd. 6	22.551	72

118	1844	16	Das Castell vecchio in Verona und die Fort(s) Simione, Leonardo und St. Mattia	18. Jan. 1845	'J. Alt 1844'	Alb./F. K. Bd. 7	22.566	83
119	1845	1	Domkirche zu Verona	18. Jan. 1845	'J. Alt 1845'	Alb./F. K. Bd. 7	22.561	85
120	1845	2	Schloß Tirol	1. März 1845	'J. Alt 1845'	Alb./F. K. Bd. 3	22.548	49
121	1845	3	Das Castell in Trient	1. März 1845	'J. Alt 1845'	Alb./F. K. Bd. 3	22.543	46
122	(1845)	4	5 Blätter naturhistorische Abbildungen	1. März 1845				—
123	1845	5	Innsbruck, Der obere Stadtplatz mit dem Goldenen Dachl	15. April 1845	'J. Alt 1845'	Alb./F. K. Bd. 3	22.546	43
124	1845	6	Ansicht von Meran	15. April 1845	'J. Alt 1845'	Alb./F. K. Bd. 3	22.541	50
125	1845	7	Ansicht von Laveno am Lago maggiore gegen die Borrominischen Inseln	2. Juni 1845	'J. Alt 1845'	Alb./F. K. Bd. 7	22.563	90
126	1845	8	Franziskanerkirche in Innsbruck (Grabmal Maximilians)	2. Juni 1845	'J. Alt 1845'	Alb./F. K. Bd. 3	22.547	44
127	1845	9	Die k. u. k. Hofburg mit der Franziskanerkirche in Innsbruck	19. Juli 1845	'J. Alt 1845'	Alb./F. K. Bd. 3	22.544	45
128	1845	10	Ansicht von Laveno am Lago maggiore gegen den Monterosa und Simplon	19. Juli 1845	'J. Alt 1845'	Alb./F. K. Bd. 7	22.564	89
129	1845	11	Desenzano am Lago di Garda	13. Aug. 1845	'J. Alt 1845'	Alb./F. K. Bd. 6	22.558	71
130	1845	12	Der Domplatz in Trient	13. Aug. 1845	'J. Alt 1845' (Franz Alt ?)	Alb./F. K. Bd. 1	22.549	9
131	1845	13	Die Domkirche von Verona am Feste Maria Geburt	20. Okt. 1845	'J. Alt 1845'	Alb./F. K. Bd. 7	22.590	84
132	1845	14	Ansicht von dem Weingarten der Königin bei Turin gegen den Mont Cenis, Montblanc und Monterosa	26. Nov. 1845	'J. Alt 1845'	Alb./F. K. Bd. 7	22.565	88
133	(1845)	15	Königliches Schloß Valentin bey Turin	13. Dez. 1845				—
134	1846	1	Castello reale in Turin (bei Tag- und Nachtbeleuchtung)	9. Jan. 1846	'J. Alt 1846'	Schloß Konopiště, ČSSR		—
135	(1846)	2	Königliches Schloß Valentin bei Nachtbeleuchtung	9. Jan. 1846				—
136	1846	3	Isola S. Giovanni und Isola Madre im Lago maggiore (bei Tag- und Nachtbeleuchtung)	14. Febr. 1846	'J. Alt 1846'	Schloß Konopiště, ČSSR		—
137	(1846)	4	Peterskirche in Rom	14. Febr. 1846				—
138	(1846)	5	Engelsburg in Rom mit der Girandola	14. Febr. 1846				—
139	(1846)	6	Dom in Aachen (mit Nachtbeleuchtung im Winter)	14. Febr. 1846				—
140	(1846)	7	Dom in Frankfurt (mit Nachtbeleuchtung)	13. März 1846				—
141	(1846)	8	Kloster Melk (mit Nachtbeleuchtung)	13. März 1846		Schloß Konopiště, ČSSR		—
142	(1846)	9	Lilienfeld (mit Nachtbeleuchtung)	13. März 1846	'J. Alt'	Schloß Konopiště, ČSSR		—
143	1846	10	Die Stadt Palanza am Lago maggiore (mit Tag- und Nachtbeleuchtung)	13. März 1846	'J. Alt 1846'	Schloß Konopiště, ČSSR		—
144	(1846)	11	Borgovico bei Como	23. April 1846	'Rudolf Alt 18 . .'	Schloß Konopiště, ČSSR		—
145	(1846)	12	Göttweih	23. April 1846	'J. Alt . . .'	Schloß Konopiště, ČSSR		—
146	(1846)	13	Kremsmünster	23. April 1846		Schloß Konopiště, ČSSR		—
147	1846	14	Der äußere Burgplatz (Wien)	23. April 1846	'J. Alt 1846'	Schloß Konopiště, ČSSR		—
148	(1846)	15	Piazza reale in Turin (mit Nachtbeleuchtung)	22. Mai 1846				—
149	(1846)	16	Maria Taferl	22. Mai 1846				—
150	(1846)	17	Die Domkirche St. Veit in Prag	22. Mai 1846				—
151	1846	18	Schönbrunn (mit Tag- und Nachtbeleuchtung)	22. Mai 1846	'J. Alt 1846'	Schloß Konopiště, ČSSR		—
152	(1846)	19	Spalato (mit Nachtbeleuchtung)	9. Juli 1846				—
153	(1846)	20	Der Franzensplatz (Wien)	9. Juli 1846				—

154	1846	21	Neapel	5. Aug. 1846	'J. Alt 1846'	Schloß Konopiště, ČSSR		—
155	(1846)	22	Stephanskirche (Wien) (mit Nachtbeleuchtung)	30. Dez. 1846		Schloß Konopiště, ČSSR		—
156	(1846)	23	Laxenburg (mit Nachtbeleuchtung)	30. Dez. 1846		Schloß Konopiště, ČSSR		—
157	(1846)	24	Dom in Turin (mit Nachtbeleuchtung)	30. Dez. 1846				—
158	(1846)	25	Dom in Zadar (mit Nachtbeleuchtung)	30. Dez. 1846				—
159	(1847)	1	Der Burgplatz im Jahre 1652 (Wien)	4. März 1847		Schloß Konopiště, ČSSR		—
160	(1847)	2	Stephanskirche (Wien) (kleines Bild)	4. März 1847				—
161	(1847)	3	Laxenburg (kleines Bild)	4. März 1847				—
162	1849	1	Der Schloßberg in Graz		'J. Alt 1849'	Schloß Konopiště, ČSSR		—
163	1849	2	Gleichenberg		'J. Alt 1849'	Schloß Konopiště, ČSSR		—
164	1849	3	Klosterneuburg		'J. Alt 1849'	Schloß Konopiště, ČSSR		—

Undatierbare Blätter

165		1	Salzburg		(Rudolf Alt)	Bildarch. NB.	K 502/Portf. II	115
166		2	Grätz in Steyermark		v. Rudolf Alt entw., v. Jakob Alt gemalt	Bildarch. NB.	K 502/Portf. II	29
167		3	Martinswand in Tyrol			Bildarch. NB.	K 502/Portf. II	27
168		4	Lago maggiore			Bildarch. NB.	K 502/Portf. II	26
169		5	Bregenz			Bildarch. NB.	K 502/Portf. I	18
170		6	Venedig			Bildarch. NB.	K 502/Portf. I	16
171		7	Die Domkirche in Trient			Bildarch. NB.	K 502/Portf. I	15
172		8	Die blaue Grotte auf der Insel Capri		'J. Alt'	Alb./F. K. Bd. 6	22.559	73
173		9	Schloß Persenbeug an der Donau			Bildarch. NB.	K 502/Portf. I	11
174		10	Bad Gastein			Bildarch. NB.	K 502/Portf. I	2

A.V. : CHRONOLOGISCHES VERZEICHNIS DER AQUARELLE UND ZEICHNUNGEN

Datierte bzw. datierbare in Sammlungen, Publikationen und Ausstellungen bekanntgewordene Hauptblätter

(Aus dem etwa fünftausend Werke umfassenden Oeuvre sind in dem vorliegenden Verzeichnis etwa eintausendfünfhundert Blätter erfaßt)

Jahr Nr.	Titel und Datum	Maße	Nachweise	Standort
1824				
24/01	Der Friedhof in Hallstatt (nach Jakob Alt)		1911 LH 10; FA Wien 29 ex Wittgenstein; ex Stonborough	
1826				
26/01	Bildnis des Bruders Karl		BD Wien	PB Barcelona
1827				
27/01	Mödling bei Wien mit Burg	170 x 250	1902 JL 87; 1902 LH 264 Abb; 1906 MW 84	PB
27/02	Der Husarentempel bei Mödling		1902 JL 87	PB
27/03	Die Klausen bei Mödling			Slg Liechtenstein Vaduz 2.957
27/04	Rauris im Salzburgischen	170 x 230	1906 MW 59; 1911 LH 11	PB
27/05	Schönbrunn bei Wien	130 x 200	1906 MW 483	PB
1828				
28/01	Baumstudie			PB Wien
28/02	Absam (Maria Absam)	179 x 235	1911 LH 11, 140 Abb; 1930 KW 7	GS München 45.137
28/03	Berchtesgaden	198 x 240	1902 JL 87; 1906 MW 66; 1912 SE 222; 1958 HS 151 Abb ex Zuckerkandl	PB München
28/04	Mals mit der Ortlerspitze		1902 JL 87	
28/05	Salzburg mit dem Tennengebirge (Zeit: um 1828)	103 x 160	1955 AL 4 ex Paterno; erw. 1887	AL Wien 4.958
28/06	Como	240 x 370	1906 MW 35; 1906 LH 210; 1911 LH 99 ex Miller-Aichholz	
28/07	Como	190 x 230	1906 MW 112; 1906 LH 210 ex Häuflein	
28/08	Blick auf Como	205 x 240	1960/549 DW 216 Tf 88	
28/09	Gargniano am Gardasee	190 x 470	1906 MW 128; BA Wien D 9.680	
28/10	Plevio am Comosee	220 x 305	1954 LM Tf 1; 1955 SG 71	PB
28/11	Plevio am Comosee	215 x 302	1955 SG 70	PB
28/12	Das alte Zollhaus von Torbole	134 x 149	1955 AL 3	PB Wien
1829				
29/01	Baumlandschaft	474 x 635	1911 LH 4 Abb; 1930 KW 76; 1955 AL 8; AA Wien; BD Wien; Akademie-Wettbewerbsblatt des 17jährigen Künstlers ex Louise Alt	PB
29/02	Baumstudie (Baumschlag)	245 x 194	ex Louise Alt	NG Graz II 9.931
29/03	Baumstudien	177 x 220	1955 SG 75	NG Graz II 9.930
29/04	Landschaft		1912 SE 20 ex Miller-Aichholz	
29/05	Verfallene Mühle		1892 KH 220	PB
29/06	Blick von Aigen bei Salzburg	230 x 320	1906 MW 54; 1906 LH 210; 1911 LH 90 ex Miller-Aichholz	
29/07	Hallein bei Salzburg	110 x 230	1906 MW 72; 1953 OL 47	OL Linz Ha 1.087
29/08	Blick auf Hellbrunn bei Salzburg	134 x 189	erw. 1949 (Newinny)	AL Wien 30.880
29/09	Blick vom Mönchsberg gegen Hellbrunn bei Salzburg	160 x 240	1906 MW 121	
29/10	Blick vom Nonnberg gegen Hellbrunn	170 x 240		GS München 45.075
29/11	Blick vom Mönchsberg gegen Leopoldskron bei Salzburg	170 x 237	1955 AL 6; 1958 HS 149 Abb	PB Zürich
29/12	Purgstall an der Erlauf in Niederösterreich	180 x 200	1906 MW 299	
29/13	Der Friedhof von St. Peter in Salzburg	170 x 240	1892 KH 172; 1911 LH 5 Abb; 1953 KK 35; 1955 AL 7; 1958 HS 150 Abb; 1960 VH 9; 1961 BG Tf; 1973 AL 185	KK Wien 13.017
29/14	Salzburg vom Schloßberg (Mönchsberg) aus	225 x 337	1902 JL 87; 1906 MW 187; 1906 LH 210; 1909 AR Tf 1; 1911 LH 90, 48 Abb; 1958 HS 148 Abb ex Eissler	PB
29/15	Blick auf Steyr	170 x 230	1906 MW 60; 1906 LH 210; 1911 LH 90; 1955 AL 5; BD Wien ex Miller-Aichholz	PB
29/16	Blick auf St. Wolfgang	170 x 240	1906 MW 33; 1911 LH 90, 20 Abb; 1958 HS 153 Abb; 1973 AL 186 ex Eissler	AL Wien 32.494
29/17	Der Domplatz in Como	103 x 155		GS München 45.072
29/18	Ausblick auf den Comosee aus einer Loggia	103 x 155		GS München 45.073
29/19	Der Gardasee im Gewitter	164 x 233	1911 LH 13	

1830

30/01	Doppelbildnis der Frau und Tochter des Zuckerbäckers Flach	141 x 170	1906 MW 241	KK Berlin 6 (F 958)
30/02	Landschaft (nach Molitor)		AA Wien	PB Wien
30/03	Hindu-Tempel von Agouren in Indien	410 x 590	1892 KH 280; 1911 LH 99 ex Lobmeyr	
30/04	Tempelanlage	427 x 602	vielleicht identisch mit Nr. 30/03	GS München 45.619
30/05	Gastein	280 x 210	1902 JL 87; 1906 MW 43	
30/06	Gastein mit dem Gamskarkogel	271 x 432	1953 OL 9 Abb (dort: 1839); 1955 AL 10; 1958 HS 155 Abb; 1973 AL 194	AL Wien 26.675
30/07	Der Gamskarkogel bei Gastein	270 x 330	1906 MW 97	
30/08	Das Gasteinertal gegen den Radhausberg	270 x 360	1906 MW 123; 1909 AR Tf 1; 1912 SE 218; BA Wien 240.521 ex Miller-Aichholz	
30/09	Partie aus der Klamm bei Gastein	332 x 242	1902 JL 87; 1906 MW 83; 1911 LH 90 ex Miller-Aichholz	GS München 45.099
30/10	Das Haus Eh. Johanns (später Villa Meran) in Gastein	100 x 180	1900 VS 332, 319 Abb; 1906 MW 76	
30/11	Der Schleierfall bei Gastein	377 x 220	1906 MW 55; 1955 AL 11; 1970 KH 28 Tf; 1972 HK 204 erw. 1954 (Matsch)	AL Wien 31.615
30/12	Gasteiner Wasserfall mit Straubinger Hütte (Zeit: um 1830)	170 x 230	1965/567 DW 144 Tf 57; BA Wien D 13.775, D 19.171	
30/13	Waldbach bei Gastein (Zeit: 1830/34)	120 x 157		GS München 45.067
30/14	Oberer Gollinger Fall bei Salzburg (Zeit: nach 1830)	220 x 165		GS München 45.164
30/15	Blick auf Ischl	231 x 337	1953 OL 1; 1955 AL 9; 1958 HS 152 Abb erw. 1929 (Gal Wawra Wien)	AL Wien 25.039
30/16	Blick in Ischl gegen den Kalvarienberg (Zeit: um 1830)	166 x 234	1967 AM 352 Tf XVIII ex Wurzbach	KK Wien 27.263
30/17	Blick auf Linz von Urfahr (Zeit: um 1830)	285 x 375	1965 JS 105 Abb 31	SM Linz 1.037
30/18	Blick auf Maria-Enzersdorf	205 x 267		NL Wien 6.052
30/19	Blick vom Kapuzinerberg auf Salzburg		1892 KH 402 ehem. Slg Eh. Carl Ludwig (Klesheim)	
30/20	Blick vom Kapuzinerberg auf Salzburg	172 x 280	vielleicht identisch mit Nr. 30/19	GS München 45.179

1831

31/01	Studien einer Fichte	250 x 155	1906 MW 38; 1911 LH 130	
31/02	Die Rosalienkapelle bei Forchtenstein	232 x 370	1906 MW 134; 1906 LH 209; 1911 LH 12 ex Wittgenstein	
31/03	Baumstudien (Kaumberg und Aussee)	260 x 180	1892 KH 462; 1911 LH 130; 1917 WW 103 ex Lobmeyr	
31/04	Salzburg vom Kapuzinerberg	280 x 380	1909 AR Tf 2 ex Neiber	
31/05	Salzburg vom Mönchsberg	280 x 380	1906 MW 145 Abb ex Neiber	
31/06	Blick auf Wien	95 x 140	1930 KW 8	
31/07	Die Alservorstadt in Wien	370 x 270	1906 MW 26 ex Miller-Aichholz	
31/08	Der Graben in Wien	265 x 361	1961 BG Tf ex Pierer	OL Linz Ha 11.145
31/09	Der Josephsplatz in Wien		Vorlage der Lithographie von 1832 von Jakob Alt	PB Wien
31/10	Der Stephansdom in Wien	282 x 361	Vorlage zu dem Ölbild von 1832 in ÖG Wien; 1955 AL 12; 1973 AL 190	BV Mürzsteg 374/I/17
31/11	Der Stephansdom in Wien		1892 KH 97 ex PB	
31/12	Innenansicht des Stephansdomes in Wien		1892 KH 342 ex PB	
31/13	Dalmatien: Lesina	160 x 240	1906 MW 122	

1832

32/01	Das Tal von Altaussee mit dem Dachstein	186 x 266	Studie zu einem Ölbild von 1832 in Slg Reinhart Winterthur; 1892 KH 458; 1911 LH 89; 1917 WW 102; 1953 OL 12; 1955 AL 17; 1958 HS 157 Abb; 1973 AL 193	AL Wien 4.954
32/02	Gotische Kirche in Eisenerz	185 x 260	1892 KH 352; 1917 WW 104; 1921 GW 5; 1949/oNr DW 129; BA Wien D 4.141 ex Lobmeyr	
32/03	Die Karthause in Gaming	185 x 264	1955 AL 16; 1955 SG 58 ex Gsell; ex Plach; erw. 1948 (H. Müller)	AL Wien 30.740
32/04	Die Karthause in Gaming	185 x 263	1955 SG 4; 1961 BG Tf 30; 1963 BG Tf 70; 1969 SC 133 Abb 19	NL Wien 3.435
32/05	Der Wasserfall in Gastein	250 x 215	1922 BL 1	
32/06	Partie aus den Öfen der Salzach bei Golling	186 x 270	1906 MW 86; 1955 AL 20	PB Wien
32/07	Grein an der Donau mit Schloß Greinburg (Zeit: um 1832)	182 x 267	1971/XXIII NW 15 Abb ehem. Slg Coburg; ex Galerie Neumann Wien	PB
32/08	Landschaft um Gumpoldskirchen	170 x 230		PB Wien

32/09	Blick auf Schloß Liechtenstein bei Mödling von der Burgruine (Zeit: um 1832)	127 x 186		PB Wien
32/10	Das Helenental mit der Ruine Rauhenstein bei Baden	215 x 280	1955 AL 14	PB
32/11	St. Gilgen am Wolfgangsee	272 x 367	Erste Fassung von Nr. 32/12	GS München 45.100
32/12	St. Gilgen am Wolfgangsee (Zeit: um 1832)	190 x 306	1892 KH 176; 1953 OL 10 Abb; 1955 AL 18; 1958 HS 154 Abb; 1970 KH 32 Tf; 1973 AL 195 ex Gsell; ex Artaria; erw. 1886 (Gal Miethke Wien)	AL Wien 4.955
32/13	St. Gilgen am Wolfgangsee (Zeit: um 1832)	100 x 158	1892 KH 458; 1955 AL 19 ex Paterno; erw. 1887	AL Wien 4.957
32/14	Das Mohrenköpflhaus in Wien	365 x 260	1909 AR Tf 3; 1930 KW 9 (dort: 1831); BA Wien 240.517 ex Miller-Aichholz	
32/15	Der Neue Markt (Mehlmarkt) in Wien	250 x 331	1955 AL 13; 1967 FH Abb 15	AL Wien 28.042
32/16	Baumstudie aus dem Prater in Wien	240 x 175	1892 KH 462; 1906 MW 166; 1909 AR Tf 3; 1911 LH Tf 3; 1912 SE 219; BA Wien 240.184 ex Lobmeyr	PB
32/17	Der Stephansdom in Wien	256 x 364		HM Wien 106.499
32/18	Der Stephansdom in Wien	80 x 114	1975 AL 47; AA Wien	PB Wien
32/19	Partie aus Wiener Neustadt	189 x 272	1955 AL 15 erw. 1948 (Dorotheum)	AL Wien 30.729

1833

33/01	Blick auf Graz von Süden	150 x 282	(Jakob Alt ?)	NG Graz II 4.201
33/02	Kaiserbrunn bei Baden	240 x 300	1906 MW 27	
33/03	Felspartie bei Kaiserbrunn	280 x 230	1906 MW 32	
33/04	Pottau/Brünn (Ansichten: Templerschloß — Alter Wartturm / Alter Brunnen — Rathaustür)	120 x 175	1922 BL 28	
33/05	Blick auf Wien vom Leopoldsberg	249 x 369	1909 AR Tf 4; 1911 LH Tf 49; 1912 SE 30 (dort fälschlich: 1830); 1954 LM Tf 2; 1955 AL 21; 1965 AM 57 Tf 53; 1967 FH Abb 21; 1967 BG Tf; BA Wien LW 74.910	HM Wien 23.906
33/06	Das Äußere Burgtor in Wien		1892 KH 267 ex Mayer	
33/07	Das Franz-Josephs-Tor in Wien		1892 KH 268 ex Mayer	
33/08	Innenansicht der Kirche Maria am Gestade (Maria Stiegen) in Wien	270 x 200	1911 LH Tf 2; 1912 SE 9 ex Krzisch	PB
33/09	Ansicht von Rovereto		1892 KH 316; 1951 HS 331 Abb; ex Miller-Aichholz	
33/10	Trient von der Etsch aus	226 x 330	1909 AR 22 Tf 5; BA Wien 240.229 ex Louise Alt; ex Gsell; ex Plach	GS München 45.101
33/11	Der Hof des Dogenpalastes in Venedig		1892 KH 10; 1902 JL 93; 1911 LH 100	
33/12	Riva degli Schiavoni in Venedig		1892 KH 2 ex Miller-Aichholz	
33/13	Die Fregatte „Hebe" in den Lagunen von Venedig	251 x 328	1892 KH 326; 1955 AL 22 1939 von ÖG Wien übernommen	AL Wien 28.403
33/14	San Marco und die Piazzetta in Venedig	245 x 330	1930 KW 10	
33/15	Die Arena von Verona		1892 KH 476 ex Neblinger	
33/16	Palazzo del Palladio in Vicenza	330 x 250	1892 KH 3; 1902 JL 93 Abb; 1911 LH 100, 127, 8 Abb ex Miller-Aichholz	PB USA

1834

34/01	Bildnis Frau Luise Flach mit Tochter	202 x 163	1902 LH 267; 1909 AR Tf 8; 1911 LH 115; 1912 SE 40; 1955 AL 24 ex Eissler	AL Wien 28.350
34/02	Gastein mit dem Wasserfall (13. September)	165 x 107	1892 KH 318; 1911 LH 92; 1960 VH 10; 1963/VII NW 5 Abb ex Doblhoff; ex Stonborough	
34/03	Klosterneuburg vom Freiberg aus		1911 LH Tf 54	
34/04	Die Ruine Mödling	250 x 320	1906 MW 105; 1909 AR Tf 9; 1911 LH 90; 1912 SE 23; BA Wien 240.519 ex Miller-Aichholz	Slg Liechtenstein Vaduz
34/05	Der Stephansdom in Wien	316 x 369	1909 AR Tf 6; 1911 LH 66 Abb 9; 1912 SE 29 ex Eissler	
34/06	Das Landgut Artaria am Comosee	230 x 340	1906 MW 117	
34/07	Riva degli Schiavoni in Venedig	240 x 340	1922 BL 2	
34/08	Die Riva in Venedig	107 x 170	1963 KH 1	PB Wien

1835

35/01	Selbstbildnis des Künstlers	182 x 132	1909 AR Tf 10; 1911 LH 39 Abb	
35/02	Alte Postkutschen	128 x 202	1909 AR Tf 12 ex Eissler	
35/03	Feigenbaum	270 x 200	1906 MW 65	
35/04	Agaven	161 x 160	1966 AL 31 ex Hainisch	PB
35/05	Kreuzgang im Kapuzinerkloster in Berchtesgaden		1892 KH 487 ehem. Eh. Slg Albertina	

35/06	Laxenburg		1892 KH 216 ex Lobmeyr	
35/07	Aussicht von Laxenburg auf die Franzensburg		BA Wien 240.489	
35/08	Die Franzensburg bei Laxenburg	95 x 152	1909 AR Tf 10 ex Lobmeyr	
35/09	Am Hof in Wien	131 x 190	1892 KH 398; 1911 LH 73, 29 Abb; 1921 GW 1 Abb ex Königswarter; ex Schoeller	
35/10	Der Hohe Markt in Wien	265 x 332	1911 LH 111 Abb; 1912 SE 33	Slg Liechtenstein Vaduz
35/11	Der Neue Markt (Mehlmarkt) in Wien	262 x 330	1902 JL 86 Abb; 1909 AR Tf 11	
35/12	Vorhalle der Kathedrale von Amalfi	260 x 330	BA Wien D 11.353	
35/13	Küstenpartie bei Amalfi		BA Wien 240.242	
35/14	Amalfi von Neapel aus	270 x 374	1892 KH 374; 1909 AR Tf 14; 1917 WW 170 ex Lobmeyr	
35/15	Capri	270 x 370	1906 MW 153	
35/16	Castellamare	262 x 375		GS München 45.591
35/17	Bei Castellamare	245 x 290	1965/IX NW 1; AA Wien	PB
35/18	Der Hafen von Neapel mit dem Vesuv	173 x 235	1892 KH 9; 1902 JL 87, 90 Abb; 1954 LM Tf 3; 1955 AL 32; 1973 AL 200 ex Miller-Aichholz	PB Wien
35/19	Der Hafen von Neapel mit dem Vesuv	265 x 375	Vorlage zu dem Ölbild von 1836 in ÖG Wien; 1892 KH 1; 1902 JL 90; 1911 LH 103 Tf 50; 1939 HA 22 Abb; 1955 AL 33 ex Miller-Aichholz; ex Pierer	PB Wien
35/20	Der Hafen von Neapel mit dem Vesuv	254 x 365	Studie zu dem Ölbild von 1836 in ÖG Wien: vgl. Nr. 35/19 ex Lobmeyr; ex Wawra; ex Gal Neumann Wien	PB USA
35/21	Porta Capuana in Neapel		1911 LH 103	
35/22	Der Strand von Santa Lucia in Neapel	260 x 360	1911 LH 103, 11 Abb	
35/23	Ausblick aus einem Bogengang in Rom		BA Wien 1.312	
35/24	Blick auf Rom von den Gärten des Monte Pincio	346 x 745	(J & R Alt); 1963/VII NW 4 ex Stonborough	PB
35/25	Das Kapitol in Rom	332 x 278	Studie zum Guckkastenbild der Albertina GK 27; 1892 KH 266; 1911 LH 102 Tf 13; 1921 GW 10 Abb; 1955 AL 26 ex Schoeller; ex Pierer	PB Wien
35/26	Der Konstantinsbogen in Rom	270 x 375	1939 von ÖG Wien übernommen	AL Wien 28.369
35/27	Aus dem Hause Michelangelos in Rom		1892 KH 477	
35/28	Die Rossebändigergruppe auf dem Quirinal in Rom	255 x 372		KK Berlin 23 (F V 1.104)
35/29	Kreuzgang S. Giovanni in Laterano in Rom	261 x 340	1892 KH 495 ex Figdor	AL Wien 32.433
35/30	Kreuzgang S. Giovanni in Laterano in Rom	277 x 385	1892 KH 496; 1911 LH 102 ex Figdor	KK Berlin 21 (F III 2.633)
35/31	Kreuzgang von S. Onofrio in Rom	252 x 358	1892 KH 489; 1911 LH 102 ex Lanckoronski	
35/32	S. Pietro in Vaticano in Rom		1892 KH 518 ex Figdor	
35/33	Sta. Maria Maggiore in Rom	227 x 312	Studie zum Guckkastenbild der Albertina GK 25 1955 AL 28	PB Wien
35/34	Der Titusbogen in Rom	370 x 265	1892 KH 500; 1911 LH 103 ex Figdor	
35/35	Der Titusbogen und die Maxentiusbasilika in Rom	265 x 366	vielleicht identisch mit Nr. 35/34 (wenn dort Angabe der Maßverhältnisse irrig)	KK Berlin 20 (F III 2.632)
35/36	Sorrent (Zeit: 1835 ?)	250 x 395		GS München 45.086
35/37	Die Grotten des Aniene bei Tivoli (Rom)	334 x 261	1955 AL 30; 1969 WK Tf X ex Gsell; erw. 1956 (Schmid)	AL Wien 32.571
35/38	Tivoli bei Rom	270 x 239	1892 KH 301 ex Arthaber; ehem. Slg Meyer	AL Wien 32.721
35/39	Tivoli bei Rom	262 x 369	1911 LH 61 Abb	Slg Liechtenstein Vaduz
35/40	Blick gegen Piazzetta und Sta. Maria della Salute in Venedig		BA Wien 240.251	
35/41	Schiffe im Hafen von Venedig	250 x 320	1911 LH 10 Abb ex Miller-Aichholz	
35/42	Das Amphitheater in Verona		1892 KH 403 ex Mayer	

1836

36/01	Aussicht von der Bergstraße in Baden bei Wien		1892 KH 332 ex Doblhoff	
36/02	Der Kirchhof von St. Peter in Salzburg		1912 SE 34 ex Zuckerkandl	
36/03	Der Kirchhof von St. Peter in Salzburg (Zeit: 1836 ?)	314 x 415	vielleicht identisch mit Nr. 36/02	GS München 45.598
36/04	Der Graben in Wien gegen den Kohlmarkt	255 x 330	1967/XII NW 9 Abb ex Pierer	PB Wien
36/05	Am Hof in Wien	131 x 190	1911 LH 29 Abb ex Schoeller	
36/06	Der Neue Markt (Mehlmarkt) in Wien	268 x 335	1892 KH 408; 1909 AR Tf 11; 1911 LH 72, 15 Abb; 1954 KK III Abb; BA Wien L 12.610 ex Lobmeyr; ex Gal Neumann Wien	
36/07	Praterlandschaft in Wien	163 x 109	1955 AL 34 erw. 1951 (Gal Neumann Wien)	AL Wien 31.078

1837

37/01	Selbstbildnis des Künstlers		1912 SE 4 Abb	ex Zuckerkandl	
37/02	Das Dampfschiff „Maria Anna“ an der Donaulände in Wien		1911 LH 13		
37/03	Szene auf dem Deck des Dampfschiffs „Maria Anna“	218 x 143	1911 LH 112		GS München 45.139
37/04	Gebirgsdorf	99 x 156			KK Berlin 9 (F III 2.621)
37/05	Klostergang in Berchtesgaden	242 x 337		ex Gsell	PB Wien
37/06	Kirche und Karner in Deutsch-Altenburg	100 x 158	1892 KH 168; 1953 KK 33; 1955 AL 37; 1955 SG 60; 1960 VH 11; 1973 AL 189		KK Wien 13.011
37/07	Donaulauf mit Blick auf die Walhalla	100 x 157	siehe Nr. 45/07		KK Berlin 15 (F III 2.627)
37/08	Donaustrudel	100 x 159	siehe Nr. 45/07		KK Berlin 8 (F III 2.620)
37/09	Ansicht von Dürnstein in der Wachau	100 x 158	1909 AR Tf 21	ex Figdor	KK Berlin 13 (F III 2.625)
37/10	Ruine Emmersberg		1892 KH 256	ex Mayer	
37/11	Gmunden	98 x 157	siehe Nr. 45/08		KK Berlin 11 (F III 2.623)
37/12	Der Hintere Gosausee mit dem Dachstein		1892 KH 311	ex Lobmeyr	
37/13	Blick auf Innsbruck	240 x 320	1930 KW 11		
37/14	Volkstypen aus Ischl		1892 KH 370 (vielleicht identisch mit Nr. 37/15—16)		
37/15	Ischler Bauern	135 x 190	1909 AR Tf 17 (oben); 1911 LH 113 Abb; BA Wien 240.267	ex Hertenried	
37/16	Ischler Bauern	133 x 175	1909 AR Tf 17 (unten); 1911 LH 113, 25 Abb	ex Hertenried	OL Linz Ha 2.160
37/17	Ansicht von Klosterneuburg mit der Stiftskirche	160 x 102	1953 KK 31; 1955 AL 35; 1955 SG 59; 1960 VH 13, 102 Abb 12; 1973 AL 187		KK Wien 13.016
37/18	Ansicht von Linz	100 x 158	1909 AR Tf 20; 1972 OW 82 Abb (dort: 1838)	ex Figdor	KK Berlin 12 (F III 2.624)
37/19	Ansicht von Melk	100 x 158	1909 AR Tf 21; siehe Nr. 45/07	ex Figdor	KK Berlin 14 (F III 2.626)
37/20	Passau	99 x 157	siehe Nr. 45/08		KK Berlin 17 (F III 2.629)
37/21	Römisches „Heidentor“ in Petronell	100 x 158	1892 KH 168; 1953 KK 32; 1955 AL 36; 1955 SG 61; 1960 VH 12; 1973 AL 188		KK Wien 13.010
37/22	Puchberg mit der Ansicht des Schneebergs		1892 KH 257	ex Mayer	
37/23	Ansicht von Regensburg	100 x 158	1909 AR Tf 20; 1911 LH 19 Abb; siehe Nr. 45/08	ex Figdor	KK Berlin 16 (F III 2.628)
37/24	Stein an der Donau	100 x 158	1911 LH 18 Abb; siehe Nr. 45/08	ex Figdor	KK Berlin 10 (F III 2.621)
37/25	Der Stephansdom mit dem Heidenturm in Wien	290 x 372	1909 AR Tf 16; 1912 SE 25	ex Hertenried	
37/26	Rechtes Seitenschiff des Stephansdomes in Wien	160 x 102	1971/XXIII NW 12 Abb		PB
37/27	Como	145 x 210	1906 MW 147; 1911 LH 99	ex Ast	
37/28	Como	160 x 230	1917 WW 105; 1940/458 DW 386 Tf XII; BA Wien D 1.900	ex Gsell; ex Lobmeyr	
37/29	Der Dom von Como	170 x 240	1911 LH 99	ex Lobmeyr	
37/30	Blick vom Domplatz in Como auf den See	245 x 340	1922 BL 36 (hs. Vermerk „Artaria“)		
37/31	Der Hafen von Como	239 x 340	Vorlage zum Guckkastenbild der Albertina GK 102; 1955 AL 38	ex Gsell; ex Plach	AL Wien 30.655
37/32	Motiv aus Como		1892 KH 457	ex Lobmeyr	
37/33	Blick von Villa Pliniana auf den Comosee	242 x 343	1955 AL 41	ex Gsell; ex Plach	NG Graz II 9.414
37/34	Der Comosee	242 x 336		ex Gsell; ex Plach; ehem. Slg Coburg; ex Gal Neumann Wien	
37/35	Der Comosee gegen Torno	237 x 333	Vorlage zum Guckkastenbild der Albertina GK 97; 1892 KH 355; 1955 AL 39	ex Arthaber; erw. 1956 (Fabricius)	AL Wien 32.439
37/36	Straßenbild in Mailand		1892 KH 337	ex Lanckoronski	
37/37	Die Certosa von Pavia		1892 KH 125		
37/38	Kirchgang in Plevio am Comosee	180 x 240	1911 LH 14 Abb	ex Krzisch	PB Graz
37/39	Kreuzgang S. Giovanni in Laterano in Rom	273 x 376	1960/72 NW 147; AA Wien		PB
37/40	Der Hof des Dogenpalastes in Venedig	274 x 338	1911 LH 100	ex Lanna; erw. 1949 (Gal Schatzker Wien)	AL Wien 30.793
37/41	Marinestück bei Venedig		1892 KH 214		

1838

38/01	Bildnis Lidwina Alt (Schwester des Künstlers)	234 x 182	1912 SE 55	ehem. ÖG Wien	AL Wien 28.351

38/02	Kinderbildnis Baron Gustav Spielmann	90 x 65	1911 LH 114; 1955/527 DW 188 Tf 71; BA Wien D 6.199		
38/03	Stilleben		1892 KH 15	ex Miller-Aichholz	
38/04	Brünn	133 x 185		ex Gsell	GS München 45.643
38/05	Dürnstein an der Donau	148 x 209		ex Haftel	NL Wien 1.838
38/06	Gmunden	220 x 280	1892 KH 356; 1911 LH 90		
38/07	Ischl		1892 KH 359	ex Lobmeyr	
38/08	Friedhof in Ischl	140 x 210	1930 KW 11 a; 1951 HS 336 Abb		
38/09	Ischler Bauern	140 x 213	1892 KH 470; 1911 LH 116		GS München 45.642
38/10	Blick auf Nikolsburg	136 x 191	1955 AL 43	ex Gsell; ex Plach; ex Perger; ex Hainisch	PB Wien
38/11	Raigern an der Nordbahn in Mähren	120 x 175	1911 LH 82, 90, 138, 28 Abb	ex Hertenried	
38/12	Die Ferdinandsbrücke (Schwedenbrücke) in Wien	150 x 220	Vorlage zur Lithographie von Joseph Gerstmeyer		PB Wien
38/13	Der Neue Markt (Mehlmarkt) in Wien	155 x 220	1971 XXIII NW 14 Abb	ex Bondy	PB Wien
38/14	Innenansicht des Domes in Mailand	151 x 103			GS München 45.076
38/15	San Marco und die Piazzetta in Venedig bei Gewitterstimmung	100 x 154	1955 AL 42		PB Wien
38/16	Der Hof des Dogenpalastes in Venedig		1892 KH 475	ex Neblinger	

1839

39/01	Bildnis des Bruders Karl mit Tochter	215 x 180	1963 KH 2 Abb (dort fälschlich: „Selbstbildnis des Künstlers“)		PB Wien
39/02	Bildnis Baron Merode	265 x 212 oval	1909 AR Tf 23; 1911 LH 114 Tf 36; 1912 SE 39	ex Figdor; ex Eissler	AL Wien 28.338
39/03	Bildnis eines Ehepaares der Biedermeierzeit	138 x 121	1968/580 DW 143 Tf 91; BA Wien D 16.106		
39/04	Figurenstudie mit Architekturhintergrund	140 x 200	1906 MW 216		
39/05	Landschaft			ex Gal Neumann Wien	PB Wien
39/06	Bauern aus Galizien	150 x 220	1892 KH 502; 1906 MW 200; 1973 XXXVIII NW 34 Abb	ex Figdor	PB
39/07	Galizischer Bauer an seiner Haustür	155 x 122	lithographiert für das von H. F. Müller hrsg. Werk über die Österreichische Monarchie; 1892 KH 295; 1955 AL 47; 1973 AL 202	ex Lanckoronski; ex Michalik	PB Wien
39/08	Galizische Rastelbinder	155 x 219			PB Wien
39/09	Alt-Sandecz in Galizien	215 x 300	1906 MW 56		
39/10	Kirche von Dukla in Galizien	151 x 213	vgl. Nr. 40/13; 1911 LH 21 Abb; FA Wien 34	ehem. Slg Coburg; ex Gal Neumann Wien	PB Wien
39/11	Schlösser in Polen		1892 KH 488		
39/12	Die Esplanade in Ischl (Zeit: um 1839)	204 x 279	Vorlage zur Lithographie von Joseph Gerstmeyer; 1953 OL 3; 1958 HS 158 Abb (dort: um 1837); 1960 VH 14; 1970 WK 33		AL Wien 28.305
39/13	Persenbeug	140 x 200	1911 LH 82	ex Hertenried	
39/14	Der Altstädter Ring in Prag		1912 SE 21		Slg Liechtenstein Vaduz
39/15	Schloß Belvedere in Prag	270 x 220			GS München 45.136
39/16	Kirche in Prag	354 x 268	1909 AR Tf 22; 1917 WW 108	ex Gsell; ex Lobmeyr	
39/17	Rathaussaal in Prag		1892 KH 455	ex Lobmeyr	
39/18	Partie aus Prag		1892 KH 464	ex Arthaber	
39/19	Der St. Veitsdom in Prag		1892 KH 454	ex Arthaber	
39/20	Der St. Veitsdom in Prag	354 x 268	1892 KH 420; 1911 LH 94; BA Wien 240.211	ex Lobmeyr	
39/21	Kloster in Tyniec (Tynnies) an der Weichsel	218 x 307	1892 KH 143		AL Wien 31.635
39/22	Tor in Ungarisch-Hradisch in Mähren		1892 KH 136		
39/23	Wadowice in Galizien	124 x 183	vgl. Nr. 40/15; 1955 AL 45; BA Wien 152.473		NG Graz II 1.844
39/24	Blick auf Wien vom Belvedere	167 x 299	1911 LH 1 Abb	ehem. Slg Prinzessin Gisela von Bayern München	
39/25	Blick auf Wien vom Cobenzl	260 x 375	1912 SE 27; 1917 WW 134; 1975 AL 55; BA Wien 240.265	ex Lobmeyr	PB Wien
39/26	Die Karlskirche und die Technische Hochschule in Wien	98 x 156	1902 JL 82 Abb; 1909 AR Tf 24	ex Hertenried	
39/27	Der Stephansdom in Wien		1892 KH 451	ex Lobmeyr	
39/28	Wehr des Alserbaches in Wien	255 x 233	1911 LH 68; 1955 AL 44	ex Gsell; ex Plach; ehem. Slg Danilowatz	PB

1840

40/01	Bildnis der ersten Gattin des Künstlers (Zeit: um 1840)	210 x 150	1909 AR Tf 30; 1971 XXIII NW 13 Abb; 1972 XXX NW 1 Abb		PB

40/02	Bildnis Dr. Ludwig Wilhelm Mauthner (Zeit: um 1840)	121 x 70	1955 AL 139 (dort: um 1850); vgl. Nr. 42/01		HM Wien 102.606
40/03	Damenbildnis in ganzer Figur (Zeit: um 1840)	124 x 75	1955 AL 140 (dort: um 1850)		HM Wien 102.607
40/04	Der Maler Wipplinger in Hallstatt (Zeit: um 1840)	163 x 117	1892 KH 371; 1909 AR Tf 31; 1917 WW 111; BA Wien 240.502	ex Lobmeyr	
40/05	Studie eines Fichtenwaldes (Zeit: nach 1840)	175 x 238	1955 AL 108; 1963 VII NW 21 Abb	ex Stonborough	PB
40/06	Huflattichstudie (Zeit: nach 1840)	166 x 172	1955 AL 110	ehem. Slg Roeßler; erw. 1950	AL Wien 30.965
40/07	Huflattichstudie (Zeit: nach 1840)	177 x 170	1960 VH 16	ehem. Slg Stonborough	
40/08	Huflattich am Wasser mit Wildente (Zeit: nach 1840)	171 x 184	1911 LH Tf 9; 1955 AL 111	ex Miller-Aichholz	AL Wien 28.355
40/09	Hirschblattstudie (Zeit: nach 1840)	183 x 180	1955 AL 109; 1963 VII NW 11 Abb	ex Stonborough	PB
40/10	Blick auf Brünn (Zeit: nach 1840)	212 x 429	1955 AL 107; 1963 VII NW 18 Abb	ex Stonborough	PB
40/11	Der Dachstein (Zeit: nach 1840)	165 x 268			GS München 45.155
40/12	Galizische Landschaften: Zagorzany — Biecz — Odrzykon — Szymbark		1892 KH 298		
40/13	Kirche von Dukla in Galizien		vgl. Nr. 39/10; BA Wien 240.569		
40/14	Blick auf Neumarkt in Galizien	196 x 288	1955 AL 55		PB Wien
40/15	Wadowice in Galizien	127 x 185	vgl. Nr. 39/23		GS München 1920:47
40/16	Landschaft um Hradek bei Königgrätz (Zeit: um 1840)	250 x 460	1911 LH 12; 1955 AL 106	ex Pollak; erw. 1950	AL Wien 30.974
40/17	Ansicht von Ischl mit Kirche (Zeit: um 1840)	142 x 216	1953 OL 7; 1955 AL 51	ex Gsell; ex Plach; erw. 1948 (Gal Neumann Wien)	AL Wien 30.654
40/18	Partie bei Ischl (Zeit: um 1840)	142 x 216	1953 OL 6; 1955 AL 50	ex Gsell; ex Plach; erw. 1948 (Gal Neumann Wien)	AL Wien 30.653
40/19	Kirchenruine von Kirchberg am Wechsel (Zeit: nach 1840)	279 x 185	1955 AL 105; 1973 AL 236	erw. 1947	AL Wien 30.533
40/20	Die Lichtsäule in Klosterneuburg	274 x 218		ehem. Slg Kastner Wien	OL Linz Ka 160
40/21	Linz von Urfahr aus	275 x 400	1952 SM 135 Abb 10; 1953 OL 50 Abb; 1955 AL 49; 1972 OW 84 Tf 32		SM Linz 1.076
40/22	Aussicht von Stift Melk auf die Donau	310 x 430	1906 MW 178		
40/23	Österreichische Landschaften in vier Ansichten	128 x 187			Slg Schäfer Schweinfurt 360.540 A
40/24	Der Hradschin und die Karlsbrücke in Prag		1892 KH 196	ex Reichert	
40/25	Das Bummerlhaus in Steyr (Zeit: um 1840)	195 x 135	1967 XII NW 2 Abb		PB
40/26	Motiv aus Ungarn		1892 KH 93	ex Mayr	
40/27	Blick vom Burgplatz gegen die Vorstädte Wiens (Zeit: nach 1840)	95 x 144	1955 AL 103		HM Wien 105.347
40/28	Die Ferdinandsbrücke (Schwedenbrücke) in Wien		1892 KH 406	ex Rath	
40/29	Der Hohe Markt in Wien	107 x 137	1917 WW 126; 1955 AL 48; AA Wien; BD Wien	ex Plach; ex Lobmeyr	PB
40/30	Der Josephsplatz in Wien		1892 KH 480	ex Miller-Aichholz	
40/31	Blick in die Liechtensteingalerie in Wien		1892 KH 407	ex Schoeller	
40/32	Der Nußberg bei Wien (Zeit: nach 1840)	258 x 392	1955 AL 101		AL Wien 28.039
40/33	Panorama Wiens von Westen (Zeit: nach 1840)	216 x 339	1955 AL 102; BD Wien		PB
40/34	Das Neukloster in Wiener Neustadt	251 x 381	1955 AL 104; 1948/oNr (Sep) DW 124 Tf 27	erw. 1948 (Dorotheum)	AL Wien 30.643
40/35	Oberitalienischer See	239 x 400			Slg Schäfer Schweinfurt 472.212 A
40/36	Die Pfarrkirche in Bozen (Zeit: um 1840)	184 x 268	Studie zum Guckkastenbild der Albertina GK 113; 1955 AL 52		AL Wien 28.354
40/37	Motiv aus Neapel		1892 KH 373		
40/38	Der Titusbogen in Rom	170 x 130	1911 LH 106 Abb		Slg Liechtenstein Vaduz
40/39	Triest (Zeit: 1840 ?)	150 x 215			GS München 45.172
40/40	Die Domkirche S. Giusto in Triest	99 x 173	1911 LH 131 Abb		Slg Liechtenstein Vaduz
40/41	Der Hafen von Triest	175 x 250	1928 BG 47	ex Eissler	PB Wien
40/42	Studie aus Triest	220 x 170	1906 MW 284 Abb; 1909 AR Tf 27	ex Artaria	
40/43	Varenna am Comosee	215 x 282	Studie zum Guckkastenbild der Albertina GK 99; 1955 AL 53	ehem. Slg H. Meier; erw. 1955	AL Wien 31.634
40/44	Die Riva in Venedig	450 x 630	1963 KH 3	Legat Reiser	KH Wien
40/45	Dalmatiner	240 x 160	1906 MW 207		

40/46	Dalmatiner: Bauer von Breno bei Ragusa (Dubrovnik)	233 x 103	1971/593 DW 153 Tf III; BA Wien D 18.960		PB
40/47	Dalmatinerin (5. September)	240 x 164	1963/VII NW 7 Abb		PB
40/48	Dalmatinische Figuren: Mann aus Cattaro (Kotor) und Frau aus Spalato (Split)	163 x 218			Slg Schäfer Schweinfurt 170.537 A
40/49	Dalmatinische Trachtenstudien	240 x 164	1911 LH 115		GS München 45.138
40/50	Dalmatinische Typen: Studien von einer Dampferfahrt nach Cattaro (Kotor: 29. Oktober)	160 x 220	1892 KH 375; 1911 LH 24 Abb; 1917 WW 114	ex Lobmeyr	
40/51	Dalmatinische Typen: Bauer und Mönch (30. Oktober)	155 x 220	1917 WW 115	ex Lobmeyr	
40/52	Dalmatinische Typen: Figuren und Trachtenstudien aus Cattaro (Kotor)	159 x 213	1955 AL 59	erw. 1942	AL Wien 29.512
40/53	Dalmatinische Typenstudie: Montenegriner		1892 KH 315	ex Lanckoronski	
40/54	Dalmatinische Typen: Studien aus Cattaro (Kotor)	150 x 190	1906 MW 209		
40/55	Maultierstudie aus Dalmatien (29. August)	160 x 220	1906 MW 211		
40/56	Pferde- und Maultierstudien aus Dalmatien (31. August)	164 x 237	1955 AL 57	erw. 1953 (Markus)	AL Wien 31.484
40/57	Cattaro (Kotor) in Dalmatien	399 x 510	1911 LH 95; 1955 AL 64		BV Mürzsteg
40/58	Cattaro (Kotor) in Dalmatien	295 x 418	1909 AR Tf 29; 1911 LH 95	ex Miller-Aichholz	
40/59	Cattaro (Kotor) in Dalmatien	390 x 511	1955 AL 60		BV Mürzsteg
40/60	Bocche di Cattaro (Kotor) in Dalmatien	285 x 385	1892 KH 174; 1917 WW 112; 1930 KW 12	ex Lobmeyr	
40/61	Dobrota in der Bucht von Cattaro (Kotor) in Dalmatien	310 x 430	1892 KH 421; 1911 LH 95; 1912 SE 61; 1917 WW 113	ex Lobmeyr	
40/62	Ort und Insel Curzola (Korcula) in Dalmatien	163 x 235	1911 LH 95; FA Wien 28; 1971/XXV NW 395 Abb (IV)		PB
40/63	Dernis (Drniš) in Dalmatien	324 x 510	1911 LH 95; 1955 AL 68		BV Mürzsteg
40/64	Brunnen bei Dernis (Drniš) in Dalmatien	304 x 401	1911 LH 95; 1955 AL 56		GS München 45.650
40/65	Alter Palast in Gravosa (Gruž) bei Ragusa (Dubrovnik) in Dalmatien	409 x 390	1892 KH 428; 1917 WW 116; 1955 AL 67	ex Lobmeyr	BV Mürzsteg
40/66	Ragusa (Dubrovnik) in Dalmatien mit Castel S. Lorenzo	357 x 514	1955 AL 65		BV Mürzsteg
40/67	Castell von Ragusa (Dubrovnik) in Dalmatien		Dom-Galerie Schottenring Wien: Auktion 1973/I		
40/68	Castell von Ragusa (Dubrovnik) in Dalmatien	321 x 421			AL Wien 32.488
40/69	Partie aus Ragusa (Dubrovnik) in Dalmatien	160 x 230	1906 MW 135		
40/70	Alte Kapelle und Agaven bei Ragusa (Dubrovnik) in Dalmatien	420 x 306	1892 KH 503; 1911 LH 95, 161	ex Figdor	GS München 45.627
40/71	Die Stadtmauer von Ragusa (Dubrovnik) in Dalmatien	162 x 232	1955 AL 58		PB Wien
40/72	Partie aus dem Omblatal bei Ragusa (Dubrovnik) in Dalmatien	329 x 463	1955 AL 66		BV Mürzsteg
40/73	Sebenico (Sibenik) in Dalmatien	345 x 522	1955 AL 62		BV Mürzsteg
40/74	Der Dom von Sebenico (Sibenik) in Dalmatien		1892 KH 492	ex Figdor	
40/75	Spalato (Split) in Dalmatien	351 x 436		erw. 1964 (Nachlaß Hussa)	AL Wien 34.922
40/76	Der Diocletianspalast zu Spalato (Split) in Dalmatien	458 x 354	1892 KH 16; 1911 LH 95	ex Miller-Aichholz	BV Mürzsteg
40/77	Der Diocletianspalast zu Spalato (Split) in Dalmatien (16. September)	425 x 335	1921 GW 14 Abb		
40/78	Der Jupitertempel von Spalato (Split) in Dalmatien	130 x 98	1909 AR Tf 28; 1911 LH 95; 1917 WW 127	ex Lobmeyr	
40/79	Der Marktplatz von Spalato (Split) in Dalmatien	306 x 430			KK Berlin 1 (F 211)
40/80	Die Vorhalle des Doms von Trau (Trogir) in Dalmatien	390 x 310	1892 KH 8; 1911 LH Tf 7; 1963 KH 4	ex Miller-Aichholz; Legat Reiser	KH Wien 463 N
40/81	Die Vorhalle des Doms von Trau (Trogir) in Dalmatien	456 x 356	1955 AL 61		BV Mürzsteg
40/82	Blick auf Zara (Zadar) in Dalmatien	363 x 522	1955 AL 63		BV Mürzsteg

1841

41/01	Bildnis einer Dame mit Spitzentuch: die erste Gattin des Künstlers? (Zeit: um 1841)	245 x 165	1906 MW 222; 1909 AR Tf 38 (oben li.); 1911 LH Tf 34; 1955 AL 86; 1967/XII NW 7 Abb; 1973 AL 192	ex Miller-Aichholz; ehem. Slg Bondy; erw. 1967	AL Wien 35.469
41/02	Bildnis der ersten Gattin des Künstlers: Hermine	180 x 130	1906 MW 244; 1911 LH 38 Abb; 1930 KW 15; BA Wien 240.571	ex Eissler	
41/03	Hannakin		1892 KH 490		
41/04	Slowakin	145 x 95	1906 MW 223		
41/05	Walachin und andere Bäuerinnen	125 x 180	1922 BL 25 (Hs. Vermerk „Benedikt")		

41/06	Blick auf Baden bei Wien	100 x 155	1930 KW 14		
41/07	Hof des Liechtenstein'schen Schlosses in Butschowitz (15. November)	345 x 435	1892 KH 139; 1912 SE 22; 1917 WW 117; 1967 RG 2	ex Lobmeyr	Slg Liechtenstein Vaduz
41/08	Blick auf Dürnstein an der Donau	326 x 435	1892 KH 5; 1902 JL 88, Tf vor 76; 1911 LH 140; 1963 KH 4 a Abb; 1975 AL 53		KH Wien 462 N
41/09	Dürnstein an der Donau (Zeit: 1841 ?)	304 x 420	1968 SL 10	ehem. Slg Liechtenstein Vaduz	Slg Schäfer Schweinfurt 1.473 A
41/10	Stift Göttweig: Gobelinzimmer	372 x 435			GS München 45.094
41/11	Der Rathausturm in Korneuburg	225 x 205	1909 AR Tf 33; 1911 LH Tf 4; 1959 KD 4	ex Lobmeyr; ex Gsell; ehem. ÖG Wien	AL Wien 34.260
41/12	Au bei Krems		1892 KH 440		
41/13	Altes Tor in Krems (8. September)	300 x 350	1953 KK 2; 1953 OL 35 Abb; 1955 AL 71; 1955 SG 62		KK Wien 6.568
41/14	Ansicht von Kremsier in Mähren	200 x 340	1906 MW 34		
41/15	Mährische Landschaft	230 x 360	1906 MW 121		
41/16	Napajedl in Hradischer Kreis in Mähren: Ort und Zigeunerlager	130 x 185	1922 BL 23 (hs. Vermerk „Artaria")		
41/17	Napajedl: Figurenstudien	150 x 200	1906 MW 213		
41/18	Der Altstädter Ring in Prag		1892 KH 102	ex Königswarter	
41/19	Die Wehrkirche von St. Michael in der Wachau	315 x 370	1955 AL 72; 1955 SG 63; 1961 BG Tf 74; 1967 BG Tf; 1969 SC 134		NL Wien 575
41/20	Stein an der Donau: Uferpartie	240 x 355	1892 KH 167; 1909 AR Tf 32; 1911 LH Tf 51; 1917 WW 118; 1921 GW 15 Abb; 1939 HA 23 Abb; 1954 KK II; BA Wien 240.201	ex Lobmeyr	
41/21	Stein an der Donau: Uferpartie		BA Wien 113.132		
41/22	Weitenegg an der Donau	100 x 150	1972/XXX NW 2 Abb		PB
41/23	Der Neue Markt (Mehlmarkt) in Wien	97 x 170			GS München 45.132
41/24	Das Liechtenstein'sche Wohnhaus in der Jägerzeile in Wien	260 x 316	1973 AL 218	ex Trauttmansdorff; ehem. Slg Liechtenstein Vaduz	PB Wien
41/25	Interieur-Durchblick im Liechtenstein'schen Wohnhaus in Wien	293 x 376	1967 RG 3 (dort: 1845); 1973 AL 215	ex Trauttmansdorff; ehem. Slg Liechtenstein Vaduz	PB Wien
41/26	Dalmatiner	172 x 225	1909 AR Tf 35	ex Hertenried	
41/27	Dalmatiner aus Cattaro (Kotor)	240 x 160	1906 MW 207		
41/28	Dalmatiner auf der Reise		1909 AR Tf 34		
41/29	Frau aus Ragusa (Dubrovnik) in Dalmatien in Tracht	241 x 163	1900 VS 334 Abb; 1909 AR Tf 34	ex Eissler	
41/30	Orientalische Kaufleute in Dalmatien		1892 KH 366		
41/31	Dernis (Drniš) in Dalmatien	247 x 356	1955 AL 69	ehem. Slg Coburg; ex Gal Neumann Wien	PB Wien
41/32	Dernis (Drniš) in Dalmatien	324 x 510	1955 AL 68		BV Mürzsteg
41/33	Kohlengrube bei Dernis (Drniš) in Dalmatien	250 x 354	1955 AL 70; BA Wien 62.781	ehem. Slg Perger	PB Wien

1842

42/01	Bildnis Dr. Ludwig Wilhelm Mauthner	150 x 70	1906 MW 195; vgl. Nr. 40/02		
42/02	Motiv an der Donau		1892 KH 51		
42/03	Motive aus Mähren: Stadttor Ungarisch-Brod — Alte Jägerkapelle — Buchlau im Hradischer Kreis	190 x 130	1922 BL 22; 1933 KW 18		
42/04	Blick auf Dürnstein in der Wachau	129 x 191	1911 LH 115 Abb; 1955 AL 80; 1973 AL 222	ehem. Slg Liechtenstein Vaduz; erw. 1962 (Gal Schebesta Wien)	AL Wien 34.515
42/05	Landschaft bei Grein an der Donau	270 x 375	1892 KH 302; 1912 SE 59; 1917 WW 119	ex Lobmeyr	
42/06	Kirche in Imbach bei Krems (Zeit: 1842 ?)	148 x 203			NL Wien 5.005
42/07	Blick auf Ischl		1892 KH 390	ex Lobmeyr	
42/08	Partie aus Ischl	153 x 233	1909 AR Tf 36	ex Lobmeyr	
42/09	Blick auf Klosterneuburg bei Wien		1954 KK X		
42/10	Die Stiftskirche in Klosterneuburg		1892 KH 258		
42/11	Blick auf Krems an der Donau	133 x 190	1892 KH 94; 1955 AL 79	ex Mayr	AL Wien 26.614
42/12	Die Barbara-Kirche in Kuttenberg	254 x 343	1930 KW 19; 1955 AL 77; 1973 AL 220	ex Lanna; ehem. ÖG Wien	AL Wien 28.337
42/13	Ansicht von Mauer bei Wien	205 x 275	1906 MW 101		
42/14	Stift Melk an der Donau	130 x 185	1962/558 DW 135 Tf 75; 1969 SC 135 Abb 20; BA Wien D 11.615/62.781		
42/15	Das Rathaus in Mödling bei Wien	162 x 225			NL Wien 5.953
42/16	Bauernhochzeit bei Napajedl im Hradischer Kreis in Mähren	130 x 190	1922 BL 24 (hs. Vermerk „Benedikt")		
42/17	Schloß Persenbeug	130 x 185	1922 BL 18		

42/18	Ansicht von Persenbeug		BA Wien 107.180		
42/19	Ansicht von Prag		1892 KH 383	ex Arthaber	
42/20	Die Karlskirche in Prag		1892 KH 485	ex Arthaber	
42/21	Blick auf St. Pölten mit den steirischen Bergen	130 x 195	1922 BL 16		
42/22	Stein an der Donau (20. September)	180 x 338	1911 LH 89 Abb	ex Roth	
42/23	Stein an der Donau	135 x 283	1975 AL 48; AA Wien		PB Wien
42/24	Stein an der Donau		1912 SE 221		Slg Liechtenstein Vaduz
42/25	Stein an der Donau	124 x 186	1955 AL 78		PB Wien
42/26	Blick auf Ungarisch-Hradisch mit den Karpathen	130 x 190	1922 BL 20		
42/27	Die Sonnenfinsternis über Wien am 8. Juli 1842	307 x 440	1902 LH 259 Abb; 1906 MW 129; 1912 SE 44; 1955 AL 74; 1967 FH Abb 28; 1973 AL 235	ex Dux; Nachlaß Roessler	HM Wien 105.390
42/28	Blick auf die Donau vom Nußberg bei Wien	254 x 342	1954 LM Tf 4; 1955 AL 76; 1965 AM 85 Tf 81		HM Wien 17.669
42/29	Nußdorf bei Wien von der Donau aus	230 x 320	1973 AL 224		HM Wien 55.234
42/30	Blick auf das Burgtor in Wien von der Ringstraße (Zeit: um 1842)	125 x 185	1973 AL 216		HM Wien 106.389
42/31	Die Alte Hofburg in Wien mit der Bellaria	156 x 233	1911 LH 114 Abb; 1970 WK 29; 1973 AL 217	erw. 1963 (Legat Windischgrätz-Petznek)	AL Wien 34.681
42/32	Die Karlskirche in Wien		1892 KH 135		
42/33	Der alte Südbahnhof in Wien	160 x 230	1963/559 DW 131 Tf 72, Tf VI; BA Wien D 12.132		
42/34	Der Ost- und Südbahnhof in Wien	105 x 185	1921 GW 16; 1967 FH Abb 31		
42/35	Der Schönbrunner Park bei Wien mit der Gloriette	155 x 226	1911 LH 120 Abb		
42/36	Wiener Neustadt mit Blick gegen den Schneeberg (20. Juli)	156 x 279	1955 AL 75; 1960 VH 15; 1963/VII NW 8 Abb	ex Gsell; ex Plach; ex Stonborough	PB Graz
42/37	Brunnen bei Ragusa (Dubrovnik) in Dalmatien	265 x 358		ex Wittgenstein	PB

1843

43/01	Bildnis der ersten Gattin des Künstlers Hermine an der Wiege	150 x 210	1909 AR Tf 39; 1930 KW 15 (dort: 1841)	ex Louise Alt	
43/02	Blaues Kabinett: im Lichnovsky'schen Schloß Grätz? (Zeit: 1843 ?)	268 x 290	vgl. Nr. 43/14 + 15		Slg Schäfer Schweinfurt 623.693 A
43/03	Figurenstudien		1892 KH 180		
43/04	Sitzende Figur	245 x 160	1909 AR Tf 38	ex Eissler	
43/05	Großer Frachtwagen	175 x 230	Bleistiftstudie zum Aquarell Nr. 43/32; 1900 VS 334 (dort: 1840), 338 Abb; 1909 AR Tf 42; 1955 AL 91		PB Wien
43/06	Postkutschen und Figurenstudien (Zeit: um 1843)	145 x 228	1955 AL 92		PB
43/07	Staatskarosse	150 x 235	1906 MW 215		
43/08	Attersee	252 x 370		erw. 1955	OL Linz Ha 2.555
43/09	Donaulandschaft (fälschlich: Grundlsee mit Burgruine)	367 x 471	BD Wien		PB
43/10	Donaustrudel bei Grein	374 x 472	1900 VS 333, 320 Abb; 1909 AR Tf 41; 1955 AL 85; BA Wien 240.237; AA Wien; BD Wien	ex Hertenried	
43/11	Wirbel der Donau	360 x 470	1892 KH 22; 1906 MW 94; vielleicht identisch mit Nr. 43/10	ex Hertenried	
43/12	Blick auf Dürnstein in der Wachau	280 x 357	1970 WK 31; 1972 HK 205; 1973 AL 223	erw. 1964 (Legat Hussa)	AL Wien 34.921
43/13	Der Obere Gosausee mit dem Dachstein		AA Wien		BU
43/14	Ansichten und Innenräume des Lichnovsky'schen Schloßes Grätz bei Troppau in Schlesien	260 x 220	1911 LH 77		
43/15	Das Rote Zimmer im Lichnovsky'schen Schloß Grätz		1892 KH 501		
43/16	Kogel am Attersee		1912 SE 48		
43/17	Kogl: Herrenbildnis	170 x 117	1924 AL 20; BA Wien L 51.568	erw. 1949 (Gal Neumann Wien)	AL Wien 30.866
43/18	Kogl: Bildnis Emmy von Pausinger (24. September)	225 x 165	1906 MW 246		
43/19	Kogl: Bildnis Emmy von Pausinger (29. September)	246 x 178	1900 VS 334, 332 Abb; 1902 LH Tf vor 259; 1909 AR Tf 37; 1911 LH 112 Tf 34; 1955 AL 86	ex Eissler; erw. 1949 (Gal Schatzker Wien)	AL Wien 30.762
43/20	Kogl: Bildnis Felix von Pausinger	245 x 165	1911 LH 112 Tf 35; 1912 SE 62; 1955 AL 87	erw. 1892	AL Wien 4.960

43/21	Kogl: Doppelbildnis der Baroninnen Weichs	240 x 170	1909 AR Tf 39; 1911 LH 112; 1912 SE 39 ex Eissler	HM Wien 104.112
43/22	Kogl: Der Amtsschreiber	178 x 248	1900 VS 333, 327 Abb; 1902 JL 94; 1909 AR Tf 38; 1911 LH 112; 1912 SE 54; BA Wien L 14.535 ex Heymann	
43/23	Kogl: Der Gemeindeschreiber	235 x 169	1967/XII NW 6 Abb ehem. Slg Coburg; ex Gal Neumann Wien	PB
43/24	Kogl: Der Landpfarrer	175 x 220	1906 MW 247	
43/25	Kogl: Der Steinkoglwirt	215 x 164	1902 JL 94 Abb; 1909 AR Tf 26; 1955 AL 88	HM Wien 61.094
43/26	Kogl: Der Verwalter	140 x 125	1911 LH 113 ex Heymann	
43/27	Kogl: Jäger mit Büchse im Anschlag		AA Wien	BU
43/28	Kogl: Verendeter Hirsch	170 x 225	1911 LH 45 Abb ex Eissler	
43/29	Korneuburg		1892 KH 299 ex Menger	
43/30	Blick über Linz vom Pöstlingberg	250 x 360	1892 KH 260; 1911 LH 94; 1917 WW 120; 1930 KW 20 ex Plach; ex Artaria; ex Lobmeyr	
43/31	Die Schloßkaserne in Linz	220 x 155	1953 OL 51	PB
43/32	Das Brückentor in Prag	320 x 250	1892 KH 181; 1909 AR Tf 43; BA Wien 240.212 ex Hertenried	
43/33	Blick über die Moldau auf den Hradschin in Prag		BA Wien 111.486	
43/34	Die Theynkirche in Prag	215 x 155	1892 KH 308; 1975 AL 54 ehem. Slg Eh. Carl Ludwig (Klesheim); ex Gal Neumann Wien	PB Wien
43/35	Ansicht in Preßburg	161 x 216	1973 AL 225; Vorlage zur Lithographie GV/H 4	PB Wien
43/36	Salzburg	218 x 324	BD Wien N 4.188	PB Zürich
43/37	Kanzelpredigt in St. Georgen	175 x 200	1906 MW 199	
43/38	Die Apsis der romanischen Kirche von Schöngrabern in Niederösterreich	239 x 144	1930 KW 21; 1955 AL 84; AA Wien; BD Wien	PB
43/39	Die Orgelempore der Pfarrkirche von Vöcklamarkt	270 x 201	1955 AL 89	PB Graz
43/40	Blick auf Wien von der Spinnerin am Kreuz	380 x 591	1911 LH 71; 1955 AL 73 (dort irrtümlich: 1841); 1965 AM 58 Tf 54; 1967 BG Abb Umschlag ex Figdor	HM Wien 56.389
43/41	Blick auf Wien vom Südbahnhof	158 x 227	1954 LM Tf 5; 1955 AL 83; 1967 FH Abb 32; 1973 AL 238	AL Wien 28.043
43/42	Der Graben in Wien vom Stephansplatz gegen den Kohlmarkt	152 x 220	1911 LH 64 Abb; 1922 BL 11 Tf vor Titelblatt 1939 HA 19 Abb ehem. Slg Prinzessin Arnulf von Bayern München	
43/43	Der Graben in Wien gegen den Kohlmarkt (Zeit: um 1843)	170 x 249	unausgeführte Vorstudie zu Nr. 43/42; 1955 AL 81; 1965 AM 79 Tf 75; 1970 WK 30; 1973 AL 203 ex Plach; ex Kuffner	AL Wien 28.045
43/44	Seiteneingang des Stephansdomes in Wien	183 x 123	ehem. Slg Pierer	OL Linz Ha 11.152
43/45	Der eingerüstete Turm des Stephansdomes in Wien	378 x 270	1955 AL 82; 1965 AM 78 Tf 74; 1967 FH Abb 33; 1969 HM 409; BA Wien 80.053	HM Wien 333
43/46	Der Stock-im-Eisen-Platz in Wien	180 x 126	1911 LH Tf 21	Slg Liechtenstein Vaduz
43/47	Der Dom in Mailand			PB Wien
43/48	Ansicht von Plevio am Comosee		1892 KH 170 ex Artaria	

1844

(44/01—44/32 = Sichtmaße)

44/01	Buda vom Oberen Donauufer in Pest	122 x 178	FB Wien 4; 1845 XS XIII	BA Wien Pk 837
44/02	Buda vom Unteren Donauufer in Pest	122 x 178	FB Wien 3; 1845 XS XIV	BA Wien Pk 837
44/03	Partie im Auwinkel in Buda	122 x 178	FB Wien 12; 1845 XS XXVIII	BA Wien Pk 837
44/04	Türkisches Bad in Buda	122 x 178	FB Wien 28; 1845 XS XIX (vgl. 1917 WW 128)	BA Wien Pk 837
44/05	Buda mit Burg und Gellertberg	122 x 178	FB Wien 5; 1845 XS II	BA Wien Pk 837
44/06	Ansicht vom Burgtor in Buda	122 x 178	FB Wien 31; 1845 XS XXIV	BA Wien Pk 837
44/07	Ansicht der Christinenstadt in Buda	122 x 178	FB Wien 6; 1845 XS XXIII	BA Wien Pk 837
44/08	Die Franzenshöhe in Buda	122 x 178	FB Wien 14; 1845 XS XXX	BA Wien Pk 837
44/09	Der Hof des Kaiserbades in Buda	122 x 178	FB Wien 30; 1845 XS XII	BA Wien Pk 837
44/10	„Die Schöne Schäferin" in Buda	122 x 178	FB Wien 13; 1845 XS XXXI	BA Wien Pk 837
44/11	Das Sommertheater in Buda	122 x 178	FB Wien 29; 1845 XS VIII	BA Wien Pk 837
44/12	Pest vom Donauufer in Buda	122 x 178	FB Wien 7; 1845 XS VII	BA Wien Pk 837
44/13	Alter Friedhof in Pest	122 x 178	FB Wien 32; 1845 XS XXXII	BA Wien Pk 837
44/14	Invalidenpalais und Comitathaus in Pest	122 x 178	FB Wien 18; 1845 XS XXIX	BA Wien Pk 837
44/15	Ansicht des Janosberges von der Bastei in Buda	122 x 178	FB Wien 11; 1845 XS XXVII	BA Wien Pk 837
44/16	Der Josephsplatz in Pest	122 x 178	FB Wien 21; 1845 XS V	BA Wien Pk 837
44/17	Innenansicht der Griechischen Kirche in Pest	122 x 178	FB Wien 27; 1845 XS XII	BA Wien Pk 837
44/18	Der Untere Dampfschiff-Landungsplatz in Pest	122 x 178	FB Wien 8; 1845 XS XI; 1911 LH 51 Abb	BA Wien Pk 837
44/19	Das Ludovicum in Pest	122 x 178	FB Wien 25; 1845 XS XVI	BA Wien Pk 837

44/20	Der Neue Marktplatz in Pest	122 x 178	FB Wien 22; 1845 XS XVIII		BA Wien Pk 837
44/21	Das Nationalmuseum in Pest	122 x 178	FB Wien 24; 1845 XS XV		BA Wien Pk 837
44/22	Das Nationaltheater in Pest	122 x 178	FB Wien 23; 1845 XS XVII		BA Wien Pk 837
44/23	Das Redoutengebäude in Pest	122 x 178	FB Wien 19; 1845 XS III		BA Wien Pk 837
44/24	Die Bürgerliche Schießstätte in Pest	122 x 178	FB Wien 26; 1845 XS XXI		BA Wien Pk 837
44/25	Der Stadthausplatz in Pest	122 x 178	FB Wien 16; 1845 XS VI; 1911 LH 50 Abb		BA Wien Pk 837
44/26	Der Stadtwald mit der Pfaueninsel in Pest	122 x 178	FB Wien 9; 1845 XS X		BA Wien Pk 837
44/27	Der Theaterplatz in Pest	122 x 178	FB Wien 20; 1845 XS IV		BA Wien Pk 837
44/28	Die Waitzener Gasse in Pest	122 x 178	FB Wien 17; 1845 XS IX		BA Wien Pk 837
44/29	Buda und Pest vom Gellertberg	122 x 178	FB Wien 1; 1845 XS I		BA Wien Pk 837
44/30	Buda und Pest: Ansicht vom Pester Stadtrand	122 x 178	FB Wien 10; 1845 XS XXVI		BA Wien Pk 837
44/31	Buda und Pest mit der Kettenbrücke	122 x 178	FB Wien 2; 1845 XS XXV		BA Wien Pk 837
44/32	Buda und Pest vom Schwabenberge	122 x 178	FB Wien 15; 1845 XS XX		BA Wien Pk 837
44/33	Budapest: Das Hotel Emerling	225 x 170	1921 GW 3 Abb		
44/34	Budapest: Blick vom Casino auf Buda (Ofen)	180 x 255	1921 GW 4 Abb		
44/35	Budapest: Blick auf die Donau und den Gellertberg von Buda (Ofen)	187 x 255			KK Berlin 3 (F 211)
44/36	Budapest: Der Stadtwald in Pest	190 x 270	Vorstudie zum Aquarell Nr. 47/08; 1906 MW 268		GS München 45.135
44/37	Dürnstein an der Donau mit Burgruine	155 x 220	1922 BL 27 (hs. Vermerk „Artaria")		
44/38	Ansicht von Grätz bei Troppau in Schlesien	308 x 473			GS München 45.095
44/39	Das Lichnovsky'sche Schloß Grätz bei Troppau		1892 KH 522	ex Schaub	
44/40	Frontansicht des Lichnovsky'schen Schlosses Grätz		1892 KH 327	ex Schaub	
44/41	Der Große Saal des Lichnovsky'schen Schlosses Grätz		1892 KH 367	ex Schaub	
44/42	Die Stiftskirche in Klosterneuburg bei Wien	230 x 150	1930 KW 24		
44/43	Durchblick auf die Feste Liechtenstein bei Mödling	165 x 210	1909 AR Tf 45; BD Wien		PB
44/44	Der Ahnensaal in der Burg Liechtenstein	324 x 263			NL Wien 5.208
44/45	Die Theynkirche und der Altstädter Ring in Prag	240 x 190	1967/XII NW 3 Abb	ex Königswarter	PB
44/46	Interieur in Schloß Prugg	270 x 362	1954 LM Tf 6; 1955 AL 93; 1973 AL 240	erw. 1952 (Prohaska)	AL Wien 31.192
44/47	Der Residenzplatz in Salzburg	170 x 220	1909 AR Tf 46; Variante um 1844: 1939 HA 20 Abb		PB USA
44/48	St. Michael an der Donau	150 x 210	1951/oNr (Nov) DW 113 Tf 41; BA Wien D 48.333		
44/49	Südbahnroute: Die Badelwand bei Peggau — Deutsch-Feistritz	145 x 233	1892 KH 29; 1955 AL 98; AA Wien; BD Wien Die Ansichten der Südbahnroute umfassen im heutigen nachweisbaren Bestand 17 Blätter: hier Nr. 44/49 bis Nr. 44/65		PB
44/50	Südbahnroute: Bärenegg (Pernegg)	144 x 236	1892 KH 44; 1955 AL 97; AA Wien; BD Wien		PB
44/51	Südbahnroute: Bruck an der Mur	144 x 235	1892 KH 38		GS München 45.646
44/52	Südbahnroute: Frohnleiten	144 x 235	1892 KH 28		PB
44/53	Südbahnroute: Graz	144 x 235	1892 KH 45		PB
44/54	Südbahnroute: Graz (Bahnhof)	143 x 236	1892 KH 27; 1930 KW 23; 1955 AL 100; AA Wien; BD Wien		PB
44/55	Südbahnroute: Kapfenberg	144 x 235	1892 KH 35		PB
44/56	Südbahnroute: Kindberg	144 x 235	1892 KH 32		PB
44/57	Südbahnroute: Klein-Sinting	144 x 235	1892 KH 46		PB
44/58	Südbahnroute: Krieglach	144 x 235	1892 KH 30		PB
44/59	Südbahnroute: Langenwang (Motiv mit Eisenbahn)	145 x 233	1892 KH 40; 1955 AL 96; AA Wien; BD Wien		PB
44/60	Südbahnroute: Mixnitz an der Mur	144 x 235	1892 KH 41		GS München 45.173
44/61	Südbahnroute: Mürzzuschlag mit Blick auf die neueröffnete Südbahnstrecke	145 x 237	1892 KH 42; 1955 AL 95; AA Wien; BD Wien		PB
44/62	Südbahnroute: Peggau und Feistritz	144 x 235	1892 KH 33		PB
44/63	Südbahnroute: St. Marein im Mürztal	144 x 235	1892 KH 31		GS München 45.174
44/64	Südbahnroute: Semmeringlandschaft mit Postkutsche	144 x 235	1892 KH 39; 1955 AL 94; AA Wien; BD Wien		PB
44/65	Südbahnroute: Straßengel (Wallfahrtskirche)	146 x 234	1892 KH 34; 1955 AL 99; AA Wien; BD Wien		PB
44/66	Wien: sechs Studien		1892 KH 138	ex Lobmeyr	
44/67	Blick auf Wien von der Spinnerin am Kreuz		1892 KH 510	ex Figdor	
44/68	Das Äußere Burgtor in Wien	70 x 115	1911 LH 72 Blatt aus einer für den russischen Diplomaten Alexander Graf Barjatinsky gemalten Serie von 10 Ansichten Wiens im Postkartenformat (1844/45: hier Nr. 44/68, 70, 71; Nr. 45/43, 44, 45, 46, 49)	ex Zuckerkandl	GS München 45.177
44/69	Das Josephstädter Glacis in Wien	140 x 215	1909 AR Tf 44	ex Lobmeyr	

44/70	Der Josephsplatz in Wien	75 x 115	1911 LH 72, 35 Abb; Barjatinsky-Serie: siehe Nr. 44/68	ex Zuckerkandl	GS München 45.644
44/71	Das Paradeisgartl (Kaffeehaus im Volksgarten) in Wien	70 x 115	1892 KH 88; 1911 LH 49 Abb; 1921 GW 20 Abb; 1930 KW 22 Tf II; Barjatinsky-Serie: siehe Nr. 44/68	ex Schoeller	
44/72	Dalmatien: Bocche di Cattaro (Kotor)		1892 KH 277		

1845

45/01	Bildnis des Malers Franz Eybl (Zeit: um 1845)	184 x 124	1955 AL 120	ex Heymann	HM Wien 634.119
45/02	Hirschblattstudie (Zeit: um 1845)	183 x 180	1955 AL 109; 1963/VII NW 11 Abb	ex Stonborough	PB
45/03	Karpathenlandschaft	140 x 220			GS München 45.175
45/04	Krinolinenfiguren	180 x 160	1906 MW 249		
45/05	Mährischer Bauer in blauem Mantel	160 x 60	1906 MW 198		
45/06	Wasserstudie	260 x 210	1906 MW 14		
45/07	Österreichische und Deutsche Ansichten: Melk — Donaulauf und Walhalla — Donaustrudel — Berchtesgaden		1892 KH 505; siehe Nr. 37/19, 07, 08	ex Figdor	
45/08	Österreichische und Deutsche Ansichten: Stadt Stein — Gmunden — Regensburg — Passau		1892 KH 520; siehe Nr. 37/24, 11, 23, 20	ex Figdor	
45/09	Burg in Buda (Ofen)		1892 KH 521 a	ex Figdor	
45/10	Pfarrkirche in Buda (Ofen)		1892 KH 521 b	ex Figdor	
45/11	Das Kaiserbad in Buda (Ofen)		1892 KH 261	ex Lobmeyr	
45/12	Dürnstein an der Donau		1892 KH 506	ex Figdor	
45/13	Der Gosausee mit dem Dachstein	285 x 230	1922 BL 32; 1963 KH 5		PB Wien
45/14	Grätz bei Troppau in Schlesien	240 x 340	1892 KH 314; 1906 MW 102; 1968 SL 11 Abb	ex Schaub	Slg Schäfer Schweinfurt 250.093 A
45/15	Motiv aus der Lichnovsky'schen Herrschaft Grätz		1892 KH 450		
45/16	Die Dorotheenbaude im Lichnovsky'schen Schloß Grätz mit Blick ins Tal		1892 KH 511	ex Schaub	
45/17	Blick von der Dorotheenbaude im Schloß Grätz		1892 KH 360	ex Schaub	
45/18	Blick von der Dorotheenbaude im Schloß Grätz		1892 KH 429	ex Schaub	
45/19	Veranda im Schloß Grätz		1892 KH 494	ex Schaub	
45/20	Schloß Grätz: Das Blaue Zimmer		1892 KH 491	ex Schaub	
45/21	Burgruine Greifenstein: Herbststimmung	155 x 225	1922 BL 19 Abb		
45/22	Die Lange Brücke bei Gutenstein	163 x 103	1955 AL 116; 1955 SG 64; 1969 SC 136	ex Ruf; ex Haunold	NL Wien 731
45/23	Hallstatt		1892 KH 516	ex Figdor	
45/24	Hallstatt am See	233 x 320	1892 KH 453; 1909 AR Tf 49; 1911 LH 90; 1912 SE 46	ex Hertenried	
45/25	Der Strub-Fall bei Hallstatt	296 x 238	1953 OL 5; 1955 AL 121	ex Plach; ex Lanna	AL Wien 28.357
45/26	Am Waldbach-Strub bei Hallstatt	255 x 330	1892 KH 303; 1917 WW 124	ex Lobmeyr	
45/27	Am Waldbach-Strub bei Hallstatt	268 x 345	1967/XII NW 8 Abb	erw. 1967	OL Linz Ha 8.007
45/28	Hallstätter Kähne	175 x 240	1906 MW 239		
45/29	Der Hallstätter See gegen Obertraun		1892 KH 497	ex Figdor	
45/30	Weinlese in Klosterneuburg	228 x 330	1967 BG Tf; 1972 HF 31 Abb		PB Wien
45/31	Das Lichnovsky'sche Jagdschloß Krišanovitz		1892 KH 323	ex Schaub	
45/32	Die Ruine Liechtenstein bei Mödling	226 x 218	1959 KD 5		KM Düsseldorf
45/33	Ansicht von Linz		1892 KH 506	ex Figdor	
45/34	Blick auf Passau	160 x 260	1921 GW 9 Abb		
45/35	Persenbeug und Ybbs	155 x 220	1922 BL 17 Abb		
45/36	Blick über die Moldau auf die Altstadt von Prag	150 x 220	1922 BL 34 Abb		
45/37	Die Theynkirche in Prag mit Brunnen und Mariensäule	220 x 155	1922 BL 33 Abb nach Titelblatt		
45/38	Blick auf den Traunsee bei Gmunden mit Schloß Orth	277 x 376	1953 OL 4; 1955 AL 122	ex Plach; ex Lanna	AL Wien 28.306
45/39	Waldegg bei Gutenstein (Zeit: um 1845)	317 x 435	1955 AL 117		RG Salzburg
45/40	Landschaft bei Waldegg (Zeit: um 1845)	105 x 115	1955 AL 118; AA Wien; BD Wien		PB
45/41	Die Hohe Brücke in Wien	243 x 170		ehem. Slg Kastner	OL Linz Ka 163
45/42	Am Hof in Wien (Zeit: um 1845)	106 x 138	1942 GK 28 Abb; 1955 AL 112; Vorstudie zum Aquarell Nr. 45/43		AL Wien 25.108
45/43	Am Hof in Wien	75 x 115	1911 LH 34 Abb; 1955 AL 113; Barjatinsky-Serie: siehe Nr. 44/68; AA Wien; BD Wien	ex Zuckerkandl	PB
45/44	Das Gartenpalais Liechtenstein in der Rossau in Wien (Zeit: um 1845)	71 x 114	1911 LH 72, 48 Abb; 1955 AL 114; Barjatinsky-Serie: siehe Nr. 44/68	ex Schoeller	PB Wien
45/45	Das Ministerium des Äußeren auf dem Ballhausplatz in Wien (Zeit: um 1845)	96 x 143	1892 KH 87; 1921 GW 19 Abb; 1955 AL 115; Barjatinsky-Serie: siehe Nr. 44/68	ex Schoeller	HM Wien 17.667

45/46	Das Palais Schwarzenberg und das Belvedere in Wien	75 x 115	1911 LH 71, 41 Abb; Barjatinsky-Serie: siehe Nr. 44/68	ex Zuckerkandl	GS München 45.645
45/47	Innenansicht des Stephansdomes in Wien		1892 KH 187	ex Lobmeyr	
45/48	Seitenaltar im Stephansdom in Wien	375 x 285	1909 AR Tf 47	ex Lobmeyr	
45/49	Schloß Schönbrunn bei Wien mit der Gloriette	75 x 115	1911 LH 72, 40 Abb; Barjatinsky-Serie: siehe Nr. 44/68	ex Zuckerkandl	
45/50	Landschaft im Wienerwald	255 x 245		ex Richter	PB Wien
45/51	Die Zwieselalpe mit dem Dachstein	265 x 342	1955 AL 119		NB Wien
45/52	Molo di Gaeta	154 x 220			GS München 45.131
45/53	Sta. Anastasia in Verona		1892 KH 206	ex Lobmeyr	
45/54	Dalmatien: Bocche di Cattaro (Kotor)	440 x 540	1892 KH 265; 1917 WW 125	ex Lobmeyr	

1846

46/01	Grein an der Donau mit Schloß Greinburg	155 x 220	1922 BL 26 Abb		
46/02	Hallstätter Figuren	175 x 250	1906 MW 219		
46/03	Erkerfenster in Klosterneuburg bei Wien		1892 KH 368	ex Schaub	
46/04	Garten in der Brühl bei Mödling (traditionsgemäß: Badener Kurpark)	210 x 292	1963/VII NW 9 Abb	ex Stonborough	PB
46/05	Reichenau	105 x 145	1906 MW 24; vielleicht identisch mit Nr. 46/06		
46/06	Reichenau: Baumstudie (19. September)	105 x 151		ehem. Slg Pierer	OL Linz Ha 11. 147
46/07	Das Äußere Burgtor in Wien	85 x 155	1955 SG 65		PB Wien
46/08	Die Alte Jägerzeile (Praterstraße) in Wien	160 x 220	1963 KH 6; 1955 AL 123		PB Linz
46/09	Der Josephsplatz mit der Hofbibliothek in Wien	103 x 155	1955 AL 123 a		ÖN Wien
46/10	Die Minoritenkirche in Wien	355 x 280	1909 AR Tf 50; BA Wien 240.190	ex Lobmeyr	PB USA
46/11	Molo San Marco in Venedig	235 x 295		ex Bühlmeyer	PB Wien

1847

47/01	Budapest: Blick auf Buda (Ofen)	300 x 770	1911 LH 95 Tf 8		MK Budapest
47/02	Budapest: Die Hofburg in Buda (Ofen)	181 x 241	1909 AR Tf 51; 1955 AL 126	ex Plach; ex Figdor	AL Wien 26.700
47/03	Budapest: Der Hof des Kaiserbades in Buda (Ofen)	126 x 184	1955 AL 130	ex Borutzki	AL Wien 28.263
47/04	Budapest: Das Rathaus und die Stephanskirche in Buda (Ofen)	170 x 210	1955 AL 125	ex Plach; ex Figdor	AL Wien 26.699
47/05	Budapest: Die Untere Donauzeile in Pest	160 x 238	1954 LM Tf 7; 1955 AL 127	ex Gsell; ex Plach; erw. 1949 (Gal Neumann Wien)	AL Wien 30.842
47/06	Budapest: Der Gasthof „Zur Königin von England" in Pest	191 x 254	1909 AR Tf 51; 1955 AL 128	ex Eissler; erw. 1950 (Gal Schatzker Wien)	AL Wien 30.950
47/07	Budapest: Das Nationaltheater in Pest	125 x 180	1963 KH 7		PB Wien
47/08	Budapest: Der Stadtwald in Pest	131 x 192	1955 AL 129	ehem. Slg Eh. Ludwig Viktor	AL Wien 28.356
47/09	Das Trauntor in Gmunden	383 x 280	1912 SE 58; 1917 WW 171	ex Lobmeyr; ehem. Slg Coburg; ex Gal Neumann Wien	
47/10	Flügelaltar in Hallstatt	260 x 170	1892 KH 105; 1967/XII NW 4 Abb	ex Königswarter	
47/11	Mondsee		1892 KH 473		
47/12	Blick auf Wien vom Garten des Schlosses Schwarzenberg in Neuwaldegg	172 x 224	1955 SG 66		PB Wien
47/13	Am Hof in Wien: Blick auf Markt und Kirche	125 x 185	1922 BL 10 Abb		
47/14	Interieur des Liechtenstein'schen Wohnhauses in der Jägerzeile in Wien	286 x 389	1972 HF 30 Abb; vgl. Nr. 41/24		PB Wien
47/15	Das Josephstädter Glacis in Wien	140 x 215	1892 KH 345; 1911 LH 129 Abb; 1917 WW 129	ex Lobmeyr	
47/16	Der Kohlmarkt in Wien	110 x 165	1892 KH 130; 1917 WW 130	ex Lobmeyr	
47/17	Das Leopoldstädter Theater in Wien	128 x 185	1968 SL 12		Slg Schäfer Schweinfurt 571.333 A
47/18	Blick vom Michaelerplatz auf den Kohlmarkt in Wien	113 x 153	1955 AL 124; AA Wien; BD Wien	ex Lobmeyr	PB
47/19	Der Reichskanzleitrakt der Hofburg in Wien	125 x 225	1917 WW 126	ex Lobmeyr	GS München 45.114
47/20	Die Gloriette in Schönbrunn bei Wien	142 x 238	1892 KH 43	ex Lanckoronski	HM Wien 138.586
47/21	Der Canal Grande in Venedig	150 x 190	AA Wien		PB USA

1848

48/01	Baumschlag am Wasser (Zeit: um 1848)	402 x 544	1953 KK 30		KK Wien 13.009
48/02	Budapest: Hotel „Tiger" in Pest		1892 KH 484	ex Mayer	
48/03	Traismauer in Niederösterreich (Zeit: um 1848)	181 x 252	1911 LH 27		
48/04	Bauernhäuser in Traismauer	178 x 251	1955 AL 133	ex Plach; ex Ruf; ex Figdor	AL Wien 26.705

48/05	Gasthof Hofkirchner in Traismauer: Zuflucht der Familien Alt und Passini im Jahre 1848 (auf Briefumschlag gezeichnet)	130 x 250	1892 KH 515; 1909 AR Tf 55; FA Wien 37	ex Figdor	
48/06	Wien von der Josephstadt aus		1892 KH 313	ex Lobmeyr	
48/07	Der Graben in Wien gegen den Kohlmarkt	137 x 230	1906 MW 341; 1909 AR Tf 53; 1955 AL 131	ex Eissler; erw. 1949 (Gal Schatzker Wien)	AL Wien 30.763
48/08	Der Graben gegen den Stock-im-Eisen-Platz	345 x 484	1955 AL 138		AL Wien 28.794
48/09	Die Hofreitschule und das Alte Burgtheater in Wien	135 x 170	1930 KW 79		
48/10	Der Neue Markt (Mehlmarkt) in Wien	240 x 330	1909 AR Tf 54	ex Artaria	
48/11	Die Villa Metternich in Wien	187 x 285	1909 AR Tf 52; 1967 FH Abb 51	ex Lobmeyr	
48/12	Das Grabmal Kaiser Friedrichs III. im Stephansdom in Wien	124 x 184	1922 BL 9; 1955 AL 132	ex Eissler; erw. 1950	AL Wien 30. 978
48/13	Herbstlicher Baumschlag in Wilhelmsburg nahe St. Pölten (Zeit: um 1848)	207 x 303	1955 AL 134		PB Wien
48/14	Der Jupitertempel von Spalato (Split) in Dalmatien	240 x 200	1892 KH 261	ex Lobmeyr	PB

1849

49/01	Damenbildnis	180 x 140	1906 MW 253		
49/02	Dorfkirche	359 x 281		ehem. Slg Pierer	OL Linz Ha 11.148
49/03	Gotischer Torbogen	237 x 153			Slg Liechtenstein Vaduz 2.718
49/04	Innenansicht der Kapelle des Lichnovsky'schen Schlosses Grätz bei Troppau		1892 KH 195	ex Schaub	
49/05	Hallein bei Salzburg (Zeit: um 1849)	168 x 291	1911 LH 103 Abb	ex Miller-Aichholz	GS München 45.069
49/06	Blick über die Freyung in Wien		1892 KH 37; 1967 FH Abb 38		PB
49/07	Die Freyung in Wien gegen den Heidenschuß	305 x 510	1955 AL 137; 1965 AM 80 Tf 76		HM Wien 17.666
49/08	Der Josephsplatz in Wien (Zeit: um 1849)	280 x 418	1892 KH 399; 1902 JL 84 Abb; 1911 LH 15, 37, 30 Abb; 1955 AL 136	erw. 1864	AL Wien 4.952
49/09	Die Minoritenkirche in Wien		1892 KH 179	ex Lobmeyr	
49/10	Blick in das Mittelschiff des Stephansdomes in Wien gegen das Riesentor	182 x 135	1967/XII NW 5 Abb	ex Pierer	PB Wien
49/11	Eingang zur Savoy'schen Kapelle im Stephansdom in Wien	158 x 117	1911 LH 66 Tf 19; 1922 BL 8; vgl. auch Nr. 54/14 Variante: Nr. 49/12	ehem. Slg Prinzessin Arnulf von Bayern München	
49/12	Eingang zur Savoy'schen Kapelle im Stephansdom in Wien	153 x 115	Variante: Nr. 49/11		GS München 45.064
49/13	Die Peterskirche in Rom		1892 KH 463		
49/14	San Marco in Venedig	260 x 312	1892 KH 193		PB Wien
49/15	Der Markusplatz in Venedig				

1850

50/01	Bildnis der zweiten Gattin des Künstlers: Berta (Zeit: nach 1850)	75 x 70			GS München 45.119
50/02	Landschaft: Castel Gandolfo bei Rom	395 x 540	1906 MW 155 Abb; 1909 AR Tf 56	1949 von ÖG Wien übernommen	AL Wien 30.943
50/03	Vorstadthaus im Winter	210 x 285			HM Wien 105.886
50/04	Die Weilburg in Baden bei Wien (Zeit: um 1850)	170 x 255			GS München 45.167
50/05	Die Stiftskirche von Klosterneuburg mit der Lichtsäule	294 x 241	1892 KH 448; 1902 JL Tf nach 84; 1911 LH 12 Tf 5; 1955 AL 145	erw. 1871	AL Wien 4.953
50/06	Studie aus Mödling bei Wien mit der Feste Liechtenstein	245 x 341			Slg Liechtenstein Vaduz 2.717
50/07	Persenbeug an der Donau		1892 KH 114	ehem. Slg Eh. Carl Ludwig (Klesheim)	
50/08	Der Waffensaal in Schloß Seebenstein in Niederösterreich	264 x 327			Slg Liechtenstein Vaduz 2.721
50/09	Das Amerling-Schlössel in Wien (Zeit: um 1850)	205 x 400	1960 VH 19	ehem. Slg Stonborough	PB
50/10	Schloß Belvedere in Wien (Zeit: nach 1850)	134 x 210	1955 AL 164		HM Wien 63.416
50/11	Die Untere Donaustraße am Donaukanal in Wien (Zeit: um 1850)	213 x 339	1955 AL 146		HM Wien 63.422
50/12	Gartenhaus in der Bankgasse (Löwelbastei) in Wien	170 x 240			Slg Liechtenstein Vaduz 2.720
50/13	Innenansicht der Hietzinger Pfarrkirche in Wien (Zeit: um 1850)	385 x 258	1955 AL 144		HM Wien 66.221
50/14	Die Karlskirche mit der Elisabethbrücke in Wien (Zeit: um 1850)	146 x 208	Variante: PB Wien		Slg Gronsky Kent England

50/15	Die Josephinische Militärakademie in Wien (Zeit: nach 1850)	155 x 204	1955 AL 160	ehem. Slg Perger	AL Wien 24.906
50/16	Das Paradeisgartl in Wien (Zeit: nach 1850)	165 x 221	1955 AL 159		HM Wien 30.539
50/17	Die Hauptallee im Prater in Wien (Zeit: um 1850)	127 x 212	1955 AL 141		AL Wien 25.919
50/18	Praterwiese (Zeit: nach 1850)	270 x 310	1965 AM 97 Tf 92		HM Wien 63.411
50/19	Blick in die Schenkenstraße in Wien (Zeit: nach 1850)	197 x 207	1955 AL 165		HM Wien 30.529
50/20	Das Palais Schönburg in Wien (Zeit: nach 1850)	135 x 195	1955 AL 162		HM Wien 56.386
50/21	Das Palais Schwarzenberg in Wien (Zeit: nach 1850)	145 x 235	1955 AL 161	ehem. Slg Stonborough	
50/22	Das Palais Schwarzenberg in Wien (Zeit: nach 1850)	134 x 210	1955 AL 163		HM Wien 63.417
50/23	Allee in Schönbrunn bei Wien (Zeit: um 1850)	260 x 355	1892 KH 317; 1954 LM Tf 8; 1955 AL 142	ex Schoeller; erw. 1926 (Wawra)	AL Wien 25.038
50/24	Allee in Schönbrunn bei Wien (Zeit: um 1850)	390 x 350	1955 AL 143	ehem. Slg Kastner	OL Linz Ka 158
50/25	Allee in Schönbrunn bei Wien (Zeit: um 1850)	400 x 360	Vorzeichnung zu Nr. 50/24; 1909 AR Tf 82		
50/26	Der Hof des Schlosses Schönbrunn bei Wien		1892 KH 192	ehem. Slg Eh. Carl Ludwig (Klesheim)	
50/27	Der Hof des Dogenpalastes in Venedig	252 x 322	1892 KH 201; nicht in Venedig entstandene Variante des Aquarells Nr. 33/11		GS München 45.078

1851

51/01	Staatskanzler Metternich im Kreise seiner Familie	260 x 360	1911 LH 115, 65 Abb (datiert: 1851); 1930 KW 29; 1967 FH Abb 56	ehem. Slg Fürstin Pauline Metternich	
51/02	Staatskanzler Metternich: Bildnisskizze	157 x 152	Vorstudie zu Nr. 51/01 (von fremder Hand irrig datiert: 1852); 1900 VS 334, 333 Abb; 1902 LH 260; 1906 MW 404; 1955 AL 147	ex Heymann	HM Wien 63.420
51/03	Der alte Nordbahnhof in Wien zur Winterszeit	125 x 185	1922 BL 12 Abb		GS München 45.626

1852

52/01	Dürnstein in der Wachau	160 x 260	1930 KW 31		
52/02	Engelhartszell in Oberösterreich	164 x 261	1892 KH 141	ex Orel; ex Ruf	GS München 45.063
52/03	Kapelle im Neugebäude von Feldsberg in Kärnten	205 x 136			Slg Liechtenstein Vaduz 2.716
52/04	Die Stiftskirche in Heiligenkreuz	190 x 130	1922 BL 13; 1969 SC 137		NL Wien 6.035
52/05	Kapitelhaus im Stift Heiligenkreuz mit Blick in den Kreuzgang	135 x 185	1922 BL 14		
52/06	Fenster im Kreuzgang des Stiftes Heiligenkreuz	185 x 130	1922 BL 15		
52/07	Klosterneuburg bei Wien	167 x 261	1955 SG 67	ex Gsell; ex Gal Neumann Wien	NL Wien 810
52/08	Der Hauptplatz in Linz (Zeit: um 1852)	200 x 300	1909 AR Tf 57	ex Kohn	
52/09	Innenansicht der St. Lorenzkirche in Nürnberg				PB Wien
52/10	Das Rathaus in Nürnberg: Hofseite des Behaim'schen Anbaues von 1520	313 x 240		ehem. Slg Coburg; ex Gal Neumann Wien	
52/11	Ansicht von Passau		1974/XLII NW 60 Abb	ex Gsell	
52/12	Brückenkopf in Prag		1892 KH 291	ex Schoeller	
52/13	Ansicht von Regensburg	162 x 295		ex Gsell; ex Plach	GS München 45.071
52/14	Blick auf die Donau bei Regensburg	170 x 264	1909 AR Tf 58	ex Kohn; ex Gal Neumann Wien	
52/15	Schloß Seebenstein in Niederösterreich: Saal	269 x 360			Slg Liechtenstein Vaduz 2.723
52/16	Schloß Seebenstein: Schlafzimmer	350 x 263			Slg Liechtenstein Vaduz 2.713
52/17	Schloß Seebenstein: Schlafzimmer	208 x 154			Slg Liechtenstein Vaduz 2.719
52/18	Der Traunsee mit Schloß Orth	284 x 371			GN Nürnberg Hz 5.734
52/19	Burg Visegrad an der Donau	168 x 257	1909 AR Tf 56	ex Eissler	GS München 45.171
52/20	Ansicht von Wien		1892 KH 197	ex Liebig	
52/21	Am Hof in Wien	190 x 270	1930 KW 30 Tf III	ex Wimpffen	
52/22	Das Portal der Minoritenkirche in Wien		1892 KH 412	ex Heymann	

1853

53/01	Fuchs	300 x 415	1892 KH 211; 1917 WW 132	ex Lobmeyr	
53/02	Die Domkirche St. Peter und Paul in Brünn	280 x 345	1963/VII NW 10 Abb; vgl. Nr. 54/04		PB
53/03	Schloß Hirtenberg der Fürstin Henriette Odescalchi: Salon	296 x 426	Vorstudie zum Aquarell Nr. 53/04; 1955 AL 148		HM Wien 47.919
53/04	Schloß Hirtenberg in Niederösterreich: Salon	302 x 412	1955 AL 149		AL Wien 26.706
53/05	Die Stiftskirche in Klosterneuburg bei Wien	165 x 130	1963 KH 8		PB Wien

53/06	Stiegenaufgang in Schloß Liechtenstein	292 x 225		Slg Liechtenstein Vaduz 2.722
53/07	Treppenflur in Schloß Liechtenstein	293 x 220		Slg Schäfer Schweinfurt 432.129 A
53/08	Brückenturm auf der Kleinseite in Prag (Zeit: um 1853)	330 x 260	1892 KH 445; 1953 KK 1 (dort: um 1843); 1955 AL 90; 1960 VH 18	KK Wien 13.013
53/09	Die Theynkirche in Prag mit Brunnen und Mariensäule	348 x 277	1892 KH 446; 1953 KK 3; 1955 AL 150	KK Wien 13.012
53/10	Schloß Rosenberg des Grafen Bouquoy-Longueval: Serie von Ansichten (siehe dazu die Eintragungen unter den Jahren 1854, 1855, 1856, 1857 und 1858; s. a. 1917 WW 172)		Serie von 35 Blättern (1911 LH 77: 36 Blätter) der ehem. Slg Bouquoy aus den Jahren 1853—1858: 5 Außenansichten (1 von *1853:* 1892 KH 350; 4 von *1857:* 1892 KH 321, 325, 377, 389) und 30 Interieurs (13 von *1853:* 1892 KH 320, 329, 330, 331, 333, 339, 343, 347, 372, 376, 379, 380, 382; 7 von *1854:* 1892 KH 328, 334 336, 340, 351, 381, 385; 2 von *1855:* 1892 KH 355, 387; 2 von *1856:* 1892 KH 353, 388; 5 von *1857:* 1892 KH 341, 362, 364, 369, 386; 1 von *1858:* 1892 KH 349)	
53/11	St. Wolfgang		1892 KH 173	
53/12	Wallfahrerbrunnen in St. Wolfgang	376 x 275		GS München 45.096
53/13	Bauernstube im Waldhaus von Schloß Seebenstein	178 x 232	1959 KD 6; 1960 VH 17	KM Düsseldorf
53/14	Der Innere Burgplatz in Wien	300 x 550	1892 KH 55; 1958/539 DW 122 Tf 64 ex Königswarter; ex Eissler	
53/15	Sitzungssaal im Alten Rathaus von Wien	515 x 710	1892 KH 23; 1909 AR Tf 59	HM Wien K 98
53/16	Interieur in Schloß Schönbrunn bei Wien		1892 KH 84 ehem. Slg Eh. Carl Ludwig (Klesheim)	
53/17	Der Dom in Mailand	226 x 320		Slg Schäfer Schweinfurt 230.092 A
53/18	Verona	188 x 270	1917 WW 173 ex Lobmeyr; erw. 1964 (Legat Hussa)	AL Wien 34.923

1854

54/01	Konvolut von 15 Ansichten des Rheins und deutscher Dome	88 x 135 und 30 x 40	1971/592 DW 141; ein signiertes und datiertes großes Blatt und 14 kleinformatige Blätter als Tableau montiert	PB Wien
54/02	Klosterkirche in Alt-Brünn		1892 KH 456 ex Lobmeyr	
54/03	Innenansicht der St. Jakobskirche in Brünn	340 x 275	1953 OL 33; 1955 AL 151	HM Wien 74.889
54/04	Die Domkirche St. Peter und Paul in Brünn	275 x 340	1911 LH 93 Abb; vgl. Nr. 53/02 ex Hermesvilla Wien	
54/05	Der Krautmarkt in Brünn	277 x 340	1911 LH 132 Abb ex Hermesvilla Wien	
54/06	Der Große Platz in Brünn	274 x 339	1911 LH 133 Abb ex Hermesvilla Wien	
54/07	Statthalterei und Thomaskirche in Brünn	277 x 343	1911 LH 92 Abb; 1953 OL 32; 1955 AL 152; 1972 HF 32 Abb ex Hermesvilla Wien	HM Wien 74.882
54/08	Der Dom in Regensburg (Zeit: um 1854)	313 x 220	1911 LH 104	
54/09	Schloß Rosenberg in Böhmen		1892 KH 70	
54/10	Schloß Rosenberg in Böhmen: sieben Interieurs		1892 KH 328, 334, 336, 340, 351, 381 und 385; Serie aus der ehem. Slg Bouquoy: siehe Nr. 53/10	
54/11	Schloß Rosenberg in Böhmen: Rittersaal	260 x 510	1906 MW 193	
54/12	Schwarzbach	279 x 424	1930 KW 32; vermutlich: Schwarzach	GS München 45.084
54/13	Seiteneingang des Stephansdomes in Wien zur Winterszeit	275 x 200	1922 BL 4	
54/14	Eingang zur Savoy'schen Kapelle im Stephansdom in Wien	275 x 200	1922 BL 7; vgl. Nr. 49/11 & 12	
54/15	Das Grabmal Papst Clemens XII. im Kapitol in Rom (Zeit: 1854 ?)	390 x 317	1921 GR 11 Abb	GS München 45.609
54/16	Der Tempel des Saturnus in Rom	222 x 256	erw. 1912	OL Linz Ha 6.714
54/17	Partie aus Venedig		1892 KH 200 ex Reichert	

1855

55/01	Donaudampfer	210 x 320	1930 KW 33 ex Wimpffen	
55/02	Das Lichnovsky'sche Schloß Grätz bei Troppau		1911 LH 77; Vorzeichnung für das lithographische Album Graph. Verz. D/I	
55/03	Bräustüberl in Mülln bei Salzburg (Zeit: um 1855)	190 x 275	1955 AL 154 ex Plach	PB Wien

55/04	Schloß Rosenberg in Böhmen: zwei Interieurs		1892 KH 335 und 387; Serie aus der ehem. Slg Bouquoy: siehe Nr. 53/10	
55/05	Der Hochaltar von St. Wolfgang	490 x 332	1892 KH 271; 1955 AL 153; 1963 KH 9 ex Dumba; ex Pierer	OL Linz Ha 11.150
55/06	Der Äußere Burgplatz in Wien		1892 KH 20 ex Königswarter	
55/07	Das Alte Kärntnertor in Wien	146 x 141		GS München 45.162
55/08	Die Kirche Maria am Gestade (Maria Stiegen) in Wien			PB Wien
55/09	Der Neue Markt (Mehlmarkt) in Wien	950 x 165	1930 KW 34	
55/10	Der Stephansdom in Wien von Südwesten	310 x 230		GS München 45.098
55/11	Interieur aus Schloß Schönbrunn bei Wien		1892 KH 79 ehem. Slg Eh. Carl Ludwig (Klesheim)	
55/12	Interieur aus Schloß Schönbrunn bei Wien		1892 KH 80 ehem. Slg Eh. Carl Ludwig (Klesheim)	

1856

56/01	Saal mit Jagdtrophäen		1964 MP 286	Slg Mario Praz Rom
56/02	Ansicht von Gran		1892 KH 411 ex Orel	
56/03	Der „Schöne Brunnen“ in Nürnberg	155 x 335	1909 AR Tf 62; 1911 LH 104 ex Lobmeyr	
56/04	Das Spittlertor in Nürnberg	380 x 275	1909 AR Tf 61; 1911 LH 104; BA 240.219 ex Hertenried	
56/05	Die Theynkirche in Prag	310 x 240	1909 AR Tf 60; Ba 240.214 ex Eissler	
56/06	Schloß Rosenberg in Böhmen: zwei Interieurs		1892 KH 353 und 388; Serie aus der ehem. Slg Bouquoy: siehe Nr. 53/10	
56/07	Schloß Rosenberg: Interieur	310 x 474	ex Gsell; ex Lanna; 1963 von ÖG Wien übernommen	AL Wien 34.559
56/08	Das Atelier Fernkorns in Wien mit dem Modell des Eh. Carl-Denkmals (Zeit: 1856/57)	428 x 571	1909 AR Tf 63; 1967 FH Abb 68; 1973 HM 54; BA Wien LW 71.706	HM Wien 9.863
56/09	Salon aus dem Palais Metternich am Rennweg in Wien	320 x 470	1930 KW 35 ex Oettingen-Metternich	
56/10	Mozarts Studierzimmer am Kahlenberg bei Wien		1892 KH 517 ex Lindheim-Vivenot	PB Wien
56/11	Die Radetzkybrücke mit Kaiser Franz Joseph I. und Adjutanten		1965/567 DW 143 Tf 77; BA D 13.774	
56/12	Das Grabmal Kaiser Friedrichs III. im Stephansdom in Wien		1892 KH 104 ex Königswarter	
56/13	Interieur aus Schloß Schönbrunn bei Wien		1892 KH 83 ehem. Slg Eh. Carl Ludwig (Klesheim)	
56/14	Interieur aus Schloß Schönbrunn bei Wien		1892 KH 249 ehem. Slg Eh. Carl Ludwig (Klesheim)	
56/15	Schloß Zleb in Böhmen		1902 JL 88 Abb ehem. Slg Auersperg	

1857

57/01	Alpenhütten in der Klaus von Hallstatt aus	135 x 350	1953 OL 46	OL Linz Ha 543
57/02	Schloß Klingenberg	376 x 648		Slg Schäfer Schweinfurt 190.080 A
57/03	Blick auf die Franzensburg in Laxenburg	180 x 270	1955 AL 156 erw. 1952	AL Wien 31.188
57/04	Ansicht der Franzensburg in Laxenburg	148 x 151	1911 LH 82 Tf 10 ehem. Slg Prinzessin Gisela von Bayern München	
57/05	Schloß Rosenberg in Böhmen		1892 KH 49 ex Liebig	
57/06	Schloß Rosenberg in Böhmen: vier Außenansichten und fünf Interieurs		1892 KH 321, 325, 377, 389 und 1892 KH 341, 362, 364, 369, 386; Serie aus der ehem. Slg Bouquoy: siehe Nr. 53/10	
57/07	Innenansicht der Franziskanerkirche in Salzburg	310 x 410	AA Wien; vgl. das Ölbild 1957 KF 259 Abb	
57/08	Rotenturmtor und Ferdinandsbrücke (Schwedenbrücke) in Wien	142 x 407	1965 AM 107 Tf 102; 1967 FH Abb 61	HM Wien 106.156
57/09	Innenansicht des Stephansdomes in Wien	211 x 148	1892 KH 132; 1902 JL 85 Abb; 1917 WW 133; AA Wien; BD Wien ex Lobmeyr	PB
57/10	Blick in Langhaus und Chor des Stephansdomes in Wien	211 x 148	1902 JL 85 Abb; 1955 AL 155; BD Wien ex Lobmeyr	PB
57/11	Der alte Nordbahnhof in Wien (Zeit: vor 1858)	180 x 255	1955 AL 157	HM Wien 30.527

1858

58/01	Schloß Rosenberg in Böhmen: Interieur		1892 KH 349; Blatt der Serie aus der ehem. Slg Bouquoy: siehe Nr. 53/10	
58/02	Die Gloriette in Schönbrunn bei Wien	126 x 185	1963 von ÖG Wien übernommen	AL Wien 34.560
58/03	Der Dom in Mailand	303 x 407	1969/586 DW 142 Tf 97; BA Wien D 17.376/62.781 ehem. Slg Fohn Bozen	

58/04	Die Certosa von Pavia	235 x 314			Slg Schäfer Schweinfurt 280.094 A

1859

59/01	Alt-Aussee	268 x 378	1892 KH 441	erw. 1955 (Gal Neumann Wien)	AL Wien 32.911
59/02	Gebirge bei Aussee		AA Wien		PB Wien
59/03	Die Trisselwand bei Aussee		AA Wien		PB Wien
59/04	Der Grundlsee	230 x 295	1906 MW 152		
59/05	Der Grundlsee		1912 SE 51	ex Eissler	PB Wien
59/06	Der Grundlsee		1912 SE 42		PB
59/07	Der Grundlsee	260 x 400	1930 KW 37		
59/08	Der Grundlsee mit Villa Rebenburg	220 x 300	1930 KW 36	ex Wimpffen	
59/09	Das alte Fischmeister-Gasthaus am Grundlsee		1892 KH 124	ex Kratzer	
59/10	Marbach an der Donau und Maria Taferl	140 x 200	1921 GW 7		
59/11	Schloß Orth		1892 KH 468		
59/12	Persenbeug bei Mondschein		1912 SE 64		PB
59/13	Ratssaal in Prag	310 x 480	1902 JL 90; 1917 WW 107	ex Lobmeyr	
59/14	Blick auf Salzburg von Norden	460 x 467			GS München 45.102
59/15	St. Nikola an der Donau	145 x 205			GS München 45.065
59/16	Schönbühel an der Donau	148 x 207			GS München 45.066
59/17	Der Traunsee		AA Wien		PB Wien
59/18	Der Traunsee bei Nacht		AA Wien		PB Wien
59/19	Blick auf Wien vom Cobenzl		1892 KH 392	ex Lobmeyr	
59/20	Der Innere Burghof in Wien		AA Wien		PB Wien
59/21	Wien: „Burgthor und Hofbibliothek“		1892 KH 6	ex Miller-Aichholz	
59/22	Innenansicht der Griechischen Kirche in Wien	147 x 210			GS München 45.142
59/23	Der Stephansdom in Wien	375 x 273			Slg Schäfer Schweinfurt 190.023 A
59/24	Der Hochaltar des Stephansdomes in Wien während der Messe	185 x 130	1922 BL 6		Slg Liechtenstein Vaduz
59/25	Der Wolfgangsee		1912 SE 63		

1860

60/01	Selbstbildnis des Künstlers in ganzer Figur (Zeit: um 1860)	89 x 55	1911 LH 116, 108 Abb; 1955 AL 200 (dort: um 1870)		AL Wien 28.266
60/02	Bildnis der zweiten Gattin des Künstlers: Berta (Zeit: um 1860)	85 x 53	1909 AR Tf 66; 1911 LH 108 Abb		
60/03	Alpenblumen	246 x 257	1892 KH 504; 1911 LH 125	ex Figdor	
60/04	Partie an der Donau		1892 KH 413	ex Orel	
60/05	Hofkutschen (Zeit: um 1860)	62: rund	1902 JL 95 Abb; 1909 AR Tf 66	ex Hertenried	
60/06	Brunnen in Bruck an der Mur	290 x 130	1906 MW 461		
60/07	Park in Dobersberg mit Modell des Fernkorn'schen Eh. Carl-Denkmals	281 x 394	1957/536 DW 162; BA Wien D 7.173		HM Wien 114.418
60/08	Gmunden		1892 KH 479		
60/09	Gasse in Gmunden		1892 KH 4	ex Miller-Aichholz	
60/10	Das Laroche-Haus in Gmunden	190 x 240	1906 MW 448		
60/11	Das Rathaus in Gmunden	278 x 380	1940 FC 5 Abb; 1953 OL 48 Abb; 1955 AL 168;	erw. 1939 (Gal Welz Salzburg)	OL Linz Ha 2.008
60/12	Der Strub-Fall bei Hallstatt	131 x 192	1973 AL 243	1939 von ÖG Wien (dort 1910 erw.) übernommen	AL Wien 28.357
60/13	Der Flügelaltar in St. Wolfgang	432 x 287	1892 KH 507; 1911 LH 30 Tf 29	ex Figdor	KK Berlin 22 (F III 2.634)
60/14	Der Traunsee	274 x 380		ex Plach	GS München 45.091
60/15	Die Altlerchenfelder Brücke in Wien (Zeit: nach 1860)	218 x 145	1955 AL 174; Vorlage für Graph. Verz. E 17		
60/16	Die Donaulände mit der Ferdinandsbrücke (Schwedenbrücke) in Wien (Zeit: nach 1860)	169 x 378	1955 AL 173; Vorlage für Graph. Verz. E 20		AL Wien 28.038
60/17	Das Franz-Josephs-Tor und Kaserne in Wien (Zeit: um 1860)	147 x 210			HM Wien 105.815
60/18	Die Griechische Kirche in Wien (Zeit: nach 1860)	253 x 195	1955 AL 175; Vorlage für Graph. Verz. E 18		HM Wien 30.531
60/19	Die Enthüllung des Eh. Carl-Denkmals am Heldenplatz in Wien (Zeit: um 1860)	150 x 470	1911 LH 129; 1967 FH Abb 69; BA Wien H 919	ex Weber	PB Waidhofen
60/20	Das neue Bankgebäude in der Herrengasse in Wien (Zeit: nach 1860)	193 x 237	1955 AL 176; 1973 AL 45; Vorlage für Graph. Verz. E 24		HM Wien 105.219
60/21	Am Hof in Wien	173 x 230			AL Wien 28.044
60/22	Die Alte Hofburg, die Hofbibliothek und das Palais Eh. Albrecht (Zeit: vor 1860)	205 x 465	1955 AL 166; Vorlage für Graph. Verz. E 11	ehem. Slg Stonborough	

60/23	Der Heinrichshof in Wien: Fassadenprojekt Theophil Hansens	393 x 585	AA Wien; BD Wien	PB
60/24	Partie von der Löwelbastei zum Burggarten	169 x 210		HM Wien 60.055/2
60/25	Die Kirche Maria am Gestade (Maria Stiegen) in Wien (Zeit: um 1860)	210 x 145	1909 AR Tf 67; BA Wien 96.248 ex Hertenried	
60/26	Der alte Westbahnhof in Wien (Zeit: nach 1860)	192 x 306	1909 AR Tf 121; 1955 AL 172; Vorlage für Graph. Verz. E 22	AL Wien 26.865

1861

61/01	Interieur aus der Villa Vivenot in Gmunden	190 x 255	1930 KW 43	
61/02	Halle des Schloßes Hradek in Mähren	426 x 337	1911 LH 36 Tf 11; aus einem Konvolut Alt'scher Aquarelle von Schloß Hradek ehem. Slg Otto Graf Harrach	PB Wien
61/03	Der Brunnen im Rathaus von Nürnberg		1892 KH 447	
61/04	Der „Schöne Brunnen" in Nürnberg	190 x 160	1930 KW 42 ehem. Slg Pick	
61/05	Der Traunsee: Abendstimmung	200 x 304	1953 OL 31; 1954 LM Tf 9; 1955 AL 169 ex Gsell; ex Plach	HM Wien 61.065
61/06	Der Traunsee bei Traunkirchen mit der „Schlafenden Griechin" (Zeit: um 1861)	218 x 230	AA Wien	PB Wien
61/07	Der Traunsee mit Blick auf Gmunden	143 x 220	1953 OL 2	AL Wien 28.262
61/08	Die neue Straße am Traunsee	257 x 310	1892 KH 384; 1909 AR Tf 69; 1917 WW 135; BA Wien 240.227 ex Lobmeyr	
61/09	Schloß Schönbrunn bei Wien von der Gartenseite (Zeit: um 1861)	450 x 720	AA Wien ex Hertenried; Gal Neumann Wien	
61/10	Schloß Schönbrunn bei Wien von der Gartenseite	201 x 359	1973 AL 242 erw. 1963 (Nachlaß Windischgrätz-Petznek)	AL Wien 34.680
61/11	Palais Starhemberg am Minoritenplatz in Wien	164 x 230		Slg Liechtenstein Vaduz 2.831
61/12	Das Wasserglacis an der Wien (Zeit: vor 1861)	124 x 197	1955 AL 167	AL Wien 24.905

1862

62/01	Dom in Regensburg	320 x 220	1909 AR Tf 71 ex Kohn	
62/02	Innenansicht der Nonnberg-Kirche in Salzburg	270 x 185	AA Wien ex Gal Neumann Wien	
62/03	An der Nonnberg-Klosterpforte in Salzburg	262 x 175	1909 AR Tf 70; 1930 KW 41; BA Wien 240.207 ex Louise Alt	GS München 45.156
62/04	Der Traunsee		1892 KH 123 ex Mauthner	
62/05	Der Traunsee bei Schloß Orth	194 x 275		GS München 45.062
62/06	Traunstein	195 x 270	1892 KH 322; 1917 WW 136 ex Lobmeyr	
62/07	Der Ballhausplatz in Wien	120 x 206		Slg Schäfer Schweinfurt 873.002 A
62/08	Das Palais Lubomirski in Wien auf der Franzenstorbastei	192 x 295	1955 AL 158 erw. 1949	AL Wien 30.859
62/09	Partie von der Ringstraße in Wien	372 x 650		GS München 45.653
62/10	Die Votivkirche in Wien	265 x 390	1963 KH 11	PB Wien
62/11	Gartenparterre in Schloß Schönbrunn bei Wien		1892 KH 204 ehem. Slg Eh. Carl Ludwig (Klesheim)	

1863

63/01	Das Bräustübl in Salzburg	190 x 170	1892 KH 74; 1921 GW 12 ex Schoeller	
63/02	Das Arsenal in Wien	141 x 309	1921 GW 2; 1955 AL 171; Vorlage für Graph. Verz. E 14	
63/03	Casa Piccola in Wien	195 x 250	1909 AR Tf 73 ex Eissler	
63/04	Der Heinrichshof in Wien (Zeit: nach 1863)	134 x 209	1955 AL 186	HM Wien 63.418
63/05	Der Josephsplatz in Wien	105 x 170	1909 AR Tf 73 ex Artaria	
63/06	Der Hochaltar im Stephansdom in Wien: Blick gegen das Chorgestühl	330 x 600	1930 KW 44 ex Wimpffen	
63/07	Album von Ansichten aus der Krim für den Zaren von Rußland		1911 LH 105	
63/08	Krim: Ai-Petri (20. September)	375 x 550	1912 SE 71; 1917 WW 149 ex Lobmeyr	
63/09	Krim: Der Palast des Tatarenchan in Baktschi-Sarai	372 x 553	1892 KH 508; 1909 AR Tf 74; 1917 WW 144; 1972 HF 33 Abb ex Lobmeyr	PB Wien
63/10	Krim: Der Palast des Tatarenchan in Baktschi-Sarai (17. Juli)	370 x 550	1892 KH 239; 1911 LH 107; 1917 WW 143 ex Lobmeyr	
63/11	Krim: Haremsgärtchen im Palast des Tatarenchan in Baktschi-Sarai	280 x 380	1892 KH 378 ex Lobmeyr	
63/12	Krim: Häuser in Baktschi-Sarai	232 x 315	1909 AR Tf 76; 1917 WW 141; BA Wien 240.520 ex Lobmeyr	
63/13	Krim: Moschee in Baktschi-Sarai (15. Juli)	360 x 550	1911 LH 59 Abb; 1963/VII NW 13 Abb ex Lobmeyr	PB

63/14	Krim: Partie in Baktschi-Sarai		1892 KH 471	ex Lobmeyr	
63/15	Krim: Tatarenbrunnen in Baktschi-Sarai (15. Juli)	380 x 270	1892 KH 458; 1917 WW 142	ex Lobmeyr	
63/16	Krim: Gaspra mit dem Ai-Petri (30. September)	380 x 550	1892 KH 203; 1911 LH 107	ex Lobmeyr	
63/17	Krim: Tatarenhaus in Gaspra und der Ai-Petri	330 x 490	1892 KH 11; 1911 LH 107; 1912 SE 69; 1917 WW 146	ex Lobmeyr	
63/18	Krim: Das Zarenschloß Livadia (8. September)	284 x 385	1909 AR Tf 78; 1911 LH 107; BA Wien 240.263		
63/19	Krim: Das Zarenschloß Livadia (28. August)	260 x 385	1892 KH 514; 1917 WW 137	ex Lobmeyr	
63/20	Krim: Das Zarenschloß Livadia		1892 KH 77	ex Lanckoronski	
63/21	Krim: Das Zarenschloß Livadia (8. September)	285 x 385	1892 KH 499; 1917 WW 138	ex Lobmeyr	
63/22	Krim: Das Zarenschloß Livadia	258 x 382	1909 AR Tf 77; BA Wien 240.262		
63/23	Krim: Das Zarenschloß Livadia	260 x 390	1971/593 DW 152 Tf 108; BA Wien D 18.959/62.781		
63/24	Krim: Das Zarenschloß Livadia	270 x 450	BD Wien N 2.320		PB Rio de Janeiro
63/25	Krim: Das Zarenschloß Livadia		AA Wien	ex Gal Neumann Wien	PB Wien
63/26	Krim: Rußisches Lager bei Livadia	345 x 525	1892 KH 363; 1911 LH 108; 1917 WW 140	ex Lobmeyr	
63/27	Krim: Der Boulevard und Hafen von Odessa (11./12. November)	235 x 750	1892 KH 134; 1911 LH 105	ex Lobmeyr	
63/28	Krim: Sewastopol (3. Juli)	320 x 550	1911 LH 107	ex Lobmeyr	
63/29	Krim: Sewastopol		1892 KH 509	ex Lobmeyr	
63/30	Krim: Sewastopol — Hafen	238 x 312		ex Lobmeyr	GS München 45.090
63/31	Krim: Sewastopol — Hafen	128 x 311		ex Lobmeyr	AL Wien 32.570
63/32	Krim: Ruinen des Theatergebäudes in Sewastopol		1892 KH 367	ex Lobmeyr	
63/33	Krim: Die Karaim-Feste Tschufutt Kaleh	305 x 470	1892 KH 438; 1912 SE 72; 1917 WW 150	ex Lobmeyr	
63/34	Krim: Uspenskoi Monastir (18. Juli)	380 x 550	1892 KH 430; 1909 AR Tf 75; 1911 LH 58 Abb; 1917 WW 145; BA Wien 240.260	ex Lobmeyr	
63/35	Krim: Yalta (24. Juli)	364 x 531	1960 VH 20; 1963 KH 12; 1963/VII NW 12 Abb	ex Stonborough	PB
63/36	Krim: Yalta	364 x 531	1906 MW 95; 1917 WW 148; 1955 AL 178; AA Wien; BD Wien	ex Lobmeyr	PB
63/37	Krim: Die Bucht von Yalta	365 x 530	BD Wien		PB
63/38	Krim: Tatarendorf Autka bei Yalta	370 x 550	1892 KH 131; 1917 WW 139	ex Lobmeyr	
63/39	Krim: Tatarendorf Autka bei Yalta (1. Juli)	305 x 440	1892 KH 251; 1917 WW 147	ex Lobmeyr	
63/40	Krim: Yursuff	398 x 475	1892 KH 512; 1909 AR Tf 76; 1912 SE 67	ex Lobmeyr	
63/41	Krim: Yursuff (2. August)	190 x 450	1939/456 DW 283 Tf 6; BA Wien D 1.529		
63/42	Krim: Yursuff (3. August)	354 x 520	1955 AL 177; 1973 AL 244	1939 von ÖG Wien übernommen	AL Wien 28.346
63/43	Krim: Yursuff (3. August)	303 x 565	1892 KH 255; 1909 AR Tf 77; 1917 WW 153; BA Wien 240.259	ex Lobmeyr	
63/44	Krim: Partie aus dem Park in Yursuff	380 x 270	1892 KH 510; 1930 KW 45	ex Lobmeyr	
63/45	Krim: Yursuff mit dem Bärenberg Ajudagh (2. August)	380 x 700	1892 KH 436; 1911 LH 107; 1912 SE 66; 1917 WW 152	ex Lobmeyr	

1864

64/01	Die Brunnenhalle in Bad Kissingen	158 x 210	BD Wien		PB Freilassing
64/02	Das Kurhaus in Bad Kissingen	158 x 209	1955 AL 179		PB Wien
64/03	Der Kurpark von Bad Kissingen	155 x 200	1906 MW 443		
64/04	Landschaft um Bad Kissingen	155 x 205	1906 MW 451		AL Wien 35.536
64/05	Studien aus Bad Kissingen		1900 VS 334, 337 Abb; 1892 KH 482		
64/06	Der „Schöne Brunnen" in Nürnberg (26. Juli)	330 x 240	1906 MW 172; 1958/539 DW 123 Tf 65		
64/07	Der „Schöne Brunnen" in Nürnberg (2. August)		1892 KH 14; 1955/527 DW 157; BA Wien D 6.162	ex Schaub	
64/08	Der Hof des Alten Rathauses in Nürnberg	390 x 266	1892 KH 207; 1909 AR Tf 79; 1912 SE 107; 1917 WW 154; BA Wien 240.217	ex Lobmeyr	
64/09	Salzburg vom Mönchsberg (9. September)	322 x 366	1892 KH 472; 1911 LH 60 Abb; 1953 KK 34; 1954 LM Tf 12; 1955 AL 180; 1970 WK 41; 1973 AL 245	von KK Wien (dort 1877 erw.) übernommen	AL Wien 28.307
64/10	Das Palais Kinsky auf der Freyung in Wien	220 x 250	1930 KW 46		
64/11	Schloß Schönbrunn bei Wien von der Parkseite (24. Dezember)		AA Wien		PB Wien
64/12	Der Canal Grande in Venedig	380 x 520	1955 AL 181	ex Hartmann; von ÖG Wien (dort 1912 erw.) 1949 übernommen	AL Wien 30.835
64/13	Der Hof des Dogenpalastes in Venedig	389 x 527	1892 KH 54; 1911 LH 101; 1912 SE 177; 1917 WW 156; 1955 AL 182; AA Wien; BD Wien	ex Lobmeyr	PB

64/14	Der Markusplatz in Venedig		1892 KH 423	ex Lobmeyr	
64/15	Die Piazzetta in Venedig	380 x 532			GS München 45.651
64/16	Die Piazzetta in Venedig		1892 KH 357		
64/17	Die Riva degli Schiavoni in Venedig	195 x 422		ex Zuckerkandl; ex Artaria	GS München 45.029

1865

65/01	Hall in Tirol	230 x 360	1930 KW 48	ex Goldmann	
65/02	Fürstlich Liechtenstein'sche Palais und Schlösser: 26. Interieurs von 1848 bis 1865	390 x 310 (mittleres Maß)			Slg Liechtenstein Vaduz
65/03	Das Goldene Dachl in Innsbruck	456 x 305	1911 LH 128 Tf 40	ex Roth	
65/04	Das Goldene Dachl in Innsbruck	381 x 274		erw. 1963 (Legat Windischgrätz-Petznek)	AL Wien 34.701
65/05	Das Goldene Dachl in Innsbruck		1892 KH 17	ehem. FB Wien	
65/06	Das Goldene Dachl in Innsbruck		AA Wien		PB
65/07	Der Marktplatz mit dem „Schönen Brunnen" in Nürnberg	476 x 347	1966 KM 167 Tf I	ex Stinnes	GN Nürnberg 3.598
65/08	Die Hauptstraße von Sterzing (11. September)	435 x 365	1955 AL 183; 1959 KD 8; 1960 VH 21, 103 Abb; 1963 KH 13; 1963/VII NW 15 Abb	ex Stonborough	PB Wien
65/09	Straße in Sterzing (12. September)	347 x 460	1892 KH 190; 1953 KK 4; 1953 OL 36	ehem. KK Wien; 1949 von ÖG Wien übernommen (dort 1903 erw.)	AL Wien 30.942
65/10	Trient mit Partie an der Etsch		1892 KH 158; 1909 AR Tf 80; BA Wien 240.228	ex Miller-Aichholz	
65/11	Der Neptunbrunnen am Domplatz in Trient (Zeit: um 1865)	335 x 379	1953 KK 6; 1955 AL 184	ehem. KK Wien	AL Wien 28.361
65/12	Die Griechische Kirche in Wien		1892 KH 18	ex Dumba	
65/13	Partie von der Löwelbastei in Wien zur Bellaria	175 x 240	1955 AL 188		HM Wien 60.055/1
65/14	Der Praterstern und der neue Nordbahnhof in Wien (Zeit: nach 1865)	142 x 217	1955 AL 187		HM Wien 63.413
65/15	Schloß Schönbrunn bei Wien mit der Gloriette		1892 KH 461	ehem. Slg Eh. Carl Ludwig (Klesheim)	
65/16	Corso in Rom	270 x 320	1912 SE 100; 1930 KW 49 (dort: 1868)	ex Winter	
65/17	Das Nervaforum in Rom		1892 KH 75	ex Lobmeyr	
65/18	Der Scheinportikus des Nervaforums in Rom		AA Wien		PB Wien
65/19	Die Peterskirche in Rom	350 x 272	1892 KH 219	ex Mayer	PB Wien
65/20	Der Petersplatz in Rom		1892 KH 164	ex Königswarter	
65/21	Schmiede in Rom		1892 KH 218	ex Miller-Aichholz	
65/22	Alte Straße in Rom		1912 SE 112	ex Krzisch	
65/23	Colonnaden des Dogenpalastes in Venedig	435 x 330	AA Wien	ex Gal Neumann Wien	
65/24	Sta. Anastasia in Verona	325 x 450	1912 SE 111; 1917 WW 159	ex Lobmeyr	
65/25	Die Piazza d'Erbe in Verona	458 x 338	1892 KH 66; 1912 SE 108; 1955 AL 185	ex Miller-Aichholz	AL Wien 28.345
65/26	Nebentor von S. Zeno in Verona (12. Oktober)	380 x 235	1973/599 DW 164 Tf 102		

1866

66/01	Der Hof des Landhauses in Graz (November)	262 x 368	1892 KH 133; 1911 LH 93	ex Lanckoronski	
66/02	Der Hof des Landhauses in Graz mit Brunnen		AA Wien		PB Wien
66/03	Thal bei Graz	278 x 384	1906 MW 85		PB Wien
66/04	Schloß Hollenegg in der Steiermark		11 Ansichten: 1892 KH 56, 96, 98, 100, 101, 106, 107, 109, 110, 111 und 1911 LH 77; drei weitere Ansichten: Nr. 90/12—14		Slg Liechtenstein Hollenegg
66/05	Ansicht des Hofes in Schloß Hollenegg	330 x 480	1964/90 NW 152 Abb		Slg Liechtenstein Hollenegg
66/06	Interieur im Hause Professor Skodas in Wien (Whistpartie)		1967 FH Abb 71		
66/07	Der eingerüstete Stephansturm in Wien	370 x 275	1892 KH 247; 1909 AR Tf 83; 1911 LH 86 Tf 27; 1912 SE 56; 1917 WW 160; 1967 FH Abb 34; BA Wien 129.038	ex Lobmeyr	
66/08	Schloß Schönbrunn bei Wien mit der Gloriette		1892 KH 346		
66/09	Das Forum Romanum mit Blick auf das Kapitol in Rom	438 x 725	1892 KH 142	ex Königswarter	Slg Schäfer Schweinfurt 430.591 A
66/10	Der Monte Pincio in Rom		AA Wien	ex Gal Neumann Wien	PB Weißenhorn Bayern
66/11	Die Piazza Navona in Rom	350 x 550	1912 SE 97	ex Auspitz	PB Wien
66/12	Sta. Maria di Loreto in Rom	313 x 321			GS München 45.093

1867

67/01	Rathausgebäude im Renaissancestil	645 x 555	AA Wien; BD Wien	PB
67/02	Sparkassengebäude	533 x 685	AA Wien; BD Wien	PB
67/03	Ziegenstudien (Rom 10. Mai)	138 x 183		NG Graz II 6.221
67/04	Traunstein	210 x 320	1906 MW 115	
67/05	Der Franzensplatz (Innerer Burghof) in Wien	200 x 281	1963/VII NW 19 Abb ex Stonborough	PB Wien
67/06	Bellagio am Comosee (27. Oktober)	360 x 530	1909 AR Tf 87; 1911 LH 100, 170 Tf 56; 1955 AL 194 ex Heymann	PB Wien
67/07	Bellagio am Comosee (2. November)		BA Wien D 1.349	
67/08	Der Comosee		1892 KH 424	
			1892 KH 493; 1912 SE 123 ex Figdor; ex Heymann	
67/09	Der Comosee von Bellagio aus			
67/10	Ansicht von Neapel	145 x 325	1909 AR Tf 86 (Ausschnitt)	GS München 45.061
67/11	Ansicht von Neapel		1909 AR Tf 86 ex Kohn	
67/12	Blick auf Neapel (4. Oktober)	340 x 510	BA Wien BDA 1.461	
67/13	Neapel (13. Mai)	130 x 310	1906 MW 124	
67/14	Der Golf von Neapel	210 x 470	1906 MW 87	GS München 45.087
67/15	Die Porta Capuana in Neapel (10. Oktober)	465 x 633	1954 LM Tf 10; 1955 AL 193; 1973 AL 273 1939 von ÖG Wien übernommen	AL Wien 28.374
67/16	Krankenzimmer im Lazarett von Nisida bei Neapel	290 x 228		GS München 45.623
67/17	Palermo	230 x 430	1906 MW 80	
67/18	Palermo		1892 KH 210; 1912 SE 125 ex Arthaber	
67/19	Palermo: Gesamtansicht von Osten (16. August)	335 x 500	BD Wien 4.168; BA Wien BDA 1.463	PB USA
67/20	Ansicht von Palermo (15. August)	345 x 485		Slg Schäfer Schweinfurt 451.312 A
67/21	Der Dom von Palermo		1892 KH 53; 1912 SE 104; Studie einer Säulenreihe im Dom: 1900 VS 330 Abb ex Neblinger; ex Strauß	
67/22	Dom und Domplatz von Palermo (30. Juli)	435 x 740	BA Wien BDA 1.106	PB
67/23	Monreale in Palermo		1912 SF 141 ex Zuckerkandl	
67/24	Kreuzgang von Monreale in Palermo (6. Juli)	385 x 525	1911 LH 103; 1955 AL 190; vgl. Ölstudie auf Pappe: 1911 LH 124 Abb ex Suess; 1949 von ÖG Wien übernommen	AL Wien 10.941
67/25	Monte Pellegrino bei Palermo (14. Juni)	330 x 500	1909 AR Tf 85; 1911 LH 105 Abb; 1912 SE 70; 1917 WW 162; BA Wien 240.245 ex Lobmeyr	
67/26	Die Porta Felice in Palermo		1911 LH 103	
67/27	Die Porta Nuova in Palermo (17. Juli)	376 x 542	1892 KH 358; 1911 LH 103; 1912 SE 60; 1917 WW 161; 1955 AL 191 ex Lobmeyr; 1949 von ÖG Wien übernommen	AL Wien 30.939
67/28	Der Klosterhof von S. Giovanni degli Eremiti in Palermo	588 x 380	1955 AL 192	PB Wien
67/29	Der Kreuzgang von S. Giovanni degli Eremiti in Palermo (15. August)	483 x 330	1963 KH 10; 1963 VII NW 14 Abb (dort irrig: 1862) ex Stonborough	PB Wien
67/30	Blick von Sta. Maria di Gesu auf Palermo und Monte Pellegrino (Juni)	420 x 730	1955 AL 189	BV Mürzsteg
67/31	Straßenszene in Palermo (8. Juni)		BA Wien BDA 1.166	PB
67/32	Der Konstantinsbogen in Rom (8. Mai)	365 x 550	1909 AR Tf 84; 1912 SE 128; BA Wien 240.248	
67/33	Das Pantheon in Rom	382 x 538	1911 LH 102, 107 Abb ex Eissler	

1868

68/01	Der Dachstein mit dem Gosausee	170 x 227	1909 AR Tf 90 ex Lobmeyr	
68/02	Der Hintere Gosausee mit dem Dachstein		1892 KH 486 ex Lobmeyr	
68/03	Luzern	335 x 520	1906 MW 159 ex Beer	
68/04	Luzern		1892 KH 90; 1912 SE 32 ex Liebig; ex Zuckerkandl	
68/05	Luzern		1892 KH 459	
68/06	Brunnen in Luzern		1892 KH 76	
68/07	Brunnen in Luzern		1892 KH 146 ex Miller-Aichholz	
68/08	Haus in Luzern	450 x 335	1906 MW 174; 1909 AR Tf 92 ex Auspitz	
68/09	Straße in Luzern	322 x 450	1892 KH 184; 1953 KK 5; 1955 AL 196 ex Maderni; ex KK Wien; 1949 von ÖG Wien übernommen	AL Wien 30.936
68/10	Luzern mit dem Vierwaldstätter See		BA Wien 117.272	
68/11	Luzern mit dem Vierwaldstätter See		1892 KH 432	
68/12	Der Vierwaldstätter See bei Luzern	370 x 510	1906 MW 138 ex Bondy	
68/13	Der Vierwaldstätter See bei Luzern		1892 KH 7 ex Neblinger	

68/14	Das Portal von St. Lorenz in Nürnberg	520 x 370	1892 KH 354; 1909 AR Tf 91; 1911 LH Tf 6; BA Wien 240.218	ex Hertenried	
68/15	Adam Kraffts Sakramentshaus in St. Lorenz in Nürnberg (9. November)	575 x 380	1963 KH 14		PB Wien
68/16	Die Brautpforte der Sebalduskirche in Nürnberg	295 x 384	1955 AL 195	erw. 1948 (Stiftung Rothschild)	AL Wien 30.672
68/17	Regensburg mit der Donaubrücke	340 x 480	1906 MW 180; 1912 SE 161	ex Auspitz	
68/18	Das Portal des Domes in Regensburg		1902 JL 89 Abb; 1911 LH 104; 1912 SE 110		Slg Liechtenstein Vaduz
68/19	Das alte Kärntnertor in Wien		1892 KH 126; 1912 SE 160	ex Lanckoronski	
68/20	Seitenaltar im Stephansdom in Wien	370 x 280	1909 AR Tf 88	ex Kohn	
68/21	Das Laszansky-Haus mit dem Stephansdom in Wien	560 x 489	1909 AR Tf 89; 1967 FH Abb 35; 1968 SL 16	ex Hertenried	Slg Schäfer Schweinfurt 250.067 A
68/22	Die Südseite des Stephansdomes in Wien mit dem Laszansky-Haus	250 x 392	1955 AL 240		HM Wien 30.530
68/23	Das Laszansky-Haus beim Stephansdom in Wien	445 x 144	cit. 1955 AL 240		HM Wien 30.535
68/24	Der Stock-im-Eisen-Platz in Wien		1892 KH 250		
68/25	Blick aus der Freisingergasse gegen den Bauernmarkt in Wien	210 x 164	1955 AL 237		HM Wien 30.528
68/26	Die Certosa von Pavia	230 x 310	1909 AR Tf 93	ex Kohn	
68/27	Siena		1892 KH 48; 1912 SE 106	ex Lobmeyr	

1869

69/01	Blick auf Salzburg (5. September)	350 x 378		erw. 1974 (Stiftung Rothschild)	AL Wien 36.527
69/02	Blick auf Salzburg (9. September)	204 x 279			AL Wien 28.307
69/03	Blick auf Salzburg mit der Feste Hohensalzburg (6. September)	311 x 380	1909 AR Tf 94; 1912 SE 113; 1917 WW 164	ex Lobmeyr	Slg Liechtenstein Vaduz 2.928
69/04	Motiv aus Salzburg		1892 KH 483	ex Lobmeyr	
69/05	Der Residenzplatz in Salzburg		1892 KH 199	ex Mayer	
69/06	Traunstein	260 x 315	BD Wien 369/54		PB New York
69/07	Die Abtragung des alten Burgwalles (Ringstraße) in Wien	170 x 255	1930 KW 47 Tf IV		
69/08	Interieur aus dem Hause Schenkenstraße 10 in der Wiener Innenstadt		1912 SE 103	ex Lanckoronski	
69/09	Interieur aus dem Hause Schenkenstraße 10		1912 SE 105	ex Lanckoronski	
69/10	Allee in Schönbrunn bei Wien		1912 SE 118	ex Zuckerkandl	
69/11	Wien aus der Vogelschau: Donau-Regulierungsprojekt		BA Wien 9.509		

1870

70/01	Rosen	360 x 290	1892 KH 307; 1973/599 DW 163 Tf 99		
70/02	Admont		1892 KH 163		
70/03	Admont	255 x 380	1909 AR Tf 96	ex Miller-Aichholz	
70/04	Die Weilburg in Baden bei Wien	190 x 270	1906 MW 113		
70/05	Blick vom Heumarkt auf Wiens Innere Stadt	200 x 702	1909 AR Tf 97; 1911 LH 68/69 Abb; 1955 AL 199; 1965 AM 114 Tf 109		HM Wien 17.665
70/06	Die Altlerchenfelder Kirche in Wien		1892 KH 452	ex Mayer	
70/07	Die Aspernbrücke mit der Franz-Josephs-Kaserne in Wien (Zeit: um 1870)	120 x 218	1955 AL 236		HM Wien 63.414
70/08	Der Stephansplatz in Wien	390 x 300	1892 KH 443; 1909 AR Tf 95	ex Lobmeyr	
70/09	Die Westfassade des Stephansdomes in Wien (Zeit: um 1870)	252 x 185	1955 AL 239		HM Wien 30.537
70/10	Panoramastudie mit Stephansdom in Wien	120 x 190	1955 AL 198		HM Wien 67.996
70/11	Schönbrunn bei Wien (Zeit: um 1870)	136 x 188	1959/58 NW 11 Abb		PB
70/12	Trient (Zeit: 1870 ?)		1954 KK IV		
70/13	Die Vorhalle von San Marco in Venedig		1900 VS 333, 328 Abb		

1871

71/01	Bildnis der Tochter Louise in Halbfigur	308 x 240	1909 AR Tf 97; 1911 LH 115; 1955 AL 201		HM Wien 90.641
71/02	Der „Schöne Brunnen" in Nürnberg		1892 KH 58		
71/03	Der Hradschin und der Dom in Prag		1912 SE 50	ex Arthaber	
71/04	Das Bummerlhaus in Steyr	198 x 136	1967/XII NW 2 Abb	erw. 1967 (Nebehay)	OL Linz Ha 8.006
71/05	Vogelschau über Opernkreuzung und Ringstraße in Wien	397 x 678	AA Wien; BD Wien		PB
71/06	Der Innere Burghof in Wien		1892 KH 244	ehem. Slg Kronprinzessin Wwe. Eh. Stefanie	
71/07	Ansicht von Florenz		1892 KH 61	ex Mauthner	
71/08	Der Dom von Mailand (23. November)	440 x 707	1892 KH 297; 1953 KK 8; 1955 AL 202		KK Wien 2.247

71/09	Tor von Orvieto		1892 KH 273		
71/10	Siena		1892 KH 410; 1912 SE 132	ex Dub	
71/11	Siena mit Torre del Mangia (26. Oktober)	380 x 688	1906 MW 28; 1909 AR Tf 99; 1912 SE 99; BA Wien 240.244	ex Miller-Aichholz	
71/12	Innenansicht des Domes von Siena (7. Oktober)			ex Slg Liechtenstein	PB Wien
71/13	Innenansicht des Domes von Siena	338 x 465			GS München 45.608
71/14	Die Piazza del Campo in Siena (25. Oktober)	500 x 315	1963 KH 15		PB Wien
71/15	Kanal mit Brücke in Venedig	265 x 360	AA Wien	ex Gal Neumann Wien	
71/16	Kanal in Venedig		1892 KH 304	ex Miller-Aichholz	
71/17	Der Hof des Dogenpalastes in Venedig			ehem. Slg Liechtenstein	PB Wien
71/18	Der Hof des Dogenpalastes in Venedig (4. September)	533 x 388	1892 KH 278; 1909 AR Tf 98; 1930 KW 52	ex Miller-Aichholz	GS München 45.596
71/19	Dom in Venedig		1892 KH 112	ex Miller-Aichholz	
71/20	Der Markusplatz in Venedig		1892 KH 276	ex Miller-Aichholz	
71/21	Die Mole von Venedig mit Sta. Maria della Salute	200 x 265	1963/VII NW 16 Abb	ex Stonborough	PB Wien
71/22	Die Rialto-Brücke in Venedig		1892 KH 433	ex Mauthner	

1872

72/01	Bildnis der Mutter des Künstlers	155 x 125	1972/598 DW 171 Tf 109; BA Wien D 20.274		
72/02	Blick auf Wien vom Krapfenwaldl	270 x 450	1892 KH 50; 1909 AR Tf 101; 1911 LH Tf 24 (Ausschnitt); 1917 WW 165	ex Lobmeyr	
72/03	Am Donaukanal in Wien	266 x 383	1911 LH 70 Abb; 1939 HA 19 Abb	ehem. Slg Prinzessin Gisela von Bayern München	
72/04	Die Grüne Insel bei Wien		1902 JL 87 Abb (: damals Besitz der Stadt Wien)		
72/05	Blick in die Alservorstadt in Wien	265 x 370	1912 SE 147; 1954 LM Tf 13; 1955 AL 203; 1967 FH Abb 5; 1972 HK 206, 170 Abb; 1973 AL 261	von ÖG Wien übernommen	AL Wien 28.339
72/06	Das Hauptschiff des Stephansdomes in Wien	484 x 269	1911 LH Tf 26	ehem. Slg Prinzessin Gisela von Bayern München	
72/07	Die Votivkirche in Wien		1892 KH 248	ex Czizek	
72/08	Römische Fuhrwerke	220 x 280	1906 MW 256		
72/09	Der Konstantinsbogen in Rom	350 x 660	1909 AR Tf 100; 1911 LH 99 Abb; 1912 SE 114; BA Wien 240.249	ex Hertenried; ex Miller-Aichholz	
72/10	Der Titusbogen in Rom (14. Dezember)		1892 KH 103; 1902 JL Tf nach 92; 1912 SE 122; 1964/564 DW 141 Tf 29; BA Wien D 13.001		
72/11	Der Titusbogen in Rom		1892 KH 148	ehem. Slg Genossenschaft der Bildenden Künstler Wiens (Künstlerhaus)	
72/12	Die Vorhalle von San Marco in Venedig		1892 KH 12		

1873

73/01	Donaufähre bei Erdöd		1892 KH 140		
73/02	Die Villa Artaria in Neuwaldegg	250 x 215	1892 KH 467; 1963 KH 16	ex Artaria	PB Wien
73/03	Aigen bei Salzburg (22. Oktober)	163 x 228		ehem. Slg Kastner	OL Linz Ka 159
73/04	Salzburger Landschaft mit dem Watzmann	140 x 222	1955 AL 211; 1963 KH 17		PB Linz
73/05	Theißbrücke in Szegedin		1892 KH 162		
73/06	Am Hof in Wien		1912 SE 174	ex Fischer	
73/07	Das Kaiserforum zwischen Hofburg und Hofmuseen in Wien		BA Wien 238.461/62.891 (dort irrig: 1872)		BH Wien
73/08	Blick von der Bellaria auf die Votivkirche in Wien		1967/578 DW 141 Tf 87; BA D 15.708		
73/09	Die Wiener Hochquellenleitung	175 x 290	1909 AR Tf 103; 1911 LH 87; 1955 AL 209		HM Wien 17.342
73/10	Die Wiener Hochquellenleitung bei Leobersdorf	180 x 290	1892 KH 391; 1911 LH 87; 1955 AL 207		HM Wien 17.944
73/11	Die Wiener Hochquellenleitung bei Liesing	180 x 288	1892 KH 393; 1911 LH 87; 1953 OL 29; 1955 AL 208		HM Wien 17.940
73/12	Aquaedukt bei Mauer	175 x 280	1892 KH 481; 1909 AR Tf 103		
73/13	Wasserreservoir am Rosenhügel		1909 AR Tf 103		
73/14	Schloß Schönbrunn bei Wien: Der Blaue Salon	366 x 552	1954 LM Tf 14; 1955 AL 210; 1973 AL 247	erw. 1951 (Gal Würthle Wien)	AL Wien 31.068
73/15	Römisches Fuhrwerk	115 x 200			GS München 45.168
73/16	Rom vom Monte Pincio (16. Februar)	332 x 460	1954 LM Tf 15; 1955 AL 205	1949 von ÖG Wien (Legat Suess) übernommen	AL Wien 30.940
73/17	Forum in Rom		1892 KH 85	ex Dumba	
73/18	Der Scheinportikus des Nervaforums in Rom mit Karnevalsszene (25. Februar)	340 x 458	1955 AL 206	erw. 1955 (Baumann Wien)	AL Wien 31.639
73/19	Das Pantheon in Rom (29. Februar)	380 x 490	1892 KH 118; 1902 LH 265 Abb; 1906 MW 170	ehem. Slg Bondy	
73/20	Innenansicht der Peterskirche in Rom		1892 KH 147; 1909 AR 102; BA Wien 240.250	ehem. Slg Wittgenstein	

73/21	Tempel des Antoninus und der Faustina in Rom (11. Februar)	340 x 597	1911 LH 102; 1955 AL 204		PB Wien
73/22	Der „Schöne Brunnen" in Trient		1902 LH 271 Abb		
73/23	Vorhof eines Hauses in Venedig		1892 KH 154	ex Miller-Aichholz	

1874

74/01	Das Mausoleum Kaiser Ferdinands II. in Graz (3. September)	550 x 410	1892 KH 241; 1909 AR Tf 111; 1911 LH 93; 1953 KK 25; 1953 OL 41; 1955 AL 214		KK Wien 26.989
74/02	Das Belvedere in Prag	435 x 767	1892 KH 153; 1909 AR Tf 110; 1911 LH 94; 1953 KK 10	ehem. KK Wien; 1939 von ÖG Wien übernommen	AL Wien 28.398
74/03	Die Loggia des Palais Waldstein (Wallenstein) in Prag (12. August)	404 x 545	1882 KH Abt X 3; 1892 KH 405; 1912 SE 129; 1953 KK 9; 1955 AL 213	ehem. KK Wien; 1939 von ÖG Wien übernommen	AL Wien 28.360
74/04	Panorama von Wien	136 x 195			GS München 45.169
74/05	Arbeitszimmer des Arztes Dr. Thomas Lederer Singerstraße 3 Wien	339 x 460	1912 SE 117; 1967 FH Abb 85; 1973 HM 176; 1973 AL 239	ex Maresch	HM Wien 34.713
74/06	Der Stephansdom in Wien	510 x 380	BD Wien 32.055/73	ex Gal St. Lucas Wien	PB Schweiz
74/07	Innenansicht des Stephansdomes in Wien		1892 KH 208	ex Dumba	
74/08	Ansicht von Venedig (7. November)	388 x 548			Slg Schäfer Schweinfurt 590.588 A
74/09	San Marco in Venedig	550 x 530	1911 LH Tf 14	ex Kolm	
74/10	Innenansicht von San Marco in Venedig	388 x 651	1911 LH 101, 141; 1912 SE 186; 1955 AL 217; 1973 AL 275	(seit 1876 KM Wien — 1921 ÖG Wien) 1939 von ÖG Wien übernommen	AL Wien 28.342
74/11	Die Vorhalle von San Marco in Venedig	347 x 741	1906 MW 201; 1911 LH 101; 1955 AL 216		
74/12	Ausblick aus der Säulenhalle des Dogenpalastes in Venedig (Oktober)	345 x 487			GS München 45.600
74/13	Im Dogenpalast von Venedig		1892 KH 252	ex Dumba	
74/14	Brunnen im Hof des Dogenpalastes von Venedig		1892 KH 254	ex Rath	
74/15	Scala dei Giganti in Venedig	485 x 685	1911 LH 100	(1876 KM Wien — 1921 ÖG Wien) 1949 von ÖG Wien übernommen	AL Wien 30.946
74/16	Blick auf S. Giorgio Maggiore in Venedig	391 x 554	1911 LH 100, 104 Abb; 1917 WW 157; AA Wien; BD Wien	ex Lobmeyr	PB
74/17	Der Canal Grande in Venedig		1892 KH 99	ex Lobmeyr	

1875

75/01	Sand (Taufers) in Südtirol (16. September)	370 x 552	1892 KH 160; 1930 KW 53; 1955 AL 220	ex Wittgenstein; ex Stonborough	PB Wien
75/02	Wirtsstube in Sand in Südtirol	240 x 380	1906 MW 259; 1909 AR Tf 113; 1911 LH 117	ehem. Kaiserl. Gemälde-Galerie Wien	
75/03	Wirtshausecke in Sand in Südtirol („Die gefährliche Schachpartie am 6. September 1875")		AA Wien		PB Wien
75/04	Burg Taufers in Südtirol (16. September)	551 x 387	1909 AR Tf 114; 1911 LH Tf 44; 1912 SE 136; 1953 KK 27; 1953 OL 42; 1955 AL 219	ehem. KK Wien	AL Wien 28.347
75/05	Burg Taufers in Südtirol (Zeit: um 1875)	139 x 207	AA Wien; BD Wien		PB
75/06	Blick auf Taufers in Südtirol (13. September)	370 x 553	1892 KH 156; 1909 AR Tf 112; 1955 AL 218	ex Miller-Aichholz; ex Slg Fritsch	PB Wien
75/07	Teplitz in Böhmen		1912 SE 143	ex Griepenkerl	
75/08	Schloßpark in Teplitz		1912 SE 130	ex Rechinger	
75/09	Aus dem Kurpark in Teplitz	238 x 209	1911 LH Tf 16; 1973 AL 256	ex Zuckerkandl	AL Wien 34.259
75/10	Der Dom von Orvieto (Zeit: 1875 ?)	101 x 95	1882 KH Abt X 2		
75/11	Die Fassade des Domes in Orvieto (25. September)	588 x 454	1892 KH 121; 1911 LH 103, 134, 162 (: mehrere Fassungen); 1955 AL 222	AA Wien; BD Wien; ex Kolm	PB
75/12	Das Colosseum in Rom	390 x 760	1954 KK VI	ex Gal Neumann Wien	
75/13	Blick vom Monte Pincio auf Rom		BD Wien		PB
75/14	Hof des Castells von Trient	710 x 558	1892 KH 95; 1911 LH 90, 136 Tf 17; 1912 SE 195; 1953 KK 13; 1955 AL 221	ehem. KK Wien; von ÖG Wien übernommen	AL Wien 30.947
75/15	Die Scala dei Giganti in Venedig			ehem. AL Wien 44.536: abgegeben 1950 an Bloch-Bauer	PB

1876

76/01	Die alte Kaiserburg in Eger		AA Wien		PB Zürich
76/02	Die alte Burg in Eger (11. September)	410 x 557	1892 KH 78; 1911 LH 53; 1955 KK 12		KK Wien 2.267
76/03	Stadtplatz in Eger (10. September)	225 x 323	1972/595 DW 144; BA Wien D 19.533		

76/04	Das Lichnovsky'sche Schloß Grätz bei Troppau		1892 KH 474 ex Lobmeyr	
76/05	Motiv aus Krakau		1892 KH 205 ex Dumba	
76/06	Hof des Jagellonischen Collegiums in Krakau	470 x 850	1892 KH 149; 1911 LH 94; 1912 SE 127 ehem. KK Wien; danach Staatsgalerie Wien	
76/07	Innenansicht des Domes in Krakau	530 x 350	1892 KH 274; 1909 AR Tf 115; 1911 LH 94 Tf 31; 1912 SE 173 ex Hertenried	
76/08	Reichenau (7. Juni)	350 x 500	AA Wien	PB USA
76/09	Partie aus Reichenau gegen Thalhof		1892 KH 309 ehem. Slg Eh. Carl Ludwig (Klesheim)	
76/10	Villa Wartholz in Reichenau an der Rax		1892 KH 305 ehem. Slg Eh. Carl Ludwig (Klesheim)	
76/11	Teplitz		1912 SE 126 ex Miller-Aichholz	
76/12	Blick auf Teplitz (19. August)	315 x 657	1955 AL 223; AA Wien; BD Wien	PB
76/13	Partie aus Teplitz		1892 KH 312	
76/14	Motiv aus Teplitz		1892 KH 439; 1912 SE 149 ex Lobmeyr	
76/15	Kurhotels in Teplitz (9. August)	115 x 170		GS München 45.104
76/16	Partie aus dem Fürstlich Clary'schen Park in Teplitz		1892 KH 434 ex Miller-Aichholz	
76/17	Kurgarten in Teplitz		1892 KH 82 ex Rath	
76/18	Die Kurpromenade in Teplitz (August)	328 x 443		GS München 45.606
76/19	Die Kurpromenade in Teplitz (August)	432 x 340	1911 LH Tf 32; 1917 WW 166; 1955 AL 224; 1973 AL 257 ex Lobmeyr	AL Wien 32.880
76/20	Gasthausgarten in Teplitz	279 x 379	1911 LH Tf 15; 1955 AL 225	BV Mürzsteg
76/21	Blick auf Wien vom Belvedere	390 x 580	1902 LH 275; 1903 AS 174 Abb; AA Wien	PB USA
76/22	Die Akademie der Bildenden Künste in Wien (Zeit: um 1876)	323 x 576	AA Wien; BD Wien	PB
76/23	Das Josephstädter Glacis in Wien im Winter	182 x 315		GS München 24.444
76/24	Auf der Opernkreuzung in Wien (Verlängerte Kärntnerstraße)	747 x 342	1892 KH 67; 1965 AM 115 Tf 110; 1967 BG Tf ex Mayer	HM Wien 33.616
76/25	Der Orgelfuß des Meisters Pilgram im Stephansdom in Wien	335 x 232	1965/569 DW 141 Tf 86; 1973 AL 258	PB Wien
76/26	Die Pilgramkanzel im Stephansdom in Wien	263 x 203		AL Wien 29.567
76/27	Innenansicht des Petersdomes in Rom	387 x 310		GS München 45.603
76/28	Trient		1892 KH 186 ehem. KK Wien	

1877

77/01	Villa in Atzgersdorf bei Wien (16. September)	234 x 322	1909 AR Tf 119; 1911 LH 80 Abb; 1930 KW 54 ex Fichtner; ex Louise Alt	
77/02	Waffensaal in Schloß Seebarn in Niederösterreich	130 x 233		GS München 45.111
77/03	Allee bei Schloß Teplitz	660 x 615	AA Wien	PB Salzburg
77/04	Konzert im Park von Teplitz	162 x 229		Slg Schäfer Schweinfurt 520.949 A
77/05	Der Teplitzer Wald	660 x 610	1892 KH 269; 1955 AL 226; 1963 KH 18; 1963/VII NW 17 Abb (dort: 660 x 700) ex Wittgenstein; ex Stonborough	PB
77/06	Seitenansicht des Belvedere in Wien	440 x 740	1892 KH 178; 1909 AR Tf 116; 1953 KK 19; 1953 OL 37 ehem. KK Wien; 1949 von ÖG Wien übernommen	AL Wien 30.944
77/07	Der Saal der Börse in Wien (Zeit: zwischen 1875 und 1877)	489 x 823	1953 KK 37 ex Theophil Hansen Die Baugeschichte spricht für eine Datierung um 1870. Zum Fassadenprojekt siehe ein 1867 datiertes Blatt: BA Wien D 4.250	KK Wien 20.995
77/08	Palais Chotek in Wien: Speisesaal		1909 AR Tf 117; 1912 SE 152	
77/09	Palais Chotek: Der Rote Salon	303 x 482	1909 AR Tf 118; 1911 LH 77, 137 Abb; 1912 SE 154; 1955 AL 228 ex Eissler	AL Wien 28.358
77/10	Palais Dumba in Wien: Bibliothek	344 x 456	1892 KH 185; 1911 LH 77	HM Wien 58.124
77/11	Palais Dumba in Wien: Bibliothek	344 x 456	1892 KH 189; 1911 LH 77	HM Wien 58.125
77/12	Das Geburtshaus des Malers Joseph Neugebauer in Wien: Außenansicht	135 x 170	1921 GW 8	
77/13	Das Geburtshaus des Malers Joseph Neugebauer: Hof	207 x 254	1909 AR Tf 120; 1921 GW 8; 1955 AL 229 ex Eissler	HM Wien 30.532
77/14	Innenansicht des Stephansdomes in Wien: Presbyterium	454 x 800	1892 KH 152; 1953 KK 16; 1955 AL 227	KK Wien 2.245
77/15	Vorzeichnung zu Innenansicht Nr. 77/14	328 x 540	1892 KH 36; 1911 LH 142 Abb ex Lanckoronski	HM Wien 138.528
77/16	Der Stubenring in Wien	250 x 380		GS München 45.089

1878

78/01	Salon-Interieur aus der Makartzeit	329 x 479	1912 SE 131	AL Wien 28.359

78/02	Vegetation in Gastein		1912 SE 146		Slg Liechtenstein Vaduz
78/03	Hall in Tirol	160 x 210	1906 MW 449		
78/04	Villa Paulik in Seewalchen in Oberösterreich		1892 KH 171		
78/05	Die feierliche Eröffnung des neuen Akademiegebäudes am 3. April 1877 in Wien	638 x 975	1892 KH 24; 1911 LH 111; 1912 SE 124; 1953 KK 14; 1967 FH Abb 73; 1967 BG Tf		KK Wien 21.356
78/06	Personenübersicht zu Nr. 78/05 (recto & verso)	461 x 950	1953 KK 38		KK Wien 21.357
78/07	Skizze zu Nr. 78/05	208 x 326			GS München 45.222
78/08	Das Parlament in Wien	248 x 375			GS München 45.601
78/09	Predigtstuhl im Stephansdom in Wien		1892 KH 188	ex Dumba	
78/10	Der Westbahnhof in Wien	191 x 306	1909 AR Tf 121	ex Eissler	AL Wien 26.865
78/11	Innenansicht von San Marco in Venedig	376 x 475	1909 AR Tf 122; 1911 LH 102	ex Wittgenstein	

1879

79/01	Porträt		1892 KH 296	ex Fichtner	
79/02	Interieur mit zwei Damenbildnissen (sog. „Zahnwehbild“)		1909 AR Tf 123		
79/03	Baumstudie mit Burgruine		AA Wien		
79/04	Blick von Admont gegen das Gesäuse	252 x 387	AA Wien; BD Wien		PB
79/05	Gebirgsmotiv bei Admont	294 x 354	1892 KH 395; 1955 AL 231; 1973 AL 246		AL Wien 30.488
79/06	Straßenansicht aus Admont		1892 KH 400	ex Miller-Aichholz	
79/07	Motiv von Atzgersdorf bei Wien		1892 KH 113	ex Fichtner	
79/08	Brunnen in Bruck an der Mur	150 x 210	1930 KW 77		
79/09	Der Hauptplatz in Friesach mit dem alten Stadtbrunnen (12. Oktober)	390 x 493	1892 KH 81; 1911 LH 78 Abb; 1953 KK 26; 1955 AL 234	ehem. KK Wien; 1939 von ÖG Wien übernommen	AL Wien 28.402
79/10	Der Hofgarten in Innsbruck	305 x 400	1906 MW 165		
79/11	Gemüsegarten („Kraut und Kohl“) in Liezen	277 x 390	1892 KH 169; 1955 AL 233; 1973 AL 260	ex Breden; erw. 1959 (Legat Frei)	AL Wien 32.879
79/12	Sommerfrische bei Liezen: Ausflug der Familie Dumba	206 x 270	1954 LM Tf 11; 1955 AL 232; 1969 WK 18 Abb; 1972 HK 207, 171 Abb; 1973 AL 259; 1975 AL 1 Titelbild	erw. 1975 (Legat Schmid)	AL Wien 36.602
79/13	Spätsommer in Liezen	280 x 380	AA Wien		CA Wien
79/14	Liezen: Nikolaus Dumba mit einem Gast und einem Jäger vor seinem Sommersitz	280 x 392			GS München 45.597
79/15	Metternich-Zimmer in Wien	340 x 500	AA Wien	ex Gal Neumann Wien	
79/16	Der Stephansdom in Wien	345 x 450	AA Wien	ex Gal Neumann Wien	
79/17	Seitenaltar im Stephansdom in Wien	330 x 270	1892 KH 62; 1909 AR Tf 124; 1912 SE 121	ex Miller-Aichholz	
79/18	Der Stephansplatz in Wien		1954 KK I; 1967 BG Tf	ex Gal Neumann Wien	
79/19	Blick gegen die Sakramentskapelle von San Marco in Venedig	375 x 538	1955 AL 235; Variante des Aquarells Nr. 78/11		PB Wien

1880

80/01	Motiv von Atzgersdorf bei Wien	270 x 350	1882 KH X Abt 8; 1892 KH 115	ex Fichtner	
80/02	Das Kornmesserhaus in Bruck an der Mur	522 x 746	1892 KH 157; 1911 LH 91, 153 Abb; 1912 SE 197; 1953 KK 24; 1955 AL 245; 1959 KD 9; BA Wien 117.293		KK Wien 26.995
80/03	Das Kornmesserhaus in Bruck an der Mur	262 x 362	1906 MW 280 Abb; 1909 AR Tf 127	ex Eissler	
80/04	Der Balkon des Kornmesserhauses in Bruck	115 x 170	1909 AR Tf 126	ex Eissler	
80/05	Der Brunnen am Hauptplatz in Bruck	197 x 137	1909 AR Tf 126		
80/06	Brüssel		1912 SE 151	ex Miller-Aichholz	
80/07	Brüssel		1912 SE 165	ex Zuckerkandl	
80/08	Brüssel: Spätgotische Chorkapelle	227 x 138	1892 KH 175; 1955 AL 234; BA 240.264; Studie zu Nr. 80/09		PB Wien
80/09	Brüssel: Spätgotische Chorkapelle	390 x 280	1909 AR Tf 129		
80/10	Erker in Brüssel	225 x 135	1906 MW 272		
80/11	Das Rathaus in Brüssel	520 x 435	1906 MW 182 Abb; 1909 AR Tf 128; 1911 LH 105; 1930 KW 56 a	ex Löw	
80/12	Schloß und Park in Brüssel	353 x 475	1903 AS 175 Abb; 1911 LH 105	ehem. KM Wien: 1921 an ÖG Wien (Vermächtnis Kronprinz Rudolf); 1942 von ÖG Wien übernommen	AL Wien 29.671
80/13	Denkmal König Leopolds I. in Laeken	420 x 310	1903 AS 175 Abb; 1911 LH 105		
80/14	Interieur in Schloß Laeken bei Brüssel	330 x 440	1911 LH 105; 1912 SE 144		
80/15	Interieur in Schloß Laeken bei Brüssel	310 x 530	1911 LH 105, 126 Abb (dort irrig: 1881); 1912 SE 148		
80/16	Das Stadthaus in Brüssel	440 x 340	1911 LH 105		

80/17	Burg Hochosterwitz in Kärnten (24. August)	455 x 610	1892 KH 19; 1911 LH 91 Tf 28; 1953 KK 36; 1954 LM Tf 17; 1955 AL 241; 1970 WK 41 ehem. KK Wien (dort erw. 1881); 1949 von ÖG Wien übernommen	AL Wien 30.945
80/18	Burg Hochosterwitz in Kärnten	138 x 195	1911 LH 91; Vorstudie zu Nr. 80/17 ex Figdor	KK Berlin 18 (F III 2.630)
80/19	Burg Hochosterwitz in Kärnten	260 x 353	1911 LH 91; Vorstudie zu Nr. 80/17 ex Figdor	KK Berlin 19 (F III 2.631)
80/20	Hof eines Bürgerhauses in Nürnberg	360 x 487	1892 KH 279; 1955 AL 242	PB Wien
80/21	Der Pellerhof in Nürnberg		1892 KH 151 ex Tilgner	
80/22	Der Regensburgerhof in Nürnberg		1892 KH 117 ex Lanckoronski	
80/23	Der Spittlerturm in Nürnberg		1892 KH 435	
80/24	Der Hof des Schlosses Porcia in Spittal an der Drau	587 x 552	1892 KH 145; 1911 LH 90; 1912 SE 182; 1953 KK 22	KK Wien 17.212
80/25	Der Arbeitstisch des Künstlers in seiner Wiener Wohnung	251 x 210	1930 KW 56; 1955 AL 244 ex Louise Alt	HM Wien 66.224
80/26	Das Alte Burgtheater am Michaelerplatz in Wien	300 x 400	1963 BG 38 Abb; 1963 KH 19 Abb; 1975 AL 51	PB Wien
80/27	Das Singertor des Stephansdomes in Wien	205 x 150	1900 VS 333, 323 Abb; 1909 AR Tf 125 ex Miller-Aichholz	
80/28	Der Markusplatz in Venedig	150 x 215	AA Wien ex Gal Neumann Wien	

1881

81/01	Die Villa Wertheimstein in Döbling bei Wien		1909 AR 130 Abb	
81/02	Palais Liechtenstein in Eisgrub in Mähren (vor dem Umbau): Interieur	550 x 665		Slg Liechtenstein Vaduz 4.010
81/03	Kreuzgang im Kloster Heiligenkreuz	143 x 210	1909 AR 131 Abb; 1912 SE 94 ex Hertenried	
81/04	Halle im Kloster Heiligenkreuz		1892 KH 177 ex Marbach	
81/05	Der Carabinierisaal in der Kaiserburg von Salzburg	350 x 440	1911 LH 138 Abb; 1912 SE 190	
81/06	Wintergarten im Palais Daun-Kinsky in Wien	364 x 472	1963 KH 20 ehem. Slg Kastner	OL Linz Ka 162
81/07	Palais Lanckoronski in Wien: Interieur	350 x 430	1911 LH 77; 1972/597 DW 160 Tf 106; BA Wien D 20.031	
81/08	Palais Lanckoronski in Wien: Salon	350 x 430	1972/597 DW 161 Tf 106	
81/09	Palais Lanckoronski in Wien: Zehn Interieurs		1911 LH 77, 139 Abb; von diesen 1892 KH: 13, 52, 72, 92, 116 und 120	
81/10	St. Lorenzen bei Bruneck in Südtirol	335 x 480	BA Wien 240. 230 ex Hertenried	
81/11	St. Lorenzen bei Bruneck	365 x 475	1902 LH 260 Abb; 1906 MW 164	
81/12	St. Lorenzen bei Bruneck	353 x 472	1955 AL 246	PB Wien
81/13	Haus in St. Lorenzen bei Bruneck	340 x 450	1892 KH 144; 1900 VS 333, 321 Abb; 1909 AR Tf 131; 1911 LH 152 Abb; 1930 KW 57 ex Louise Alt	
81/14	Waldabhang im Pustertal bei St. Lorenzen	100 x 75	1882 KH Abt X 1	
81/15	Die Pomagagnonwände mit Cortina d'Ampezzo	385 x 505	1892 KH 449; 1954 LM Tf 18; 1955 AL 247; 1973 AL 274 erw. 1951 (Berghofer)	AL Wien 31.075

1882

82/01	Blumenstilleben		1892 KH 300 ex Breden	
82/02	Fiaker	172 x 357	1909 AR Tf 134 ex Artaria	
82/03	Pferdewagen	115 x 178	ex Gal Neumann Wien	
82/04	Die Stiftskirche in Klosterneuburg mit der Lichtsäule	255 x 180	1909 AR Tf 132; 1911 LH 67; cit. 1955 AL 145; BA Wien 240.205 ex Hertenried	GS München 45.068
82/05	Die Stiftskirche in Klosterneuburg mit der Lichtsäule		1892 KH 194; AA Wien	PB Wien
82/06	Gotischer Erker im Stiftshof in Klosterneuburg	425 x 549	1892 KH 253; 1953 KK 23; 1953 OL 39 Abb	KK Wien 17.272
82/07	Treppenhaus im Oberen Belvedere in Wien	525 x 574	1892 KH 238; 1911 LH 77 Tf 23; 1953 KK 20; 1953 OL 38; 1954 LM Tf 19; 1967 FH Abb 72; 1973 AL 291 ehem. KK Wien	AL Wien 28.401
82/08	Stadtpalais des Prinzen Eugen (Himmelpfortgasse: Finanzministerium) in Wien	550 x 420	ehem. ÖG Wien 157	BF Wien
82/09	Das Alte Burgtheater am Michaelerplatz in Wien	280 x 330	1909 AR Tf 134; BA Wien L 12.049 ex Eissler	
82/10	Die Wiener Hochquellenleitung: Aquaedukt bei Mauer	208 x 276	1911 LH 27; 1955 AL 251; vgl. Nr. 99/08	PB
82/11	Das Palais Schwarzenberg in Wien		AA Wien	PB Wien
82/12	Der Stephansturm in Wien	350 x 192	1892 KH 137; 1909 AR Tf 133; 1911 LH 66 Tf 18; 1912 SE 80; 1939 HA 18 Abb; 1955 AL 248; 1970 WK 44 ex Hertenried	AL Wien 23.994
82/13	Die Votivkirche in Wien	455 x 369	1955 AL 249	HM Wien 105.307
82/14	Die Votivkirche in Wien		1892 KH 243 ex Doblhoff-Littrow	

82/15	Der Hof des Dogenpalastes in Venedig		1892 KH 209	ex Dumba	
82/16	Chorgestühl in der Chiesa dei Frari in Venedig	340 x 498	1909 AR Tf 135; 1917 WW 167; BA Wien 240.255	ex Lobmeyr	
82/17	Chorgestühl in der Chiesa dei Frari in Venedig (7. Dezember)	472 x 352	1909 AR Tf 136; 1911 LH Tf 33; 1917 WW 168	ex Lobmeyr	
82/18	Die Chiesa dei Frari in Venedig		1892 KH 65	ex Mauthner	
82/19	Die Chiesa dei Frari in Venedig		1892 KH 159	ex Lobmeyr	
82/20	Die Chiesa de Frari in Venendig		1892 KH 202; 1912 SE 102	ex Lobmeyr	
82/21	Klosterportal in Venedig		1892 KH 155	ex Miller-Aichholz	
82/22	San Marco in Venedig	400 x 620	1906 MW 173	ex Wollheim	
82/23	Innenansicht von San Marco in Venedig (2. Dezember)	470 x 530	1892 KH 285; 1911 LH 101 Abb; 1912 SE 181; BD Wien N 6.143	ex Lobmeyr	PB USA
82/24	Die Vorhalle von San Marco in Venedig	424 x 650	1955 AL 250	ehem. Slg Stonborough	PB Wien
82/25	Motiv aus Venedig mit Blick auf die Kirche S. Moisè	550 x 350	1930 KW 57 a		

1883

83/01	Selbstbildnis des Künstlers	356 x 256	1955 AL 257	ex Dumba; erw. 1950 (Stanek)	AL Wien 30.999
83/02	Blatt aus einem Skizzenbuch: die Tochter Hermine am Totenbett (25. November 10 Uhr)				HM Wien 97.037/1
83/03	Kutsche mit Livrierten	178 x 250	1970/589 DW 212 Tf 135; BA Wien D 18.137		
83/04	Kutsche mit zwei Schimmeln	170 x 240	1963 KH 22		PB Wien
83/05	Der Kaiserbrunnen im Höllental bei Baden	320 x 450	1892 KH 344; 1909 AR Tf 140; 1911 LH 87, 159; 1955 AL 256		HM Wien 17.939
83/06	Parlamentsgebäude in Budapest: Konkurrenzprojekt Architekt Carl Seidl	392 x 800	1892 KH 478; AA Wien; BD Wien	ex Seidl	PB
83/07	Der Verduner Altar in Klosterneuburg	744 x 568	1892 KH 86; 1911 LH 91; 1953 KK 17		KK Wien 17.271
83/08	Perchtoldsdorf bei Wien	165 x 245			GS München 45.110
83/09	Die Kirche in Perchtoldsdorf	510 x 440	1911 LH 141 Abb; 1912 SE 153; 1963 KH 21 Abb	ex Lugner; ex Richter	NL Wien
83/10	Schöpfwerk in Pottschach in Niederösterreich	320 x 455	1892 KH 348; 1909 AR Tf 142; 1912 SE 157; BD Wien		PB
83/11	Der Rudolfsquai in Salzburg	280 x 375	cit. 1955 AL 268; vgl. Nr. 87/05 und Nr. 87/09		AL Wien 4.962
83/12	Stixenstein in Niederösterreich	340 x 486	1892 KH 409; 1909 AR Tf 141		HM Wien 17.938
83/13	Das Amerling-Schlössel in Wien	400 x 540	1892 KH 427; 1909 AR Tf 144; 1911 LH 76, 112, 158; 1955 AL 255		HM Wien 31.281
83/14	Das Amerling-Schlössel in Wien (Zeit: vor 1883)	324 x 480	1900 VS 317 Abb; 1963/VII NW 22 Abb	ex Stonborough	HM Wien 106.376
83/15	Das Alte Burgtheater am Michaelerplatz in Wien	396 x 510	1892 KH 319; 1909 AR Tf 143; 1911 LH 125 Abb; 1912 SE 155; 1965 AM 117 Tf 112; 1967 FH Abb 89; 1967 BG Tf; BA Wien L 8.670		HM Wien 31.259
83/16	Das Alte Burgtheater am Michaelerplatz in Wien		AA Wien		GN Nürnberg Hz 5.733
83/17	Der Michaelerplatz in Wien	382 x 480			GS München 45.649
83/18	Das Alte Rathaus in Wien	605 x 488	1884 KH 441; 1892 KH 245; 1909 AR Tf 137; 1911 LH 78, 148 Abb; 1912 SE 172; 1967 FH Abb 75		HM Wien 17.936
83/19	Der Andromedabrunnen Donners im Hof des Alten Rathauses in Wien	615 x 545	1884 KH 444; 1909 AR Tf 138; 1911 LH 78, 149 Abb; 1955 AL 254; 1967 FH Abb 76		HM Wien 31.480
83/20	Der Magistratssaal im Alten Rathaus in Wien	554 x 820	1884 KH 443; 1892 KH 275; 1909 AR Tf 139; 1911 LH 78, 85 Abb; 1955 AL 253; 1967 FH Abb 77		HM Wien 31.301
83/21	Sitzungssaal im Alten Rathaus in Wien	539 x 730	1884 KH 445; 1911 LH 78; 1912 SE 167		HM Wien 31.300
83/22	Gobelinsaal des Sammlers Mayr in Wien (Zeit: 1889 ?)	286 x 389			HM Wien 115.657

1884

84/01	Selbstbildnis des Künstlers mit Pinsel in der Rechten	290 x 200	1892 KH 460; 1970/XXI NW 23 Abb; 1971/XXIII NW 46 Farb-Abb; verso: unvollendetes Selbstbildnis im Oval		PB
84/02	Stilleben mit Früchten und Gemüse	207 x 273	1930 KW 59	ehem. Slg Pierer	OL Linz Ha 11.151
84/03	Wildbad Gastein		1912 SE 193		
84/04	Innenansicht der Franziskanerkirche in Salzburg		1892 KH 91; 1912 SE 184; vgl. Nr. 89/12	ex Königswarter; ex Zuckerkandl	
84/05	Gnadenaltar der Franziskanerkirche in Salzburg		vgl. Nr. 89/13	ex Miller-Aichholz	Slg Liechtenstein Vaduz
84/06	Der Petersfriedhof in Salzburg	475 x 365	1892 KH 306; 1955 AL 258	ex Königswarter	PB Salzburg

84/07	Der Petersfriedhof in Salzburg	500 x 378	Replik von Nr. 84/06	GS München 45.620
84/08	Das Amerling-Schlössel in Wien: Interieur	350 x 490	1892 KH 425; 1902 JL 89 Abb; 1909 AR Tf 145	HM Wien 31.282
84/09	Palais Bouquoy in Wien: Rokokosaal (Zeit: 1884 ?)		BA Wien PCH 13.911	
84/10	Das Arbeitszimmer in Grillparzers Wohnung in Wien	255 x 325	1967 FH Abb 78	HM Wien 31.416
84/11	Hofkabinett in Grillparzers Wohnung in Wien	245 x 320		HM Wien 31.417
84/12	Die Kärntnerstraße in Wien	353 x 422		Slg Schäfer Schweinfurt 562.380 A
84/13	Blick in die Kärntnerstraße in Wien		1892 KH 64 ex Mauthner	
84/14	Das Alte Burgtheater am Michaelerplatz in Wien		BA Wien LW 74.224	
84/15	Der Prunksaal der Nationalbibliothek in Wien	566 x 665	1885 KH 401; 1953 KK 15; 1967 FH Abb 43	KK Wien 13.027
84/16	Interieur eines venezianischen Palastes		1892 KH 73 ex Miller-Aichholz	

1885

85/01	Bildnisstudien	139 x 210	Kopf- und Kostümstudien aus dem Grazer Stadtpark	HM Wien 114.441
85/02	Kamelienstock		1892 KH 361	
85/03	Admont mit dem Gesäuse	266 x 370	1911 LH 59 Abb; 1955 AL 264 ex Hertenried	AL Wien 28.340
85/04	Die Bibliothek des Stiftes Admont (10. Oktober)	636 x 657	1886 KH 547; 1892 KH 161; 1911 LH 59 Abb; 1912 SE 196; 1953 KK 21 (Titelbild)	KK Wien 17.562
85/05	Bruck an der Mur	325 x 480	1892 KH 240; 1917 WW 169 ex Lobmeyr	
85/06	Blick in die Sporgasse in Graz	380 x 270	1886 KH 12; 1892 KH 272; 1909 AR Tf 149; 1911 LH 93 ex Miller-Aichholz	PB Wien
85/07	Landhaus und Zeughaus in Graz	349 x 452	1887 KH 506; 1892 KH 165; 1911 LH 93; 1912 SE 142; 1955 AL 263; 1970 WK 43; 1973 AL 280 erw. 1889 Das gleiche Motiv des Portraits einer Fassade im Streiflicht begegnet in einem stilistisch fast identischen, völlig aquarellhaft gemalten Ölbild auf Karton: Das Portal des Zeughauses in Graz, um 1885, 208 x 300 mm, erw. 1951 (Gal St. Lucas Wien), NG Graz I 1084.	AL Wien 4.959
85/08	Die Burg in Marburg (Maribor)		1892 KH 183	
85/09	Das Alte Burgtheater am Michaelerplatz in Wien	395 x 505	1909 AR Tf 143; 1911 LH 73, 125 Abb; cit. 1955 AL 261	HM Wien 31.259
85/10	Das Alte Burgtheater am Michaelerplatz in Wien	394 x 485	1955 AL 261; nicht vollendete Neufassung von Nr. 85/09	ÖN Wien
85/11	Das Faßzieherhaus am Spittelberg in Wien	325 x 445	1909 AR Tf 148; 1955 AL 262	HM Wien 17.668
85/12	Das Arbeitszimmer des Operndirektors Herbeck in Wien	650 x 699	1955 AL 252 ex Herbeck	PB Wien
85/13	Das Haus „Zum Weißen Elefanten" in der Kärntnerstraße in Wien	331 x 259	1892 KH 338; 1909 AR Tf 146; 1911 LH 75; 1955 AL 260; 1967 FH Abb 79	HM Wien 31.307
85/14	Palais Lanckoronski in Wien: Interieur	378 x 478	1892 KH 466; 1911 LH 77 ex Lanckoronski	
85/15	Palais Lanckoronski in Wien: Salon der Gräfin	390 x 312	1892 KH 310; 1911 LH 77 Tf 25 ex Lanckoronski	
85/16	Spielzimmer im Hause Lobmeyr in Wien		1886 KH 437; 1892 KH 324 ex Lobmeyr	
85/17	Das Atelier des Malers Hans Makart in Wien	695 x 1004	1885 KH 399; 1892 KH 198; 1909 AR Tf 147; 1911 LH 79; 1955 AL 259; 1973 HM 170; 1973 AL 288	HM Wien 17.837

1886

86/01	Selbstbildnis des Künstlers	304 x 241	1887 KH 167; 1909 AR Tf bei Titel; 1953 KK 11; 1955 AL 265; BA 96. 243; 1948 von KK Wien übernommen	AL Wien 30.720
86/02	Selbstbildnis des Künstlers	175 x 124	ehem. Slg Kastner	OL Linz Ka 161
86/03	Selbstbildnis des Künstlers auf einem Fächer (daneben: Brunnen in Bruck an der Mur)		1902 LH 257 Abb	
86/04	Barockhaus		1912 SE 200 ex Mauthner	
86/05	Gastein		1892 KH 286	
86/06	Ansicht von Gastein		1892 KH 246 ex Königswarter	
86/07	Die Schreckbrücke in Gastein		1892 KH 242 ex Königswarter	
86/08	Die Wildache bei Gastein		1912 SE 191	
86/09	Innenansicht der Hofkirche in Innsbruck		AA Wien	
86/10	Innenansicht der Hofkirche in Innsbruck	482 x 356	1887 KH 183; 1892 KH 444; 1911 LH 80 Tf 45; 1912 SE 171; 1953 KK 18; 1970 WK 45; 1973 AL 281 ehem. KK Wien; 1939 von ÖG Wien übernommen	AL Wien 28.399

86/11	Bronzefiguren vom Grabmal Kaiser Maximilians I. in der Innsbrucker Hofkirche	354 x 475	1930 KW 60; 1955 AL 166		ÖN Wien
86/12	Das Haus „Zum Weißen Elefanten" in der Kärntnerstraße in Wien		1892 KH 63; BA Wien 129.020	ex Mauthner	
86/13	Aus der Nordbahn-Denkschrift: Vignette mit Kranzumrahmung (Zeit: vor 1887)	195 x 160 oval	Die im Juli 1887 gewidmete Denkschrift umfaßt insgesamt 10 Blätter		HM Wien 23.754/1
86/14	Altes Haus in Zell am See		1887 KH 87		
86/15	Schloß Zleb in Böhmen: Kabinett		1912 SE 119	ehem. Slg Auersperg	
86/16	Schloß Zleb in Böhmen: Ritterkabinett		1912 SE 115	ehem. Slg Auersperg	

1887

87/01	Der Kötschachbach bei Gastein	320 x 425	1906 MW 157; 1911 LH 92, 135 Abb; 1955 AL 270; 1973 AL 282	ehem. KM Wien: 1921 an ÖG Wien; 1949 von ÖG Wien übernommen	AL Wien 30.938
87/02	Schreckbrücke und Wasserfall in Gastein		1887 KH 260; 1892 KH 215	ex Mayer	
87/03	Schloß Kestell (Kesthely)		1892 KH 213		
87/04	Salzburg mit der Salzach	380 x 470	1911 LH 90; 1912 SE 194	ex Heymann	
87/05	Blick auf die Altstadt von Salzburg	417 x 580	siehe Varianten Nr. 83/11 und Nr. 87/09		GS München 45.648
87/06	Alter Brunnen in Salzburg		1892 KH 47		
87/07	Das Hafnerhaus Am Stein in Salzburg	520 x 392	1892 KH 431; 1909 AR Tf 150; 1911 LH 90; 1955 AL 269; BA Wien 240.241; AA Wien; BD Wien	ex Wittgenstein	PB
87/08	Das Portal der Nonnberg-Klosterkirche in Salzburg	385 x 419	1892 KH 469; 1955 AL 267	ex Bloch-Bauer; erw. 1950 (Tausch)	AL Wien 28.348
87/09	Der Rudolfsquai in Salzburg	380 x 490	1955 AL 268; siehe Varianten Nr. 83/11 und Nr. 87/05		PB Salzburg
87/10	Blick vom Wiedener Gürtel auf das Belvedere in Wien	135 x 185	1972 HF 34 Abb	ex Gal Pallamar Wien	
87/11	Der Graben in Wien		1912 SE 150	ex Siller	PB Wien
87/12	Der Kohlmarkt in Wien		1892 KH 166; 1912 SE 170	ex Artaria	
87/13	Salon in der Wiener Wohnung des Künstlers	198 x 193	1930 KW 58	ex Louise Alt	GS München 45.157
87/14	Das Pantheon in Rom	435 x 485	1892 KH 426; 1911 LH 102	ex Rath	
87/15	Der Hof des Dogenpalastes in Venedig		1892 KH 396; BA Wien 240.253		
87/16	Die Piazzetta in Venedig		1887 KH 530		

1888

88/01	Blumenstock im Atelier		AA Wien	ex Gal Nebehay Wien	PB Wien
88/02	Friesach in Kärnten		1892 KH 404		
88/03	Die Alte Burg in Friesach		1889 KH 55; 1892 KH 122		
88/04	Haus mit Arkaden in Friesach		AA Wien	ex Gal Neumann Wien	PB Wien
88/05	Alter Stadtgraben in Friesach (Zeit: um 1888)		1889 KH 43		
88/06	Alter Stadtgraben in Friesach (Zeit: um 1888)		1889 KH 54		
88/07	Wildbad Gastein (Zeit: um 1888)		1889 KH 62		
88/08	Blick aus dem Fenster in Gastein	263 x 171	1909 AR Tf 152; 1930 KW 61	ex Louise Alt	GS München 45.161
88/09	Kirche und Spital in Gastein	393 x 557	1909 AR Tf 153;	erw. 1950 (Slg Odescalchi) ex Miller-Aichholz	AL Wien 30.984
88/10	Innenansicht einer Kirche in Gastein (25. August)	250 x 260	1912 SE 198; 1940/458 DW 387 Tf IX BA Wien D 1.884	ex Eszterhazy	
88/11	Der Wasserfall in Gastein	474 x 347	1909 AR Tf 151; BA Wien 240.235	ex Wittgenstein	PB Wien
88/12	Blick gegen die Kanzel im Dom von Gurk in Kärnten	480 x 355	1889 KH 50; 1909 AR Tf 154; BA Wien 240.568		
88/13	Die Hofgasse in Innsbruck	435 x 270	1906 MW 176	ex Kary	
88/14	Der Graben in Wien		1892 KH 60; 1912 SE 166	ex Mauthner	
88/15	Der Graben in Wien	352 x 422			Slg Schäfer Schweinfurt 360.114 A
88/16	Die Pestsäule am Graben in Wien		1902 JL 83 Abb; 1912 SE 216		

1889

89/01	Architekturentwurf (Theater oder Opernhaus)	780 x 135			Slg Schäfer Schweinfurt 482.601 A
89/02	Gotische Kirche	562 x 695	AA Wien; BD Wien		PB
89/03	Schloß Frauenberg in Böhmen		1892 KH 59		
89/04	Große Fichte in Gastein	550 x 375	1906 MW 163		
89/05	Der alte Friedhof in Gastein	270 x 380	1906 MW 149	ex Stribersky	
89/06	Der alte Friedhof in Gastein	400 x 300	1906 MW 100; 1911 LH 92	ex Wittgenstein	

89/07	Die Kaiserpromenade in Gastein	320 x 390	1906 MW 141	ex Artaria	
89/08	Altes Haus in Innsbruck		1892 KH 150		
89/09	Das Burgriesenhaus in Innsbruck	435 x 275			GS München 45.085
89/10	Die Kirche in Perchtoldsdorf bei Wien		1892 KH 26	ex Seybl	
89/11	Blick über Salzburg auf die Feste Hohensalzburg		BA Wien 110.075		PB Wien
89/12	Innenansicht der Franziskanerkirche in Salzburg		AA Wien		
89/13	Der Gnadenaltar in der Franziskanerkirche in Salzburg	347 x 447	1892 KH 422; 1930 KW 63; 1955 AL 272		ÖN Wien
89/14	Blick auf Wien vom Cobenzl	262 x 375	1909 AR Tf 156	ex Lobmeyr	
89/15	Das Alte Burgtheater am Michaelerplatz in Wien		1889 KH 59; 1892 KH 394	ex Königswarter	
89/16	Das Alte Burgtheater am Michaelerplatz in Wien	320 x 420	1973/599 DW 162 Tf 100		
89/17	Das Alte Burgtheater am Michaelerplatz in Wien		1954/525 DW 146; BA D 5.811		
89/18	Der Graben in Wien mit Josephsbrunnen und Pestsäule	370 x 505	1892 KH 265; 1930 KW 64; 1955 AL 271		PB Wien
89/19	Blick auf die Ecke Kärntnerstraße-Weihburggasse in Wien	465 x 336	1892 KH 21; 1909 AR Tf 155; 1967 FH Abb 80	ex Lobmeyr	
89/20	Das alte Lobmeyr-Haus in Wien		1912 SE 183	ex Lobmeyr	
89/21	Die Mölkerbastei in Wien		1892 KH 437	ex Mauthner	
89/22	Der Stephansdom in Wien	445 x 325	1963 KH 24; 1963 BG 73 Abb		Manner & Co. AG Wien

1890

90/01	Selbstbildnis des Künstlers	342 x 274	1902 JL 79 Abb; 1955 AL 273; 1973 AL 302		HM Wien 11.449
90/02	Selbstbildnis des Künstlers	270 x 220	1930 KW 65	ex Louise Alt	
90/03	Selbstbildnis des Künstlers	355 x 308	1963 KH 25; 1963/VII NW 1 Abb (Umschlag); 1967 RG 5 Abb 6		PB Graz
90/04	Der Künstler in seinem Wiener Arbeitszimmer mit einem Enkel	366 x 564	1909 AR Tf 157	erw. 1954 (Glingar)	AL Wien 31.612
90/05	Zwei Fensterbespannungen (Transparentbilder) mit Landschaften	1160 x 760			PB Wien
90/06	Stilleben im Atelier des Künstlers (Zeit: um 1890)		vgl. Nr. 88/01		PB Wien
90/07	Böckstein	435 x 288			GS München 45.607
90/08	Ansicht von Böckstein		1892 KH 71	ex Königswarter	
90/09	Landschaft bei Böckstein	400 x 390	1963 KH 26		PB Wien
90/10	Große Fichte bei Gastein	560 x 390	1930 KW 66		
90/11	Der Hof des Landhauses in Graz	278 x 397	1891 KH 596; 1955 AL 275		NG Graz II 1.845
90/12	Schloß Hollenegg: Interieur		1892 KH 57; vgl. auch Nr. 66/04		Slg Liechtenstein Hollenegg
90/13	Schloß Hollenegg: Interieur		1892 KH 68; vgl. auch Nr. 66/04		Slg Liechtenstein Hollenegg
90/14	Schloß Hollenegg: Interieur		1892 KH 69; vgl. auch Nr. 66/04		Slg Liechtenstein Hollenegg
90/15	Das Alte Burgtheater am Michaelerplatz in Wien	400 x 510	AA Wien	ex Gal Neumann Wien	
90/16	Das Alte Burgtheater am Michaelerplatz in Wien	375 x 490	1909 AR Tf 158; BA Wien 240.193	ex Hertenried	
90/17	Die Hermesvilla im Lainzer Tiergarten von Wien	510 x 760	1955 AL 277		BV Mürzsteg
90/18	Wiener Fiaker in der Prater-Hauptallee	177 x 253	1955 AL 276		HM Wien 17.089
90/19	Der letzte schöne Baum am Wienfluß	965 x 650	1896 KH 563; 1897 KH 360; 1906 MW 162 Abb; vgl. Nr. 98/12	ehem. Slg Weiss-Tessbach	PB

1891

91/01	Selbstbildnis des Künstlers auf einem Fächer (daneben: Altes Burgtheater in Wien)		1930 KW 67		
91/02	Gastein		1892 KH 182		
91/03	Das Gasteinertal (Zeit: um 1891)		1892 XXI KH 920		
91/04	Das Gasteinertor in Gastein (Zeit: vor 1891)		1891 KH 615		
91/05	Bergwand in Gastein (Zeit: um 1891)		1902 LH Tf nach 260		
91/06	Haus in Gastein	273 x 340			GS München 45.088
91/07	Die Kaiserpromenade in Gastein (Zeit: um 1891)		1892 XXI KH 864		
91/08	Die gotische Nikolauskirche in Gastein	314 x 242	1909 AR Tf 159; 1911 LH 92, 131 Tf 45; 1912 SE 178; 1953 OL 8; 1955 AL 279	ex Hertenried; 1949 von ÖG Wien übernommen	AL Wien 30.844
91/09	Die gotische Nikolauskirche in Gastein	420 x 270	1906 MW 156		
91/10	Klosterneuburg (Zeit: um 1891)		1891 KH 621		
91/11	Kirche und Hauptplatz in Perchtoldsdorf bei Wien	332 x 323	1909 AR Tf 158; 1911 LH 90, 141 Abb; BA Wien 240.204	ex Hertenried	GS München 45.610
91/12	Blick in den Chor der Franziskanerkirche in Salzburg	420 x 385	1891 KH 641 (dort: „Aus der Franziskanerkirche in Innsbruck“); 1955 AL 278		PB Wien

91/13	Der Kapuzinerberg in Salzburg (Zeit: vor 1892)		1892 XXI KH 856		
91/14	Der Residenzplatz in Salzburg (Zeit: vor 1892)		1892 XXI KH 877		
91/15	Der Graben in Wien		1892 KH 442		
91/16	Die Landstrasser Hauptstraße in Wien		1912 SE 168	ex Fischer	
91/17	Das Paradeisgartl in Wien	130 x 160	1959/57 NW 10 Abb; AA Wien	ex Schlögl	PB
91/18	Der Stephansdom in Wien		1892 XXI KH 745; 1892 KH 25		

1892

92/01	Selbstbildnis des Künstlers auf einem Fächer	Fächerlänge 260	1965/567 DW 145 Tf 87		
92/02	Interieur		1892 XXI KH 791; dies Blatt und Nr. 92/03 vielleicht identisch mit Nr. 92/15 + 16	ex Lanckoronski	
92/03	Interieur		1892 XXI KH 795; siehe Bemerkung zu Nr. 92/02	ex Lanckoronski	
92/04	Ansicht aus Gastein	320 x 420	1906 MW 139	ex Lindheim	
92/05	Das Gasteinertal (Zeit: um 1892)		1893 KH 746		
92/06	Innenansicht der gotischen Nikolauskirche in Gastein	400 x 465	1892 XXI KH 847; 1906 MW 181		
92/07	Große Fichte bei Gastein	373 x 264	1898 SE 156; 1909 AR Tf 162; 1911 LH 131 Tf 12; 1912 SE 169 (dort Druckfehler 1829 statt 1892); 1955 AL 280	von ÖG Wien übernommen	AL Wien 28.368
92/08	Große Fichte bei Gastein	525 x 340	1906 MW 161; 1912 SE 137	ex Hertenried	
92/09	Die Villa Wittgenstein in Neuwaldegg	207 x 287	1909 AR Tf 160	ex Wittgenstein	
92/10	Die Franziskanerkirche in Salzburg		1892 XXI KH 843		
92/11	Das Alte Burgtheater am Michaelerplatz in Wien		1892 KH 108	ex Lanckoronski	
92/12	Innenansicht der Hietzinger Pfarrkirche in Wien	385 x 260	1955 AL 144 (dort: um 1850); 1973 AL 299		HM Wien 66.221
92/13	Der Gnadenaltar der Hietzinger Pfarrkirche in Wien	425 x 327	1892 KH 263; 1973 AL 300	ex Theyer; erw. 1960 (Schmid)	AL Wien 32.967
92/14	Am Hof in Wien mit dem Radetzkydenkmal	308 x 423	1903 AS 176 Abb; 1911 LH 73 Tf 20; 1912 SE 162; 1955 AL 281; 1967 FH Abb 81; 1973 AL 289	von ÖG Wien übernommen	AL Wien 28.370
92/15	Palais Lanckoronski in Wien: Interieur		1892 KH 89; siehe Bemerkungen zu Nr. 92/02 + 03		
92/16	Palais Lanckoronski in Wien: Rauchzimmer	375 x 480	1892 KH 119; 1911 LH 77, 187 Abb; siehe Bemerkungen zu Nr. 92/02 + 03		
92/17	Die Votivkirche in Wien	460 x 770	1892 XXI KH 860; 1906 MW 179 Abb; 1909 AR Tf 161		

1893

93/01	Interieur (Zeit: um 1893)		1893 XXI KH 747		
93/02	Innenansicht der gotischen Nikolauskirche in Gastein		1893 XXI KH 747		
93/03	Kirchenportal in Gastein	290 x 230	1941/465 DW 125 Tf 29; BA Wien D 2.306		
93/04	Kirchturmuhr in Gastein	223 x 108			GS München 45.109
93/05	Der Gamskarkogel bei Gastein	420 x 340	1909 AR Tf 163; 1930 KW 68; BA Wien 240.233	ex Miller-Aichholz	
93/06	Das Gasteinertal	280 x 460	1906 MW 103; 1930 KW 70	ex Heim	
93/07	Das Anlauftal bei Gastein	969 x 663	1894 KH Abt XXIV 12; 1953 KK 28; 1955 AL 284; 1970 WK 46; 1973 AL 293	ehem. KK Wien	AL Wien 28.344
93/08	Eingang in das Kötschachtal bei Gastein		1893 KH 720		
93/09	Klosterneuburg		1912 SE 68		Slg Liechtenstein Vaduz
93/10	Die Franziskanerkirche in Salzburg		1912 SE 188		
93/11	Innenansicht der Franziskanerkirche in Salzburg	400 x 490	1930 KW 69	ex Louise Alt	
93/12	Altes Haus am Neubau in Wien (Zeit: vor 1893)		1893 KH 750		
93/13	Der Neue Markt (Mehlmarkt) in Wien	280 x 435	1894 KH Abt XXIV 6; 1909 AR Tf 164; 1955 AL 283; 1967 FH Abb 82; 1967 BG Tf		HM Wien 9.978
93/14	Der Stephansdom in Wien		1894 KH XXIV 17; 1902 LH 269 Abb		
93/15	Der Stephansplatz in Wien		1893 KH 714		
93/16	Der Stephansplatz in Wien		1893 KH 718		
93/17	Die Villa Artaria in Plevio am Comosee	235 x 330	1963 KH 28	ex Wagenmann	PB Wien
93/18	Blick auf Triest	270 x 410	1921 GW 17 Abb		
93/19	Venedig		1893 KH 716		

1894

94/01	Interieur	283 x 372	1973 AL 301	HM Wien 105.218
94/02	Friesach in Kärnten	210 x 272	bez. „Weihnacht 894“	GS München 45.150
94/03	Der Friedhof in Gastein	564 x 780	1955 AL 291 Abb 8; 1959 KD 10 (dort irrig: 1900 ?); 1973 AL 298 1963 von ÖG Wien übernommen	AL Wien 34.258
94/04	Schule in Gastein	280 x 390	1906 MW 140 ex Stern	
94/05	Das Glockenspiel in Salzburg	220 x 150	1909 AR Tf 165; BA Wien 240.206	
94/06	Der Residenzplatz in Salzburg	159 x 180		GS München 45.622
94/07	Der Residenzplatz in Salzburg	280 x 225	ex Miller-Aichholz	GS München 45.621
94/08	Blick aus dem Wohnhaus des Künstlers in der Skodagasse in Wien	285 x 362	1954 LM Tf 20; 1955 AL 285; 1967 FH Abb 96; 1973 AL 290 erw. 1952 (Gal Neumann Wien)	AL Wien 30.180
94/09	Die Eisengießerei in der Skodagasse (Kitschelt-Hof) in Wien		1898 SE 62; 1950/oNr (Sep) DW 117; BA Wien D 4.547; vgl. Nr. 03/01+02	
94/10	Der Naschmarkt in Wien		1912 SE 140 ehem. Slg Ferdinand Schmutzer	
94/11	Der Stephansdom in Wien (Zeit: um 1894)		1894 KH 17	

1895

95/01	Selbstbildnis des Künstlers	310 x 266	1909 AR Tf 169; 1911 LH 116; 1954 LM Tf 21; 1955 AL 292 erw. 1950 (Nachlaß Wolf)	AL Wien 31.018
95/02	Stilleben: Rosen und Glockenblumen mit Bildnisfigur	566 x 385	1900 VS 334, 329 Abb; 1902 LH 280 Abb; 1906 MW 30; 1955 AL 286	HM Wien 33.926
95/03	Ansicht von Böckstein gegen die Tauern	515 x 687	1912 SE 163; 1955 AL 288 ex Suess	HM Wien 58.356
95/04	Ansicht aus Gastein	550 x 380	1896 KH 525; 1906 MW 136	
95/05	Evangelische Kirche in Gastein (Zeit: um 1895)		1911 LH 134	
95/06	Die gotische Nikolauskirche in Gastein	520 x 385	1930 KW 71	
95/07	Die gotische Nikolauskirche und das Spital in Gastein	393 x 557	1909 AR Tf 153; 1955 AL 289; 1973 AL 296 ex Miller-Aichholz; erw. 1950 (ehem. Slg Odescalchi)	AL Wien 30.984
95/08	Die gotische Nikolauskirche und das Spital in Gastein	467 x 352	1911 LH 170 Tf 38; 1955 AL 298	BV Mürzsteg
95/09	Der Gosausee mit dem Dachstein	200 x 279	1955 AL 287	NG Graz II 9. 413
95/10	Das Grabmal Kaiser Friedrichs III. im Stephansdom in Wien	400 x 660	1896 KH 519; 1911 LH 143 Abb; 1963 KH 29 ex Lanckoronski	PB Wien
95/11	Kanzel und Seitenaltar im Stephansdom in Wien	380 x 270	1900 VS 333, 324 Abb; 1906 MW 188 ex Reich	

1896

96/01	Schierlingskraut	340 x 230	1911 LH 134 Tf 41; 1912 SE 158; vgl. Nr. 97/03 ex Hertenried	
96/02	Stilleben: Rosen in Vase mit Figur im Hintergrund	277 x 185	1896 KH 524; 1906 MW 29 Abb (dort irrig: 1895); 1909 AR Tf 166; 1911 LH 125; bez. „Aus der Rosenzeit“ ex Artaria	GS München 45.624
96/03	„Verdure“: Pflanzenstudie	382 x 548	1911 LH 133	Slg Liechtenstein Vaduz
96/04	Zweispänner: Equipage des Herzogs von Nassau	177 x 259	bez. „Weihnacht 896“	HM Wien 27.089
96/05	Ausblick von Admont gegen das Gesäuse		1897 KH 366	
96/06	Innsbruck		1897 KH 356	
96/07	Innsbruck: Das Goldene Dachl	496 x 390	1897 KH 359; 1955 AL 293; 1963/VII NW 23 Abb; vgl. Nr. 65/03 ex Stonborough	PB
96/08	Innsbruck: Das Goldene Dachl und die Maria-Theresienstraße	370 x 380	1930 KW 72	
96/09	Innsbruck: Katholisches Casino und Stadtturm	505 x 355	1900 VS 325 Tf; 1906 MW 177 Abb; 1909 AR Tf 167 ex Wittgenstein	
96/10	Innsbruck: Landesschützenfest 1896		1897 KH 347	
96/11	Innsbruck: Straßenszene	435 x 275		GS München 45.604
96/12	Die Elisabethbrücke in Wien	338 x 478	1911 LH 76; 1912 SE 138 ex Lobmeyr	GS München 45.605
96/13	Der Stephansdom in Wien		1896 KH 522	
96/14	Das Pantheon in Rom		1912 SE 139 ex Mauthner	
96/15	Die Vorhalle von San Marco in Venedig	320 x 480	1906 MW 192 ex Zifferer	

1897

97/01	Selbstbildnis des Künstlers	257 x 222	1909 AR Tf 169; 1911 LH Titelbild; 1912 SE 135 Abb 7; 1930 KW 73; bez. „Weihnacht 897“	ex Fleckseder	GS München 45.081
97/02	Huflattich	261 x 185	späte Neufassung: vgl. Nr. 40/06 — 08		GS München 45.160
97/03	Schierlingsstaude	286 x 196	1906 MW 25 (dort: Pflanzenstudie); 1955 AL 294; 1963 KH 30; 1973 AL 292; vgl. Nr. 96/01	ex Pierer	PB Wien
97/04	Gebirge bei Admont	470 x 670	1906 MW 160; 1911 LH 92	ex Miller-Aichholz	
97/05	Partie aus Gastein	390 x 550	1897 KH 346; 1906 MW 104	ex Artaria	
97/06	Eingang in das Gesäuse (Admont 17. September)	280 x 455	1906 MW 146; 1911 LH 92	ex Miller-Aichholz	
97/07	Bierwagen vor dem Donnerbrunnen auf dem Neuen Markt (Mehlmarkt) in Wien	103 x 270	1955 AL 296		PB Wien
97/08	Die Peterskirche in Wien	340 x 455	1898 SE 158; 1906 MW 168 Abb; 1906 LH 209; 1909 AR Tf 168; 1955 AL 295		HM Wien 30.526
97/09	Der Stephansdom in Wien	395 x 245	1972/598 DW 151 Tf 35		

1898

98/01	Platz in Gastein	270 x 380	1898 SE 155; 1906 MW 175 Abb; 1909 AR Tf 17; 1911 LH 130; 1912 SE 159	ex Zuckerkandl	
98/02	Naßfeld bei Gastein		1898 SE 63		
98/03	Eingang in die gotische Nikolauskirche in Gastein		1898 SE 61		
98/04	Fensteraussicht auf Gastein		1898 SE 59		
98/05	Pflanzenstudie aus Gastein		1898 SE 57		
98/06	Pflanzenstudie aus Gastein		1898 SE 58		
98/07	Stift Göttweig	162 x 265			GS München 45.108
98/08	Blick auf Wien vom Donaukanal				PB Graz
98/09	Der Stephansdom in Wien	470 x 310	1898 SE 154; 1906 MW 183 Abb; 1909 AR Tf 172; 1912 SE 187	ex Zuckerkandl	
98/10	Der Stephansdom in Wien	685 x 340	1911 LH 140, 43 Abb; 1912 SE 185		PB USA
98/11	Die Kanzel im Stephansdom in Wien		1902 LH 272 Abb		
98/12	Der letzte schöne Baum am Wienfluß	527 x 360	1909 AR Tf 170; 1911 LH 132; 1912 SE 134; 1953 KK 29 (dort irrig: 1895); 1955 AL 297; 1963 BG 80; 1967 FH Abb 83; 1973 AL 297; zweite Fassung des Aquarells Nr. 90/19		KK Wien 26.217
98/13	Eingang in den Park von Schönbrunn bei Wien		1898 SE 60		

1899

99/01	Gastein: Studien		1899 SE 126		
99/02	Große Fichte bei Gastein	560 x 500	1906 MW 158 Abb; 1911 LH 130	ex Müllner	PB Wien
99/03	Garten und Wohnhaus des Künstlers in der Sommerfrische in Gastein	276 x 388			GS München 45.077
99/04	Das Portal der gotischen St. Nikolauskirche in Gastein		1899 SE 124		
99/05	Blick auf Graz von der Ries	234 x 350	1899 SE 53; 1955 AL 299; AA Wien; BD Wien		PB
99/06	Am Hof in Wien	175 x 122		ehem. Slg Kastner	OL Linz Ka 164
99/07	Das Krapfenwaldl bei Wien		1899 SE 52		
99/08	Aquaedukt in Mauer bei Wien	206 x 275	AA Wien; BD Wien; vgl. Nr. 73/12 und Nr. 82/10		PB
99/09	Blick auf das Colosseum in Rom vom Konstantinsbogen	353 x 676	1906 MW 169; 1912 SE 176; 1955 AL 298; 1963/VII NW 24 Abb; 1975 AL 59	ex Stonborough	PB Wien
99/10	Die Piazzetta in Venedig		1899 SE 125		

1900

00/01	Große Fichte bei Gastein	564 x 392	1954 LM Tf 22; 1955 AL 300; 1973 AL 295		AL Wien 31.542

1901

01/01	Apfelbäume in Goisern im Trauntal (Zeit: um 1901)	565 x 785	1902 LH 273 Abb; 1911 LH 143; 1955 RG 2 Abb 42; 1955 AL 301		RG Salzburg 12
01/02	Landschaft um Goisern	660 x 1000	1906 MW 154; 1963 KH 31	ex Wachtel	PB Wien

1902

02/01	Gebirgslandschaft bei Goisern (Zeit: um 1902)	392 x 572		GS München 45.595
02/02	Apfelbäume in Goisern im Trauntal	590 x 330	1906 MW 99; 1943/484 DW 203; BA Wien D 3.106	PB
02/03	Blick auf das Ramsaugebirge bei Goisern	560 x 770	1906 MW 137; 1911 LH 92; 1930 KW 74 ex Toscano del Banner	

1903

03/01	Die Eisengießerei in der Skodagasse (Kitschelt-Hof) in Wien	487 x 617	1911 LH Tf 60; 1912 SE 199; 1954 LM Tf 23; 1954 KK XII; 1955 AL 303; 1967 FH Abb 96; 1973 AL 294; vgl. Nr. 94/09 erw. 1912	AL Wien 28.343
03/02	Die Eisengießerei in der Skodagasse in Wien	550 x 738	1955 AL 302; unvollendete Farbenstudie zu Nr. 03/01; AA Wien; BD Wien	PB

1904

04/01	Selbstbildnis des Künstlers in seinem Arbeitszimmer mit einem seiner Urenkel	465 x 675	1911 LH 119; 1954 LM Tf 24; 1955 AL 304; 1973 AL 303	HM Wien 105.073

1905

05/01	Das Atelier des Künstlers	560 x 775	1912 SE 179; 1939 HA 21 Abb; 1954 LM Text zu Tf 24 (dort die Gründe für eine Datierung Ende 1904); von der Tochter Louise Alt bez. „Letzte Arbeit meines Vaters Professor Rudolf v. Alt 1905". Zu der unvollendeten Arbeit vgl. die früheren Fassungen von 1904 (Nr. 04/01) und 1890 (Nr. 90/04).	GS München 45.625

U.V.: VERZEICHNIS EINER AUSWAHL WICHTIGER UNDATIERTER BLÄTTER

Selbstporträt 140 x 160; 1955 SG 57 — PB

Bildnis einer sitzenden Dame 1900 VS 334, Tf 335

Galizische Figurenstudien OL Linz Ha 11.149

Polen in Landestracht 150 x 202; 1972/597 DW 162, Tf 109; BA Wien D 20.033

Mährischer Bauer und Bäuerin 150 x 120; 1921 GW 21 Abb

Pferdefuhrwerk 170 x 510; 1911 LH 156 Abb

Pferdefuhrwerk und Figurenstudien PB Wien

Säulenhof mit Ziehbrunnen (Dalmatien ?) OL Linz Ha 109

Skizze einer Kirche 350 x 246; AL Wien 33.563

Widmungsblatt zum Album der Erzherzog Albrechts-Bahn in Galizien AL Wien 4.961

Aspern
- Schlacht bei —, (nach Duvivier) 361 x 525; AL Wien 34.682

Berchtesgaden
- Kreuzgang des Klosters in —, 100 x 160; AL Wien 4.956

Budapest
- Comitatshaus in —, 162 x 237; PB USA
- Hotel „Zum König von Ungarn" in —, 175 x 135; 1911 LH 96 Abb
- Lloyd-Triestino-Gebäude in —, 167 x 240; PB USA
- Marktplatz und altes Rathaus in Pest, 173 x 249; KK Berlin 7 (F II 241)
- Nationaltheater in —, 177 x 248; 1911 LH 97 Abb

Dürnstein
- Blick auf —, 148 x 204; PB

Eisgrub
- Schloß —, 135 x 190; Slg Liechtenstein Vaduz 2.714

Freudenberg
- Ruine — bei Ragaz, 337 x 760; Slg Liechtenstein Vaduz 2.933

Gastein
- Kirche in —, PB Wien

Gmundner See (Traunsee)
- Am Gmundner See, 212 x 229; Slg Schäfer Schweinfurt 111.076 A

Gosausee
- Vorderer —, 160 x 100; 1930 KW 10 a

Grätz bei Troppau
- Pavillon in —, 125 x 170; PB Rom

Ischl
- Kaiservilla in —, 440 x 580; PB
- Kursalon in —, 440 x 580; Foto AA Wien

Krakau
- Innenhof eines Gebäudes in —, ex AL Wien 28.400

Langbathsee
Hinterer —, 270 x 378; 1911 LH 53 Abb; PB
Laxenburg
Ansicht von —, 180 x 270; AL Wien 31.188
Linz
Hauptplatz in —, 200 x 300; 1911 LH 31 Abb; 1921 GH 6 Abb
Mariazell
Wallfahrt nach —, BA Wien BDA 1.421
Mödling bei Wien
Die Kirche St. Othmar in —, 98 x 192; Slg Liechtenstein Vaduz 2.958
Mondsee
Partie am —, 1972/597 DW 159, Tf 105
Neapel
Blick auf —, 422 x 886; Slg Schäfer Schweinfurt 291.313 A
Bucht von —, 240 x 350; BA Wien D 1.396
Nürnberg
Brunnengäßchen mit Kutscherhof in —, 376 x 472; 1911 LH 100 Abb
Hauptplatz in —, BA Wien L 12.609
Der „Schöne Brunnen" in —, 1971/591 DW 154, Tf XXIII
Pavia
Die Certosa von —, 400 x 537; KK Wien 26.218
Persenbeug
Blick auf Schloß —, BA Wien 96.246
Raigern bei Brünn
Blick auf Stift —, 132 x 187; vgl. AV 38/11; PB
Regensburg
Blick auf —, 100 x 152; 1911 LH 19 Abb
Retz
Ansicht von —, 120 x 220; 1911 LH 88 Abb; Museum in Retz 53
Rom
Clemensgrab in —, 380 x 305; 1921 GW 11 Abb
Forum Nerva in —, 1917 WW 158
Ruinen des Minervatempels vom Nervaforum in —, 408 x 493; KK Berlin 4 (F 563)
Forum Romanum in —, 270 x 370; BA Wien BDA 1.119
Petersdom und Engelsburg in —, 1967 BG Tf
Petersplatz in —, BA Wien 94.660; PB
Rosenberg (Böhmen)
Blick auf Schloß —, 330 x 480; vgl. AV 53/10; BA Wien D 1.731
Salzburg
Blick auf —, 103 x 160; AL Wien 4.958
Die Feste Hohensalzburg —, 239 x 369; AL Wien 28.572
Friedhof von St. Peter in —, 500 x 378; GS München 45.620
Friedhof von St. Peter in —, 300 x 400; BA Wien D 1.397
Rudolfsquai in —, vgl. AV 83/11, 87/05 + 09; 1967 BG Tf
Schloß Schönbrunn bei Wien
Blick auf —, 211 x 265; AL Wien 28.481
Blick auf —, 175 x 168; 1955 SG 69; PB
Gartenfassade von —, 273 x 394; 1909 AR Tf 81; 1911 LH 71 Abb; AL Wien 32.495
Gartenfassade von —, 155 x 520; 1909 AR Tf 81
Allee im Park von —, 387 x 351; OL Linz Ka 158
Allee im Park von —, 400 x 360; AR Tf 82
Gartenparterre und Gloriette in —, 230 x 472; PB Wien
Gartenparterre und Gloriette in —, 173 x 586; AL Wien 32.513
Gartenparterre und Gloriette in —, 148 x 214; 1911 LH 121 Abb
Partie aus —, 210 x 350; 1921 GW 13 Abb
St. Michael an der Donau
Blick auf —, 180 x 156; AL Wien 32.588
Siena
Blick auf —, 1917 WW 163
Sorrent
Blick auf —, 260 x 350; PB Krems
Spalato (Split)
Diokletianspalast in —, 430 x 345; 1963 KH 35, Titelabb.; OL Linz Ha 11.146
Terracina
Blick auf —, 1967 BG Tf
Triest
Hafen von —, BA Wien 154.095
Venedig
Markusplatz in —, 174 x 157; PB Wien
Riva degli Schiavoni in —, 1917 WW 155
Innenansicht von San Marco in —, 400 x 690; 1882 KH XV 5
Innenansicht von San Marco in —, PB Wien
Waidhofen an der Ybbs
Blick auf —, 58 x 83; mit Gegenstück „St. Peter i. d. Aue", 61 x 83, PB; PB Wien
Wien
Blick auf —, 212 x 319; PB
Panorama der westlichen Vorstädte von —, 312 x 343; AL Wien 32.511
Amerling-Schlößl in —, 205 x 400; 1960 VH 19
Ehemaliges Ballhaus in —, 105 x 150; Slg Schäfer Schweinfurt 843.001 A
Dreifaltigkeitshof in —, 270 x 179; Slg Schäfer Schweinfurt 170.024 A
Hauptzollamt in —, 130 x 205; 1955 SG 72; PB
Hofstallungen in —, 199 x 126; HM Wien 30.541
Hoher Markt in —, 185 x 127; Slg Schäfer Schweinfurt 541.332 A
Interieur: Palais Graf Sandor in —, 320 x 460; 1911 LH 84 Abb
Interieur: Salon in —, 345 x 478; Slg Schäfer Schweinfurt 131.077 A
Josephsplatz in —, 280 x 416; 1911 LH 130 Abb
Karlskirche in —, 193 x 265; AL Wien 32.512
Karlskirche und Technik in —, 98 x 156; 1911 LH 123 Abb
Karlskirche und Technik in —, 96 x 115; AL Wien 28.080
Karlskirche und Technik in —, 149 x 220; 1911 LH 145 Abb
Das Landhaus in der Herrengasse in —, 96 x 134; AL Wien 28.081
Laszansky-Haus in —, 447 x 144; HM Wien 30.535
Gartenpalais Liechtenstein in —, 70 x 115; 1921 GW 18 Abb
Lobkowitzplatz in —, 85 x 125; 1911 LH 75 Abb
Minoritenkirche in —, 1917 WW 123 Abb
Ostbahnhof in —, 228 x 378; HM Wien 106.134
Baumstudie aus dem Prater in —, 225 x 280; 1911 LH 44 Abb
Aus den Schiffsmühlen in —, 1900 VS 332, Tf 339
Palais Schwarzenberg in —, Foto AA Wien
Blick auf den Stephansdom in —, 205 x 140; NG Graz II 9.769
Stephansdom in —, PB Wien
Stephansdom in —, (mit Fronleichnamsprozession) 202 x 138; BA Wien D 17.377
Südseite des Stephansdomes in —, 235 x 157; HM Wien 105.769
Westseite des Stephansdomes in —, 330 x 440; PB USA
Innenansicht des Stephansdomes in —, 172 x 174; KK Berlin 5 (F 903)
Innenansicht des Stephansdomes in —, PB Wien
Chorgestühl im Stephansdom in —, 450 x 790; 1882 KH XY 4
Seitengewände und Kanzelaufgang im Stephansdom in —, PB Wien
Seitenschiff des Stephansdomes in —, 1900 VS 333, 322 Abb
Südbahnhof in —, 372 x 580; PB
Theseustempel im Volksgarten in —, 134 x 209; HM Wien 63.415
Tuchlauben Nr. 8 (Schönbrunnerhaus) in —, 221 x 158; HM Wien 30.538
Palais der ungarischen Garde in —, 85 x 125; 1911 LH 71 Abb
Votivkirche in —, 397 x 641; HM Wien 61.189
Wasserglacis in —, 125 x 199; AL Wien 24.905
Westbahnhof in —, 373 x 579; BD Wien; PB
Wienerwaldlandschaft 284 x 402; Slg Schäfer Schweinfurt 140.022 A

Abkürzungen im chronologischen Verzeichnis der Aquarelle und Zeichnungen (A. V. + U. V.)

PUBLIKATIONEN

Bücher — Zeitschriften — Ausstellungskataloge öffentlicher Institute — Kataloge und Listen von Kunstgalerien: Versteigerungen und Verkauf

1882 KH .... Genossenschaft der Bildenden Künstler Wiens — Künstlerhaus: Internationale Kunstausstellung
1884 KH .... Genossenschaft der Bildenden Künstler Wiens — Künstlerhaus: Internationale Kunstausstellung
1885 KH .... Genossenschaft der Bildenden Künstler Wiens — Künstlerhaus: Internationale Kunstausstellung
1886 KH .... Genossenschaft der Bildenden Künstler Wiens — Künstlerhaus: Internationale Kunstausstellung
1886/AC KH .... Genossenschaft der Bildenden Künstler Wiens — Künstlerhaus: Ausstellung des Aquarellisten-Clubs
1887 KH .... Genossenschaft der Bildenden Künstler Wiens — Künstlerhaus: Internationale Kunstausstellung
1889 KH .... Genossenschaft der Bildenden Künstler Wiens — Künstlerhaus: Internationale Kunstausstellung
1891/XX KH .... Genossenschaft der Bildenden Künstler Wiens — Künstlerhaus: XX. Jahresausstellung
1892 KH .... Genossenschaft der Bildenden Künstler Wiens — Künstlerhaus: Jubiläums-Ausstellung (zu Alts 80. Geburtstag)
1892/XXI KH .... Genossenschaft der Bildenden Künstler Wiens — Künstlerhaus: XXI. Jahresausstellung
1894 KH .... Genossenschaft der Bildenden Künstler Wiens — Künstlerhaus: Internationale Kunstausstellung
1897 KH .... Genossenschaft der Bildenden Künstler Wiens — Künstlerhaus: Internationale Kunstausstellung
1898/I SE .... Vereinigung Bildender Künstler Österreichs — Secession Wien: I. Kunst-Ausstellung (März—Juni 1898)
1898/II SE .... Vereinigung Bildender Künstler Österreichs — Secession Wien: II. Kunst-Ausstellung (November—Dezember 1898)
1899 SE .... Vereinigung Bildender Künstler Österreichs — Secession Wien: V. Ausstellung der Vereinigung
1900 VS .... Ver Sacrum III 1900
1902 JL .... Julius Leisching, Rudolf von Alt, in: Die Graphischen Künste XXV 1902, 77 ff.
1902 LH .... Ludwig Hevesi, Rudolf von Alt zum Neunzigsten Geburtstag, in: Zeitschrift für Bildende Kunst NF XIII 1902, 257 ff.
1903 AS .... August Schaeffer, Die Kaiserliche Gemälde-Galerie in Wien: Moderne Meister (Wien 1903)
1906 LH .... Ludwig Hevesi, Aus dem Wiener Kunstleben (Bericht zur Versteigerung des künstlerischen Nachlasses Rudolf von Alts in der Galerie Miethke Wien), in: Kunst und Kunsthandwerk IX 1906, 209 f.
1906 MW .... Versteigerungskatalog der Galerie H. O. Miethke Wien: Öffentliche Versteigerung des künstlerischen Nachlasses von Rudolf von Alt (2.—11. Februar o. J. = 1906)
1909 AR .... Arthur Roessler, Rudolf von Alt (Wien o. J. = 1909)
1911 LH .... Ludwig Hevesi, Rudolf Alt: Sein Leben und sein Werk (Wien 1911 — nach dem hinterlassenen Manuskript hrsg. von Karl M. Kuzmany)
1912 SE .... Vereinigung Bildender Künstler Österreichs — Secession Wien: Rudolf von Alt — Gedächtnisausstellung zur Feier senes 100. Geburtstages
1917 WW .... Versteigerungskatalog der Galerie C. J. Wawra Wien: Ölgemälde, Aquarelle und Handzeichnungen aus dem Nachlaß des Herrn Ludwig Lobmeyr (22. Oktober)
1921 GW .... Versteigerungskatalog des Auktionshauses Gilhofer & Ranschburg Wien: Sammlung von 21 Original-Aquarellen von Rudolf Alt aus Wiener Privatbesitz (22. Oktober)
1922 BL .... Versteigerungskatalog C. G. Boerner Leipzig: Sammlung kostbarer Aquarelle von Rudolf Alt aus Fürstlichem Besitz (16. November)
1924 AL .... Graphische Sammlung Albertina Wien: Katalog Internationale Miniaturen-Ausstellung
1928 BG .... Bruno Grimschitz, Die Österreichische Zeichnung im 19. Jahrhundert (Zürich—Wien—Leipzig 1928)
1930 KW .... Katalog der Kunsthandlung S. Kende Wien: Gedenkausstellung Rudolf von Alt (März—April)
1939 HA .... Hans Ankwicz-Kleehoven, Rudolf Alt, in: Kunst dem Volk X 1939 (Folge 12) 17 ff.
1940 FC .... Arthur Fischer-Colbrie, Kunst im Landschaftsbild von Oberdonau, in: Kunst dem Volk XI 1940 (Folge 4) 5 ff.
1942 GK .... Gustav Künstler, Kleiner Führer zur alten Kunst und Kultur der Stadt Wien (Wien 1942)
1951 HS .... Heinz Schöny, Rudolf von Alt, in: Kunst ins Volk III 1951 (Folge 9/10) 328 ff.
1952 SM .... Stadtmuseum Linz: Ausstellungskatalog Alt-Linz von der Gotik zum Biedermeier
1953 KK .... Kupferstichkabinett der Akademie der Bildenden Künste Wien: Ausstellungskatalog Meister der Natürlichkeit — Rudolf von Alt Aquarelle
1953 OL .... Oberösterreichisches Landesmuseum Linz: Jakob Alt — Rudolf von Alt — Franz Alt
1954 KK .... Kalender Kunstgabe 1954
1954 LM .... Ludwig Münz, Rudolf von Alt: 24 Aquarelle (Wien 1954)
1955 AL .... Graphische Sammlung Albertina Wien: Ausstellungskatalog Rudolf von Alt — Gedächtnisausstellung im 50. Todesjahr

1955 SG .... Niederösterreichisches Landesmuseum Wien: Ausstellungskatalog Schloß Stiebar (Gresten) — Gedächtnisausstellung Franz Alt mit Werken von Jakob und Rudolf Alt

1957 KM .... Versteigerungskatalog Karl & Faber München: Zeichnungen, Aquarelle und Ölgemälde des 19.—20. Jahrhunderts (23. Mai)

1958/539 DW .... Versteigerungskatalog des Dorotheums Wien: Jahr und lfd. Katalognummer gefolgt von Stücknummer und allfälligem Abbildungshinweis (hier als Beispiel zitiert: 1958/539 DW 122 Tf 64)

1958 HS .... Heinrich Schwarz, Salzburg und das Salzkammergut — Die künstlerische Entdeckung der Stadt und der Landschaft im 19. Jahrhundert (3. Aufl. Wien—München o. J. = 1958)

1959 KD .... Kunstmuseum Düsseldorf — Kunsthalle: Ausstellungskatalog Meisterwerke österreichischer Maler 1800—1930

1959/57 NW .... Liste der Verkaufsausstellung des Graphischen Kabinetts der Galerie Christian M. Nebehay Wien (wie bei später zitierten Listen: Jahr und lfd. Listennummer gefolgt von Stücknummer und allfälligem Abbildungshinweis): Aquarelle und Zeichnungen des XIX. Jahrhunderts

1960/72 NW .... Liste der Verkaufsausstellung des Graphischen Kabinetts der Galerie Christian M. Nebehay Wien: Vienna-Wien-Vienna — Veduten von Schütz, Ziegler & anderen 1493—1870

1960 VH .... Villa Hügel Essen: Ausstellungskatalog Unvergängliches Österreich — Ferdinand Georg Waldmüller und seine Zeit

1961 BG .... Bruno Grimschitz, Die Altwiener Maler (Wien 1961)

1963 BG .... Bruno Grimschitz, Österreichische Maler vom Biedermeier zur Moderne (Wien 1963)

1963 KH .... Gesellschaft Bildender Künstler Wiens — Künstlerhaus: Rudolf von Alt — Aquarelle aus Privatbesitz

1963/VII NW .... Verkaufskatalog der Galerie Christian M. Nebehay Wien (wie bei später zitierten Katalogen: Jahr und röm. Katalognummer gefolgt von Stücknummer und allfälligem Abbildungshinweis): Aquarelle von Rudolf von Alt

1964 MP .... Mario Praz, Die Inneneinrichtung: Von der Antike bis zum Jugendstil (München 1964)

1964/90 NW .... Liste der Verkaufsausstellung des Graphischen Kabinetts der Galerie Christian M. Nebehay Wien: Österreich-Ungarn — Ansichten, Kostüme, Aquarelle

1965 AM .... Alfred May, Wien in alten Ansichten: Das Werden der Wiener Vedute (Wien—Salzburg 1965)

1965 JS .... Justus Schmidt, Linz in alten Ansichten (Salzburg 1965)

1965/IX NW .... Verkaufskatalog der Galerie Christian M. Nebehay Wien: Österreichische Ansichten — Blumenaquarelle — Globen

1966 KM .... Versteigerungskatalog Karl & Faber München: Graphik, Handzeichnungen, Aquarelle und Gemälde des 15.—20. Jahrhunderts (17. Mai)

1967 AM .... Alfreds Marks, Oberösterreich in alten Ansichten (Linz 1967)

1967 BG .... Bruno Grimschitz, Jakob und Rudolf Alt: 12 Aquarelle (Die Kunstgabe 1967 im Verlag Kunst ins Volk Wien)

1967 FH .... Fred Hennings, Fast Hundert Jahre Wien: Rudolf von Alt (Wien—München 1967)

1967/XII NW .... Verkaufskatalog der Galerie Christian M. Nebehay Wien: Aquarelle & Zeichnungen des 19. Jahrhunderts

1967 RG .... Residenzgalerie Salzburg: Ausstellungskatalog Österreichische Meisterwerke aus Privatbesitz — Vom Biedermeier zum Expressionismus

1968 SL .... Niederösterreichische Landesregierung — Schloß Laxenburg: Romantik und Realismus in Österreich — Gemälde und Zeichnungen aus der Sammlung Georg Schäfer Schweinfurt

1969 HM .... Historisches Museum der Stadt Wien: Ausstellungskatalog Wien 1800—1850 — Empire und Biedermeier

1969 SC .... Niederösterreichisches Landesmuseum Wien: Ausstellungskatalog Schloß Charlottenburg (Berlin) — Barock und Biedermeier im Niederösterreichischen Donauland

1969 WK .... Walter Koschatzky, Das Aquarell: Entwicklung, Technik, Eigenart (Wien—München 1969)

1970 WK .... Walter Koschatzky und Lambert Haiböck, Ansichten aus Österreich (Wien 1970)

1970/XXI NW ...... Verkaufskatalog der Galerie Christian M. Nebehay Wien: Aquarelle & Handzeichnungen 16.—20. Jahrhundert

1971/XXIII NW .... Verkaufskatalog der Galerie Christian M. Nebehay Wien: Aquarelle & Ölbilder XVIII.—XX. Jahrhundert

1972 HF .... Heinrich Fuchs, Die österreichischen Maler des 19. Jahrhunderts Bd. 1: A—F (Wien 1972)

1972 HK .... Staatliche Graphische Sammlung & Haus der Kunst München: Ausstellungskatalog Das Aquarell — 1400—1950

1972/XXV NW ...... Verkaufskatalog der Galerie Christian M. Nebehay Wien: Wien & Österreich — Altkolorierte Ansichten und Original-Aquarelle

1972/XXX NW ...... Verkaufskatalog der Galerie Christian M. Nebehay Wien: Schöne Aquarelle, Bücher & Graphik

1972 OW .... Otto Wutzel, Die Linzer Donaubrücken: Festschrift zur Fertigstellung und Weihe der zweiten Linzer Donaubrücke (Linz 1972)

1973 AL .... Graphische Sammlung Albertina Wien: Ausstellungskatalog Das Jahrhundert des Wiener Aquarells — 1780—1880

1973 HM .... Historisches Museum der Stadt Wien: Ausstellungskatalog Wien 1850—1900 — Welt der Ringstraße

1973/XXXVIII NW .. Verkaufskatalog der Galerie Christian M. Nebehay Wien: Aquarelle, Handzeichnungen, Graphik 17.—20. Jahrhundert

1974/XLII NW ...... Verkaufskatalog der Galerie Christian M. Nebehay Wien: Aquarelle & Handzeichnungen 18.—20. Jahrhundert

1975 AL .... Graphische Sammlung Albertina Wien: Ausstellungsliste 100 Meisterwerke aus Privatbesitz von Mitgliedern der Gesellschaft der Freunde der Albertina

Verzeichnis der in der Abkürzungsliste zum Aquarellverzeichnis nicht enthaltenen Publikationen

1832 F. Reil, Vaterländische Kunst-Werke in Steindruck v. Jakob Alt und seinem Sohne Rudolf, in: Österreichisches Archiv für Geschichte etc., No. 90 (28. Juli), p. 389 f.

1832 Wiener Zeitschrift für Kunst etc., No. 97 (14. August), p. 778 (Ausstellungsbericht)

1832 Franz Pietznigg, Mitteilungen aus Wien, I, p. 80 f. (Ausstellungsbericht von J. F. Gschladt)

1835 Österreichische National-Enzyklopädie, I, p. 56 f. (Biographie ungenau)

1835 G. K. Nagler, Neues allgemeines Künstlerlexikon, München 1835, I, 79

1836 Franz Tschischka, Kunst und Altertum im österreichischen Kaiserstaate, p. 45, 56, 329

1856 Konstantin von Wurzbach, Biographisches Lexikon des Kaisertums Österreich, Wien 1856, I, 15 f.

1872 Julius Meyer, Allgemeines Künstlerlexikon, Leipzig 1872, p. 532 ff. (Biographie von B. Bucher und Otto Mündler)

1872 Repertorium für Kunstwissenschaft, XIV, 1872, p. 52, 62, 64, 68, 239 (Theodor von Frimmel)

1875 Zeitschrift für bildende Kunst, X, 1875, p. 228 f. (C. v. Lützow); Beiblatt, p. 204

1878 A. Seubert, Allgemeines Künstlerlexikon, Stuttgart 1878, I, p. 21 f.

1882 Hermann Alexander Müller, Biographisches Künstlerlexikon der Gegenwart, Leipzig 1882, p. 11

1892 W. L. (Wilhelm Lauser), Altmeister Alt, in: Allgemeine Kunstchronik, XVI, Wien 1892 (2. Augustheft), p. 18

1893 Ludwig Eisenberg, Das geistige Wien, Wien 1893, I, p. 6

1895 Friedrich von Boetticher, Malerwerke des 19. Jahrhunderts, Dresden 1895, I/1, p. 26 ff., Nachtrag in I/2, p. 964

1895 Müller-Singer, Allgemeines Künstlerlexikon, Frankfurt a. M. 1895, I, p. 20

1896 A. Martinez, Wiener Ateliers, VIII. Folge (Jakob, Rudolf und Franz Alt), Wien 1896

1898 Das geistige Deutschland am Ende des 19. Jahrhunderts, Leipzig-Berlin 1898, I, p. 12

1898 Ludwig Hevesi, Rudolf von Alt, in: Ver Sacrum, I, 1898 (1. H.) p. 14 ff.

1900 Rudolph Alt (Zu seinem 88. Geburtstage), in: Neue Freie Presse, Wien 1900 (27. August), p. 1

1901 William Ritter, Rudolph von Alt, in: Gazette des beaux arts, Paris 1901, XXV. Bd, III. Per., p. 413 ff.

1902 Handbuch der Kunstpflege in Österreich, Wien 1902, III. Aufl., p. 788

1902 Franz Servaes, Rudolf von Alt (zum 90. Geburtstag), in: Ver Sacrum, V, 1902 (18. H.), p. 263 ff.

1902 Deutsch-österreichisches Künstler- und Schriftstellerlexikon (Hrsg. Hermann Kosel), Wien 1902, I, p. 36 f.

1902 Th. Thomas (= Rudolf Lothar), Ein Besuch bei Rudolph Alt, in: Neue Freie Presse, Wien 1902 (24. August) No. 13650, p. 7

1902 Armin Friedmann, Rudolph von Alt, in: Wiener Abendpost, Wien 1902 (27. August), No. 197, Feuilleton

1902 Franz Servaes, Rudolph Alt (zum 90. Geburtstag), in: Neue Freie Presse, Wien 1902 (28. August), No. 13654, Feuilleton; dto. p. 6: Zu Rudolph Alts 90. Geburtstag von Kd.

1902 Rudolph von Alt (zum 90. Geburtstag), in: Österreichs illustrierte Zeitung, Wien 1902, XI/48, 31. August, p. 833 ff.

1902 Zu Rudolph von Alts 90. Geburtstag, in diversen österreichischen Zeitungen und Zeitschriften

1903 Ludwig Hevesi, Österreichische Kunst im 19. Jahrhundert, Leipzig 1903, II. Teil, p. 186 ff.

1904 Julius Leisching, Die Hauptströmungen der Kunst des 19. Jahrhunderts, Brünn 1904

1904 Rudolph von Alts Erinnerungen an Schwind (Interview), in: Neue Freie Presse, Wien 1904 (21. Jänner), No. 14154, p. 7

1904 Ludwig Hevesi, Rudolph von Alt, in: Meister der Farbe, I, Leipzig 1904 (7. H.), No. 39

1905 Menzel und Rudolph von Alt, in: Neue Freie Presse, Wien 1905 (12. Februar), No. 14538, p. 11

1905 Rudolph von Alt (Nekrolog), in: Neue Freie Presse, Wien 1905 (13. März), No. 14567, p. 8

1905 A. F. S. (Adalbert F. Seligmann), Rudolph Alt (1812—1905), in: Neue Freie Presse, Wien 1905 (14. März), No. 14568, Morgenblatt, Feuilleton

1905 Rudolph von Alt (Aus dem Leben des Künstlers — Trauerkundgebungen), in: Neue Freie Presse, Wien 1905 (14. März), No. 14568, Abendblatt, p. 4

1905 Rudolph von Alt (D. Leichenfeier — Trauerkundgebungen), in: Neue Freie Presse, Wien 1905 (15. März), No. 14569, Morgenblatt, p. 9; dto., Abendblatt, p. 4

1905 Rudolph von Alt (D. Leichenfeier. — Eine Monographie über Rudolph von Alt, Anregung Dr. Ludwig Abels), in: Neue Freie Presse, Wien 1905 (16. März), No. 14570, Morgenblatt, p. 10

1905 Rudolph von Alt (Nekrolog), in: Kunst-Chronik, N. F. XVI, 1905 (24. März), No. 19

1905 Th. von Frimmel, Rudolph von Alt (Nachruf), in: Blätter für Gemäldekunde, II, März 1905 (1. H.), p. 25 f.

1905 Ludwig Hevesi, Vom alten Rudolph Alt, in: Meister der Farbe, II, 1905 (4. bzw. 16. H.), p. 1 ff.

1905 Ludwig Hevesi, Rudolph von Alt, Variationen (Sammlung von 8 Aufsätzen aus dem Wiener Fremdenblatt, Ver Sacrum, Zeitschrift für bildende Kunst, der Österr. Rundschau; 15. September 1892 bis 6. April 1905)

1905 Franz Servaes, Rudolph Alt, in: Kunst und Künstler, III, September 1905 (12. H.), p. 491 ff.

1906 Versteigerung des künstlerischen Nachlasses Rudolf von Alts, in: Blätter für Gemäldekunde, II, 1906 (8. H.), p. 166

1906 Versteigerung des künstlerischen Nachlasses Rudolf von Alts, in: Der Kunstmarkt, III, Leipzig 1906 (21. H.), p. 126

1906 Friedrich Stern, Posthumes von Rudolf Alt (Nachlaß-Ausstellung bei Miethke), in: Neues Wiener Tagblatt, 3. Juni 1906, p. 1 ff.

1906 Ludwig Hevesi, Rudolph von Alt, in: Jugend, München 1906, No. 14 (Alt-Nummer)

1906 A. W., Rudolph von Alt als Graphiker, in: Die graphischen Künste, XXIX, 1906 (2. H.), p. 45 f.

1906 Arpad Weixlgärtner, Rudolph von Alts graphische Arbeiten, in: Mitteilungen der Gesellschaft für vervielfältigende Kunst, 1906, No. 2, p. 27 ff.

1906 Rudolph von Alt, in: Hohe Warte, II, 1906 (6. H.), (Alt-Nummer)

1907 Heinrich Thieme und Felix Becker, Allgemeines Lexikon der bildenden Künste, Leipzig 1907, I, p. 339 (Otto Erich Deutsch)

1908 Die Enthüllung des Grabdenkmals für Rudolf von Alt, in: Reichspost, 26. Oktober 1908, p. 4

1911 Th. von Frimmel, Ein übersehendes Ölgemälde von Rudolf Alt, in: Blätter für Gemäldekunde, VII, 1911

1911 Ein neues Werk über Rudolf Alt (Rezension Hevesi), in: Wiener Zeitung, 26. November 1911, p. 9

1911 Friedrich Stern, Von dem großen Rudolf Alt-Werk (Rezension Hevesi), in: Neues Wiener Tagblatt, 2. Dezember 1911, p. 1

1912 K. Fr. Nowak, Alt, der österreichische Menzel, in: Über Land und Meer, 54, 1912, No. 47, p. 596 f.

1912 Enthüllung des Rudolf von Alt-Denkmales, in: Neues Wiener Tagblatt, 28. Oktober 1912, p. 9

1912 Enthüllung des Rudolf von Alt-Denkmales, in: Neues Wiener Tagblatt, 29. Oktober 1912, p. 13

1912 Zur Rudolf von Alt-Ausstellung in der Wiener Secession, in: Neues Wiener Tagblatt, 13. November 1912, p. 17

1912 Zur Rudolf von Alt-Ausstellung in der Wiener Secession, in: Neues Wiener Tagblatt, 14. November 1912, p. 16 und in weiteren Zeitungen

1918 Arthur Roessler, Rudolf von Alt, in: Donauland, 1, 1917/18, p. 393

1918 Hans Rotter, Die Josefstadt, Wien 1918, p. 422 f.

1921 Arthur Roessler, Rudolf von Alt, Leipzig 1921

1921 Heinrich Schwarz, Die Anfänge der Lithographie in Wien, phil. Dissertation, Wien 1921

1922 Arthur Roessler, Rudolf Alt, Briefe. Mit einem Vorwort von — , Wien—Leipzig 1922

1925 Otto Hipp, Rudolf von Alt — Zu seinem 20. Todestag, in: Volkszeitung, 11. März 1925

1925 Hans Tietze, Das Vormärzliche Wien in Wort und Bild, Wien 1925

1927 Elsa Brzesina, Rudolf Alt, in: Der getreue Eckart, 4, 1927, p. 765 ff.

1929 Anton Reichel, Wie Rudolf Alt zeichnete, in: Die graphischen Künste, 52, 1929, p. 78 f.

1929 Gefälschte Aquarelle Rudolf von Alts, in: Neue Freie Presse, 6. April 1929, p. 1

1935 H. Bettelheim-Gabillon, Zum 30. Todestag Rudolf von Alts, in: Neues Wiener Tagblatt, 11. März 1935

1936 Heinrich Schwarz, Salzburg und das Salzkammergut, Wien 1936, 2. Aufl.

1937 Goiserer Erinnerungen an Rudolf Alt, in: Wiener Neueste Nachrichten, 7. Jänner 1937, p. 5

1937 Katalog der Galerie des 19. Jahrhunderts im Oberen Belvedere, Wien 1937, 2. Aufl.

1940 Ann Tizia Leitich, Wiener Biedermeier, Bielefeld (1940), p. 193 ff.

1941 H. Ankwicz-Kleehoven, Rudolf von Alt und seine Tochter Louise, zum Tode Louise von Alts, in: Kunst dem Volk, 12, 1941 (11. H.), p. 30 ff.

1945 Arthur Roessler, Auf der Spur von Alts Familienbriefen, in: Neues Österreich, 11. August 1945, p. 3

1951 Th. F. M., 4000 Alt-Aquarelle in Hitlers Kunstsammlung, in: Die Presse, 18. September 1951, p. 5

1951 Arthur Roessler, Kleine Geschichten von einem großen Künstler (Rudolf von Alt-Anekdoten), in: Arbeiter-Zeitung, 22. April 1951, p. 7

1951 Rudolf Schmidt, Das Wiener Künstlerhaus, eine Chronik 1861—1951, Wien 1951

1952 Kupferstichkabinett der Akademie der bildenden Künste Wien: Ausstellungskatalog Das schöne Italien, Wien 1952

1955 Rupert Feuchtmüller, Rudolf von Alt 1812—1905, in: Mitteilungen der Gesellschaft für vergleichende Kunstforschung, Wien 1955 (2. H.), p. 69 f.

1955 Geschichte der Stadt Wien, Neue Reihe VII/2, p. 138, 154, 177

1955 Rudolf von Alt zum Gedenken, in: Rathaus Korrespondenz, 9. März 1955, Bl. 323

1955 Heinrich Neumayer, Rudolf von Alt zum Gedenken, in: Neue Wiener Tageszeitung, 10. März 1955, p. 5

1955 Er malte das alte und das neue Wien, in: Österreichische Volksstimme, 11. März 1955, p. 6

1955 Die Ärmel müssen ins Museum, in: Das Kleine Blatt, 12. März 1955, p. 12

1955 Hans Mück, Rudolf von Alt, zu seinem 50. Todestag, in: Neues Österreich, 12. März 1955, p. 3

1955 Rudolf von Alt, in: Das Kleine Volksblatt, 12. März 1955, p. 8

1955 Ein Meister der Alt-Wiener Aquarellkunst, in: Wochenpresse, 12. März 1955, p. 7

1955 Johann Muschik, Rudolf von Alt, einmal anders, in: Abend, 12. März 1955, p. 5

1955 E. W., Fröhliche Erinnerungen an Rudolf Alt, in: Arbeiter-Zeitung, 13. März 1955, p. 9

1957 Österreichisches Biographisches Lexikon 1815—1950, Graz—Köln 1957, I., p. 16

1959 Hans Markl, Kennst Du alle berühmten Gedenkstätten Wiens?, Wien—München—Zürich (1959), p. 214 f.

1959 Das Josefstädter Heimatmuseum, 1959, 5. H., p. 5 ff.

1960 Das Josefstädter Heimatmuseum, 1960, 7. H., p. 7

1961 Hans Markl, Kennst Du die berühmten letzten Ruhestätten auf den Wiener Friedhöfen?, Wien—München—Zürich (1961), p. 42

1962 Zum 150. Geburtstag R. von Alts, in: Rathaus Korrespondenz, 25. August 1962, Bl. 1776

1962 L. Glück-Koller, Der Mann, der um den Steffel warb, in: Arbeiter-Zeitung, 26. August 1962, p. II

1962 Würdigung zum 150. Geburtstag R. von Alts, in: Amtsblatt, 70/1962, 28. August 1962

1962 Harry Kühnel, Krems an der Donau, Ansichten aus alter Zeit, Krems 1962, p. 19 ff., 26

1962 Alfred May, Altwiener Veduten, Wien—München 1962

1964 Rupert Feuchtmüller und Wilhelm Mrazek, Kunst in Österreich 1860—1918, Wien—Hannover—Bern 1964

1964 Kindlers Malerei-Lexikon, Zürich 1964, I, p. 72 f.

1965 Robert Hofmann, Der Häuserporträtist von Alt-Wien, in: Volksblatt, 13. März 1965, p. IV

1965 (Zum Diebstahl eines Landschaftsaquarells von R. von Alt): Kunstdiebstahl in einer Wiener Galerie, in: Die Presse, 20. September 1965, p. 4
Bild aus Galerie gestohlen, in: Neuer Kurier, 20. September 1965, p. 3
sowie Berichte in anderen Zeitungen

1966 Altonaer Museum Hamburg: Ausstellungskatalog Alltag und Festbrauch im Biedermeier, Hamburg 1966

1969 Fred Hennings, Rudolf von Alt — Gedächtnis und Spiegel unserer Stadt (Serie: Fast 100 Jahre Wien), in: Stadt Wien, No. 28 (12. Juli 1969), p. 12 ff., Stadt Wien, No. 29 (19. Juli 1969), p. 15, Stadt Wien, No. 30 (26. Juli 1969), p. 13 und in den folgenden Nummern

1970 Gerhardt Kapner, Freiplastik in Wien, Wien—München (1970), p. 336

1970 Renate Wagner-Rieger, Wiens Architektur im 19. Jahrhundert, Wien (1970), p. 260

1970 Münchner Stadtmuseum: Oberösterreich im Bild bis 1850, München 1970

1971 Dominikanerkloster Krems: 1000 Jahre Kunst in Krems, Krems an der Donau 1971, p. 219 f.

1971 Robert Waissenberger, Die Wiener Secession, Wien—München (1971)

1975 Robert Waissenberger, Wiener Veduten Rudolf von Alts im Besitz des Historischen Museums der Stadt Wien. Handzeichnungen und Aquarelle, in: Alte und moderne Kunst, 20, 1975 (140. H.), p. 1 ff.

STANDORTE

Bestände aus ehemaligem oder gegenwärtigem Besitz in Privatsammlungen, Galerien und Fürstlichen Häusern sind ohne Abkürzung angeführt.

	Sammlungen & Nachweise
AA Wien	Photoarchiv der Albertina — Wien
AL Wien	Graphische Sammlung Albertina — Wien
BA Wien	Bildarchiv der Österreichischen Nationalbibliothek — Wien
BD Wien	Bundesdenkmalamt — Wien (Evidenz-Bestand)
BF Wien	Bundesministerium für Finanzen — Wien
BV Mürzsteg	Bundesmobilienverwaltung — Wien (Bestand in Schloß Mürzsteg)
BU	Besitzer unbekannt
CA Wien	Creditanstalt-Bankverein — Wien
FA Wien	Familienalbum Alt 1922 (Album in späterem Besitz Slg Stonborough Wien aufgelöst: Liste von 1922 im Alt-Archiv der Albertina)
FB Wien	Kaiseralbum 1892 aus der alten Fideikommißbibliothek in Wien: Zusammenstellung von 32 Budapester Ansichten von 1844 in einem 1892 Kaiser Franz Joseph I. gewidmeten Prachtband (33 x 42 cm); heute in der Österreichischen Nationalbibliothek: Bildarchiv & Portraitsammlung
FK Wien	Bestände der ehem. Fideikommißbibliothek in Wien; heute in der Österreichischen Nationalbibliothek: Bildarchiv & Portraitsammlung
GN Nürnberg	Germanisches Nationalmuseum — Nürnberg
GS München	Staatliche Graphische Sammlung — München
HM Wien	Historisches Museum der Stadt Wien
KH Wien	Künstlerhaus — Wien: Genossenschaft (später Gesellschaft) der Bildenden Künstler Wiens
KK Berlin	Kupferstichkabinett und Sammlung der Zeichnungen der Staatlichen Museen zu Berlin
KK Wien	Kupferstichkabinett der Akademie der Bildenden Künste — Wien
KM Düsseldorf	Kunstmuseum Düsseldorf
KM Wien	Kunsthistorisches Museum — Wien
MK Budapest	Museum der Bildenden Künste — Budapest
NB Wien	Österreichische Nationalbank — Wien
NG Graz	Neue Galerie am Landesmuseum Joanneum — Graz
NL Wien	Niederösterreichisches Landesmuseum — Wien
ÖN Wien	Österreichische Nationalbibliothek — Wien
OL Linz	Oberösterreichisches Landesmuseum — Linz
PB Wien	Privatbesitz in Wien (mit der Abkürzung PB erscheinen auch andere Ortsangaben verbunden; bei alleiniger Verwendung von PB ist der Ort unbekannt)
RG Salzburg	Residenzgalerie — Salzburg
SM Linz	Stadtmuseum Linz
SM Salzburg	Städtisches Museum Carolino Augusteum — Salzburg

G.V. : DAS GRAPHISCHE WERK

A) LITHOGRAPHIEN VON JAKOB ALT, ZU DENEN RUDOLF FRÜHESTE HILFSARBEITEN GELEISTET HAT:

I) Schloß Laxenburg bei Wien in bildlichen Darstellungen, gedruckt auf Befehl Kaiser Franz I. in Kunikes lith. Anstalt; Wien 1820—1822.
55 Bll. von Albert v. Radmannsdorf, Fr. Spiegel, J. Rupp, K. Bschorr u. J. Alt; Imp. fol. (60 x 48 cm).

1. Nr. 3 Ortschaft Laxenburg mit Kirche
2. Nr. 5 Carolinenhain
3. Nr. 6 Goldfischteich
4. Nr. 7 Gothische Brücke
5. Nr. 8 Lusthaus im Aichenhain
6. Nr. 13 Ritterschloß von der Südseite
7. Nr. 14 Ritterschloß von der Ostseite
8. Nr. 18 Teich mit Pappelinsel

II) Donau-Ansichten nach dem Laufe des Donaustromes von seinem Ursprung bis zu seinem Ausfluß in's schwarze Meer.
264 Bll. nebst Karte und Text, Wien 1820—1826, qu. fol., gedruckt in Kunikes lith. Anstalt, Text von Dr. Franz Sartori; geliefert in Heften zu 4 Blättern monatlich zum Preise von je 10 fl.

III) Donau-Ansichten vom Ursprunge bis zum Ausflusse ins Meer. Nach der Natur und auf Stein gezeichnet von Jakob Alt. Von Belgrad bis zur Mündung ins Schwarze Meer nach der Natur aufgenommen von Ludwig Ermini, von mehreren Künstlern lithographirt und herausgegeben von Adolph Kunike. Zum Schlusse des Werkes folgt ein erklärender Text von Dr. Franz Sartori.
1—50tes Heft, Wien 1824. Alle Monate erscheint auf Subscription ein Heft von 4 Blättern mit Umschlag. Zu haben bey A. Kunike, Josephstädter Glacis Nr. 44 im 1. Stock.
(Expl. der kais. Hofbibliothek, KSD 310)

B) LITHOGRAPHIEN VON JAKOB ALT, AN DENEN RUDOLF DURCH AUSARBEITUNG UND KOLORIERUNG MITGEARBEITET HAT:

I) Vorzüglichste Ansichten des k. k. Salzkammergutes und dessen Umgebungen in Oberösterreich nach der Natur aufgenommen und lithographiert von Jacob Alt, Wien 1825, qu. fol. gedruckt und verlegt im lithogr. Institut am Michaelerplatz Nr. 2
32 Bll.

1. Die Schlösser Ort am Traunsee
2. Gmunden und Ort am Traunsee
3. Gmunden
4. Allgemeine Ansicht von Gmunden u. dem Traunsee
5. Altmünster am Traunsee
6. Traunkirchen mit dem Traunstein
7. Traunkirchen
8. Gmunden vom Wege nach Lambach
9. Die Marbach-Mühle
10. Langbath und Ebensee
11. Der Rindbach Wasserfall
12. Der hintere Langbathsee
13. Die Schlenleitung an der Miesenbach Mühle
14. Ischl vom Sophienplatz
15. Ischl
16. Der Wolfgangsee
17. Die Brücke auf dem Wege zur Chorinskyklause
18. Die Chorinskyklause
19. Hallstatt vom See aus
20. Der Mühlbach Wasserfall in Hallstatt
21. Ansicht von Hallstatt am Fuße des Saarsteins
22. Ansicht von Hallstatt gegen den Saarstein
23. Das Dorf Obertraun am Hallstättersee
24. Der Gosauzwang gegen den Hallstättersee
25. Der Rudolphsthurm
26. Die Berghäuser am Hallstätter Salzberg
27. Der Waldbach Strub
28. Das Dorf Gosau
29. Der Vordere Gosausee
30. Der Traunfall
31. Schloß Kammer am Attersee
32. Der Dachstein von Blassen bey Hallstatt.

II) Bilder aus den Alpen der österr. Monarchie, besonders jener von Steyermark, Oesterreich, Salzburg, Kärnthen, Tyrol und der Lombardei; Sr. kais. Hoh. dem Erzh. Johann von Oesterreich gewidmet.
66 Bll., Wien 1833, gedruckt und verlegt bei Mansfeld u. Co., Wien; gr. qu. Quart.

1/61 Lilienfeld in Niederösterreich
2/ 2 Die Kreisstadt Steier in Oberösterreich
3/24 Der Seeplatz in Gmunden am Traunsee in Oberösterreich
4/11 Mondsee in Oberösterreich
5/32 Der Hallstätter See von Hallstatt aus in Ober-Oesterreich
6/36 Der Hallstätter See von Obertraun aus in Ober-Oesterreich
7/51 Ischl in Oberoesterreich
8/58 Das Schmolnauer Haus bei Ischl in Ober-Oesterreich
9/56 Linz in Ober-Oesterreich
10/47 Das todte Weib in Steyermark
11/18 Weichselboden in Steyermark

12/55 Vordere Hölle bei Weichselboden in Steyermark
13/22 Der Markt Eisenerz mit dem Erzberg in Steyermark
14/10 Altenmarkt an der Enns in Steyermark
15/ 6 Reifling an der Enns in Steyermark
16/50 Das Schloss Gallenstein an der Enns in Steiermark
17/ 9 Admont in Steyermark
18/28 Der Grimming im Ennsthal in Steyermark
19/16 Der Markt Aussee in Steyermark
20/ 4 Alten-Aussee in Steyermark
21/ 3 Der Grundelsee in Steyermark
22/42 Graetz in Steyermark
23/13 Das Dorf Heiligenblut mit dem Grosglockner in Kärnthen
24/31 Der Möllfall am Kniebeisz bey Heiligenblut in Kärnthen
25/17 Salzburg
26/41 Salzburg von Maria-Plain
27/21 Aigen bei Salzburg
28/23 Der Markt Golling in Salzburgischen
29/40 Der obere Wasserfall bei Golling im Salzburgischen
30/ 7 Der Wasserfall bei Golling im Salzburgischen
31/ 1 Das Gasteiner Wildbad im Salzburgischen
32/66 Das Gasteiner Wildbad im Salzburgischen
33/25 Das Nassfeld bey Gastein im Salzburgischen
34/19 Böckstein mit dem Nassfeldertauern bey Gastein im Salzburgischen
35/15 Der Kesselfall bei Gastein im Salzburgischen
36/26 Der Bärfall bey Gastein im Salzburgischen
37/14 Eingang in die Klam bey Lend im Salzburgischen
38/20 Der Wasserfall bey Lend im Salzburgischen
39/12 Hallein mit dem Göllengebirge im Salzburgischen
40/29 Die Salinenstadt Hallein im Salzburgischen. IIte Ansicht.
41/33 Dürrenberg auf dem Halleiner Salzberg im Salzburgischen
42/ 5 Der Krottensee im Salzburgischen
43/35 Das Bad St. Wolfgang im Fuscherthale im Salzburgischen
44/27 Die Feste Werfen im Salzburgischen
45/ 8 Bucheben in der Rauris im Salzburgischen
46/62 Der Markt Kuchel im Salzburgischen
47/34 Der Markt Bischofhofen im Salzburgischen
48/30 Der Markt Zell am See im Pinzgau im Salzburgischen
49/49 Berchtesgaden
50/64 Der Königssee bei Berchtesgaden
51/43 Innsbruck in Tirol
52/65 Die Stadt Hall in Tirol
53/63 Das Schloss Tirol bei Meran in Tirol
54/53 Der Reschersee und die Ortelerspitze in Tirol
55/59 Mals, Glurns und der Orteles in Tirol
56/54 Der Pass Finstermünz in Tirol
57/38 Das Unterinnthal vom Wege auf den Georgenberg bei Schwatz in Tirol
58/57 Botzen in Tirol
59/39 Roveredo in Tirol
60/44 Erstes Cantonirungshaus an der Strasse über das Wormserjoch in Tirol
61/37 Das Posthaus zu Trafoi an der Strasse über das Wormserjoch in Tirol
62/45 Die Gallerien an der Strasse über das Wormserjoch im Veltelin in der Lombardie
63/46 Der Hafen von Torbole am Garda-See in Tirol
64/48 Gargnano am Garda-See in der Lombardie
65/60 Borgo Vico bei Como in der Lombardie
66/52 Como vom Wege nach St. Fermo in der Lombardie

(Das zeitliche Verzeichnis nach Oesterr. Archiv 1832, Nr. 89, p. 354)

III) Malerische Donaureise vom Ursprunge bis Belgrad nach der Natur gez. von J. Alt in 4 Abth., 71 Bll. mit Text, Wien 1833, gr. qu. Quart. Im lithographischen Bureau von Mansfeld u. Co im Seitenstettnerhof.

1. Abth. Die Badische, Württembergische u. Bayrische Donau (19. Bl.)
2. Abth. Die Ober-Oesterreichische Donau (16. Bl.)
3. Abth. Die Unter-Oesterreichische Donau (20. Bl.)
4. Abth. Die Ungarische Donau (16. Bl.)

C) LITHOGRAPHIEN VON JAKOB ALT, ZU DENEN RUDOLF DIE VORZEICHNUNGEN HERGESTELLT HAT:

I) Wiens Plätze und Umgebungen nach der Natur gezeichnet von Rudolf Alt, lith. und den im Jahr 1832 in Wien versammelten Naturforschern Deutschlands gewidmet von Jakob Alt, gedruckt bei Mansfeld u. Co.
12 Bll., Qu. Quart.

1. Die St. Stephanskirche innen
2. Der Paradeplatz, das Burgtor u. die kk. Burg
3. Der Josephsplatz
4. Die Ferdinandsbrücke
5. Der Stephansplatz von der Südseite
6. Baden
7. Rauhenstein bei Baden
8. Wien von einer Anhöhe bei Gersthof hinter dem Popperschen Garten
9. Mödling von der Schmölzer Anhöhe oberhalb Penzing
10. Schönbrunn von der Schmölzer Anhöhe oberhalb Penzing
11. Der Graben in Wien
12. Die Carlskirche

„Alt neuestes lith. Heft in 10 Blättern liefert Plätze und Umgebungen von Wien, aus vortheilhaften Standorten aufgenommen. Die Zeichnungen sind von seinem älteren Sohn Rudolph, der schon in seinem 19ten Jahr sehr schöne Hoffnungen erweckt." (Österr. Archiv Nr. 89, 26. Julius 1832, p. 359)

D) LITHOGRAPHIEN VON JAKOB UND RUDOLF ALT, IN EINEM GEMEINSAMEN BAND.

I) „Grätz (in Österr. Schlesien). Nach der Natur gezeichnet und lithographirt von Jacob und Rudolf Alt; gedruckt bei J. Rauh in Wien, 1855.

1. Jacob Alt; Ausblick aus der Toreinfahrt (Titelseite)
2. Jacob Alt; Der Fürstenweg
3. Jacob Alt; Grätz von der Nordseite
4. Jacob Alt; Schloß Grätz
5. Jacob Alt; Aussicht vom Schlosse
6. Jacob Alt; Vom Königsbrunn-Platz
7. Jacob Alt; Schloß Grätz — Ostseite
8. Jacob Alt; Die Schießstätte
9. Jacob Alt; Von der Pollmanns-Ruhe
10. Jacob Alt; Bellaria
11. Jacob Alt; Aussicht aus dem Pavillon
12. Jacob Alt; Das Palmenhaus
13. Rudolf Alt; Von der Victor-Höhe
14. Rudolf Alt; Robert-Brücke
15. Rudolf Alt; St. Jacob
16. Rudolf Alt; Vom Wege nach Bohutschowitz
17. Rudolf Alt; September-Platz mit dem Zimbowitzer-Thale
18. Rudolf Alt; Von der Bretsäge aus

Aufstellung nach dem geschlossenen Exemplar der Hofbibliothek (Albertina 443.844-E)

E) LITHOGRAPHIEN VON RUDOLF ALT;

1. (Brunnenruine in Kuttenberg); Feder, 194 x 274, sign., dat. R Alt 1843
2. (Kirchenhalle in Vöklamarkt); Tondruck, 305 x 220, sign., dat. R Alt 1844

3.—8. Die unter D/13—18 angeführten Blätter im Band „Grätz"

9. Mozarts Zimmer auf dem Kahlenberge; Tondruck in Gelb und Grau, 255 x 394. (um 1856 dat. bei Weixlgärtner; 1858 bei Buchner)
10. (Schloß Gratzen in Südböhmen); Tondruck, 263 x 475. (1857 Weixlgärtner)
11. Wien — Die k. k. Residenz; Tondruck in Gelb und Blau, 303 x 428. Vogelperspektive, hrsg. F. Paterno, Wien. Datierungen: Hevesi 1859/60; Buchner 1855/56; Weixlgärntner vor 1859/60
12. Wien — Südwestlicher Theil mit der Residenz; Tondruck in Gelb und Blau, 424 x 595. Vogelperspektive, doch aus größerer Höhe als Nr. 11. hsg. F. Paterno, Wien. Datierungen: Buchner 1855/56; Weixlgärtner Zustand I (ohne Denkmal Erzh. Carl) vor 1859/60, Zustand II (mit Denkmal Erzh. Carl) nach 1860, aber vor Errichtung des Prinz-Eugen-Denkmals (13. Okt. 1865)
13. Wien mit der Radetzky-Brücke; Tondruck in Gelb und Grau, 449 x 586. hsg. F. Paterno, Wien. Weixlgärtner: Da das 1858 demolierte Rotenturmtor noch steht und die Radetzkybrücke selbst am 16. Oktober 1855 dem Verkehr übergeben worden ist, muß die Lithographie in der Zwischenzeit entstanden sein.
14. Wien — Das k. k. Arsenal; Tondruck in Gelb und Blau, 305 x 424. Vogelperspektive, hsg. F. Paterno, Wien. Weixlgärtner dat. 1863
15. Schönbrunn; Tondruck in Gelb und Blau, 419 x 584. Vogelperspektive aus ziemlicher Höhe, ungefähr über dem Tivoli aufgenommen. hsg. F. Paterno, Wien
16. Laxenburg; Tondruck in Gelb und Grau, 417 x 582. Vogelperspektive, hsg. F. Paterno, Wien

17.—26. Die Nummern 49—58 der „Malerischen Ansichten von Wien" hsg. Verl. L. T. Neumann, Wien; zwischen 1860 und 1865.
Tondrucke von Josef Stous:

17. Altlerchenfelder-Kirche; Nr. 49. 185 x 125
18. Grichische (sic!) Kirche; Nr. 50. 185 x 125
19. Erzherzog Karl Monument; Nr. 51. 125 x 183
20. Franz-Josephs-Quai; Nr. 52. 123 x 183
21. Mariahilfer-Hauptstraße; Nr. 53. 124 x 183
22. Der Westbahnhof; Nr. 54. 122 x 184
23. Juden-Tempel; Nr. 55. 124 x 185
24. Das Neue Bankgebäude; Nr. 56. 125 x 185
25. Hohe Markt (sic!); Nr. 57. 125 x 182
26. Der Hof (No. 2); Nr. 58. 125 x 184
27. Pesth — Ofen. Buda-Pest; Tondruck in Gelb und Grau, 415 x 579
28. Die Tátra Karpathen mit dem Bad Tatra Füred (Schmöks); mehrfacher Tondruck, 280 x 528
29. Vue de Galatz; Tondruck, 347 x 570

F) LITHOGRAPHIEN VON RUDOLF ALT NACH FREMDER VORLAGE GEZEICHNET:

I) Ägypten. Reisebilder aus dem Orient. Dem Hochgebornen Herrn Grafen Joseph Breuner hochachtungsvoll gewidmet nach der Natur gezeichnet u. herausgegeben von Ludwig Libay, Wien 1857. Egypte. Scènes de voyage en Orient. Dessinées par Louis Libay, Wien 1859. Gr. fol.
Von Alt stammen in diesem Werk 63 Blätter (Liste s. A. Weixlgärtner a. a. O. p. 30) Andere sind von F. Kayser, A. Schön, A. Kaiser, J. Novopacky und C. Jung.

G) RADIERUNGEN VON RUDOLF ALT:

1. (Blick auf Schloß Leopoldskron bei Salzburg); B. 128 x 193, Pl. 173 x 241
2. (Blick auf Schloß Hellbrunn bei Salzburg); B. 126 x 191, Pl. 176 x 242
3. (Der Doppel-Erker der alten Burg in Klosterneuburg); B. 135 x 170, Pl. 152 x 238. sign. dat. AR 1846
4. Das Neue Opernhaus in Wien; B. 200 x 335, Pl. 274 x 380. sign. R. Alt. Vogelperspektive aus der Höhe des Heinrichshofes. Als Nr. 19 des 1. Bandes des „Albums der Gesellschaft für vervielfältigende Kunst in Wien" erschienen.

Zustand vor der Schrift heller und im Himmel ohne Schraffenlagen. Dat. zw. 25. Mai 1869 (Eröffnung der Hofoper) und 2. Juni 1871 (Auszahlung des Honorars durch die Gesellschaft)

(5.—17.) Dreizehn Originalradierungen in dem von Quirin Leitner herausgegebenen Prachtwerk über „Schönbrunn“:

5. Der Schlosshof; B. 174 x 262, Pl. 230 x 312. Sign. R. Alt (1870)
6. Theater; B. 172 x 261, Pl. 232 x 312. Sign. R. Alt (1874)
7. Ceremonien-Saal; B. 181 x 261, Pl. 233 x 312. Sign. R. Alt (1870)
8. Vieux-Laque-Zimmer; B. 169 x 257, Pl. 230 x 310. Sign. R. Alt (1874)
9. Feketin-Zimmer; B. 171 x 259, Pl. 230 x 311. Sign. R. Alt (1874)
10. Schloßcapelle; B. 239 x 185, Pl. 312 x 233. Sign. R. Alt (1870)
11. Audienzzimmer Sr. Majestät des Kaisers; B. 170 x 259, Pl. 234 x 313. Sign. R. Alt (1870)
12. Großes Rosa-Zimmer; B. 172 x 259, Pl. 235 x 312. Sign. R. Alt (1870)
13. Garten-Parterre vom Schlosse aus gesehen; B. 171 x 264, Pl. 234 x 312. Sign. — (1870)
14. Allée zur Menagerie; B. 171 x 265, Pl. 234 x 314. Sign. R. Alt (1870)
15. Ruine; B. 148 x 100, Pl. 123 x 187. Sign. R. Alt (1874). Ein 1. Zustand: es fehlt über dem Torbogen am Rand re. die Schraffenlage von l. unten nach r. oben
16. Obelisk; B. 148 x 87, Pl. 187 x 128. Sign. R. Alt (1874). Ein 1. Zustand: der unterste Teil des Himmels ist ganz leer
17. Menagerie; B. 123 x 201, Pl. 165 x 251. Sign. R. Alt (1874)
18. (Kopie von C. Schütz' Originalstich von 1783 „Der Eingang in das Schloß Schönbrunn“); B. 174 x 258, Pl. 235 x 313. Sign. R. Alt. Verworfene Platte für Leitners Werk. Probedruck vor aller Schrift auf China
19. (Der Schloßhof); B. 173 x 266, Pl. 227 x 314. Sign. —, dat. —. Verworfene Fassung von Nr. 5. Zustände:

(I) Der Boden ist, abgesehen von den Schlagschatten ganz vorne, sehr dunkel gehalten

(II) Der Boden ist durch Schaben und Polieren heller geworden, so daß sich der Schlagschatten vorne wirkungsvoller abhebt.

(III) Der Himmel oben ist gleichmäßig mit Horizontalschraffen bedeckt

Probedrucke vor aller Schrift, II. u. III. auf China

20. (Allée zur Menagerie); B. 164 x 258, Pl. 181 x 265. Verworfene Fassung von Nr. 14

(Monographie des kaiserlichen Lustschlosses Schönbrunn. Auf Allerhöchsten Befehl Seiner Majestät des Kaisers unter Leitung des k. k. Oberstkämmerers Franz Grafen Folliot de Crenneville herausgegeben von Quirin Leitner k. k. Regierungsrath ... Die Original Radierungen von Rudolf Alt, E. Kozeluch und W. Unger ... Wien, 1875. Druck von Adolf Holzhausen, Kupferdruck von A. Pisani. Gr. Fol.)

21. (Gothische Kirche); B. 125 x 84, Pl. 92 x 132. Bei dieser Darstellung handelt es sich um die Domkirche Peter und Paul in Brünn. (Vgl. Vevesi 1911, Abb. 93; Nebehay 1963, Abb. 10.)

Die Aufstellungen E und G folgen Arpad Weixlgärtners Arbeit „Rudolf von Alts graphische Arbeiten“, in Die Graphischen Künste XXIX 1906 (Wien) pp. 45—46 und 28—32.

H) GRAPHIK NACH RUDOLF ALTS ZEICHNUNGEN UND AQUARELLEN:

Serie	Verlag	Jahr	Titel	Künstler
I.	M. R. Toma, Jägerzeile 58	1837	Wiener Bilder	M. Brems B. Edlinger
II.	L. T. Neumann	1838/39	Plätze in Wien	J. Gerstmeyer F. X. Sandmann L. Rottmann L. Czerny
III.	L. T. Neumann	1842/50 und ff.	Malerische Ansichten von Wien (Blätter von 1—48; bzgl. 49—58 siehe E/17—26.)	J. Gerstmeyer F. X. Sandmann
IV.	L. T. Neumann	1842/50	Die Umgebungen Wiens	J. Gerstmeyer F. X. Sandmann
V.	L. T. Neumann	1842/50	Malerische Ansichten aus Oesterreich	J. Gerstmeyer F. X. Sandmann
VI.	Hartleben u. Co.	1845	Pesth und Ofen (48 Bl.)	F. X. Sandmann
VII.	Hartleben u. Co.	—	Podgorze mit Krakau	J. Shury & Son
VIII.	H. F. Müller, Kohlmarkt 1149	1840/43	Pittoreskes Oesterreich	Jos. Zaradničžek jun. u. sen.

IX.	F. Paterno, Wien	1846	Wien und seine nächsten Umgebungen, 24 Bll. („Album von Wien“)	W. Knocke G. Heisinger F. Würthle
X.	Österr. Lloyd, Triest	1833/42	Panorama der österr. Monarchie	14 div. Stecher
XI.	Österr. Lloyd, Triest	1853	Die Donau von ihrem Ursprung bis Pest	J. G. Kohl
XII.	Eduard Hölzel & Co.	1873	Wien im Weltausstellungsjahr 1873. Chromolithographien nach Rudolf (2 Bll.) und Franz Alt (11 Bll.)	
XIII.	Artaria, Wien	1841	Panorama de Vienne près de l'eglise de St. Charles, dessiné par R. Alt, gravé par Hurliman.	

Ausführender Künstler	Albertina Nr.	Titel, Technik	Serie
Abbema, W. v.	ÖK-Alt 2/192	Der Wirbel, Stahlstich	X.
Ahrens, P.	2/190	Mauthausen, Stahlstich	X.
Anonym	2/186	Straubing (1853) St. Stich	X.
Axmann, J.	1/61	Buchberg mit Schneeberg, Lith.	—
Brems, M	2/69	Der Graben, Lith.	I.
	2/72	Der Hohe Markt, Lith.	I.
	2/78	Der Neue Markt, Lith.	I.
Czerny, L.	2/112	Das Wasserglacis, Lith.	II.
Ed(l)inger, B.		Stephansplatz, Lith.	I.
Falkner, J.	2/183	Regensburg, Stahlstich	X.
Fesca, A.	2/193	Grein, Stahlstich	X.
Frommel	2/182	Ulm, Stahlstich	X.
Geiger, Joh. Nep.		Das Bankett im k. k. Ceremoniensaal am 5. April 1843, Lith.	—
Gerstmeyer, J.	2/81	Der Neue Markt, Lith.	III.
	2/151	Alt- u. Neu-Liechtenstein	IV.
	2/71	Der Hof, Lith.	III.
	2/73	Der Hohe Markt (1838), L.	II.
	2/75	Der Josephsplatz, Lith.	II.
	2/77	Der Michaelerplatz, Lith.	II.
	2/74	Die Jägerzeil(e) (1838), L.	II.
	Div. Sch. 55/5—45	Die Ferdinandsbrücke (1838), Lith.	II.
Hablitschek, F.	2/198	Leopoldsberg, Stahlstich	X.
	2/195	Dürnstein, Stahlstich	X.
Heisinger, G.	1/33	Das k. k. Arsenal, Stich	IX.
	1/52	Josephsplatz, Stich	IX.
Hurliman, (Paris)	1/31	Panorama de Vienne-Aquatinta	XIII.
Kohl, J. G.		Die Donau — 24 Bll. Stahlstiche	XI.
Knocke, W.	1/32	Die Stefanskirche, St. Stich	IX.
Kriehuber, J.	1/9	Porträt Gf. Leopold Stürgkh, Lith. (1842) (Wurzbach 2025)	—
Lang, W.	2/209	Gran, Stahlstich	X.
		Pressburg, Stahlstich	X.
Oeder, L.	2/204	Pest und Ofen, Stahlstich	X.
Passini, J.	1/8	„Die Neugierigen“, Stich	—
Richter, J.	2/203	Theben, Stich	X.
	2/205	Greifenstein, Stich	X.
	2/196	Stein u. Krems, Stich	X.
	2/194	Persenbeug, Stich	X.
	2/191	Der Strudel, Stich	X.
	2/56	Der Dom zu St. Stephan, Stich	—
	2/59	Wien, Stich	—
	2/187	Engelhartszell	X.

Riegel, J.	2/206	Klosterneuburg, Stich	X.
	2/189	Linz, Stich	X.
	2/186	Passau, Stich (1832)	X.
Rottmann, L.	Div. Sch. 55/5	Die Karlskirche, Lith.	II.
Sandmann, F. X.	2/83 ff.	Die Malerischen Ansichten von Wien, 48 Bll., Lith.	III.
	Prov. D. 1, K. 30/7	Ansicht von Linz, Lith.	—
	1/30	Pressburg, Lith.	—
	1/57	Der Josephsplatz, Lith.	—
	1/58	Der Michaelsplatz, Lith.	—
	2/64	St. Stephanskirche, Lith.	—
	2/65	Wien m. d. Ferdinandsbrücke, Lith.	
	2/66	Wien vom fst. Schwarzenbergischen Palais, Lith.	
	2/67	Die k. k. Hofburg in Wien, Lith.	
	2/68	Der Franzensplatz, Lith.	
	2/70	Der Graben	
	2/76	Der Michaelsplatz, Lith.	
	2/80	Der Bahnhof der Raaber Eisenbahn, Lith.	
	2/143	Der Brandhof, Lith.	V.
	2/144	Freiwaldau, Lith.	V.
	2/145	Gräfenberg, Lith.	V.
	2/146	Ansicht von Grätz, Lith.	V.
	2/147	Der Hauptplatz in Grätz, Lith.	V.
	2/148	Ischl im Salzkammergut, Lith.	—
	2/149	Capelle Grab der Muttergottes zu Calvaria in Galizien, Lith.	—
	2/150	Prag mit der Ansicht vom Hradschin, Lith.	V.
	2/177	St. Veitskirche auf dem Hradschin, Lith.	V.
	2/180	Ruinen des Jupitertempels in Spalato, Lith.	
	2/152	Der Platz von Mödling, Lith.	IV.
	2/178	Der Theaterplatz mit der Promenade von Preßburg, Lith.	V.
	2/179	Der Hauptplatz in Preßburg, Lith.	V.
	2/181	Der Hafen von Venedig, Lith.	
	2/82	Ansicht von Wien, Lith.	
	Prov. D. 1, K. 30/6	Prag, Lith.	
	Kass. 68	Grätz, Lith.	
	Kass. 68	Der Graben Nr. II., Lith.	II.
Shury J. & Son	NF 4421	Podgorze mit der Ansicht von Krakau, Stahlstich	VII.
Unger, W.	—	Michaelerplatz mit dem alten Burgtheater (B. A. 129.075), Rad.	
	—	Der Titusbogen in Rom (Abb. Leisching, 1892, p. 92), Rad.	
Willmann	2/184	Walhalla, Stich	X.
Winkles	2/182	Ulm, Stich	X.
Witthoeft	2/188	Aschach, Stich	X.
		Wischegrad, Stich	X.
Woernle, W.	—	Die Stiftskirche in Klosterneuburg, (Abb. Leisching 1892, p. 85), Rad.	
Würthle, F.	1/34	Waffenmuseum, Stich	IX.
	1/35	Belvedere, Stich	IX.
	1/36	Schönbrunn, Stich	IX.
	1/37	Theseustempel, Stich	IX.
	1/38	Eingang in den Park von Schönbrunn, Stich	IX.
	1/39	Kirche Maria am Gestade, Stich	IX.
	1/40	Michaelerplatz, Stich	IX.
	1/41	Die Jägerzeile, Stich	IX.
	1/42	Laxenburg, Stich	IX.
	1/43	Der Graben, Stich	IX.
	1/44	Franz-Josephsthor u. Casern, Stich	IX.
	1/45	Die Elisabethbrücke, Stich	IX.
	1/46	Das Bank- u. Börsengebäude, Stich	IX.

	1/47	Franzensplatz, Stich	IX.
	1/48	kk. Equitation, Stich	IX.
	1/49	Die Freiung, Stich	IX.
	1/50	Der Hof, Stich	IX.
	1/51	Hoher Markt, Stich	IX.
	1/53	Kirche der N. U. Griechen, Stich	IX.
	1/54	Pfarrkirche in der Vorstadt Altlerchenfeld, Stich	IX.
	1/55	Neuer Markt, Stich	IX.
Zahradniczek, J. u. Sohn	1/6	Klosterneuburg, Chromolith.	VIII.
	1/62	v. U. W. W. Niederösterreich, Chromolith.	VIII.
	1/63	v. U. M. B. Romanische Kapitäle, Chromolith.	VIII.
	1/7	Krosno, Kreis Jaslo, Galiz., Chromolith.	VIII.
	1/3	Mädchen und Russniaken aus Jaslo, Chromolith.	VI.
	1/2	Juhasz, Mädchen u. Bauern aus Sandecz, Galizien, Chromolith.	VIII.
	1/5	Dukla (Galizien), Chromolith.	VIII.
	1/4	Wiener Neustadt, Chromolith.	VIII.

Zahlreich sind die unmittelbar nach Erfindung der fototechnischen Reproduktionsverfahren (1839/40) einsetzenden Wiedergaben. Zu den Hauptleistungen zählen: „Das Kronprinzenalbum", Lichtkupferstiche des Militär-Geogr. Institutes; die Radierungen William Ungers in „Die Kunstschätze Italiens"; mannigfache Reproduktionen der Gesellschaft für Vervielfältigende Künste u. a. m. in Heliogravure, Heliographie und Lichtdruck, wie z. B. „Die Einweihung der Votivkirche bei der silbernen Hochzeit des Kaiserpaares" (1879), „Einzug der Prinzessin Elisabeth als Braut" s. a. Hevesi 1911, p. 83 ff.

Die Vollständigkeit einer Aufstellung der Reproduktionsgraphik ist nicht gewährleistet; wie bereits A. Weixlgärtner betont hat, ist eine solche auch kaum erreichbar. Der vorliegenden Liste liegt die Sammlung der Hofbibliothek (Albertina) zugrunde.

Topographisches Register zu Bildmaterial, Text und Verzeichnissen (G.K., A.V. & G.V. / E + G)

Die Reihenfolge der Hinweise ist: Bildnummer (halbfett), Seitenzahl, Verzeichnisnummer (GK = Guckkasten-Verzeichnis; AV = Aquarell-Verzeichnis; GV = Graphik-Verzeichnis)

INHALTSVERZEICHNIS

Der Autor hat für umfangreiche Mithilfen, für Entgegenkommen und Förderungen zu danken, ohne die das Entstehen dieses Werkes unmöglich gewesen wäre. Zuvorderst gebührt dies meinen Mitarbeitern Frau Kristin Widlar und Dr. Hans Suesserott.
Forschungsarbeit und Drucklegung erfuhren die volle Unterstützung des Bundesministeriums für Wissenschaft und Kunst, wofür ich Frau Bundesminister Dr. Hertha Firnberg aufrichtig danken möchte. Wesentlich für das Zustandekommen war die Förderung der Creditanstalt-Bankverein, wofür dem Vorstand mit Herrn Generaldirektor Dr. Heinrich Treichl an der Spitze gedankt sei. Weitere Förderung erfuhr das Werk durch die Erste Österreichische Spar-Casse und die Gesellschaft der Freunde der Albertina, deren Obmann Christian M. Nebehay mir freundschaftlich Rat und Tat nicht versagte.
Eine der wesentlichen wissenschaftlichen Grundlagen bot die seinerzeitige Vorarbeit zur Ausstellung der Albertina im Jahre 1955, die unter Leitung von Direktor Prof. Dr. Otto Benesch von Kustos Dr. Eckhart Knab geleistet worden war. Zu den Grundlagen des an der Albertina seit 1972 aufgebauten Rudolf Alt-Archives hat Dr. Veronika Birke ihren Beitrag geleistet.
Für wissenschaftliche Hilfen danke ich besonders dem Archiv der Akademie der bildenden Künste in Wien, Dr. Walter Cerny; dem Archiv der Gesellschaft bildender Künstler Wiens, Künstlerhaus, Herrn Wladimir Aichelburg; dem Bildarchiv der Österreichischen Nationalbibliothek in Wien, Direktor Dr. Walter Wieser und Frau Eva Riehl; dem Historischen Museum der Stadt Wien, Direktor Dr. Robert Waissenberger und Prof. Dr. Heinz Schöny; dem Kupferstichkabinett der Akademie der bildenden Künste in Wien, Direktor Dr. Albert Massiczek und Frau Dr. Wanda Lhotsky; dem Niederösterreichischen Landesmuseum in Wien, Oberrat Peter Weninger; der Österreichischen Galerie im Belvedere, Direktor Dr. Hans Aurenhammer und Dr. Gerbert Frodl; dem Österreichischen Haus-, Hof- und Staatsarchiv, Dr. Franz Dirnberger; der Staatlichen Graphischen Sammlung in München, Direktor Dr. Herbert Pee und Frau Dr. Margit Wegner, die in selbstloser Weise ihre eigenen wissenschaftlichen Forschungsarbeiten zur Verfügung stellte; dem Wiener Stadt- und Landesarchiv, Direktor Dr. Max Kratochwill und Dr. Felix Czeike; der Wiener Stadtbibliothek, Direktor Dr. Franz Patzer, Frau Prof. Dr. Josefine Nast und Dr. Manfred Arndorfer.
Außerordentlich groß war die Bereitschaft von Leihgebern, Werke aus ihrem Besitz dieser Forschungsarbeit zur Verfügung zu stellen. Ihnen allen sei sehr gedankt, was nur deshalb in so pauschaler Weise geschehen kann, da der Wunsch fast einhellig war, ohne Namensnennung zu bleiben. Es wurde daher auch im gesamten Text die prinzipielle Angabe Privatbesitz (PB) verwendet. Als besonders entgegenkommende Leihgeber sind ferner zu nennen das Kupferstichkabinett der Staatlichen Museen zu Berlin-Ost, Direktor Dr. Hans Ebert und Frau Ursula Riemann-Reyher; das Oberösterreichische Landesmuseum in Linz, Direktor Dr. Franz Lipp, Dr. Wilhelm Freh und Dr. Alfred Marks; die Sammlungen des Regierenden Fürsten von Liechtenstein, Vaduz, Dr. Gustav Wilhelm; die Sammlung Georg Schäfer in Schweinfurt.
Sehr wertvolle Hinweise verdanken wir Herrn Richard Eymer der Galerie Neumann in Wien. Bereitwillig hat sich auch der Österreichische Rundfunk-Fernsehen in den Dienst unserer Forschungsarbeit gestellt und einen Aufruf gesendet, der wertvolle Hinweise erbrachte.
Da es unsere Absicht war, diesem Band eine ungewöhnlich hohe Qualität der Reproduktionen zu verleihen, haben wir versucht, sämtliche Abbildungen nach den Originalen herzustellen. Das hiefür mir und der Graphischen Sammlung Albertina erwiesene Entgegenkommen der Eigentümer war einzigartig, und ich habe dafür im besonderen zu danken.
Schließlich fühlt sich der Autor zu aufrichtigem Dank an den Residenz Verlag und seine Mitarbeiter wie auch nicht zuletzt an die Druckerei Friedrich Sochor in Zell am See verpflichtet.